"어~ 그림만 보면 성경이 저절로 기억 되네!"

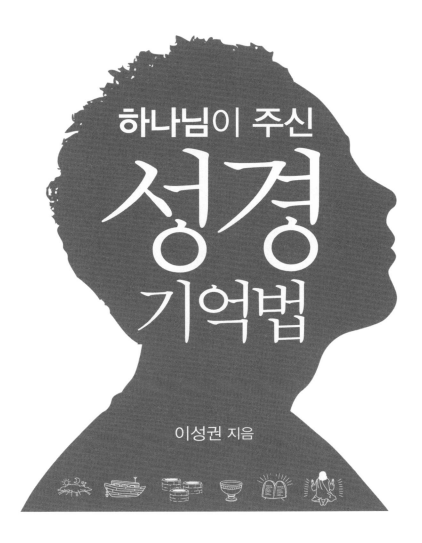

하나님이 주신
성경
기억법

이성권 지음

출애굽기 31장, 35장에 브살렐과 오홀리압에게

하나님의 신을 충만케 하여 지혜와 총명과 지식으로 성막의 여러 가지를 만든 것처럼
필자에게도 성령을 부어주시고 감동케 하심으로 아무 자료도 없는 상태에서
성경기억법이 만들어지는 것이었습니다. - 머리말 중에서 -

구약편

출판사
누가

하나님이 주신 성경기억법

추천사

본서는 서점에서 흔히 발견하는 성경공부 서적과는 다르다.

구약성경 39권을 그림을 통한 연상 법을 도입하여 이해하기 쉽고 기억하기 쉽게 기술한 책이다. 필자는 본서를 처음 접하고 깜짝 놀랐다.

평신도가 이런 책을 어떻게 쓸 생각을 했는지 상상이 가지 않았고 더 나아가 세밀하게 성경을 10장씩 묶어 그림으로 표현한 것은 기발하다 못해 탁월한 작품이라 평하지 않을 수 없었다.

더 나아가 저자는 성경 각 권의 저자와 저술목적 등 성경각 권의 이해를 돕는 서론 부분을 도입하여 친절하게 성경이해를 돕고 있다.

저자는 본서를 저술하기 전 성령의 감동으로 집필을 시작했고 8년여의 시간을 본서를 집필하는데 온 힘을 집중한 결과 본서를 세상에 내놓게 되었다.

저자는 필자와 만날 때마다 "이 책은 제가 쓴 것이 아니라 성령께서 하나하나 세밀하게 가르쳐 주셔서 저는 옮겨 적은 것뿐입니다." 라고 고백을 한다.

전적으로 성경을 사랑하고 쉽게 이해하고 공부하고픈 평신도가 성령의 감동으로 본서를 기록했다는 말이다.

저자는 오래전부터 성경을 읽고 묵상하는 가운데 어떻게 하면 쉽게 성경을 공부할 수 있을까 고민하며 기도하는 가운데 본서를 저술하게 되었다.

본서가 한국교회 성도들의 성경지식을 높이는데 크게 쓰임 받으리라 굳게 믿고 있다. 목사님들은 성도들에게 성경을 가르칠 때 본서를 사용하면 쉽고 재미있게 가르칠 수 있고, 평신도 지도자들 또한 그림으로 성경을 풀어내고 연상법을 통해 성경을 이해할 수 있도록 저술된 본서가 성경공부에 유익한 자료가 될 것이라 믿는다.

바라기는 본서를 이용하여 하나님의 말씀인 성경을 쉽게 공부할 기회를 여러 성도들이 갖게 되기를 소망하며 추천에 가늠하는 바이다.

원당반석교회 담임목사 실에서
최 재권 목사

머리말

할렐루야 하나님을 찬양합니다.

어느 날 말씀을 읽고 있을 때 하나님께서 성경기억법을 만들라고 명하셨는데 필자는 성경지식도 짧고 기억법도 배운 적이 없어서 거부했습니다. 그때 하나님의 엄위가 나를 누름으로 영적으로 꼼짝할 수 없었고 필자는 순종할 수밖에 없다는 것을 알았습니다.

그렇지만 이 방대한 양의 말씀을 기억법도 배운 적이 없는 제가 어떻게 만들 수 있단 말입니까? 그러나 출애굽기 31장, 35장에 브살렐과 오홀리압에게 하나님의 신을 충만하게 하여 지혜와 총명과 지식으로 성막의 여러 가지를 만든 것처럼 필자에게도 성령을 부어주시고 감동하게 하심으로 아무 자료도 없는 상태에서 성경기억법이 만들어지는 것이었습니다.

이제 그림만 보면 성경의 내용이 저절로 외워지는 길이 열렸습니다. 이것이 바로 '하나님이 주신 성경기억법' 입니다.

그동안 여러 목사님들이 성경을 쉽고 재미있게 읽을 수 있는 방법들을 책으로 내 놓아서 성도들에게 도움을 주기는 했지만 성경을 통째로 암기할 수는 없기 때문에 아쉬웠던 것도 사실입니다.

그러나 '하나님이 주신 성경기억법' 은 그림 안에 성경의 모든 내용이 들어있기 때문에 쉽게 암기할 수 있습니다. 하나님의 말씀은 너무 쉽고 재미있습니다(신 30:11-14).

아무쪼록 이 책을 통해서 하나님의 자녀들이 많은 은혜를 받기 바라며 신대원을 준비하는 학생들에게는 중요한 교제로, 교회에서는 성경공부 교제로 쓰여 지기를 바랍니다.

끝으로 이 책이 출판될 때까지 아낌없는 기도로 후원해 주신 원당반석교회 최 재권 담임목사님과 구약성경 장수기억법을 허락해 주신 마인드맵 바이블 연구원 원장이신 최병윤 목사님, 자료를 제공해 주신 한국 성경암송연구원 원장이자 한국암송학교 교장이신 박우기 목사님께 깊은 감사를 드립니다.

좀 더 가치 있는 양서로 만들기 위해 최선을 다해 출판해 주신 누가출판사 대표 정종현 목사님께 깊은 감사의 마음을 드립니다.

끝으로 성경기억법이 나오기까지 기도로 내조해준 나의 사랑하는 아내 권 미옥 권사와 사랑하는 아들 이 평안, 이 예지에게 사랑한다는 말을 전합니다.

주 안에서 사랑하는 자 이 성권

목차

숫자기억법

성경의 장, 절수를 정확히 기억하기 위해서는 숫자기억법을 아는 게 대단히 중요하다. 그러나 숫자기억법은 1부터 10(0)까지의 숫자만 알면 누구나 할 수 있으므로 부담을 가질 필요는 없다. 지금부터 숫자기억법에 대해 알아보자. 숫자는 1 2 3 4 5 6 7 8 9 0의 10개가 있으며 아래와 같이 한글의 자음으로 바꾸어주면 된다.

1	2	3	4	5	6	7	8	9	0
ㄱ	ㄴ	ㄷ	ㄹ	ㅁ	ㅂ	ㅅ	ㅇ	ㅈ	ㅊ
(ㄲ)		(ㄸ)			(ㅃ)	(ㅆ)		(ㅉ)	
(ㅋ)		(ㅌ)	(ㅎ)		(ㅍ)				

1. 2. 3. 4. 5 → ㄱ ㄴ ㄷ ㄹ ㅁ의 순서대로 외우면 된다.

6 - ㅂ에서 오른쪽 작대기를 짧게 하면 ㅂ가 되어 6자와 모양이 같다.

7 - ㅅ에 작대기를 하나만 붙이면 7이 된다. ⟨

8 - ㅇ에 동그라미를 하나만 더 붙이면 8이 된다. 8

9 - ㅈ의 왼쪽에 작대기 하나만 붙이면 9가 된다. 9

0 - 0과 ㅊ은 맨 마지막 숫자이므로 쉽게 암기할 수 있다.

단 저자의 성경기억법에서는 중요요절의 장은 숫자기억법을 사용하지 않아도 된다. 왜냐하면 중요요절의 내용이 영상화면에 포함되어 몇 장인지 알 수 있기 때문이다. 따라서 절만 알면 되는데 절은 두 음절만 사용하는 것을 원칙으로 한다. 예를 들어서 두더지는 숫자기억법으로 33이 되며 마지막 '지'는 사용하지 않는다.

영상화면 보는 법

영상화면 중 절반은 아래의 그림과 같은 방식으로 했으며 1~0까지 10개의 그림을 순서대로 배열해 놓았다. 단, ⓞ은 맨 오른쪽 상·중·하나 맨 아래 놓아도 무방하다.

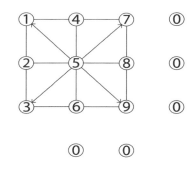

□ 율법서(모세 오경) □

＊ **율법서** : 모세가 저술했다고 하여 모세 오경이라고도 한다. 모세 오경에는 창세기·출애굽기·레위기·민수기·신명기가 있다.

＊ **개요**
1. **창세기** : 애굽으로 내려간 이스라엘
2. **출애굽기 1-19장** : 출애굽에서 시내산까지
3. **출애굽기 20장 - 민수기 10장** : 시내산에 진을 친 이스라엘
4. **민수기 10-21장** : 광야 생활을 하는 이스라엘
5. **민수기 22장 - 신명기 34장** : 모압 평지에 진을 친 이스라엘

＊ **모세 오경 각권의 주제**
1. **창세기** : 택함 받은 민족 이스라엘의 시작(인간의 타락과 형벌)
2. **출애굽기** : 애굽으로부터의 해방과 율법을 주심(인간의 구원)
3. **레위기** : 하나님께 예배드리는 법
4. **민수기** : 광야생활 40년(순종과 불순종의 결과)
5. **신명기** : 약속된 땅에 들어가기 위한 최후의 준비(새 세대와 언약갱신)

□ 역사서 □

＊ **역사서** : 여호수아·사사기·룻기·사무엘상·사무엘하·열왕기상
　　　　　열왕기하·역대상·역대하·에스라·느헤미야·에스더(12권)

＊ **바벨론 포로생활을 기준으로 역사서를 분류하면**
1. 바벨론 포로생활 이전 : 수·삿·룻·삼상·삼하·왕상·왕하·대상·대하(9권)
2. 바벨론 포로생활 이후 : 에스라·느헤미야·에스더(3권)

＊ **역사서 각권의 주제**
1. **여호수아** : 가나안 정복
2. **사사기** : 유대의 반복되는 죄
3. **룻기** : 메시야 계보의 시작
4. **사무엘상** : 사무엘과 사울
5. **사무엘하** : 다윗의 생애
6. **열왕기상** : 왕국 분열
7. **열왕기하** : 포로가 된 이스라엘과 유다
8. **역대상** : 사무엘하에 대한 주석
9. **역대하** : 열왕기에 대한 주석
10. **에스라** : 성전의 재건
11. **느헤미야** : 성벽의 재건
12. **에스더** : 유대인을 구출함

창세기 50장

* **장수기억법** : ① 창오지(50)   ② 창을 들고 있는 손오공(50)
* **배경** : 창세기는 '창(窓) 세기'로 바꾼다. 1-10장은 창문 1개, 11-20장은 창문 2개, 21-30장은 창문 3개, 31-40장은 창문 4개, 41-50장은 창문 5개로, 창문이 있는 집을 배경으로 한다. 창세기는 50장까지 있으므로 이것을 10장씩 5개로 나누면 다음과 같다.

창문 1개	창문 2개	창문 3개	창문 4개	창문 5개
1-10장	11-20장	21-30장	31-40장	41-50장
아담·노아	아브라함	이삭	야곱	요셉

창세기의 키포인트는 이삭의 장으로 이삭의 이는 2를, 삭은 초하루(1)를 나타내므로 21장부터 30장까지가 이삭의 장이 된다. 즉 다섯 개중 가운데가 이삭이 되며 왼쪽이 아브라함, 오른쪽이 야곱이며 야곱의 다음은 요셉이 된다. 그리고 첫 번째는 이곳이 창세기이므로 천지창조에서 부터 아담과 노아의 이야기가 나온다. 이것을 정리하면 다음과 같다.

 1-10장 - 천지창조를 시작으로 **아담**과 **노아**까지의 이야기가 전개된다.

11-20장 - 창문 2개 달린 바벨탑에서 **아브라함**이 도망 나오는 것을 배경으로 한다.

21-30장 - **이삭**의 출생, 결혼, 말년을 배경으로 한다.

31-40장 - **야곱**이 벧엘에서 세운 돌단을 기초석으로 창문 넷 달린 집을 배경으로 한다.

41-50장 - **요셉**이 총리가 되는 것을 시작으로 요셉이 정중앙에서 전후좌우로 악수하는 장면을 배경으로 한다.

창세기 (50장)

저 자 : 모세

제 목 : 창세기
히브리 성경은 창세기의 명칭을 '브레쉬트'(b^ereshith)라고 붙였다. 이 명칭은 1:1의 맨 처음 단어에서 가져온 것으로 '태초에' 라는 뜻이다.
칠십인역은 창세기의 중심 단어라 할 수 있는 '톨레돗'(toledoth:세대, 자손)을 '게네세오스'(Geneseos : 기원, 생성, 근원)로 번역하고 이를 명칭으로 정하였다. 이 명칭을 따라 영어성경은 'Genesis'라 이름하였고, 한글성경은 '창세기'라 명명하였다.

주 제 : 창조와 타락

기록연대 : B.C. 1446년-1406년경

요 절 : 1:1, 3:15

기록목적 : 하나님께서 이 세상의 모든 것들 및 사람을 창조하셨다는 것과 또한 그분께서 선택하신 백성을 통하여 인류에게 구원의 길을 보여 주기 위해서 기록하였다.

족장의 가계도

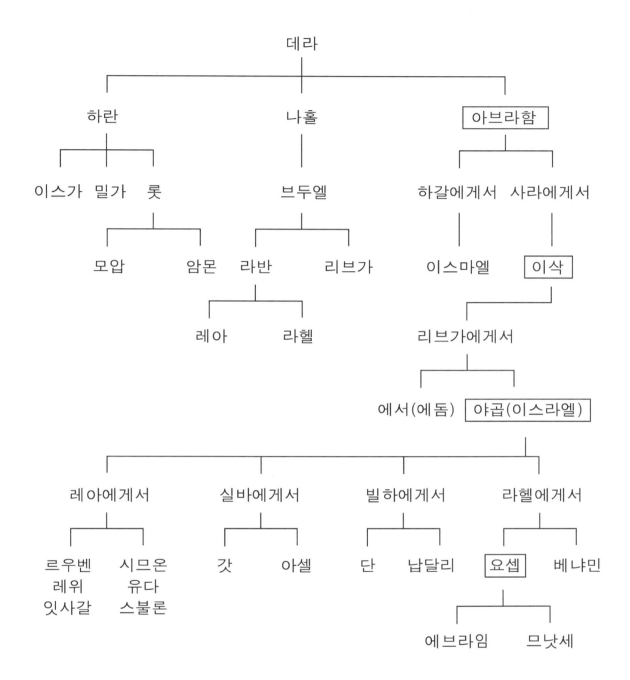

※ 실바 – 갓·아셀　　　 (암기방법) 아갓씨
　　빌하 – 단·납달리　　 (암기방법) 단 아래에서 <u>납</u>작하게 엎드려서 <u>빌</u>라
　　요셉과 베냐민은 라헬에게서 낳았다는 것은 다 안다. 따라서 나머지 6명은 레아에게서 낳
　　았다.　참고로 라헬과 실바, 빌하는 2명씩 낳았고 레아만 6명을 낳았다.
※ 실바 – 레아의 여종　 (암기방법) 실 레아(실내화)
　　빌하 – 라헬의 여종　 (암기방법) 실바가 레아의 여종이므로 당연히 빌하는 라헬의 여종

창조의 순서(창 1장)

일자	창조내용	특기사항
제1일	천지창조 및 빛 창조	빛과 어두움을 나누심
제2일	하늘	물을 둘로 나누심
제3일	바다와 땅 풀과 채소 과일나무	땅의 물을 모으심
제4일	태양, 달, 별들	징조, 사시, 일자, 연한을 이룸
제5일	물고기, 새들	바다와 육지에 번성하라
제6일	동물들, 사람	사람은 하나님의 형상임
제7일	안식하심	복 주어 거룩하게 하심

노아의 대홍수 일지

때	관련 사건	관련 성구
대홍수 120년전	세상의 죄악이 가득함을 인하여 하나님께서 홍수로 세상을 멸하실 것을 노아에게 알리시고, 방주를 만들 것을 명함	창세기 6:1-22
대홍수 7일전	노아와 노아의 가족 및 모든 짐승들이 방주로 들어감	7:1-10
노아 600세 (2월 17일)	노아의 나이가 600세 되던 그해 2월 17일, 마침내 하나님의 경고대로 대홍수가 40일 동안 밤낮으로 땅에 쏟아짐	7:11-12
2월 17일 - 3월 26일	40일동안 대홍수가 내린 결과, 천하의 높은 산이 다 잠기고, 땅위에서 숨 쉬는 모든 동물이 다 죽음	7:17-23
3월 27일 - 7월 16일	대홍수는 그쳤지만, 물은 계속 불어나서 150일 동안 물이 땅에 넘침, 이후 물이 빠른 속도로 줄어들기 시작함	7:24-8:3
7월 17일	대홍수 시작 150일 후, 노아의 방주가 '아라랏 산'에 머묾	8:4
10월 1일	노아가 방주의 창문을 통해 높은 산들의 봉우리를 봄	8:5
10월 1일 - 11월 10일	노아가 40일 동안 방주 안에서 계속 머묾. 그 동안에 대홍수의 물은 계속 줄어듦.	8:6
11월 11일	노아가 바깥 사정을 알기 위해 까마귀를 날려 보냈지만, 까마귀가 돌아오지 않음. 노아는 7일을 더 기다림	8:7
11월 18일	노아가 첫 번째 비둘기를 날려 보냄. 비둘기가 앉을 곳을 찾지 못하고 방주 안으로 돌아옴. 노아는 7일을 더 기다림	8:8
11월 25일	노아가 두 번째 비둘기를 날려 보냄. 비둘기가 감람나무 새 잎사귀를 입에 물고 돌아옴, 7일을 더 기다림	8:10-11
12월 2일	노아가 세 번째 비둘기를 방주 바깥으로 날려보냄. 이번에는 비둘기가 돌아오지 않음. 그래도 29일을 더 기다림	8:12
노아 601세 (1월 1일)	노아가 방주 뚜껑을 열고 바깥을 살핌, 지면에 물이 걷힘, 그래도 노아는 하나님의 명령이 있을 때까지 56일을 더 기다림,	8:13
2월 27일	마침내 하나님의 명령에 따라 노아가 가족 및 짐승들과 더불어 방주 바깥으로 나옴	8:14-19
※ 노아 대홍수의 일지는 1달을 30일로 계산한 것으로, 노아 600세 되던 해 2월 17일부터 - 노아 601세 되던 해 2월 27일까지 모두 370일 동안의 기록임		

창세기 (1-10장) - 창문 1개

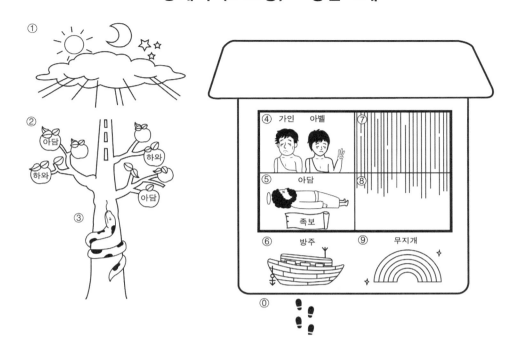

창세기(1-10장) 그림 배경설명 창문 1개인 집을 배경으로 했으며 하늘에서는 천지창조가 이루어지고 있고 그 아래에는 선악과나무가 있는데 선악과나무에 선악과가 주렁주렁 달려있고 선악과마다 '아담과 하와'라고 써 있습니다. 나무 위에는 뱀이 선악과를 먹기 위해서 나무에 기어오르고 있으며 집에서는 아담이 죽자 가인과 아벨이 슬퍼하는데 청승맞게 비까지 내리고 있으며(7번) 비가 그친 후에는(8번) 아름다운 무지개가 떠있습니다. 마당에는 방주가 있는데 방주 앞에는 노아가 방주에 들어갔을 때 찍힌 노아의 발자국이 선명하게 남아 있습니다.

1장 천지창조(1-31) - 창조순서는 앞 글자를 따서 빛·궁·바·해·물·사로 외울 것.
　　① 첫째 날 - 빛 ② 둘째 날 - 궁창(빈 공간이므로 보시기에 좋았더라는 말은 나오지 않는다)
　　③ 셋째 날 - 바다와 육지(바다가 육지라면 2별은 없었을 것 이라는 노래가사를 통해 바다와 육지에 보시기에 좋았더라는 말이 2번 나온다는 것을 알 수 있다) ④ 넷째 날 - 해·달·별
　　⑤ 다섯째 날 - 물고기와 새 ⑥ 여섯째 날 - 사람과 짐승(짐승은 복을 주신 대상이 아니다)
　　※ 하나님께서 천지를 다 창조하신 후 '하나님이 보시기에 심히 좋았더라'는 말로 끝을 맺는다.
2장 나무의 끝부분이 길처럼 생겼는데 이 길을 안시길이라 한다. 안시길 → 안식일
　　① 안식일(1-3) - 일곱째 날 - 천지와 만물이 다 이루어지니라(1) - 1장이 아닌 2:1에 나온다.
　　나무에 선악과가 주렁주렁 달려 있으며 선악과마다 '아담과 하와'라고 써 있다.
　　② 아담과 하와(4-25)
　　※ 아담이 살았던 동산 이름 - 동방의 에덴에 있는 동산(에덴이 아님)
　　※ 에덴동산을 흐르는 4강 - 비손, 기혼, 힛데겔, 유브라데(비기힛유), 비손은 하월라 온 땅을 흐르고(자기비하), 기혼은 구스 온 땅을(기구), 힛데겔은 앗수르 동쪽을 흐른다(힛≒앗).
　　③ 선악과(16-17) - 동산의 각종 열매는 먹되 선악과는 먹지 말라(17) - 사람에게 주신 첫 계명 아담과 하와는 부부이므로 결혼제도에 대해서 나온다.
　　④ 결혼제도(21-25) - 이러므로 남자가 부모를 떠나 그의 아내와 합하여 둘이 한 몸을 이룰지로다(24) - 창 2장, 마 19장, 막 10장, 엡 5장

3장 ① 뱀의 유혹(1-21) - 인류의 조상인 아담과 하와(모든 산 자의 어머니)가 뱀의 유혹에 빠져 선악과를 따 먹음으로써 범죄하고 그로 인해 하나님의 저주와 심판을 받고 에덴동산에서 추방당한다. 이 뱀은 최초의 뱀이므로 원시뱀이라 한다.   ※ 저주 순서 : 뱀 → 하와 → 아담 → 땅

② 원시복음(15) - 내가 너로 여자와 원수가 되게 하고 네 후손도 여자의 후손과 원수가 되게 하리니 여자의 후손은 네 머리를 상하게 할 것이요 너는 그의 발꿈치를 상하게 할 것이니라(15)

4장 ① 가인과 아벨(1-15) - 가인이 시기하여 아벨을 죽인다.   죄라는 말이 처음 나옴(7).

※ 가인의 2가지 죄 - 살인과 거짓말(8-9),   가인이 받은 형벌 - 땅의 저주와 유리함(12)
가인이 도피하여 거한 땅 - 에덴 동쪽 놋땅, 놋땅에서 낳은 아들 - 에녹, 최초의 성 - 에녹성
아벨이 손가락 셋을 들어 보이고 있다.

② 셋(25-26) - 아벨 대신 주어진 경건한 후손 셋이 아담의 계보를 잇게 된다.
그림에는 없지만 가인은 아벨과 상극이므로 아벨이 손가락 셋을 들어보이자 가인은 반대로 발가락 셋을 들어 보이고 있다. 발 즉 족은 성경기억법에서 족보로 약속한다.

③ 가인의 족보(16-24) - 에녹, 이랏, 므후야엘, 므드사엘, 라멕(아다·씰라) - 가에이/므므라

※ 라멕 - 라멕은 라면과 맥주 둘이므로 2아내를 취한 최초의 사람은 라멕이 된다. 맥주에 안주로 라면이면 든든하다. 사투리로 아따 실하네. 따라서 라멕의 2아내는 아다와 씰라가 된다.

※ 아다 - 야발(가축-야 발가××), 유발(수금, 퉁소-유퉁) - 발이 보이지 않을 정도로 아다다다다 씰라 - 두발가인(기구-두발기구), 나아마(딸) - 수업이 끝난 후 나아마서 두발을 씰라(자르라)

5장 ① 아담의 죽음(1-5)

② 아담의 족보(6-32) - 아담(130에 셋 낳고 930에 죽음)·셋·에노스·게난·마할랄렐·야렛 에녹(7대, 365)·므두셀라(969, 최장수)·라멕(777)·노아(10대, 950) - 아셋/에게마야/에므라노

※ 에노스때 비로소 여호와의 이름을 불렀다(4:26) - 새에에노야 새에에에노오야 하며 노래를 부름

6장 ① 노아의 방주(9-22) - 방주는 3층으로 되어있고 잣나무와 역청으로 만들었으며 크기는 300, 50, 30 규빗이며(300명까지 탈수있으니 오삼) 방주 안에 들어간 인원은 며느리를 포함 총 8명 노아의 방주에 피뢰침이 있다.   피뢰침 → 네피림,   노아의 뜻 - 안위함

② 네피림(4) - 당시에 땅에는 네피림이 있었고 그 후에도 하나님의 아들들이 사람의 딸들에게로 들어와 자식을 낳았으니 그들은 용사라 고대에 명성이 있는 사람들이었더라(4) - 네(4)피림 방주의 닻이 우과 ♂을 합친 것 같다.   ♂ → 하나님의 아들,   우 → 사람의 딸

③ 하나님의 아들들과 사람의 딸들의 결혼(1-8) = 인류의 타락

※ 그들의 날은 120년이 되리라(3) - 당시 타락한 인간들이 홍수로 멸망하기까지 주어진 회개기한

7장 창밖에는 비가 억수같이 내리고 있다.   ※ 창은 위에서부터 1규빗

① 노아의 홍수(17-24) - 노아 600세 2.17일에 시작(7일전에 홍수 말씀하심). 40일간 내렸으며 150일(물이 빠져 방주가 산에 머문 7.17일까지) 간 물 넘침(40일 포함), 15규빗 더 불자 산들 잠김 비가 너무 많이 와서 창틈으로 빗물이 들어가고 있다.

② 방주로 들어가다(1-16) - 노아의 가족과 모든 정결한 짐승 7쌍, 부정한 짐승 2쌍이 들어감.

8장 홍수가 그치다(1-22) - 노아 601세 2.27일에 끝남. 노아가 방주에서 나온 날은 601세.1.1일

※ 산봉우리 보인지(10.1) 40일후 까→ 비→ 7일후 비(감람나무 새잎사귀)→ 7일후 비(아주 떠남)

9장 ① 무지개 언약(1-17) - 홍수 이후세대에게 다시는 생물과 땅을 홍수로 멸하지 않겠다는 언약. 무지개의 개에서 개가 포함된 낱말 3개를 찾아보면 개소주와 개죽음, 개고기가 있다. 개소주는 노아 술취함을, 개죽음은 노아의 죽음을, 개고기는 육식의 허락을 나타낸다.

② 노아 술취함(18-27) - 자신의 실수에 대한 3아들의 행동을 근거로 3아들에게 축복과 저주내림.

③ 노아의 죽음(28-29) - 950세. 노아는 비둘기(鳩,구), 까마귀(烏,오)와 관계있으므로 950이 됨.

④ 육식을 허락하시다(3-6) - 고기는 먹되 그 생명 되는 **피 채 먹지 말 것**을 말씀하셨다.

10장　방주에 들어갈 때 찍힌 노아의 발자국, 발은 한자로 족이 되며 족은 족보로 약속한다.
　　　노아의 족보(1-32) - 500세 된 후에 낳은 셈, 함, 야벳의 계보와 함께 총 70족속이 나온다.
　　※ **함**의 아들들 - **구스·미스라임·붓·가나안**(함구미붓가). 블레셋의 조상 - 가슬루힘(불에 그슬림)
　　　세상에 첫 용사 - 니므롯, 가나안 경계 - 시돈~라사(가시나), 벨렉 때 세상 나뉨(세상을 벨레)

창세기 (11-20장) - 창문 2개

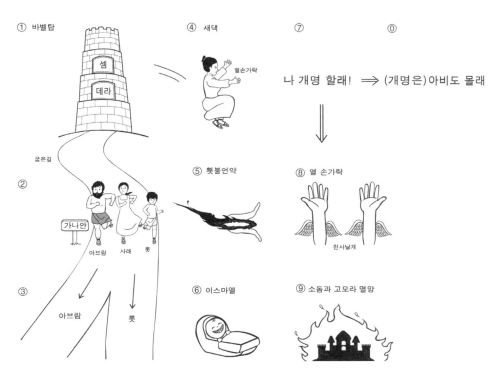

① 바벨탑　　　④ 새댁　　　⑦　　　⑩
　　셈
　　데라
굽은길
② 가나안
아브람　사래　롯
③
아브람　롯
나 개명 할래! ⟹ (개명은)아비도 몰래
⑤ 횃불언약
⑥ 이스마엘
⑧ 열 손가락　천사날개
⑨ 소돔과 고모라 멸망

창세기(11-20장) 그림 배경설명　　창문 2개 달린 바벨탑에서 아브라함이 탈출하는 것을 배경으로 했으며 바벨탑에서 아브람과 사래와 롯이 탈출하는데 너무 급하게 탈출하느라 속옷만 입고 나왔으며 굽은 길을 돌아 가나안을 지나서 아브람과 롯이 서로 갈라집니다. 아브람이 탈출하는데 악의 소굴 바벨탑에서 가만히 있겠습니까? 바벨탑에서 아브람 일행을 향해 횃불을 쏘아 대는데 횃불은 아브람 일행을 맞추지 못하고 대각선 방향으로 날아가 5번의 지나가던 가축이 맞고 쪼개졌으며 9번의 소돔과 고모라에도 떨어져 소돔과 고모라가 멸망하고 맙니다. 새댁이 바벨탑에서 쏘아대는 횃불 때문에 밖에 있는 자기 아기가 위험하므로 아기를 구하려고 바벨탑에서 뛰어내리고 있으며 뛰어내릴 때 열손가락을 쫙 펴고 뛰어 내립니다. 아브람이 악의 소굴 바벨탑에서 도망쳐 나왔으므로 신분을 위장하기 위해서 개명할 필요가 있었습니다. 그래서 아브람이 "나 개명 할래!"하며 외치고 있습니다. 신분을 위장하기 위해서는 개명은 아비도 몰래 해야 하며 개명을 하려면 동사무소를 방문해서 주민등록증을 만들 때처럼 10손가락에 지장을 찍어야 합니다. 참고로 바벨탑 양쪽의 선이 진하다고 생각하면 숫자로 11이 되므로 바벨탑은 11장에 나옵니다.

11장 ① **바벨탑 사건**(1-9) - 노아의 홍수라는 대재앙을 겪은 인류는 서로 단합하여 흩어짐을 면하고 인본주의적인 통일왕국을 건설하려 했으나 이는 "생육하고 번성하여 땅에 충만하라, 땅을 정복하라"고 하신 하나님의 뜻을 거스르는 반역적인 행위로서 하나님께서 인류에게 제각기 다른 언어를 주심으로서 그들을 온 세계에 흩어 여러 종족을 이루게 하셨다.

※ 바벨탑은 **시날 평지**에 건설되었으며 바벨탑을 쌓은 인솔자는 **니므롯**으로 추측된다.
바벨탑 2개의 창문에 각각 '셈(메시야의 계보를 이음)'과 '데라'라고 써 있다.

② 셈의 족보(10-26) - 아르박삿(샘물을 떠 먹으려면 박이 있어야 한다. 홍수 후 2년에 낳음)·셀라·에벨·벨렉·르우·스룩·나홀·데라·아브라함(10대) - 셈아셀/에벨르스/나데아

③ 데라의 족보(27-32) - 70세에 아브람(고향-갈대아 우르)과 나홀과 하란(갈대아 우르에서 데라보다 먼저 죽음, 아들 롯)을 낳고 205세에 하란에서 죽는다 - 이 백오이를 **데치라**(70세)

※ 아브람이 갈대아 우르를 떠날 때 동행자 - 데라, 롯, 사래(하란은 죽고 나홀은 나중에 하란정착)

12장   아브람과 사래와 롯이 바벨탑에서 도망 나와 가나안으로 달려가고 있다.

① 아브람 가나안 이주(4-9) - 75세에 하란을 떠나 가나안에 이주 - 란(蘭) 치러(75) 가세

※ 아브람이 가나안에 처음 단을 쌓고 여호와의 이름을 (세계) 부른 곳 - **세겜** 땅 모레 상수리나무
굽은 길은 애굽을 나타내며 너무 급하게 도망 나오는 바람에 **속**옷만 입고 나왔다.

② 애굽에서 아내를 누이로 **속**인 아브람(10-20) - 가나안의 기근으로 애굽에 가서 일어난 사건
아브람의 속옷은 블루색이다.   블루 → 부르다

③ 아브람을 부르시다(1-3) - 너는 너의 고향과 친척과 아버지의 집을 떠나(고친아) 내가 네게
보여줄 땅으로 가라 내가 너로 ① 큰 민족을 이루고 ② 네게 복을 주어 ③ 네 이름을 창대하게
하리니(1-2) - 3복 언약(3복 더위라서 속옷만 입고 있으므로 창 12장에 3복 언약이 나온다)

13장 ① 아브람과 롯의 분가(1-13) - 아브람과 롯의 소유가 많아 같이 동거할 수 없으므로 땅에
소망을 둔 롯은 소돔으로, 하늘(헤븐)에 소망을 둔 아브람은 헤브론으로 이주한다.
갈라진 길 안쪽의 두 선에 가로로 선 하나만 더 그으면 방위표시(동서남북)가 된다.

② 동서남북 언약(14-18) - 동서남북을 바라보라 보이는 땅을 너와 네 자손에게 주고 네 자손
으로 땅의 티끌 같게 하리라 땅을 종과 횡으로 다녀보라 내가 그것을 네게 주리라(14-17)

14장   새댁(멜기세덱)이 아기를 구하려고 바벨탑에서 뛰어내리고 있다.   구하다 → 롯을 구하다

① 아브람이 롯을 구하다(1-16) - **싯딤 골짜기**(염해)에서 발발한 전쟁으로 사해 5동맹국이 엘
람 왕 그돌라오멜을 12년 동안 섬기다가 배반함으로 사해 5동맹국과 엘람 4동맹국간에 전쟁
이 벌어졌고 그 와중에 롯이 포로로 잡혀 가자 히브리 사람 아브람이 318명의 가신들을 이끌
고 단에서 **호바**까지 추격하여 롯을 구출한다 - 318명의 가신들은 단 호박을 좋아한다.

② 멜기세덱(17-20) - 살렘 왕이자 제사장으로, 떡과 포도주를 가지고 개선하는 아브람을 영접한다.
뛰어내릴 때 10손가락을 쫙 펴고 뛰어내리는데 기억법에서 10은 10일조로 약속한다.

③ 아브람의 10일조(20) - 아브람이 전리품으로 얻은 것의 십분의 일을 멜기세덱에게 준다.

15장   바벨탑에서 쏜 횃불에 지나가던 가축이 맞아 쪼개져서 죽는다.
횃불언약(1-21) - 하나님과 아브람의 언약 - 고대 근동지역에서는 언약을 체결 하는 쌍방이
쪼갠 고기 사이로 지나가는 풍습이 있었다. 이것은 언약을 위반하는 편은 죽음을 당한 동물과
같이 처참한 운명을 당할 것이라는 저주를 상징한다. 여기서 횃불은 하나님의 임재를 뜻하며
횃불이 쪼갠 고기사이로 지나간 것은 하나님께서 그 약속을 반드시 지키겠다고 선언하신 것이다.

※ 15장에서 아브람이 횃불 같은 **믿음**으로 **의롭**다 인정받는 것과 횃불이 쪼갠 고기 4이를 지나서
나오므로 아브람자손이 400년 동안 괴롭힘을 당하다 4대만에 나오리라 예언하는 장면이 나온다.

※ 횃불에 불씨가 보이므로 씨를 안주셔서 종 엘리에셀이 상속자가 되리라고 아브람이 말하는 장면나옴

16장   **이**를 드러내고 **스마일** 하는 아이 = 이스마엘(하나님이 들으심 - 이를 귀 이(耳)로 바꾼다)
이스마엘 출생(1-16) - 아브람 86세 때 발육(86)이 좋은 이스마엘을 낳음, 하갈의 소생,

※ 하갈과 관련된 샘 - 브엘**라**해로(한평생 같이 살며 늙음)이 - **나**를 살피시는 살아계신 이의 우물

17장   아브람이 악의소굴 바벨탑에서 도망쳐 나왔으므로 신분을 위장하기 위해서 개명할 필요가 있었다. 그래서 아브람이 "나 개명 할래!" 하면서 외치고 있다.   할래 → 할례
      <mark>아브람의 개명과 할례언약</mark>(1-27) - 아브람을 아브라함(열국의 아버지)으로, 사래를 사라(열국의 어머니)로 개명하셨으며 언약의 표인 할례를 시행한다. 아브람 99세. 이스마엘 13세 때
18장   개명을 하려면 주민등록증을 만들 때처럼 동사무소를 **방문**해서 10손가락에 지장을 찍어야 한다.   10손가락 → 10명(여기서만 10일조가 아닌 10명으로 사용한다)
   ① <mark>의인 10명</mark>(22-23) - 아브라함이 소돔성을 위해 6번 간구한다(50→45→40→30→20→10). 천사의 날개, 날개가 눈웃음(^ ^) 치는 것 같으므로 사라가 속으로 웃는 장면이 나온다.
   ② <mark>천사의 방문</mark>(1-21) - 여호와께서 2천사를 대동하고 아브라함의 장막을 방문하여 사라를 통해 아들(이삭-웃음)이 태어나리라고 말씀하셨으며 이를 장막문에서 듣던 사라가 속으로 웃는다.
   ※ 사라가 속으로 웃은 이유 - 나이가 많아 늙었고 생리가 끊겼기 때문에
19장 ① <mark>소돔과 고모라의 멸망</mark>(1-29) - 롯은 천사의 도움으로 구원받으나 그의 아내는 소금기둥이 된다.
   ※ 롯이 소돔성문에 앉았을 때 2천사가 왔고 무교병을 대접. 소돔과 고모라 멸망시 소알(작음)로 피함. 소돔과 고모라가 얼마나 죄악이 많았으면 불탈 때 암모니아(암몬) 냄새가 진동을 한다.
   ② <mark>모압·암몬족의 기원</mark>(30-38) - 롯과 두 딸 사이에서 난 자식들이 모압과 암몬의 조상이 된다.
   ※ 큰 딸이 낳은 모압은 모압의 조상이 되고 작은 딸이 낳은 벤**암**미는 **암**몬의 조상이 된다.
20장   개명은 아비도 몰래 해야 한다.   아비몰래 → 아비멜렉, 아비도 몰래 → **속**이는 것을 말한다. 참고로 바로가 애굽 왕의 호칭인 것처럼 아비멜렉도 블레셋 왕들의 호칭이다.
      <mark>아비멜렉에게 아내를 누이로 속인 아브라함</mark>(1-18) - 아내로 인해 자기를 죽일까 하여 아내를 누이라 속였으며 아비멜렉이 이 일로 죽게 생기자 (아비도 몰래) 은 천개를 주어 사건을 무마한다. 또한 아브라함의 기도로 아비멜렉 집안의 닫힌 태가 다시 열려 출산하게 된다.

창세기 (21-30장) - 창문 3개

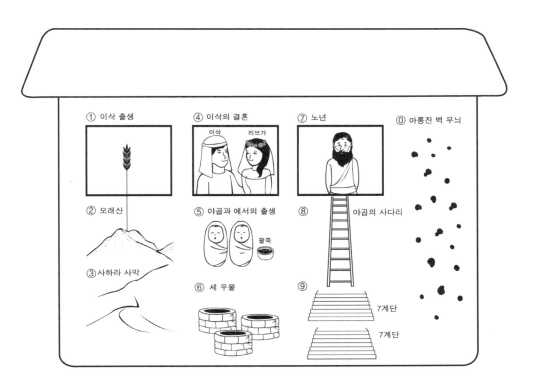

이삭의 출생, 결혼, 말년을 배경으로 했으며 사하라 사막에 모래산이 있고 모래산 정상에 이삭이 꽂혀 있으며 사하라 사막의 오른쪽에는 우물이 있는데 물이 없는 사막과 물이 있는 우물이 극명한 대조를 이루고 있어 쉽게 암기할 수 있습니다. 이삭이 결혼해서 쌍둥이 야곱과 에서가 태어났으며 나쁜 액운을 물리쳐 준다고 하여 쌍둥이 옆에 팥죽을 놓아두었습니다. 이 집으로 들어가려면 일곱 계단을 두 번 올라가서 사다리를 타고 들어가야 하는데 이렇게 해서 들어가려면 젊은 사람들도 힘든데 나이 많은 이삭이 얼마나 힘들겠습니까? 참고로 창문이 3개 달린 이삭의 집은 신혼집답게 벽에 아롱진 무늬가 있는 예쁜 집입니다.

21장 ① 이삭의 출생(1-21) - 아브라함 100세에 이삭이 태어났으며 이삭은 태어난 지 8일 만에 할례를 받았고 이스마엘이 이삭을 놀리자 이스마엘과 하갈이 브엘세바로 (세빠지게) 쫓겨난다.
　　 ※ 이스마엘은 이삭이 젖 뗄 때까지만 같이 살았으며 하갈(갈대→애굽)과 그 며느리는 애굽 출신 그림에는 없지만 이삭에 돌맹이 1개가 실에 매달려 있다.　 돌맹 → 동맹
　　 ② 아브라함과 아비멜렉의 동맹(22-34) - 그랄 왕 아비멜렉은 하나님에 의해 점점 창성해 가는 아브라함이 두려워 브엘세바에서 상호 불가침 조약인 브엘세바(맹세의 우물) 동맹을 맺는다.
　　 • 아브라함은 브엘세바에 에셀나무를 심고 거기서 영원하신 여호와의 이름을 불렀으며(33)
22장　 모래산 정상에 오르는데는 장장 나흘이나 걸린다.　 모래산 → 모리아산,　 나흘 → 나홀
　　 ① 모리아산 사건(1-19) = 아브라함이 이삭을 바치다
　　 • 네가 이같이 행하여 네 아들 네 독자도 아끼지 아니하였은즉 내가 네게 큰 복을 주고 네 씨가 크게 번성하여 하늘의 별과 같고 바닷가의 모래와 같게 하리니 네 씨가 그 대적의 성문을 차지하리라(16-17) - 종합언약
　　 ※ 이삭대신 뿔이 수풀에 걸린 수양을 준비하셨으므로 여호와 이레(여호와께서-이레동안-준비하심, 땅 이름, 요이 땅)는 22장에 나옴, 아브라함은 모리아산 사건 후 브엘세바에 거주 - 모래세봐
　　 ② 나홀의 족보(20-24) - 이삭의 아내 리브가의 출신을 밝히려는 의도가 담겨 있다.
23장　 사하라 사막,　 사하라 → 사라,　 사막 → 사망
　　 사라의 죽음(1-20) - 헷 족속 소할의 아들 에브론에게 은 400세겔을 주고 마므레 앞 막벨라 굴을 사서 사라를 장사지낸다.　 향년 127세[사라↔나사(27)]
　　 ※ 마므레 = 에브론 = 기럇아르바(알바천국)
　　 막벨라 굴 장사 - 아브라함과 사라, 이삭과 리브가, 야곱과 레아(라헬은 베들레헴 길에 장사)
24장　 이삭의 결혼(1-67) - 아브라함이 순수한 신앙혈통의 며느리를 얻기 위해 늙은 종 엘리에셀을 메소보다미아로 보냈으며 결국 하나님의 섭리로 리브가를 이삭(40세)의 아내로 맞이하게 된다.
　　 ※ 늙은 종이 (소포를 메고 나홀로 가서) 리브가를 만난 곳은 메소보다미아 나홀의 성이며 리브가를 처음 만났을 때 이삭은 들에서 묵상하고 있었다.
　　 리브가의 父 - 브두엘, 리브가의 오빠 - 라반, 리브가의 유모 - 드보라
25장 ① 야곱과 에서의 출생(19-26) - 이삭의 나이 60세. 에서(붉음), 야곱(발꿈치를 잡다)
　　 쌍둥이 야곱과 에서 옆에 나쁜 액운을 물리쳐 준다고 하여 팥죽을 놓아두었다.
　　 ② 에서가 떡과 팥죽 한 그릇에 장자의 명분을 팔다(27-34)
　　 팥죽을 길게 발음하면 파아죽이 되며 파아죽은 '파더 아브라함의 죽음' 이 된다.
　　 ③ 아브라함의 죽음(1-11) - 막벨라 굴에 장사됨. 향년 175세(함 치워). 아브라함의 죽음으로 이삭이 정신적 충격이 커 해롱거리므로 아브라함 사후 이삭은 브엘라해로이(창 16장)에 거주
　　 ※ 아브라함의 3명의 처 - 사라(이삭), 하갈(이스마엘), 그두라(미디안-귀뚜라미, 사라 사후에 얻은 첩)

아브라함이 죽으면서 서자로 살았던 이스마엘에게 보답하는 차원에서 족보에 올려준다.

④ 이스마엘의 족보(12-18) - 장자 느바욧(이바욧 웃지 말아욧), 향년 137세(스마일하면서 쌈질)

26장 ① 세 우물(12-25) - 이삭이 거부가 됨으로 블레셋 사람들의 시기를 받자 그 땅을 떠나 우물을 파서 새로운 생활의 터전을 다지는 장면이다. 우물 다툼 이후 브엘세바에 거주한다.
- 첫 번째 우물(20) : 다툼(에섹 - 다툼) 암기방법 - 에섹기들이 다툼
- 두 번째 우물(21) : 또 다툼(싯나 - 대적함) 암기방법 - 대접(대적)을 싯나?
- 세 번째 우물(22) : 다투지 않음(르호봇 - 넓은 곳) 암기방법 - 로봇들은 광범위하게 사용됨
어릴 때 우물속이 궁금해서 아비 몰래 우물 속에 돌맹(동맹)이를 던진 적이 있다.

② 아비멜렉에게 아내를 누이로 속인 이삭(1-11) - 아비멜렉은 블레셋(그랄) 왕

③ 이삭과 아비멜렉의 동맹(26-33)

※ 이삭의 주소 : 그랄 → 브엘라해로이 → 브엘세바
에서의 아내들 - 유딧 · 바스맛 · 마할랏 - 에서의 아내들은 유바마(오바마?)에게 잘 보이려고 애써

27장 이삭의 노년으로 눈이 어두워 잘 보지 못하므로 야곱이 이것을 이용하여 에서인 것처럼 이삭을 속여 축복을 받는다.
에서가 받을 복을 가로챈 야곱(1-46)

※ 차자이지만 장자의 축복을 받은 사람 - 야곱, 에브라임

28장 ① 야곱의 사다리(1-19) - 형 에서의 복수를 피해 리브가의 친정인 하란으로 도피하던 중 벧엘에서 사다리 꿈을 꾼 후 무사히 돌아오게 해주시면 10일조를 드리겠다고 서원을 한다 - 벧엘서원

※ 벧엘의 뜻 - 하나님의 집, 본 이름은 루스
사다리는 10칸으로 되어있다.   10칸 → 10일조

② 야곱의 십일조(20-22)

29장 7계단 → 7년을 뜻하며 처음 7년은 레아를 위해서 그 다음 7년은 라헬을 위해서 총 14년을 봉사한다.   레아 - 외삼촌 라반의 큰 딸, 라헬 - 외삼촌 라반의 작은 딸
① 레아를 위한 7년 봉사(1-20) - 레아가 ① 르우벤(1르우와) ② 시므온(2시려) ③ 레위(레위기는 구약의 3번째 책이므로 레위는 3번째가 된다) ④ 유다(4이다)를 낳는다.
② 라헬을 위한 7년 봉사(21-30)

30장 아롱진 벽 무늬
① 아롱진 양(25-43) - 야곱이 귀환하려하자 라반이 붙잡았고 이에 야곱이 태어난 새끼 중 아롱진 것이면 자기가 갖겠다는 조건으로 라반에게 6년을 더 봉사하게 되었으며(도합 20년) 하나님의 도우심으로 많은 재산을 모은다.
30장은 아롱진 양을 많이 출산해서 야곱이 부자가 되는 장면이 나오지만 레아와 라헬이 출산하는 장면도 같이 나온다.
② 레아와 라헬의 출산 경쟁(1-24) - 빌하(라헬의 여종) - ⑤ 단 ⑥ 납달리, 실바(레아의 여종) ⑦ 갓 ⑧ 아셀, 레아 - ⑨ 잇사갈 ⑩ 스불론, 디나(딸), 라헬 - ⑪ 요셉(베냐민은 35장에서 낳음)
※ 르우벤 - 보라 아들이라(보라 아들을 베었도다), 시므온 - 들으심, 레위 - 연합함(네게 위기가 왔다. 연합해야 살 수 있다), 유다 - 찬송함(you, 다 찬송해), 잇사갈 - 값(레아가 라헬에게 합환채라는 값을 주고 기회를 얻어 낳은 아들, 18), 스불론 - (일시불로 주고) 거함, 단 - 억울함을 풀다(단단한 억새풀), 납달리 - (달리기) 경쟁, 갓 - 복됨 (갓 볶아낸), 아셀 - (아 셀 수 없는) 기쁨, 요셉 - (셀을) 더함, 베냐민 - (막내라 오냐오냐 키운) 오른손의 아들. 2P 가계도 참조

창세기 (31-40장) - 창문 4개

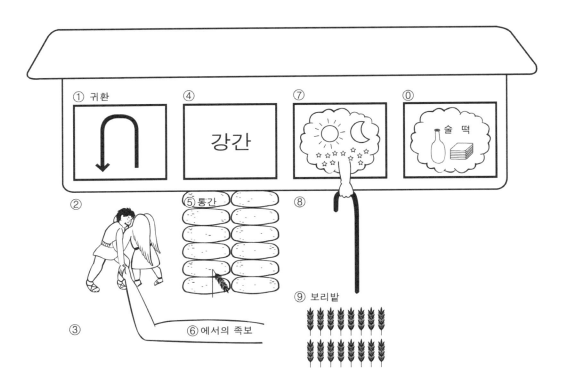

창세기(31-40장) 그림 배경설명 야곱이 벧엘에서 세운 돌단을 기초석으로 창문 넷 달린 집을 배경으로 했으며 돌단을 기초석으로 하는 이유는 창문 넷 달린 집이 워낙 길어서 크므로 돌단을 기초석으로 해서 집을 지어야만 안전하기 때문입니다. 첫 start는 야곱의 귀환으로 시작합니다. 1번이 유턴 표시로 야곱의 귀환을 나타내며 귀환하던 중 천사를 만나 씨름을 하고 있으며 오른손으로는 에서와 화해의 악수를 하고 있습니다. 4, 5, 6번을 설명하자면 '강간하고 통간하는 자들은 족보에서 빼 버려야한다'가 되며 '족보에서'는 반대법으로 '에서의 족보'가 됩니다. 7번과 0번의 몽글몽글한 것은 꿈을 나타내는데 7번은 요셉의 꿈이 되므로 37장부터는 요셉이 등장하며 0번은 술 맡은 관원장과 떡 굽는 관원장의 꿈이 됩니다. 창문이 4개나 달린 집이 너무 길어 돌단만으로는 집의 균형이 맞지 않으므로 지팡이를 끼어 넣었는데 지팡이가 빠질까봐 창문에서 팔을 내밀어 지팡이를 잡고 있습니다. 마당에는 보리밭이 잘 자라고 있는데 보리밭은 마당이 넓은 집에서만 심을 수 있으므로 보리밭은 창문이 4개 달린 집에 나옵니다.

31장　야곱의 귀향(1-55) = 미스바 언약(유턴표시에 ㅏ를 붙이면 바가 되므로 미스바 언약이 된다)
　　※ 미스바 언약(야곱과 라반의 화친 언약) - 라반의 딸들 박대×, 다른 아내×, 서로 공격×. 라헬이 父에게 훔친 것 - 드라빔, 라반이 야곱의 품삯을 속인 횟수 - 10번, 야곱과 라반이 언약을 세운 곳 - 라반은 여갈사하두다(욕심 많은 라반, 돈을 싸아두다), 야곱은 갈르엣=미스바라 부름
32장　야곱이 귀향하는 길에서 천사와 만나 씨름을 하고 있다.
　① 얍복강에서 천사와 씨름하는 야곱(1-32) - '이스라엘(θ과 겨루어 이김)'이란 이름을 얻음. 천사와 밤새도록 씨름을 하느라 야곱의 팔이 말라서 지팡이 같고 팔에 때가 끼어있다.
　② 내가 지팡이만 가지고 이 요단을 건넜더니 지금은 두 떼나 이루었나이다(10)
　　※ 야곱이 하나님의 사자들을 보고 하나님의 군대(많다는 뜻, 막 5:9 - 내 이름은 군대니 우리가 많음이니이다)라 하고 그 땅을 마하나임이라 지음. 야곱이 새 이름을 얻은 곳은 얍복 강가이며

하나님의 **얼굴**을 뵈었다하여 그곳 이름을 **브니엘**이라 함. 브니엘의 브니는 '얼굴이 이**쁘니**' 할 때의 브니이므로 얼굴이 되고 엘은 하나님이므로 브니엘의 뜻은 하나님의 얼굴이 된다.

33장　　형 에서와 악수하는 야곱,　　악수 → 화해

　　　　야곱과 에서가 화해하다(1-20) - 야곱이 에서와 화해한 후 세겜에 정착해서 세겜의 아버지 하몰의 아들들에게서 백 크시타(은 100개)를 주고 밭을 샀으며 그곳에 제단을 쌓고 그 제단을 엘엘로헤이스라엘(하나님 이스라엘의 하나님)이라 불렀다 - 야곱과 화해의 악수를 하는 에서의 팔이 2개의 엘 자 모양이므로 엘엘로헤이스라엘이 된다.

　　✱ **34,35,36장 배경설명** - 강간하고 통간하는 자들은 **족보에서**(↔에서 족보) 빼버려야 한다.

34장　　**디나가 강간당하다**(1-31) - 야곱의 딸 디나가 세겜성의 여자들을 보러갔다가 히위 족속 하몰의 아들 세겜에게 강간당하자 이에 격분한 야곱의 아들들이 할례를 해야만 디나를 아내로 주겠다고 속여 할례 3일 후 거동이 불편할 때 시므온과 레위가 세겜 일족을 멸절시킨다.

35장 ① **야곱이 벧엘에 돌단을 쌓다**(1-22) - 세겜성 학살 후 야곱은 하나님의 지시로 가족들을 데리고 벧엘에 도착한 뒤 단을 쌓았으며 야곱은 그 곳 이름을 엘벧엘이라 불렀다.
　　　　돌 12개에 각각 야곱 아들들의 이름이 써 있고 이삭의 줄기가 부러져 있다.

　　② **야곱의 12아들**(23-26) - 족장의 가계도 참조

　　③ **이삭의 죽음**(27-29) - 향년 <u>180</u>세(일팔, 이 <u>삭</u>아지 없다). 라헬과 드보라의 죽음도 같이 나옴

　　※ 라헬이 돌단(창 35장) 아래에서 **애**기 **베**냐민을 **낳**고 죽은 곳 - **에브랏** 곧 **베**들레헴 길
　　　리브가의 유모 드보라가 죽은 곳 - 알론바굿(유모생활을 오래한 공로로 알론바굿을 해주었다)

　　④ **장자 르우벤의 통간**(22) - 야곱의 첩 빌하와 동침한다.

36장　　**에서의 족보**(1-43) - 장자 엘리바스(≒에리바서)와 첩 딤나 사이에 아말렉이 태어난다.

　　※ 시브온의 자녀로 광야에서 온천을 발견한 사람 - 아나 - **아나**운서가 취재하다 온천을 발견

37장 ① **요셉의 꿈**(1-11) - 2번 꾸었으며 곡식단과 해, 달, 별이 나오는 꿈을 꾸었다.
　　　　팔이 지팡이의 **굽**은 부분을 잡고 있다. 참고로 팔은 창문에서 내밀므로 37장이 된다.

　　② **요셉이 애굽으로 팔려가다**(12-36) - 형들의 미움을 받고 은 20에 미디안 사람들에게 팔렸으며 미디안 사람들은 애굽으로 내려가서 바로의 신하 친위대장 보디발에게 노예로 판다.

　　※ <u>르우벤</u> - 요셉을 죽이는 것 반대, <u>유다</u> - 동생을 죽이고 그의 피를 덮어둔들 무엇이 유익할까 이스마엘 사람들에게 팔자(유다는 주님을 팜), 그는 우리의 동생이요 우리의 혈**육**(≒유)이니라

38장　　돌단만으론 집의 균형이 맞지 않으므로 지팡이를 끼워 넣었는데 **지팡이**를 끼워 넣었으므로 38장은 삽입구가 되며 지팡이는 유다와 다말의 이야기를 끌어내기 위해 사용하였다.

　　　　유다와 다말의 이야기(1-30) - 유다의 며느리 다말은 남편이 죽고 시부 유다가 계대결혼의 약속을 어기자 창녀의 복장으로 유다를 유혹해 쌍둥이 아들 베레스(예수님의 계보)와 세라를 낳는다.

　　• 당신이 그것(염소 새끼)을 줄 때까지 담보물(도장과 끈과 **지팡이**)을 주겠느냐~ 유다가 그것들을 그(다말)에게 주고 그에게로 들어갔더니 그가 유다로 말미암아 임신하였더라(17-18)

　　※ 유다의 3아들 - 엘·오난·셀라, 오난은 씨를 주지 않으려고 땅에 설정(오나니)했다가 죽는다.

39장　　앞마당에 심어놓은 보리밭이 잘 자라고 있다.　　보리밭 → 보디발

　　① **보디발과 요셉**(1-6) - 애굽의 친위대장 보디발의 신임을 얻어 <u>가정 총무</u>의 일을 보게 된다.

　　② **보디발의 아내와 요셉**(7-18) - 보디발의 아내가 요셉을 유혹하나 요셉이 이를 거절한다.
　　　　보리하면 생각나는 것이 보리 건빵이다.　　건빵 → 감빵(감옥)

　　③ **감옥에 갇힌 요셉**(19-23) - 보디발 아내의 누명으로 감옥에 갇히게 된다.

40장　　**술 맡은 관원장과 떡 굽는 관원장의 꿈 해몽**(1-23) - 함께 감옥에 갇힌 술 맡은 관원장과 떡 굽는 관원장의 꿈을 해석하고 그 해석대로 술 맡은 관원장은 복직되고 떡 굽는 관원장은 처형된다.

창세기 (41-50장) - 창문 5개

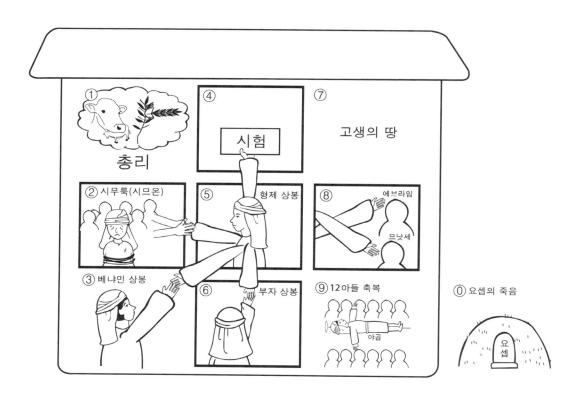

창세기(41-50장) 그림 배경설명 요셉이 총리가 되는 것을 시작으로 했으며 총리는 나라의
살림을 맡은 자로서 여러 나라에서 오는 손님들을 잘 접대해야 하므로 요셉이 정중앙에서
전후좌우로 손님들과 악수하는 장면을 배경으로 했으며 요셉이 총리가 되는 것으로 시작해서
죽음으로 끝을 맺습니다. 참고로 요셉의 손이 위치해 있는 곳이 소제목의 장이 됩니다.

41장 ① 바로의 꿈(1-13) - 소와 이삭에 관한 꿈으로 앞으로 7년은 풍년, 곧이어 7년은 흉년이 들 것
　　　　이므로 풍년에 애굽 땅의 1/5을 거두어 성읍에 쌓아두어 흉년에 대비할 것을 바로에게 간청한다.
　　　　바로의 꿈을 해몽함으로 요셉이 총리가 된다.

　　　② 총리가 된 요셉(14-57) - 요셉의 나이는 30세이며(공생애 시작 예수님의 나이와 같다) 온
　　　　의 제사장 보디베라의 딸 아스낫을 아내로 맞는다.

　　　※ 요셉의 애굽식 이름 - 사브낫바네아(사부낫빠)
　　　　요셉의 2아들 - 므낫세(고난을 잊어버리게 하심)·에브라임(번성하게 하심), 흉년 들기 전 낳음.

42장　형제들 중 포승줄에 묶여 시무룩하게 있는 자가 시므온이다.　시무룩 → 시므온
　　　시므온을 담보로 잡다(1-38) - 가나안땅에 기근이 들자 10형제들이 양식을 구하기 위해
　　　애굽으로 내려갔고 거기서 요셉에게 붙잡혔으며 요셉이 자신의 정체를 감춘 채 그들을 정탐꾼
　　　으로 몰아세운다. 그들의 해명을 들은 요셉은 시므온을 볼모로 삼아 막내 베냐민을 데려옴으
　　　로써 그들의 말이 사실임을 입증하라고 요구한다. 베냐민을 데려가려고 야곱을 설득한 사람은
　　　르우벤과 유다이며 르우벤(보라 아들이라)은 베냐민을 데려오지 못하면 자신의 두 아들을 죽
　　　이라고 말한다. 유다는 베냐민의 안전을 위해 자신의 목숨을 대신 담보로 내놓겠다고 말한다.

43장　요셉이 동생 베냐민과 손을 잡고 있다.
　　　베냐민 상봉(1-34) - 요셉은 그들을 나이에 따라 앉게 하고 베냐민에게는 5배나 주었다.

44장　　요셉이 손에 시험지를 들고 있다.

요셉이 형들을 시험하다(1-34) - 요셉은 형들의 마음이 자신을 팔아넘길 때와 같은지 아니면 변화되었는지를 알아보기 위해 자신의 은잔을 몰래 베냐민의 자루에 넣고서 베냐민을 도적으로 몰아붙여 형들을 시험하였다. 요셉을 잃고서 베냐민을 각별히 아끼며 살아온 아버지 야곱을 생각할 때 형들은 도저히 베냐민을 버려두고 돌아갈 수가 없었다. 특히 유다는 요셉이 베냐민을 붙잡아 두려할 때 대신 종이 되겠다고 자청한다.

45장　　요셉이 형제들과 손을 잡고 있다(요셉과 형제들의 맞잡은 손이 45장에 속해있음에 유의).

형제 상봉(1-28)

※ 요셉이 신분을 밝힌 후 처음한 말 - 내 아버지께서 아직 살아 계시니이까(3) - 흉년 2년

46장　　요셉이 부친 야곱과 손을 잡고 있다.

부자 상봉(1-34) - 친족 70명이 브엘세바에서 발행하여 애굽에 도착한 후 부자가 상봉한다.

※ 야곱이 애굽으로 가는 도중 (세빠지게) 희생을 드린 곳 - 브엘세바(그 밤에 하나님께서 나타나심)

47장　　고생의 땅 → 고센 땅

① 고센 땅에 살게 된 야곱가족(1-12) - 야곱의 나이는 130세

※ 고센 땅에 살게 해준 보답으로 야곱이 바로를 축복해 주었으므로 야곱이 바로를 축복한 장은 47장이 된다.　야곱이 고센(17)땅에 거한기간 - 17년

야곱이 요셉에게 한 유언 - 애굽에서 장사하지 말고 조상의 묘지(막벨라 굴)에 장사하라

고생의 땅에서 알 수 있듯이 이 장에서 애굽에 기근이 들어 요셉이 기근정책을 펼친다.

② 요셉의 기근정책(13-31) - 토지법을 세워 바로에게 1/5을 상납하도록 한다(제사장 제외).

48장　　요셉의 손이 등 뒤로해서 엇갈려 있다.

야곱이 요셉의 2아들에게 손을 엇갈려 축복하다(1-22) - 에브라임(차자)이 장자의 축복받음

49장　　야곱이 12아들에게 축복하고 죽는다(일사철리로 축복하고 죽었으므로 147세에 죽는다).

① 야곱이 12아들에게 축복하다(1-28) - 야곱이 각 사람의 분량대로 축복한다.

※ 르우벤 - 아버지의 침상을 더럽힘, 시므온·레위 - 그들의 칼은 폭력의 도구(세겜성 학살 때문)
유다 - 사자새끼, 규, 통치자의 지팡이, 실로(메시야), 잇사갈 - 건장한 나귀(의 잇사이에 낀 갈비)
스불론 - 해변에 거함, 단 - 길섶의 뱀(비단뱀), 샛길의 독사, 납달리 - 놓인 암사슴(이 달리고 있다), 갓 - (오 마이 갓) 군대의 추격을 받으나 도리어 추격, 아셀 - 먹을 것은 기름진 것, 왕의 수라상을 차지(아셀은 기쁨이란 뜻이며 먹는 기쁨이 최고), 요셉 - 깊은 샘의 복,복,복, 복(복이 4개 나옴), 무성한 가지, 이스라엘의 반석인 목자, 베냐민 - (한입 베어) 물어뜯는 이리

② 야곱의 죽음(29-33) - 향년 147세. 부친의 유언에 따라 야곱을 막벨라 굴에 장사한다.

※ 야곱의 시신을 향 처리하는데 걸린 기간 - 40일(사향)

애굽인이 야곱을 애곡한 기간 - 70일

요셉이 아버지를 애곡한 기간 - 7일

50장　　요셉의 죽음(22-26) - 향년 110세(요셉=백십)

※ 요셉의 유언 - 내 해골을 메고 나가라

아벨미스라임 - 애굽 사람의 큰 애통

요셉이 애굽에서 통치한 기간 - 80년(30에 즉위하여 110세에 죽음. 에브라임 자손 3대까지 봄)

요셉이 아버지를 위해 7일간 애곡한 곳 - 요단 강 건너편 아닷 타작마당

출애굽기 40장

* **장수기억법** : ① 출사표   ② 출발합시다 뱃사공(40)

* **배경** : 출애굽은 애굽에서 나간다, 탈출한다는 뜻으로 배경은 출애굽의 그것을 모토로 했다. 그렇다면 이스라엘이 애굽에서 탈출할 수 밖에 없었던 이유는 무엇이었을까 그것은 애굽이 지나칠 정도로 이스라엘에 고역을 가중 시켰기 때문이다. 따라서 1단원(1-10장)은 이스라엘의 고역이 되고 2단원(11-20장)은 출애굽이 된다. 이것을 정리하면 다음과 같다.

(1 - 10장) 애굽에서 이스라엘의 고역을 배경으로 한다.

(11-20장) 애굽에서 탈출하는 장면을 배경으로 한다.

(21-30장) 시내산에 올라 율법과 성막 만드는 법을 받는 모세를 배경으로 한다.

(31-40장) 율법을 받고 시내산에서 내려와 실제 성막 만드는 장면을 배경으로 한다.

※ 3단원(21-30장)과 4단원(31-40장) 둘다 그림을 보면 성막에 대해서 나오는데 3단원은 성막 만드는 법이 나오고 4단원은 실제 성막 만드는 장면이 나오므로 혼동이 없기 바란다.

※ 3단원과 4단원의 공통점 - 산봉우리가 2개

출애굽기 (40장)

저   자 : 모세

제   목 : 출애굽기

출애굽기는 이스라엘이 하나의 민족으로 탄생하는 것에 대한 기록이다. 70인의 이스라엘 가족은 애굽이라는 포근한 자궁속에서 급속히 번창한다. 정한 때에 극심한 산고와 함께 2, 3백만의 백성으로 이루어진 어린 민족이 세상에 태어나 하나님의 보호하심과 먹이심으로 양육을 받는다. 히브리어 표제 '베엘레 세모트' 는 1:1의 '그 이름은 이러하니' 에서 비롯되었다. 출애굽기가 히브리어 성경에서 '그리고' 로 시작함은 창세기와의 연속성을 시사한다. 헬라어 표제는 '엑소두스' 로서 '출구', '탈출' 또는 '밖으로 나감' 을 의미한다. 70인역은 이 낱말을 사용하여 이 책의 제목을 삼았다.

주   제 : 해방 받은 이스라엘 민족

기록연대 : B.C. 1446-1406년경

요   절 : 3:7-8, 12:13, 19:5-6

기록목적 : 하나님께 선택된 이스라엘 백성들이 애굽에서 해방된 사건을 보여주고, 그들이 하나의 국가로서 차츰 정비되고 발전되어가는 과정을 보여주기 위해 기록하였다.

성막 기구

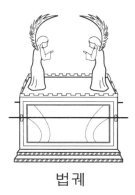

법궤

등대

분향단

떡상

물두멍

번제단

북쪽

동쪽

출애굽여정 (14:2)

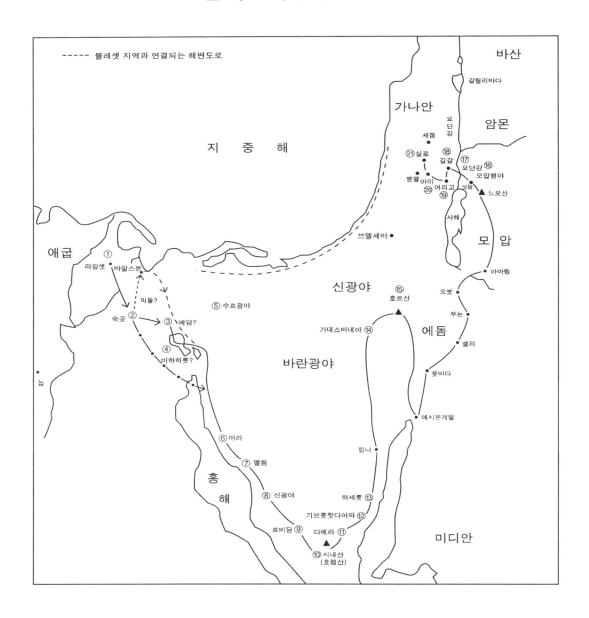

※ 출애굽기의 기록을 토대로 그 경로를 보면 대체로 3가지 유형으로 나타나는데 실선으로 그린 것은 정통 출애굽 경로이며 지명을 정확하게 알 수 없어서 그 어느 것도 출애굽 여정을 분명하게 밝히지 못한다.

□ 출애굽부터 가데스바네아까지 걸린 기간 □

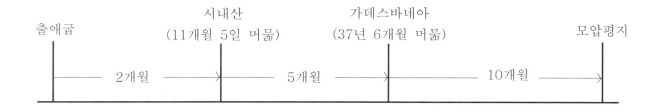

지 명	사 건	지명 암기법
① 라암셋	● 출발(출 12:37, 민 33:3)	하나 둘 셋! 출발
② 숙곳	● 라암셋을 떠나 첫 번째로 진 친 곳(출 12:37, 민 33:5)	라암셋을 떠나 첫 번째로 쉰 곳(진 친 곳)
③ 에담	● 숙곳을 떠나 에담에서 진 침(민 33:6-7) ● 에담에 진을 친 이스라엘 백성을 구름기둥과 불기둥으로 인도	구불구불한 담
④ 비하히롯	● 이스라엘 백성이 비하히롯 곁, 해변 장막 친 곳에 애굽 군대와 마주치자 백성들이 원망함(출 14:8-12) ● 홍해 갈라짐(출 14:15-25)	백성들이 애굽 군대와 마주치자 이젠 죽었구나 하며 자기 비하하고 있다.
⑤ 수르광야	● 홍해 건넌 후, 수르광야를 사흘 길을 걸었으나 물을 얻지 못함(출 15:22)	스르르 돌아다녔으나 물 얻지 못함
⑥ 마라	● 수르광야에서 사흘 만에 마라에 이르러 물을 얻었으나 물이 쓰므로 마라라 함. 백성들이 모세를 원망하므로 모세가 한 나무를 물에 던지니 물이 달아짐(출 15:23-26)	물이 쓰니 마시지 마라
⑦ 엘림	● 물샘 12개와 종려나무 70주가 있어 장막을 침(출 15:27)	엘(하나님), 림(수풀림)은 하나님의 숲이 되므로 엘림에는 물샘 12개와 종려나무 70주가 있다.
⑧ 신광야	● 엘림을 떠나 신광야에 이르렀고 백성들이 원망하므로 하나님께서 만나와 메추라기를 보내주심(출 16:1-20)	만나와 메추라기를 주시니 백성들이 신 났다
⑨ 르비딤	● 물이 없어 불평하자 모세가 반석을 쳐서 물을 얻게 함(출 17:1-7) ● 아말렉과 전쟁 때 아론과 훌이 모세의 양손을 붙들어주어 이스라엘이 승리한 사건(출 17:8-16)	디딤돌을 닮은 반석 디딤돌(디딤 → 르비딤)
⑩ 시내산	● 장인 이드로의 충고(출 18:1-27) ● 모세가 시내산에 올라 율법을 받고 성막을 만듦(출 19:1-40:33) ● 1차 병적 조사(민 1:1-54) ● 두 번째 유월절(민 9:1-14) - 광야에서 첫 번째 유월절	
⑪ 다베라	● 시내산을 떠나 다베라에 이르러 백성들이 원망하자 하나님께서 불을 내려 징계하심(민 11:1-3)	원망하는 백성을 불로 다베라(하나님은 칼로 베지 않고 성령의 불로 베신다)
⑫ 기브롯 핫다아와	● 메추라기를 한달 동안 먹이셨다(민 11:4-35) ● 만나 싫증나서 원망하므로 메추라기 한달간 주셨으나 그들의 탐욕으로 징계하심	한달을 길게 발음하면 → 한다아알 → 핫다아와
⑬ 하세롯	● 아론과 미리암이 모세가 구스여인을 취한 것을 인하여 비방했으며 이로 인해 미리암이 문둥병에 걸린다(민 12:1-16)	성경기억법 민 12장 참조
⑭ 가데스 바네아 (바란 광야)	● 12정탐꾼(민 13:25-33) ● 고라 일당의 반역(민 16:1-50) ● 가데스 반석에서 물이 나옴(민 20:1-13) - 모세가 하나님의 명령을 어기므로 가나안 입성 좌절	성경기억법 민 20장 참조
⑮ 호르산	● 아론의 죽음(민 20:22-29)	성경기억법 민 20장 참조
⑯ 모압평지-이스라엘이 마지막 진 친곳	● 불뱀 사건(민 21:4-9) ● 발람과 발락(민 22:1-24:25) ● 바알브올 사건(민 25:1-5) ● 2차 병적조사(민 26:1-65)	
⑰ 요단강	● 제사장이 언약궤를 메고 요단강에 들어서자 요단강물이 끊어짐(수 3:1-13)	
⑱ 길갈	● 이스라엘이 요단강을 건너 첫 번째로 진을 친 곳(수 4:19)	여호수아 4장 그림참조
⑲ 여리고	● 여리고성 - 가나안 첫 번째 정복한 성읍(수 6:1-27)	
⑳ 아이	● 아이성 - 가나안 두 번째 정복한 성읍(수 8:1-29)	여호수아 7-8장 그림참조
㉑ 실로	● 가나안에 들어간 후 성막을 길갈에서 실로로 옮김(수 18:1-10)	여호수아 18장 그림참조

아론과 모세의 계보 (출 6장, 역대상 6장)

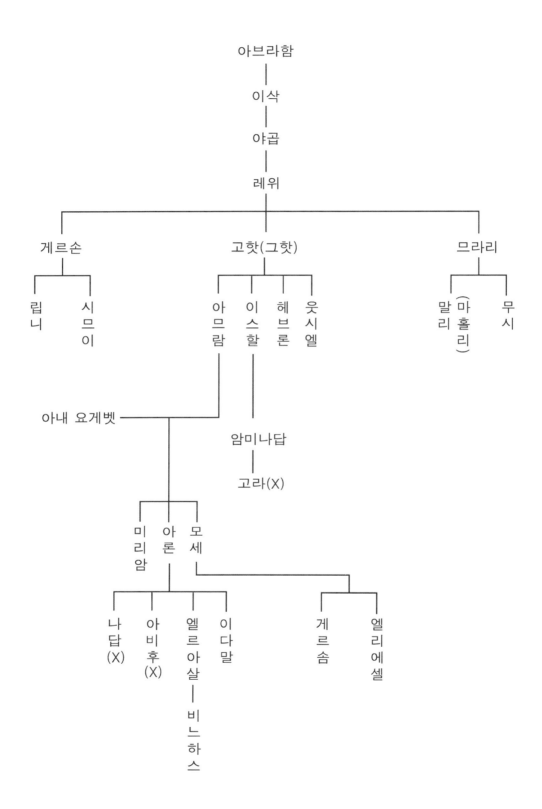

대제사장의 예복 (출28:1-43)

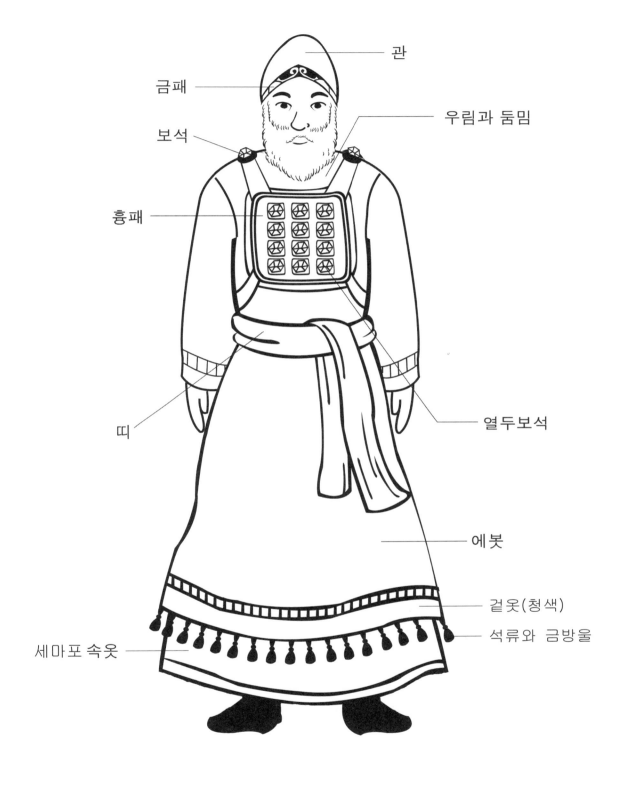

관

금패

보석

우림과 둠밈

흉패

열두보석

띠

에봇

겉옷(청색)

석류와 금방울

세마포 속옷

에봇 - 조끼 모양으로 사람의 가슴부분과 등부분을 덮는 옷으로 겉옷위에 입는다. 다섯 가지 실로 지었는데 금실, 청색, 자색, 홍색 실과 가늘게 꼰 베실로 정교하게 짜서 만들었다. 대제사장만 입는다.

출애굽기 (1-10장) - 이스라엘의 고역

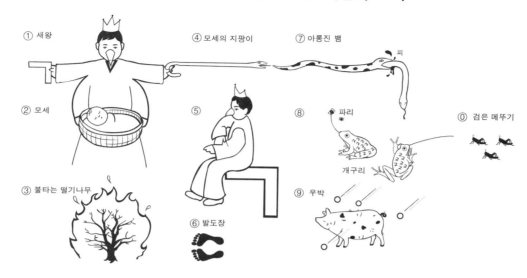

① 새 왕
④ 모세의 지팡이
⑦ 아롱진 뱀
피
② 모세
⑤
⑧ 파리
⓪ 검은 메뚜기
개구리
③ 불타는 떨기나무
⑥ 발도장
⑨ 우박

出애굽기(1-10장) 그림 배경설명 애굽에서 이스라엘의 고역을 배경으로 했으며 고역은 기역이 되므로 1번과 5번에 기역이 나옵니다. 1, 2, 3번은 새를 닮은 새 왕이 아기 모세를 불로 태워 죽이려는 장면이며(떨기나무에 시퍼런 블루색 불꽃이 타오르므로 3장은 소명장이 됩니다) 오른손에는 기역자를, 왼손에는 뱀으로 변한 모세의 지팡이를 들고 있습니다. 4, 7, 8번은 뱀으로 변한 모세의 지팡이가 아롱진 뱀을 물고 아롱진 뱀은 작은 뱀을 물고, 작은 뱀은 개구리를 잡아먹으려고 노려보고 있으며 개구리는 혀를 내밀어서 파리와 검은 메뚜기를 잡아먹으려고 합니다. 개구리 밑에는 돌림병과 악성 종기로 죽은 동물의 시체가 있고 그 위에 우박이 떨어지고 있습니다. 5번에는 새를 닮은 새 왕이 더 큰 기역자에 앉아 자기 팔을 꼬집고 있고 그 아래에는 자신의 족적을 남기기 위해 발 도장을 찍었는데 한 개도 아니고 두 개씩이나 찍었으니 참 욕심도 많습니다.

1장   새처럼 생긴 왕 → 새 왕
   ① 요셉을 알지 못하는 새 왕(8) - 요셉을 알지 못하는 새 왕이 일어나 애굽을 다스리더니(8)
      새를 닮은 새 왕이 오른손에 ㄱ(기역)자를 들고 있다.   기역 → 고역
   ② 이스라엘의 고역(1-22) - 이스라엘이 애굽 땅에서 크게 번성하자 이에 위협을 느낀 애굽 왕
      이 이스라엘이 지금보다 더 번성하면 애굽 땅에서 나갈 것을 두려워하여 이스라엘의 번식을 막
      기 위해 바로를 위해 국고성 비돔(비듬×)과 라암셋을 건설하게 하고 이스라엘에 고역(①흙 이기
      기 ②벽돌 굽기 ③농사의 여러 가지 일)을 시켰으며 히브리 산파 십브라와 부아로 하여금 해산
      할 때 남자 아이면 죽이라는 명령을 내렸으나 하나님의 은혜로 더욱 번성하고 창성하게 된다.
2장   갈대상자 안에 있는 아기 모세   ※ 모세의 아버지(아므람), 어머니(요게벳)
   ① 모세의 출생(1-10) - 모세(물에서 건져냄)는 집에서 3달을 살다가 갈대상자(역청과 나무진으로
      칠함)에 담겨 나일 강에 버려졌으며 바로의 딸에게 건져진 모세는 40년간 공주의 양자로 지낸다.
      그림에서는 보이지 않지만 갈대상자 밑의 안(미디안)에 피가 고여 있다.   피 → 피하다
   ② 모세가 미디안으로 피하다(11-25) - 애굽인이 동족 히브리인 치는 것을 본 모세가 애굽인
      을 쳐 죽였고, 살인한 것이 발각되어 바로가 모세를 죽이려 하자 미디안으로 피신한다(40년간).
      ※ 장인 - 르우엘, 아내 - 십보라, 아들 - 게르솜(타국에서 객이 됨)·엘리에셀(하나님의 도우심)
3장   불타는 떨기나무(1-22) = 모세가 소명을 받다 - 모세가 장인 이드로(르우엘)의 양을 치더
      니 양 무리가 하나님의 산 호렙에 이르렀고 거기서 하나님이 모세를 부르시는 장면이다. 80세

4장 ① 뱀으로 변한 모세의 지팡이(1-17) - 이 외의 표적 ① 손에 나병 ② 나일 강물이 피가 됨.
  ※ 모세의 지팡이가 뻣뻣하게 생겼으므로 4장에 나는 입이 뻣뻣하고 혀가 둔하다는 구절이 나온다.
     지팡이 손잡이의 굽은 것은 애굽을, 앞으로 곧게 뻗은 부분은 앞으로 쭉 가라는 표시다.
  ② 모세가 애굽으로 가다(18-31) - 하나님의 부르심에 모세(모⇒오)가 5번 거절하지만 큰 능력을
     보여주시고 아론을 대언자로 삼아 주시자 소명을 받고 아내와 2아들과 함께 애굽으로 귀환한다.
     모세의 지팡이가 하얗고 맨질맨질한 것은 껍질을 홀랑 벗겨서(할례) 만들었기 때문이다.
  ③ 모세 아들의 할례 사건(24-26) - 애굽으로 돌아가는 도중 아들들에게 할례를 행하지 않음으
     로 여호와께서 모세를 죽이려 하시자 십보라가 돌칼로 아들의 포피를 벰으로 위기를 모면한다.
5장 새 왕(바로)이 더 큰 기역(더 큰 고역)자에 앉아 자기 팔을 꼬집(고집)고 있다.
  ① 바로의 고집(1-9) - 모세가 광야에 가서 하나님께 희생을 드리게 해 달라고 요구하나 거절한다.
  ② 더 큰 고역(10-23) - 짚을 주지말고 스스로 줍게하여 벽돌을 굽되 수효는 전과 같게 하라(7-8)
6장 새 왕(바로)이 자신의 족적을 남기기 위해 발 도장을 찍어 놓았는데 도장은 계약(언약)
     을 맺을 때 찍는 것이므로 발 도장은 언약의 확인을 뜻하며 한 개도 아니고 두 개나 찍
     었으므로 언약의 재확인이 된다. 참고로 발은 한자로 족이 되며 족은 족보로 약속한다.
  ① 언약의 재확인(1-13) - 이스라엘의 노역이 더욱 가중되자 이스라엘 백성들이 모세를 원망
     하고 이에 모세가 크게 낙담하나 하나님은 재차 이스라엘을 구원해 주실 것을 약속하셨다.
  ② 모세의 족보(14-30) - 모세의 형 아론의 아들은 나답, 아비후, 엘르아살, 이다말
  ※ 제사장은 희생제물을 죽여야 하므로 엘르아살이 아론의 아들이고 엘리에셀은 모세의 아들이다.
7장 뱀으로 변한 아론의 지팡이가 작은 뱀 즉 뱀으로 변한 바로의 술사들의 지팡이를 삼
     키고 있으며 이때 작은 뱀의 몸에서 피가 나고 있다.
  ① 뱀으로 변한 아론의 지팡이가 뱀으로 변한 술사들의 지팡이를 삼키다(1-13)
  ② 피 재앙(14-25) - 첫째 재앙 - 물이 피로 변한다.
  ※ 이 지팡이가 아론의 지팡이인지 모세의 지팡이인지 구분하는 방법은 아롱진 뱀이 아롱 → 아론이
     되므로 아롱진 뱀은 아론의 지팡이가 변해서 된 것이라는 것을 알 수 있다.
8장 개구리가 파리(파리가 8장을 나타낸다)를 잡아먹고 있으며 등에는 2(이)라고 써 있다.
  ① 개구리 재앙(1-15) - 둘째 재앙. 바로가 여호와께 제사 드리라 말함(제사 제물은 개구리반찬)
  ② 이 재앙(16-19) - 셋째 재앙. '이는 하나님의 권능이니이다'. 이가 너무 작아 이부터 따라 못함
  ③ 파리 재앙(20-32) - 넷째 재앙. 이 땅에서 너희 하나님께 제사를 드리라(땅 파서 장사하냐)
     너무 멀리 가지는 말라(파리는 멀리까지 날아간다), 나를 위하여 간구하라(파리는 앞발로 비빈다)
9장 불쌍하게도 돌림병과 악성 종기로 죽은 동물의 시체 위에 우박이 떨어지고 있다.
  ① 돌림병 재앙(1-7) - 다섯째 재앙. 돌림병은 동물에게만 전염.
  ② 악성 종기 재앙(8-12) - 여섯째 재앙. 화덕의 재 2움큼으로 재앙 일으킴. 요술사도 걸림.
  ③ 우박 재앙(13-35) - 일곱째 재앙. 내가 범죄하였노라(우범지대) 여호와는 우로우시고 나와 내 백
     성은 악하도다. 보리와 삼은 상함(상한 보쌈). 밀, 쌀보리 O. 불덩이와 섞여 내림으로 개국이래 처음.
10장 검은(흑암) 메뚜기가 개구리의 공격을 받고 있다.
  ① 메뚜기 재앙(1-20) - 여덟째 재앙. 너희 장정만 가서 여호와를 섬기라(메뚜기는 근육질의 장정
     같다). 이번만 나의 죄를 용서하고, 이 죽음만은 내게서 떠나게 하라, 동풍으로 와 서풍으로 나감.
  ② 흑암 재앙(21-29) - 아홉째 재앙. 양과 (암)소는 두고 가라. 다시 내 얼굴을 보지말라(흑암). 3일.
  ※ 고센 땅을 구별한 재앙 - 파리가 이마에 앉자 손바닥으로 이마를 빡(우박) 쳤으나 파리는 날아
     가고 눈앞은 깜깜(흑암)하다. 아 돌아버리겠네(돌림병). 파리를 잡으려다 이게 웬 고생(고센)이람.

출애굽기 (11-20장) - 출애굽

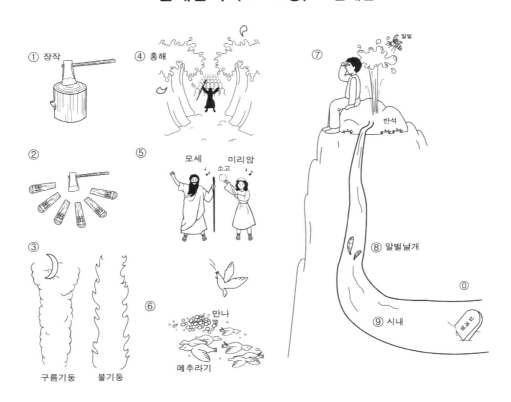

출애굽기(11-20장) 그림 배경설명 출애굽을 배경으로 했으며 홍해바다가 그 중심배경이 됩니다. 1, 2, 3번은 불을 때기 위해 장작(장자)을 패는 장면인데 1번은 장작을 패기 전 단계로 도끼가 통나무에 꽂혀만 있으므로 장자의 죽음 경고가 되며 2번은 장작이 쪼개져 있으므로 장자의 죽음이 됩니다. 쪼갠 장작은 불을 때는데 쓰므로 장작 밑의 불기둥은 그림 배치 상 잘 어울립니다. 드디어 이스라엘 백성들이 출애굽 하여 홍해바다를 건넜으며 모세와 미리암은 홍해바다를 무사히 건너게 해 주신 하나님을 찬양하고 있습니다. 그런데 모세와 미리암이 어찌나 크게 찬양을 했던지 날아가던 메추라기들이 떨어져 죽고 말았습니다. 언덕 위에서는 한 사람이 디딤돌을 닮은 반석위에 앉아 손을 들어 이마에 대고 저 멀리 홍해바다를 건너오는 무리들을 바라보며 "와 저 무리바" 하며 연신 감탄사를 연발하고 있으며 지나가던 말벌이 반석에서 솟구치는 물에 얻어맞았고 물에 맞은 말벌의 날개가 물에 떨어져 있습니다. 반석에서 나온 물이 점점 불어 시내가 되었으며 시내에 십계명이 둥둥 떠내려가고 있습니다.

11장   장자의 죽음 경고(1-10) - 애굽에 있는 모든 처음 난 것은~ 죽으리니(5)

12장   장작이 육 조각으로 쪼개져 있다.   육 → 육월 → 유월(육월은 유월로 읽는다)

① 장자의 죽음 재앙(29-36) - 열 번째 재앙

② 유월절(1-28, 43-51) - 첫 유월절, (암기방법) 6=1+1+4이므로 유월절은 1월 14일이 된다.

※ 유월절은 출애굽을 기념하는 절기로 유월절 어린 양은 양이나 염소 중 흠이 없고 1년 된 수컷으로 하며 1월 **10일에 준비**해서 14일까지 간직했다가 해질 때에 **이스라엘 회중이 잡으며** 버리는 것 없이 다 불에 구워서 **무교병**(7일 동안 먹음)과 **쓴** 나물과 함께 먹으며 먹을 때는 허리에 띠를 띠고 신을 신고 지팡이를 잡고 급히 먹는다. 피는 **우슬초**에 묻혀 좌우 문설주와 인방(문틀 윗부분)에 바르며 유월절(무교절) 기간 중 첫째와 7째 날은 성회로 아무 일도 하지 않는다.

장작마다 出이라고 써 있는데 출하할 장작은 이렇게 出자를 써서 표시해 놓는다.

③ **출애굽**(37-42) - 출애굽 제 1년 1월 15일(유월절 다음날). 라암셋에서 출발, 장정만 60만.

13장 ① **불기둥과 구름기둥**(17-22) - 에담에 진을 친 이스라엘 백성을 불기둥과 구름기둥으로 인도. 구름속에서 초생달이 살짝 얼굴을 내비치고 있다.　초생 → **초**태**생**

② **초태생의 규례**(1-16) - 이스라엘 자손 중에서 사람이나 짐승을 막론하고 태에서 처음 난 모든 난 은 다 거룩히 구별하여 내게 돌리라 이는 내 것이니라(2) - 사람이나 짐승이나, 즉 경우의 수는 2개

14장 **홍해를 건너다**(1-31) - 홍해를 건너기전 비하히롯에서 바로의 군대와 마주치자 백성들이 원망하지 만 하나님의 권능으로 홍해가 갈라지고 이스라엘 백성들은 바다를 건너고 바로의 군대는 전멸당한다.

15장 ① **모세와 미리암이 하나님을 찬양하다**(1-21) - 홍해를 건넌 이스라엘이 하나님께 찬양을 부른다. 미리암의 '미리'에 점 하나를 찍으면 '마라' 즉 쓴물이니 마시지 마라가 된다.

② **마라의 쓴물**(22-26) - 홍해를 건넌 후 수르광야를 사흘길을 걸었으나 물을 얻지 못하고 마라 에 이르러 물을 발견했으나 물이 써 먹을 수 없자 백성들이 모세를 원망한다. 이에 모세가 하나 님의 명으로 한 나무를 물에 던지니 쓴물이 단물이 되어 먹을 수 있게 되었다.　마라 ↔ 라파 따라서 창 15장에 여호와 라파(라파는 아파와 비슷하므로 치료하시는 하나님이 된다)가 나온다. 그림에는 없지만 찬양하는 모세와 미리암의 머리위에 하나님의 숲(엘림)이 드리워 있다.

③ **엘림 도착**(27) - 물샘 12개와 종려나무(야자나무) 70주가 있다.

16장 **만나와 메추라기**(1-36) - 신 광야에서 음식으로 원망하자 만나와 메추라기 주심. 민 11장에 서 메추라기를 1달간 주셨으므로 출애굽 1달 후 도착(2.15일), 만나는 한 사람에 1오멜 씩 거둠

※ 만나(이것이 무엇이냐)와 메추라기를 주시니 **신**이 났다. 따라서 장소는 **신** 광야가 된다.

17장 언덕위에서 한 사람이 디딤돌을 닮은 반석위에 앉아 저 멀리 홍해를 건너오는 무리들을 바라보며 "와 저 무리바"하며 감탄사를 연발하고 있다.　무리바 → 므리바(쫓아오는 바로 때문에 **무리**가 앞 **다투어** 먼저 건너려하므로 므리바는 다투다는 뜻).　반석에서 물이 나오고 있으며 반석이 디딤돌(**디딤** → 르비딤)을 닮았으므로 르비딤의 반석이라 한다.

① **르비딤의 반석에서 물이 솟아나다**(1-7) - 반석에서 물이 나온 곳을 므리바(다투다) 맛사 (시험하다)라고 하는데 이스라엘 자손이 물이 없어 모세를 원망하며 서로 다투었으며 하나님 이 우리 중에 계신가 하여 시험하였기 때문에 붙여진 이름이다.

지나가던 말벌이 반석에서 솟구치는 물에 얻어맞았다.　**말벌** → 아**말**렉, 성경기억법에 서 말벌은 아말렉으로 약속한다(삼상 30장 참조).　말벌이 얻어맞았다 → 아말렉의 패배

② **아말렉과 싸워 승리하다**(8-16) - 멀리 보기 위해서 '손을 들어' 이마에 대고 있는 그림을 통해 모세가 아말렉과 싸울 때 손을 들면 이기고 내리면 아말렉이 이기는 장면이 나온다.

※ 모세의 팔을 잡은 자 - 아론과 훌, 아말렉을 이기고 쌓은 제단 - 여호와 닛시(여호와는 나의 깃발)

18장 물에 맞은 말벌의 날개가 더럽게 물에 떨어져 있다. 이그드러!　**이그 드러** → 이드로
장인 이드로의 충고(1-27) - 모세의 처자들과 르비딤을 방문한 이드로가 모세가 아침부터 저녁까지 홀로 재판을 하자 재판관(천부장·백부장등)을 세워 백성을 재판하게 하라고 충고한다.

19장 반석에서 나온 물이 어느새 시내가 되었다.　시내 → 시내산

① **이스라엘이 시내산에 이르다**(1-25) - 출애굽 제 1년 3월(출애굽 하여 약 **이** 개월 소요) 시내 → **시**계가 다 **내**게 속하였나니…, 그런데 시계는 세계의 사투리이므로 세계로 바꾼다.

② **세계**가 다 내게 속하였나니 내 언약을 지키면 **제**사장 나라 **거**룩한 백성이 되리라(5-6) - 세계 = 5대양 6대주 - **세계**가 다 내게 속하였나니 내 말을 안 들으면 다 **제거**해 버린다고 외우자.

20장 **십계명**(1-17) - 하나님께서 **십계명을 말씀**하실 **때** 백성이 하나님의 음성을 듣고 죽을 것 같 은 두려움에 사로잡혀 모세가 중재자로서 하나님 대신 말해주기를 구하는 내용이 나온다.

출애굽기 (21-30장) - 성막 만드는 법

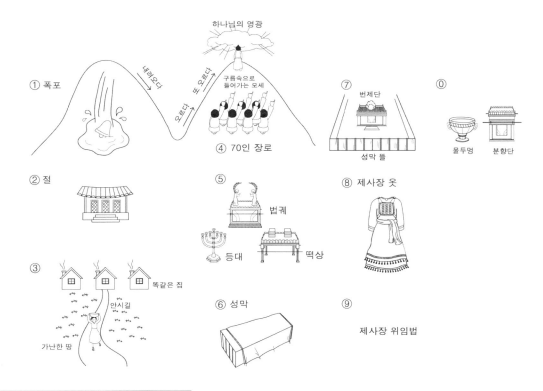

출애굽기(21-30장) 그림 배경설명   시내산에 올라 율법과 성막 만드는 법을 받는 모세를 배경으로 했으며 산에는 폭포가 있고 폭포 밑에는 절이 있으며 산 아래에는 가난하지만 3代가 오손도손 모여 사는 마을이 있습니다. 4번 내리막 화살과 첫 번째 오르막 화살은 20-23장에서 율법을 받은 모세가 잠시 시내산에서 내려와 백성들과 시내산 언약을 체결하고 70인의 장로들과 함께 시내산에 올라가는 것을 나타냅니다. 두 번째 오르막 화살은 돌판을 받기 위해 다시 시내산에 오르는 모세를 나타내며 5~0번까지는 시내산에 오른 모세가 성막제도를 받는 장면입니다.

21장　　폭포의 폭에서 폭력을 끌어낸다.　폭력에는 살인(사형법)과 상해(상해법)가 있다.
　　① 폭력에 관한 법(12-27) • 사형법(12-17) - 우발적 살인자는 도피성으로 피하게 하라(13)
　　　　　　　　　　　　　　• 상해법(18-27) - 눈에는 눈으로, 이에는 이로 갚으라(동해보복법)
　　폭포에 종이 빠져서 물이 오염 되었는데 이것은 전적으로 **종** 임자의 책임이다.
　　② 종에 관한 법(1-11) - 히브리인 종을 산 사람은 7년 후에 그를 자유로이 놓아주어야 하며
　　만일 그 종이 주인을 영원히 섬기겠다고 하면 종의 귀를 송곳으로 뚫는다(2, 5-6).
　　③ 임자의 책임(28-36) - 소가 종을 받으면 소 임자가 은 30세겔을 상전에게 주고 소는 죽인다
22장　　절 → 절도가 되며 절의 문은 약해 보이고 전당포같이 생겼다.　전당포 → 전당물
　　① 절도에 관한 법(1-15) = 배상법 - 5배로 배상한다.
　　② 문란에 관한 법(16-20) - 처녀를 꾀어 동침하였으면 납폐금을 주고 아내로 삼을 것이요(16)
　　③ 약자에 관한 법(21-31) - 가난한 자에게 이자를 받지 말라(25, 신 23:19)
　　④ 전당물(25-27) - 이웃의 옷을 전당 잡거든 해지기 전에 그에게 돌려보내라(26) - 신 24:10-13
　　• 너는 **재**판관을 **모**독하지 말며(28) - 이 절의 주지는 머리에 제모를 해서 머리가 맨질맨질 하다.
23장　　안시길(안식일)을 따라 참을 이고 가는 여자,　안시길(안식일) + 여자(女) → 안식년
　　① 안식일(12)　※ 바구니 안에는 물(내물→뇌물)도 들어 있다. 따라서 출 23장에 **뇌물**이 나온다.

② 안식년(10-11) - 7째 해에는 갈지 말고 묵혀두어서 네 백성의 가난한 자들이 먹게 하라(11)
　　농촌은 땅값이 싸다. 따라서 농촌의 땅은 가난한 땅이 된다.　가난한 땅 → 가나안 땅
③ 가나안 땅에서 준수할 규정(20-33)
　　3代가 살고 있는 집 모양이 똑같다.　3代 → 3대 절기,　똑같다 → 공평하다
④ 3대 절기(14-19) - 무교절·맥추절(칠칠절, 오순절)·수장절(초막절, 장막절) - 1년에 3번
⑤ 공평에 관한 법(1-9) - 너는 이방 나그네를 압제하지 말라(9) - 농촌길이 나그네 길 같다.
24장　첫 번째 오르막 화살표시 - 모세가 70인의 장로들과 함께 시내산에 올라간다.
① 70인의 장로와 시내산에 오른 모세(1-11) - 모세, 아론, 나답, 아비후, 장로 70인 총 74명.
　시내산에 오른 70인의 장로가 새끼손가락(언약)을 들고 있다.
② 시내산 언약체결(1-11) - 시내산 언약을 체결함으로 이스라엘은 정식으로 θ의 백성이 된다.
　두 번째 오르막 화살표시 - 돌판을 받기위해 모세만 다시 시내산으로 올라간다.
③ 돌판을 받기위해 다시 시내산에 오른 모세(12-18) - 여호수아가 수행원으로 동행. 40일 머묾
　＊ 출 25-30장 그림 외우는 방법 - 출 31-40장 그림에서 먼저 37장의 분향단과 38장의
　　물두멍을 0번으로 이동한 후 37, 38, 39장 그림을 한 칸씩 위로 올리면 37장은 ⑤로
　　(⑥으로 가야하나 ⑥의 성막은 못으로 박아 땅에 고정시켜 놓았으므로 ⑥ 다음인 ⑤
　　로 간다), 38장은 ⑦로, 39장은 ⑧로 가며 39장의 빈 자리는 **제사장**에게 **위임**한다.
25장 ① 법궤(10-16) - 조각목으로 만든다.　크기 2.5　1.5　1.5
② 속죄소(17-22) - 법궤의 뚜껑으로 순금으로 만든다(두 그룹도 순금). 크기 2.5　1.5
③ 떡상(23-30) - 조각목으로 만든다.　크기 2　1　1.5(둘이 먹다 하나나 하나반이 죽어도 모를 맛)
④ 등대(31-40) - 순금　※ θ이 이스라엘과 만나기로 한 성전의 장소 - 두 그룹사이(속죄소위)
26장　성막(1-37) - 하나님이 백성들을 만나시고 백성들은 θ께 제사 드리기 위해 만든 이동식 성전
27장 ① 번제단(1-8) - 조각목으로 만든다.　크기 5　5　3(번제단에서 **오오~** **삼**겹살을 굽는구나)
② 성막 뜰(9-19) = 성막 울타리
　번제단 위의 불은 등불을 나타낸다.
③ 등불(20-21) - 감람으로 짠 순수한 기름으로 끊이지 말고 킬 것 - 저녁에 켜서 아침에 끈다.
28장　제사장 옷 만드는 법(1-43) - 흉패, 에봇, 겉옷, 반포속옷, 관, 띠로 구성되었으며 우림(빛,
　열대우림은 빛이 들어오지 않는다)과 둠밈(완전함, 둠과 밈의 ㅁ이 네모반듯한 정사각형으로
　완전함을 나타낸다)은 흉패 안에 넣으며 여호와 앞에 들어갈 때 사용한다. 에봇의 두 어깨받이
　에 붙여있는 두 호마노 보석과 흉패의 12보석에는 이스라엘 아들들의 이름이 새겨져 있다.
　※ 여호와께 성결이라 쓴 패를 이마에 매는 이유 - 백성이 드리는 성물과 관련된 죄책을 담당키 위해
29장　제사장 위임법(1-37) - 숫양기름을 제사장 오른쪽 귓부리와 오른손과 오른발 엄지에 바름. 7일
30장　◎번이 물두멍과 닮았으므로 0번 즉 30장에 물두멍이 나온다.
① 물두멍(17-21) - 놋　※ 아론이 1년에 1번씩 속죄하는 제단 - 향단 뿔
　물두멍이 분수대와 닮았으므로 물두멍에 생명의 속전(애굽에서 구원해주신 하나님의 은
　혜에 감사함으로 드리는 의무세) 반 세겔(10게라)을 던져 소원을 빈다고 생각하자.
② 생명의 속전 반 세겔(11-16) - 부자나 가난한 자나 똑같이 내며(20세 이상) 회막 봉사에 쓴다.
　※ 하나님께 드리는 생명의 속전은 계수할 때 드리는 자들 중에 질병을 없게 하기 위함이다.
③ 분향단(1-10) - 조각목.　크기는 1　1　2(향은 아침에 1번 저녁에 1번 하루에 2번 피운다)
　분향단에서 향을 ㄲ집어내어 소제목을 만들면 향과 향기름(관유) 제조법이 된다.
④ 향과 향기름(관유) 제조법(22-38) - 아론과 아들들에게 거룩한 관유(감람유)로 거룩하게 함.

출애굽기 (31-40장) - 성막

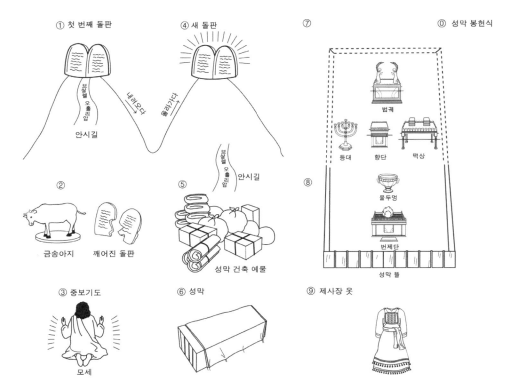

① 첫 번째 돌판　④ 새 돌판　⑦　　⓪ 성막 봉헌식

브살렐 오홀리압　안시길　다음으로

② 금송아지　깨어진 돌판　⑤ 성막 건축 예물

⑧　법궤　등대　향단　떡상　물두멍　번제단　성막 뜰

③ 중보기도　모세　⑥ 성막　⑨ 제사장 옷

출애굽기(31-40장) 그림 배경설명　율법을 받고 시내산에서 내려와 실제 성막 만드는 장면을 배경으로 했으며 모세가 두 돌판을 들고 안시길을 따라 산에서 내려오다가 산 아래에서 금송아지 숭배하는 것을 보고 노하여 두 돌판을 깨버렸으며 이어서 모세가 백성들의 죄를 위해 중보기도를 드립니다. 다시 시내산에 올라 새 돌판을 받은 모세가 안시길을 따라 산에서 내려와 본격적으로 성막건축을 시작하려하는데 시작하기에 앞서 모세가 성막에 쓰일 예물을 모았으며 나머지는 실제 성막을 만드는 장면이 나오며 성막이 완성된 후 성막 봉헌식으로 끝을 맺습니다. 7, 8, 9번 그림 암기하는 방법은 제사장이 제사를 드리기 위해서는 먼저 제사장 옷을 입어야 하며 그런 후 성막울타리(뜰)를 열고 들어가서 번제단에서 제사를 드리며 제사를 드린 후에는 반드시 제사로 더러워진 수족을 물두멍에 씻어야하며 그런 후에 성소를 거쳐 지성소로 들어갑니다.

31장 ① 첫 번째 돌판(18)
　　　　첫 번째 돌판을 들고 내려온 길 = 안시길,　안시길 → 안식일
　　② 안식일(12-17)
　　　　안시길에 '브살렐과 오홀리압'이라고 써 있다.
　　③ 성막건축을 담당할 브살렐과 오홀리압(1-11) - 유다 지파 훌의 손자 우리의 아들 브살렐
　　　　(유후~ 우리 아들 브살렐),　단 지파 아히사막의 아들 오홀리압(단아한 오홀리압)
32장 ① 금송아지 숭배(1-35) - 백성들은 모세의 하산이 더디자 불안감을 못이겨 금송아지를 만들어
　　　　숭배했으며 이 같은 소식을 접한 모세는 레위자손을 통해 우상숭배자들을 처형한다(약 3천명).
　　② 깨어진 돌판(15-20) - 돌판을 부순 후 금송아지를 불살라 가루를 내어 물에 타 마시게 한다.
　　　　깨어진 두 돌판 중 한 개는 무겁고(중) 다른 한 개는 보통이다.
　　③ 모세의 중보기도(7-14, 30-35) - 금송아지로 범죄한 백성의 죄를 사하여 달라고 기도한다.
33장　　백성의 완악함으로 가나안 동행을 거부하시자 모세가 전전긍긍하며 중보기도를 드린다.

① 모세의 중보기도(1-23) - θ과의 동행을 요구하는 모세의 기도(죄에 대한 중보기도는 32장)

• 나는 은혜 베풀 자에게 은혜를 베풀고 **긍휼히 여길** 자에게 **긍휼**을 베푸느니라(19)

중보기도 하는 모세의 옷은 진회색이다.   진회색 → **진** 밖에 세워진 **회**막

② 진 밖에 세워진 회막(7-11) - 금송아지 범죄이후 성막을 짓기 전 그 성막의 역할을 대신할 임시 장막의 필요성을 느꼈는데 이에 진 바깥에 장막을 치고 그 장막을 **회막**이라 불렀으며 이 명칭은 후에 세워진 성막에도 그대로 적용되었다.

※ 모세의 등 - 모세가 주의 영광을 보여 달라고 했을 때 하나님의 영광이 모세를 지나갔고 모세는 하나님의 등만 볼 수 있었는데 이는 하나님의 얼굴을 보고 살자가 없기 때문이었다. 따라서 하나님의 영광 표시를 그림에서와 같이 모세의 등에 해 놓았다.

34장　새 돌판에서 빛이 나는 건 광채나는 모세의 얼굴을, 새 돌판의 새는 3대 절기를 나타낸다.

① 새 돌판(1-17) - 언약의 회복

② 3대 절기(18-28) - 출 23장, 레 23장, 신 16장

③ 광채 나는 모세의 얼굴(29-35)

35장 ① 마음이 감동된 자와 자원하는 자가 성막건축 예물을 드리다(4-29) - 25장에도 35장과 같이 예물이 나오나 그릴 공간이 없어 생략했다. 25장의 제목은 '성막을 지을 예물(1-9)'이 된다.

새 돌판을 들고 내려온 길 = 안시길,　안시길 → 안식일

② 안식일(1-3) - 이 날에 일하는 자는 죽일지니 불도 피우지 말라(2-3) - 예물이 있으므로 불을 피우면 안된다. 따라서 불도 피우지 말라는 구절은 예물이 나오는 출 35장의 안식일에 나온다.

안시길에 '브살렐과 오홀리압'이라고 써 있다.

③ 브살렐과 오홀리압이 직임을 받다(30-35)

36장　성막 건축(1-38) - 성막을 덮는 막(8-18)·널판(19-34)·지성소의 휘장 제작(35-38)

※ 성막을 덮는 막(**염**소털), 막의 덮개(붉은 물들인 **수**양의 가죽), 윗덮개(**해**달의 가죽) - 해수염

37장 ① 법궤 제작(1-5) - 하나님의 임재를 상징　※ 성막과 성물을 자세히 기록한 신약책 - 히 9장

② 속죄소 제작(6-9) - 법궤의 뚜껑으로 '죄를 덮는다'는 뜻이 있으며 그리스도를 상징한다. 법궤의 한부분이라기보다는 독립된 것으로 보는 것이 타당하다. 하나님의 임재의 장소.

③ 떡상 제작(10-16) - 하나님의 말씀을 상징

④ 등대 제작(17-24) - 성령의 조명을 나타내며 성령님은 항상 말씀을 통해서만 조명하신다.

⑤ 분향단 제작(25-29) - 분향단은 성도의 기도를 나타내며 분향단이 속죄소와 가장 가까이 있는 것은 하나님께서 성도들의 가장 가까이에 계셔서 그 기도를 들어 주신다는 것을 의미한다. 분향단에서 향을 끄집어내어 소제목을 만들면 향과 향기름(관유) 제작이 된다.

⑥ 향과 향기름(관유) 제작(29) - 아론과 아들들에게 거룩한 관유(감람유)로 거룩하게 함(30)

＊ 37장 등대 · 분향단 · 떡상 위치암기법 - 분향단이 법궤에서 가장 가까운 곳에 있으므로 분향단의 위치는 가운데가 되고 오른손으로 떡을 먹고 왼손으론 떡을 잘 보고 먹을 수 있게 등대로 비춰야 하므로 왼쪽이 등대, 오른쪽이 떡상이 된다.

38장 ① 번제단 제작(1-7)

② 물두멍 제작(8) - 제사장들이 번제단에서 제사를 드리기 전이나 성막에 들어갈 때 수족을 씻는 것으로 씻지 않으면 죽임을 당했으며 물두멍에 수족을 씻는 것은 죄를 회개하는 세례의 상징이다.

③ 성막 뜰 제작(9-20)

39장　제사장 옷 제작(1-31) - 회막이나 제단에서 섬길 때 입으며 그 외에는 평상복을 입어야 한다.

40장　성막 봉헌식(1-33) - 출애굽 제 2년 1월 1일(출애굽 후 1년) - 성막에 관한 모든 역사를 마친 후 구름이 회막 위에 덮이고 여호와의 영광이 성막에 충만하여 모세가 회막에 들어갈 수 없었다.

레위기 27장

✻ **장수기억법** : 레위기는 구(9)약의 3번째 책이다.   3 × 9 = 27

✻ **배경** : 레위기는 제사법에 관한 책이므로 1단원(1-10장)은 제사법에 관해 나오며 이 제사는 거룩한 하나님께 드리는 것이므로 제사를 드리기 전에 먼저 우리의 몸과 마음을 정결하게 한 후 드려야 한다. 따라서 2단원(11-20장)은 정결하게 하는 법에 대해서 나오며 마지막 3단원(21-27장)은 실제로 우리나라 가정에서 제사하는 모습을 배경으로 했다.

레위기 (27장)

저　　자 : 모세

제　　목 : 레위기

　　　　　많은 구약 성경의 제목과 마찬가지로 이 책의 히브리 명칭도 그 첫 단어를 딴 와이크라이다. 이 말은 '그리고 그(여호와)가 부르셨다'는 뜻이다(참조 1:1). 그런데 이 책을 레위기라고 부르게 된 것은 칠십인역의 영향 때문이다. 칠십인 역의 영향을 받은 벌게일은 '레비티쿠스'라는 명칭을 사용하였으며 '레위인에게 속한' 이란 뜻을 가지고 있다.

주　　제 : 거룩한 하나님께 합당한 거룩한 예배

기록연대 : B.C. 1446년-1406년경

요　　절 : 17:11, 19:2, 20:7-8

기록목적 : 이스라엘의 백성들에게 거룩하신 하나님을 올바르게 섬기는 방법을 지도해 주고, 하나님의 백성답게 성결하게 살아가는 법을 안내해 주기 위해 기록하였다.

구약시대의 5대 제사

명칭	제물	제사하는 이유	성경 구절
번　제	숫소, 숫양, 숫염소 산비둘기나 집비둘기 새끼	하나님께 대한 완전한 헌신을 다짐할 때	레 1:3-17 6:8-13
소　제	곡물, 밀가루, 무교병 (기름, 향, 소금과 함께)	하나님께 충성과 감사를 나타내고자 할 때	레 2:1-16 6:14-18
화목제	숫소, 숫양, 암소, 암양, 염소	하나님과 화목을 이루고 친밀한 교제를 원할 때	레 3:1-17 7:11-21
속죄제	드리는 자의 신분에 따라 다름(레위기 4장 참조)	하나님께 대한 죄를 사함 받기 위해	레 4:1-5:13 6:24-30
속건제	숫양, 범한 물건의 1/5	사람 또는 성물에 대하여 범한 죄를 사함받기 위해	레 5:14-6:7 7:1-7

제사 드리는 방법

1. **화제** : 제물을 불살라 드리는 방법
2. **거제** : 제물을 들어 올려서 드리는 방법
3. **전제** : 포도주나 기름, 또는 피를 부어 드리는 방법
4. **요제** : 제물을 흔들어 드리는 제사방법

절기 일람표

절기	시기 (월 일)	설 명	성경구절
안 식 일	매주 제 7일	모든 노동을 금하고 안식하면서, 창조주이며 구원자이신 하나님께 찬양과 예배를 드리는 날	출 20:8-11 레 23:3
유 월 절	1월 14일 저녁	첫째 달인 아빕(니산)월 14일 저녁때 지키는 유대인 최대 절기로, 여호와께서 이스라엘 백성들을 애굽의 종살이에서 해방시켜 주신 것을 기념하는 절기이다.	레 23:5 민 28:16
무 교 절	1월 15-21일	유월절의 연장으로서 애굽 생활의 고난을 기억하고 또 애굽에서 급히 빠져나온 그때의 출애굽 상황을 기념하는 절기이다. **유월절 다음날부터 7일간.**	레 23:6-8 민 28:17-25
초 실 절	1월 16일	보리 수확의 첫 열매를 하나님께 드리는 절기로 곡식의 첫 이삭 한 단을 하나님께 요제로 흔들어 드림 - 유월절(금)과 무교절(토,안식일) 다음날	레 23:9-14
오 순 절 (맥 추 절, 칠 칠 절)	초실절 이후 50일째의 날 (3월 6일)	두 번째 거둔 곡식(첫 번째는 초실절)을 바치는 절기로 밀 수확의 첫 열매를 하나님께 봉헌하는 절기이다. 맹추(맥추절)나 칠칠(칠칠절) 맞은 것이나 같다	출 34:22 레 23:15-22 신 16:9-12
나 팔 절 (신 년 절)	7월 1일	유대 민간력으로 새해 첫날이므로 하나님 앞에 이 새해에 첫날을 드림을 의미하며 제물위에 나팔을 크게 불어 기념하는 절기. **나팔이 1자이므로 7월 1일**(참고로 나팔절이나 초막절, 대속죄일은 다 7월 절기이다)	레 23:23-25 민 29:1-6
대 속 죄 일	7월 10일	한 해 동안 부지중에 쌓인 제사장과 온 백성의 죄를 사함 받고 성막을 정결하게 하는 날. **십자(10)가 대속**	레 23:26-32 민 29:7-11
초 막 절 (수 장 절, 장 막 절)	7월 15-21일	야외에 초막을 짓고 7일 동안 거기 거하면서, 광야의 40년 장막 생활을 기념하고 또 한해의 추수를 마감하면서 여호와의 은혜에 감사하는 절기 - **초막의 초가 처음 초이므로 1, 막이 숫자기억법으로 5가 되므로 15일**	레 23:33-44 민 29:12-40 신 16:13-15
안 식 년	매 7년마다	일곱 번째 맞이하는 안식의 해를 기념하는 해로, 경작을 그치고 빚 독촉을 면제해 주었다.	출 23:10-11 레 25:1-7
희 년	매 50년 마다	안식년이 7번 지난 다음해로, 참 안식의 기쁨과 해방의 자유를 누리는 해이다.	레 25:8-55
부 림 절	12월 14-15일	유대인을 몰살하려 했던 하만의 음모를 모르드개와 에스더의 활약으로 분쇄하고 이방인에게서 구원받은 사건을 기념하는 절기이다.	에 9:20-32
수 전 절 (촛 불 절)	유대력 9월 25일부터 8일간	유다 마카비가 셀류쿠스 군대에 승리함으로써(주전 165년) 수리아의 안티오쿠스 에피파네스가 예루살렘 성전을 더럽힌 것을 정화하여 여호와께 성전을 재봉헌 한 것을 기념하는 절기이다.	요 10:22
월 삭	매달 초하루	달의 첫 날을 기념하여, 그 날을 하나님께 봉헌하고 새로운 헌신과 출발을 다짐하는 날	민 28:11-15

레위기 (1-10장) - 제사법

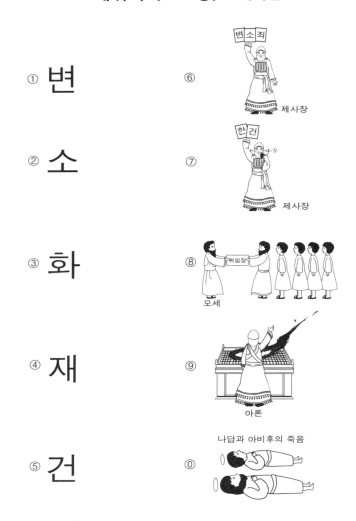

① 변
② 소
③ 화
④ 재
⑤ 건

⑥ 제사장
⑦ 제사장
⑧ 모세
⑨ 아론
⓪ 나답과 아비후의 죽음

레위기(1-10장) 그림 배경설명 레위기는 제사법에 관한 책이므로 1단원(1-10장)은 제사법에 대해서 나옵니다. 1-5번은 5대 제사인데 앞글자인 번·소·화·죄·건을 변형시켜 변·소·화·재·건으로 바꾸면 암기하기 쉽습니다. 변·소·화·재·건을 풀어쓰면 변소에 화재를 낸 건을 말하며 이런 범죄를 **변소죄**라 하고(6번) 7번의 제사장이 변소죄 사건을 **한건** 해결했으므로 부상으로 고기를 받아서 먹고 있습니다. 8번과 9번은 아론과 그의 아들들의 제사장 위임식과 취임식 장면이며 0번은 아론의 아들 나답과 아비후가 불이 여호와 앞에서 나와 번제물을 사르자 놀라서 죽는 장면입니다. 참고로 1-5장이 5대 제사이고 6-7장도 5대 제사인데 구분하는 방법은 1-5장은 백성의 관점에서 제사 드리는 방법이고 6-7장은 5대 제사의 보충적인 규례로서 제사장의 관점에서 각각의 제사 드리는 방법입니다. 제사의 기본 원칙은 기름(콩팥포함)은 동물의 신체 중 최고의 것이므로 불살라 하나님께 드리며 제사를 드리고 남은 것은 제사장의 몫이 됩니다.

✱ 번제, 화목제, 속건제는 헌제자가 제물에 안수하고 잡으며 제사장은 번제단 사방에 피만 뿌린다. 속죄제는 제사장과 온 회중의 경우 헌제자가 제물에 안수하고 잡으며 제사장은 손가락으로 피를 찍어 휘장 앞(지성소)에 피를 7번 뿌리고 향단 뿔에 피를 바르며 남은 피는 번제단 밑에 쏟는다. 나머지 경우 제사장은 피는 손가락으로 찍어 번제단 뿔에 바르고 남은 피는 번제단 밑에 쏟는다. 다만 비둘기는 헌제자가 제물을 가져올 뿐 제사장이 잡으며 번제의 경우 피는 양이 극히 적기 때문에 단 사방에 뿌리지 않고 단 곁에 흘리기만 하며 속죄제는 단 곁에 뿌리고 남은 피는 단 밑에 흘린다.

1장 　　번　　제(1-17) - 희생제물을 번제단 위에서 온전히 불태워 그 향기를 하나님께 올려드리는 제사

산(집)비둘기 새끼
숫소　숫양　숫염소

　　　　　　　특징 - 흠 없는 수컷에만 한하며 가죽을 제외한(헌제자의 후패한 겉모습을
　　　　　　　완전히 제거하고 오직 진실한 내면적 부분만을 드린다는 뜻에서 가죽을 벗겼
　　　　　　　다) 제물 전체를 불살라 드리며 가죽은 제사장의 몫이 된다. 부자 - 흠 없는
　　　　　　　숫소, 중산자 - 흠 없는 숫양, 숫염소, 극빈자 - 산비둘기나 집비둘기 새끼

2장 　　소　　제(1-16) - 곡식의 첫 이삭이나 고운가루를 예물로 드리는 제사로 번제, 속죄제, 화목제

고운가루　무교병　유향
소금　첫 이삭

　　　　　　　와 함께 불살라 드리며 남은 것은 제사장의 몫(제사장이 드린 소제물은 제외)
　　　　　　　특징 - 피 없는 제사. 소제물에 누룩과 꿀(발효시킨 재료는 타락을 의미)
　　　　　　　은 넣지 않으며 모든 소제물에 소금(부패방지와 불변하는 영속성)을 넣는다.
　　　　　　　※ 소제의 3가지 종류 : ① 화덕에 구운 것 ② 철판에 부친 것 ③ 냄비의 것

3장 　　화목제(1-17) - 하나님과의 화목 및 이웃간의 친교를 위해 드리는 제사로 그림처럼 암수 한

각각의 암수

　　　　　　　쌍씩 화목하게 앉아 있으므로 화목제물은 암수구별을 두지 않는다. 다만 비
　　　　　　　둘기는 함께 나누어 먹을 음식량으로 충분치 않았기 때문에 허용되지 않았다.
　　　　　　　특징 - 제사장과 헌제자가 같이 나누어 먹을 수 있는 유일한 제사로 제사
　　　　　　　장은 가슴(요제)과 우편 뒷다리(거제)를, 헌제자들은 나머지 고기를 먹는다.

4장 　　속죄제(1-5:13)- 죄 지은 인간이 하나님께 죄 사함을 받기 위해 의무적으로 드려야하는 제사.

제사장·온 회중(수송아지)
족장(숫염소)
평민(암염소·어린 암양)
서민(산·집비둘기새끼2)-1마리는 번제
극빈(고운가루 에바10/1)-기름,유향×

　　　　　　　기름(콩팥포함)은 동물의 신체 중 최고의 것으로 간주되어 하나님께 드려졌다.
　　　　　　　따라서 기름과 콩팥은 태워서 하나님께 드리고 남은 것은 제사장의 몫이 되나
　　　　　　　제사장과 온 회중의 경우는 기름과 콩팥은 단에서 태우고 나머지는 진 밖에서
　　　　　　　태우므로 제사장의 몫은 없다. 신분에 따라 제물에 차등을 두며(암컷은 수컷보
　　　　　　　다 비중이 1단계 아래) 예배자가 제물에 안수하나 온 회중의 경우 장로가 안
　　　　　　　수한다. 제사장이 범죄한 경우를 제외하고는 범죄자의 죄는 제사장이 속한다.

5장 　　속건제(14-6:7)- 하나님의 성물이나 법 또는 이웃에게 피해를 끼쳤을 경우에 드리는 제사로

숫양　1/5

　　　　　　　기름과 콩팥을은 태워서 하나님께 드리고 남은 것은 제사장의 몫이 된다.
　　　　　　　특징 - 흠 없는 숫양으로 하며 범한 성물, 물건의 1/5을 더 낸다.

6장 ① 　번　　제(1 -13) - 항상 단 위의 불이 꺼지지 않게 하고 단에 나갈 때는 세마포 고의를 입고가라
　　② 　소　　제(14-23) - 제사장이 드리는 모든 소제물은 온전히 불사르고 먹지 않는다.
　　※ 아론과 그 자손이 기름 부음을 받는 날 드리는 예물은 고운가루 에바1/10(아침에 반, 저녁에 반)
　　③ 속죄제(24-30) - 고기를 토기에 삶았으면 토기를 깨뜨리고 유기에 삶았으면 물로 씻을 것.

7장 ① 속건제(1-10)
　　② 화목제(11-21) - 3가지 목적 : 감사(희생고기는 당일), 서원과 자원(원이 2개므로 이틀까지)
　　제사장이 손에 기름지고 피가 묻어있는 고기의 뒷다리를 뜯고 있는데 제사장의 분위
　　기가 깃을 세운 망토를 입은 드라큐라와 비슷하다.
　　③ 기름과 피는 먹지 말라(22-27) - 기름은 하나님의 것이고 피는 생명의 근원이 되기 때문이다.
　　제사장의 옷 - 깃이 세워져 있다. 깃 → 분깃
　　④ 제사장의 분깃(28-36) - 화목제 희생물 중 요제(제물을 흔들어 드리는 제사방법)로 삼은 가슴
　　과 거제(제물을 들어 올려서 드리는 제사방법)로 삼은 우편 뒷다리는 제사장의 영원한 소득이다.

8장 　모세가 아론과 아들들(나답, 아비후, 엘르아살, 이다말)에게 위임장을 주고 있다.
　　제사장 위임식(1-36) - 출 29장 - 모세에 의해 7일 간 행해졌으며 칠주야를 회막 안에 거
　　하여야 했던 것은 맡겨진 사명을 위해 세상과 분리되어 전적으로 헌신해야 함을 가리킨다.
　　※ 성막 봉헌식(출애굽 제 2년 1월 1일) 다음날 위임식을 7일간 치렀으므로 위임식을 마쳤을 때
　　는 출애굽 제 2년 1월 8일(제사장 취임식도 이날 치러졌다)이 된다.

9장   <mark>제사장 취임식</mark>(1-24) - 위임식을 마친 후 아론이 제사장의 자격과 신분으로서 첫 제사(속죄제, 번제, 화목제)를 드렸으며 이때 불이 <u>여호와</u> 앞에서 나와 제단 위의 번제물과 기름을 사르자 온 백성이 소리 지르며 엎드린다. 출애굽 제 2년 1월 8일

10장   아론의 아들 나답과 아비후가 **아비**의 뒤(**후**)에 있다가 불이 여호와 앞에서 나오자 놀라서 심장이 멈춰 버렸는데 심장이 멈춰 숨이 안 쉬어지자 "**나 답**답해" 하며 죽는다.
    <mark>나답과 아비후의 죽음</mark>(1-7) - 나답과 아비후가 번제단의 불 이외의 다른 불을 담아 하나님께 분향하다가 죽는다. 이 사건 후 살아남은 아론의 2아들 - 엘르아살(엘리에셀×)과 이다말

    ※ 나답과 아비후의 시체를 메고 온 사람 - 웃시엘의 아들 미사엘과 엘사반 - 웃시야(웃시엘) 하고 나답과 아비후의 시체를 메고 가는데 미사일(미사엘)을 메고 가는 것 같다. 미사일**쏴바**(엘사반)

    ※ 제사장들이 회막에 들어 갈 때의 규례 - 포도주나 독주를 마시지 말라. 위반 시 죽음에 이름.

레위기 (11-20장) - 정결하게 하는 법

| <mark>레위기(11-20장) 그림 배경설명</mark> |
2단원(11-20장)은 정결하게 하는 법에 대해서 나오며 산모가 아기를 낳자 정부가 산모를 정하게 하려고 왼손으로는 정결의식에 사용하는 우슬초를 들고 입으로는 '거룩 거룩' 하면서 주문을 외우고 있습니다. 산모의 손에는 나병(문둥병)이 걸려있고 치마에는 출산으로 인해 하혈한 자국이 남아 있으며 그 아래에는 순산하게 해 달라고 기도했던 예수님의 십자가가 놓여 있습니다. 산모의 오른발에는 게문신이, 왼발에는 모기가 피를 빨고 있으며 다리 사이에서는 개가 쿵쿵거리며 하혈한 냄새를 맡고 있습니다. 병풍 뒤에서는 산모의 부정을 쫓아내려고 무당이 몰래 굿을 하는데 아마도 정부가 산모를 위한답시고 산모 모르게 사주한 것 같습니다. 그래서 병풍을 쳐놓고 몰래 굿을 하는 것입니다.

11장   산모의 정부가 머리맡에 앉아있다.   정부 → **정**한 동물과 **부**정한 동물(신 14장)
    ① <mark>정한 동물과 부정한 동물</mark>(1-47) - 굽이 갈라지고 되새김하는 짐승과 지느러미와 비늘이 있는 물고기와 날개가 있고 땅에서 뛰는 곤충(메뚜기, 베짱이, 귀뚜라미, 팥중이)은 먹을 수 있으며 맹금류(육식성의 사나운 조류)는 대체로 먹을 수 없다. 그 시체를 만지는 자는 <u>저녁</u>까지 부정하다. 정부가 산모를 정하게 하려고 손으로는 정결의식에 사용하는 우슬초를 들고 입으로는 '거룩 거룩' 하면서 주문을 외우고 있다.
    ② 내가 거룩하니 너희도 거룩할지어다(45) - 벧전 1:16

※ 11, 19장 둘 다 거룩에 관한 구절이나 11장은 정부가 거룩을 연달아 말하므로 구절에 거룩이 연속으로 나오며 19장은 거룩이라고 글씨까지 새겨놓았으므로 숫자기억법은 19장에만 써놓았다.

12장 **산모 정결법**(1-8) - 남자면 7일(다른 사람과 전혀 접촉할 수 없는 부정기간), 여자면 14일 부정하며 산혈이 깨끗해지려면 남자는 33일(하나님의 성소에 나갈 수 없는 부정기간), 여자는 66일이 더 지나야 정결하게 된다. 정결하게 되는 기한이 차면(남자는 40일, 여자는 80일) 출산에 대한 감사와 헌신을 표하기 위해 **번제**(1년 된 어린 양, 형편이 안되면 산비둘기나 집비둘기 새끼)와 출산에 따른 부정을 제거하는 정결의식으로 **속죄제**(산비둘기나 집비둘기 새끼)를 드린다.

13장 산모가 손에 나병(문둥병)이 걸렸다. ※ 색점 - 밝고 희끄므레하게 부어오른 종기

나병 판별법(1-59) - 증상은 털이 희어짐, 환부가 우묵, 피부에 흰점, 생살이 생김, 대머리에 색점이 있으며 나병환자는 옷을 찢고 머리를 풀며 윗입술을 가리고 부정하다고 외친다.

14장 우슬초 - 나병환자를 정결하게 하기 위한 물 뿌리는 의식에 사용되었다.

나병 정결법(1-57) - 제사장은 나병환자를 진에서 나가 진찰하며 정결함을 받은 나병환자는 제사장에게 살아있는 정결한 새 2마리와 백향목, 홍색실, 우슬초를 가져오며(1마리는 죽여 그 피를 취하고, 다른 1마리는 백향목 가지에 우슬초 줄기와 더불어 홍색실로 묶어 그 죽은 새의 피에 몸을 적신 후 넓은 들판으로 날려 보낸다) 7째 날에 몸의 모든 털을 민다(1차 정결의식). 1차 정결의식 후 8일 만에 소제를 곁들인 속건제(잠시나마 거룩한 공동체 이스라엘을 부정하게 했던 허물을 용서받기 위한 제사), 속죄제. 번제를 드린다(2차 정결의식).

15장 **유출병 규례**(1-33) - 혈루증과 구별되며 생식기를 통해 정액이나 피 고름이 흘러나오는 병. 접촉하는 자는 저녁까지 부정하며 완치 후 산비둘기2이나 집비둘기 새끼 2마리를 제물로 드린다. (암기방법) 하혈한 자국 때문에 보이지 않아서 그렇지 치마에는 비둘기 2마리가 그려져 있다.

16장 우리의 죄를 대속하신 예수님의 십자가

대속죄일(1-34) - 대제사장이 1년에 한번 자신과 온 회중을 위해서 속죄하러 지성소에 들어가며 스스로 괴롭게 하고 아무 일도 하지 않는다. 2마리 염소 중 1마리는 여호와께 속죄제로 드리고 나머지 1마리는 아사셀(보낸다는 뜻)을 위하여 산채로 광야로 보낸다. 7월 10일

17장 피를 빨고 있는 모기, 모기에게 있어 사람의 발가락은 희생제물이 된다.

① **희생제물에 대한 규례**(1-9) - 제사 드리는 모든 희생제물은 회막문 앞에서 잡고 드려야 한다.

② **피는 먹지 말라**(10-16) - 육체의 생명이 피에 있고 피가 죄를 속하기 때문에 먹을 수 없다.

※ 먹을 수 있는 짐승도 먹을 수 없는 경우 - 스스로 죽었거나 들짐승에게 찢겨 죽은 경우

18장 어미개와 아들개, 어미개(우)와 산모(우), 어미개(짐승)와 산모(사람)

① **근친상간 금지**(1-18) - 애굽과 가나안 풍속을 따르지 말고 하나님의 법도와 규례를 지키라

② **동성애 금지**(22) - 롬 1:26 참조

③ **짐승교합 금지**(23)

※ 여호와께서 가나안 거민을 그 땅에서 쫓아낸 이유 - 극심한 성적 타락과 가증한 우상숭배 때문

19장 큰 게 문신, 큰 게 → 큰 계명, 큰 계명의 첫 번째는 하나님사랑, 두 번째는 이웃사랑

① **하나님을 사랑하는 법규**(1-8) - 화목제물을 여호와께 드릴 때에 기쁘게 받으시도록 드리고(5)

② **이웃을 사랑하는 법규**(9-18) - 마 22장, 막 12장, 눅 10장, 롬 13장, 갈 5장, 약 2장

※ 추수할 때 지켜야 할 규례 - 밭모퉁이까지 다 거두지 말고 네 떨어진 이삭도 줍지 말며 포도원의 열매를 다 따지 말며 떨어진 열매도 줍지 말고 가난한 사람과 거류민을 위하여 버려두라(9-10) 산모의 발에 있는 문신을 보니 **삭** 지우고 싶다. 삭 → 품꾼의 삯

③ **문신 금지**(28)

④ **품꾼의 삯**(13) - 품꾼의 삯을 아침까지 밤새도록 네게 두지 말고 당일에 주라.

큰 게 문신에 '거룩'이라고 써 있다.

⑤ 너희는 **거룩**하라 이는 나 여호와 너희 하나님이 **거룩**함이니라(2) - 거룩이 2번 나오므로 2절

※ 가나안 입성 후 과목을 심어 3년 동안은 먹지 말며 4년째는 여호와께 드리고 5년째에 먹는다.

※ 게가 저울 같고 머리가 세게 생겼으므로 19장에 공평한 저울과 추와 센 머리(노인공경)가 나온다.

20장 산모가 부정하기 때문에 병풍 뒤에서 무당이 몰래 굿을 하고 있다. 몰래 → 몰렉

① **몰렉 숭배 금지**(1-5) - 어린이 희생제사로 유명한 암몬의 소머리 우상. 몰렉숭배자는 죽일 것.

※ 암**몬** → **몰렉**(몰록, 밀곰), **모압** → 그**모스**, 시돈 → 아**스다롯**(가나안 여신, 바알의 아내)

무당이 병풍으로 경계선을 쳐 놓았으므로 무당 금지가 된다.

② **무당 금지**(6-8, 27) - 무당이 되던 그를 따르던 다 죽일 것.

무당이 굿을 하면서 통통 뛰고 있다. 통 → 간통(근친상간 포함)

③ **간통에 대한 형벌**(10-21) - 아내와 장모를 함께 데리고 살면 그와 그들을 함께 **불사르라**(14)

※ 18, 19장의 규례가 20장에 다시 나오며 18, 19장은 경고만, 20장은 형벌들이 구체적으로 나온다.

레위기 (21-27장) - 실제로 우리나라 가정에서 제사하는 모습을 배경으로 한다.

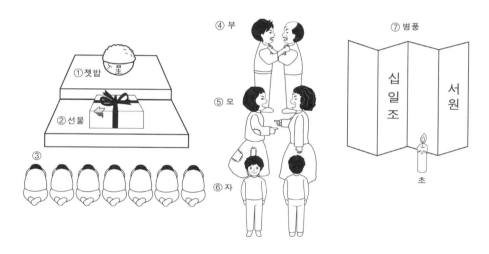

레위기(21-27장) 그림 배경설명 마지막 3단원(21-27장)은 실제로 우리나라 가정에서 제사하는 모습을 배경으로 했으며 제단위에는 젯밥과 선물이 있고 제단아래에서는 7명이 조상에게 절을 하고 있는데 한쪽에서는 제사 문제로 가족끼리 싸우고 있습니다. 병풍과 초는 제사 때 빠지지 않는 물건이며 병풍에 '십일조와 서원'이라고 써 있습니다.

21장 젯밥 = 제사밥, 제사밥 → 제사장법이 되며 星(별성)은 반대법으로 성별이 된다.

① **제사장 성별법**(1-15) - 제사장은 이스라엘 백성 중에서 처녀를 취하여 아내를 삼는다(13)

• 머리털을 깎아 대머리 같게 하지 말며(5), 어떤 시체에든지 가까이 하지 말지니(11)

※ 제사장들은 죽은 자로 인해 몸을 더럽힐 수 없으나 골육지친(부모, 자녀, 형제, 출가하지 않은 친자매)의 경우는 예외로 하며 대제사장은 골육지친이라도 죽은 자로 인해 몸을 더럽힐 수 없다.

그릇에 금이 가 있다.

② **제사장 부적격자**(16-24) - 맹인, 다리 저는 자, 발 부러진 자, 등 굽은 자, 키 못 자란 자 등등

22장 제단에 선물(성물)이 놓여있다. 젯밥도 모자라 선물까지 조상을 모시는 마음이 대단하다.

① **성물에 관한 규례**(1-16) - 외국인, 제사장의 객이나 품꾼, 외국인에게 출가한 제사장의 딸은

성물을 먹지 못하며 제사장이 돈으로 산 종과 제사장 집에서 출생한 종과 출가한 제사장의 딸이 과부가 되거나 이혼을 당하든지 자식이 없이 친정에 돌아온 경우에는 성물을 먹을 수 있다. 선물 포장지가 찢겨져 있다. 온전한 선물을 드려야 하는데…

② 온전한 성물을 드려라(17-33) - 서원제나 자원제 제물은 소, 양, 염소의 흠 없는 수컷이며 (번제와 같다) 새끼는 어미와 7일간 같이 있게 하고 8일부터 화제 제물이 될 수 있으며 어미와 새끼를 동일에 잡지 못한다. 부지중에 성물을 먹었을 경우 1/5을 더하여 제사장에게 준다.

23장　7명이 절을 하고 있다.　　절 → 절기

　7대 절기(1-44) - 초실절을 제외한 나머지 절기들은 노동을 금지.　절기일람표 참조.
• 유월절(1.14 저녁), 무교절(1.15~21), 초실절, 오순절, 나팔절(7.1), 속죄일(7.10), 장막절(7.15)

24장　젊은이와 노인이 멱살을 잡고 눈에 불을 켜고 이를 빠드득 갈며 싸우고 있다.

① 눈에는 눈으로, 이에는 이로 갚으라(17-23) = 동해보복법 - 출 21장, 레 24장, 신 19장
‘눈에 불을 켜고’에서 ‘불을 켜고’는 등잔불을 가리킨다.

② 등잔불(1-4) - 계속해서 등잔불을 켜 두며 등불의 기름은 감람유를 사용한다.
눈을 너무 부릅뜨고 있어서 눈이 진물러 눈(雪, 눈 설)병이 나고 말았다.

③ 진설병(5-9) - 12덩이(6개씩 2줄) 떡은 매일 진설하는 것이 아니라 안식일마다 진설한다.
젊은이가 노인의 멱살을 잡는 것은 불경죄에 해당한다.

④ 불경죄(10-16) - 하나님의 이름을 모독하다 돌에 맞아 죽은 자 : 슬로밋의 아들

25장　두 여자(년)가 싸우고 있는데 젊은 여자가 안식년이고 나이 많은 여자가 희년이다.

① 안식년(1-7) - 매 7년마다 이며 7년째에 쉬므로 6년째인 해에는 3년 쓰기에 족한 양을 주셨다.

② 희년(8-22) - 안식년이 7번 지난 다음의 해 즉 50년째 되는 해
나이 많은 여자는 토지를 쓴 박경리 씨를 쏙 빼닮았다.

③ 토지에 관한 법(23-34) - 땅은 다른 사람에게 팔았다 하더라도 희년이 되면 자동적으로 원주인의 소유가 되지만 그 이전에도 원하기만 하면 어느 때라도 다시 무를 수가 있었다. 그러나 그 경우에는 반드시 값을 지불해야만 했다. 자기가 능력이 없으면 근족이라도 그 값을 지불해야 땅을 무를 수 있었고 만일 그 값을 지불하지 못하면 희년이 될 때까지 기다려야 했다. 그러나 성벽 있는 성 내의 가옥(부유한 자들의 주거지)을 팔았으면 1년 안에 무를 수 있으나 1년이 지나면 그 가옥은 산 자의 소유로 확정되어 희년이라도 돌려주지 않아도 된다.

※ 이스라엘이 토지를 영원히 팔지 못하는 이유는 토지는 다 여호와의 것이기 때문이다.
젊은 여자가 동쪽을 향해 손가락질을 하고 있으며 매우 가난하다.　동쪽 → 동족

④ 가난한 네 동족을 도우라(35-55) - 가난해서 종이 된 동족에 대해서 나온다.

26장　한 아이는 앞을 보고 차렷 자세로 있고(순종) 또 한 아이는 뒤돌아서 있다(불순종).

① 순종할 때 받는 축복(1-13) - 너희가 내 규례와 계명을 준행하면 철따라 비를 주리니(3-4)
• 너희 다섯이 백을 쫓고 너희 백이 만을 쫓으리니(8) - 흰 사자 레(레위기)오(다섯) 백백만

② 불순종할 때 받는 저주(14-46)

27장　병풍과 초(초태생)는 제사 때 빠지지 않는 물건이며 병풍에 ‘십일조와 서원’이라고 써있다.

① 서원예물에 관한 규례(1-25) - 서원을 실행치 못할 경우에 바쳐야 할 속전에 대해 나오며 사람일 경우에는 성소의 세겔대로 값을 정하여 드리며 사람외의 경우에는 5/1을 더하여 드린다.

※ 사람을 여호와께 드리기로 서원한 경우(성막봉사를 위해 헌신하겠다고 서원) 성막봉사는 이미 레위지파가 맡고 있었기 때문에 대신 물질로 헌신하도록 값을 정해주었다(가난하면 다시 값을 정해줌)
남자, 여자 - 1개월~5세(5세겔, 3세겔), 5~20세(20, 10), 20~60세(50, 30), 60세 이상(15, 10)

② 초태생에 관한 규례(26-27)

③ 십일조에 관한 규례(30-34) - 10분의 1은 여호와의 것.
- 이것은 여호와께서 <u>시내산에서</u> 이스라엘 자손을 위하여 모세에게 명령하신 계명이니라(34) - 레위기의 장소는 시내산이므로 이 구절은 레위기에 나오며 마지막 구절이 된다. 병풍이 서 있는 것은 병풍 밑을 온전히 바쳤기 때문이다.
④ 온전히 바친 것에 대한 규례(28-29) - 온전히 바친 사람은 다시 속하지 못하며 반드시 죽인다. 이런 경우는 죽임을 위해 바쳐졌으며 이들은 주로 신성 모독이나 우상숭배자들이었다.

민수기 36장

＊ 장수기억법 : ① 우리 민수 따봉(36)
　　　　　　　　② 민수기는 구(9)약의 4번째 책이다.　　4 × 9 = 36
＊ 배경 : 민수기는 백성들의 수기(手記, 자신의 체험을 적은 글) 즉 백성들의 사는 모습을 배경으로 했으며 시장, 교회, 파출소, 공터 4곳을 배경으로 각각 9장씩 36장으로 한다.
＊ 내용 : **민**수기는 이스라엘 **백성**들의 광야생활 40년을 기록한 책이다.

민수기 (36장)

저　　자 : 모세
제　　목 : 민수기
　　　　　민수기라는 이름은 두 번 실시된 이스라엘의 인구조사에서 유래된 것이다. 그러나 이 책 대부분은 이스라엘이 광야를 돌아다니며 체험한 내용을 묘사하고 있다. 이스라엘 백성에게는 열 하루면 끝마칠 수 있는 여정이 40년의 쓰라린 방황이 되고 말았다. 민수기의 히브리어 표제는 본문의 첫 자를 따서 '바예다베르(그리고 그가 말씀하시기를)'라고 했다. 그러나 유다의 기록들은 일반적으로 1:1의 5번째 히브리어 낱말 '베미드바르(광야에서)'를 표제로 여기는데 이것이 민수기 전체의 내용을 더 잘 나타낸다. 70인역의 헬라어 표제는 '아리트모이(숫자들)'다. 이 표제들은 두 번의 인구조사를 근거로 한 것이다. 라틴어 성경에는 '리베르 누메리'라고 책제목을 붙였는데, 이 말은 '셈하는 책'이라는 뜻이다. 이는 민수기에 **백성들의 수**를 세는 인구조사가 2번이나 기록되어 있기 때문이다. 우리말 성경도 **민수기(民數記)**라는 이름을 붙였다. 민수기는 '여정의 책', '불평의 책' 또는 '모세의 네 번째 책'으로도 불려 왔다.
주　　제 : 하나님께 대한 순종과 불순종의 결과
기록연대 : B.C. 1446년-1406년경
요　　절 : 14:22-23, 28-30, 20:12
기록목적 : 불신앙으로 인한 이스라엘 백성이 왜 40년간 광야에서 방랑해야 했는지를 보여주기 위해 기록하였다.

민수기 평면도

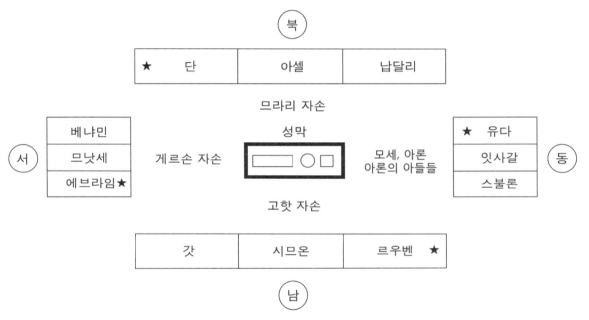

① 시장　② 교회　③ 파출소　④ 공터

이스라엘의 진배치도 (민 2:1-31)

북

★　단	아셀	납달리

므라리 자손

성막

베냐민		게르손 자손	[　　○　]	모세, 아론	★　유다	서

고핫 자손

갓	시므온	르우벤　★

남

별표가 되어있는 지파는 그 무리의 지도자들이다

⑤ – 유잇스 – 유다가 메시야의 계보를 이으므로 유다가 동쪽이 된다. 그리고 제사장들 (아론와 아론의 아들들, 모세 포함)이 동쪽이 된다.

⑤ – 에므베 – 에브라임의 에가 예와 비슷하므로 서예를 이용한다. 그리고 게르손의 손 이 서와 비슷하므로 레위자손 중 게르손이 서쪽이 된다.

⑤ – 갓시르 – 갓은 남자만 쓴다. 따라서 남쪽이 갓시르가 된다. 그리고 고환은 ⑤자의 생식기이므로 레위자손 중 고핫이 남쪽이 된다. 참고로 고핫과 갓은 같이 나온다.

⑤ – 납단아 – 납북을 이용한다. 그리고 '므'자에 몇 개의 획을 더하면 '북'이 되므로 레위자손 중 므라리가 북쪽이 된다.

참고로 **진의 행군 순서**는 동(유잇스)을 기준으로 시계방향이 된다. 민 10장 참조

납단아 → 에므베 → [성물](고핫) → 갓시르 → [성막](게르손,므라리) → 유잇스 → [케](제사장)

민수기 (1-9장) - 시장

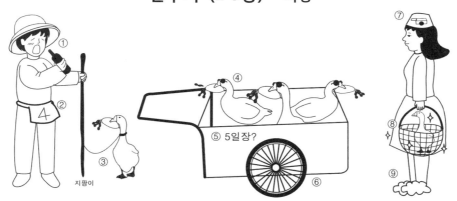

민수기(1-9장) 그림 배경설명 │ 시장을 배경으로 했으며 방위 표시가 있는 돈 주머니를 찬 상인이 장사가 잘 안된다고 적색병에 든 술을 퍼 마시고 있으며 상인의 손에 들고 있는 계수나무로 만든 지팡이에는 무를 물고 있는 거위 1마리가 묶여 있습니다. 수레 안에는 무를 물고 있는 봉사 거위 3마리가 있으며 그림에는 없지만 수레바깥에는 부정한 자가 수레에 매달려 있고 수레바퀴 아래에는 나실인이 서원을 하고 있는데 서원하는 나실인을 위해 제사장이 축도를 해주고 있습니다. 이때 요즘 유행하는 단 모양의 패션 모자를 쓰고 네비게이션이 장착된 구름 신발을 신은 세련된 아주머니가 깨끗한 장바구니에 거위 1마리를 사가고 있습니다. 그런데 장바구니에 담긴 이 거위는 매우 늙어서 정년을 앞두고 있습니다. 참고로 지팡이가 1자 모양이므로 지팡이가 나오는 단원이 1단원(1-9장)이 됩니다.

1장　　상인이 장사가 잘 되지 않는다고 적색병에 든 술을 마시고 있다.　　**적**색**병** → 병적
　　　　병적조사(1-54) - 싸움에 나갈만한 20세 이상을 계수함(603,550명). 레위지파는 성막봉사를 맡았기 때문에 빠진다. 출애굽 제 2년 2월 1일 시내 광야 (암기방법) 상인이 장사가 잘 되지 않자 **적**색**병**에 든 술을 툴툴(22) 거리며 1방울도 남기지 않고 다 마시고 있다.

　　※ 인구는 유다(多)가 가장 많고 못난이 므낫세가 가장 적다. 요셉 대신 에브라임, 므낫세 지파 주심.

2장　　돈주머니의 방위 표시

　　　　진 배치 및 행군 순서(1-34) - 진배치도 참조. 레위 지파는 성막 사방에 진을 침.

　　※ 유다의 지휘관 - 나손(인구가 가장 많으면서 '나 손이 귀한 집안이야' 하며 우는 소리를 한다)

3장　　무를 물고 있는 거위가 계수나무로 만든 지팡이에 묶여 있는데 계수나무로 만든 1자 모양의 지팡이는 1개월 이상 계수하는 것을 나타낸다.　　거위 → 레위,　 무 → 직무

① 레위인의 직무와 계수(1-39) - 1개월 이상 남자만 계수. 총 22,000명, 원래는 22,300명이나 장자 300명은 하나님의 것으로 다른 지파의 장자를 대신할 수 없기 때문에 뺏다.

• 고핫 자손(8600명) - 성물 : 고핫이 높고 뜨거운 것 즉 굉장히 귀한 것이므로 성물이 된다.
• 게르**손** 자손(7500명) - 성막의 외형을 이루는 천막, 휘장 : 천막과 휘장이 **손**바닥과 비슷하다.
• **므**라리 자손(6200명) - 성막의 골격을 이루는 **목**재류 : 므라리의 므와 목재의 목이 비슷하다.

　　※ 고핫 - 골 앗파유(86), 게르손 - 게으른 손 치워(75), 므라리 - 므어라 유기(62) 했다고 묶여있는 이 거위(레위)는 **장자**다. 왜 장자가 될까? 다섯 마리 중 맨 앞에 있으니까.

② 레위인으로 대속된 장자(40-51) - 레위인수보다 초과된 장자는 1명당 5세겔을 받고 속전된다. 따라서 이스라엘 자손 중 처음 난 남자를 1개월 이상으로 계수한 총수는 22,273명으로 레위인보다 273명이 더 많으므로 속전의 총액은 273×5세겔=1,365세겔이 된다.

4장 수레 안 - 무를 물고 있는 3마리의 봉사거위. 거위 → 레위, 무 → 직무
3마리의 거위(레위) → 레위지파의 세 가문(게르손, 고핫, 므라리)을 나타낸다.
레위인의 가문별 직무와 봉사자 계수(1-49) - 30~50세까지(3마리이므로 30세 이상이 됨)
- 고핫 자손(2750명) - 성물을 관리하고 운반하는 일을 하나 성물을 만지지는 못한다. 왜냐하면 성물을 만지면 죽기 때문이다. 성물은 제사장만 만질 수 있다. 엘르아살(차기 대제사장)이 감독.
- 게르손 자손(2630명) - 이다말이 감독. • 므라리 자손(3200명) - 이다말이 감독. 합 8580명
※ 직무는 3장과 같으나 3장보다 구체적이므로 구분하기 위해 '레위인의 가문별 직무'라고 했다.
5장 수레바깥에 부정한 자가 매달려 있다. 구체적으로 생각할 것.
① 부정한 자는 진 밖으로 보내라(1-4) - 나병환자, 유출병자, 주검으로 부정하게 된 자
(암기방법) 수레바깥에 부정한 자가 매달려 있다 힘이 빠져 떨어질 것 같자 한 말 - 나 주거유
수레바깥에 5일장이라 써 있다(5일장이라 써 있으므로 5장이 된다). 5일 → 5분의 일
② 손해 배상법(5-10) - 죄를 지었으면 죄를 지었던 본주에게 5분의 1을 더하여 돌려준다.
만일 그 죄 값을 받을 사람도 친척도 없으면 그 죄 값은 여호와께 드려 제사장에게 돌린다.
5일장 옆에 ?(의문부호)가 있는데 이것은 내 아내가 의심스럽다는 것이다.
③ 의심의 법(11-31) - 아내의 간통을 밝히는 규례로 아내를 제사장에게 데리고 가서 의심의 소제
를 드리는데 보리가루 1/10 에바(의심의 소제이므로 고운가루가 아닌 거친 보리가루)를 드리되
기름과 유향은 넣지 않는다. 제사장은 여인에게 저주의 맹세를 하게 하고 저주의 말을 하면 여인은
아멘 아멘하며 성막바닥의 띠끌과 저주의 말을 쓴 두루마리를 넣은 저주의 쓴 물을 마시게 한다.
6장 수레바퀴 밑에서는 서원하고 있는 나실인을 위해 제사장이 축도를 해주고 있다.
① 나실인의 서원(1-21) - 자신의 몸을 구별하여 하나님께 드린 사람으로 3대 금기는 포도나무
의 소산×, 삭도×, 시체×이며 구별한 날이 차서 머리를 밀고 제사를 드린 후에는 마실 수 있다.
② 제사장의 축도(22-27) - 여호와는 네게 복을 주시고 너를 지키시기를 원하며 여호와는 그
의 얼굴을 네게 비추사 은혜 베푸시기를 원하며~ 평강 주시기를 원하노라(24-26)
7장 요즘 유행하는 단 모양의 패션모자와 모자에 그려져 있는 수레그림
① 족장들이 성막봉헌예물로 수레를 바치다(1-9) - 수레6, 소12 바침(수레는 소2마리가 끔). 게
르손 1/3(수레2, 소4), 므라리는 무거운 것 운반하므로 2/3(수레4, 소8), 고핫은 어깨에 메므로 ×
② 단의 봉헌예물(10-89) - 번제단의 봉헌을 위해 12지파의 족장들이 예물을 드렸다.
8장 깨끗한 장바구니에 거위가 담겨 있다. 깨끗한 → 정결, 거위 → 레위
① 레위인의 정결 의식(5-22) - 속죄의 물로 뿌리고 전신을 삭도로 밀고 백성들로 그들에게
안수하게 하며 레위인으로 수송아지의 머리에 안수하게 하고 여호와께 드려 레위인을 속죄한다.
장바구니에 담긴 거위는 매우 늙어서 정년을 앞두고 있다.
② 레위인의 정년(23-26) - 25~50세 - 5년 동안의 견습기간을 포함했으며 30세 이상이 맞다.
다윗때 와서는 20세로 낮아졌는데 그 이유는 광야생활 당시처럼 레위인들이 맡은 직무가 더 이상
어렵지 아니하며 앞으로 있을 성전건축에 대비해 보다 많은 건장한 일꾼들이 필요했기 때문이다.
장바구니에서 나는 광은 등불을 켤 때 주위가 환해지는 것과 비교된다.
③ 등불을 켤 때의 규례(1-4) - 7 등잔을 등잔대 앞으로 비추게 할지니라(2)
9장 내비게이션이 장착된 구름 신발 - 길을 안내해 줄 뿐만 아니라 시장에는 물웅덩이나
흙탕물이 많으므로 물웅덩이나 흙탕물이 나오면 알아서 건너뛴다(유월).
① 길을 안내하는 구름(15-23) - 구름이 성막위에 떠오르면 진행하였고 그렇지 않으면 진을 쳤다.
② 두 번째 유월절(1-14) - 광야에서 지킨 첫 유월절(출애굽 제 2년 1월 14일)
※ 부정이나 기타 사유로 유월절을 못 드린 사람은 한달 뒤 속 유월절(2월14일)을 지킬 수 있었다.

민수기 (10-18장) - 교회

민수기(10-18장) 그림 배경설명   교회를 배경으로 했으며 교회하면 예배드리는 교회와 말씀을 전하시는 목사님, 그리고 교회차가 있습니다. 십자가에는 은하철도 999에서 나오는 기차가 십자가 주위를 돌다가 '꿰'하고 나팔 경적을 울리며 출발하고 있으며 십자가 밑에는 종이 있고 교회 현관에서는 아론과 미리암이 모세와 다투고 있습니다. 목사님이 성경책을 들고 교회로 가기위해 안시길을 걷던 중 범과 제규어를 만났으며 교회차 지붕위에서는 고릴라가 난동을 부리고 있습니다. 교회차의 윈도우 브러쉬에는 싹이 나있고 바퀴에는 10이라고 써 있으며 바퀴 아래 못이 박혀 있고 무가 으깨져 있습니다. 참고로 교회의 십자가를 보고 교회가 나오는 단원이 10장부터 시작한다는 것을 알 수 있습니다.

10장   은하철도 999에서 나오는 기차가 십자가 주위를 돌다가 '꿰'하고 나팔경적을 울리며 출발하고 있다. 꿰 → 궤(법궤), 나팔경적 → 나팔신호(제사장이 분다), 출발 → 시내산 출발, 기차에서 나오는 연기가 호빵 모양, 호빵 → 호밥, 기차의 진행순서는 기관차가 선두에 있고 그 나머지가 따라오고 있다.   기차의 진행순서 → 진의 진행순서

① 나팔신호의 규례(1-10) - 은나팔 2개를 불면 온 회중이, 1개면 천부장이 모이며 진들이 진행할 때(땅이 울리므로)와 대적을 치러갈 때(떨리므로)는 울려불며 거룩한 행사때는 제물위에 분다.

② 시내산 출발(11-28) - 출애굽 제 2년 2월 20일에 시내산을 출발
(암기방법) 기관사가 기차의 문을 두드리고(2,2,20-두드리공) 외친다. 출발!

③ 호밥 동행(29-32) - 모세의 장인 이드로의 아들로 광야 길에 해박했으며 모세가 호밥에게 우리의 눈이 되어 달라고 부탁한다.

④ 진의 진행순서(11-28) - 궤가 앞에 가고 레위인은 진의 중앙에 위치하며 유다지파가 선두에 선다.

※ 납단아 → 에므베 → 성물(고핫) → 갓시르 → 성막(게르손,므라리) → 유잇스 → 궤(제사장)

⑤ 이스라엘을 인도한 법궤(33-36) - 궤가 떠날 때에는 모세가 말하되 여호와여 일어나사 주의 대적들을 흩으시고 주를 미워하는 자가 주 앞에서 도망가게 하소서 하였고 궤가 설 때에는 말하되 여호와여 이스라엘 종족들에게로 돌아오소서 하였더라(35-36)

11장   교회의 종탑 - 에밀레종이 있는 것처럼 이 교회의 종 이름은 '다베라종'이라 한다.

① **다베라 사건**(1-3) - <u>악한</u> 말로 원망하매 불로 진 끝을 사르신 사건 - 원망하는 백성을 불로 **다 베라**(하나님은 칼로 베지 않고 성령의 불로 베신다). 따라서 다베라는 불사름이란 뜻이 된다. 메추라기가 머리를 부딪쳐서 종을 치고 있는데 종을 70번 울리면 비둘기가 된다고 한다. 은혜 갚은 까치와 비슷하며 비둘기는 성령으로 약속한다.   70 → 70인의 장로

② **메추라기**(4-35) - 만나가 싫증나자 **섞여 사는 다른 인종들**이 탐욕을 품으매 이스라엘 자손도 고기를 먹고 싶다고 불평하므로 고기가 질릴 때까지 한 달간 주셨으며 그러한 그들의 탐욕 때문에 **심히 큰 재앙**을 내리셨다. 그래서 그곳을 탐욕의 무덤(기브롯 핫다아와) 이라고 한다.

※ 한 달을 길게 발음하면 → 한다아알 → 핫다아와, 메추라기가 지면에 내릴 때 두께 - <u>2</u>규빗쯤 (메<u>투</u>라기라고 발음해보자). 출 16장에도 메추라기가 나오는데 그때도 한시적으로 주신 것 같다.

③ **70인의 장로가 성령을 받다**(24-30) - 모세를 도울 70인의 장로들이 성령을 받고 예언을 한다. 기명된 자 중 회막에 나가지 않고 진중에 머물던 **엘닷**과 **메닷**에게도 영이 임하여 예언하자 <u>여호수아</u>가 금지시키고자 하나 모세가 거절한다.   입을 <u>닷</u>지 않고 계속 예언하는 엘**닷**과 메**닷**. 70인의 장로가 성령을 받고 예언하듯이 모세는 모든 백성이 다 선지자 되기를 원했다.

④ 여호와께서 그의 영을 그의 모든 백성에게 주사 다 선지자 되게 하시기를 원하노라(29)

※ 11장의 주체가 종이고 종의 이름이 다베라종이므로 다베라가 기브롯 핫다아와 보다 먼저 나온다.

12장   교회 현관에서 아론과 미리암이 모세와 다투고 있다.

① **아론과 미리암이 모세를 비방하다**(1-16) - 모세가 <u>구스</u> 여자를 아내로 맞이했기 때문이나 실상은 모세가 가진 권위와 특권을 시기했기 때문이다. 이에 하나님은 미리암을 **7일간** 나병으로 징계하여 백성들의 경계거리로 삼으셨으며 모세의 권위를 지켜주셨다. 여기서 참고할 것은 가나안과의 결혼을 금지시킨 것이지 이방인과의 결혼을 금지시킨 것은 아니라는 것이다. (암기방법) 아론과 미리암이 모세를 비방하므로 비방**하세**를 이용해서 암기법을 만들 수 있으며 따라서 12장의 장소는 **하세**롯이 된다.

아론과 미리암이 모세를 비방하지만 사실 모세는 굉장히 온유한 사람이다. 비방과 모세의 온유함이 잘 대조되어 암기하기 쉽다.

② 이 사람 모세는 온유함이 지면의 모든 사람보다 **승**(더)하더라(3) - 승이 삼(3)과 비슷하다.

13장   목사님의 **가**운 - 탐정복처럼 생겼으며 가운의 가에서 장소가 **가**데스 바네아인 것을 알 수 있으며 여기서 **가**나안 땅을 정탐했다.   탐정복(탐정 ↔ 정탐, 복 → 보고)

① **가**데스 바네아에서 **가**나안 땅에 정탐을 보내다(1-25) - 각 지파의 수령된 자 12명을 보낸다.

② **정탐꾼들의 보고**(26-33) - 12명중 여호수아와 갈렙만 이길 수 있다는 보고를 한다.

※ 가나안 땅을 탐지한 기간은 40일이며 정탐꾼 중 여호수아는 에브라임지파 눈의 아들이며 갈렙은 유다지파 여분네의 아들이다. 정탐꾼들이 가져온 것은 포도송이가 달린 가지와 석류, 무화과며 포도송이를 베어 온 곳은 에스골 골짜기이다. 참고로 소안(소알×)은 애굽에 속하는 땅이다.

14장   성경책에는 하나님의 징계가 기록되어 있다.

하나님의 징계(1-45) - 백성들이 10정탐꾼의 보고를 듣고 원망하므로 40년 광야 유랑의 징계를 내리셨으며(20세 이상은 가나안×) 10명의 정탐꾼은 여호와 앞에서 <u>재앙</u>으로 죽는다.

15장   목사님의 다리,   다리 쪽 옷단 끝에 술(끈, 히브리어로 찌찌트)이 달려 있다.

① **옷단의 술**(37-41) - 볼 때마다 하나님의 계명을 기억하고 준행하기 위해 옷단에 술을 달았다. 교회로 난 길 → 안시길,   안시길 → 안식일,   목사님이 교회로 가기 위해 안식길을 걷던 중 범과 재규어(**여**러 **제**사 **규**례)를 만난다.   안식길+범 → 안식일을 범한 첫 판례

② **여러 제사 규례**(1-31) - 가나안땅에 들어가서 지켜야할 제사 규례에 대해 설명한다.

③ **안식일을 범한 첫 판례**(32-36) - 안식일에 나무를 하다 발각되어 돌에 맞아 죽는다.

16장   교회차 지붕위에서 고릴라가 난동을 부리고 있다.   **고릴라** → 고라,   난동 → 반역
　　　 고라 일당의 반역(1-50) - 권력을 찬탈하려다 하나님의 진노를 사 고라 일당을 땅이 삼켰고 분향하던 그들의 지휘관 250명을 불로 삼키신다. 이 사건을 가지고 백성이 오히려 모세와 아론을 원망하므로 다시 백성들에게 **염병**(14,700명)을 내리셨고 모세의 중보기도로 염병이 그친다. (암기방법) 고릴라가 교회차 지붕위에서 난동을 부리고 있는데 이런 걸 **염병**을 떤다고 한다.
　　　 고라당의 구성원 - <u>고</u>라, <u>아</u>비람, <u>온</u>, <u>지</u>휘관 250명, <u>다</u>단 - 고릴라가 고아온 지다(고아원 짓다)
　　　※ 여호와의 불에 소멸된 250명의 지휘관들에게서 취한 향로로 제단을 싸는 철판을 만들었다.

17장   교회차의 윈도우 브러쉬에 싹이 나 있다.   움(싹) → 순 → 꽃 → 살구 열매
　　　 아론의 싹난 지팡이(1-13) - 백성들이 모세와 아론의 권위를 불신하자 하나님은 12지파의 지팡이를 취하여 각 족장들의 이름을 적게 하신 후 이튿날 아론의 지팡이에서 싹이 나게 하심으로 그가 하나님이 세우신 지도자임을 증거해 주셨으며 궤에 보관하여 패역한 자들의 표징이 되게 하셨다.

18장   교회차 바퀴 아래 못이 박혀있고 무가 으깨져 있다(으깨져서 그림에서는 보이지 않는다).
　　　 아래 못 → **아**론자손(제사장)과 **레**위인의 **몫**,   아래 무 → **아**론자손과 **레**위인의 직**무**
① 제사장과 레위인의 직무(1-7) - 레위인은 제사에 헌신할 제사장을 도와 성막봉사의 일을 했다.
② 제사장의 몫(8-20) - 눈이 오면 염화칼슘 대신 소금을 뿌리기도 하는데 지금 교회차 밑에 소금이 뿌려져 있으므로 하나님과 제사장 사이에 체결한 영원한 언약인 **소금 언약**이 나온다.
※ 소금 언약 - 직분을 수행하는 제사장들에게 그들의 필요를 공급해 주신다고 언약하셨는데 하나님은 이것이 변하지 않는 언약임을 강조하시고자 불변의 상징인 소금 언약이라 부르셨다.
※ 제사장의 몫 - ① 거제물(레위인이 받은 10일조의 10일조 포함) ② 요제물 ③ 지성물 중 불사르지 않은 것 ④ 곡식의 첫 열매 ⑤ 특별히 드린 모든 것 ⑥ 처음 난 사람과 동물에 대한 속전
③ 레위인의 몫(21-24) - 백성들의 10일조는 레위 지파의 생계비로 주어졌다.
　　　 10은 10일조를 나타내며 바퀴에 각각 10이라고 써 있으므로 10일조의 10일조가 된다.
④ 레위인의 10일조(25-32) - 레위인이 받은 10일조의 10일조는 **거제**로 하나님께 드린 후에 제사장에게 돌려졌다.

민수기 (19-27장) - 파출소

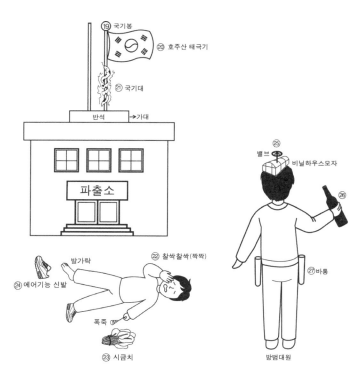

민수기(19-27장) 그림 배경설명 파출소를 배경으로 했으며 파출소 지붕위에는 태극기가 바람에 펄럭거리고 있으며 그 위를 불뱀이 기어 올라가고 있습니다. 파출소 앞에는 폭죽과 시금치를 들고 있는 술객(술취한 사람)이 에어기능이 있는 신발이 벗겨져서 발가락이 나온 채 발랑 자빠져서 자기의 따귀를 때리며 주사를 부리고 있는데 순찰 중이던 방범대원이 더 이상 술을 마시지 못하게 술병을 빼앗고 있습니다. 이 방범대원은 밸브 모양의 악세사리가 달려있는 비닐하우스 모양의 모자를 쓰고 있으며 허리에는 각각 1개씩 바통을 차고 있습니다. 참고로 파출소의 국기봉과 국기대는 19자 모양이므로 파출소가 나오는 단원은 19장부터 시작합니다.

19장 국기봉에서 정결하게 하는 잿물이 콸콸콸 쏟아지고 있다.

정결하게 하는 잿물(1-22) - 사람의 시체로 인해 부정하게 된 자들을 정결하게 하는 잿물을 만드는 방법(붉은 암송아지의 재는 잿물을 만드는데 사용)과 사용하는 방법에 대해 나온다.

※ 암송아지를 불사를 때 백향목과 우슬초와 홍색실도 같이 불사르며 암송아지의 재는 진영 밖 정한 곳에 보관한다. 참고로 사람의 시체를 만진 자는 7일간 부정하며(짐승의 시체는 저녁까지만 부정) 이스라엘 사람이 부정하고도 스스로 정결하게 아니하면 회중 가운데에서 끊어진다.

20장 태극기가 바람에 펄럭펄럭 거리는 게 마치 다투는 것 같다. 다툼은 므리바(홍해를 건널 때 뒤에서 바로의 군대가 쫓아오자 무리가 서로 먼저 가겠다고 앞 다투어 건너려고 하므로 므리바는 다툰다는 뜻이 된다)라 하고 므리바 하면 므리바물 사건 즉 르비딤의 반석에서 물이 나온 사건이며(출 17장) 여기서는 르비딤이 아닌 가데스(가데스 바네아의 약칭)의 반석에서 물이 나왔는데 그 이유는 국기를 얹는 가대(무엇을 얹기 위하여 밑에 받쳐 세운 구조물)로 반석을 사용했기 때문이다.

① 가데스의 반석에서 물이 나오다(1-13) - 모세의 가나안 입성이 좌절된다.

출 17장에도 므리바 물이 나오나 틀린 점이 몇 가지 있으며 지금부터 그것을 알아보자. 첫째는 장소가 틀리다. 출 17장 - 르비딤, 민 20장 - 가데스이며 둘째는 출 17장 - 하나님께서 반석을 쳐서 물을 내라 명하셨고, 민 20장 - 하나님께서 반석을 명하여 물을 내라 하셨으나(치라 명한 것이 아님) 모세는 백성들 때문에 분노하여 지팡이로 반석을 쳐서(2번) 물을 내어 여호와의 거룩함을 나타내지 못했으므로 가나안 입성이 좌절된다. 따라서 20장에서는 모세가 가나안 입성이 좌절됨과 동시에 아론과 미리암이 죽는 장면도 같이 나온다.

② 미리암의 죽음(1) - 미리암이 아론보다 미리(먼저) 죽었으므로(데스) 죽은 장소는 가데스

③ 아론의 죽음(22-29) - 이 태극기는 made in 호주산이다. 호주산 → 호르산이므로 가데스에서 발행하여 호르산에 이르러 이곳에서 아론이 죽음. 아론을 위해 30일 동안 애곡함(모세도 30일).

※ 아론의 대제사장직을 이은 후계자는 엘르아살로 여호와께서는 모세에게 호르산에 올라 아론의 옷을 벗겨 엘르아살에게 입히라고 명하셨다(아론이 죽을 것을 암시).

불뱀이 국기봉을 향해 지나가려(올라가려) 하나 태극기 때문에 통과하지 못하고 있다. 불뱀이 국기봉을 향해 간다는 것은 국기봉의 둥근 것이 돔(에돔) 모양이므로 에돔을 향해 가는 것을 말하며 에돔으로 가던 중 태극기 때문에 길이 막혀 통과하지 못했으므로 소제목은 '에돔이 이스라엘의 통과를 거절하다'가 된다. 또한 에돔이 이스라엘의 통과를 거절한 것은 태극기 때문에 길이 막혀 통과하지 못했으므로 태극기가 나오는 20장에 나온다. 참고로 반구처럼 생긴 건물구조를 돔이라고 한다.

④ 에돔이 이스라엘의 통과를 거절하다(14-21)

※ 모세가 가데스에서 에돔 왕에게 통과를 요청한 길 - <u>왕의 큰길</u>(왕의 대로)

※ 13-20장의 장소 - 신 광야의 가데스이며 13장과 20장은 같은 가데스이나 38년의 차이가 있다. 20장에는 장소가 가데스와 호르산 두 곳이 나온다.

21장 국기대로 3명의 가나안 왕을 때려 눕혔으며 불뱀이 국기대를 지나가고(올라가고) 있다.

① **가나안의 세 왕을 물리치다**(1-3, 21-35) - 가나안 세 왕은 가나안 아랏 왕, 아모리 왕 시혼, 바산 왕 옥이며 아랏 왕은 요단 서편의 가나안 31명의 왕들 가운데 한 명으로 남방(네겝)에 거하였으며(수 12장 '여호수아에게 패한 31명의 왕들' 참조) 헤스본 왕 아모리 사람 시혼과 바산 왕 옥은 요단 동편의 왕들로 그 땅은 2.5지파에게 기업으로 주었다. 신명기 2-3장 참조.

※ 네겝에 거하는 가나안 사람 **아랏** 왕을 물리친 곳(호르마 전쟁) - **호르마**(완전히 멸함) - 태권 동자 **마르치 아랏**치가 악당들을 완전히 멸하다.

② **불뱀 사건**(4-9) - 에돔으로 통과하는 길이 막혀 돌아가게 되자 길로 인해 백성들이 하나님을 원망하므로 생긴 사건으로 이 일로 징계를 내리셨는데 놋뱀을 만들어 쳐다보는 자는 살게 하셨다.

※ 불뱀 - 껍질에 붉은 반점이 많은 독사의 일종으로 광야에 많이 살고 있으며 물리면 불에 닿는 듯한 고통을 느끼며 죽는다고 한다(모세가 만든 놋뱀을 예수님께서 인용한 구절은 요 3장).

※ 모세가 만든 놋뱀을 부수고 '느후스단'이라고 일컬은 사람 - **히스**기야 왕(왕하 18:4)
모압과 아모리 사이에서 모압의 경계가 된 곳 - 아르논 - 모는 논에 심는다.
여호와께서 모세에게 "백성을 모으라 내가 그들에게 물을 주리라" 하시던 우물 - 브엘(우물)
불뱀이 국기대 꼭대기를 향해서 (오붓하게 그리고 비스듬히) 지나가고 있다.

③ **이스라엘이 지나온 지역들**(10-20) - 오붓에서 비스가산 꼭대기까지

※ 21장의 장소 - 호르산에서 진행하여 에돔으로 향하던 길목

＊ **22-24장 그림 배경설명** - 술객이 발랑 자빠져 있고 신발이 벗겨진 채 발가락이 나와 있는데 술객이 발랑(발람) 자빠져 있으므로 술객은 발람이 된다. 발랑 → 발람 **발**가락 → 발락, 따라서 22-24장은 술객 발람과 모압 왕 발락의 이야기로서 이스라엘의 진군을 두려워한 발락이 술객 발람을 초청하여 이스라엘을 저주하려한 사건이다.

22장 술객(발람)이 주사가 있어 자기의 따귀(나귀)를 때리고 있는데 아마도 이 술객은 장사가 잘 안 된다고 술을 마시던 상인인 것 같다. 자기의 따귀를 때릴 때 나는 소리(찰싹 찰싹 또는 짝짝)로 이곳이 22장(짝짝 = 22)이라는 것을 알 수 있다. 따귀 → 나귀
술객 발람이 나귀를 때리다(1-41) - 발람이 발락의 요청으로 발락에게 가는 도중 나귀가 여호와의 사자가 칼을 빼들고 선 것을 보자 꼼짝 못하고 있을 때 발람이 나귀를 3번 때린다. 이때 말 못하는 나귀가 말을 한다. 내가 당신에게 무엇을 하였기에 나를 이같이 3번을 때리느냐

※ **발**가락은 총 10개이므로 발락은 모압 왕 <u>십</u>볼의 아들이며 <u>발람</u>의 고향은 <u>바람</u>이 많이 부는 강가 브돌이며 브올의 아들이다. 나귀는 여호와의 사자를 3번 피했으며 나귀를 막은 여호와의 사자가 선 곳은 포도원 사이 좁은 길이며 여호와께서는 발람이 발락에게 가는 길을 허락하시면서 여호와께서 하시는 말씀만 하라고 말씀하셨다.

23장 폭죽 ↔ 축복, 시금치 → 식언치

① **발람의 축복**(1-30) - 발락이 이스라엘을 저주하라 했으나 성령의 감동을 받고 오히려 축복한다.

• 하나님이 저주하지 않으신 자를 내가 어찌 저주하며 여호와께서 꾸짖지 않으신 자를 내가 어찌 꾸짖으랴(8) - 발람의 **첫 번째 예언**으로 발람은 이스라엘에 대해 **4번 예언**하고 **4번 축복**한다.

② 하나님은 <u>사람</u>이 아니시니 **식언치**(거짓말을 하지) 않으시고 <u>인생</u>이 아니시니 후회가 없으시도 다 어찌 그 말씀하신 바를 행하지 않으시며 하신 말씀을 실행하지 않으시랴(19) - 시금치의 시금이 십구와 발음이 비슷하므로 식언치가 나오는 이 구절은 19절이 된다 - **두 번째 예언**

24장　디자인이 아름답고 에어기능이 있는 신발,　　에어 → 예언
　　　　발람의 예언(1-25) - 장차 오실 메시야에 대해 예언한다.
- 브올의 아들 발람이 말하며 눈을 감았던 자가 말하며~ 야곱이여 네 장막들이여, 이스라엘이여 네 거처들이 어찌 그리 **아름다운고**(3-5) - **세 번째 예언**
- **한 별**이 야곱에게서 나오며 **한 규**(왕의 지휘봉)가 이스라엘에게서 일어나서 모압을 이쪽에서 저쪽까지 쳐서 무찌르고(17) - 당구에서 마지막에 한 큐로 끝내므로 한 규가 **마지막 예언**
- ※ 폭죽(축복↔저주)이 1차, 시금치(**식언치**)가 2차, (**아름다운**) 신발이 3차, 한 큐로 끝내므로 **한 규**가 마지막 예언, 장소는 1차가 언덕길, 2차가 비스가 꼭대기, 3차가 브올산 꼭대기 - **언비브**
- ※ 22-24장의 장소 - 술객이 평지에 누워 있으므로 장소가 모압 평지라는 것을 알 수 있으며 여기서부터 요단을 건너기 전까지는 모압 평지에 있었다.
25장　방범대원의 모자가 비닐하우스 모양으로 생겼으며 모자위에 밸브 모양의 악세사리가 달려있다.　　밸브(또는 발브)를 길게 발음하면 → 바알브 → 바알브올
① **바알브올 사건**(1-5) - 발람의 꾀에 의해 **싯딤에서 일어난 음행사건**으로 이스라엘 백성이 모압 여자(이곳이 모압 평지라는 것을 생각)들과 음행하여 그들의 신 바알브올에게 절하므로 하나님의 진노를 사 **염병**이 일어났으며 그 사건에 가담한 자들은 (밸브에) 목을 매달아 죽었다. 비닐하우스 → 비느하스(아론의 손자 엘르아살의 아들)
② **비느하스가 염병을 그치게 하다**(6-18) - 이 사건으로 백성들이 침통에 빠졌을 때 시므리(시므온 지파)라 하는 사람이 미디안 여인 고스비와 간음하는 것을 목격한 비느하스가 의분이 일어나 창으로 그 둘을 찔러 죽임으로 염병을 그치게 했으며 하나님은 비느하스에게 **영원한 제사장 직분의 언약**을 주셨다. 염병으로 죽은 자는 24,000명(염병 24가지 없는 것들을 봤나)이며 미디안 여인들도 적극 가담하였으므로 훗날 하나님은 미디안 족을 진멸하셨다(민 31장). (암기방법) 두 남녀가 낮 뜨거운 짓을 하고 있자 화가 난 비느하스가 **염병** 24가지 없는 것들을 봤나 하며 창으로 그 둘을 찔러 죽인다. 따라서 바알브올 사건 때 염병으로 징계를 받는다.
※ 25장의 장소 - 밸브(바알브올)를 열면 물이 나오는데 그 물로 몸을 **씻**으므로 **싯**딤이 된다. 따라서 바알브올 사건이 일어난 장소는 모압 평지에 위치한 싯딤이며 싯딤은 요단을 건너기 전 최후로 진을 친 곳으로 여기서 두 정탐꾼을 파견하기도 했다(수 2:1).
26장　방범대원이 술객의 술병을 빼앗아 들고 있다.　　**쩍색병** → 병적
　　　　두 번째 병적조사(1-65) - 싸움에 나갈만한 20세 이상을 계수함(총 601,730명). 2차 병적조사 때, 1차 병적조사 때도 있었던 사람 - 모세와 여호수아와 갈렙, 출애굽 제 40년 모압 평지
※ 유다(多)가 가장 많고 시므온이 가장 적다(1차 때는 므낫세) - 인구가 적어서 시무룩한 시므온. 2차 인구조사 때 1개월 이상으로 계수함을 입은 레위인의 수 - 총 23,000명(1차보다 천명 증가)
27장　방범대원의 바지에 차고 있는 배턴(또는 바통) 2개, 방범대원은 바통을 무기로 사용한다. 흔히 달리기할 때 바통터치라고 하는데 전 주자가 다음 주자에게 건네주는 것을 말한다. 여기에는 두개의 바통터치가 나오는데 첫째는 모세가 여호수아에게 바통터치를 하고 두 번째는 부모가 자식에게 유산을 바통터치 한다(유산 상속하는 것을 말한다).
① **모세의 후계자 여호수아**(12-23) - 여호수아가 차기 지도자로 지명을 받는다.
② **유산 상속법**(1-11) - 아들이 없는 므낫세지파 슬로브핫의 딸들이 분깃을 요구하고 응답받는 내용
※ 슬로브핫의 딸들 - 말라·노아·호글라·밀가·디르사(1) - 슬라브(슬로브핫) 위에 **말라** 비틀어진 **밀가**루를 **노아**라. 그렇지 않으면 디지게(**디르사**) 혼나(**호글라**)
※ 모세가 (나무늘보처럼 **비스**듬히 누워서 가나안 땅을 **아, 바라**보고) 죽은 산 - 아바림산(느보산, 비스가산), 모세가 장사된 곳 - 벳브올 맞은편 모압 땅에 있는 골짜기

민수기 (28-36장) - 공터

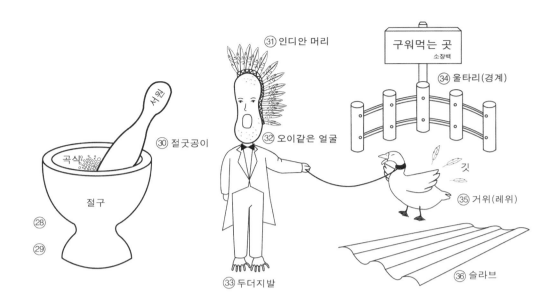

③① 인디안 머리

구워먹는 곳
소장백

③④ 울타리(경계)

③⓪ 절굿공이

③② 오이같은 얼굴

깃

③⑤ 거위(레위)

곡식

절구

㉘

㉙

③③ 두더지발

③⑥ 슬라브

민수기(28-36장) 그림 배경설명 공터를 배경으로 했으며 공터에서 인디안 머리를 하고 오이같이 생긴 사람이 울타리로 경계선을 쳐 놓고 공개적으로 '구워먹는 곳'이라고 팻말까지 써 놓은 곳에서 슬라브 위에 거위를 올려놓고 구워 먹으려 하고 있으며 거위는 살겠다고 발버둥을 치므로 깃이 온 사방으로 날립니다. 이 거위는 도피해야만 살 수 있습니다. 왼쪽에는 곡식을 빻거나 양념을 다지는 절구가 있는데 절구를 갖다 놓은 이유는 이 곡식과 양념을 거위와 함께 넣고 먹으면 그 맛이 가히 환상적이기 때문입니다. 참고로 절구가 2 (절구그림), 절굿공이가 8 자 모양이므로 공터가 나오는 이 단원은 28장부터 시작한다는 것을 알 수 있으며 또한 절구가 2자 모양이므로 2가 포함된 숫자 28, 29장이 절구가 되며 절굿공이는 30장이 됩니다.

28장 절구는 절기로 바꿀 수 있으며 절구 안의 각종 곡식은 제물이 된다.
　　　각종 절기에 드리는 제물(1-31)
- 상번제(1-8) = 매일 드리는 번제 - 1년 되고 흠 없는 숫양 2마리(아침과 저녁으로 드리므로)
- 안식일에 드리는 제물(9-10) - 1년 되고 흠 없는 숫양 2마리
- 월삭(초하루)에 드리는 제물(11-15) - 수송아지 2, 숫양 1, 1년 되고 흠 없는 숫양 7마리
- 무교절(유월절)에 드리는 제물(16-25) - 수송아지 2, 숫양 1, 1년 되고 흠 없는 숫양 7마리
- 칠칠절에 드리는 제물(26-31) - 수송아지 2, 숫양 1, 1년 되고 흠 없는 숫양 7마리 - **처음 익은 열매를 드리는 날**로 초실절(1.16일) 이후 50일째의 날(오순절)로 7일 × 7일의 다음 날이므로 칠칠절 또는 오순절이라고도 한다(3.6일). 맹추(맥추절)나 칠칠(칠칠절) 맞은 것이나 같다.

29장 **각종 절기에 드리는 제물**(1-40) - 7월 절기는 29장에 나오며 공통점은 노동을 금한다.
- 나팔절에 드리는 제물(1-6) - 수송아지 1, 숫양 1, 1년 되고 흠 없는 숫양 7마리(7월 1일)
- 속죄일에 드리는 제물(7-11) - 수송아지 1, 숫양 1, 1년 되고 흠 없는 숫양 7마리(7월 10일)
- 초**막**절(장**막**절, 수장절)에 드리는 제물(12-40) - 수송아지 13, 숫양 2, 1년 되고 흠 없는 숫양 14마리(7월 15일) - 초막절이 15일이므로 수송아지 13+ 숫양 2=15, 1년 된+ 숫양 14=15

30장 절굿공이는 여자가 찧는 것이며 서원이라 써 있으므로 여자의 서원에 대해서 나온다.
　　　여자의 서원에 관한 규례(1-16) - 딸과 아내의 최종 결정권은 아버지와 남편에게 있다.

31장 　인디안 머리, 인디안 → 미디안, 얼굴은 뭐 같이 생겼으면서 옷은 정복을 입고 있다.
　　　미디안 정복(1-54) - 민 25장에서 발람의 꾀에 의해 이스라엘 백성이 모압 여인들과 음행하여 우상 바알브올을 숭배하다 하나님께 징벌(염병) 당했으며 이 일에 미디안 여인들도 적극 가담하였으므로 미디안 족속이 전멸 당한다. 이 전투에서 미디안의 5왕과 발람을 죽인다. 아이러니한 것은 미디안 여인들 때문에 이 일이 일어났는데 정작 군대의 지휘관들은 여자들은 살려주었다는 것이다. 이 일로 모세가 노하여 사내를 아는 여자와 아이들 중 남자는 다 죽인다.

　　※ 미디안과 싸우기 위해서 각 지파에서 천명씩 총 12,000명이 출전했으며 미디안과 관계가 있는 비느하스가 인솔자가 되었다. 전리품은 군인과 회중이 절반씩 가졌으며 군인의 몫에서 여호와께 1/500을 드렸으며 전쟁에 참전한 사람들은 진 밖에서 7일간 정결케 하는 의식을 행하였다.

32장 　오이 같은 얼굴, 오이 → 5 2 → 2.5 지파(두 지파 반)
　　　2.5 지파의 기업(1-42) - 다른 지파와 함께 가나안 땅을 점령한 후에 요단 동편으로 돌아오겠다는 조건으로 르우벤, 갓, 므낫세 반 지파가 요단 동편을 기업으로 받는다.

　　※ 므낫세의 아들 마길의 자손은 길르앗을 정복, 후손 야일은 촌락을 빼앗고 하봇야일이라 부름

33장 　두더지 발, 발로 땅을 이쪽에서부터 저쪽까지 파는데 이것은 출애굽 여정을 나타낸다.
　① 출애굽 여정(1-49) - 애굽에서 모압 평지까지
　　　땅의 이쪽과 저쪽이 땅의 분할을 나타낸다.
　② 가나안 땅의 분할(50-56) - 너희의 종족을 따라 그 땅을 제비 뽑아 나눌 것이니 수가 많으면 많은 기업을 주고 적으면 적은 기업을 주되 각기 제비 뽑은 대로 그 소유가 될 것인즉 너희 조상의 지파를 따라 기업을 받을 것이니라(54)

　　※ 모압 평지에서 여호와께서 모세에게 명하신 것 - ① 그 땅의 원주민들을 다 몰아내라 ② 우상과 석상과 산당을 파괴하라 ③ 지파별로 제비를 뽑아 땅을 나누라

34장 　울타리로 경계선을 쳐 놓고 공개적으로 구워먹는 곳이라고 팻말까지 써 놓았다.
　① 가나안 땅의 경계(1-12) - 가나안 땅의 정복을 예상하여 가나안 땅의 경계를 정하는 장면.
　　　구워먹는 곳 소장 백, 구워 → 9 5 → 9.5 지파, 소장 → 현장 책임자
　② 9.5 지파의 땅의 분할 책임자(13-29) - 가나안 땅을 분배할 때 그 일에 참여할 9.5 지파의 책임자들에 대한 명단이 소개되었다.

35장 　거위가 살려고 발버둥 치고 있으며 깃이 마구 날리고 있다. 도피해야 살 수 있다.
　　　거위 → 레위, 깃 → 분깃, 도피 → 도피성
　① 레위 지파의 분기(1-8) - 도피성 6개 포함 총 48개의 성읍과 성읍 사면 2000규빗의 들.
　　　(암기방법) 레위(48)가 숫자기억법으로 48이므로 레위는 이스라엘 48개 성읍을 기업으로 받았다.
　② 도피성(9-34) - 요단 서편에 3개, 동편에 3개의 도피성을 정하여 실수로 살인한 자가 피할 수 있도록 하였다(도피성으로 피신하기 전에 장로들에게 자기의 사건을 말해야함). 악의가 없이 우연히 사람을 죽인 자가 도피성으로 피한 경우 회중이 친 자와 피를 보복하는 자 간에 이 규례대로 판결하여 피를 보복하는 자의 손에서 살인자를 건져내어 그가 피하였던 도피성으로 돌려보낼 것이요 그는 대제사장이 죽기까지 거주할 수 있다. 그러나 살인자가 도피성 밖으로 나가면 피를 보복하는 자가 도피성 지경 밖에서 죽일지라도 피 흘린 죄가 없으며 살인자는 대제사장이 죽은 후에는 고향으로 돌아 갈 수 있다 - 출 21장, 민 35장, 신 4장, 19장, 수 20장

　　※ 요단 서편(가나안 땅)의 3개의 도피성 ① 납달리 → 갈릴리 게데스 ② 에브라임 → 세겜 ③ 유다 → 기럇 아르바 곧 헤브론(아론자손에게 준 도피성) : you(유), 다 알바(아르바) 해(헤브론) 요단 동편의 3개의 도피성 ① 르우벤 → 베셀 ② 갓 → 길르앗 라못 ③ 므낫세 반 → 바산 골란

36장 　슬라브 → 슬로브핫의 딸이 되며 슬로브핫의 딸들은 민수기 27장 유산 상속법에서 나

왔으므로 소제목은 민수기 27장과 같은 유산 상속법이나 내용이 더 보완되었다.

보완된 유산 상속법(1-13) - 민수기 27장이 슬로브핫의 딸들이 분깃을 요구하고 응답받는 내용이라면 민수기 36장은 슬로브핫의 딸들이 같은 지파(므낫세)의 남자에게만 시집가서 그 기업이 다른 지파에 넘어가지 않게 한다는 내용이 담겨 있다.

신명기 34장

* **장수기억법** : 신 명기(새로 온 기생) 대령(34)이요
* **배경** : 신명기는 율법책이므로 공부하는 학교를 배경으로 했으며 학교에는 화장실, 교실, 운동장, 놀이터가 있으며 이 4곳을 배경으로 화장실 10장, 교실 10장, 운동장 10장, 놀이터 4장씩 총 34장으로 한다.
* **내용** : 신명기는 120세된 이스라엘의 지도자 모세의 고별 메시지로 세 번에 걸친 설교로 구성되어 있다. 그 메시지는 약속의 땅을 소유하게 될 새 세대(40년 광야 생활에서 살아남은 세대)에게 보낸 것이며 레위기와 마찬가지로 율법을 기록하였는데 레위기가 제사장을 위한 것이라면 신명기는 백성을 위한 율법이다. 새 세대에게 율법을 다시 들려주므로 율법의 반복이라 하며 70인역에서는 이를 두 번째 율법책 이라고 번역했다. **신명기의 기본 주제는 언약의 갱신이다.** 시내산에서 맺었던 언약은 그 당시 언약을 맺었던 세대가 죽었으므로 이스라엘 민족이 가나안에 들어가기 직전 모압 평지에서 새 세대와 언약을 갱신한다.
* **특징** : 1단원 화장실은 ①을 제외한 나머지는 3개씩 묶어서 장을 암기한다. 즉 ①, ②③④, ⑤⑥⑦, ⑧⑨⑩이 되며 2단원 학교와 3단원 운동장은 ①②③, ④⑤⑥, ⑦⑧⑨, ⑩이 되며 이렇게 묶어서 외워야 몇 장이 어디에 있는지 빨리 찾을 수 있다. 특히 1단원 화장실은 문을 열고 들어가는 순서대로 배열을 했다.

신명기 (34장)

저   자 : 모세

제   목 : 신명기
　　　　　칠십인역은 신 17:18에 따라 '듀테로노미온(제2의 율법)' 이라 불렀다. 한글 성경은 신명기(申命記)라 부르는데 '하나님의 계명을 더욱 자세히 설명해 주는 책' 이란 뜻이다.

주   제 : **언약의 갱신**

기록연대 : B.C. 1406년경

요   절 : 10:12-13, 30:19-20

기록목적 : 모세에게 주신 율법을 후손에게 다시 가르칠 목적으로 낭독하게 하기 위해 기록

학교 평면도

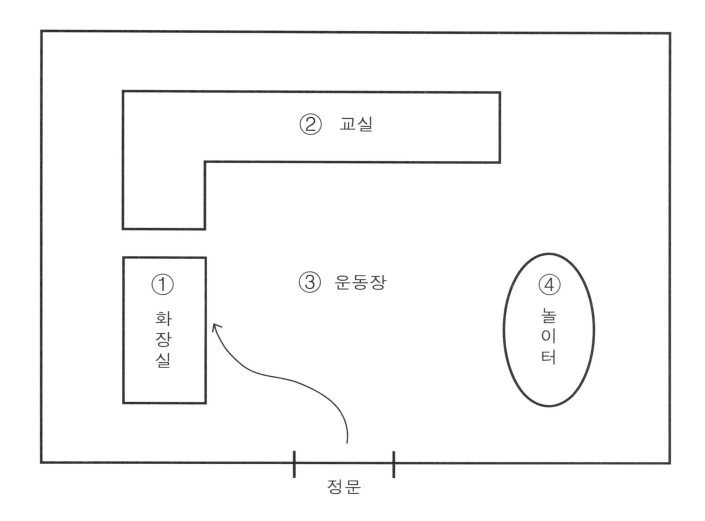

* **설명** : 정문을 통과해서 좌측의 화살표 방향 순으로 들어가므로 들어가는 순서대로 순서를 정해놓았다. 즉, 수업하기 전에 미리 화장실에 갔다 와야 하므로 화장실이 ①번이 되고 교실이 ②번이 되며 수업이 끝난 후 운동장에서 운동을 하고 놀이터에서 놀므로 운동장이 ③번 놀이터가 ④번이 된다. 참고로 옛날에는 화장실이 밖에 있었다는 것을 기억하기 바란다.

신명기 (1-10장) - 화장실

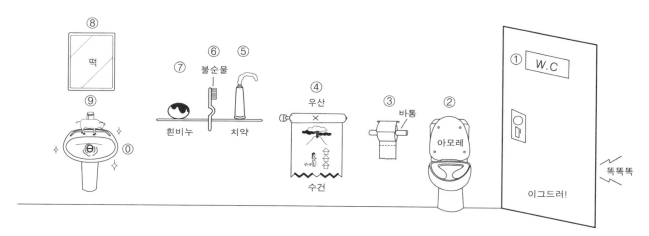

신명기(1-10장) 그림 배경설명 학교 화장실을 배경으로 했으며 화장실 문에 W.C라 써 있고 화장실에 들어가기 위해서는 먼저 화장실 문을 똑똑똑 두드린 후 열쇠 구멍으로 사람이 있나 없나 정탐하고 없으면 문을 열고 들어갑니다. 그런데 화장실 문에 '이그 드러'라고 써 있네요 화장실이 더럽긴 더럽습니다. 화장실에 들어서면 제일 먼저 변기가 보이는데 화장실의 본래 목적이 볼일 보는 것이므로 당연한 것입니다. 변기 옆에는 휴지가 바통에 걸려 있고 만일 휴지가 떨어지는 불상사가 발생했을 때 쓸 수 있게 수건이 세면대 옆에 있지 않고 휴지 옆에 걸려있습니다. 이점 유념하시기 바랍니다. 화장실이 볼일 보는 것 다음으로 중요한 것이 이빨 닦고 세수하는 것이므로 치약(페리오치약이므로 치약은 5장)과 칫솔, 비누(비누는 얼굴에 칠하므로 7장)가 있으며 비누 옆에는 세면대가 있고 세면대위에는 거울이 있는데 거울에는 떡이라고 써 있습니다. 이사야서의 화장실에도 거울이 나오므로 구분하는 방법은 거울에 낙서를 하는 것은 초딩들이나 하는 것이므로 이곳이 학교 화장실이라는 것을 알 수 있고 따라서 떡이라고 쓴 거울은 신명기의 화장실에 나옵니다. 세면대의 수도꼭지는 금송아지 모양의 수도꼭지로 돌로 만든 2개의 뿔이 깨져있으며 수도꼭지에서 나온 물은 세면대의 배수구 안으로 원을 그리면서 쏙쏙 들어가고 있습니다.

1장   W.C.는 화장실의 영문 이니셜로 여기서 W는 **W**hen(언제), **W**here(어디서)를 나타낸다.
① <mark>첫 번째 설교한 때와 장소</mark>(1-8) - 출애굽 제 40년 11.1일 모압 평지(모압 땅 아라바 광야). 설교는 백성들을 평지에 모아 놓고 하는 게 당연하다. 따라서 모세가 설교한 장소는 모압 평지가 된다. 신명기를 선포한 때가 11.1일(1)이 되는 이유는 W가 일(1) 4개로 이루어졌기 때문이다. 화장실에 들어갈 때 똑똑똑 두드린다. 똑똑똑은 재판장이 의사봉을 때릴 때 나는 소리이므로 똑똑똑은 재판장이 된다. 참고로 화장실 문에 '**이**그 **드러**(이드로)' 라고 써 있다.
② <mark>재판장의 임명</mark>(9-18) - 출 18장 '장인 이드로의 충고'와 내용이 같다.
• 각 지파에서 지혜와 지식이 있는 인정 받는 자들을 택하라~ 내가 너희 수령을 삼으리라(13)
※ 출 18장에도 '**이**그 **드러**(이드로)' 가 나오는데 이드로(미디안족속 중 하나인 겐 사람)는 모세의 장인이며 여기서 이드로는 나오지 않고 재판장의 임명에 대해서만 나온다. 따라서 화장실문에 '이그 드러' 라고 쓴 것은 재판장의 임명이 장인 이드로의 충고로 된 것임을 보여주기 위함이다. 화장실의 열쇠 구멍으로 안에 누가 있나 정탐하고 있다.
③ <mark>가데스 바네아에서의 정탐</mark>(19-46) - 이스라엘 백성들의 제의로 가나안 땅을 정탐했으며 정탐한 사람들의 부정적인 보고로 이스라엘 백성들이 여호와를 믿지 않고 원망하고 불평하므로

여호수아와 갈렙만 가나안 땅에 들어갈 수 있었으며 **호렙산에서 가데스 바네아까지 열 하룻길**을 이스라엘 백성은 40년 동안 광야에서 유리하며 방황하게 된다(민 13장, 14장 참조).

2장　　변기에 '아모레'라 써 있다.　　아모레 → 아모리

① 아모리(헤스본) 왕 시혼을 정복하다(24-37) - 민 21장 참조
아모레는 아모리도 되지만 아 → 암몬, 모 → 모압, 레 → 에돔으로 암몬·모압·에돔의 약자도 되며 변기의 물을 내리면 물은 위에서 아래로 지나간다(내려간다).

② 암몬·모압·에돔을 지나다(1-23) - 야곱의 형 에서의 자손 에돔과 롯의 자손 모압·암몬은 여호와께서 이스라엘에게 **기업으로 주지 않으셨기 때문에** 그냥 지나간다.

※ 롯 자손에게 주신 기업 - 아르(자손을 롯자 귀여워서 아르르 깍꿍하고 있다), 옛적에 아르에 거한 사람으로 아낙족속 같이 컸던 사람 - 에밈 사람(에미가 없을 땐 아낙이 대신 아르르 깍꿍해준다) 에서에게 기업으로 주신 산 - 세일산,　가데스에서 세렛 시내를 건너기까지 걸린 기간 - 38년
암(바위)몬 족속 - 르바임(바위) 족속을 멸하고 거주(암몬 족속은 르바임을 삼숨밈이라 부름)
갑돌 사람 - 아위 사람을 멸하고 거주 - 갑돌아
에돔 족속(에서의 자손) - 호리 족속을 멸하고 거주 - 돔을 잡아 호리병에 넣다.

3장　　휴지걸이 덮개는 옥으로 만들었다.

① 바산 왕 옥을 정복하다(1-11) - 민 21장 참조

※ 바산 왕 옥과 이스라엘이 싸운 곳 - 에드레이 - 옷(옥)을 드라이(드레이)하다.
스닐 또는 **시**룐 이라고 불리는 산 - 헤르몬산 - 헤르몬 산 스시(생선회)
바산 왕 옥(철 침상)의 나라를 차지한 지파 - 예쁜 옥과 반대되는 못난이 므낫세 지파가 차지
므낫세의 아들 야일이 아르곱 온 지방을 취하고 붙인 땅 이름 - 하봇야일
휴지는 한 사람당 2.5m 만 사용할 수 있다.

② 2.5지파의 기업(12-25) - 르우벤, 갓, 므낫세 반 지파가 요단 동편을 차지한다. 민 32장 참조
휴지안의 바통,　바통이 한 개이므로 모세의 후계자 여호수아가 된다.

③ 모세의 후계자 여호수아(26-29) - 민 27장 참조

※ 모세가 가나안을 보게 해달라고 할 때 하신 말씀 - 그만해도 족하니 이 일로 다시 내게 말하지 말라

4장　　수건 → **수**운종(순종)을 **권**면하다.

① 순종을 권면하다(1-8) - 바알브올 사건(민 25장)을 예로 들어 하나님께 순종할 것을 권면함.
(암기방법) 수건은 영어로 타올(≒바올)이므로 **바알브올** 사건을 예로 들어 순종을 권면한다.

※ 모세가 여호와의 규례와 법도를 가르친 목적 - 기업으로 차지할 땅에서 그대로 행하게 하려고
수건의 그림,　산은 호렙산(시내산)이고 산에 **불**이 붙어 화염이 충천하고 유암과 구름과 흑암이 덮여있다.

② 호렙산에서 겪은 일(9-14) - 출 19장 참조
수건의 그림,　산에 불이 붙어 화염이 충천하고 유암과 구름과 흑암이 덮여 있으므로 무서워서 한 사람이 쏜살같이 달려 동쪽에 있는 3개의 도피성으로 피하고 있다.

③ 요단 동편의 3개의 도피성(41-43) - 르우**벤**(베셀), **갓**(길르앗 라**못**), 므낫세 **반**(**바**산 골란)

※ '상천하지에 주와 같은 신이 없다'고 고백 - 모세(신 4:39), 라합(수 2:11), 솔로몬(왕상 8:23)
수건걸이가 우산 모양이며 X 표시가 되어 있다.　　우산 → 우상,　X → 금지

④ 우상숭배 금지(15-40) - 네 하나님 여호와는 소멸하는 **불**이시요 질투하시는 하나님이시니라(24)
(암기방법) 산에 **불**이 붙어 화염이 충천하는 것(질투)을 생각할 것.
수건의 끝이 W 모양이며 W는 **W**hen(언제), **W**here(어디서)를 나타낸다.

⑤ 두 번째 설교한 때와 장소(44-49) - 출애굽 40년 모압 평지(요단 동편 벧브올 맞은편 골짜기)

5장   치약에는 10가지 사용법이 적혀 있다.

① 십계명(7-21) - 출 20장

치약이 **호렙산**(시내산) 모양이며 치약의 두들두들한 부분은 **두려움**
을 나타내고 치약의 백색은 **백성**이 된다.   **백**색 → **백**성

② 호렙산에서 두려워하는 백성들(22-33) - 모세에게 **십계명을 말씀하실**
실 때 백성이 하나님의 음성을 듣고 죽을 것 같은 두려움에 사로잡혀 모세
가 중재자로서 하나님 대신 말해주기를 구하는 내용이다.   출 20장 참조
호렙산 모양의 치약(**언약**)은 호렙산 언약이 된다.   **치약 → 언약**

③ 호렙산 언약(1-6) - 출 24장의 시내산 언약을 말한다.

6장   칫솔에는 온갖 불순물이 묻어 있으며 칫솔의 색은 노란색이다. 옐로우 카드는 경고가
되므로 성경기억법에서 노란색은 경고로 약속한다(삼상 3장 참조).   불순**물** → 불순**종**

① 불순종에 대한 경고(10-19) - 신명기 4장 '순종을 권면하다' 와 대조되며 맛사를 예로 들
어 불순종을 경고하고 있다. 칫솔로 이를 **맛사**지 한다고 생각하면 암기하기 쉽다.
양치질할 때 치카치카 소리가 쉐마쉐마와 느낌이 비슷하다.   치카치카 → 쉐마쉐마

② 쉐마장(4-9) - 쉐마는 '들으라' 는 뜻이며 쉐마의 주제는 '여호와 사랑' 이다.

• 이스라엘아 들으라 우리 하나님 여호와는 오직 <u>유일한</u> 여호와시니 너는 <u>마음</u>을 다하고 <u>뜻</u>을
다하고 <u>힘</u>을 다하여 네 하나님 여호와를 사랑하라 오늘 내가 네게 명하는 이 말씀을 너는 마
음에 새기고 네 자녀에게 부지런히 가르치며 집에 앉았을 때에든지 길을 갈 때에든지 누워 있
을 때에든지 일어날 때에든지 이 말씀을 강론할 것이며 너는 또 그것을 네 <u>손목</u>에 매어 <u>기호</u>
를 삼으며 네 <u>미간</u>에 붙여 <u>표</u>로 삼고 또 네 집 <u>문설주</u>와 <u>바깥 문</u>에 기록할지니라(4-9)
양치질은 매일 의무적으로 해야 한다.

③ 신앙 교육의 의무(20-25) - 여호와 신앙을 후손들에게 전해야할 것을 주지시키고 있다.

• 우리가 그 명령하신 대로 이 모든 명령을 우리 하나님 여호와 앞에서 삼가 지키면 그것이 곧
우리의 <u>의로움</u>이니라 할지니라(25)
칫솔의 튀어나온 부분만 보면 목젖 같이 생겼다.   목젖 → 목적

④ 율법이 주어진 목적(1-3) - 하나님을 경외하며 하나님의 명령을 지키게 하기 위해서

7장   흰 비누가 공동으로 사용하다보니 땟국물도 끼고 꾀죄죄한 것이 가난하게 생겼으며
물에 불어 진물러 있다.   가난한 → 가나안,   진무르다 → 진멸하다

① 진멸할 가나안 족속(1-26) - 네 하나님 여호와께서 네게 넘겨주신 모든 민족을 네 눈이
긍휼이 여기지 말고 진멸하며 그들의 신을 섬기지 말라 그것이 네게 <u>올무</u>가 되리라(16)

※ 가나안 7족속 - 헷, 아모리, 기르가스, 가나안, 히위, 브리스, 여브스 - 히~ 아기가헷브여(옛뻐요)

※ 하나님이 가나안 7족속과 하지 말라고 명하신 것 - ① 그들과 어떤 언약도 하지 말 것 ② 그
들을 불쌍히 여기지 말 것 ③ 그들과 혼인하지 말 것 ④ 우상을 타파할 것

※ 가나안 7족속과 혼인을 금하신 이유 - 사위와 며느리가 네 아들과 딸을 유혹하여 여호와를
떠나 다른 신들을 섬기게 하므로 여호와께서 진노하사 갑자기 너희를 멸하실 것이므로

※ 왕벌 - 출 23장(농촌에는 왕벌이 많다), 신 7장(흰 비누에 왕벌로고가 새겨져 있다), 수 24장
(여호수아의 무덤 - 무덤 주변에는 왕벌이 많이 날아다닌다)
웨딩드레스가 하얀 것처럼 성경기억법에서 하얀 것은 결혼으로 약속한다. 따라서 흰
비누는 결혼을 나타낸다. 이 흰 비누(결혼)를 여러 사람과 공동으로 사용해서 진물러
있으므로 다른 사람(이방인)과 흰 비누(결혼)를 같이 사용하는 것을 금지시켰다.

② 이방인(가나안 7족속)과 결혼 금지(3-4) - 가나안 족속 외에 이방인과는 결혼할 수 있다.

흰 비누는 **천**연비누로, 이 학교에서는 아이들의 건강을 위해서 천연비누만 사용한다.

③ 그를 사랑하고 그의 계명을 지키는 자에게는 **천** 대까지 그의 언약을 이행하시며 인애를 베푸
시되 그를 미워하는 자에게는 당장에 보응하여 멸하시나니(9-10)

비누를 쓰다보면 원래 크기보다 **택**도 없이 **작아진다.**

④ **여호와께서 너희를 기뻐하시고 너희를 택하심은** 너희가 다른 민족보다 수효가 많기 때문이 아니
니라 너희는 오히려 **모든 민족 중에 가장 적으니라** 여호와께서 다만 너희를 <u>사랑</u>하시므로 말미
암아, 또는 너희의 조상들에게 하신 **맹세**를 지키려 하심으로 말미암아 자기의 권능의 손으로 너
희를 인도하여 내시되 너희를 그 종 되었던 집에서 애굽 왕 바로의 손에서 속량하셨나니(7-8)

8장 거울을 보는 동안은 **기억하지만** 보고 난후 뒤돌아서면 그 어떻게 생긴 것을 잊게 **된다.**

① **네 하나님의 은혜를 잊지 말라(기억하라)**(1-20) - 거울의 4면은 40년을, 넙적한 거울은
광야를 나타내며 8장의 내용은 광야생활 40년 동안 임했던 **하나님의 은혜를 회고**(신 29장)
하며 장차 가나안 땅의 풍요로운 삶 중에도 결코 하나님의 은혜를 잊지 말 것을 강조하고 있다.

※ 하나님께서 이스라엘 백성들이 40년간 광야의 길을 걷게 하신 이유 - 너를 낮추시며, 너를 시
험하사, 네 마음이 어떠한지, 그 명령을 지키는지 아니 지키는지 알려 하심이다.

거울 한 가운데 떡이라고 써 있다. 하긴 넙적한 거울이 **떡** 같이 생기기도 했다.

② 너를 낮추시며 너를 주리게 하시며 또 너도 알지 못하며 네 조상들도 알지 못하던 만나를 네
게 먹이신 것은 사람이 **떡**으로만 사는 것이 아니요 여호와의 입에서 나오는 모든 말씀으로 사
는 줄을 네가 알게 하려 하심이니라(3, 마 4:4) - 거울에 떡(3) 이라고 써 있으므로 3절이 된
다 - 인간의 영혼뿐 아니라 육체적 생명을 유지하는 데 필요한 것은 일반적으로 빵이지만 하나
님께서 명하여 내시는 만나와 같은 특별한 것으로도 인간 생명을 유지시킬 수 있다는 뜻이다.

9장 수도꼭지가 금송아지 모양이며 **돌**로 만든 **두개**의 뿔이 깨져있다.

① **금송아지와 깨어진 두 돌판**(6-29) - 출 32장 참조

※ 모세가 두 돌판을 깨트린 이유 - 이스라엘 백성들이 여호와께서 명령
하신 도를 빨리 떠나서 자기를 위하여 금송아지를 부어 만들었으므로
뿔은 권위를 나타내며 뿔이 깨졌다는 것은 권위 즉 자만심이 꺾인 것을 말한다.

깨어진 뿔

② **백성의 자만심을 꺾은 모세의 훈계**(1-5) - 네가 가서 그 땅을 차지함은 네 <u>공의</u>로 말미
암음도 아니며 네 마음이 <u>정직함</u>으로 말미암음도 아니요 이 민족들이 <u>악함</u>으로 말미암아 네
하나님 여호와께서 그들을 네 앞에서 쫓아내심이라 여호와께서 이같이 하심은 네 조상 아브라
함과 이삭과 야곱에게 하신 **맹세**를 이루려 하심이니라(5)

10장 돌로 된 세면대가 때를 벗겨내서 새것처럼 반짝거린다. 이와 같이 우리도 **마음**의 때
를 벗겨내자(할례). 참고로 벗겨내는 것은 할례를 나타낸다.

① **새 돌판**(1-11) - 출 34장 참조

② 너희는 **마음**에 **할례**를 행하고 다시는 <u>목</u>을 곧게 하지 말라(16) - 마음의 할례를 처음 언급
세면대의 배수구는 Θ(데타, 하나님의 약자) 모양이며 물이 **원**을 그리며 배수구 안으로
쏙쏙 들어가고 있다. 쏙 → 속성, 참고로 물이 안(내)으로 들어가므로 뇌물이 나온다.

③ **하나님이 원하시는 것**(12-22) - 네 하나님 여호와를 경외하여 그의 모든 도를 행하고 그
를 사랑하며 <u>마음</u>을 다하고 <u>뜻</u>을 다하여 네 하나님 여호와를 섬기고 내가 오늘 네 행복을 위
하여 네게 명하는 여호와의 명령과 규례를 지킬 것이 아니냐(12-13)

④ **하나님의 속성**(17-18) - 너희의 하나님 여호와는 <u>신</u> 가운데 <u>신</u>이시며 <u>주</u> 가운데 <u>주</u>시요 크
고 능하시며 두려우신 하나님이시라 사람을 <u>외모</u>로 보지 아니하시며 **뇌물**을 받지 아니하시고
고아와 과부를 위하여 <u>정의</u>를 행하시고 나그네를 <u>사랑</u>하여 그에게 떡과 옷을 주시나니(17-18)

신명기 (11-20장) - 교실

신명기(11-20장) 그림 배경설명 교실을 배경으로 했으며 칠판에 **큰 일**자가 횡으로 써 있고 그 옆에 순복이라는 글씨와 이른 비와 늦은 비가 그려져 있습니다. 칠판 받침대에는 분필과 2개의 산이 그려져 있는 칠판지우개가 있는데 이 산의 이름은 각각 에발산과 그리심산이라고 합니다. 가르치고 계신 선생님은 십자가 뱃지를 보면 알 수 있듯이 하나님을 믿는 사람으로 예장파에 속하며 우산이 그려진 넥타이를 하고 있습니다. 교탁위에는 속이 다 보일 정도로 망가진 우산이 놓여 있고 밥풀을 흘리고 먹는 칠칠치 못한 학생이 선생님의 배려로 재판장들이나 앉을 수 있는 3단 쿠션으로 된 의자에 앉아서 도시락을 먹고 있으며 도시락 안에는 정한 음식과 부정한 음식이 들어 있고 도시락 옆에는 10원짜리 동전 1개와 10원짜리 동전 3개가 놓여있습니다. 교실 뒤 게시판 아래에는 한 학생이 우산을 망가트린 벌로 음식이 담겨있는 통을 들고 있는데 팔이 너무 아프고 힘들어서 이맛살이 王자로 찌푸러져 있으며 입에서는 저절로 상소리가 나옵니다. 뒷문은 전쟁 시 뒷문으로 빠져 나갈 수 있으므로 유용하게 쓰입니다.

11장   칠판에 **큰 일**자가 **횡**으로 써 있다.   횡 → 행, 성경기억법에서 횡은 행으로 약속한다.
　① 하나님이 행하신 큰일(1-7) – 모세가 출애굽여정 중에 드러난 하나님의 크고 놀라운 권능을 상기시키고 있다.
　※ 다단과 아비람(고라당원, 민 16장)의 아버지 - 엘리압 - **에리**에리한 것도 **압**축하면 단단해진다.
　　순복 → **순**종할 때 약속된 땅에서 받는 축**복**
　② 순종할 때 약속된 땅에서 받는 축복(8-25)
　　지우개 양쪽에 2개의 산이 그려져 있는데 하나는 그리심산이고 또 하나는 에발산이다.
　　그리심산 : 그리심산의 그리가 그린(녹색)과 발음이 비슷하므로 축복이 된다.
　　에발산 : 에발은 C발과 발음이 비슷하므로 저주가 된다.
　③ 가나안 땅에 들어가거든 그리심산에서 축복을 에발산에서 저주를 선포하라(29-32)
　　칠판지우개 양쪽에 산이 그려져 있다.   양쪽 → 양자택일
　④ 축복과 저주 중 양자택일 하라(26-28) - 이스라엘 앞에 두 길, 곧 순종에 따른 축복의 길과 불순종에 따른 저주의 길이 있음을 제시한다 - 내가 오늘 복과 저주를 너희 앞에 두나

니 너희가 만일 내가 오늘 너희에게 명하는 너희의 하나님 여호와의 명령을 들으면 복이 될 것이요 너희가 만일 내가 오늘 너희에게 명령하는 도에서 돌이켜 떠나 너희의 하나님 여호와의 명령을 듣지 아니하고 본래 알지 못하던 다른 신들을 따르면 저주를 받으리라(26-28)

⑤ 이른 비와 늦은 비(13-17) - 내가 오늘 너희에게 명하는 내 명령을 너희가 만일 청종하고 너희의 하나님 여호와를 사랑하여 마음을 다하고 뜻을 다하여 섬기면 여호와께서 너희의 땅에 이른 비, 늦은 비를 적당한 때에 내리시리니 너희가 곡식과 포도주와 기름을 얻을 것이요(13-14) - 신 11, 욜 2, 약 5장 분필은 필기도구이므로 '가르치다' 라는 뜻이 있다.

⑥ 하나님의 말씀을 네 자녀에게 가르치라(18-20) - 쉐마장(신 6:6-9)과 동일. 반복쉐마라 함.

12장 십자가 뺏지를 보면 알 수 있듯이 선생님은 하나님을 믿는 사람으로 '예장'파에 속한다.　예장 → **예**배 **장**소

① 하나님이 정하신 예배 장소(1-28) - 종교적, 민족적 연대의식을 갖게 하기 위해서 하나님께서 정하신 장소에서만 예배를 드리게 했다(중앙 성소사상) - 오직 너희의 하나님 여호와께서 자기의 이름을 두시려고 너희 모든 지파 중에서 택하신 곳인 그 계실 곳으로 찾아 나아가서(5) 우산이 그려진 붉은 넥타이,　우산 → 우상,　／ → 금지

② 우상숭배 금지(29-32)
넥타이의 붉은 색은 피를 나타낸다. 큰 그림의 넥타이 참조

③ 다만 크게 삼가서 그 피는 먹지 말라 피는 생명인즉 네가 그 생명을 고기와 함께 먹지 못하리니(23)

※ 피를 먹지 말라 - 창 9장, 레 3장(화목제이며 화목의 반대는 기·피), 7장, 17장, 신 12장, 15장

13장 교탁위에는 속(내부)이 다 보일 정도로 망가진 우산이 놓여있다.　우산 → 우상
망가진 → 죽음,　속(내부)이 다 보일 정도로(유혹) → 내부 유혹

① 우상 숭배자들을 죽이라(1-11)

② 내부 유혹자를 근절하라(12-18) - 이스라엘 내부의 유혹자에 대해 철저히 경계하고 징벌하실 것을 명령하셨다. 이는 우상숭배가 외부의 유혹보다 내부의 유혹에 더 기인하기 때문이다.

• 그가 네게 말한 그 이적과 기사가 이루어지고 너희가 알지 못하던 다른 신들을 우리가 따라 섬기자고 말할지라도 너는 그 선지자나 꿈꾸는 자의 말을 청종하지 말라 이는 너희의 하나님 여호와께서 너희가 마음을 다하고 뜻을 다하여 너희의 하나님 여호와를 사랑하는 여부를 알려 하사 너희를 시험하심이니라(2-3) - 이런 자는 용서 없이 돌로 쳐 죽인다.

14장 도시락통의 반찬이 둘로 나뉘어져 있는데 각각 정한 음식과 부정한 음식이 들어있다.

① 정한 음식과 부정한 음식(1-21) - 레 11장

※ 스스로 죽은 것은 먹을 수 없으나 성중에 우거하는 객에게 주거나 이방인에게 팔수는 있다.
10원짜리 동전 1개,　10원 → 10일조,　1개 → 1년

② 해마다 드리는 10일조(22-27)

※ 토지의 소산을 십일조로 드리는 사람이 여호와께서 택하신 제물을 드리는 곳이 멀어서 예물을 가지고 가지 못할 경우에는 토지소산의 십일조를 돈으로 바꾸어 마음에 원하는 것을 사서 드린다.
10원짜리 동전 3개,　10원 → 10일조,　3개 → 3년

③ 제 3년의 구제하는 10일조(28-29) - 가난한 자의 구제를 위해 드려졌다.

15장 밥풀을 흘리고 먹는 77치 못한 학생, 7은 안식년을 뜻하며 7이 2개이므로 2가지 안식년 규례가 나온다. 첫째, 매 7년 안식년마다 빚을 면제해주므로 면제년이라고 부르며 둘째, 매 7년 안식년에는 동족 히브리종을 해방시켜 준다. 밥풀은 다소 어거지 같지만 암기를 위해서 사투리로 **빚풀**이라고 하며 빚풀을 이용해서 소제목을 만들면 다음과 같다.

빚 풀 → 종을 풀어줌
↓
빚 면제(부채의 완전 탕감이 아닌 안식년에만 국한된 빚 독촉의 면제를 의미)

① **빚을 면제해주는 안식년**(1-6) - 이방인에게는 독촉할 수 있으나 형제에게는 면제한다.

② **종을 풀어주는 안식년**(12-18) - 동족 히브리종이 7년째 해에는 자유롭게 되며 그 종이 자유하게 되었을 때에는 빈손으로 보내지 말아야 한다. 만일 종이 주인과 같이 있고 싶으면 송곳을 취하여 그 귀를 문에 대고 뚫으면 되며 이러한 종도 희년에는 해방된다(레 25:39-40).
옷의 누더기 표시 ⌗ - 가난을 나타낸다.

③ **가난한 자를 도우라**(7-11)
밥풀을 흘리고 먹는 77치 못한 학생, **태생**이 원래 그렇다.   태생 → 초태생

④ **초태생에 대한 규례**(19-23)
77치 못한 학생이 밥을 먹다 77맞게 혀를 깨물어 피가 나고 있다.

⑤ 오직 피는 먹지 말고 물 같이 땅에 쏟을 지니라(23) - 창 9장, 레 3, 7, 17장, 신 12, 15장

16장 크리스챤 선생님이 77치 못한 학생이 하도 불쌍해서 앉는 의자만이라도 좋은 걸 주려고 재판장들이나 앉을 수 있는 의자를 주었으며 이 안에는 공이 들어 있어서 쿠션은 끝내주며 3단 쿠션으로 되어 있다.   공 → 공의,   3단 → 3대 절기

① **3대 절기**(1-17) - 유교절(또는 무교절), 맥추절, 초막절 - 출 23장, 34장, 레 23장
• 유월절(1-2) - 1월(아빕월) 14일 저녁
• 무교절(3-8) - 1월 15일~21일(유월절 다음날부터 7일간),   무교병=고난의 떡
• 맥추절(9-12)=칠칠절, 오순절 - 초실절(1.16일)이후 50일째의 날(오순절)로 7×7의 다음날이므로 칠칠절이라고도 한다(3.6일). 맹추(맥추절)나 칠칠(칠칠절) 맡은 것이나 같다. 단 하루 행함.
• 초**막**절(13-17) = 장**막**절, 수장절 - 오늘날 추수감사절과 비슷하다.
※ 이스라엘의 모든 남자는 1년에 3차례 여호와께 나오며 나올 때는 빈손으로 나오지 말아야 한다.

② **공의로 재판하라**(18-22) - 너는 재판을 굽게 하지 말며 사람을 외모로 보지 말며 또 **뇌물**을 받지 말라(19) - 77치 못한 학생에게 이 의자는 뇌물에 해당된다.

17장 우산을 망가트려 벌을 받고 있는 학생이 너무 힘들어서 **이**맛살이 王자로 찌푸려져 있다.   이 → 이스라엘,   왕 → 왕정제도

① **이스라엘의 왕정제도**(14-20) - 장차 이스라엘이 왕을 요구할 것을 예견하시고 이방 국가의 왕정과 구별되는 제도를 알려 주었다.

※ 이스라엘의 왕은 첫째 하나님께서 택하신 자야하고 둘째 형제 중에서 뽑아야 한다. 왕으로 뽑힌 자는 ① 병마(말의 산지이자 우상을 섬기던 애굽과 접촉하게 되므로)와 ② 아내(국가의 일보다 개인적인 향락에 빠지므로)를 많이 두지 말고 ③ 은금(은금을 쌓기 위해 백성들을 착취)을 많이 쌓지 말아야 한다. 또 왕위에 오른 자가 해야 할 것은 율법서의 등사본을 제사장 앞에서 책에 기록해야 한다.
너무 힘들어서 입에서는 저절로 상소리가 나온다.

② **상소법**(8-13) - 상소란 하급법원의 판결에 불복하여 상급법원(제사장과 재판장)에 심리를 청구하는 것으로 각 성에서 발생한 송사들에 대한 재판은 장로들이 담당하였지만 판결하기 어려운 고소는 여호와께서 택하신 곳으로 올라가서 제사장과 재판장에게 묻는다.

※ 제사장이나 재판장의 말을 따르지 않고 거부하는 자 - 죽여서 이스라엘 중에서 악을 제하여 버린다.
망가진 우산,   우산 → 우상,   망가진 → 죽음

③ **우상 숭배자들을 죽이라**(1-7)

18장   음식이 담겨있는 통(무, 당근, 선지를 넣은 죽)

$\square$ → 무,   ■ → 당근,   ✎ → 깃(분깃),   선지 → 선지자

무 + **당**근 + **죽** = 무당은 죽일 것

① 무당은 죽일 것(9-14)
   죽에 깃이 떨어져 있으며 깃만 나오면 제사장과 레위 모두의 분깃이 된다.
② 제사장과 레위 지파의 분깃(1-8) - 제사장과 레위 지파가 기업을 가지지 않은 것은 하나님께서 그들의 기업이 되시기 때문이다.
③ 선지자 제도의 약속(15-22) = 예언된 한 선지자
 • 너희 가운데 네 형제 중에서 너를 위하여 나와 같은 선지자 하나를 일으키시리니(15) - 사무엘을 위시해서 말라기까지의 선지자들을 가리키며 궁극적으로는 예수 그리스도를 예표한다.
 • 만일 어떤 선지자가 내가 전하라고 명령하지 아니한 말을 제 마음대로 내 이름으로 전하든지 다른 신들의 이름으로 말하면 그 선지자는 죽음을 당하리라 하셨느니라(20)
 • 만일 선지자가 있어 **여호와의 이름으로 말한 일에 증험도 없고 성취함도 없으면 이는 여호와께서 말씀하신 것이 아니요 그 선지자가 (변덕이 죽 끓듯) 제 마음대로 한 말이니 너는 그를** 두려워하지 말지니라(22)
※ 7번과 8번의 그림이 위치가 혼동될 때 구분하는 방법은 음식이 담겨 있는 통을 팔(8)로 들고 있으므로 음식이 담겨 있는 통이 8번 즉 18장이 된다.

19장   게시판에 6개의 도피성이 그려있고 위 사진과 처방전이
        붙어있다. 위 → 위증자, 처방 → 처벌, 참고로 처방전
        은 위에 대한 처방 말고도 눈과 이에 대한 처방전도 있다.

① 6개의 도피성(1-14) - 우발적인 살인자를 피의 보복으로부터 보호해주는 제도.
 • 요단 동편의 3개의 도피성 ① 르우**벤** → **베**셀 ② **갓** → 길르**앗** 라**못** ③ 므낫세 **반** → **바**산 골란
 • 요단 서편(가나안 땅)의 3개의 도피성 ① 납**달리** → **갈릴리** 게데스 ② **에**브라임 → **세**겜 ③ 유다 → 기럇 아르바 곧 헤브론(아론자손에게 준 도피성) : you(유), 다 알바(아르바) 해(헤브론)
※ 도피성 - 출 21장, 민 35장, 신 4장, 19장, 수 20장
② 위증자의 처벌(15-21) - 눈에는 눈, 이에는 이로 갚을 것(21) - 출 21장, 레 24장, 신 19장
 • 죄를 확정할 때 한 증인을 세우지 말고 두 증인이나 세 증인의 입을 세우라(15)
   좌측의 도피성 3개는 가나안 땅의 도피성이고 우측의 도피성 3개는 요단 동편의 도피성으로 구분하기 위해서 도피성의 가운데에 경계선을 그려 놓았다.
③ 이웃의 경계표를 옮기지 말라(14)

20장   뒷문 - 전쟁 시 뒷문으로 빠져나갈 수 있으므로 유용하게 쓰인다.
        전쟁시 유의사항(1-20) - 적군과 싸울 때 두려워하지 말라 네 하나님이 너희와 함께 하신다(1)
 • 적군과 싸우러 나갈 때 **제사장**은 백성들의 전투를 독려하라(2-4)
 • 전쟁 시 먼저 **화평**을 선언하고 받아들이면 조공을 바치게 하고 받아들이지 않으면 싸우라(10-18)
 • 과목 보호명령 - 너희가 다른 성읍을 칠 때에 **나무**를 작벌하지 말지니, 이는 너희의 먹을 것이 될 것임이라 그러나 **과목** 아닌 **수목**은 작벌하여 성읍을 치는 무기를 만들어 싸울 것이니라(19-20)
 ※ 전쟁에 불참해도 되는 자 - ① 새 집을 건축하고 낙성식을 못한 자 ② 포도원을 만들고 그 과실을 먹지 못한 자 ③ 여자와 약혼식을 하고 그와 결혼하지 못한 자 ④ 전쟁을 두려워하는 자

신명기 (21-30장) - 운동장

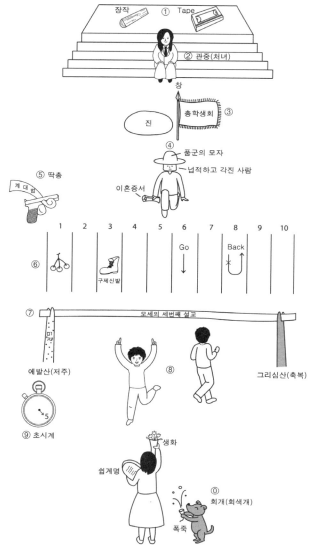

운동장에서 달리기하는 것을 배경으로 했으며 스탠드 위에는 결이 아름다운 장작과 아내가 나오는 포르노 테입이 있으며 관중은 남자 양복을 입고 통이 큰 바지를 입은 처녀 한 명 뿐으로 유의해서 경기를 지켜보고 있습니다. 스탠드 앞에는 이 경기가 총학생회 주체로 열린다는 것을 알리기 위해 총학생회의 기가 스탠드 앞에 꽂혀 있으며 품꾼의 모자를 쓰고 얼굴이 넙적하고 각진 선수가 바통대신 이혼증서를 말아 쥐고 총 소리가 나기를 기다리며 뛸 준비를 하고 있습니다. 주자 앞에 있는 트랙은 10레인까지 있으며 결승 테입을 지지하는 지지대가 산 모양으로 생겨서 한쪽은 에발산, 다른 한 쪽은 그리심산이라고 하는데 그리심산의 그리가 그린과 발음이 비슷하므로 그린색의 지지대가 그리심산이 되고 나머지가 에발산이 되며 그린색이 축복을 상징하므로 그리심산은 축복이 되며 에발산은 에발이 C발과 발음이 비슷하므로 저주가 됩니다. 방금 결승선을 통과한 전 주자가 기록을 갱신해서 뛸 뜻이 기뻐하고 있으며 우승한 선수에게는 생화와 짝통 돌판인 쉽계명을 줄 뿐만 아니라 회색개가 축포까지 쏘아줍니다. 참고로 얼굴이 넙적하고 각진 선수는 4각턱을 가졌으므로 4번(24장)에 나오며 총을 잘못 발사하는 것을 오발탄이라고 하므로 오발탄의 오에서 총이 나오는 곳은 5번(25장)이 되며 왼쪽지지대와 결승 테입이 7자 모양이므로 결승선이 나오는 곳은 7번(27장)이 됩니다.

21장　스텐드 위에 결이 아름다운 장작과 아내가 나오는 포르노Tape이 있다.　장작 → 장자
　　　　결이 아름다운 → 미결，　아내가 나오는 포르노(포로) → 아내로 삼을 수 있는 포로

① 미결 살인사건의 규례(1-9) - 제사장의 입회하에 피살된 곳에서 가장 가까운 성읍의 장로들
이 한번도 멍에 매지 않은 암송아지의 머리를 꺾으며 자기들은 이 사건과 무관하다고 맹세한다.

② 장자 상속권(15-17) - 사랑받는 아내와 미움받는 아내가 같이 아들이 있을 때 미움받는 아내의
아들이 장자라도 장자권을 사랑받는 아내의 아들로 바꾸지 못하며 장자에게 소유의 2배를 준다.

③ 아내로 삼을 수 있는 포로(10-14) - 이스라엘 백성이 다른 이방 여인과 결혼하는 것은 금
지되지 아니하였다. 그러나 가나안 여인과 결혼하는 것만은 철저히 금지되었다(7:3). 그 까닭
은 가나안 족속의 경우 그들의 돌이킬 수 없는 우상숭배 풍습 때문이었다.

※ 포로로 잡힌 여자를 아내로 삼는 규정 - 머리를 밀고, 손톱을 베고, 포로복을 벗고, 여자의 부
모를 위하여 한 달 동안 애곡하게 한다.
　장작은 통나무를 **패**서 얻은 땔나무를 말한다.　패 → 패역

④ **패**역한 아들에게 내리는 벌(18-21) - 돌로 쳐 죽인다.
　장작은 **나무**다.

⑤ **나무**에 죽은 자의 시체 처리(22-23) - 그 날에 장사하여 하나님이 주신 땅을 더럽히지 말라

22장　관중은 남자 옷을 입고 있는 처녀 한사람(개인)뿐이며 유의해서 경기를 지켜보고 있다.

① 처녀의 정조(13-21) - 남편이 아내가 처녀가 아니라고 누명 씌우면 아내의 아버지는 처녀의
표를 장로들에게 보여 결백을 증명하며 남편을 때리고 남편은 아내의 아버지에게 은 100세겔
을 주며 남편은 아내를 평생 버릴 수 없다. 그러나 처녀의 표가 없으면 아내를 돌로 쳐 죽인다.
남자가 처녀와 동침하다 발견되면 남자는 처녀의 아버지에게 은 50세겔을 주고 아내로 삼는다.
　남자가 여자 옷을, 여자가 남자 옷을 입는 것을 성도착증이라 한다.

② 성도착증(5)
　바지의 통이 크다.　통 → 통간，　성경기억법에서 통은 통간·간통으로 약속한다.

③ 통간(22-30) - 돌로 쳐 죽인다.

④ 개인적인 유의사항(1-12) - 짐승이든 의복이든 네가 주웠으면 못 본체 말고 형제에게 돌려주라
처녀가 품이 큰 남자의 옷을 입은 것은 새가슴을 가리기 위해서이다.

⑤ 새의 보금자리에서 새를 취할 때 어미와 새끼를 함께 취하지 말고 어미는 놓아주라(6-7)
　네가 새 집을 지을 때 지붕에 난간을 만들어 사람이 떨어지지 않게 하라(8)

※ 2가지를 함께 섞을 수 없는 것들 - ① 포도원에 2종자를 섞어 뿌리지 말라 ② 소와 나귀를
겨리하여(한 멍에에 메워) 갈지 말라 ③ 양털과 베실을 섞어 짠 것을 입지 말라(처녀가 입고
있는 품이 큰 남자 옷은 양털과 베실을 섞어 짠 것이다)

23장　**총**학생**회** → 총회(하나님께 드리는 공식적인 예배나 집회)，총회의 기는 **진** 밖에 있다.

① 총회에 들어오지 못하는 자들(1-8) - 고환 상한 자, 음경 잘린 자, 사생자, 암몬·모압 사람

※ 에돔(야곱의 형 에서의 자손)과 애굽 사람은 3대 후 자손부터 여호와의 총회에 들어올 수 있
었으나 암몬과 모압 사람은 여호와의 총회에 영원히 들어올 수 없다. 그 이유는 ① 양식과 물로
이스라엘 자손을 영접하지 않았고 ② 발람에게 뇌물을 주어 이스라엘을 저주했기 때문이다.

② 진을 거룩히 하라(9-14) - 진중은 거룩하신 하나님이 계신 곳이므로 성결해야 한다. 따라서
밤에 몽설한 자는 깨끗이 씻어서 정함을 받아야 하며 생리적인 문제는 진 밖에서 해결해야 한다.
　도망 나온 종이 진 안에 숨어 있다.

③ 도망 나온 종의 규례(15-16) - 그 주인에게 돌려보내지 말고 네 가운데 거하게 하라(15-16)
　창에 **기**가 달려 있으며 깃대의 길이는 두자다.　두자 = 이자

④ 창기를 근절하라(17-18) - 창기의 돈과 개 같은 자의 소득은 여호와의 전에 가져오지 말라(18)

⑤ 동족에게 이자를 받지 말라(19-20) - 타국인에게는 받을 수 있다.
　진은 총학생회의 기에 비해 **서**쪽에 있으며 **원**으로 되어 있다.

⑥ 서원(21-23) - 네 하나님께 서원하거든 갚기를 더디하지 말라 더디면 네게 죄가 되리라(21)

24장　달리기 선수가 품꾼의 모자를 쓰고 바통 대신에 이혼 증서를 말아 쥐고 뛸 준비를 하고 있다. 이 선수의 얼굴은 넙적하고 각진 사람으로 피부는 엄청 고와 놀랐으며 얼굴이 넙적하므로 별명이 넙치다.　넙치 → 납치,　각진 사람 → 각사람,　고와 → 고아(약자)

① 품꾼의 삯(14-15) - 가난한 노동자이므로 품삯을 당일에 주라.

② 이혼법(1-4) - 아내를 내버리려면 이혼 증서를 써주라(1) - 마 5장, 19장, 막 10장

③ 납치(7) - 유괴범은 죽이라

④ 각 사람은 자기 죄로 죽는다(16) - 이 말씀을 지킨 왕은 아마샤(왕하 14:6), 겔 18장 참조

⑤ 약자를 도우라(17-22) - 네가 밭에서 곡식을 벨 때에 그 한 뭇을 밭에 잊어 버렸거든 다시 가서 가져오지 말고 나그네와 고아와 과부를 위하여 남겨두라 그리하면~ 복을 내리시리라(19)
　달리기 선수의 얼굴이 꼭 전당포 주인 같이 생겼다.　전당포 → 전당물

⑥ 전당물(10-13) - 맷돌이나 그 위짝을 전당잡지 말지니 이는 그 생명을 전당잡음이니라(6)

• 그의 전당물을 가지고 자지 말고 해 질 때에 (**당일에**) 그 전당물을 그에게 돌려줄 것이라(12-13)

25장　딱총의 화약종이에 계대법이라 써 있고 화약을 다 쓴 부분은 **아! 말려** 올라가고 있다.
아! 말려 → 아말렉,　화약을 다 쓴 부분은 화약이 다 터져 있으므로 진멸이 된다.

① 아말렉을 진멸하라(17-19) - 가나안에 들어가서 안식을 주신 후에 아말렉을 진멸하라(19)

② 계대법(5-10) - 대를 잇기 위해 죽은 형(혹은 동생)의 아내와 혼인하는 것을 말하며 그의 형제의 집을 세우기를 원하지 않을 경우 그의 형제의 아내는 장로들의 앞에서 그의 신을 벗기고 얼굴에 침을 뱉고 신 벗김 받은 자의 집이라 부른다.
　총이 추같이 생겼다.

③ 공정한 추(13-16) - 오직 온전하고 공정한 저울추를 두며(15)
　추에서 빼낸 막대기는 태형을 집행할 때 사용하기도 한다.

④ 태형제도(1-3) - 40대를 넘지 말라
　총의 방아쇠 부분이 음낭과 비슷하다.

⑤ 여자가 손으로 남자의 음낭을 잡을 때(11-12) - 여자의 손을 찍어버리라
　총의 손잡이 부분이 소의 입에 망을 씌운 것 같다.

⑥ 곡식 떠는 소의 입에 망을 씌우지 말라(4) - '일군이 그 삯을 받는 것이 마땅하다' 라는 뜻으로 바울은 이 말을 2번 인용하였다(고전 9:9, 딤전 5:18).

26장　트랙, 10레인까지 있으며 첫 레인에 열매가 있고 3레인에 구제신발(중고신발)이 떨어져 있다. 트랙에는 앞으로 go(고)해야지 뒤로 Back(백)하면 안된다고 X표시가 돼있다.
첫 레인의 열매 → 첫 열매,　go(고) Back(백) ⇒ 신앙고백
(10레인 → 10일조,　3레인 → 3년,　구제신발 → 구제) ⇒ 제 3년의 구제하는 10일조

① 첫 열매를 바치며 아뢰는 신앙고백(1-11) - 가나안에 정착한 후 거둔 수확물의 첫 열매

② 제 3년의 구제하는 10일조를 바치며 아뢰는 신앙고백(12-19) - 10일조는 매년 드리나 3년마다 드리는 십일조는 가난한 자의 구제를 위해 드려졌다.

• 셋째 해 곧 십일조를 드리는 해에 네 모든 소산의 십일조 내기를 마친 후에 그것을 레위인과 객과 고아와 과부에게 주어 네 성읍 안에서 먹고 배부르게 하라(12)

27장 결승 테입을 지지하는 지지대가 산 모양으로 생겨서 한쪽은 에발산
다른 한쪽은 그리심산이라고 하는데 그리심산의 그리가 그린과 발음
이 비슷하므로 그린색의 지지대가 그리심산이 되고 나머지가 에발산
이 되며 그린색이 축복을 상징하므로 그리심산은 축복이 되며 에발산
은 에발이 C발과 발음이 비슷하므로 저주가 된다.

산모양

① 가나안 땅에 들어가거든 그리심산에서 축복을 에발산에서 저주를 선포하라(11-13)
※ 그리심산 - 그린베레 요잇시유,　에발산 - 저주이므로 납(치)단에서 갓아스르(갓까스로) 탈출함
에발산의 지지대는 돌(돌에 석회를 바름)로 만들어서 **단**단하며 율법이 새겨져 있다.
② 가나안 땅에 들어가거든 에발산에 율법을 새긴 돌을 세우고 **단**을 쌓으라(2-10)
에발산의 지지대에 새겨진 율법은 글씨체가 험한 것으로 보아 다 저주에 관한 내용이다.
③ 에발산에서 선포된 저주(14-26) - 12가지 저주(안식일에 관한 것×)를 선포했으며(저주를
선포할 때 백성들은 **아멘**으로 응답한다) 축복도 선포했으나 성경에 축복 내용은 없고 저주 내
용만 수록되어 있는 것은 이스라엘의 패역한 본성을 강력히 깨우치려는 의도가 내포되어 있다.
결승 테입에 '모세의 세 번째 설교'라고 써 있다.
④ 모세의 세 번째 설교(1) - 30장으로 설교가 종결된다. 출애굽 제 40년 모압 평지
28장 정석대로 앞으로 달린 선수 그 결과는 우승.　정석대로 → 순종,　우승 → 축복
① 순종할 때 받는 축복(1-14) - 여호와께서 너를 세계 모든 민족 위에 뛰어나게 하실 것이라(1)
네 광주리와 떡 반죽 그릇이 복을 받을 것이며(5) 네가 들어와도 복을 받고 나가도 복을 받을
것이니라(6) 적군들이 한 길로 너를 치러 들어 왔으나 네 앞에서 일곱 길로 도망하리라(7)
꾸어줄지라도 너는 꾸지 아니할 것이요(12) 머리가 되고 꼬리가 되지 않게 하시며(13)
거꾸로 달린 선수 그 결과는 꼴찌.　거꾸로 → 불순종,　꼴찌 → 저주
② 불순종할 때 받는 저주(15-68) - 아침에는 이르기를 아하 저녁이 되었으면 좋겠다 할 것
이요 저녁에는 이르기를 아하 아침이 되었으면 좋겠다 하리라(67)
※ 레위기 26장에서도 한 아이는 차렷 자세로 앞을 보고 있고(순종), 다른 아이는 뒤돌아서서 있
는데(불순종) 소제목도 '순종할 때 받는 축복과 불순종할 때 받는 저주'로 같다. 참고할 것.
29장 초시계, 시계는 몇 시에 어디서 만나자고 약속을 정하므로 시계는 약속 즉 **언약**이
된다. 초시계를 보니 방금 1등한 선수가 기록을 **갱신**했다.
① 언약갱신(1-29) - 구세대는 다 죽었으므로 새 세대와 언약을 갱신한다. 모압 평지에서 언약
을 갱신했으므로 **모압 평지 언약**이라고 한다.
시침이 **오**(5)를 가리키고 있으며 5시는 12간지의 **묘**에 해당한다 → 오묘
② **오묘**한 일(하나님만이 알고 계시는 신적 계획이나 섭리)은 우리 하나님 여호와께 속하였거니
와 나타난 일(말씀이나 예언, 기적 등과 같은 여러 가지 방편을 통하여 이미 인간에게 계시된
하나님의 뜻)은 영원히 우리와 우리 자손에게 속하였나니 이는(하나님의 뜻을 인간에게 계시
하신 것은) 우리에게 이 율법의 모든 말씀을 행하게 하심이니라(29)
※ 아브라함 당시 유황불로 멸망된 성읍 - 소돔, 고모라, 아드마(아줌마), 스보임(사부님)
30장 우승한 선수에게는 생화와 짝퉁 돌판인 쉽계명을 줄 뿐만 아니라 회색개가 축포까지
쏘아준다.　생화 → **생**명의 복 사망의 **화**,　쉽계명 → 계명은 쉽다
① 생명의 복 사망의 화(15-20) - 보라 내가 오늘 생명과 복과 사망과 화를 네 앞에 두었나니(15)
② 하나님의 계명은 쉽다(11-14)
• 내가 오늘 네게 명령한 이 명령은 네게 어려운 것도 아니요 먼 것도 아니라(11)
• 오직 그 말씀이 네게 매우 가까워서 네 입에 있으며 네 마음에 있은즉 네가 이를 행할 수 있

느니라(14, 롬 10:8) - 율법은 너무 어려워서 인간이 그 도(道)를 깨달을 수 없는 것이 결코 아니며 누구라도 쉽게 깨닫고 이해할 수 있다. 율법은 우리가 닿을 수 없을 만큼 먼 곳에 있는 것이 아니라 우리 곁에 가까이 있어 우리의 삶에 구체적이고도 실제적인 교훈을 준다. 그러므로 "하나님의 말씀이 너무 어려워서 그것을 지킬 수 없다" 라는 핑계는 대지 말자. 왜냐 하면 하나님의 말씀은 바로 자신 곁에 있기 때문이다.

회색개가 폭죽으로 축포를 쏘고 있다.　**회색개** → 회개, 폭죽 ↔ 축복, 축포 → 축복

③ <mark>회개하는 자가 받을 축복</mark>(1-10) - 돌이켜 회개하였을 경우 전보다 더 많은 축복을 주신다.

신명기 (31-34장) - 놀이터

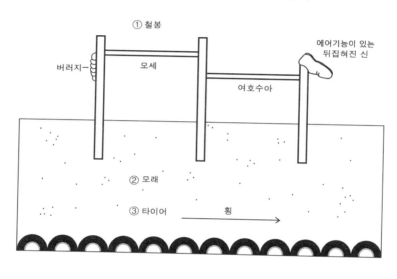

<u>신명기(31-34장) 그림 배경설명</u>　학교의 놀이터를 배경으로 했으며 놀이터에는 모래가 깔려 있고 철봉 2개와 타이어 12개와 시이소가 있습니다. 큰 철봉은 모세를, 작은 철봉은 여호수아 를 나타내며 여호수아가 모세 옆에 나란히 있다는 것은 여호수아가 후계자라는 것을 암시해 줍니다. 큰 철봉에 버러지 한 마리가 기어 올라가고 있으며 작은 철봉에는 에어기능이 있는 신 이 뒤집혀 진채 걸려있는데 뒤집혀진 신은 배신을 나타냅니다. 12개의 타이어를 횡으로 밟고 지나갈 때마다 복복복 소리가 나며 시이소는 오르락내리락 하는 기구로서 내려가는 것은 모세의 죽음을, 올라가는 것은 여호수아가 모세의 자리를 계승받아 지도자가 되는 것을 나타냅니다.

31장　　큰 철봉은 모세를, 작은 철봉은 여호수아를 나타내며 여호수아가 모세 옆에 나란히 있으므로 여호수아가 후계자라는 것을 알 수 있다.

　① <mark>모세의 후계자 여호수아</mark>(1-8)
　　철봉은 강철로 돼 있어서 강하며 버러지(버리지) 한 마리가 철봉을 기어 올라가고 있다.
　　31장은 모세가 후계자 여호수아에게 **강하고** 담대하라. 하나님이 너와 함께 하신다. 너를 떠나지 아니하며 **버리지** 아니하시리니 두려워하거나 놀라지 말라고 격려하는 내용이다.

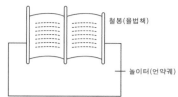

② 모세가 여호수아를 격려하다(1-8)

작은 철봉에 에어기능이 있는 신이 뒤집혀 진채 철봉에 걸려 있다.   에어 → 예언,   뒤집혀진 신 → 배신

③ 이스라엘의 배신을 예언하시다(14-23)

철봉의 모양이 율법책을 펴 놓은 것 같이 생겼고 놀이터가 언약궤 같은데 철봉(율법책)이 놀이터(언약궤) 안에 있으므로 소제목은 '언약궤 안에 넣은 율법책'이 된다.

④ 언약궤 안에 넣은 율법책(24-30)

• 이 율법책을 가져다가 너희 하나님 여호와의 언약궤 곁에 두어 너희에게 증거가 되게 하라(26) 위의 그림에서 보듯이 율법책에 **전**부 **수**라고 적혀 있다.

⑤ 율법책의 전수(9-13) - 장로들에게 율법책을 전수해 주면서 **매 7년 끝 해 곧 면제년의 초막절**에 이 율법을 백성들에게 낭독함으로써 태어나는 모든 세대들에게 하나님 경외하기를 가르칠 것을 당부했다.   그림에 율법이 7줄로 적혀 있는데 7줄은 매 7년 면제년을 나타낸다.

32장   모래 → **모**세의 노래(이스라엘의 배신과 하나님의 심판이 내용)

모세의 노래(1-43) - 하늘이여 귀를 기울이라 내가 말하리라 땅은 내 입의 말을 들을지어다(1)

• 어리석은 백성아 여호와께 이같이 보답하느냐 그는 네 아버지시요 너를 지으신 이가 아니시냐(6)

• 그런데 여수룬이 기름지매 발로 찼도다~ 자기를 구원하신 반석을 업신여겼도다(15)

• 여호와께서 그들(이스라엘)을 내주지 아니하셨더라면 어찌 (적군) 하나가 (이스라엘) 천을 쫓으며 둘이 만을 도망하게 하였으리요(30) - 신(신명기)하 천둘만(천둘만은 신하의 이름)

33장   12개의 타이어를 횡으로 밟고 지나갈 때마다 복복복 소리가 난다.   복 → 축복

① 모세의 12지파 축복(1-29) - 세겜성 학살(창 34장) 때문에 시므온 지파만 빠진다.

• 르우벤 - 사람 수가 적지 아니하기를 원하나이다 - 사람 수가 적지 않기 위해 아이를 밴 르우벤

• 유다 - 주께서 도우사 그가 그 대적을 치게 하시기를 원하나이다 - 주를 대적한 유다

• 레위 - 주의 둠밈과 우림(제사장과 관계가 있으므로 레위가 된다)이 주의 경건한 자에게 있도다

• 베냐민 - 여호와의 사랑을 입은 자 - 자식은 내리 사랑이므로 막내 베냐민이 된다

• 요셉 - 하늘의 보물인 이슬과 땅 아래 저장한 물 - 유대역사가 요세푸수(수는 물 수)

• 에브라임과 므낫세 - 에브라임의 자손은 만만이요 므낫세의 자손은 천천이로다

• 스불론 - 스불론이여 너는 밖으로 나감을 기뻐하라 - 쓰글놈(스불론) 또 밖으로 나가냐

• 잇사갈 - **잇**사갈이여 너는 장막에 **있**음을 즐거워하라

• 갓 - 암사자 같이 엎드리고 팔과 정수리를 찢는도다 - 갓 쓴 암사자가 팔과 정수리를 찢고 있다

• 단 - 단은 바산에서 뛰어나오는 사자의 새끼로다 - 사자 새끼가 단에서 뛰어내리고 있다

• 납달리 - 은혜가 풍성하고 여호와의 복이 가득한 **납**달리여 너는 서쪽과 **남**쪽을 차지할지로다

• 아셀 - 아셀은 아들들 중에 더 복을 받으며 그의 형제에게 기쁨이 되며 - 아셀은 기쁨이라는 뜻

횡으로 밟고 지나갈 때마다 **복**복복 소리가 난다.   횡 → 행,   횡·복 → 행·복

② 이스라엘이여 너는 행복한 사람이로다 여호와의 구원을 너같이 얻은 백성이 누구냐(29) - 이스라엘(야곱)이 남자이므로 사람을 남자로 바꿀 수 있다. 이스라엘이여 너는 행복한 남자(29)로다

34장   시이소는 오르락내리락 하는 기구로서 내려가는 것은 모세의 죽음을, 올라가는 것은 여호수아가 모세의 자리를 계승받아 지도자가 되는 것을 나타낸다.

① 모세의 죽음(1-8) - 향년 120세(40년은 바로의 양자로+40년은 미디안으로 도피해서 생활+40년은 광야에서, 아론은 123세), **벧브올 맞은편 모압 땅에 있는 골짜기**에 장사됨. 모세의 세가 3이 되므로 이스라엘이 모압 평지에서 모세를 위하여 30일을 애곡함(아론도 30일 애곡). (암기방법) 모세 쪽이 내려가면(모세의 죽음) **맞은편**은 **올**라간다.   올 → 벧브올

② 지도자 여호수아(9-12) - 여호수아의 본명은 호세아   ※ 종**려**나무 성읍(3) = **여**리고

여호수아 24장

* **장수기억법** : **여**보 **호수**가 있는 **아**름다운 마을로 이사(24)를 갑시다.
* **배경** : 호수가 있는 마을을 배경으로 했으며 총 24장으로 1단원에 12장씩 2단원으로 한다.
   제 1단원(1-12장) - 호수가 배경
   제 2단원(13-24장) - 마을(땅)이 배경
   여기서 호수는 요단강으로 한다. 참고로 한 Page당 장수는 6장으로 되어 있다.
   예) 1-6장, 7-12장, 13-18장, 19-24장
* **내용** : 가나안 땅의 정복과정(1-12장)과 땅의 분배과정(13-24장)을 내용으로 하고 있다.
* 여호와께서 모세의 후계자로 사명을 맡은 여호수아에게 하신 말씀 - ① 요단강을 건너 가나안을 가라(1:2) ② 마음을 강하게 하고 담대히 하라(1:5-6) ③ 모세가 명한 율법을 다 지켜 행하고 좌로나 우로나 치우치지 말라(1:7-8)

여호수아 (24장)

저   자 : 여호수아(본명 - 호세아)
         이름의 뜻 : '여호와는 구원이시다'
         증명할 수는 없으나 이 책의 저자를 여호수아(에브라임 지파 눈의 아들) 자신으로 보는 유대 전승이 올바른 듯하다. 수 24:26은 이 점을 명백히 진술하고 있다('여호수아가 이 모든 말씀을 하나님의 율법책에 기록하고 …'). 이 사실로 보아 여호수아 전체는 아니라 하여도 최소한 여호수아의 고별사는 자신이 직접 기록했다는 것을 알 수 있다(18:9). 여호수아는 이스라엘의 지도자요 기록된 사실의 대부분을 직접 목격한 자로서 이 책을 기록한 사람으로 꼽기에 가장 합당한 인물이다. 심지어 그는 이 책의 일부분에서 일인칭을 사용하기까지 한다(5:1, 6, '우리'). 이 책을 거기에 실린 사건들이 일어난 직후에 기록되었음이 분명하다. 라합은 이 책이 기록될 당시에 아직 생존해 있었다. 그 밖에 이스라엘의 가나안 정복전쟁에 대한 상세한 기술이라든지 가나안 성읍들의 옛 이름들이 사용되고 있는 점도 이를 뒷받침해 주고 있다.
제   목 : 여호수아
         책의 중심인물인 여호수아의 이름을 따라 '여호수아' 라 명명하였다.
주   제 : 가나안땅의 정복과 각 지파에 따라 땅을 분배
기록연대 : B.C. 1370년-1330년경
요   절 : 1:8, 11:23
기록목적 : 하나님께서 일찍이 약속하신 '가나안땅을 주리라' 는 말씀이 실제의 이스라엘 역사 속에서 어떻게 구체적으로 이루어지는지 그 과정을 보여주기 위해서 기록하였다.

12지파에게 분배된 가나안땅 (수 15:1-19:48)

홀레호수가 납덩이 같이 생겼으므로 홀레호수 옆이 납달리 지파가 된다.
갈릴리바다가 잇빨처럼 생겼으므로 갈릴리바다 옆이 잇사갈 지파가 된다.
납달리와 잇사갈 지파 사이에 쓰글놈(스불론)이 끼어 있다.
시므룩한 시므온과 못난이 므낫세 지파가 위와 아래로 위치해 있다.
사사기 17-21장에 에브라임(미가, 17장), 단(18장), 베냐민(19장), 유다(19장,
레위인 첩의 고향은 유다 베들레헴) 지파가 나오므로 4지파는 서로 붙어 있다.

여호수아 (1-12장) - 호수(요단강) - 가나안 정복

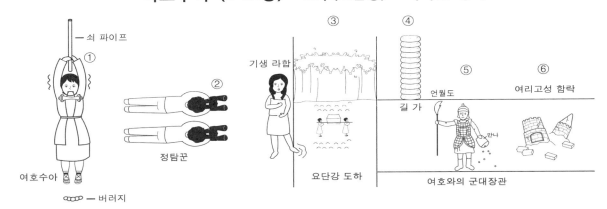

여호수아(1-12장) 그림 배경설명   1-12장은 호수 즉 요단강을 배경으로 했으며 여호수아는 본래 버러지를 두려워하나 꼭 잡아야하므로 마음을 다지기 위해 입으로 율법책을 주야로 꽉 물고 쇠파이프를 일자로 치켜세우고 좌로나 우로나 치우치지 않고 온 정신을 집중하고 있습니다. 두 정탐꾼이 망원경으로 정탐하는데 하필 기생 라합이 **씻**고 있는 장면을 보게 되고 이를 눈치 챈 기생 라합이 쇼울로 몸을 **감춥니다**(라합이 요단강에 발을 담그고 있는 것은 다음 장이 요단강 도하라는 것을 암시해 준다). 참고로 일자로 치켜든 쇠파이프가 1장을, 두 정탐꾼이 2장을 나타냅니다. 요단강 도하 후 요단도하 기념으로 길가에 12개의 돌을 쌓았으며 이어서 할례하는 칼 언월도를 들고 있는 여호와의 군대장관을 만나자 놀라서 고성을 질러대니 여리**고성**이 무너졌으며 I를 닮은 아이성이 멀쩡하므로 7장은 아이성 함락 실패가 되고 8장에서 아이성이 무너졌으므로 8장이 아이성 함락이 됩니다. 9ive on의 지자가 구를 닮아 9ive on은 9장에 나오며 태양이 1☼을 닮아 중천에 멈춘 태양은 10장에 나오고 그 아래에서는 한사람이 아오리 사과 5개를 9ive on을 향해 던지고 있습니다. 그 옆에는 31명의 왕들과 그 왕들 틈바구니에 끼여서 보이지 않는 2명의 왕들이 중천에 멈춘 태양이 너무 뜨거워 솔나무 그늘 아래(정복당한 것을 말함)에서 쉬고 있습니다.

1장   쇠파이프는 강철로 돼 있어서 강하며 버러지 한마리가 기어가고 있다. 버러지 → 버러지
1장은 하나님께서 여호수아에게 **강하고** 담대하라 내가 너와 함께 하고 너를 떠나지 아니하며 **버리지** 아니하리니 두려워하거나 놀라지 말라고 격려하시는 내용이다.

① 하나님께서 여호수아를 격려하다(1-9)
여호수아가 **입**으로 **율법책**(두루마리)을 **주야**로 꽉 물고 있다.

② 이 율법책을 네 입에서 떠나지 말게 하며 **주야**로 그것을 묵상하여 그 안에 기록된 대로 다 지켜 행하라 그리하면~ 네가 형통하리라(8) - 입에 물고 있는 율법책(0━0)이 누워있는 8자 모양

※ 여호수아가 관리들에게 처음으로 명령한 것 - 양식을 준비하라(요단을 건너 가나안에 가기위해)

2장   두 정탐꾼이 **고성**능 망원경으로 여리**고성**을 정탐하는데 하필 기생 라합이 씻고 있는 장면을 보게 된다. 이를 눈치 챈 기생 라합이 쇼울로 몸을 감춘다. **씻**고 → **싯**딤

① 싯딤에서 여리고에 두 정탐꾼을 보내다(1)

② 두 정탐꾼을 감춰준 기생 라합(2-24) - 지붕에 벌여놓은 삼대(삼나무 줄기)에 숨겼으며 도움을 준 라합이 정탐꾼과 생명의 약조를 맺고 정탐꾼은 창문에 붉은 줄을 메고 집에 있을 것을 요구. 정탐꾼은 **산**에서 **삼**일을 숨은 후 돌아와 여리고 성 주민들이 우리 앞에서 간담이 녹더라고 보고함(간담이 녹은 일 - 홍해 물을 마르게 한 일과 아모리 왕 시혼과 옥을 전멸시킨 일).

3장   요단강 도하(1-17) - 싯딤을 떠나 요단에 **삼**일 머문 후 강을 건넘 . 궤와 백성간 거리 2천규빗

⑦ 아이성 함락 실패   ⑧ 아이성 함락   ⑨   ⑩   ⑪   솔나무

give on

⑫ 31명의 왕들

4장   길가에 돌 12개를 쌓았다. 길가 → 길갈(요단을 건너 이스라엘이 처음 진 친 곳, 1.10일)
       돌 12개를 길갈에 세우다(1-24) - 12개의 돌은 각 지파에서 한 사람씩 12사람을 택하여
       길갈(애굽의 수치가 - 길가로 - 굴러감)과 요단강 가운데 제사장들의 발이 선 곳에 두었다.

5장   여호와의 군대장관이 할례하는 칼 언월도를 빼들고 있다.   언월도(언월 → 유월)
   ① 여호와의 군대장관(13-15) - 가나안 정복전쟁이 하나님의 영도하에 전개될 것을 시사한다.
   ※ 여호와의 군대장관이 여호수아에게 한 말 - 네 발에서 신을 벗으라 네가 선 곳은 거룩하니라(15)
   ② 출애굽 후 첫 번째 할례(1-9) - 할례산에서 부싯돌칼로 행함(광야에서는 여건상 할례 못함)
   ③ 세 번째 유월절(10-12) - 가나안 땅에서의 첫 유월절. 장소는 길갈(여리고 평지)
       여호와의 군대장관이 왼손의 봉투를 탈탈 털어보지만 만나는 이미 다 떨어졌다.
   ④ 만나가 그치다(12) - 길갈에서 그 땅의 소산물을 먹은 다음 날 만나가 그침.

6장   여리고성 함락(1-27) - 6일 동안 1바퀴씩, 7째날 7바퀴 돌고 고성을 지르자 여리고성 무너짐
   ※ 여리고 성을 무너뜨릴 때 행군 순서 : ① 무장한 자 ② 나팔 부는 제사장 ③ 언약궤 ④ 후군

7장 ① 아이성 함락 실패(2-9) - 하나님께 바치게 되어 있던 여리고성의 전리품을 훔친 아간 때문
       아이성에 그려진 입은 상스러운 말로 아가리라 한다.   아가리 → 아간
   ② 아간의 범죄(1-26) - 아간을 아골 골짜기(괴로움의 골짜기)에서 돌로 치고 불사름.
   ※ 아간 - 유다 지파 세라의 증손 삽디의 손자 갈미의 아들 - 쇠삽과 갈고리로 아가리(아간)를…
       시날산외투 1(오바댜 1장), 은 이백세겔, 오십세겔 금덩이 1개(요실금)를 장막가운데 땅속에 숨김

8장 ① 아이성 함락(1-29) - 3만을 벧엘과 아이 사이에 매복 후 유인. 성문을 열어놓고 싸우다 함락
   ※ 여호수아가 정복 후 불태운 성 - 여리고성, 아이성(12,000명 죽음 - 아는 A로 1, 이는 2), 하솔
       아이성이 함락될 때 돌들이 떨어지면서 돌 위에 돌이 쌓이며 돌단을 형성하고 있으며
       돌이 쌓인다는 것은 쌓아둔다는 면에서 저축과 같다고 하겠다.   저축 → 쩌주와 축복
   ② 에발산에 돌단을 쌓고 그리심산에서 축복을 에발산에서 저주를 선포하다(30-35)

9장   기브온이 속임수로 이스라엘과 화친을 맺다(1-27) - 이스라엘의 승승장구에 위협을 느
       낀 히위 족속 기브온 주민들이 생존의 자구책으로 위장전략을 써서 이스라엘과 화친조약을 체
       결했으며 기브온 주민들은 이스라엘을 위해 나무를 패며 물 긷는 자가 된다.

1☼장   아오리 사과 5개를 기브온을 향해서 던지고 있다. 아오리 사과 5개 → 아모리 다섯 왕
   ① 아모리 다섯 왕이 기브온을 공격하다(1-27) - 기브온이 이스라엘과 화친한데 분노한 아모리
       동맹군이 기브온을 응징하려하자 기브온이 여호수아에게 도움을 요청하고 아모리 동맹군을 격파한
       후(칼보다 우박에 죽은 자가 많았던 싸움, 사과를 우박이라 생각) 여세를 몰아 남부 가나안을 정복.
   ※ 남부 가나안 정복 - 막게다, 립나, 라기스, 게셀, 에글론, 헤브론, 드빌 - 에드립 막헤라게
   ② 태양이 멈추다(12-14) - 아모리 족속에게 이길 때까지 태양이 멈춘 사건. 야살의 책에 기록.
   ※ 아모리 5왕이 피신한 굴 - 막게다 굴(해질 때에 나무에서 시체를 내려 굴에 던지고 돌로 막음)

11장   솔나무, 31명의 왕들이 솔나무 그늘 아래(하)에서 쉬므로 솔나무는 하솔 왕이 된다.
       하솔 왕 야빈의 북부연합군을 물리치다(1-23) - 메롬물가에서 진침. 하솔을 끝으로 전쟁 끝남

12장 ① 모세에게 패한 2명의 왕들(1-6) - 요단 동편의 왕인 아모리 왕 시혼과 바산 왕 옥
   ② 여호수아에게 패한 31명의 왕들(7-24) - 요단 서편의 왕들

여호수아 (13-24장) - 마을 - 땅의 분배

외곽

⑬ 마을 입구   ⑭ 갈대   ⑱ 벤자민 프랭클린

오이마을

실로(실같이 생긴 길)

여호수아(13-24장) 그림 배경설명 13-24장은 마을을 배경으로 했으며 마을입구에 들어서면 제일 먼저 마을의 이름을 알려주는 팻말이 보이는데 오이 모양의 팻말에 오이마을이라고 써 있으며 마을입구의 외곽에는 아직도 개발되지 않은 땅들이 많이 남아 있습니다. 마을입구에서 조금 들어가다 보면 갈대밭이 나오는데 에브라함 링컨이 U자가 새겨진 수건을 뒷주머니에 꽂고 낫(7자 모양이므로 17장이 됨)을 들고 갈대밭에서 일을 하고 있습니다. 실같이 생긴 길에서는 벤자민 프랭클린이 물레방아에서 흐르는 물을 보고 어떻게 하면 전기를 일으킬 것인가 연구하고 있으며 여기서 흐르는 물은 호수로 흘러들어 갑니다. 이때 거위 1마리가 깃털을 날리며 다급하게 도피성으로 도망치고 있으며 생김새가 비슷한 오이 모양의 기념탑과 여호수아의 묘 사이에 별이 높이 떠 있는데 높이 떠 있다하여 이 별을 고별이라고 부릅니다. 참고로 도피성이 6개, 물레방아는 6칸이며 물레방아가 얼씨구씨구(19) 돌아가므로 물레방아는 19장에 나옵니다.

13장   마을 입구의 외곽에는 아직도 개발되지 않은 땅들이 많이 남아 있으며 마을 입구에는
       오이마을이라고 쓴 오이 모양의 팻말이 꽂혀 있다.   오이 → 5 2 → 2.5
  ① 정복되지 않은 땅(1-7) - 아직 정복되지 않은 땅을 정복한 후에 9.5지파에게 분배하라는 내용.
  ② 2.5 지파의 기업(8-33) - 르우벤, 갓, 므낫세 반 지파가 요단 동편을 차지한 사실이 소개된다.
  ※ 바산 왕 옥의 나라를 차지한 지파 - 므낫세 반(르우벤은 아모리 왕 시혼의 도성 헤스본을 차지)
     므낫세 땅 아로엘에 있는 골짜기 - 아르논 골짜기
14장   갈대 → 갈렙(가데스 바네아에서 정탐했을 때 갈렙의 나이는 40세)
       갈렙의 기업(1-15) - 헤브론 - ① 천국(헤븐≒헤브론) 갈레(갈렙) ② 해부할 때는 배를 갈러
  ※ 아낙사람 중 가장 큰 사람 - 아르바 - 아낙사람 같이 커야 좋은 아르바이트 자리를 구할 수 있다
15장   15-17장은 에브라함 링컨이 갈대밭에서 일하는 장면이며 에브라함 링컨의 뒷주머니
       의 수건에 U(유)자가 새겨져 있다.   U(유) → 유다(제일 먼저 제비를 뽑아 기업을 얻음)
       유다 지파의 기업(1-63) - 예루살렘의 여부스 족속은 쫓아내지 못함 - 유다의 수도는 예루살렘
  ※ 갈렙이 헤브론에서 쫓아 낸 아낙의 소생 - 달매, 아히만, 세세 - 아낙의 소생은 달랑 아히만 셋
16장   에브라함 링컨,   에브라함 → 에브라임
       에브라임 지파의 기업(1-10) - 게셀에 거하는 가나안 족속은 쫓아내지 못함 - 삿 12장에
       서 에브라함 링컨이 화가 나서 한국말로 욕을 한다. 개××(≒게셀)
17장   낫 → 므낫세(한 지파가 둘로 나뉘어 기업을 얻음)   ※ 므낫세의 장자 → 마길 → 길르앗
       므낫세 지파의 기업(1-18) - 요단 동편의 므낫세 반 지파가 길르앗과 바산을 차지
  ※ 한 제비, 한 분깃으로만 주느냐고 불평한 지파 - 요셉 지파(자신들은 2지파이므로 불만을 나타냄)
     1차 분배 - 요단 동편에서 2.5지파에게 분배(13장)
     2차 분배 - 길갈에서 갈렙, 유다, 에브라임, 므낫세 지파에게 분배(14-17장)

3차 분배 - 실로에서 아직 정복되지 않은 가나안 땅을 나머지 7지파에게 분배(18-19장)

18장 　길갈은 17장에서 끝나며 18장부터는 길이 실같이 생긴 실로로 거처를 옮겼으며 사사시대까지 머물렀다(18장부터는 아직 정복되지 않은 가나안 땅을 7지파에게 분배하는 장면이다).

① 실로에 성막(회막)을 세우다(1-10) - 실로에서 기업을 받지 못한 7지파를 위해 각 지파에서 3명씩 선정하여 남은 땅을 두루 다니며 지도를 그려오라고 한 후 제비를 뽑아 7지파에 분배했다. 벤자민이 물레방아에서 흐르는 물을 보고 어떻게 하면 전기를 일으킬 것인가 연구하고 있다.　　벤자민 → 베냐민(여리고는 여리고 여린 막내 베냐민이 차지)

② 베냐민 지파의 기업(11-28) - 유다와 요셉의 중간 땅을 제비뽑음, 실로에서 처음으로 분배받음

※ 베냐민 지파가 받은 성읍 - 미스베, 벧엘, 여리고, 기브온, 라마, 예루살렘 - 미스 벧엘 여기라예

19장 　물레방아가 6칸으로 돼 있는데 이것은 6지파를 나타낸다.

① 6지파의 기업(1-48) - 시므온·스불론·잇사갈·아셀·납달리·단(끝 단) - 시스잇,아납단

※ 시므온 지파(인구가장 적음)가 유다 지파에서 기업을 얻은 이유 - 유다의 분깃이 너무 많아서
물레방아에서 흐르는 물은 호수로 흘러들어 간다.　　호수 → 여호수아

② 여호수아의 기업(49-51) - 에브라임 산지 딤낫 세라(여호수아가 장사된 곳)

20장 　6개의 도피성(1-9) - 우발적인 살인자를 피의 보복으로부터 보호해주는 제도.

• 요단 동편 3개의 도피성 - 르우벤 → 베셀, 갓 → 길르앗 라못, 므낫세 반 → 바산 골란

• 요단 서편 3개의 도피성 - 납달리 → 갈릴리 게데스, 에브라임 → 세겜, 유다 → 헤브론

21장 　거위(레위) 한 마리가 깃털을 날리며 다급하게 도피성으로 도망치고 있다.　　깃 → 분깃
레위 지파의 분깃(1-45) - 도피성 6개 포함 총 48개의 성읍과 2000규빗의 들 - 레위(48)

※ 고핫 자손 중 아론 자손 - 유다, 베냐민, 시므온 지파 중에서 13성읍을 받음(지도참조)
고핫 자손 중에 남은 자(사 10장-남은 자) - 에브라임, 단, 므낫세 반 지파 중에서 10성읍을 받음
게르손(≒삼) 자손 - 잇사갈, 아셀, 납달리, 요단 동편의 므낫세 반 지파 중에서 13성읍을 받음
므라리 자손 - 르우벤, 갓, 스불론 지파 중에서 12성읍을 받음(므르갓스) - 썸어(12)므라(먹어라)

22장 　오이 모양의 기념탑(옛 제단),　　오이 → 5 2 → 2.5
2.5 지파의 기념탑(1-34) - 2.5 지파가 귀환하면서 요단 언덕에 쌓은 큰 제단(옛 제단)

※ 옛 제단 사건 때 요단 동편 지파와 서편 지파의 사이를 중재한 사람 - 비느하스

※ 옛 제단을 세운 목적 - 아홉 지파 반의 후손들이 후일 자신들의 후손들에게 너희는 하나님과 상관이 없는 사람이라고 말할지 모르기 때문에 자기들도 하나님의 언약 백성임을 증거(엣)하기 위해서 옛 제단을 세웠다.

23장 　여호수아의 고별사(1-16) - 하나님을 계속적으로 믿고 섬기면 가나안 땅에서 영원토록 살게 될 것이지만 다른 신을 섬겨 하나님을 배반하면 그 땅을 잃어버릴 것이라는 내용이다.

• 모세의 율법책에 기록된 것을 다 지켜 행하라 그것을 떠나 우로나 좌로나 치우치지 말라(6)

24장 ① **여호수아의 죽음**(29-33) - 향년 110세(여호수아의 묘비 양쪽이 11이고 네모란 받침대가
　　　　숫자 중에 0과 제일 비슷하므로 110). 딤낫 세라에 장사함. 요셉은 가나안을 정복하면 자신의
　　　　뼈를 가나안에 묻어 달라고 유언했으므로 요셉의 뼈를 장사하는 내용은 수 24장에 나온다.
　　※ 요셉의 뼈를 장사한 곳 - 세겜 - 요셉의 뼈를 묻을 때 쎄게 묻었으므로 장소는 세겜이 된다.
　　　　세겜 - 야곱이 세겜의 아버지 하몰의 자손들에게서 100 크시타를 주고 산 밭(32, 창 33:19)
　　　　엘르아살 - 비느하스가 에브라임 산지에 장사함, 아론 자손에게 준 도피성 - 헤브론(21:13)
　　　　여호수아 묘의 직사각형 부분이 연양갱과 많이 비슷하다.　연양갱 → 언약 갱신
　　② **언약 갱신**(1-28) - 언약을 갱신할 때 모세 때보다 더 쎄게 갱신했으므로 장소는 **세겜**이 된다.
　　　• 내가 왕벌을 너희 앞에 보내어 그 아모리 족속의 두 왕을 너희 앞에서 쫓아내게 하였나니 너
　　　　희의 칼이나 너희의 활로써 이같이 한 것이 아니며(12)
　　　• 여호수아가 세겜에서 백성과 더불어 언약을 맺고 그들을 위하여 율례와 법도를 제정하였더라(25)

사사기 21장

✱ **장수기억법** : 사사! 2개 사면 1개가 공짜
✱ **배경** : 사사하면 물건을 사라고 외치는 상인들이 생각나며 따라서 사사기는 시장을 배경으
　　로 하며 시장에는 기도원(성전)을 중심으로 좌편에는 좌판을 깔고 장사하는 사람과 동냥하
　　는 사람이 있고 우편에는 옷가게와 대장간, 쌀집, 병원이 있다.
✱ **사사기의 부록** : 17-21장(부록 1 : 17-18장, 부록 2 : 19-21장)
✱ **사사기에 나타난 공통된 구조의 4가지 요소** - 범죄, 징계, 회개, 구원

사사기 (21장)

저　　자 : 사사기의 저자는 누구인지 알려져 있지 않으나 사무엘이나 그의 선지 생도 중
　　　　　누군가가 저자일 가능성이 있다. 탈무드에 나타난 유대 전승은 사사기를 사무
　　　　　엘의 저작으로 보고 있으며 또한 그는 분명히 사사시대와 왕정시대를 연결짓
　　　　　는 중요한 다리의 역할을 하고 있기도 하다.
제　　목 : 사사기
　　　　　히브리 성경에서 사사기의 책명은 '쇼페팀'이다. 이 단어는 본래 '사사들·최고
　　　　　지도자들'이라는 뜻의 말이다. 이 사사들은 여호수아 이후부터 왕정 수립 이
　　　　　전까지의 기간에 활약했던 이스라엘의 지도자들이다.
주　　제 : 하나님께 대한 불순종의 결과
기록연대 : B.C. 1050년-1000년 사이
요　　절 : 2:14-19, 21:25
기록목적 : 하나님은 이스라엘 백성이 죄악의 길에 빠지면 반드시 징벌 하시지만 잘못을
　　　　　깨닫고 회개하면 언제든지 용서해 주신다는 사실을 알려주기 위해 기록하였다.

이스라엘의 사사들

이 름	지 파	인적사항	적	압제 기간	평화 기간	성경본문
1. **옷**니엘	**유**다 (**옷**≒**유**)	갈렙의 조카, 갈렙의 딸 악사를 아내로 맞음	**메**소보다미아왕 (구산 리사다임) **옷 매**무새	8	40	3:9-11
2. **에 홋**	**베**냐민	**왼**손잡이 자객(자객은 사람을 베는 직업), 왼손잡이이므로 오른쪽 허벅지에 칼을 차고 다님. 모압인 만 명 죽임 - 홋 만 명쯤이야	**모**압 왕 (**에**글론) 김수희의 애모	18	80	3:12-30
3. **삼 갈**	납달리?	소모는 (**갈**대) 막대기로 블레셋인 600명 죽임.	블레셋인	?	?	3:31
4. 드**보라**	에**브라**임	**브라**를 한 드**보라**의 가슴이 너무 빈약(**야빈**)해	가나안 왕 (**야빈**)	20	40	4:4-5:31
5. 기드온	**므**낫세	300명의 용사로 미디안 족속을 쳐서 승리함. 기도는 **므**릎을 꿇고 한다.	미디안인 (세바, 살문나)	7	40	6:11-8:35
6. **돌 라**	**잇사**갈	**인사돌**(잇몸 치료약)			23	10:1-2
7. 야 일	**길르앗** (므낫세)	30 아들들, **야인**(야일)을 **길**에서 만나면 **앗**하고 놀랄 수밖에 없다.			22	10:3-5
8. 입 다	**길르**앗 (므낫세)	기생의 아들. 무모한 맹세로 딸을 잃음. **입**이 많아서(多, **다**) **길르**기 힘들다.	암몬인	18	6	11:1-12:7
9. 입 산	베들레**헴** (유 다)	아들, 딸, 며느리 각각 30, **입**이 **산**만해서 **햄**도 한 입에 들어간다.			7	12:8-10
10. 엘 **론**	스불**론**	아얄론에 장사됨			10	12:11-12
11. **압 돈**	에**브라**임	**브라**가 작아 가슴을 **압**박, 비라**돈**에 장사됨			8	12:13-15
12. 삼 손	**단**	출생 시부터 나실인 삼손 씨름**단**	블레셋인	40	20	13:2-16:31

사사기 (1-5장) - 좌판 장사치와 동냥하는 가수

사사기(1-5장) 그림 배경설명 좌판 장사치(상인)와 동냥하는 가수를 배경으로 했으며 이빨이 옥니고 양 갈레로 머리를 딴 악사가 유선 마이크를 잡고 노래로 동냥을 하고 있으며 그 앞에는 지나가던 사람들이 던져준 잔돈이 있습니다. 상인은 삼각머리에 옥니인데 애 띤 얼굴에 홋하고 웃으니 참 보기 좋습니다. 상인을 중심으로 좌판 좌측에는 사자 문양이 새겨진 우산과 이스시개가 있고 가운데에는 시험지와 잔돈이 있으며 우측에는 보라색 바지락이 노래를 부르고 있습니다. 참고로 동냥하는 가수는 1자로 서 있으므로 1장에, **이**스시개는 2장, 상인의 머리가 3각형이므로 3장, 바지락은 4개이므로 4장, **오**선지에 그려진 노래는 5장에 나옵니다.

1장 이빨이 옥니(옷니엘)이고 양 **갈레**(갈렙)로 머리를 **딴 악사**(딸 악사)가 유선 마이크를 잡고 노래로 동냥을 하고 있다.   유선 → **유**다 **선**두

① 유다가 선두에 서다(1-20) - 여호수아가 죽은 후 아직 미정복 상태로 남아 있던 가나안 땅에 대한 정복 사실이 소개되고 있다. 누가 선두에 서서 싸울지를 하나님께 물었고 유다가 선두에 서라는 하나님의 명령이 떨어지자 **유다가 시므온과 함께 선두에 서서** 가나안을 정복해 나가는 유다의 활약상을 그렸다. 반면 다른 지파들은 매우 미미한 활동을 하거나 실패를 겪는다.

※ 엄지손가락과 발가락이 잘린 왕 - 아도니 **베섹** - 엄지손가락과 발가락을 싹 **베세**
유다가 시므온과 함께 스밧에 거주하는 족속을 쳐서 진멸한 후 지은 이름 - 호르마(완전히 멸함)

② 갈렙의 딸 악사와 옷니엘(11-15) - 갈렙이 **기럇 세벨**(드빌의 본 이름)을 쳐서 취하는 사람에게 딸 악사를 주겠다 선언하자 갈렙의 조카 옷니엘이 기럇 세벨을 쳐부수고 악사를 아내로 맞는다. 또 악사가 출가할 때 아버지 갈렙에게 요청하여 **윗샘과 아랫샘**을 받는다.

※ 잔돈 4개로 위안을 얻으므로 옷니엘의 평화기간은 40년, 8자가 기구하므로 압제기간은 8년
잔돈은 12지파가 다 쫓아내지 못한 남은 족속들을 가리킨다.

③ 12지파가 다 쫓아내지 못한 남은 족속들(21-36)

※ 사사시대에 예루살렘에 베냐민 지파와 함께 산 가나안 족속은 여부스, 벧엘의 본 이름은 루스.

2장 사자 문양이 새겨진 우산과 이스시개.   우산 → 우상,   이스시개 → 이스라엘
우상숭배하는 이스라엘(1-23) - 여호와의 **사자**가 길갈에서부터 **보김**으로 올라와 언약을 어기고 우상숭배에 빠진 이스라엘을 책망하는 장면이며 2개의 이스시개(이스라엘)는 이스라엘의 2가지 면 즉 여호수아시대의 올바른 영적상태와 사사시대의 타락한 영적상태를 나타낸다. 여호수아 때는 하나님이 행하신 큰일을 직접 보았으므로 모두 여호와를 섬겼으나 사사시대에는 그 세대들이 다 죽고 다음 세대에는 여호와를 알지 못하였으므로 섬기지 않았다.

3장　　　시험지와 잔돈
① 이스라엘을 시험하려고 남겨두신 나라들(1-6) - 여호와의 도를 지켜 행하는지 시험하려고 상인의 이빨 - 옥니,　옥니 → 옷니엘
② 사사 옷니엘(7-11) - 갈렙의 조카로 이스라엘 최초의 사사.
　　애 띤 얼굴의 상인이 훗하고 웃고 있다(애 띤 막내 베냐민이 생각나므로 에훗은 베냐민지파).
③ 사사 에훗(12-30) - 베냐민 지파, 왼손잡이 사사로 모압 왕 에글론을 죽이고 스이라로 도망감 - 에훗이 에글론을 칼로 죽이고 도망가자 그 신하들이 '스이라(서라)'하고 외친다.
※ 평화기간 80년 - 에훗은 에잇(8)과 비슷하므로 8이 되나 웃는 얼굴(평화기간)이 보기 좋아서 0 하나를 더 붙여준다. 압제기간 18년 - 에잇 18, 요단강나루를 장악하고 모압인 만 명을 죽임 상인의 머리 - 삼각머리,　삼각 → 삼갈(삼갈의 삼이 3번째 사사라는 것을 말해준다)
④ 사사 삼갈(31) - 아낫의 아들 삼갈이 소 모는 막대기로 블레셋 사람 600명을 죽임.
4장　　　보라색 바지락,　보라 → 드보라,　바지락 → 바락(바지락은 납작하므로 바락은 납달리 출신)
① 사사 드보라와 바락(1-24) - 유일한 여자 사사로 바락과 함께 시스라의 군대를 물리친다.
※ 랍비돗의 아내 드보라(↔랍비돗), 아비노암의 아들 바락(아들이 바락바락 대들므로 아비노함) 평화기간 40년 - 바지락이 4개이므로, 압제기간 20년 - 껍데기 2개로 압사시켜 먹으므로 누군가 상인에게 말한다. "바지락 좀 시스라 마 안 시스니 바지락이 죽는다 아이가"
② 시스라가 죽다(17-24) - 사사 드보라와 바락에 패해 도망가던 야빈의 군대장관 시스라를 겐 사람 헤벨의 아내 야엘이 말뚝으로 찍어 죽인다 - 아내가 시스면(시스라) 너무 야해(야엘)
※ 시스라가 군대를 모은 곳 - 기손강 - 손을 강에 시스라(이스라엘은 다볼산에 모임)
5장　　　보라색 바지락이 노래를 부르고 있다.　보라 → 드보라,　바지락 → 바락(사사 아님) 드보라와 바락의 노래(1-31) - 승전을 기념하여 부른 노래.

사사기 (6-10장) - 기도원과 주방

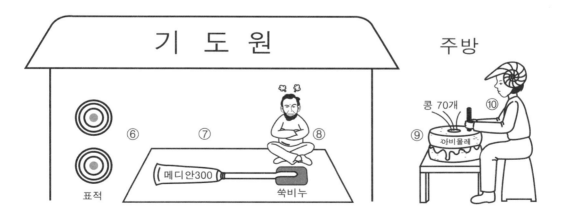

사사기(6-10장) 그림 배경설명　기도원을 배경으로 했으며 기도원에서는 가끔씩 표적이 일어나는데 2개의 표적은 그것을 말해주고 있으며 기도원(기드온)은 6장부터 8장에 걸쳐있으므로 기드온은 6-8장에 나옵니다. 기도원에는 치약과 비누가 필요한데 이름이 메디안 300인 치약을 너무 짜서 쑥 비누에까지 묻었으므로 에브라함 링컨이 화가 단단히 났습니다. 주방에서는 금식기도가 끝난 사람들을 위해 죽을 쑤어주는데 암몬조개를 쓴 돌아이가 죽을 만들기 위해 맷돌에 콩 70개를 넣고 세게 갈고 있으며 맷돌에는 아비몰레 라고 써 있습니다.

6장 기도원에는 가끔씩 표적(2개)이 일어난다. 참고로 표적은 빙글빙글 도는 모양인데 숫자 6이 처음에는 직선으로 쓰다가 나중에는 빙글빙글 돌면서 쓰므로 표적은 6장이 된다.

① 바위의 불(19-24) - 하나님이 기드온을 부르시자 기드온은 주되신 표징을 보여 달라 하였고 하나님은 기드온이 바위위에 놓아둔 고기와 무교병과 국을 바위에서 불이 나와 사르게 하신다.

② 양털과 이슬(33-40) - 기드온이 미디안, 아말렉, 동방 사람들의 연합군과 싸울 때 구원의 표징으로 삼은 2가지 ① 양털만 이슬이 있고 주변 땅은 마름 ② 양털만 마르고 주변 땅은 이슬 있게

※ 기드온이 여호와를 위하여 쌓은 제단 이름 - 여호와 살롬(하나님께서 평안을 주셨다) - 표적과 같은 문양은 살롱(술집)에서 많이 쓰므로 여호와 살롬은 삿 6장에 나온다.
여호와 살롬 제단이 있는 곳 - 오브라(기드온의 성읍) - 코브라(오브라)에 물리고도 산 놈(살롬)
표적을 고정시키기 위해 표적 밑에 압정을 꽂아 놓았다. 밑 → 미디안, 압정 → 압제

③ 미디안의 압제(1-10) - 이스라엘이 하나님 앞에 악을 행하므로 7년간 미디안의 손에 붙이신다. 표적의 한 가운데가 블루색이다. 블루 → 부르다(기드온이 밀을 포도주틀에서 타작할 때)

④ 기드온을 부르시다(11-18) - 미디안의 압제로 여호와께 부르짖자 이스라엘을 미디안의 손에서 구원하시려고 기드온(기도는 요위에서 하므로 요아스의 아들)을 사사로 부르시는 장면이다.

※ 기드온을 사사로 부르기 위해 온 여호와의 사자가 앉은 곳 - 상수리나무 아래
표적을 자세히 보면 마치 혁대를 돌돌 말아 놓은 것 같다. 혁 → 종교개혁

⑤ 기드온의 종교개혁(25-32) - 미디안의 압제로부터 해방시키기 전에 먼저 우상타파를 명하심

※ 기드온의 별명 - 여룹바알(바알에게 대항하다, 바알의 단을 파괴한 후 붙여진 이름), 미디안을 치러 갈 때 함께한 지파 - 아셀, 므낫세, 납달리, 스불론(아므나 쓰면 안되므로 기도해서 골랐다)

7장 기도원에는 치약과 비누가 필요하다. 치약 이름 - 메디안 300, 메디안 → 미디안
기드온의 300용사가 미디안을 물리치다(1-25) - 처음에 모였던 32,000명의 군사들 중 300명(두려워하는 자 22,000명을 제하고 만 명 중 무릎을 꿇고 물을 마시지 않고 손으로 물을 떠 마신 자)만 남게 하신 것은 하나님께 영광을 돌리지 않고 스스로 자긍할 것이기 때문이며 또한 구원이 사람의 많고 적음에 있지 않고 오직 하나님께 달려 있음을 알게 하려는데 있다.

• 300명을 3대로 나누어 각 손에 나팔과 빈 항아리를 들리고 항아리 안에는 횃불을 감추게 하고

• 미디안의 2방백 오렙과 스엡을 사로잡아 오렙은 오렙바위에서 스엡은 스엡 포도주틀에서 죽이고

※ 부라 - 기드온의 부하, 어떤 사람의 꿈에 나온 보리떡 한 덩어리 - 기드온의 칼을 상징
평화기간 - 40년(기도원에서 40일 금식기도로 응답 받아서), 압제기간 - 7년(치약의 치=7)

8장 치약이 쑥 비누의 외면에 묻었으므로 에브라함 링컨이 화가 단단히 났다. 쑥 → 숙곳
비누 → 브누엘, 에브라함 → 에브라임

① 에브라임의 화(1-3) - 처음부터 자기들을 이번 싸움에 참여시키지 않았다고 불만을 토했고 이에 기드온은 나중에 전쟁에 참여한 에브라임의 공로가 훨씬 컸다고 하여 불만을 누그러트렸다.

• 에브라임의 끝물 포도가 아비에셀의 맏물 포도보다 낫지 아니하냐(2)

② 숙곳, 브누엘의 외면(4-9) - 미디안 왕과 잔당들을 쫓던 중 피곤에 지친 군사에게 먹을 것을 요구했으나 외면당하고 미디안 잔당들을 물리친 후에 징벌한다.

※ 브누엘은 브니엘(하나님의 얼굴)의 또 다른 이름으로 브니는 '얼굴이 이쁘니' 할 때의 브니이므로 브니는 얼굴이 되며 엘이 하나님이 되므로 브니엘의 뜻은 하나님의 얼굴이 된다(창 32장).
7장의 메디안치약이 8장까지 묻어있으므로 미디안 격침은 8장에서 종결된다.

③ 나머지 미디안 잔당들을 물리치다(10-35) - 기드온이 금으로 에봇을 만들어 자기 성읍 오브라에 두었더니 온 이스라엘이 그것을 음란하게 위하므로 그것이 기드온의 집에 올무가 된다.

※ 기드온이 죽인 미디안의 2왕 - 세바와 살문나(세발낙지 살문나) - 미디안의 2방백 오렙과 스

9장　엡은 에브라임이 죽임, 기드온의 맏아들 - 여델(마음이 **여**려서 남의 몸에 칼을 **데**지 못함, 20)
주방에서는 금식기도가 끝난 사람들을 위해 죽을 쑤어 주려고 **맷돌**에 콩 70개를 넣고
세게(세겜) **갈고** 있으며 맷돌에는 **아비몰레**(아비멜렉, 기드온의 첩의 자식)라 써 있다.
콩(豆)과 형제(兄)가 비슷하므로 콩 70개를 넣고 가는 것은 형제 70명의 죽음을 뜻한다.

① 형제 70명을 죽이고 세겜에서 왕이 된 아비멜렉(1-21) - 요담만 삶(이름이 요다음이므로)

※ 요담은 그리심산에서 세겜 사람들에게 경고, 요담이 아비멜렉을 빗댄 비유에 나오는 나무 -
감람나무(기름), 무화과나무(단 것, 열매), 포도나무(포도주), 가시나무(불, 아비멜렉을 가리킴)
갈고를 길게 발음하면 **가알**고가 되며 맷돌은 갈다가 **역**으로도 갈아주어야 잘 갈린다.

② 가알의 역모(22-49) - 세겜 사람들이 아비멜렉을 배반하고 에벳의 아들 가알을 새 지도자
로 추대하였고 가알은 세겜의 새 지도자로 추대되어 아비멜렉과 싸우나 패하고 만다.

③ 아비멜렉이 맷돌에 맞아 죽다(50-57) - **데베스** 성을 치러갔다가 한 여인이 던진 맷돌 위짝
에 두개골이 깨져 죽게된 아비멜렉이 수치를 느껴 무기든 청년에게 자기를 찌르게하여 죽는다.

10장　암몬조개를 쓴 돌아이(또라이)가 맷돌을 돌리고 있다.　　돌 → 돌라,　　아이 → 야일

① 사사 돌라(1-2) - 돌라 이상(23)해. 따라서 평화기간은 23년.

※ 돌라 - 잇사갈 지파 **도도**의 손자 부아의 아들 - 도도한 그녀 때문에 부아가 나 돌라버리겠네.

② 사사 야일(3-5) - 평화기간 22년 - **야**! 툴툴(22) 거릴거면 **일**하지마!

※ **야**는 들야, **일**은 30일 내내 있으므로 아들 30, (들)나귀 30, (들)성읍 30, 성읍이름 - 하봇야일
암몬조개를 쓴 모습이 꼭 괴뢰군 같다.　　암몬조개 → 암몬,　　괴뢰 → 괴롭히다

③ 암몬이 이스라엘을 괴롭히다(6-18) - 이스라엘이 여호와의 목전에서 또다시 악을 행하므로
블레셋과 암몬 자손의 손에 붙여 18년간 이스라엘을 괴롭게 하신다.

※ 소사사들(삼갈, 돌라, 야일, 입산, 엘론, 압돈)은 평화시에 백성을 다스렸으므로 압제기간이 없다.

사사기 (11-16장) - 옷가게와 대장간

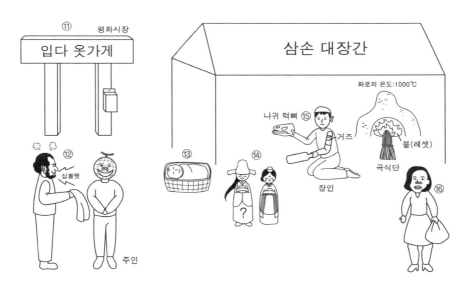

사사기(11-16장) 그림 배경설명　옷가게와 대장간을 배경으로 했으며 평화시장에 있는 입다
옷가게 기둥에는 애로사항을 건의하는 소원 수리함이 걸려있으며 사간 옷이 마음에 들지 않자
화가 난 에브라함 링컨이 반품을 요구하며 '십볼렛' 이라고 욕을 합니다. 그래서 돼지코에 입은
싸게 생겼고 얼굴은 멜론같이 생긴 입다 옷가게 주인아저씨와 에브라함 링컨이 대판 싸움을 벌

입니다. 참고로 입다 옷가게 기둥이 11자 모양이므로 입다는 11장-12장에 나옵니다. 대장간을 하려면 힘이 세야하므로 이 대장간은 삼손 대장간이 되며 또한 삼손의 삼에서 삼손이 13장부터 나온다는 것을 알 수 있으며 따라서 삼손 대장간은 13장-16장에 나옵니다. 요람에 있는 아기는 삼손의 탄생을 말하며 옆에 있는 혼인하는 인형은 대장간 장인(匠人)의 작품으로 신랑인형의 긴 머리가 삼손을 나타내므로 이 결혼은 삼손의 결혼이 되며 신랑인형의 옷에 있는 물음표는 삼손이 낸 수수께끼를 나타냅니다. 14장의 사에서 사자는 14장에 나오며 대장간 장인이 근육을 보호하기 위해서 팔뚝에 거즈를 붙이고 나귀 턱뼈로 쇠를 다듬고 있으며 옆에 있는 화로에는 곡식단을 넣어주고 있는데 그 이유는 쇠를 달구려면 화로의 온도가 1000°가 돼야 하기 때문입니다. 일이 힘들 때면 가끔 다방에서 커피를 시켜 먹는데 오늘 온 아가씨는 고릴라 같이 생겼습니다.

11장　　입다 옷가게는 평화시장에 있다.
　　① 암몬 자손과 평화적으로 해결하려는 입다(1-28) - 10장 3번과 연결된다.
　　　　입다 옷가게와 소원 수리함.　　소원수리 = 건의 사항을 말함.　　소원 → 서원
　　② 입다의 서원(29-40) - 암몬의 전투에서 승리하고 돌아올 경우에 미스바(입다 평생의 미스는 서원이다)에 있는 자기 집에서 제일 먼저 영접하는 자를 하나님께 번제물로 드리겠다고 서원하여 결국 자기 딸을 하나님께 번제물로 드리게 된다. 여기서 딸을 번제물로 드린 것은 그 딸을 죽여서 번제로 드린 것이 아니라 평생토록 성막에서 봉사하도록 처녀로 바쳐진 것을 말한다.
　　※ 사사기에서 '큰 용사' 라는 칭호를 받은 사사 - 기드온, 입다(아버지 - 길르앗, 어머니 - 기생)
12장　　사간 옷이 마음에 들지 않자 화가 난 에브라함 링컨이 반품을 요구하며 십볼렛이라고 욕을 한다. 아무리 마음씨가 좋아도 욕까지 하는데 싸우지 않을 수 없다. 그래서 에브라함 링컨과 입다 옷가게 주인아저씨가 대판 싸움을 벌이고 있다.　　에브라함 → 에브라임
　　① 에브라임의 화(1-7) - 기드온 때와 똑같은 상황이나 입다는 다혈질이라 에브라임과 전쟁을 일으켰으며 도망가는 에브라임 사람들을 요단 나루터에서 붙잡고 그들에게 '쉽볼렛' 을 발음하게 하였다. 에브라임 사람들은 그들의 특유한 사투리로 쉽볼렛을 '십볼렛' 으로 발음하였는데 이렇게 해서 죽임을 당한 사람이 42,000명이었다(같은 동족을 죽이다니 42코 아니야).
　　※ 십볼렛이 18과 어감이 비슷하며 18은 욕이므로(십볼렛으로 발음하면 죽는다) 입다 때의 압제기간은 18년이 된다. 또 평화시장은 을지로 6가에 있으므로 입다 때의 평화기간은 6년이 된다.
　　※ 기드온 때와 똑같은 상황이나 기드온 때는 에브라함 링컨이 화는 내지만 그곳이 기도원이라 십볼렛이라 욕을 할 수 없으므로 전쟁은 일어나지 않았지만 여기서는 욕을 했기 때문에 전쟁이 일어난다.
　　　　옷가게 주인의 입 - 입이 싸게 생겼다.
　　② 사사 입산(8-10) - 입다 다음 사사는 같은 입이 들어가는 입산이 된다. 입이 싸게 생겨서 말할 때 치아가 다 드러나는데 치아의 치가 칠과 비슷하므로 입산 때의 평화기간은 7년이 된다.
　　※ 입이 싼 아들, 딸, 며느리가 30명씩. 산만한 입으로 햄 먹는 것을 좋아했으므로 베들레헴에 장사.
　　　　옷가게 주인의 얼굴 - 멜론같이 생겼다.　　멜론 → 엘론
　　③ 사사 엘론(11-12) - 멜론이 10자 모양이므로 엘론의 평화기간은 10년.　아얄론에 장사됨.
　　　　옷가게 주인의 코 - 돼지 코로 눌려있다.　　돼지 → 돈, 눌려있다 → 압(壓, 누를 압)
　　④ 사사 압돈(13-15) - 비라돈 사람 힐렐(돼지라 힐난)의 아들. 콧구멍이 8자이므로 평화기간 8년
　　※ 입다 다음 사사는 같은 입이 들어가는 입산이 되고 돼지라는 말은 좋은 것이 아니므로 압돈이 제일 끝이 된다. 따라서 순서는 입산 → 엘론 → 압돈(비라돈에 장사됨)이 된다. 그리고 압돈은 자식이 다른 사람보다 압도적으로 많다.　아들 40, 손자 30, 나귀 70(40+30=70)
13장　　삼손의 출생(1-25) - 삼손은 단 지파 소라 땅에 사는 마노아의 아들. 나실인

※ 마노아에게 나타난 여호와의 사자 이름 - 기묘자(삼손의 힘은 기묘할 수밖에 없다), 마노아가 드린 제물 - 염소새끼와 소제물, 여호와의 사자가 잉태할 마노아의 아내에게 주의 시킨 것 - 포도주와 독주 금지, 머리에 삭도를 대지 말 것, 여호와의 영이 삼손에게 처음으로 임한 곳 - 마하네단(내단이 있어야 힘을 쓴다. 그것도 마하네단으로), 삼손의 삼은 4와 2사이에 있는데 4는 위에서 3을 누르므로 40년이 압제기간이 되고 평화기간은 20년이 된다.

14장 14장의 사에서 사자는 14장에 나오며 신랑인형의 긴 머리가 삼손을 나타내므로 이 결혼은 삼손의 결혼이 되며 옷에 있는 물음표는 삼손이 낸 수수께끼를 나타낸다.

① 사자를 죽인 삼손(5-9) - 삼손이 딤나로 블레셋 여인을 데리러 가는 도중 딤나의 포도원에서 사자를 만났으나 하나님의 영에 감동하여 사자를 찢어 죽였으며 얼마 후 그 여자를 취하려고 다시 가던 중 전에 죽인 사자의 몸에 벌떼와 꿀이 있는 것을 발견한다.

※ 삼손이 블레셋 여자를 아내로 취한 이유 - 블레셋을 징벌하시고자 하는 하나님의 섭리에서 기인.

② 삼손의 결혼과 수수께끼(1-20) - 삼손이 결혼잔치를 배설할 때에 블레셋 사람들에게 '먹는 자(사자)에게서 먹는 것(꿀)이 나오고 강한 자(사자)에게서 단 것(꿀)이 나오는 것'이 무엇이냐고 수수께끼를 내어 7일 동안에 수수께끼를 푸는 자에게 베옷 30벌과 겉옷 30벌을 준다하였고 삼손의 아내가 수수께끼의 비밀을 동족에게 알려주어 수수께끼를 풀자 이에 화가 난 삼손이 아스글론(수수께끼를 맞추는 바람에 일이 다 글러버렸다)에 내려가서 블레셋인 30명을 죽이고 그들의 옷을 수수께끼를 푼 자들에게 주고 신방도 치루지 않은 채 아버지 집으로 돌아간다.

15장 대장간 장인(匠人)과 팔뚝의 거즈, 장인(匠人) → 장인(丈人), 거즈 → 거절

① 장인의 거절(1-2) - 아버지 집으로 간 후 얼마 후에 돌아온 삼손은 아내를 청하였으나 장인은 삼손의 아내를 다른 이에게 주었다고 말하며 들어오기를 거절한다.
불쏘시개로 사용하는 곡식단에 불이 붙어 있다. 불 → 블레셋

② 블레셋의 곡식을 불사른 삼손(3-8) - 자기의 아내가 다른 블레셋 사람에게 시집간 것을 안 삼손이 여우 300마리를 꼬리끼리 묶고 불을 붙여 블레셋 사람들의 곡식밭을 사른다. 이 일은 수수께끼 사건 이후 2번째 블레셋을 괴롭힌 일이며 이 일로 블레셋 사람들이 아내와 그 아비를 불사른다. 이에 화가 난 삼손이 블레셋 사람들의 정강이와 넓적다리를 쳐서 죽이고 에담 바위 틈에 머문다.
나귀의 턱뼈와 화로의 온도 1000℃ ※ 할례받지 않은 자 - 블레셋을 지칭(14:3, 15:18)

③ 나귀의 턱뼈로 블레셋 사람 1000명을 죽이다(9-20) - 이에 격노한 블레셋 사람들이 삼손을 체포하기 위해 유다에 진을 치고 레히에 가득하자 지레 겁을 먹은 유대인들이 삼손을 결박하여 블레셋 사람들에게 넘겼지만 삼손은 그 결박한 줄을 끊고 나귀턱뼈로 블레셋 사람 천 명을 죽인다.

※ 삼손이 (맞히가서) 나귀턱뼈로 블레셋인 1,000명을 죽인 곳과 뜻 - 라맛 레히, 턱뼈의 산
삼손이 하나님께 (고래고래) 부르짖어 물이 솟아난 샘과 뜻 - 엔학고레, 부르짖은 자의 샘
삼손이 사귄 여자의 수 - 3명, 삼손에게 '여호와의 영이 임했다'는 표현은 총 3차례 나옴.

16장 커피배달 온 고릴라 같이 생긴 다방 아가씨, 다방 아가씨 → 기생, 고릴라 → 들릴라

① 가사의 기생(1-3) = 삼손의 괴력 - 삼손이 가사의 기생에게 들어가자 가사 사람들이 삼손을 죽이려 하였고 삼손은 성 문짝과 두 문설주와 문빗장을 빼어 62km 떨어진 헤브론으로 매고 간다.

② 삼손과 들릴라(4-31) - 블레셋 여인 들릴라와 그릇된 사랑에 빠져 삼손은 결국 힘을 잃고 조롱거리가 되나 최후의 순간에 회개하고 사사로서 장렬한 최후를 맞이한다.

※ 들릴라는 블레셋 방백으로부터 각각 은 1,100개씩 받고 삼손을 팔았으며 삼손의 힘이 어디서 오는지 알기위해 삼손을 4번 결박했으며(새 활줄, 새 밧줄, 머리털 7가닥을 베틀의 날실에 섞어 짬, 머리털 7가닥을 밈) 삼손의 머리털 7가닥을 밀어 힘을 없앴다. 삼손을 사로잡은 블레셋 사람들이 큰 제사를 드린 신은 다곤이며 삼손이 죽으면서 죽인 블레셋 사람의 수는 3,000명 가량으로 삼손이 살아 있을 때보다 더 많이 죽였다. 소라와 에스다올 사이에 장사됨.

사사기 (17-21장) - 쌀집과 병원(부록)

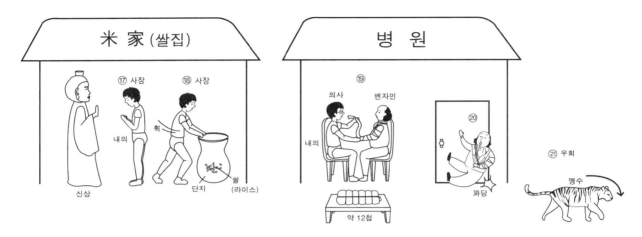

米 家 (쌀집)
병 원

⑰ 사장   ⑱ 사장
내의   휙
신상   단지   쌀 (라이스)

⑲
의사   벤자민
내의
약 12첩

⑳
꽈당

㉑ 우회
맹수

사사기(17-21장) 그림 배경설명 쌀집과 병원을 배경으로 했으며 쌀집을 한자로 미가라 하며 미가에 신상이 있고 내의만 입은 미가의 사장이 쌀을 많이 팔게 해 달라고 신상에 빌고 있으며 빌고 난 후 일을 하기 위해 단지 쪽으로 몸을 휙 돌려서 라이스(쌀)가 담겨 있는 단지를 굴리며 갑니다. 병원에는 내의만 입은 의사가 벤자민 프랭클린의 팔을 기브스 해주고 있으며 탁자에는 벤자민 프랭클린에게 줄 약 12첩이 놓여 있습니다. 기브스를 하고 막 병원 밖으로 나가려던 벤자민 프랭클린이 맹수에 놀라 발이 미끄러져 꽈당 넘어졌으며 지나가던 맹수도 꽈당 소리에 놀라 우회하고 있습니다. 참고로 신상이 1자로 서 있고 신상에 빌고 있는 사장의 자세가 7자 모양이므로 미가의 신상은 17장에 나오며 사장이 단지를 굴리며 가는 장면은 사장의 서 있는 자세가 1자 모양이고 단지가 8자 모양이므로 18장에 나옵니다.

17장   17번 왼쪽 그림 - 미가에 신상이 있다.
① 미가의 신상(1-6) - 에브라임산지에 미가라는 사람이 살았는데 그 어머니가 은 1,100을 잃어버리고 훔쳐간 사람을 저주하자 미가가 훔친 돈을 어머니 앞에 내놓았다. 이에 어머니가 아들을 저주한 것이 마음에 걸려 아들을 저주의 덫에서 풀어주기 위해 은 200을 주고 신상을 만들었으며 미가는 에봇과 드라빔(가정수호신으로 점을 치는데 사용)을 만들고 유다 베들레헴 출신 레위인을 제사장으로 삼는다 - 내의(레위)를 배 둘레에 걸쳐 입었으므로 레위인은 베들레헴 출신이다.
※ 주제구절 - 이스라엘에 왕이 없었으므로 사람마다 자기 소견에 옳은 대로 행하였더라(17, 21장)
   17번 오른쪽 그림 - 내의만 입은 미가 사장,   내의 → 레위,   사장 → 제사장
② 미가가 레위인을 제사장으로 삼다(7-13) - 레위인은 모세의 손자 게르솜의 아들 요나단이다.
18장   18번 왼쪽 그림 - 내의만 입은 미가 사장이 일을 하기 위해 단지 쪽으로 몸을 휙 돌리고 있다.   내의 → 레위,   사장 → 제사장,   단지 → 단 지파,   휙 돌리고 → 배신
① 레위인이 미가를 배신하고 단 지파의 제사장이 되다(1-26) - 단 지파는 기업의 땅을 얻기 위해 에브라임 산지로 정탐꾼을 다섯 명 보냈으며 이 당시 하나님의 집은 실로에 있었다.
   18번 오른쪽 그림 - 라이스(쌀)와 단지,   단지 → 단 지파
② 단 지파가 라이스를 정복하다(27-31) - 단지파는 하나님께로부터 약속된 땅을 분배받았지만 이방세력을 몰아내기는 커녕 오히려 그들을 두려워하여 기업을 내 팽개치고 평화롭게 살고 있는 라이스 백성들을 습격하여 거기 거주하였으며 그 과정에서 미가의 신상과 레위인을 빼앗아 간다.
※ 라이스를 정복하고 조상 단의 이름을 따서 그 성읍을 단이라 부름.

19장　내의만 입은 의사가 벤자민 프랭클린을 기브스해 주고 있으며 탁자에는 벤자민에게 줄 약 12첩이 놓여 있다.　내의 → 레위,　벤자민 → 베냐민,　기브스 → 기브아　12첩 → 첩을 12토막 낸 것을 나타낸다.

① 베냐민 기브아에서 레위인의 첩이 강간당하고 죽다(1-26) - 한 레위인이 집 나간 첩을 다시 데려오는 도중에 기브아의 악한 자들에게 윤간 당한 후 죽고 만다.

※ 약 12첩이 햄 모양이므로 레위인의 첩은 유다 베들레헴 출신이다.

② 첩의 시신을 12조각으로 나누어 이스라엘 각지로 보내다(27-30) - 레위인의 첩이 윤간당하고 죽자 이에 격분한 레위인이 첩의 시신을 12조각으로 나누어 이스라엘 각지로 보낸다.

20장　벤자민(베냐민)이 병원에서 나오다 맹수에 놀라 발을 미스하여 꽈당 넘어지고 있다.　미스 → 미스바,　벤자민(베냐민)이 꽈당 넘어지다 → 베냐민 지파의 패배

베냐민 지파의 패배(1-48) - 이 사건이 발단이 되어 베냐민 지파와 다른 모든 지파들 간에 3차에 걸친 피비린내 나는 전쟁이 벌어졌으며 그 결과 베냐민 지파는 멸절위기에 놓이게 된다.

※ 레위인 첩을 욕보여 죽인 사건으로 이스라엘 각 지파들이 (다들) 모인 곳 - 미스바(다들 모여바) 베냐민과 3차 전쟁을 치르기 전에 등장하는 제사장 - 비느하스(사사시대 초기임을 알 수 있다)

※ 이스라엘 자손은 베냐민과 싸워 2차례 패배했으며 3차 전쟁에서 베냐민 지파를 전멸시킨다.

※ 이스라엘에서 칼을 빼든 자 40만 명,　베냐민에서 칼을 빼든 자 26,000명(나중에 25,000명이 전사하고 남은 600명이 광야로 도망하여 림몬 바위에 넉 달간 숨어 지낸다), 기브아 주민중 택한 자 700명(왼손잡이) - 기브스(기브아)한 손은 왼손이고 기브스는 백색칠(칠백)을 한 것 같다.

21장　지나가던 맹수가 꽈당 소리에 놀라 우회하고 있다.　맹수 → 맹세,　우회 → 후회

베냐민에 대한 이스라엘의 맹세와 후회(1-25) - 이스라엘 자손은 베냐민 지파를 멸할 때 마치 이방 세력을 진멸하듯이 철저히 도륙하였다. 더욱이 자기 딸들을 베냐민 사람에게 시집보내지 않기로 성급하게 맹세했다(1절). 그 결과 이스라엘 12지파 중 한 지파가 사라질 위기에 처했다. 비로소 이를 후회한 이스라엘 자손은 베냐민 지파를 위한 여자를 구하기 위해 이 전쟁에 참여하지 않은 야베스 길르앗(맹수≒야수→야베스) 주민을 다 죽이고 남자와 자지 아니한 처녀 400인을 주었으나 오히려 부족하여 여호와의 절기(유대 처녀들이 춤출 수 있도록 허용된 유일한 절기는 초막절) 때 춤추러 나온 실로 여자들을 붙잡아 베냐민 지파의 아내로 삼았다.

룻기 4장

✱ **장수기억법** : 읽을 때 룻에 악센트가 들어가므로 룻(4)은 숫자기억법으로 4장이 된다.

✱ **배경** : 룻기는 눕기와 발음이 비슷하므로 방에서 누워 있는 모습을 배경으로 한다. 우선 문을 열고 들어가면 ① 아내는 누워서 TV를 보고 있고 ② 남편은 밥을 먹고 있고 ③ 딸은 이불속에 누워있고 ④ 벽에는 결혼사진이 걸려있다.

✱ **시대** : 사사 기드온시대가 배경이다.

✱ 이 책은 본래 아가, 룻기, 애가, 전도서, 에스더로 구성된 다섯 두루마리 중 하나였다.
① 아가 - 유월절(아가는 유아이므로)　② 룻기 - 오순절(오손 도손 누워서 TV를 보므로)
③ 애가 - 아브월(애가는 슬퍼서 마음이 아프므로)　④ 전도서 - 초막절(7장에 초상비가 나오므로)　⑤ 에스더 - 부림절(9장에 대적들이 공포에 부르르 떨므로)에 각각 낭독되었다.

✱ 룻기와 비슷한 작품 - 요나(이방인도 구원), 대조적인 작품 - 에스더(유대인만 구원)

룻기 (4장)

저　　자 : 탈무드와 유대 전승에 의하면 사무엘이 사무엘 상·하, 사사기, 룻기를 기록했다고 한다. 그러나 저자를 알 수 있는 확실한 근거 자료는 없다.

제　　목 : 룻 기
　　　　　룻기는 남편이 죽은 후, 과부인 시어머니와 함께 베들레헴으로 이주한 모압 여인 룻의 이름을 따서 붙인 명칭으로 이 책의 히브리어 표제는 룻(우정, 협력)이다.

주　　제 : 아름다운 모압 여인 룻의 신앙

기록연대 : B.C. 1010년-970년경

요　　절 : 1:15-16,　4:10

기록목적 : 시대상황이 암울하고 타락한 사사시대에 모압 여인 룻을 중심으로 하나님의 놀라운 섭리와 룻의 아름다운 효성과 신앙의 이야기를 들려주기 위해 기록하였다.

룻기 (1-4장)

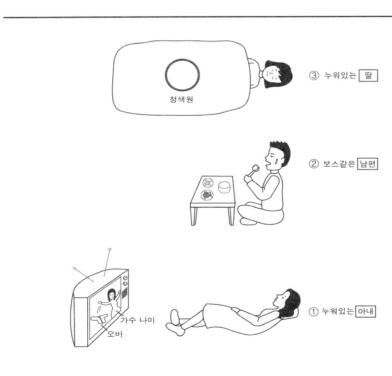

④ 결혼사진

③ 누워있는 딸

② 보스같은 남편

① 누워있는 아내

방문

룻기(1-4장) 그림 배경설명   누워있는 것을 배경으로 했으며 우선 방문을 열고 들어가면 아내가 팔을 베고 누워서(팔을 **베**고 있으므로 나오미의 고향은 **베**들레헴이 된다) TV를 보고 있는데 마침 가수 나미가 오바를 던지는 장면이 나오고 있습니다. 보스같이 생긴 남편은 밥을 만나게 먹고 있으며 딸은 청색원이 그려진 이불속에 누워있고 벽에는 결혼사진이 걸려 있습니다.

1장   아내가 누워서(룻) TV를 보고 있는데 마침 가수 나미(나오미)가 오바(오르바)를 벗어 던지는 장면이 나오고 있다.   오바를 던지다 → 오르바가 떠나다.

나오미와 며느리 룻(1-22) - 가수 나미의 노래 제목처럼 빙글빙글 돌아 결국 고향으로 돌아오는 내용이 소개되고 있다. 가나안 땅에 기근이 심해 나오미는 남편 **엘리멜렉**과 2아들과 함께 모압으로 이주하고 거기서 2아들은 **모압 여인들**과 결혼한다. **10년**이 지나서 남자들은 모두 죽고 나오미와 2며느리만 남자 나오미는 이스라엘로 돌아가기로 결심하고 며느리들을 친정으로 돌려보내고자 했으나 **큰 며느리 오르바**만 떠나고 룻은 한사코 나오미를 따라가려 했다. 결국 나오미는 룻과 함께 **고향 베들레헴**으로 돌아온다 - 2아들(**말론**과 **기룐**)이 죽은 것은 말기였기 때문이다.

※ 고향으로 돌아가라는 나오미(뜻:희락 → 오비이락)에게 룻이 맹세한 3가지 - ① 어머니의 하나님이 나의 하나님 ② 어머니의 백성이 나의 백성 ③ 어머니께서 죽으시는 곳에서 나도 죽어 나오미와 룻이 베들레헴에 이른 때 - 보리 추수를 시작할 때, 룻의 남편 - 말론 - 못(룻) 말려

2장   보스같이 생긴 남편이 밥(밭)을 만나게 먹고있다.   보스 → **보아스**,   만나게 → 만나다

밭에서 룻과 보아스가 만나다(1-23) - 룻이 생계를 위해 이삭을 줍는 과정에서 보아스를 만난다

• 보아스가 자기 소년들에게 명령하여 이르되 그에게 곡식 단 사이에서 줍게 하고 책망하지 말며 또 그를 위하여 곡식다발에서 조금씩 뽑아 버려서 그에게 줍게 하고 꾸짖지 말라 하니라(15-16)

3장   딸이 이불속에 누워있다.   누워 → 룻

① 이불속에 누워 있는 룻(1-7) - 보아스가 기업 무를 자(잃은 것을 회복시켜 주는 자)라는 것을 알고 나오미의 계획대로 보아스의 타작마당에서 잠자리를 함께한다.

• 밤중에 그가 놀라 몸을 돌이켜 본즉 한 여인이 자기 발치에 누워 있는지라 이르되 네가 누구냐 하니 대답하되 나는 당신의 여종 룻이오니 당신의 옷자락을 펴 당신의 여종을 덮으소서 이는 당신이 기업을 무를 자가 됨이니이다 하니(8-9) - 룻이 자신을 아내로 삼아 줄 것을 말하고 있다.

※ **기업 무를 자** - ① 결혼한 형제가 무자로 사망했을 때(신 25장) ② 가난한 친족이 토지를 팔았을 때(레 25장) ③ 친족이 가난하여 노예로 팔렸을 때 ④ 친족이 억울하게 피살을 당했을 때 이불에 청색원 무늬가 그려져 있다.   **청**색**원** → 청원

② 룻의 청원(8-18) - 룻이 보아스가 자기 집안의 기업 무를 자임을 밝힌다.

• 내가 네 말대로 네게 다 행하리라 네가 <u>현숙한</u> 여자인 줄을 나의 성읍 백성이 다 아느니라(11)

※ **이스라엘의 토지법** - 땅은 다른 사람에게 팔았다 하더라도 희년이 되면 자동적으로 원주인의 소유가 되지만 그 이전에도 원하기만 하면 어느 때라도 다시 무를 수가 있었다. 그러나 그 경우에는 반드시 값을 지불해야만 했다. 자기가 능력이 없으면 근족이라도 그 값을 지불해야 땅을 무를 수 있었고 만일 그 값을 지불하지 못하면 희년이 될 때까지 기다려야 했다.

4장   벽에 결혼사진이 걸려 있고 남편이 조폭처럼 생겨서 조폭이라 써 놓았다.   조폭 → 족보

① 보아스와 룻의 결혼(1-17) - 여인들이 나오미의 손자 오벳에게 표현한 말 - ① 네 생명의 회복자 ② 네 노년의 봉양자 ③ 일곱 아들보다 귀한 네 며느리가 낳은 자

※ 성읍장로들이 보아스를 칭찬하면서 언급한 3여자 - 라헬, 레아, 다말(유다의 며느리)

② 족보(18-22) - 베레스(유다와 다말사이에서 난 쌍둥이아들) → **헤스**론 → 람 → 암미나답 → 나손 → 살몬 → 보아스 → 오벳 → 이새 → 다윗(베헤람암/나살보오이다)

사무엘상 31장

＊ 장수기억법 :

① 사무엘은 선지자 겸 제사장이므로 짐승을 잡아 하나님께 바치기 위해 제물인 노루를 단 위에 올려놓고 단검을 든 손을 위로 들어 올려서 노루를 잡으려 하는 장면을 연상하자.

이때 사무엘을 기준으로　사무엘 위(上)에는　　단검(31)이 있고

사무엘 아래(下)에는　노루(24)가 있다.

따라서 사무엘상은 31장이 되고 사무엘하는 24장이 된다.

② 삼상의 삼은 숫자로 3이 되고 상(上)은 윗 상이므로 상을 숫자로 표현하면 넘버원(첫째나 으뜸)되는 1이 된다. 따라서 삼상은 31장이 된다.

＊ 배경 : 사무엘은 사무일과 발음이 비슷하므로 사무실에서 일어나는 일을 배경으로 했으며 사무일은 내근직과 외근직이 있는데 사무엘상은 내근직을, 사무엘하는 외근직을 배경으로 한다. 참고로 직종은 출판사로 한다. 내근직은 첫 번째로 비서실이 있으며 사장실에 들어가기 위해서는 가장 먼저 비서실을 통과해야 한다. 순서는 다음과 같으며 각각 5장씩 되어 있다.

① 비서실(1 - 5장)

② 사장실(6 -10장)

③ 경리실(11-15장)

④ 편집실(16-20장)

⑤ 인쇄실(21-25장)

⑥ 제본실(26-30장)

⑦ 복도에서 청소하는 아주머니(31장)

비서실 (1-5장)	사장실 (6-10장)	경리실 (11-15장)
편집실 (16-20장)	인쇄실 (21-25장)	제본실 (26-30장)

복　도 (31장)

※ 참고로 ① ② ③ ④ ⑤ ⑥은 내근직이며 그중에서도 ① ② ③은 제반 사무에 관련된 일을 하고 ④ ⑤ ⑥은 실제 출판과 관련된 일을 한다.

＊ 삼상과 삼하를 구분하는 방법 : 삼상은 내근직이므로 건물 안이 배경이 되고 삼하는 외근직이므로 건물 밖이 배경이 된다.

사무엘상 (31장)

저　　자 : 유대교의 전승을 따르면, 사무엘이 본서를 기록하였다고 한다. 그러나 삼상
　　　　　 25:1;28:3이 사무엘의 죽음에 관해 기록하고 있고, 또한 사무엘의 죽음보다
　　　　　 훨씬 오랜 후의 사건이 기록되어 있으므로 사무엘이 본서 전체를 기록하지는
　　　　　 않았고, 하나님의 영감에 따라 왕국 분열 직후(즉 B.C. 931-721년 기간)인 어
　　　　　 느 시기에, 유다의 어떤 인물에 의하여 기록된 것으로 볼 수 있다.

제　　목 : '사무엘'이라는 명칭은 하나님께서 신정국(神政國) 이스라엘에 새로운 통치 질
　　　　　 서인 왕정 제도를 수립하기 위하여 사용하신 인물의 이름에서 유래한 것이다.
　　　　　 사무엘상·하는 열왕기상·하와 마찬가지로, 원래 히브리 성경에서는 한권의
　　　　　 책으로 되어 있었는데 후에 히브리어로 된 구약을 헬라 어로 번역한 칠십인역
　　　　　 의 집필진들에 의해 두 권의 책으로 나뉜다.

주　　제 : 이스라엘 왕국의 기원과 역사

기록연대 : B.C. 931년-721 년경

요　　절 : 8:19-22, 13:14, 15:22-23,29

기록목적 : 이스라엘의 마지막 사사인 사무엘의 활동과 이스라엘의 초대 왕인 사울의 생
　　　　　 애, 그리고 다윗 왕국의 설립배경에 하나님의 섭리가 있음을 보여주기 위하여
　　　　　 기록하였다.

특　　징 : 사무엘, 다윗 → 선지자와 왕으로서의 예수님을 대표.

다윗 왕의 가계도

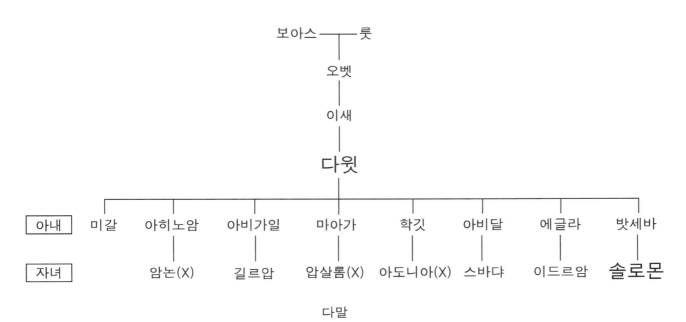

엘리 제사장의 가계도

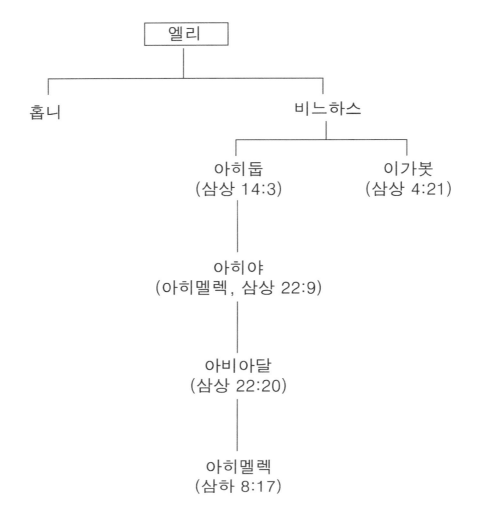

사울의 가계도

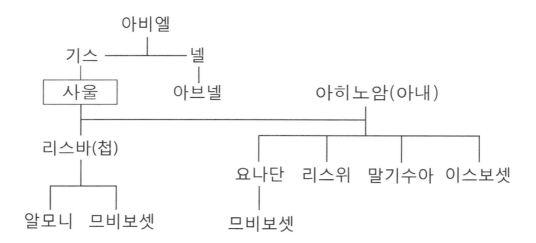

사무엘상 (1-5장) - 비서실

① 세면대　　② 찻장　　③ 여비서
　　　　　　④ 화장품
엘가나와 두 아내　　죄
유아비누　　예언
부글부글
(노래)
한일자(한나)
켑슐(궤)
⑤ 전화기
화운데이션

사무엘상(1-5장) 그림 배경설명 　비서실을 배경으로 했으며 여비서는 전화를 받아야하므로 책상위에 전화기가 있고 손님이 오면 접대도 해야 하므로 찻장에 커피잔과 커피포트가 있으며 찻장 옆에는 커피잔을 씻을 세면대가 있습니다. 세면대에는 기도하는 손 모양의 수도꼭지를 달았는데 그 이유는 비서는 **서**원을 **빈**다 즉 서원기도의 뜻이 있으므로 그 뜻에 걸맞게 세면대에 기도하는 손 모양의 수도꼭지를 달게 되었습니다. 세면대 옆에 있는 비누는 유아비누로 여비서는 피부를 보호하기 위해서 꼭 유아비누만 사용하며 세면대 위에 있는 거울에는 '엘가나와 두 아내' 라 써 있습니다. 또 여비서는 옷에 신경을 많이 써야하므로 상의는 노란색으로 치마는 블루색으로 화사하게 입었으며 외모에도 신경을 많이 써야하므로 언제든지 화장을 할 수 있게 화장품은 늘 책상위에 놓아둡니다. 참고로 여비서에게는 전화기보다 화장품이 더 소중하므로 화장품이 전화기보다 여비서와 더 가까이 있습니다.

1장　　거울에 엘가나와 두 아내라고 써 있다.
　① 엘가나와 두 아내(1-8) - 엘가나에게 '한나와 브닌나' 라고 하는 두 아내가 있었는데 브닌나에게는 자식이 있고 한나에게는 자식이 없었다. 그래서 한나는 브닌나에게 수모를 당하고 있었다. 세면대에는 기도하는 손 모양의 수도꼭지를 달았는데 그 이유는 비서는 **서**원을 **빈**다 즉 서원기도의 뜻이 있으므로 그 뜻에 걸맞게 기도하는 손 모양의 수도꼭지를 달게 되었다.
　② 한나의 서원기도(9-18) - 자식을 주시면 하나님께 나실인으로 드리겠다고 서원한다.
　　여비서는 피부를 보호하기 위해 유아비누만 사용하며 유아는 사무엘의 탄생을 나타낸다.
　③ 사무엘의 탄생(19-28) - **젖을 뗀 후** 한나가 **실로에 있는 여호와의 집**에 사무엘을 맡긴다.
　※ 사무엘의 출생지 - 라마(라마다임소빔의 준말) - 사무라마(사 먹어라의 경상도 사투리)
　　사무엘이 속한 지파 - 제사장은 레위지파만 되므로 사무엘은 레위지파 사람이다(대상 6:16).
2장　　커피잔은 엘자 모양으로 엘은 **엘리**가 되며 커피잔을 길게 발음하면 커피자안이 되며 커피자안의 자(子)는 **아들**이 된다. 그리고 커피의 까만색은 **죄**를 나타내므로 소제목은 '엘리 아들들의 죄' 가 된다.　　엘리의 아들들 = 홉니와 비느하스
　① 엘리 아들들의 죄(12-26) - ① 여호와를 알지 못함 ② 여호와의 제사를 멸시함 ③ 회막문에서 수종드는 여인과 동침함 ④ 자기 아버지의 말을 듣지 아니함
　　커피잔 + 접시는 한 세트다.　　커피잔(**죄**라 써 있다) + 접시(**예언**이라 써 있다)
　② 엘리 집의 **죄**에 대한 저주의 **예언**(27-36) - 하나님의 사람이 엘리를 찾아와서 두 아들의

죄로 인하여 ① 네 집에 영원토록 노인이 없을 것이며 ② 모든 자가 젊어서 죽을 것이며 ③ 홉니와 비느하스가 한 날에 죽을 것이며 ④ 하나님을 위하여 다른 충실한 제사장을 일으킬 것이라 예언한다. 두 아들이 범죄하게 된 데에는 엘리의 책임이 컸는데 이는 두 아들을 하나님보다 더 귀히 여겼고 두 아들의 잘못에 대해 엄하게 책망하지 않은데 있다. 그래서 후에 아들들의 전사소식을 듣고 목이 부러져 비참하게 죽고 만다(삼상 4:17-18).

커피포트의 끓는 소리가 노래 소리 같으며 커피포트의 전기선은 한일자로, 한일은 한나, 둘 할 때의 한나와 같으므로 한일은 한나가 되며 전기선은 + - 로 돼 있다.

③ **한나의 노래**(1-11) - 한나의 노래와 비슷한 신약의 찬가로는 마리아의 노래(눅 1장)가 있다.
- 여호와와 같이 거룩하신 이가 없으시니 이는 주 밖에 다른 이가 없고(2) - 한나=유일신을 노래
- 죽이기도 하시고(-) 살리기도 하시며(+), 스올에 내리게도 하시고(-) 올리기도 하시는도다(+, 6)

※ 한나가 사무엘 외에 나은 자녀 - <u>3</u>남 <u>2</u>녀(한삼인), 사무엘이 어렸을 때 입은 옷 - 세마포 에봇

3장　여비서의 치마 - 블루색,　블루 → 부르다

① **사무엘을 부르시다**(1-9) - 대제사장 엘리를 뒤이어 사사요 지도자가 될 사무엘을 하나님께서 부르시는 장면이며 **궤가 있는 여호와의 전 안**에서 총 **4번**(4무엘이므로)에 걸쳐 부르심을 받는다.

※ 4번째 부르셨을 때에는 '말씀하옵소서 주의 종이 듣겠나이다' 라고 사무엘이 대답한다.
　여비서의 윗도리, 노란색(엘로우) → 엘리가 되며 동시에 옐로우 카드 즉 경고도 된다.

② **엘리 집에 대한 경고**(10-21) - 어린 사무엘을 불러서 **엘리 집의 심판**에 대해 말씀하신다.

4장　루즈의 **캡**슐은 **궤**가 되며 루즈의 **붉**은색은 **블**레셋을 나타낸다. 이 루즈는 점점 닳아 없어지는데 이것은 언약궤가 블레셋에게 빼앗기는 것을 나타낸다.　궤 → 언약궤

① **블레셋에게 언약궤를 빼앗기다**(1-11) - 첫 전투에서 블레셋에게 패배한 이스라엘은 자신의 영적상태를 돌아볼 생각은 않고 **실로에 있는 언약궤**만 가져오면 승리할 수 있으리라 생각하여 언약궤를 진으로 가져왔다. 그들은 하나님의 임재를 상징하는 언약궤를 마치 승리를 보장하는 부적인양 여겼다. 그 결과 이스라엘은 블레셋에 다시 대패하고 언약궤마저 빼앗기고 말았다.

※ 이스라엘의 진 - 루즈가 <u>액</u> <u>벤</u> 것처럼 불룩하므로 **에벤에셀**, 블레셋의 진 - **아벡**(↔빼앗으므로)
　법궤의 이동경로 : 실로 → 에벤에셀(4장) → 아스돗(5장) → 가드(5장) → 에그론(5장) → 벧세메스(6장) → 기럇여아림(7장, 20년) → 오벧에돔(삼하 6장, 3개월) → 다윗성(삼하 6장)
　화장을 하기위해 화운데이션의 뚜껑을 열면 '**엘리자**를 위하여' 라는 멜로디가 나오는데 이는 **엘리**와 **자**식들의 죽음을 애도하기 위해서 깔아놓은 것이다.　엘리자 → **엘리**와 **자**식
　참고로 '**엘**리자를 위하여' 와 거울에 써 있는 '**엘**가나와 두 아내' 는 엘로 시작한다.

② **엘리와 자식들의 죽음**(12-22) - **어떤 베냐민 사람**이 전해준 자식들의 전사소식을 듣고 엘리가 의자에서 넘어져 목이 부러져 죽는다. 향년 98세 - 목이 9부러져 팍(8) 꺾여 죽었으므로 98세가 된다(58세에 사사가 되어 40년간 봉직함).

※ <u>비느하스</u>의 아내가 낳은 아들의 이름을 이가봇(하나님의 영광이 이스라엘에서 떠났다)이라 지은 이유 - ① 하나님의 궤를 빼앗겼고 ② 시아버지와 남편이 죽어서

5장　전화기가 궤모양이며 수화기가 곤(장)처럼 생겼다.　곤 → 다곤

불(블레셋)
곤장같이 생김
궤모양
종기모양

① **블레셋의 다곤 신전에 놓인 언약궤**(1-5) - 블레셋인들은 그들의 신 다곤이 이스라엘의 하나님보다 우월하다는 것을 나타내기 위해서 언약궤를 빼앗아 아스돗에 있는 다곤 신전 곁에 두었다. 하지만 하나님은 다곤 신상을 언약궤 앞에 엎드러지게 만드셨으며 이튿날에는 다곤의 머리와 손목을 끊으셨다.
　전화기 버튼이 종기처럼 생겼으며 전화기 램프의 **붉**은 색은 **블**레셋을 나타낸다.

② **블레셋을 독종(종기)으로 치시다**(6-12) - <u>아스돗</u>을 **독종**으로 치시니 이에 놀란 블레셋인들이 언약궤를 <u>가</u>드와 <u>에</u>그론으로 보냈지만 언약궤를 안치하는 성읍마다 독종으로 치셨다(아가에).

사무엘상 (6-10장) - 사장실

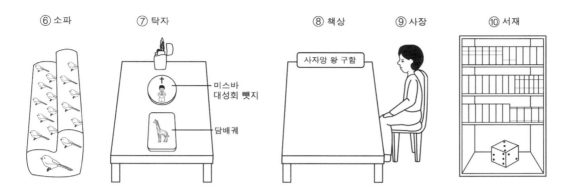

⑥ 소파　　　⑦ 탁자　　　　　　　　⑧ 책상　　⑨ 사장　　　⑩ 서재

미스바
대성회 뺏지

담배궤

사자앙 왕 구함

사무엘상(6-10장) 그림 배경설명 　사장실을 배경으로 했으며 사장실에는 뱁새 그림으로 가득한 소파가 돌려져 있으며 탁자위에는 라이타와 미스바 대성회 뺏지 그리고 담배궤(담배를 넣어두는 상자)가 있습니다. 책상위에는 '사자앙 왕 구함'이라고 써진 명패가 있고(왕 구함은 사장의 이름이다) 의자에는 사장님이 앉아 있으며 서재에는 주사위가 들어 있습니다. 참고로 뱁새는 6자 모양이므로 뱁새 그림으로 가득한 소파는 6장에 나옵니다.

6장　　소파는 궤짝(궤의 속된말)으로 만들었으며 온통 뱁새 그림으로 가득차 있고 돌려져 있다.
　　　　궤 → 언약궤,　　뱁새 → 벧세메스,　　돌려져 있다 → 돌아오다
　① <mark>언약궤가 벧세메스로 돌아오다</mark>(1-18) - 언약궤로 인해 고초를 겪었던 블레셋이 **7달** 만에 언약궤를 **금 독종 다섯**과 **금 쥐 다섯**을 **젖 나는 소 2마리**가 이끄는 수레에 실어 이스라엘의 벧세메스로 돌려보낸다. 참고로 블레셋이 궤를 돌려보내면서 드린 제사 종류는 **속건제**(금 독종, 금 쥐)이며 금 독종 다섯은 아스돗, 가사, 아스글론, 가드, 에그론을 위한 것이었다.
　　　　뱁새(벧세메스)는 호기심이 많은 새이므로 호기심에 언약궤를 들여다보다 징계를 받는다.
　② <mark>벧세메스 사람들이 언약궤를 들여다보다 징계를 받다</mark>(19-21) - 70명이 죽는다.

7장　　아비와 나가 공동으로 사용하는 담배궤에 기린이 그려져 있다.　　기린 → **기럇여아림**
　　　　아비와 **나**가 공동으로 사용하는 **담**배궤 → 아비나답,　　궤 → 언약궤
　① <mark>기럇여아림의 아비나답의 집에 있는 언약궤</mark>(1-2) - 벧세메스 사람들이 언약궤를 들여다본 까닭에 하나님께서 징계하심으로 아비나답의 집에 오게 되었고 그의 아들 **엘리아살**을 거룩하게 구별하여 언약궤를 지키게 하였으며 20년간 있게 된다 - 담배 1갑에는 20개비가 들어있으므로 언약궤는 아비나답의 집에 20년간 머물렀으며 아비나답의 아들이 언약궤를 20년간 죽기 **살**기로 지켰으므로 아들의 이름은 엘리아**살**이 된다(삼상에 엘리가 나오므로 엘르아살이 아닌 엘리아살).
　② <mark>미스바 대성회</mark>(3-6) - 사무엘이 미스바 대성회를 통해 이스라엘의 영적각성을 일깨운다.
　　　　라이타를 켤 때 찰칵찰칵 소리가 나는데 그 소리가 마치 우레 소리와 같다. 여기서 라이타에 붙은 **불**은 **블**레셋을 나타낸다.
　③ <mark>우레로 블레셋을 물리치다</mark>(7-17) - 사무엘의 영도하에 이스라엘이 미스바에 모여 대대적인 회개를 단행하고 있을 때 이것을 호기로 삼아 블레셋이 쳐들어왔지만 하나님이 블레셋에 우레를 발하여 그들을 어지럽게 하셨고 이스라엘로 하여금 블레셋을 물리치게 하신다.
　• 사무엘이 돌을 취하여 미스바와 **센** 사이에 세워 이르되 여호와께서 여기까지 우리를 도우셨다 하고 그 이름을 에벤에셀(도움의 돌)이라 하니라(12) - 라이타돌이 나오는 삼상 7장에 나온다.
　※ 사무엘이 해마다 (벧길을 따라 미스 라마와 함께) 순회하며 다스린 지역 - **벧**엘, **길**갈, 미스바, 라마

8장　　　책상위의 명패에 '사장 왕 구함'이라 써 있으며 사장을 길게 발음하면 '사자앙'이 되며 사 → 사무엘, 자 → 아들, 앙 → 앙금으로 앙금은 좋은 게 아니므로 부정이 된다.

① **사무엘 아들들의 부정**(1-3) - 장자는 **요엘**이요 차자는 **아비야**라 그들이 **브엘세바**에서 사사가 되니라 그 아들들이 아비의 행위를 따르지 않고 뇌물을 받고 판결을 굽게 하니라(2-3)

※ 사무엘의 아들들은 산가지가 없어서(無 무) 요에(요엘) 앉아서 아버지를 **아비야** 라고 부른다.

② **왕을 구하는 이스라엘**(4-22) - 사무엘이 늙고 그의 아들들이 불의를 행하자 이스라엘은 왕을 요구한다. 하나님은 왕으로 인한 폐해를 경고하시지만 백성들의 요구대로 왕을 허락하신다.

• 이는 그들이 너를 버림이 아니요 나를 버려 자기들의 왕이 되지 못하게 함이니라(7)

※ 사무엘의 주소 : 라마 → 실로 성소 → 라마

9장　　　왕사장은 데릴사위다.　　왕 → 왕,　　데릴 → 될,　　사위 → 사울

왕이 될 사울(1-27) - 하나님은 사울로 하여금 그의 아버지가 잃은 암나귀들을 찾아 나서게 함으로서 사무엘과 사울의 만남이 이루어지게 하셨으며 초대 이스라엘 왕이 될 사울이 성경역사의 전면에 그 모습을 드러내는 장면이다.　베냐민 지파 기스의 아들

※ 사울이 사무엘을 만나러 갈 때 가지고 간 예물 - 은 한 세겔의 4분의 1 - 사울≒사일(4분의 1)

10장　　　주사위 → 主사위,　　主 → 왕(王),　　사위 → 사울(베냐민 기브아)

① **왕이 된 사울**(1-27) - 사무엘은 **제비뽑기**를 통해 사울을 왕으로 뽑고 백성들 앞에서 사울을 왕으로 공식 선포한다. 참고로 주사위와 제비뽑기는 우연의 원리에 입각한 놀이라는 공통점이 있다.

※ 왕으로 뽑힌 장소 - **미스바**(미스 코리아를 뽑다), 왕으로 뽑힐 때 숨은 곳 - 짐보따리들 사이 주사위(사울)는 각 면마다 숫자가 다르다.

② **달라진(변화된) 사울의 마음**(9-16) - 하나님께서는 사울이 이스라엘의 지도자로서 이전의 사울의 모습에서 벗어나 이스라엘을 블레셋의 압제로부터 구원할 막중하고도 새로운 임무를 수행하여 그 임무를 감당할 수 있도록 새 마음을 주셨다.

※ 사울에 대한 사무엘의 3가지 예언 - ① 사울이 사무엘을 떠나가다가 **베냐민 경계 셀사에 있는 라헬의 묘실 곁**에서 2사람을 만나고 암나귀를 찾았다는 소식을 들음 ② 사울이 2사람을 만난 후 **다볼 상수리나무**에 이르러 하나님을 뵈오려고 **벧엘**로 올라가는 3사람을 만나 염소새끼 3마리와 떡 3덩이, 포도주 1가죽부대 중 떡 2덩이를 받음 ③ 3사람을 만난 후 **하나님의 산**에 이르러 성읍에 들어갈 때에 **선지자 무리**를 만나고 사울에게 하나님의 영이 임하여 예언함

사무엘상 (11-15장) - 경리실

⑪ 캐비넷　　⑫ 여경리　　⑬ 타자기　⑭ 장부　　⑮ 휴지통

사무엘상(11-15장) 그림 배경설명　경리실을 배경으로 했으며 경리는 돈과 장부를 관리해야 하기 때문에 반드시 캐비넷이 있어야 하며 현재 여경리는 돈을 쉬지 않고 세느라 정신이 없습

니다. 책상위에는 타자기와 장부가 있고 책상 옆에는 휴지통이 있는데 잘못 기재한 장부는 찢어서 휴지통에 버려야 하므로 장부가 타자기보다 휴지통에 더 가까이 있습니다. 참고로 캐비넷의 손잡이가 11자 모양이므로 캐비넷은 11장에 나옵니다.

11장　캐비넷 안에서 암나귀와 야수가 싸우고 있다.　암나귀 → **암**몬 **나**하스,　야수 → **야**베스

① **암몬 나하스가 길르앗 야베스에 침입하자 사울이 암몬 나하스를 쳐서 첫 승리하다**(1-11) 사울이 첫 승리를 함으로써 이스라엘 백성들에게 인정을 받고 정식으로 왕으로 즉위한다.

② **사울이 정식으로 왕으로 즉위하다**(12-15) - 사울이 왕으로 선출되기는 했지만 아직껏 중앙 정부를 구성할 여건을 마련치 못했다. 그러나 암몬 나하스와의 전쟁에서 승리함으로써 백성들의 신망을 얻어 대관식을 거행하게 된다. 참고로 대관식은 길가에서 하는 것이므로 대관식은 **길갈**(베냐민 지파의 성읍)에서 거행했으며 따라서 길갈은 초기 왕국시대의 중심지가 된다.

※ **사울이 왕이 될 때 나이 - 40세에 등극 40년간 치세**(사울의 아들 이스보셋도 40세에 왕이 됨)

12장　여경리가 돈을 셀 때 입으로 세는데 그것이 마치 설교하는 것 같다.

① **사무엘의 고별설교**(1-18) - 사울에게 자신의 통치권을 넘겨주면서 마지막 고별설교를 한다.

※ 이스라엘이 왕을 구한 일이 큰 죄악임을 알게 하시려고 여호와께서 보내신 것 - 우레와 비 여경리 → **여**호와를 **경**외하라

② **여호와를 경외하라**(19-25) - 사무엘이 고별사를 마치며 여호와 경외할 것을 권면하고 있다. 여경리가 돈을 쉬지 않고 세고 있다.

③ 나는 너희를 위하여 기도하기를 쉬는 죄를 여호와 앞에 결단코 범하지 아니하고 선하고 의로운 길을 너희에게 가르칠 것인즉(23) - 기도하기를 쉰다는 것은 나태(23)해 졌기 때문이다. 그림에는 없지만 한사람이 여경리 **목전**에 **가만히 서서** 여경리가 돈세는 것을 **보고** 있다.

④ 너희는 이제 **가만히 서서** 여호와께서 너희 **목전**에서 행하시는 이 큰 일을 **보라**(16)

13장　종이가 나올 때 떨면서 나오며 종이에 E 라고 써 있다.　E → 이스라엘

① **블레셋을 보고 떠는 이스라엘**(1-7) - 요나단의 선제공격에 대한 보복으로 블레셋은 대대적인 침공을 감행했으며 이스라엘을 공포의 도가니로 몰아간다.

종이가 나올 때 떨면서 나온다.
제사장 침이라고 부른다.
망

※ 종이가 떨면서 나오는 이유는 커피믹스가 타자기에 떨어져 타자기에 이상이 생겨서 그렇다. 따라서 이 전투를 믹마스 전투라 한다.　믹스 → **믹**마스 타자기의 침을 제사장침이라고 부른다.

② **제사장직을 침해하는 사울**(8-12) - 사울은 블레셋과의 전쟁 전에 백성들을 성별시키는 제사(번제와 화목제)를 드리기 위해서 **길갈**에서 사무엘을 **7일간** 기다리기로 되어 있었다(10:8). 그러나 블레셋과의 전쟁에서 그들의 위용 앞에 다급해진 사울이 자신에게 허락하지 않은 제사를 드림으로 범죄한다.
키보드를 보호하기 위해 키보드위에 망을 씌웠다.　망 → 책망

③ **사무엘의 책망**(13-23) - ① 왕이 망령되이 행하였도다 ② 왕의 나라가 길지 못할 것이라 ③ 여호와의 마음에 맞는 사람을 지도자로 삼으셨다. 이 전투로 사울의 곁에 남은 자는 **600명**.

14장　장부는 대장부를 말하며 좌측에는 갈매기 조나단이 그려져 있다.　조나단 → 요나단

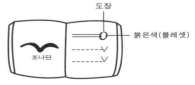
도장
붉은색(블레셋)
조나단

① **대장부 요나단**(1-15) - 과감하게 적진으로 파고든 요나단의 무용담이 소개된다.

• 여호와의 구원은 사람이 많고 적음에 달리지 아니하였느니라(6) - 요나단이 한 말

※ 요나단이 블레셋 사람의 진영으로 건너가려 할 때 가로막은 두 험한 바위 - 보세스, 세네

장부가 정정하느라 줄이 그어있고 도장과 V 체크가 되어 있어 혼란스럽다.

② **혼란에 빠진 블레셋**(16-23) - 하나님께서 블레셋 사람들의 마음과 정신을 혼란스럽게 만드심으로서 자기들끼리 피차 싸우다 자멸하도록 하셨는데 이것은 요나단의 신앙적 용기와 도전에 대한 하나님의 도우심의 결과였다.

틀리게 기재했을 때 다시 정정하는 방법은 붉은색으로 두 줄을 긋고 정정한 후 도장을 찍으면 된다. 붉은색 두 줄은 저주를, 정정한 것은 저주에서 풀려난 것을 나타낸다.

③ **사울의 저주**(24-42) - 블레셋에 승리할 때까지 아무것도 먹지 못하게 하고 먹는 사람은 저주를 받을 것이라고 맹세한다. 참고로 사울은 믹마스 전투 때 처음으로 제단을 쌓았다.

④ **저주에서 풀려난 요나단**(43-46) - 요나단은 사울의 맹세를 알지도 못한 채 꿀을 먹었다가 죽음의 위기에 처했으나 그의 정당함을 아는 백성들의 열렬한 구명 운동으로 구원을 받는다.

확인이 끝난 것은 V로 체크한다.   V → 승리

⑤ **사울의 승리**(47-48) - 사울이 왕위에 나아간 후 사방의 적들을 쳐서 승리한 내용이 나온다.

장부는 가정집의 가계부와 같다.

⑥ **사울의 가계**(49-52) - 아내는 아히노암(요나단, 리스위, 말기수아, 이스보셋, 메랍, 미갈 - 이스시게로 말메미요리를 먹다), 첩은 리스바(알모니, 므비보셋 - 요나단의 아들도 므비보셋)

※ 제사장 - 아히야(삼삼 21장의 아히멜렉과 동일인), 군대장관 - 아브넬(사울의 숙부 넬의 아들)

15장 휴지통에 휴지를 버릴 때는 말아서 버린다.   **말아**서 → **아말**렉,   버린다 → 멸망

① **아말렉의 멸망**(1-9) - 아말렉을 쳐서 그 모든 소유를 진멸하라고 명령하신다.

※ 사울이 아말렉과의 전쟁에서 살려준 사람 - 겐 사람(출애굽 시 광야길 안내자가 되어줌, 호밥)

휴지통에는 휴지 등 온갖 불순물들을 버린다.   불순물 → 불순종

② **불순종한 사울을 버리신 하나님**(10-35) - 아말렉 족속을 철저히 진멸하라는 하나님의 명령을 어기고 사울이 자신의 탐심을 채울 생각으로 **아**말렉 왕 **아**각과 아말렉의 살진 가축들을 남기자 사무엘이 사울을 엄중히 책망하면서 그에게 왕의 폐위를 선고한다. 사무엘이 아각을 처형함.

불순종한 사울에게 사무엘이 하는 말

③ 순종이 제사보다 낫고 / 듣는 것이 숫양의 기름보다 나으니(22) - 핵심어가 순종·제사/듣는 것·수양의 기름으로 2개 2개씩이므로 이 구절은 22절이 된다.

휴지통의 번개표시 ⚡,   번개 → 변개

④ 이스라엘의 지존자는 거짓이나 **변개**함이 없으시니 그는 사람이 아니시므로 결코 **변개**하지 않으심이니이다(29) - 번개가 숫자 ⚡(29)와 닮았으므로 변개가 나오는 이 구절은 29절이 된다.

사무엘상 (16-20장) - 편집실

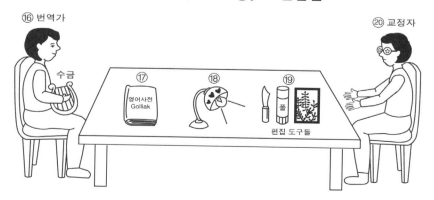

⑯ 번역가   수금   ⑰ 영어사전 Golliak   ⑱   ⑲ 풀   편집 도구들   ⑳ 교정자

사무엘상(16-20장) 그림 배경설명 편집실을 배경으로 했으며 편집이란 여러 가지 재료를 모아서 신문이나 책을 만드는 것이므로 책상위에는 칼과 풀등 편집에 필요한 도구들이 있으며 편집을 하려면 글자 하나하나를 꼼꼼히 봐야하므로 스텐드가 꼭 필요합니다. 편집실에는 번역가와 교정자가 있는데 번역을 하려면 영어사전이 필요하므로 번역가 앞에 영어사전이 있으며 번역가에게는 수금을 타는 취미가 있습니다. 교정자는 오타를 찾아내야 하므로 별이 2개 그려진 특수한 안경을 쓰고 있으며 이 안경은 오타도 찾아내지만 사람의 의중을 알아보고 색맹도 카바하는 기능도 가지고 있습니다. 참고로 번역가가 허리를 꼿꼿이 하고 앉은 자세가 1이고 수금이 6자 모양이므로 번역가는 16장에, 안경테가 2개이고 알은 O 모양이므로 교정자는 20장에 나옵니다.

16장　번역이란 한 나라의 말을 다른 나라의 말로 옮기는 것이며 이것은 왕권이 사울에게서 다윗에게로 옮겨감을 말한다.

① 다윗이 기름 부음을 받다(1-13) - 실패한 사울 왕을 대신하여 사무엘은 하나님의 명령에 따라 이새의 막내아들 다윗(8번째 아들, 역대기에는 7째)에게 왕으로 임명하는 기름을 붓는다.

※ 다윗의 기름부음 - 삼상 16장(유년기), 삼하 2장(유다의 왕), 삼하 5장(이스라엘의 왕)

번역가의 취미는 수금을 타는 것이다.

② 수금 타는 다윗(14-23) - 다윗이 악령이 들린 사울의 궁중악사가 되어 사울 왕을 섬기게 된다. 수금을 타는 번역가의 외모가 환상적으로 잘생겼다(정말 잘 생겼다고 생각하자).

③ 내가 보는 것은 사람과 같지 아니하니 사람은 외모를 보거니와 나 여호와는 중심을 보느니라(7) - 위의 구절을 읽다보면 자연히 이 구절의 핵심어인 중심에 힘을 주어 충심(07)이라고 읽게 된다. 참고로 이 구절은 사무엘이 이새의 아들 중에서 기름을 부으러 갔을 때 (압도적으로 출중한) 장자 엘리압의 외모를 보고 왕이 될 자로 결정하려 할 때 하나님께서 하신 말씀이다.

※ 사울이 등장하는 장 - 삼상 9장, 다윗이 등장하는 장 - 삼상 16장

17장　영어 사전에 영어로 '골리앗' 이라고 써 있다.

다윗과 골리앗(1-58) - 골리앗은 블레셋의 군대 장군으로 가드 사람이며 거인으로 신장이 6규빗 한 뼘이나 된다. 머리에는 놋 투구를 쓰고 무게가 놋 5천 세겔이 나가는 갑옷을 입었으며 창 자루는 베틀 채 같고 창날은 철 600세겔이나 나간다. 반면 다윗은 (양치는) 막대기와 시내에서 매끄러운 돌 5개를 구해서 여호와의 이름으로 담대히 맞서 물맷돌로 골리앗을 물리친다.

• 다윗이 블레셋 사람에게 이르되 너는 칼과 창과 단창으로 내게 나아 오거니와 나는 만군의 여호와의 이름 곧 네가 모욕하는 이스라엘 군대의 하나님의 이름으로 네게 나아가노라(45)

※ 다윗이 골리앗과 싸웠던 골짜기 - 엘라 골짜기(엘라 모르겠다 하고 물맷돌을 던져 이겼으므로) 골리앗과의 전투 때 싸움에 나간 이새의 아들 - 엘리압, 아비나답, 삼마(3명) 골리앗과의 전투 때 전쟁을 구경하러 왔다며 다윗을 나무랐던 사람 - 다윗의 맏형 엘리압

18장　스텐드의 갓에 하트 표시가 있는데 이것은 다윗에 대한 요나단의 사랑을 나타낸다.

① 다윗에 대한 요나단의 사랑(1-4) - 요나단이 그를 자기 생명 같이 사랑하니라(1)

※ 요나단이 다윗을 생명같이 사랑하여 언약을 맺으며 준 것 - 겉옷, 군복, 칼, 활, 띠 전구빛이 강렬하게 쏘아져 나가는 이유는 전구 뒤에 숨어서 사울이 시기의 눈으로 다윗을 쏘아보기 때문이다.

② 사울의 시기(5-9) - 골리앗을 죽인 다윗을 군대의 장으로 삼았으나 '사울이 죽인 자는 천천이요 다윗은 만만이로다' 라는 노래를 듣고 사울이 시기하여 이때부터 다윗을 죽이기로 작정한다. 전구에는 천천만만 볼트의 전기가 흐르며 필라멘트가 단창같이 생겼다.

③ 사울은 천천 다윗은 만만(7)

④ 사울이 단창으로 다윗을 죽이려 하다(10-16) - 창을 2번 던졌으나 다윗이 모두 피한다. 스탠드 위에는 부마가 된 다윗이 의젓하게 앉아 있다.

⑤ 부마가 된 다윗(17-30) - 사울이 미갈을 다윗에게 주는 조건으로 블레셋 사람의 포피 100개를 가져오게 하니 이는 다윗을 죽이기 위함이었다. 그러나 다윗은 포피 200개를 사울에게 가져다 주고 미갈과 결혼한다. 참고로 사울이 원래 다윗에게 주려고 했던 딸은 큰 딸 메랍이었다.

19장 풀은 끈적끈적한 다윗과 요나단의 우정을 나타낸다.

① 다윗과 요나단의 우정(1-7)
칼이 단창처럼 생겼다.

② 단창으로 다윗을 죽이려는 사울(8-17) - 미갈이 창에서 달아내려 다윗을 피신시킨다.
화투의 삼피 → 사무엘(삼)에게 피해간 다윗

③ 사무엘에게 피해간 다윗(18-24) - 다윗이 라마에 있는 사무엘에게 피신하였고 자초지정을 들은 사무엘이 다윗과 함께 나욧으로 간다. 한편 이 소식을 들은 사울이 전령을 3번 보냈으나 하나님의 영이 전령들에게 임하여 예언만 하는 바람에 다윗을 잡지 못하자 사울이 직접 갔으나 사울에게도 θ의 영이 임하여 선지자 무리에 끼어 예언을 한다. 이때 생겨난 속담 : 사울도 선지자 중에 있느냐

※ 다윗이 사무엘에게 가려는 걸 막으려고 사울이 다윗의 옷을 잡자 다윗이 이거 나욧하며 뿌리친다.

20장 교정자의 안경 ☆－☆ - 오타도 찾아내지만 사람의 의중을 알아보고 색맹도 카바하는 기능도 가지고 있는데 이는 안경에 그려진 2개의 별(이별) 때문이다. 색맹 ↔ 맹세
참고로 안경태가 화살대와 비슷하므로 다윗과 요나단의 화살신호는 삼상 20장에 나온다.

① 다윗에 대한 요나단의 맹세(1-11) - 사울로부터 무사히 피신시켜 주겠다고 맹세한다.

② 사울의 의중을 떠보는 요나단(12-34) = 요나단의 화살 신호 - 요나단이 사울의 의중을 확인해 보고 죽일 마음이 없으면 활을 쏘아서 활을 줍는 아이에게 '살이 이쪽에 있다' 소리칠 것이고 죽일 의중이 있으면 '살이 네 앞쪽에 있다' 소리칠 것이라고 다윗과 약속한다.

※ 요나단이 다윗에게 사흘 동안 숨어 있으라고 한 곳 - 에셀 바위 곁

③ 다윗과 요나단의 이별(35-42) - 다윗에 대한 사울의 살해의도가 변함이 없자 다윗과 요나단이 이별을 하게 되며 이제 다윗은 사울의 칼을 피해 정처 없는 도피자의 신세가 된다.

사무엘상 (21-25장) - 인쇄실

| 사무엘상(21-25장) 그림 배경설명 | 인쇄실을 배경으로 했으며 인쇄실은 냄새가 많이 나기 때문에 환기를 위해서 에어컨과 환풍기가 있어야 하며 따라서 인쇄실의 입구와 끝에 에어컨과 환

풍기를 설치해 놓았습니다. 아기가 아비몰래 **높**이 달려있는 에어컨 위로 올라가자 보디가드가 내려오라고 젖병으로 아기를 어르고 있으며 아기는 침을 질질 흘리면서 미친척하고 있습니다. 여기서 주목할 것은 아비몰래는 아비멜렉이 돼야 하나 아기가 미친척하며 히히히 웃고 있으므로 아비멜렉이 아닌 아**히**멜렉이 된다는 것입니다(블레셋 왕의 이름은 아비멜렉이고 아히멜렉은 제사장의 이름). 인쇄실에는 복사기와 인쇄기, 인쇄판이 있고 복사기 옆에는 유모차가 있으며 환풍기 아래에는 아비가 먹던 과일과 나팔이 있습니다. 참고로 아기의 쏠린 두 눈이 2이고 아기의 입에서 흐르는 침이 1자로 떨어지므로 에어컨위에 올라가서 미친척하는 아기는 21장에 나옵니다.

21장　　아기가 아비몰래(아히멜렉) **높**이 달려있는 에어컨 위로 올라가자 보디가드가 내려오라고 젖병(진설병)으로 아기를 어르고 있으며 아기는 침을 흘리면서 미친척하고 있다.

① **높**의 제사장 아히멜렉에게 도망간 다윗(1-9) - 여기서 다윗일행이 진설병(거룩한 떡)을 먹음.

※ 진설병은 여자를 가까이 하였는지를 확인한 후 먹을 수 있었으며 **골리앗의 칼**은 놉의 제사장 아히멜렉(또는 아히야 - 보디가드가 아히야 이리 내려와 라고 하므로, 14:3)이 보관하고 있었다.
　　아기 → 아기스,　　보디가드 → 가드,　　침을 흘리면서 미친척하고 있다 → 거짓광기

② 블레셋 가드 왕 아기스에게 도망간 다윗의 거짓광기(10-15) - 사울을 피해 아기스에게 도망갔으나 신하들이 다윗을 알아보자 두려워한 나머지 미친척하며 (서둘러) 아둘람 굴로 도망한다.

22장　　유모차,　　유 → 유다,　　모 → 모압,　　**선**(태양)을 막아주는 **갓** → **선**지자 **갓**

① 모압 땅으로 도망간 다윗(3-4) - 노쇠한 다윗의 부모를 잠시 (**모**시기 좋은) **모**압에 의탁한다.

② 선지자 갓의 지시로 유다 땅으로 도망간 다윗(5) - 다윗이 선지자 갓의 지시로 모압(미스베)에서 유다(헤렛 수풀)로 간 것은 다윗이 약속의 땅과 이스라엘 백성에게서 떨어져서는 안된다는 사실과 다윗의 유일한 은신처와 요새는 여호와라는 사실을 주지시킨다.
　　복사기 용지함에는 A2 용지가 들어 있으며 A2는 A → 아,　2 → 둘　함 → 람으로 바꾸면 아둘람이 되며 복사기 안은 굴 같이 생겼다.

A2
복사지를 담은 함

③ 아둘람 굴로 도망간 다윗(1-2) - 다윗이 아둘람 굴로 도망갔을 때 모여든 사람은 **400명가량**

※ 용지함에는 용지가 1뭉치 즉 500매가 들어가나 그러면 너무 빡빡하므로 400매 정도가 적당하다.
　　복사하려는 책을 놓고 덮개로 꽉 눌러주면 책이 놉죽(납작)해 진다.

④ 사울이 **놉**의 제사장들을 **죽**이다(6-19) - 다윗에 협조했다는 이유로 에돔 사람 도엑을 시켜 놉의 제사장 **85명**을 죽인다. 놉 85 → 논 팔어 아들 대학에 보냈다.
　　원본은 아비에, 복사된 종이는 붕어빵처럼 닮았으므로 아들에 해당한다.　아비+아들 → 아비아달(아히멜렉의 아들),　복사되 나오는 종이가 마치 도망치듯 나오고 있다.

⑤ 도망 나온 아비아달(20-23) - 다윗에게 도망하여 사울이 제사장들 죽인 일을 알린다.
　　액의 강도에 따라 글씨가 진하고 흐리게 나온다.　　**액**의 강**도** → 도액

⑥ 에돔 사람 도엑이 제사장 아히멜렉이 다윗을 숨겨준 사실을 사울에게 고발하다(9-10)

※ 에돔과 도엑이 비슷하므로 도엑은 에돔사람.　　22장 도피순서(아둘람→모압→헤렛수풀, 아들모헤)

23장　　인쇄기는 로울라(**그일라**)와 구(공처럼 생긴 둥근 물체)의 축(둘둘 말도록 되어있는 물건의 가운데 끼는 막대)과 모타로 구성되어 있다. 구의 축은 줄여서 구축(**구출**)이라 한다.

① 다윗이 그일라를 구출하다(1-5) - 다윗이 그일라 주민들이 블레셋으로부터 타작마당을 탈취 당했다는 소리를 듣고 자신의 피난처가 사울에게 노출되는 위험 부담을 무릅쓰고서 블레셋과 싸워 그일라 주민들을 구출한다. 그일라를 구출할 당시 다윗 일행의 수는 **600명가량**
　　로울라(그일라)가 인쇄기 몸체에 에워싸여 있다.　　로울라 → 그일라

② **사울이 그일라를 에워싸다**(6-14) - 다윗이 블레셋과 싸워 그일라 주민들을 구출하나 그일라 주민들은 은혜를 저 버리고 다윗의 은신처를 사울에게 밀고한다.

모타 소리가 요란(요나단)하며 격렬(격려)하다.　　요란 → 요나단,　　격렬 → 격려

③ **요나단이 다윗을 격려하다**(15-18) - **십 황무지 수풀**에서 요나단이 다윗과 마지막으로 만난다.

인쇄지는 황색무지(무지 - 무늬가 없이 전체가 한 가지 빛깔로 됨. 또는 그런 물건)이며 황색무지에 10과 40이라 써 있다.　　10 → 십,　　40(마흔) → 마온,　　황색무지 → 황무지

④ **다윗이 십 황무지로 도망가다**(19-23)

⑤ **다윗이 마온 황무지로 도망가다**(24-29) - 사울이 마온 황무지에서 (**하마**처럼 **느긋**하게) 다윗을 잡으려다 블레셋의 침공소식을 듣고 급히 돌아갔으므로 그곳을 **셀라하마느곳**이라 한다.

※ 10과 40사이는 2와 3이므로 인쇄기는 23장.　　23장 도피순서(그일라 → 십 → 마온)

24장　　인쇄판 맨 마지막에 인쇄판의 끝이라는 표시로 END(엔드)라 써 놓았다.　　END(엔드) → 엔게디,　　END(끝) → 굴이 되며 끝의 반대는 첫 번째가 된다.

① **엔게디 굴에서 첫 번째 사울을 살려준 다윗**(1-22) - 죽음을 면한 사울이 다윗에게 한 말 - 나는 너를 학대하되 너는 나를 선대하니 너는 나보다 의롭도다(17)

• 옛 속담에 말하기를 **악은 악인에게서 난다** 하였으니 내 손이 왕을 해하지 아니하리이다(13)

인쇄판의 조각 하나하나가 합쳐져서 책이 만들어지는데 이 인쇄판의 조각 하나하나는 옷으로 말하자면 옷은 옷 조각을 재봉해서 옷이 되므로 옷 조각과 같다고 할 수 있다.

② **다윗이 사울의 겉옷 자락을 베다**(4)

25장　　환풍기의 날개는 **삼**개로 나쁜 냄새를 빨아들여서 하늘로 올라간다(죽음).　　삼 → 사무엘

① **사무엘의 죽음**(1) - 사무엘 사후 다윗이 **바란광야**(환풍기에서 **바람**이 나오므로)로 내려간다.

선반에 나팔이 있다.　　나팔 → 나발(아비가일의 남편으로 **미련한 자**란 뜻을 가지고 있다)

② **다윗과 나발**(2-17) - 마온 사람 나발은 갈멜에서 양을 키우고 털을 깎는 자로서 다윗이 소년 **10명**을 보내 먹을 것을 요청했으나 나발은 다윗을 조롱하고 거절한다.

선반에 아비가 먹던 과일 즉 아비과일이 있다.　　아비과일 → 아비가일

③ **다윗과 아비가일**(18-44) - ②번과 ③번은 다윗이 사울에게 쫓기던 중 일어난 삽화적 내용으로 마온의 부자 나발이 다윗 일행을 박대하지만 나발의 아내 아비가일이 급히 음식을 준비하여 피 흘림을 막았으며 <u>열흘</u> 후에 하나님이 나발을 치시매 죽고 아비가일은 다윗의 아내가 된다.

※ 다윗이 도피 중 얻은 두 아내 - <u>아</u>비가일, 안히노암, 미갈은 사울이 라이스의 아들 발디에게 줌.

사무엘상 (26-30장) - 제본실

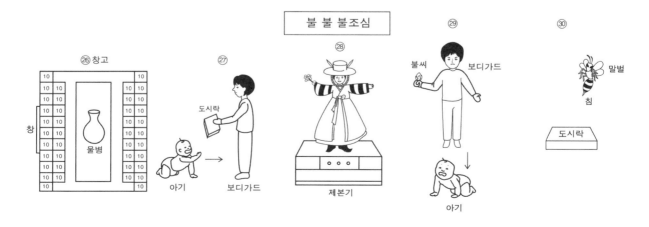

104 _ 하나님이 주신 성경기억법

제본실을 배경으로 했으며 제본된 책을 쌓아 놓으려면 창고가 있어야 하며 제본된 책은 10권씩 황색무지로 된 박스에 담아서 창고에 쌓아두며 창고에 쌓을 때는 Ⅱ자 모양의 진의 형태로 쌓아야 많이 쌓을 수 있습니다. 또한 창고가 너무 습하면 책에 곰팡이가 생기므로 창고에 창을 만들었으며 창고가 너무 건조하면 책에 좀 벌레가 먹으므로 창고에 물병을 놓아두었습니다. 제본실 정중앙에는 제본기가 있으며 제본실은 책이 많아 항상 불조심을 해야 하므로 제본기 바로 위에 불조심 포스터를 붙여 놓았으며 제본기 위에서는 엔돌의 신접한 여인이 **엔돌**편이 너무 넘친 나머지 자기를 주체하지 못하고 제본기위에서 굿을 하고 있습니다. 제본기 좌측에는 보디가드가 21장에서 젖병이 통하지 않자 도시락을 주며 아기를 어르고 있으며 제본기 우측에는 아기를 어르기 위해서 젖병도 줘보고 도시락도 줘봤지만 아무 소용이 없자 보디가드가 손에 불씨를 들고 겁을 주어 강제로 아기를 돌려보내고 있습니다. 말벌 한 마리가 아까 아기를 어르기 위해서 사용했던 도시락을 먹이감으로 생각하고 침을 곤두세우고 도시락을 공략하고 있으며 이 벌침은 물리치료에도 쓰이므로 물리침이라고도 부릅니다. 참고로 로마 숫자 Ⅱ가 2를, 물병이 6자 모양이므로 창고는 26장에 나옵니다.

26장   제본된 책은 10권씩 황색무지로 된 박스에 담아서 창고에 쌓아두며(책이 **산**처럼 많이 쌓여있다) 책을 쌓을 때는 Ⅱ자 모양의 진의 형태로 쌓아야 많이 쌓을 수 있다. 여기서 Ⅱ는 두 번째 사울을 살려준 것을 나타낸다.   10 → 십,   황색무지 → 황무지

① 십 황무지 하길라 **산** 길가 진중에서 두 번째 사울을 살린 다윗(1-25) - 여기서 사울은 자기의 잘못을 시인하고 다시는 다윗을 죽이지 않겠다고 맹세한다.

※ 다윗이 사울을 죽이지 않은 이유 - 여호와의 기름 부은 자를 치는 것을 여호와께서 금하셔서 창고가 너무 습하면 책에 곰팡이가 생기므로 창고에 창을 만들었고 창고가 너무 건조하면 책에 좀 벌레가 먹으므로 창고에 물병을 놓아두었다.

② 다윗이 사울에게서 창과 물병을 가져오다(12)

※ 사울을 창으로 찔러 단번에 땅에 꽂게 해달라고 말한 사람 - 아비새(창을 보니 아! 비새)

27장   제본기 좌측,   보디가드가 도시락을 주며 아기를 어르고 있다.   보디가드 → 가드 아기 → 아기스,   아기가 보디가드 쪽으로 가고 있는데 이것은 블레셋 가드 왕 아기스에게 도망가는 것을 말한다.

① 다윗이 블레셋 가드 왕 아기스에게 도망가다(1-4) - 사울이 자신을 죽이지 않겠다고 맹세했지만 사울을 믿지 못한 다윗은 결국 블레셋 땅으로 피신하여 아기스에게 의탁한다.

※ 사울이 다윗을 수색하는 일을 중단한 이유 - 다윗이 블레셋 가드 왕 아기스에게 도망하여서 다윗과 함께 블레셋으로 간 사람 수 - **600명**
다윗이 (사울로부터 1.4후퇴하여) 블레셋에 가서 산 날 - **1년 4개월**
도시락 → 시글락,   도시락을 주다 → 시글락을 주다.

② 블레셋 가드 왕 아기스가 다윗에게 시글락을 주다(5-12) - 다윗이 아기스로부터 시글락을 불하받고 그곳을 발판삼아 활약하면서 입지를 강화한다.

28장   제본실 정중앙에 제본기가 있고 제본실은 책이 많아 항상 불조심을 해야 하므로 제본기 바로 위에 불조심 포스터를 붙여 놓았다. 불·불·불조심은 블레셋·블레셋·블레셋을 조심하라는 뜻이며 이것은 블레셋이 쳐들어오는 아주 급박한 상황을 나타내 주고 있다.

① 블레셋이 쳐들어오다(1-6)
엔돌의 신접한 여인이 제본기 위에서 굿을 하고 있다.

② 사울이 엔돌의 신접한 여인을 찾아가다(7-25) - 블레셋 군대가 쳐들어오자 다급해진 사울은 여호와께 물었으나 여호와께서 **꿈**으로도, **우림**으로도, **선지자**로도 그에게 대답하지 아니하시므로 은밀히 엔돌의 신접한 여인을 찾아간다. 그녀의 주술로 사무엘의 환영을 접하게 되지만 그로부터 사울과 그의 아들들이 전사할 것이라는 예언을 듣고 실의에 빠진다.

※ 성경은 사람이 죽게 되면 그 혼은 즉시 지상의 세계와 차원이 다른 처소(천국 혹은 지옥)로 옮겨지고 지상의 세계와 교통하지 못하는 것으로 말하고 있다(눅 16:19-31) 따라서 여기에 나오는 사무엘은 진짜 사무엘의 혼이 아닌 죽은 자의 혼을 가장한 귀신의 역사에 불과하다.

29장   제본기 우측, 보디가드가 손에 불씨를 들고 있는데 아기를 어르기 위해서 젖병도 줘보고 도시락도 줘봤지만 아무 소용이 없자 보디가드가 손에 불씨를 들고 겁을 주어 강제로 아기를 돌려보내고 있다.   불씨 → 블레셋의 불신

① 블레셋이 다윗을 불신하다(1-5) - 블레셋의 방백들이 이스라엘과의 전쟁에서 블레셋을 도와 싸우려는 다윗이 도리어 자신들의 대적이 될까 불신한다.
아기를 돌려보내고 있다 → 아기스가 다윗을 돌려보내다

② 아기스가 다윗을 돌려보내다(6-11) - 아기스가 블레셋 방백들의 불신으로 다윗을 시글락으로 돌려보내었는데 이는 하나님의 섭리적 간섭에 의한 것이었으며 이로써 다윗은 동족상잔의 비극을 모면하게 되었다.

30장   말벌이 도시락을 먹이감으로 생각하고 침을 곤두세우고 도시락을 공략하고 있다.
말벌 → 아**말**렉,   도시락 → 시글락,   성경기억법에서 말벌은 아말렉으로 약속한다.

① 아말렉이 시글락을 침범하다(1-6) - 다윗이 시글락을 잠시 비운 사이 아말렉 족속의 침입으로 시글락이 크게 약탈당하고 모든 여인들을 사로잡아 간다.
이 벌침은 물리치료에도 쓰므로 물리침이라고도 부른다.

② 다윗이 아말렉을 물리치다(7-30) - 다윗과 또 그와 함께 한 600명이 **브솔 시내**에 이르러 피곤하여 브솔 시내를 건너지 못하는 **200명**을 머물게 하고 다윗은 **400명**을 거느리고 쫓아가서 아말렉을 물리친 후 전리품을 전장에 내려갔던 자 400명의 분깃이나 소유물 곁에 머물렀던 자 200명의 분깃을 동일하게 분배한다.

※ 다윗이 시글락을 침범한 아말렉을 (**급**히) 쫓아갈 수 있도록 정보를 준 사람 - 애**굽** 사람 하나

사무엘상 31장 - 복도

쓰레기

사전

사무엘상 31장 그림 배경설명 복도를 배경으로 했으며 청소 아주머니가 쓰레기를 복도 길에 모아, 산처럼 쌓아 놓았으며 쓰레기더미에 사전이 버려져 있습니다. 아마도 이 사전은 번역가가 쓰던 사전인 것 같습니다.

31장 　 청소 아주머니가 쓰레기를 복도 **길**에 **모아**, **산**처럼 쌓아 놓았으며 쓰레기더미에 사전이 버려져 있다.　　길모아산 → 길보아산,　　사전 ↔ 전사
사울이 길보아산에서 전사하다(1-13) - 길보아 전투의 결과 이스라엘이 참패를 당하고 사울과 그의 아들들(요나단, 아비나답, 말기수아)은 죽음을 맞게 되었다. 한편 **길르앗 야베스** 사람들은 예전에 사울이 암몬 족속으로부터 그들을 구해준 사실(삼상 11:1-11)을 기억하고 그의 시체를 가져다가 야베스 **에셀 나무** 아래에 장사하고 **7일** 동안 금식한다.

- 사울의 머리를 베고 그의 갑옷을 벗기고 자기들의 신당과 백성에게 알리기 위하여 그것을 블레셋 사람들의 땅 사방에 보내고 (알록달록한) 그의 갑옷은 **아스다롯**의 집에 두고 그의 시체는 **벧산 성벽**에 못 박으매(9-10)

※ 전사한 사울의 아들 - 요나단, 아비나답(리스위), 말기수아

※ 사울의 최후 - 적군의 활에 중상을 입자 무기든 자에게 칼로 자신을 찌르라 했으나 무기를 든 자가 두려워 행하지 못하자 자기의 칼을 뽑아 그 위에 엎드렸고 후에 아말렉 사람이 죽인다.

※ 다윗의 도피 여정 : 놉(21장) → 가드 왕 아기스(21장) → 아둘람 굴(22장) → 모압(22장) → 유다(헤렛 수풀, 22장) → 그일라(23장) → 십 황무지(23장) → 마온 황무지(23장) → 엔게디 굴(24장) → 바란 광야(25장) → 십 황무지(26장) → 가드 왕 아기스(27장) → 시글락(30장)

사무엘하 24장

* **장수기억법** : ① 사무엘상 참조 ② 사무엘이 하(下)도 기가 막혀 이사(24)를 갔다.
* **배경** : 사무일 중 외근직(외판)을 배경으로 했으며
　첫 번째 - 가정집 방문판매로 아파트와 주택이 있고
　두 번째 - 가두판매로 점포와 대로변이 있으며
　세 번째 - 바이어의 환심을 사기 위해 바이어가 좋아하는 농구장을 배경으로 한다.
　이것을 정리하면 ① 아파트(1-5장) ② 주택(6-10장) ③ 점포(11-15장) ④ 대로변 (16-20장) ⑤ 농구장(21-24장)이 된다.

사무엘하 (24장)

저　　자 : 사무엘 상 참조
제　　목 : 사무엘 상 참조
주　　제 : 다윗의 왕권
기록연대 : B.C. 931년-721년경
요　　절 : 7:11-13, 22:21
기록목적 : 사울왕가의 몰락과 더불어 다윗왕국의 정착 및 중흥과정을 보여주고, 아울러 다윗 왕의 의로운 통치를 통해 장차 도래할 메시야 왕국을 대망하도록 하기 위해 기록하였다.
특　　징 : 사무엘, 다윗 → 선지자와 왕으로서의 예수님을 대표.

사무엘하 (1-5장) - 아파트

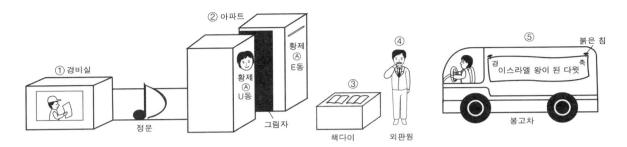

사무엘하(1-5장) 그림 배경설명 아파트에서 외판하는 것을 배경으로 했으며 활모양의 정문을 지나면 경비실이 나오는데 경비실에서 경비가 사울이 전사했다는 소식을 듣고 슬피 울고 있습니다. 이 아파트는 황제 아파트로 U동과 E동, 단 두 동 뿐이며 외판원이 책이 팔리지 않자 화가 나서 이빨로 이스시개를 부러트리다 이빨도 부러져 피가 나고 있습니다. 책을 싣고 다니는 봉고차에 '경축 이스라엘 왕이 된 다윗' 이라고 쓴 프랭카드를 붉은 침으로 꽂아서 걸어 두었으며 봉고차 기사아저씨의 나이는 시은(50)이며 다윗을 빼다 박았습니다. 참고로 아파트가 단 두 동 뿐이므로 아파트는 2장에 나오며 책은 아파트 주민들에게 팔려고 가져온 것이므로 책(3번)이 아파트 옆이 되고 따라서 외판원은 4번이 됩니다.

1장 경비실, 경비가 사울이 전사했다는 소식을 듣고 슬피 울고 있다.
① 사울의 전사소식을 듣고 슬피 우는 다윗(1-16) - 아말렉을 쳐부수고 돌아와 시글락에 유한지 3일 만에 사울의 진영에서 도망 나온 아말렉 사람(사울을 죽이고 왕관과 팔에 있는 고리를 가져옴)에게서 사울과 요나단의 전사소식을 들은 다윗은 ① 자신의 옷을 찢고 저녁 때까지 울며 금식하고 ② 사울을 죽인 아말렉 청년을 죽였으며 ③ 사울과 요나단을 위해 애가를 지었다. 정문은 활처럼 생겼으며 ♪(음표)는 노래를 나타낸다.
② 활 노래(17-27) = 사울과 요나단에 대한 애가 - 다윗이 지은 애가의 제목은 활이다. 활은 당시의 전쟁무기를 대표하는 말로 이 노래가 전쟁 송시임을 보여준다. 야살의 책에 기록.
※ 야살의 책 - 여호수아 아모리 전투(수 10장 - 태양이 중천에 멈추어서 살을 태우므로 태양이 멈춘 사건은 야살의 책에 나온다), 다윗의 활 노래(활하면 살도 나오므로 야살의 책에 나온다)

2장 아파트(Ⓐ)마다 그 회사의 로고가 그려져 있다.   Ⓐ → APT의 약자
😊 → 다윗, U → 유다, 황제 → 왕, Ⓐ → 아 사 헬 ⇒ 죽어서 지옥 갔다. 즉
죽을사 지옥 아사헬의 죽음을 말함
① 유다의 왕이 된 다윗(1-7) - 헤브론에서 7년 반 치리
〈=====〉   이스시개 → 이스보셋, E → 이스라엘, 황제 → 왕, Ⓐ → 아브넬
참고로 기억법에서 이스시개는 이스라엘이 되며 이곳에서만 이스보셋으로도 사용된다.
② 이스라엘의 왕이 된 이스보셋(8-11) - 사울의 아들로 40세에 등극. 마하나임에서 2년간 치리.
※ 이스시개(이스보셋)로 쑤시나마나임. 따라서 2스보셋은 마하나임에서 2년간 치리.
③ 아브넬이 아사헬을 죽이다(18-23) - 참고로 스루(쓰리)야의 3아들은 요압, 아비새, 아사헬
※ 다윗의 신복 12명과 이스보셋의 신복 12명이 서로 상대방의 머리를 잡고 칼로 찔러 죽은 곳 - 헬갓 핫수림 - 서로 상대방의 헤드(머리)에 쓴 갓을 잡고 찌르다니. 핫 하기는 하네.
U동이 E동을 그림자로 덮었으므로 U동 승리
④ 유다와 이스라엘의 전쟁에서 유다가 승리하다(12-32)

※ 이스시개 있는 쪽이 이스라엘이 되며 아브넬과 아사헬이 어느 나라 사람인지 구분하는 방법은 이스시개(이스라엘)로 찌르니 아프네(아브넬)! 따라서 아브넬이 이스라엘, 아사헬이 유다가 된다.

3장   책   위인전기   과학학습도감

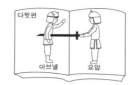 

다윗편이라 쓴 제목 아래에 아브넬이 있다.

① **다윗편이 된 아브넬**(6-21) - 아브넬(사울의 사촌동생, 넬의 아들)이 사울의 첩 **리스바**와 간통한 문제로 이스보셋이 책망하자 다윗에게 귀순한다. 아브넬! 넬(내일) **리스**상가에서 **바**.

※ 다윗이 아브넬을 받아주는 조건으로 제시한 것 - 사울의 딸 미갈을 데리고 오는 것.
요압이 요압! 하고 힘껏 찌르자 아브넬이 아프네! 하고 죽는다.

② **요압이 아브넬을 죽이다**(22-39) - 아브넬이 요압의 동생 아사헬을 죽였으므로 그 보복으로 요압이 아브넬을 죽인다. 이에 다윗이 아브넬의 죽음을 애도하자 이 암살사건에 다윗이 개입되지 않은 것을 알고 백성들이 다윗을 신망한다.
개구리 해부론, 해부론 → 헤브론, 개구리가 누워있는 것이 六(6)자 모양이다.

③ **헤브론에서 낳은 다윗의 6아들**(1-5) - 암**논**, **길**르압, **압살**롬, **아**도니야, **스**바댜, **이**드르암 (암기방법) **논길**에 **압사**당한 개구리를 해부용으로 사용하려고 **아이스**를 넣어 보관했다.

※ 아히노암(↔암논), 아비가일(길르압 - 아비가 과일을 길르다), 마아가(압살롬 - 압사하는 것을 마아가), 학깃(아도니아 - 학깃에 아도, 아도란 노름판에서 쓰는 은어로 모두 건다는 뜻), 아비달(스바댜 - 아비가 바다로 달려가고 있다), 에글라(이드르암 - 글라이더)

4장   외판원이 장사가 잘 안된다고 이빨로 이스시개를 부러트리다 이빨도 부러져 피가 나고 있다.   이스시개 부러짐 → 이스보셋의 죽음

① **이스보셋의 죽음**(1-8) - 이스보셋의 측근인 군 지휘관 바아나와 레갑에게 피살 된다 - 바나나와 담배 네갑에 이스시개(이스보셋)가 꽂혀 있다
이스시개(이스보셋)를 부러트린(죽인) 이빨(살인자)도 부러짐(죽음)

② **다윗이 이스보셋을 죽인 살인자들을 죽이다**(9-12) - 바아나와 레갑이 헤브로에 있는 다윗에게 와 공로를 인정받으려다 오히려 처형당한다(죽인 후 수족을 베고 헤브론 못가에 매달음).

5장   봉고차의 프랭카드에 '이스라엘 왕이 된 다윗'이라고 써 있다.

① **이스라엘의 왕이 된 다윗**(1-5) - 이스보셋 왕권이 몰락하자 마침내 다윗은 통일왕국 이스라엘의 왕이 된다. 30세에 등극하여 40년(헤브론에서 7년 반 + 예루살렘에서 33년)간 치리.

※ 다윗이 예루살렘에서 나은 자식 - 삼무아, 소밥, 나단, 솔로몬, 그 외 다수. 이중 삼무아, 소밥, 나단, 솔로몬은 밧세바의 소생 - 솔로몬이 삼무(무 3개)를 소밥으로 주어서 야단(나단)을 맞았다
다윗에게 사절들과 백향목과 목수와 석수를 보내 다윗의 집을 지어준 사람 - 두로 왕 히람
봉고차 기사아저씨의 나이는 시은(시온)이며 다윗을 빼다 박았다. **빼**다 박**았다** → 빼앗다

② **시온산성을 빼앗은 다윗**(6-10) - 여부스 사람을 쳐서 시온산성을 빼앗고 다윗성이라 부름.
프랭카드에 꽂은 붉은 침 2개, 붉은 침 → **블**레셋의 **침**입, 2개 → 두 번

③ **블레셋의 1차·2차 침입**(17-25) - 이스라엘이 다윗에게 기름을 부어 이스라엘 왕으로 삼았다 함을 블레셋 사람이 듣고 쳐들어 왔으나 다윗이 물리친다.

※ 르바임 골짜기에 가득한 블레셋 사람들을 물 흩음같이 흩었다 하여 붙여진 이름 - 바알브라심 (암기방법) 브라심 → 샤프**심**을 흩어지게 뿌려(**브라**). 따라서 바알브라심은 바알을 흩음, 격파함.

사무엘하 (6-10장) - 주택

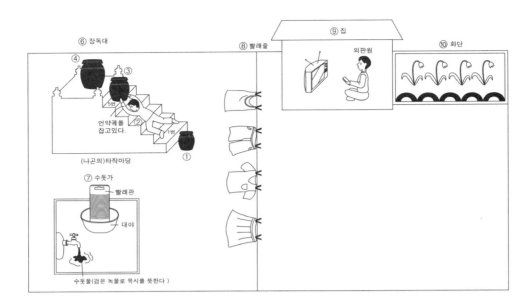

⑥ 장독대   ⑧ 빨래줄   ⑨ 집   외판원   ⑩ 화단
④   ③
5번
언약궤를
잡고있다.   ②   ①
(나곤의)타작마당
⑦ 수돗가
빨래판
대야
수돗물(검은 녹물로 묵시를 뜻한다)

사무엘하(6-10장) 그림 배경설명 주택에서 외판하는 것을 배경으로 했으며 장독대에는 한 사람이 다윗성을 닮은 장독대 맨 위로 장독을 올리기 위해 장독을 웃사! 하고 힘을 주고 들다가 혈압이 올라서 장독을 잡은 채로(첫 번째 계단을 1번이라고 했을 때) 5번에 두고 죽었으며 수돗가에는 빨래판이 비스듬히 세워져 있는데 빨래판이 떡 벌어진 게 나이트클럽의 기도 같이 생겼으며 수도꼭지에서는 녹물이 쏟아지고 있는데 녹물은 검은 물로 묵시를 나타냅니다. 빨래줄에는 빨래가 일렬로 널려있고 집안에서는 외판원이 영업은 하지 않고 트비를 보고 있으며 화단에는 누군가 암모니아를 뿌렸는지 아름다운 꽃들이 시들어 있습니다. 참고로 수돗가의 수도꼭지가 7자 모양이므로 수돗가는 7장에 나오며 빨래줄의 빨이 팔과 비슷하므로 빨래줄은 8장에 나옵니다.

6장   한 사람이 다윗성을 닮은 장독대 맨 위로 장독을 올리는 과정이 4단계에 걸쳐 나온다. 참고로 장독이 궤 모양이므로 장독은 언약궤로 한다.
첫째 - 한 사람이 장독(언약궤)을 다윗성을 닮은 장독대 맨 위로 옮기려 하고 있다.
① 언약궤를 다윗성에 옮기려는 다윗(1-5) - 다윗이 나라가 안정되자 지금껏 방치되었던 언약궤를 다윗성으로 옮기려 3만 명을 모아 언약궤가 있는 기럇여아림(바알레유다)으로 출발한다.
둘째 - 웃싸! 하고 힘을 주고 들다가 혈압이 올라서 장독(언약궤)을 잡은 채로 죽는다.
② 웃사의 죽음(6-8) - 이유는 나곤의 타작마당에서 소들이 뛰므로 웃사가 손으로 언약궤를 잡았기 때문이다. 성물을 만지는 것은 제사장만이 가능하며 고핫 자손이 어깨에 메고 옮긴다.
※ 기럇여아림에 있는 아비나답의 2아들 - 웃사, 아효 - 웃사가 궤를 실은 새 수레를 몰게 되자 신이 나서 얏호(아효)! 하며 좋아하고 있다.   웃사가 죽은 곳을 다윗이 칭한 이름 - 베레스웃사
※ 나곤의 타작마당 암기법 - 웃사가 계단 위에 엎드려 죽은 것이 마치 자는 것 같은데 자는 것을 재미있게 표현하면 '나 곤히 자고 있어요~' 따라서 웃사가 죽은 곳은 나곤의 타작마당이 된다.
셋째 - 장독(언약궤)을 오번에 두고 죽는다.   오번에 둠 → 오벧에돔
③ 언약궤를 오벧에돔의 집에 두다(9-11) - 3달 동안 있었으며 오벧에돔의 집에 복을 주셨다.
넷째 - 결국 누군가 장독(언약궤)을 다윗성을 닮은 장독대 맨 위에 옮겨 놓았다.
④ 언약궤를 다윗성에 옮겨오다(12-23) - 언약궤가 다윗성에 들어오자 다윗이 기뻐 춤을 춘다.

이 광경을 본 미갈이 다윗을 업신여겼고 이로 인해 미갈은 죽는 날까지 애를 갖지 못하게 된다.

- 여호와의 궤를 멘 사람들이 **여섯** 걸음을 가매 다윗이 소와 살진 송아지로 제사를 드리고(13)

※ 법궤가 다윗성으로 올 때 다윗이 백성을 축복하고 준 것 - 떡 1개, 고기 1조각, 건포도 떡 1덩이

7장 빨래판이 비스듬히 세워져 있으므로 똑바로 세우려고 한다.

① 성전을 세우려는 다윗(1-3) - 다윗이 호화로운 궁전에서 평안히 지내고 있을 때 하나님의 언약궤는 성막에 있으므로 다윗이 성전을 세우기로 (단단히) 결심하고 나단 선지자와 의논한다.

수도꼭지에서는 녹물이 쏟아지고 있는데 녹물은 검은 물로서 묵시를 나타낸다.

② 묵시가 내리다(4-17) = 다윗 언약(소금 언약, 대하 13:5) - 이 묵시를 그 유명한 다윗 언약(썩지 않는 하나님의 영원한 언약으로 이스라엘을 영원히 다윗과 그 자손에게 주신다는 언약)이라 하는데 다윗이 하나님의 성전을 짓기를 소원하였으나 다윗이 전쟁 중에 다른 사람들의 피를 많이 흘리게 하였기 때문에(대상 22:8) 다윗의 성전 건축을 제지하시며 솔로몬이 성전을 건축할 것이며 다윗 왕가를 영원토록 튼튼하게 세우시리라고 약속하셨다.

- 그는 내 이름을 위하여 집을 건축할 것이요 나는 그의 나라 왕위를 영원히 견고하게 하리라(13)

빨래판이 떡 벌어진 것이 나이트클럽의 기도 같다.

③ 다윗의 기도(18-29) - 묵시의 내용을 들은 다윗이 하나님의 크신 은총에 감사 기도를 드린다.

- 주 여호와여 오직 주는 하나님이시며 주의 말씀들이 참되시니이다 주께서 이 좋은 것을 주의 종에게 말씀하셨사오니 이제 청하건대 종의 집에 복을 주사 주 앞에 영원히 있게 하옵소서 주 여호와께서 말씀 하셨사오니 주의 종의 집이 영원히 복을 받게 하옵소서 하니라(28-29)

8장 빨래줄에는 빨래가 일렬로 널려있다.   널려있다 → 확장

① 다윗왕국의 확장(1-14) - 5국가와 싸워 승리한 기록 - **블레셋**(메덱암마를 빼앗음-블랙악마) **모압**(사람들을 다 모아서 줄을 재어 2줄 길이의 사람은 죽이고 1줄 길이의 사람은 살림), **소바** (하닷에셀 왕, 병거 100대의 말만 남기고 그 외의 말은 다 발의 힘줄을 끊음, 말의 발≒소발), **아람**(수비대를 둠 - 아름다운 곳에는 꼭 수비대를 둔다), **에돔**(소금골짜기에서 18,000명을 죽이고 수비대를 둠, 당시 소금은 매우 귀한 것이므로 수비대를 두었다. 소돔) - 아모레에서 나온 불소를 넣고 빨면 빨래가 깨끗이 된다. 아 → 아람, 모 → 모압, 레 → 에돔, 불 → 블레셋, 소 → 소바

- 다윗이 어디를 가든지 여호와께서 이기게 하시니라(6) - 다윗왕국의 확장을 나타내므로 삼하 8장

※ 빨래는 국가를 나타내며 그 중 1개가 바람에 날아가서 그렇지 원래는 총 5개(5국가)가 된다.

빨래가 일렬로 죽 늘어서 있는 것이 마치 왕 앞에 일렬로 늘어선 신하들 같다.

② 다윗의 신하들(15-18) - 군사령관(요압), 사관(여호사밧), 제사장(사독, 아비아달), 서기관 (스라야, 빨리 쓰라야), 그렛과 블렛 사람 관할(브나야, 그렛브렛구나야), 대신(다윗의 아들들)

9장 외판원이 영업은 하지 않고 방에서 므비를 (돌)보고 있다.   므비 → 므비보셋

다윗이 므비보셋을 돌보다(1-13) - 다윗은 친구 요나단과 맺은 옛 언약을 잊지 않고(삼상 20:15-17) 사울의 집에서 요나단의 혈육을 찾는다. 그리고 요나단의 아들 므비보셋을 찾아 그에게 은혜(사울의 밭을 돌려주고 다윗의 상에서 먹게 함)를 베푼다.

10장 화단에는 누군가 암모니아(암몬)를 뿌렸는지 아름다운(아람) 꽃들이 시들어 있다(패배).

① 암몬이 패하다(1-14) - 암몬 나하스의 장례식에 조문으로 다윗의 신하들을 보냈으나 그 아들 하눈이 다윗의 호의를 그들을 정탐하고 정복하려는 것으로 오해하여 다윗의 신하들을 잡아 수염을 자르고 옷을 엉덩이 윗부분까지 잘라 모욕을 주었으며 이로 인해 전쟁이 일어나게 되는데 **1차 전투**에서 요압이 인솔하는 이스라엘 군대가 암몬 연합군을 격퇴시킨다(대상 19장 참조).

※ 암몬에 조문을 갔다 수치를 당한 (여린) 신하들에게 수염이 자라기까지 머물도록 한 곳 - 여리고

② 아람이 패하다(15-19) - 1차 전투의 패배를 설욕하기 위해 아람의 하닷에셀 왕이 아람군대를 증원하여 이스라엘과 싸웠으며 이 **2차 전투**에서는 다윗이 몸소 참여하여 아람군대를 물리친다.

사무엘하 (11-15장) - 점포

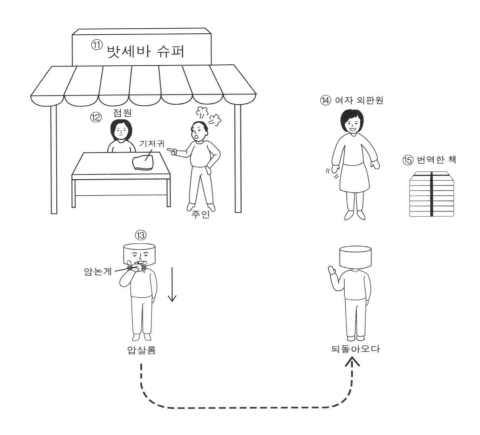

사무엘하(11-15장) 그림 배경설명 | 점포에서 외판하는 것을 배경으로 했으며 점포의 상호는 밧세바 슈퍼이며 슈퍼 안에서는 주인이 기저귀를 잘못 회계(계산)한 점원을 야단치고 있으며 압사한 것처럼 생긴 압살롬이 슈퍼에서 산 암논개를 먹으면서 가는데 암논개는 단맛이 나며 간간합니다. 슈퍼 옆에서는 여자 외판원이 번역한 책을 잔뜩 쌓아놓고 **요 앞**으로 와서 책보고 가시라고 손짓하며 지나가던 압살롬을 부르고 있으며 이에 지나가던 압살롬이 되돌아오고 있습니다. 그런데 이 여자 외판원은 속된 말로 피부가 **드럽게 고아** 드그아 여인이라고 부릅니다. 참고로 밧세바 슈퍼에서 밧세바의 첫 자와 끝 자가 바바로, 바는 밧줄을 말하고 밧줄은 숫자로 1자 모양이므로 바바는 11이 됩니다. 따라서 밧세바 슈퍼는 11장에 나옵니다.

11장   간판 - 밧세바 슈퍼
        다윗과 밧세바(1-27) - 다윗은 목욕하는 밧세바의 외모에 반해 그녀를 불러 동침하였고 나중에 그녀의 임신 사실을 알고는 그 남편 **우리아**를 전장(암몬과의 3차 전투로 장소는 **랍바**)에서 불러들여 밧세바와 동침시키려 하였다. 그러나 충직한 신하였던 우리아(37용사의 1인)는 자신만 편히 집으로 가기를 거부하였으며 곧장 전쟁터로 향하였다. 이에 다윗은 요압에게 전갈을 보내어 가장 위험한 지역에 우리아를 배치하여 전사시키게 한다.

12장   주인이 기저귀를 잘못 회계(계산)한 점원을 야단치고 있다. 주인 나빠! 회계 → 회개 야단 → 나단, 나빠 → 랍바(암몬의 수도, 랍바가 레슬링의 암바와 비슷하므로 암몬이 된다)
    ① 다윗을 야단치는 나단(1-12) - 여호와께서 나단을 다윗에게 보내사 **부자와 가난한 자의 양 이야기**(가난한 이웃의 하나뿐인 암양을 빼앗아 자기 집을 방문한 손님을 대접한 어떤 부자 이야기, 이 이야기를 들은 다윗이 **4배**로 갚아야 한다고 말함)를 하면서 다윗을 책망하시는 장면이다.

※ 범죄한 다윗에게 내리신 여호와의 징계 - ① 칼이 다윗의 집에서 영원히 떠나지 않음 ② 다윗과 다윗의 집에 재앙이 일어남(암논의 근친상간, 그로 인한 압살롬의 암논 살해사건) ③ 다윗의 이웃들이 다윗의 아내들과 백주에 동침(압살롬이 다윗의 후궁들과 더불어 동침한 사건) ④ 다윗이 낳은 아이가 반드시 죽음(밧세바의 첫 아기 죽음) - 칼재동아

② 다윗의 회개(13-14)

③ 다윗이 랍바를 함락시키다(26-31)
기저귀 그림에 첫 아기가 엎드려져 있다.

기저귀

④ 첫 아기의 죽음(15-23) - 죄의 대가로 밧세바가 낳은 첫 아기 죽음. 둘째 아기의 몸에 솔이라고 써 있는데 솔은 솔로몬을 나타낸다.

⑤ 솔로몬의 탄생(24-25) - 첫 아기가 죽은 후 밧세바가 다시 임신하여 솔로몬을 낳는다.

※ 여호와께서 주신 솔로몬의 다른 이름 - 여디디아(여호와께 사랑을 입음) - 기저귀에 그려진 그림을 보면 몸에 솔이라고 쓴 아기(솔로몬)가 발을 땅에 디디고 일어나 있다.

13장 압사한 것처럼 생긴 압살롬이 슈퍼에서 산 암논개를 먹으면서 가는데 암논개(암논)는 단맛(다말)이 나며 간간(강간)하다. 암논개 → 암논, 단맛 → 다말, 간간 → 강간

① 암논이 다말을 강간하다(1-22) - 다윗의 장자 암논이 다윗의 형 시므아의 아들 요나답의 꾐에 빠져 압살롬의 동생 다말을 강간한다.
압살롬이 암논개를 먹다 → 압살롬이 암논을 죽이다

② 압살롬이 암논을 죽이다(23-39) - 압살롬이 암논을 죽이고 그술로 도피하여 3년을 머문다.

14장 슈퍼 옆에서는 여자 외판원이 요 앞으로 와서 책보고 가시라고 손짓하며(압살롬을 오게 하기 위한 손짓) 지나가던 압살롬을 부르고 있다. 그런데 이 여자 외판원은 속된 말로 피부가 드럽게 고아 드고아 여인이라고 부른다. 요 앞 → 요압

① 압살롬을 돌아오게 하기 위한 요압의 묘책(1-20) - 압살롬을 그리워하는 다윗의 심정을 간파한 요압이 드고아 여인을 보내어 다윗을 설득케 하였다. 그 여인은 다윗 앞에서 자신의 딱한 처지를 호소하는 듯이 이야기를 시작했다가 압살롬이 돌아오게 해야 된다는 요지의 본론으로 들어갔으며 마침내 압살롬의 귀환 허락을 받아낸다.
압살롬이 되돌아오고 있다.

② 압살롬이 돌아오다(21-33) - 다윗은 압살롬의 귀환을 허락했지만 2년간이나 그와 대면하지 않았다. 압살롬의 모반 계획이 이 시기에 싹 텄을 것으로 짐작된다.
압살롬의 뒤 머리카락만 보이므로 압살롬의 머리털이 소개된다.

③ 압살롬의 머리털(26) - 압살롬의 자랑이었던 머리털이 오히려 그를 죽음으로 몰고 만다(18:9).
• 그의 머리털이 무거우므로 연말마다 깎았으며 그의 머리털을 깎을 때에 그것을 달아본즉 그의 머리털이 왕의 저울로 200 세겔(2.7kg)이었더라(26)

15장 번역한 책, 번역 → 반역, 참고로 삼상 16장과는 달리 여기서는 반역으로 해석한다.
압살롬의 반역(1-37) - 이후 압살롬은 어전재판에 관여하는 등 백성들의 환심을 사는데 몰두하였으며 마침내 4년(그술에서 돌아온 때부터) 후에 헤브론에서 반란을 일으킨다(약 30세가량).
• 이에 압살롬이 정탐을 이스라엘 모든 지파 가운데에 두루 보내 이르기를 너희는 나팔 소리를 듣거든 곧 말하기를 압살롬이 헤브론에서 왕이 되었다 하라 하니라(10)
• 잇대가 왕(다윗)께 대답하여 이르되 여호와의 살아 계심과 내 주 왕의 살아 계심으로 맹세하옵나니 진실로 내 주 왕께서 어느 곳에 계시든지 사나 죽으나 종도 그곳에 있겠나이다 하니(21)

※ 다윗이 압살롬을 피해 예루살렘을 떠날 때 왕궁에 남긴 후궁 수 - 10명
다윗을 따르는 사독과 함께 한 모든 레위사람에게 다윗이 한말 - 궤를 성읍으로 도로 메어 가라

사무엘하 (16-20장) - 대로변

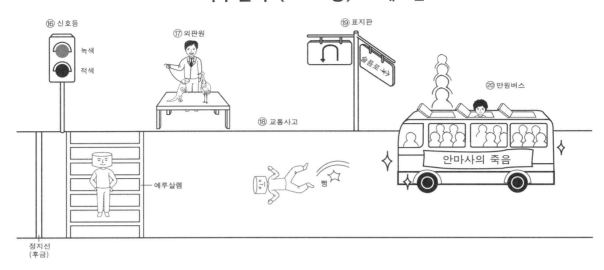

⑯ 신호등
녹색
적색

⑰ 외판원

⑲ 표지판
솔로몬로

⑳ 만원버스

안마사의 죽음

⑱ 교통사고

예루살렘

뻥

정지선
(후금)

사무엘하(16-20장) 그림 배경설명   대로변에서 외판하는 것을 배경으로 했으며 대로변에는 신호등과 횡단보도가 있으며 또 외판원과 표지판, 그리고 버스정거장이 있습니다. 신호등에 녹색불이 들어오자 압살롬이 횡단보도 안으로 들어오고 있으며 횡단보도가 마치 예루살렘 시가지처럼 생겼습니다. 외판원이 손님을 끌기위해서 아기도마뱀과 후새를 싸움시키고 있는데 아기도마뱀의 키가 작기 때문에 목에 줄을 매어 일으켜 세워서 싸우게 하며 후새는 목이 길어서 후새라 하며 우편가방을 목에 매고 소식을 전하는 새입니다. 도로 한가운데에서는 압살롬이 버스에 치여 죽는데 죽으면서 "아이 18, 한 많은 인생 이렇게 가는 구나"라고 외치며 죽습니다. 따라서 압살롬이 죽는 장면은 18장에 나옵니다. 표지판에는 유턴표시와 슬픔로 진입금지 표시가 되어 있으며 버스정거장에는 세빠인 버스에 타기 위해 사람들이 일렬로 줄을 서 있는데 버스 천장 뚜껑으로 머리를 내밀 정도로 사람들이 많이 타고 있으며 버스광고판에는 '안마사의 죽음'이라는 영화 포스터가 붙어 있습니다. 참고로 정지선이 1이고 신호등과 횡단보도가 6자 모양이므로 신호등과 횡단보도는 16장에 나옵니다.

16장   신호등을 소리나는 대로 읽으면 **시**노등이 되므로 시자를 중심으로 소제목을 만들면 **시**바의 책략과 **시**므이의 저주가 된다.

녹색 ⬤ - 꾀·책략,   시바는 사바사바(꾀·책략)와 비슷하므로 꾀·책략이 된다.

① <mark>시바의 책략</mark>(1-4) - 므비보셋의 <u>시</u>종 <u>시</u>바가 다윗이 피신할 때 그를 영접하고 그에게 음식과 나귀를 제공했으며 다윗에게 므비보셋을 모함하고 그의 재산을 차지한다.

적색 ⬤ - 저주

② <mark>시므이의 저주</mark>(5-14) - 피난길의 다윗에게 저주하고 돌을 던지며 먼지를 날렸는데 저주할 때 **이**노**므시**끼하므로 저주한 사람은 사울 집안사람 게라(계란도 던졌다 생각)의 아들 시므이가 된다.

신호등에 녹색불이 들어오자 압살롬이 횡단보도(예루살렘) 안으로 들어오고 있으며 횡단보도가 마치 예루살렘 시가지처럼 생겼다.

③ <mark>예루살렘에 들어온 압살롬</mark>(15-23) = 예루살렘을 장악한 압살롬

정지선은 횡단보도의 뒤에 있는 금이라 하여 후금이라고도 불린다.   후금 → 후궁

④ <mark>압살롬이 후궁과 동침하다</mark>(20-23) - 왕위 찬탈자들이 자신의 왕권을 가시적으로 보이기 위해 전왕의 후궁들을 취해 동침하는 것은 고대근동의 보편적 관례였다. 아히도벨의 첫 번째 계략.

17장　　외판원이 손님을 끌기위해 아기도마뱀과 후새를 싸움시키고 있다.
　　　　후새는 목이 길어서 후새라 부른다.　　**아기도**마**뱀** → 아히도벨

① 아히도벨과 후새의 두뇌싸움(1-14) - 아히도벨은 지친 다윗군대를
12,000명(아히도 만이 낳았네)을 택하여 기습하여 진멸시켜야 한다고
주장했고(아히도벨의 두 번째 계략) 다윗의 친구로서 압살롬 진영에
가담하는 척하고 있던 **아렉 사람 후새**는 아히도벨과 정반대되는 계략
을 제시했다. 그것인즉 다윗은 뛰어난 병법가요 그 신하들 중에는 탁월한 용사들이 많으므로
섣불리 기습공격을 할 것이 아니라 온 이스라엘을 모은 다음 공격하자고 하는 지연작전이었다.
이 후새는 우편가방을 목에 매고 소식을 전하는 새이다.

② 후새가 소식을 전하다(15-22) - 아히도벨이 계략을 베풀어 오늘밤 기습할지도 모르니 당장
피하라고 아비아달의 아들 **요나단**과 사독의 아들 **아히마아스**를 통해 다윗에게 소식을 전한다.
아기도마뱀의 키가 작기 때문에 목에 줄을 매어 일으켜 세워서 싸우게 한다.

③ 아히도벨이 목매어 죽다(23-26) - 압살롬이 후새의 계략을 택하자 목을 매어 자살한다.

※ 압살롬의 군지휘관 - 아마사, 다윗이 마하나임에 이르렀을 때 공궤한 사람 - 소비, 마길, 바르실래

18장　　도로 한가운데에서는 압살롬이 버스에 치여 죽는다.
　　　　압살롬의 죽음(1-33) - 압살롬이 노새를 타고 가다가 머리털이 상수리나무에 걸려 공중에 매
달리자 요압이 압살롬의 심장을 찌르고 그의 **무기를 든 청년 10명**이 압살롬을 에워싸고 죽인다.

※ 다윗은 그의 군병을 1/3은 요압이, 1/3은 아비새가, 1/3은 잇대가 맡아서 압살롬과 싸우게 했
으며 3사람에게 압살롬을 너그러이 대우하라고 분부한다.

※ 구스사람보다 더 빨리 (마하의 속도로) 달려가서 압살롬의 죽음을 다윗에게 전한 자 - 아히마아스

19장　　표지판,　　슬픔로 ⟶✕⟶ (슬픔로 진입금지 표시)

① 다윗의 슬픔을 그치게 하는 요압(1-14) - 다윗은 압살롬의 죽음만 슬퍼하고 쫓기는 자신
을 기꺼이 도우며 목숨을 바쳤던 백성들을 돌아보지 않았다. 그래서 요압은 다윗에게 만일 왕
이 생명을 바쳐 충성한 백성에게 나아가지 않으면 민심이 다윗에게서 떠날 것이라고 직언하며
슬픔에 젖어 있는 다윗에게 정신을 차리도록 간언한다.

표지판,　⋂ (유턴표시) → 환궁을 나타낸다.

② 다윗의 환궁(15-43) - 환궁할 때 기득권문제로 유다와 이스라엘 지파 간에 분쟁이 생긴다.

※ 환궁할 때까지 다윗을 공궤한 사람 - 바르실래, 바르실래가 다윗에게 추천한 사람 - 김함

20장　　이 버스는 세빠(새것)이며 만원으로 혼잡스럽다.　　세빠 → 세바,　혼잡스럽다 → 반란

① 세바의 반란(1-9) - 다윗이 환궁하는 과정에서 환궁의 실세력을 유다 지파가 쥐고 있자
이스라엘 지파가 이에 반발하면서 세력다툼이 일어났고 그 틈을 이용하여 베냐민 지파 비그리
의 아들 세바(비거리가 얼마인지 세봐)가 이스라엘 10지파를 선동하여 반란을 일으킨다.
세빠인 버스에는 버스 천장 뚜껑으로 머리를 내밀 정도로 사람들이 많이 타고 있다.

② 세바가 머리가 잘려 죽다(14-22) - 요압이 세바의 거점이었던 아벨 성을 함락시키려 하자
그 성의 지혜로운 여인이 나타나 요압과 담판을 가졌고 그 여인과 성 사람들이 세바의 머리를
베어 요압에게 인계하므로 세바의 반란은 막을 내리게 된다.
버스 광고판에는 '안마사의 죽음'이라는 영화 포스터가 붙어 있다.　안마사 → 아마사

③ 아마사의 죽음(10-13) - 압살롬의 군대장관이었던 아마사를 다윗이 군대장관으로 임명하자
요압(다윗의 누이 스루야의 아들)이 시기심으로 아마사(다윗의 누이 아비가일의 아들)를 죽인다.
버스에 타기위해 일렬로 줄을 서있는 승객들이 마치 왕 앞에 일렬로 서있는 신하들 같다.

④ 다윗의 신하들(23-26) - 서기관 스와는 삼하 8장의 스라야와 동일인물

사무엘하 (21-24장) - 농구장(부록)

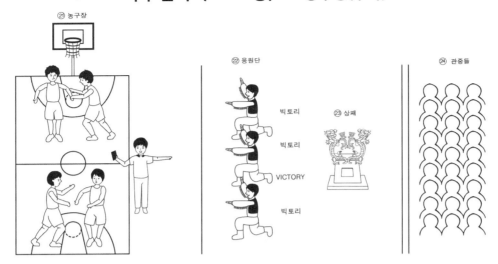

사무엘하(21-24장) 그림 배경설명 농구장을 배경으로 했으며 농구장에서 농구할 때 장대한 농구선수들이 파울로 기본규칙을 어김으로 심판이 붉은 카드를 꺼내서 퇴장시키고 3년간 출장정지 시킵니다. 한쪽에서는 응원단이 빅토리 빅토리 브이아이시티오알와이 빅토리 하면서 열심히 응원을 하고 있으며 응원단 뒤에는 용 사마리가 그려진 상패와 관중들이 있습니다. 참고로 농구장(21)이 숫자기억법으로 21이 되므로 농구장은 21장부터 시작합니다.

21장 농구할 때 <u>장대한 농구선수들</u>이 <u>파울</u>로 <u>기본</u> <u>규칙 어김</u>으로
　　　 거인·장대한 자들 4명　　　사울　　기브온　 평화조약어김

　　　 심판이 <u>붉은 카드</u>를 꺼내 <u>퇴</u>장시키고 <u>3년간 출장정지</u> 시킨다.
　　　　　　　 블레셋 가드　　　　　죽음　　　　 3년 기근

- ① 사울과 기브온 사이에 맺은 평화조약을 어김으로 3년 기근이 오다(1-14) - 기근의 원인은 여호수아가 기브온과 화친을 맺으면서 기브온을 멸하지 않기로 약속한 평화조약을 무시하고 사울이 기브온 사람을 무고히 죽인데 있었다(수 9:15). 이에 다윗이 기브온 사람들을 불러 소원을 물었고 그 소원대로 **사울의 자손 7명**(사울의 첩 리스바의 2아들과 사울의 딸 메랍의 5아들)을 사울의 고을 **기브아**에서 목매달아 처형하였다. 사울과 요나단의 뼈와 함께 **셀라**(기스의 묘)에 장사함.
- ※ 목매어 달린 사울의 7자손의 시체를 새와 들짐승이 먹지 못하도록 지킨 사람 - 사울의 첩 리스바(아브넬과 간통함), 사울의 7자손의 시체를 장사한 사람 - 길르앗 야베스 사람들(삼상 11장)
- ② 블레셋 가드의 장대한 자 4명이 죽다(15-22) = 블레셋을 물리친 4명의 영웅들
- ※ 아**비**새(새는 3이 되므로 블레셋인 <u>300</u>명 죽임) → 이스**비브놉**을 죽임(300세겔 되는 <u>놋</u> 창), **십**브개 → **십**배 또는 **삽**을 죽임, 엘하**난** → **라**흐미를 죽임(베틀채 같은 창자루, 골리앗의 동생 대상 20장 꼭 참조), **요**나단 → **육**손 육발을 가진 키 큰 자 죽임(육손이 어떻다고 <u>요</u> 야단이야)

22장 응원단이 빅토리 빅토리하면서 열심히 응원을 하고 있다. 빅토리 → 승리, 응원 → 노래
　　　 다윗의 승전가(1-51) - 시편 18편과 내용이 동일하며 이 시는 다윗이 사울 등 그의 모든 적들의 위협에서 완전히 벗어난 후에 읊은 시이다.

23장 **용 사**마리가 있는 상패, 마지막 승자가 이 상패를 갖는다.
- ① 다윗의 마지막 말(1-7) - 장차 도래할 메시야 왕국에 관한 것이다.
- ② 다윗의 용사들(8-39) - 37용사 소개(3·3·7박수를 생각할 것)
- • 다윗의 첫 3용사 - ① 요셉**밧**세벳(아디노=야소브암, 단번에 <u>800</u>명을 쳐 죽임. 왕 주변에서 왕을

호위하는 특수부대를 지휘한 군지휘관의 두목. 그러나 요압이 차지했던 전체 이스라엘 군대의 군장과는 거리가 있는 직책이다) ② 엘르아살(손-의 살-이 칼에 붙기까지 블레셋을 침) ③ 삼마(녹두나무가 가득한 밭에서 블레셋 사람들을 물리침, 삼과 마를 녹두와 함께 먹으면 좋다)

- 다윗의 2번째 3용사 - 아비새(3사람의 아비 즉 우두머리), 브나야(구덩이에 내려가서 사자 1마리를 쳐죽임, 사자를 죽인 것은 **나야**), 익명의 뛰어난 한 용사 - 이 3사람이 다윗을 위해 목숨을 걸고 블레셋 진영을 돌파하여 베들레헴 성문 곁의 우물물을 길어 왔으나 첫 3인에는 미치지 못함

24장 관중들

<u>다윗의 인구조사</u>(1-25) - 여호와께서 범죄한 이스라엘을 징계하시려고 다윗을 감동시키사 인구조사를 하게 하셨으며 다윗은 인구조사를 통해 자기의 세력과 영광스러운 번영을 확인하고 자랑하려 했다. 그가 이일의 과오를 인정했을 때 하나님은 3가지 징벌 즉 ① 7년(또는 3년) 기근 ② 왕이 3달을 쫓겨 다닐 것 ③ 3일 동안 전염병이 있을 것을 제시하면서 그중 하나를 택하라고 하셨고 이에 다윗이 3번째 것을 택하자 3일간의 전염병 재앙이 내려졌고 이로 인해 <u>7만</u>명이 죽는다. 한편 다윗은 선지자 **갓**의 권면대로 <u>여부스 사람</u> 아라우나(오르난)의 타작마당과 <u>소를 은 50 세겔</u>에 사서 여호와를 위하여 제단을 쌓고 <u>번제</u>와 <u>화목제</u>를 드리자 여호와께서 그 기도를 들으시고 이스라엘에게 내리는 재앙을 그치게 하셨다.

※ 다윗의 인구조사 후 하나님의 심판을 다윗에게 알린 사람 - 선지자 갓 - 갓 피플(사람, 인구)

열왕기상 22장

* **장수기억법** : **왕**보다 더 위(上, **상**)에 있는 자는 없다(No).
  없다는 것을 강조하기 위해서 No를 두 번 사용한다. 노노(22)
* **배경** : 솔로몬이 **왕** 위(**상**)에 오르는 날 즉 왕 즉위식을 배경으로 한다. 솔로몬의 왕 즉위식에 아람 왕·애굽 왕·스바 여왕 등 각국의 사절단이 와서 왕을 축하해주고 있다.
* **저자암기법** : 열왕기상·하는 왕들이 너무 많아서 누가 누군지 **알 수가 없다**.

열왕기상 (22장)

저 자 : 미상. 그러나 예레미야가 본서의 저자라는 설이 있다.

제 목 : 열왕기상·하서는 원래 한 저자에 의해 기록된 한권의 책이었다. 그런데 칠십인역에서 이 책을 '제3 왕국기, 제4 왕국기'로 나누어 놓았다(제1, 2 왕국기는 사무엘상·하이다). 그 후, 벌게잍에서 왕국기상·하로 구분했기 때문에, 그 영향으로 열왕기상·하가 되었다.

주 제 : 솔로몬 왕 이후 이스라엘 두 왕국의 분열과 통치의 역사

기록연대 : B.C. 561년-538년경

요 절 : 9:4-5, 11:11

기록목적 : 유다 왕들과 이스라엘 왕들의 기록을 통해서 하나님의 말씀에 순종하는 것이 나라가 번영하고 백성들이 평강을 누리는 최선의 길임을 알려주기 위해 기록 하였다.

남왕국 유다의 열왕들

왕	단독통치	재위 기간	통치 평가	관련 성구
1.르호보암	930년(41세)	17년	악(惡)	열왕기상 12:1-14:31
2.아비얌(아비야)	913년(37세)	3년	악(善)	열왕기상 15:1-8
3.아사	910년(18세)	41년	선(善)	열왕기상 15:9-24
4.여호사밧	869년(38세)	25년	선(善)	열왕기상 22:41-50
5.여호람(요람)	847년(38세)	8년	악(惡)	열왕기하 8:16-24
6.아하시야	841년(22세)	1년	악(惡)	열왕기하 8:24-9:29
7.아달랴	841년	6년	극악(極惡)	열왕기하 11:1-20
8.요아스(여호아스)	835년(7세)	40년	선(善)	열왕기하 11:1-12:21
9.아마샤	796년(25세)	29년	선(善)	열왕기하 14:1-14
10.아사랴(웃시야)	767년(40세)	52년	선(善)	열왕기하 15:1-7
11.요담	739년(36세)	16년	선(善)	열왕기하 15:32-38
12.아하스	731년(24세)	16년	악(惡)	열왕기하 16:1-20
13.히스기야	716년(25세)	29년	선(善)	열왕기하 18:1-20:21
14.므낫세	687년(22세)	55년	악(惡)	열왕기하 21:1-18
15.아몬	642년(22세)	2년	악(惡)	열왕기하 21:19-23
16.요시야	640년(8세)	31년	선(善)	열왕기하 22:1-23:30
17.여호아하스(살룸)	609년(23세)	3개월	악(惡)	열왕기하 23:31-33
18.여호야김(엘리야김)	609년(25세)	11년	악(惡)	열왕기하 23:34-24:5
19.여호야긴(여고니야)	598년(18세)	3개월	악(惡)	열왕기하 24:6-16
20.시드기야(맛다니야)	597년(21세)	11년	악(惡)	열왕기하 24:17-25:7

열왕기상 전체 그림

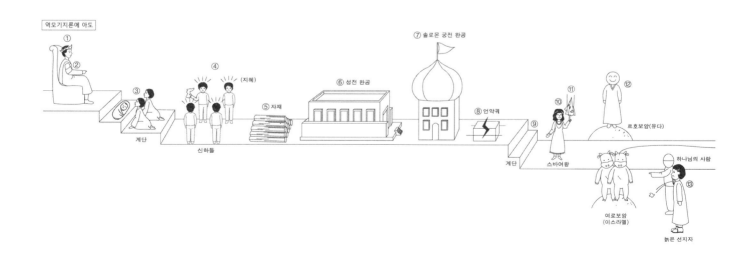

북왕국 이스라엘의 열왕들

왕	즉위 방법	재위 기간	통치 평가	관련 성구
1.여로보암	선출	22년	악(惡)	열왕기상 11:26-14:20
2.나답	계승	2년	악(惡)	열왕기상 15:25-28
3.바아사	찬탈	24년	악(惡)	열왕기상 15:27-16:7
4.엘라	계승	2년	악(惡)	열왕기상 16:6-14
5.시므리	찬탈	7일	악(惡)	열왕기상 16:9-20
6.오므리	쿠데타	12년	극악(極惡)	열왕기상 16:15-28
7.아합	계승	22년	극악(極惡)	열왕기상 16:28-22:40
8.아하시야	계승	2년	악(惡)	열왕기상 22:40-열왕기하 1:18
9.요람(여호람)	계승	12년	악(惡)	열왕기하 3:1-3
10.예후	쿠데타	28년	악(惡)	열왕기하 9:1-10:36
11.여호아하스	계승	17년	악(惡)	열왕기하 13:1-9
12.여호아스(요아스)	계승	16년	악(惡)	열왕기하 13:10-14:16
13.여로보암 2세	계승	41년	악(惡)	열왕기하 14:16-29
14.스가랴	계승	6개월	악(惡)	열왕기하 14:29-15:12
15.살룸	찬탈	1개월	악(惡)	열왕기하 15:10-15
16.므나헴	찬탈	10년	악(惡)	열왕기하 15:14-22
17.브가히야	계승	2년	악(惡)	열왕기하 15:22-26
18.베가	쿠데타	8년	악(惡)	열왕기하 15:25-31
19.호세아	찬탈	9년	악(惡)	열왕기하 15:30; 17:1-6

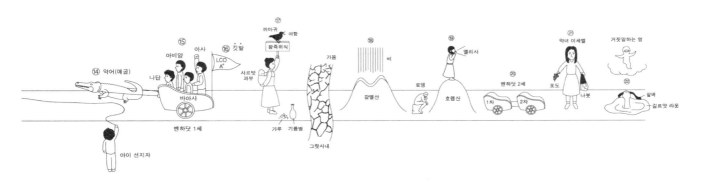

열왕기상 (1-11장) - 솔로몬의 통치

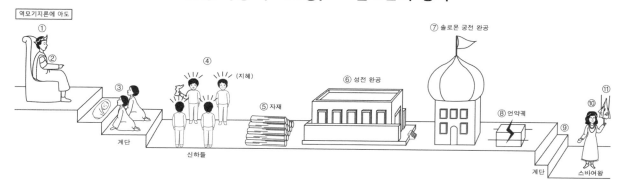

열왕기상(1-11장) 그림 배경설명   솔로몬이 왕위에 오르는 것을 배경으로 했으며 머리에 쓴 왕관은 솔로몬이 왕이 된 것을, 조상(弔喪)이라고 쓴 완장은 아버지 다윗의 죽음을 나타냅니다. 첫 번째 계단에서는 두 여자와 아기에 대해 솔로몬이 재판을 하고 있으며 그 밑에는 4명의 신하들이 시립해 있는데 신하들의 머리위에는 지혜가 빛을 발하고 그중 한명은 **나라**를 들고 있으며 2여자와 아기 1명이 3장을, 신하 4명이 4장을 나타냅니다. 그 옆에는 성전을 건축하기 위한 자재가 쌓여 있는데 자재가 五자 모양으로 쌓여 있으므로(그렇다고 생각하자) 자재는 5장에 나오며 자재 다음에는 당연히 이 자재로 만든 성전과 솔로몬 궁전이 나옵니다. 두 번째 계단 위에는 성전 안에 있어야 할 언약궤가 아슬아슬하게 놓여 있으며 그 아래에는 스바 여왕이 우산을 들고 서 있는데 스바 여왕이 차고 있는 금 목걸이와 금팔찌 때문에 낙뢰를 맞아 우산에 I자 모양의 낙인이 찍혔고 살 2개는 들려 있으며 우산은 12조각으로 찢어져 사절단으로 온 스바 여왕의 체면이 구겨지고 말았습니다. 참고로 들려진 2개의 살이 11자 모양이므로 우산은 11장에 나옵니다.

1장 　왕관은 솔로몬이 왕이 된 것을 나타내며 의외로 금이 아닌 놋쇠로 만들었다. 놋쇠 → 노쇠
　① 다윗의 노쇠(1-4) - (다윗의 몸이 삭아서) 수넴 여자 아비삭으로 봉양케 하지만 잠자리는 ×
　② 왕이 된 솔로몬(32-53) - 나단과 밧세바의 기지로 모반은 실패로 끝나고 솔로몬이 왕이 된다.
　※ 다윗은 왕위를 솔로몬(20세에 등극하여 40년간 치리, 3번째 왕)에게 물려주려 했으며 이 사실을 선지자 나단, 제사장 사독, 군대장관 브나야에게 명한다. 솔로몬이 기름부음 받은 곳 - 기혼 왕위에 오르자마자 자신의 노후를 생각한 솔로몬이 노후에는 **역모**기지론(수입이 없는 고령자가 노후에 집을 담보로 연금을 받는 제도)이 최선이라 생각하여 머리위에 '역모기지론에 아도'라 써서 붙여 놓았다. 아도란 노름판에서 쓰는 은어로 '모두 건다'는 뜻이다.
　③ 아도니야의 역모(5-31) - 요압과 제사장 아비아달과 모의하여 역모을 꾀한다.
　※ 다윗의 1~4째 아들 - 암논, 길르압, 압살롬, 아도니아. 역모를 밧세바에게 알린 자 - 나단
2장 　솔로몬이 팔에 조상(弔喪)이라고 쓴 완장을 차고 있다.
　① 다윗의 죽음(1-12) - 유언 ① 여호와의 명령을 지키라 ② 요압을 죽이라 ③ 시므이를 죽이라 ④ 바르실래의 아들에게 은총을 베풀라 - 솔로몬이 적을 제거할 때는 브나야를 통해 시행 솔로몬의 양쪽 귀에 찬 사람모양의 귀걸이가 거꾸로 돼있는데 이것은 죽음을 나타낸다. 단 아비아달은 똑바로 있으므로 죽이지 않고 파면만 시킨다. 참고로 귀는 한자로 귀이(2)가 되므로 솔로몬의 귀는 1장이 아닌 2장에 나온다.

　② 아도니야의 죽음(13-25) - 아비삭을 달라고 하다 솔로몬에게 죽는다(왕의 첩은 후계자만 가짐)
　③ 제사장 아비아달을 파면시키다(26-27) - 엘리 집에 대한 예언이 응함(삼상 2:27-36).

④ 요압의 죽음(28-35) - 아브넬(삼하 3장)과 아마사(삼하 20장)를 죽인 것에 대한 인과응보.

⑤ 시므이의 죽음(36-46) - '예루살렘을 떠나면 죽으리라'는 왕명을 어겨 죽음을 당한다.

3장 첫 번째 계단, 계단 → 제단이 되며 제단에서 일천번제 드린 후(기브온 산당) 하나님이 솔로몬에게 나타나 말씀하셨으므로 계단 = 하나님의 계시가 되며(첫 번째 계단이므로 첫 번째 계시가 된다) 그때 하나님께서 솔로몬에게 원하는 것을 묻자 솔로몬은 지혜를 구한다.

① 하나님의 첫 번째 계시(1-15) = 솔로몬이 지혜를 구하다 - 장소는 기브온 산당.

② 솔로몬의 재판(16-28) - 창기 2여자와 한 아이 사건으로 솔로몬이 이를 지혜롭게 판결한다.

※ 솔로몬과 바로 - 장인과 사위, 작은 아이 - 솔로몬(3장), 하닷(11장) - 작아서 하다하다 안돼 솔로

4장 ① 솔로몬의 신하들(1-19) - 군사령관은 브나야, 제사장은 사독과 아들 아사랴, 왕의 벗은 사붓

※ 12지방관장(다윗의 손자 두령 나단의 子 아사리아)을 두고 각기 1년에 1달씩 왕실에 양식공급 신하들의 머리위에 있는 지혜표시와 신하의 손에 들고 있는 나라

② 솔로몬의 나라(20-28) - 솔로몬의 치적하에서 이스라엘은 역사상 최고의 번성을 구가한다.

③ 솔로몬의 지혜(29-34) - 솔로몬의 지혜와 비교된 사람(에단, 헤만, 갈골, 다르다) - 에헤 내 지혜는 다른 사람과 다르다. 꼴갑 떨고 있네. 솔로몬이 말한 잠언과 노래 - 3000가지와 1005편

5장 성전건축 준비(1-18) - 역군의 수는 3만 명, 노동 감독관은 아도니람

6장 성전건축 완공(1-38) - 솔로몬 즉위 4년(애굽에서 나온 지 480년)에 시작, 7년 6개월 걸림.

7장 ① 솔로몬 궁전의 완공(1-12) - 13년 걸림. 궁전크기 100, 50, 30규빗(궁전이 너무 빼오나삼), 성전 60, 20, 30(성전이 궁전보다 작아 욕이나삼), 지성소 20, 20, 20(지성인이 입으로는 툴툴툴) 솔로몬 궁전 입구가 ○○ 같이 생겼다(그렇다고 생각하자). ○○ → 성전 기구

② 성전 기구를 제작하다(13-51) - 놋 바다를 바치는 소는 12마리, 그룹 - 감람나무, 10규빗

8장 성전 안에 있어야 할 언약궤가 2번째 계단 위에 아슬아슬하게 놓여있다.

① 언약궤를 성전으로 옮기다(1-11) - 예루살렘의 다윗성에 있던 언약궤를 성전에 안치 언약궤의 낙뢰표시, 낙뢰는 낙성식(완공은 8월이나 초막절에 맞추느라 7월에 거행)으로 약속

② 성전 낙성식(12-66) - 솔로몬의 봉헌기도와 축사, 화목제를 드림으로 14일간의 봉헌식 마침.

※ 4년 2월(시브월)에 시작-리시브, 성전봉헌-11년 7월(에다님월), 성전완공-11년 8월(불월-8불출)

9장 2번째 계단 = 하나님의 2번째 계시, 계단을 9르다. 따라서 2번째 계단은 9장이 된다.
하나님의 두 번째 계시(1-9) = 솔로몬 언약 - 대하 7장 참조

※ 솔로몬이 해마다 번제와 감사제를 드린 횟수 - 3회(3대 절기), 배를 만든 곳 - 에시온게벨

10장 ① 스바 여왕의 방문(1-13) - 솔로몬의 지혜를 듣고 친선 방문한다. 솔로몬에게 금 120달란트 줌. 스바 여왕이 찬 금 목걸이와 금팔찌는 부를 상징한다.

② 솔로몬의 부(14-29) - 솔로몬의 세입금은 금 666달란트, 성전과 왕궁의 난간 재료는 백단목.

11장 솔 모양의 우산에 I자가 찍혀있고 12조각으로 죽죽 찢겨있다(왕국분열). I → 아히야

① 솔로몬과 우상숭배(1-8) - 이방의 처첩들로 인해 우상숭배가 만연하고 솔로몬이 타락한다.

② 왕국분열 예언(9-13) - 12장에서 왕국이 분열된다(솔로몬의 아내 - 후궁 700명, 첩 300명).

③ 선지자 아히야가 옷을 12조각으로 찢고 그중 10조각을 여로보암에게 주며 여로보암이 북이스라엘의 왕이 될 것을 예언하다(26-40) - 이러므로 솔로몬이 여로보암을 죽이려하자 여로보암이 애굽 왕 시삭에게 도피하여 솔로몬이 죽기까지 머문다(14장에 시삭이 나오므로 참조).

④ 솔로몬이 죽다(41-43) - 20세에 즉위, 40년간 치리 2개의 들려있는 살은 하닷과 르손이 솔로몬의 대적이 되어 괴롭히는 것을 나타낸다.

⑤ 솔로몬을 대적한 두 사람(14-25) - 살이 들려있어서 잘못하면 손을 닷칠 수가 있다.

열왕기상 (12-16장) - 왕국 분열

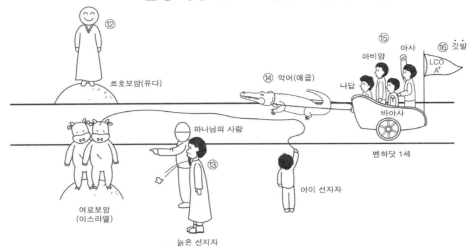

열왕기상(12-16장) 그림 배경설명   왕국 분열을 배경으로 했으며 길 양쪽으로 르호보암이라는 바위와 여로보암이라는 바위가 나누어져 있고 바위위에는 스마일맨과 두 금송아지가 서 있는데 하나님의 사람이 두 금송아지 우상이 재수 없다고 삿대질을 하고 늙은 선지자는 침을 뱉고 있습니다. 참고로 르호보암의 호가 호호 할 때의 호이므로 스마일맨 쪽 바위가 르호보암이 되고 두 금송아지 쪽 바위는 여로보암이 되며 여로보암의 **여**와 이스라엘의 **이**가 비슷하므로 여로보암이 이스라엘 왕이 됩니다. 악어가 이끄는 수레를 타고 4명이 축하 퍼레이드를 벌이고 있는데 아이 선지자가 악어를 조련하려고 채찍으로 악어를 때리려다 잘못해서 여로보암 위의 신상을 쳤으며 이때 채찍 가르는 소리가 '샥' 하고 나며 악어는 르호보암(유다) 쪽에 있습니다. 수레 맨 앞에 타고 있는 덩치가 제일 큰 사람은 아비얌으로 대하 13장에서 아버지를 부를 때 아비야 또는 아비얌~ 하고 부른 거인 아들이고 그 뒤에서 손을 들고 아싸! 하며 좋아하는 사람은 아사가 되며 수레를 타느라 멀미가 나서 수레 맨 앞에 타고 있는 나답은 멀미가 나서 "**나 답**답해" 하고 있으며 그런 나답 뒤에서 바아사가 나답의 뒤통수에 대고 손으로 당수하는 포즈를 취하고 '**빠아샤**' 하며 장난을 치고 있는데 이것은 바아사가 나답을 죽일 것을 암시합니다. 여기서 르호보암 쪽에 아비얌·아사가, 여로보암 쪽에 나답·바아사가 타고 있다는 것을 기억하시기 바랍니다. 수레는 벤허에서 나오는 수레와 같고 벤허 → **벤하**닷이 되므로 수레는 벤하닷으로 약속하며 수레가 1개면 1세, 2개면 2세가 됩니다. 수레에 꽂혀있는 깃발에는 LCO A⁺ 라고 써 있으며 깃발(16)은 숫자기억법으로 16이 되므로 깃발은 16장에 나오며 깃발은 이스라엘 쪽에 꽂혀 있습니다. 참고로 스마일맨이 1명, 두 금송아지가 둘이므로 스마일맨과 두 금송아지는 12장에 나옵니다.

12장 　르호보**암**이라는 바위와 여로보**암**이라는 바위가 양쪽으로 나뉘어져 있다.
① 나라가 르호보암의 남유다와 여로보암의 북이스라엘로 분열되다(1-20) - 르호보암의 학정에 백성들이 선처를 요구했지만 르호보암이 이를 무시하자 10지파가 반란을 일으켜 **세겜**에서 여로보암을 왕으로 삼는다. 바위들이 **세게** 생겼으므로 르호보암과 여로보암은 세겜에서 왕이 되며 르호보암이 여로보암에게 쫓겨난 후에는 예루살렘이 남유다의 수도가 된다.
　르호보암 위에 스마일맨이 서 있다.　스마일 → 스마야(웃을 때 입이 U자가 되므로 유다 선지자),　슈퍼맨은 힘으로 악당을 물리치지만 스마일맨은 미소로 싸움을 말린다.
② 선지자 스마야가 싸움을 말리다(21-24) - 르호보암이 이스라엘을 치려했으나 선지자 스마야가 '형제 이스라엘과 싸우지 말라 나라의 분열이 여호와께로 난 것이라' 하여 돌려보낸다.

여로보암 위에 2금송아지가 서 있다(여로보암은 금송아지의 콧구멍이 2개씩이므로 22년치리).

③ **여로보암이 두 금송아지를 만들다**(25-33) - 백성들이 예루살렘 성전에서 제사를 드리다 백성들의 마음이 르호보암에게 돌아갈까 두려워하여 벧엘과 단에 금송아지를 만들어 섬기게 한다.

※ 여로보암이 행한 3가지 범죄 - ① 두 금송아지 우상제작 ② 보통 백성으로 제사장 삼음 ③ 초막절의 절기를 7.15일에서 8.15일로 변경(제 딴에는 르호보암으로부터 광복을 했다고 생각)

※ 르호보암 - 41세 등극 17년 치리 - 스마일맨의 옷이 가수(17)들이 입는 옷 같다. 세일(41)때 장만

13장 얼굴이 Θ(데타, 하나님의 약자) 모양이므로 Θ의 사람이 되며 Θ의 사람이 2금송아지가 재수 없다며 여로보암 쪽을 향해 삿대질(경고)을 하고, 늙은 선지자는 침을 뱉(벧엘)고 있다.

① **하나님의 사람이 여로보암에게 경고하다**(1-10) - 여로보암이 백성들의 결속을 위해 **벧엘**과 **단**에 금송아지를 세운다. 이에 Θ의 사람이 벧엘의 파멸을 경고하는데 손을 펴서 잡고자하는 여로보암의 손이 말랐고 징조대로 단이 갈라지며 재가 쏟아진다. 마른 손은 Θ의 사람의 기도로 회복된다.

② **벧엘의 늙은 선지자**(11-32) - 하나님이 하나님의 사람에게 벧엘에서는 아무런 음식도 먹지 말고 왔던 길로 되돌아가지도 말라고 명하셨으나 벧엘의 늙은 선지자가 '천사의 계시로 초청한다' 는 거짓말에 속아 늙은 선지자의 집으로 돌아와서 음식을 먹었고 결국 사자에게 물려 죽음을 당한다.

14장 아이 선지자 즉 아히야 선지자가 채찍으로 악어를 때리려다 잘못해서 여로보암 위의 신상을 쳤다. 이때 채찍 가르는 소리가 샥 하고 난다. 샥 → 시삭, 악어하면 애굽의 나일강 악어이므로 악어는 애굽으로 약속하며 악어(애굽)는 르호보암(유다) 쪽에 있다.

① **선지자 아히야가 여로보암을 쳐서 예언하다**(1-20) - 아히야가 아이 선지자이므로 여로보암 가문에 속한 아이는 다 죽을 것이라 예언하였고 실제 여로보암의 아이(**아비야**, 하나님을 향한 선한 뜻을 가짐)가 죽는다. 참고로 아히야는 실처럼 가는 채찍을 휘두르므로 **실로의 선지자**가 된다.

※ 성읍에서 죽은즉 개가 먹고 들에서 죽은즉 공중의 새가 먹는다는 말을 들은 자 - 여로보암(아히야가 전함), 바아사(예후가 전함, 바아사의 팔뚝에 있는 Y), 아합과 이세벨(엘리야가 전함)

② **애굽 왕 시삭의 유다 침공**(21-31) - 르호(5)보암 **5년**에 시삭이 유다를 침공하여 성전과 왕궁의 보물과 솔로몬이 만든 금방패를 뺏어갔으며 르호보암이 금방패 대신 놋방패를 만든다.

15장 수레에 4명이 타고 있으며 수레는 벤허에 나오는 수레와 같으므로 **벤하**닷이 된다.

① **유다 왕 아비얌**(1-8) - 르호보암의 뒤를 이어 3년 치리(3살 지능), 멍한 이름처럼 악정을 펼침.

② **유다 왕 아사**(9-24) - 아비얌의 아들로 41년간 치리. 어머니는 마아가(아사하는 것을 마아가) 수레(벤하닷 1세)에 아사 왕이 타고 있으므로 아사 왕과 벤하닷 1세의 동맹이 된다.

③ **아람 왕 벤하닷 1세와 동맹한 아사**(16-22) - 자세한 것은 대하 16장 참조

④ **이스라엘 왕 나답**(25-32) - 여로보암의 뒤를 이어 2년간 치리했으며 바아사에게 피살되어 여로보암 집이 진멸될 것이라는 예언이 성취된다. 참고로 이스라엘 왕은 다 악하다는 공통점이 있다.

⑤ **이스라엘 왕 바아사**(33-34) - 나답을 **바아사** 트리고(죽이고) 왕이 되어 24년을 치리하였다.

※ 바아사의 멸망을 예언한 사람 - 하나니의 아들 선견자 예후(바아사의 팔뚝에 있는 Y는 예후)

16장 수레의 깃발에 LCO A⁺(엘·씨·오·에이플러스)라고 써 있으며 이스라엘 쪽에 깃발이 꽂혀 있다. L → 엘라, C → 시므리, O → 오므리, A⁺ → 아⁺⁽합⁾

① **이스라엘 왕 엘라**(1-14) - 바아사의 뒤를 이어 2년을 치리했으나 시므리에게 피살된다.

② **이스라엘 왕 시므리**(15-20) - 7일 만에 오므리에게 왕위를 빼앗기자 왕궁에 불을 지르고 자살

③ **이스라엘 왕 오므리**(21-28) - 12년 치리. **은 2달란트**를 **세멜**에게 주고 사마리아 산을 사서 성읍 건축. 사마리아라 일컬음. 디르사에서 사마리아로 천도. 내란 있었음(디브니). 극악한 왕

④ **이스라엘 왕 아합**(29-34) - 오므리의 아들. 22년간 치리. 시돈여자 이세벨과 결혼. 극악한 왕

※ 나는 가 다음이므로 나답은 2년 치리, L은 2와 비슷하므로 엘라는 2년 치리, 이세벨의 父는 엣바알

열왕기상 (17-22장) - 엘리야와 아합

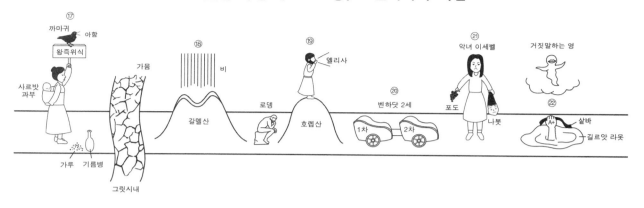

열왕기상(17-22장) 그림 배경설명   엘리야와 아합을 배경으로 했으며 등에 아들을 업은 한 과부가 왕 즉위식이라고 쓴 축하피켓(왕상이라는 것을 말해준다)을 들고 사열하고 있는데 사열할 때 단상을 향해 '사로 밧!' 하므로 이 과부를 사르밧 과부라고 합니다. 축하피켓 위에는 까마귀가 피곤해서 '아함' 하며 하품을 하고 있고 사르밧 과부의 앞에는 가루와 기름병이 있으며 그린색의 시내인 그릿시내는 가뭄이 들어 말라 있습니다. 바다갈매기를 닮은 갈멜산 위에서는 비가 내림으로 가뭄이 그쳤고 갈멜산과 호렙산 사이에 '생각하는 사람 로뎅' 조각상이 있는데 앉아있는 방향이 호렙산을 가리키므로 로뎅은 19장에 포함되며 호렙산(시내산)에서는 엘리야가 엘리사를 부르고 있습니다. 악녀 이세벨이 이스르엘 사람 나봇을 죽이고 빼앗은 나봇의 포도를 두 대의 수레에 싣고 있으며 이세벨의 옆에 있는 못, 즉 길르앗 라못에 아합의 아내 이세벨이 끔찍이 아끼는 삽바가 못에 떨어지자 아합이 삽바를 건지러 들어갔다가 못에 빠져 죽고 맙니다. 손등에 표시된 A⁺가 아⁺(합) 이 되므로 못에 빠져 죽은 사람이 아합이라는 것을 알 수 있으며 삽바가 여호사밧이 되므로 아합이 삽바를 잡고 있는 것은 아합과 여호사밧의 동맹을 나타냅니다. 참고로 비는 숫자로 1이 되고 갈매기를 닮은 갈멜산은 한자로 八(8)자 모양이므로 갈멜산은 18장에 나오며 수레 2개는 2를, 바퀴는 ○ 모양이므로 수레 2개는 20장에 나옵니다.

17장   가뭄이 들어 그린색의 시내인 그릿시내가 말라 있다.
 ① 엘리야가 가뭄을 예언하다(1) - 3년 6개월 동안 비가 내리지 않음.
   까마귀가 **피**곤해서 '아함(아합)' 하며 하품을 하고 있다.   그린색의 시내 → 그릿시내
 ② 아합을 **피**해 그릿시내로 간 엘리야(2-7) - 아합에게 가뭄을 예언했으므로 아합을 피해
   동쪽에 있는 그릿시내로 갔으며 까마귀가 아침과 저녁으로 떡과 고기를 가져다준다.
   한 과부가 왕 즉위식이라고 쓴 축하피켓을 들고 사열하고 있는데 사열할 때 단상을
   향해 '사로 밧!' 하므로 이 과부를 사르밧 과부라고 한다.   사로밧 → 사르밧
 ③ 엘리야와 사르밧 과부(8-24) - 가뭄으로 시내가 마르자 하나님의 명으로 사르밧 과부에게 간다
   사르밧 과부의 앞에 가루와 기름병이 놓여있다.
 ④ 가루와 기름의 기적(11-16) - 비가 다시 내릴 때까지 가루와 기름이 떨어지지 않았다.
   사르밧 과부의 등에 아들이 업혀있다.
 ⑤ 엘리야가 사르밧 과부의 아들을 살리다(17-24) - 아이 위에 몸을 3번 펴서 엎드린 후 간구함
18장   바다갈매기를 닮은 갈멜산,   바다 → 오바댜
 ① 엘리야와 오바댜(1-19) - 아합의 궁내대신으로 하나님을 경외하는 오바댜(이세벨이 여호와
   의 선지자들을 멸할 때에 선지자 중에 100명을 50명씩 굴에 숨기고 떡과 물을 먹임)를 만난

엘리야는 자기가 여기 있음을 아합에게 알리라고 말한다. 당시에 아합은 가뭄의 원인이 엘리야에게 있다고 생각하여 3년이나 엘리야를 찾고 있던 중이었다.

② **갈멜산의 대결**(20-40) - 바알의 선지자 450명과 아세라의 선지자 400명과 대결을 벌이는데 이는 아합을 위시한 모든 백성에게 가뭄의 원인이 바로 우상 숭배임을 밝히 보임으로 회개를 촉구하기 위해서였다. 엘리야가 바알과 아세라 선지자들을 **기손 시내**(바알과 아세라 선지자들을 죽이면 **기어코 손**에 피를 묻힐 수밖에 없으므로)에서 죽인다.

※ 바알 선지자는 저녁소제 드릴 때까지 자신들의 신을 불렀으며 엘리야는 제단 위에 물 12통을 부었다. 갈멜산 위에 비가 내리고 있다.

③ **가뭄이 그치다**(41-46) - 비가 오는지 사환에게 7번이나 올라가 바다 쪽을 보고 확인하게 한다.

19장   생각하는 사람 로뎅,   로뎅 → 로뎀

① **로뎀나무 아래에서 죽기를 구하는 엘리야**(1-7) - 바알 선지자들이 죽임당한 일로 분노한 이세벨이 엘리야를 죽이려 하자 광야로 도피한 엘리야는 그만 낙심하고 만다. 그가 지쳐 잠이 들자 천사가 깨워 **숯불에 구운 떡**과 **물 1병**을 먹게 한 후 힘을 얻어 40주 40야를 가서 호렙산에 이른다. 로뎀나무에서 호렙산에 도착한 엘리야가 호렙산 위에 서서 '엘리사'를 부르고 있다.

② **호렙산에 도착한 엘리야**(8-18) - 고난 중의 엘리야를 위로하시며 영적으로 재각성 시키신다.

※ 엘리야가 호렙산에 섰을 때 일어난 4가지 현상 - 바람, 지진, 불, 세미한 소리 - 바지불쑈
엘리야에게 기름 부으라고 지시한 3사람 - 하사엘(아람), 예후(북이스라엘), 엘리사(선지자)

③ **엘리야가 엘리사를 부르다**(19-21) = 엘리사의 소명 - 소를 잡고 소의 기구를 불사른 후 따름

20장   수레가 2개이프로 벤하닷 2세가 되며 1차와 2차는 벤하닷 2세가 이스라엘을 2번 침입하는 것을 나타낸다.
아람 왕 벤하닷 2세가 이스라엘을 2번 침입하다(1-43) - 아합이 하나님이 심판하실 아람 왕을 살려줌으로써 '네 목숨은 그의 목숨을, 네 백성은 그의 백성을 대신하리라'고 말씀하신다.

※ 아람 왕의 신복들이 아람 왕에게 고한 이스라엘의 하나님은 - 산의 신

21장   **이세벨이 나봇을 죽이고 포도원을 빼앗다**(1-29) - 이에 엘리야가 아합 집의 멸망을 선포하였고 이 말을 들은 아합이 겸비하자 그에게 내릴 재앙을 아들시대에 내리겠다고 말씀하셨다.

※ 나봇이 아합에게 포도원을 팔지 않은 이유 - 선조의 유산을 매각하는 것은 불법이기 때문에

22장   아합(A⁺)이 샅바를 잡고 있다(동맹).   샅바 → 여호사밧
참고로 샅바를 잡으면 샅바가 U자 모양으로 축 쳐지므로
여호사밧은 유다 왕이 된다.

① **유다 왕 여호사밧**(41-50) - 아사의 뒤를 이어 25년간 치리했으며 선정을 베풀었다.

※ 여호사밧이 악한 아하시야와 교제하므로 여호와께서 배를 파선시킨 곳 - 에시온게벨

② **아합과 여호사밧의 동맹**(1-12) - 아람으로부터 길르앗 라못을 되찾기 위해 동맹을 맺는다.

※ 이스라엘과 유다가 서로 화평한 때 - 이스라엘 왕 아합과 유다 왕 여호사밧 때(서로 사돈지간) 손등에 표시된 A⁺, 성적을 매길 때 대학교에서는 A⁺, B, C… 등으로 표시하고 초등학교에서는 수우미양가로 표시한다.   미양가 → 미가양 → 미가야

③ **참선지자 미가야의 예언**(13-28) - 여호사밧이 싸우러 가기 전에 선지자들에게 먼저 물어보자 하니 거짓 선지자들에게 거짓말하는 영이 들어가서 거짓 선지자들은 왕이 승리한다고 예언했으나 이믈라의 아들 선지자 미가야는 아합 왕이 죽을 것이라고 예언한다.

※ 미가야의 뺨을 친 거짓 선지자 - 시드기야 - 뺨 시려
못에 손목만 남기고 잠겨 있다는 것은 죽음을 뜻하며 손목에 표시된 A⁺가 아⁺(합) 이되므로 못에 빠져 죽은 사람이 아합이라는 것을 알 수 있다.   못 → 길르앗 라못

④ 아합 왕이 길르앗 라못에서 죽다(29-40) - 아람의 3차 침입 때(1, 2차 침입은 20장 참조)
※ 이스라엘과 유다가 서로 화평한 때 - 이스라엘 왕 아합과 유다 왕 여호사밧 때(둘은 사돈)
　바로가 딸의 결혼예물로 솔로몬에게 준 것 - 게셀(9:16)
　솔로몬이 성전과 궁전건축을 마친 후 보답으로 두로 왕 히람에게 준 것 - 갈릴리성읍 20개(9:11)
　솔로몬이 준 성읍이 못마땅해서 히람이 붙인 이름과 그 값 - 가불 땅, 금 120달란트(9:12-14)
※ 왕과 제사장 : 다윗 - 사독·아비아달, 솔로몬 - 사독·아사리아, 여호사밧 - 아마랴(삽바가아 말려 올라갔어), 아하스 - 우리야(핫 하면 우리야), 히스기야 - 아사랴(휘슬? 아서라), 요시야 - 힐기야(시야를 흘기다), 시드기야 - 스라야(시트에 쓰라야), 아닥사스다 - 에스라

열왕기하 25장

* **장수기억법** : 왕의 바로 밑(下)에는 내무(25)장관이 있다. 우스갯소리로 가장인 남편 다음에 아내를 내무장관이라 부른다는 것을 생각하자.

* **배경** : 왕상은 왕이 왕위(上)에 오르는 것을 배경으로 하지만 왕하(下)는 왕이 다락 난간 아래(下)로 떨어지는 것을 시작으로 왕 아래(下)에서 산해진미가 가득한 가운데 여러 가지 쇼와 장기자랑이 펼쳐지는 것을 배경으로 한다.

* **저자암기법** : 열왕기상·하는 왕들이 너무 많아서 누가 누군지 **알 수가 없다**.

* **특징** : 1 - 7장까지는 장수와 같은 숫자가 들어있다.
1장은 아래로 떨어지고(떨어지고 있는 왕 1명)
2장은 그 반대로 하늘로 올라가며(승천하는 엘리야와 바라보고 있는 엘리사 2명)
3장은 3명이 서로 모함하고
4장은 **사**망의 독이 나오고
5장은 **오** 나아만 사랑해주오~
6장은 도끼가 6자 모양이고
7장은 서슬 퍼런 도끼 앞에 **칠**칠맞게 도망가는 장면이 나오며
8장부터 마지막장까지는 산해진미가 가득한 가운데 각종 쇼와 장기자랑이 나온다.

열왕기하 (25장)

저　　자 : 열왕기상 참조
제　　목 : 열왕기상 참조
주　　제 : 북이스라엘과 남유다의 멸망과 바벨론 포로까지의 분열된 이스라엘 왕국의 역사
기록연대 : B.C. 561년-538년경
요　　절 : 17:7-8, ♪17:18-19
기록목적 : 이스라엘과 유다 왕들의 역사를 보여줌으로써 그 배후에 하나님이 계심을 알리고 또한 순종은 축복을, 불순종은 멸망을 가져온다는 진리를 일깨워주기 위해 기록

열왕기하 (1-3장)

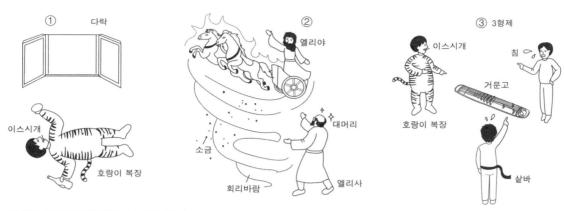

① 다락
이스시개
호랑이 복장

② 엘리야
소금
회리바람
대머리
엘리사

③ 3형제
이스시개
침
거문고
호랑이 복장
삽바

열왕기하(1-3장) 그림 배경설명

1장 - 왕하(下)는 **왕**이 다락 난간 아래(下)로 떨어지는 것을 시작으로 합니다. 이스시개를 물고 호랑이 복장을 한 사람이 왼손엔 술안주인 에그를, 오른손에는 **병**을 들고 술을 마시다 **아하! 시야**가 좁아 발을 헛디뎌 다락난간 아래로 떨어져 죽었으며 발을 헛디딜 때 삐끗하여 발이 부었습니다. 아하! 시야 → 아하시야, **호랑**이 → **여호람**(또는 요람)이 되며 이스시개 → 이스라엘이 되므로 아하시야와 여호람은 둘 다 이스라엘 왕이 됩니다. 에그는 에그론이 되며 발이 부은 것은 바알세붑이 되므로 아하시야 왕이 다락 난간에서 떨어져 **병**이 들어 죽은 것은 병이 들자 하나님께 의지하지 않고 에그론의 신 바알세붑을 의지했기 때문입니다. 참고로 아래로 떨어지고 있는 왕 1명이 1장을 나타냅니다.

2장 - 엘리야가 불말과 불수레를 타고 회오리바람으로 승천하고 있으며 동시에 하늘에서는 소금이 떨어지고 있고 엘리사는 승천하는 엘리야를 바라보며 눈물짓고 있습니다. 엘리사는 대머리이며 승천하는 엘리야와 바라보고 있는 엘리사 2명이 2장을 나타냅니다.

3장 - 이스시개를 물고 호랑이 복장을 한 사람과 삽바를 맨 사람, 그리고 나머지 한 사람 즉 3형제가 거문고를 가운데 두고 침을 튀겨가며 서로 모함을 하고 있는데 이스시개가 이스라엘을, 호랑이가 여호람을 나타내므로 이스시개를 물고 호랑이 복장을 한 사람은 이스라엘 왕 여호람이 되고 삽바(여호사밧)를 잡으면 삽바가 U자 모양으로 축 쳐지므로 삽바를 맨 사람은 유다 왕 여호사밧이 됩니다. 나머지 한명은 야곱의 형 에서의 후손인 에돔이 되고 모함은 모압이 되며 침은 물을 상징하고 3형제는 3장을 나타냅니다.

1장   ① 이스라엘 왕 아하시야가 다락 난간에서 떨어져 병이 들어 죽다(1-16) - 아합의 아들 아하시야가 다락 난간에서 떨어져 병이 들자 사자를 보내어 <u>에그론의 신 바알세붑</u>에게 병이 낫겠나 물어보게 했으며 하나님이 엘리야(아합~ 아하시야)를 통해 '이스라엘에 하나님이 없어서 너희가 바알세붑에게 물으러 가느냐 그러므로 네가 올라간 침상에서 내려오지 못할지라 네가 반드시 죽으리라'고 아하시야의 사자에게 말했으며 그 말대로 아하시야가 자신의 침상에서 죽는다.

  ※ 아하시야 왕은 엘리야에게 50부장과 군사 50명을 3차례 보내 엘리야를 데려오게 했으며 3번째 50부장은 엘리야 앞에 무릎을 꿇고 엎드려 간구하므로 불사름을 당하지 않고 사명을 완수한다.

  ② 이스라엘 왕 여호람(17-18) - 아하시야가 자식이 없이 죽자 동생 여호람이 왕이 된다.

2장   엘리야가 불말과 불수레를 타고 회오리바람으로 승천하는 동시에 소금이 떨어지고 있다.

  ① 엘리야의 승천(1-18) - 승천하기 전 엘리사와 함께한 여정은 길갈→벧엘→여리고→요단강

  ※ 길가(길갈)에서 손에 침을 뱉고(벧엘) 탁 쳐서 침이 고(GO, 여리고)한 방향으로 여정을 정했다.

※ 내 아버지여 이스라엘의 병거와 그 마병이여 - 엘리사가 엘리야에게, 요아스가 엘리사에게

② 엘리사가 소금으로 물의 근원을 고치다(19-22) - 여리고 사람들이 엘리사에게 그곳 물이 좋지 않다고 하소연하니 엘리사가 물의 근원으로 가서 소금(여마나트륨)을 뿌려 물을 고쳐준다. 엘리사는 대머리다. 청년들이 이것을 가지고 조롱하다 암곰 둘에 찢겨 42명이 죽는다.

③ 엘리사를 조롱하는 청년들의 죽음(23-25) - 벧엘에서 생긴 사건(침 뱉으며 조롱한다고 생각)

3장 3형제(유다, 이스라엘, 에돔)가 거문고를 가운데 두고 침을 튀겨가며 서로 모함하고 있다.

① 유다 왕 여호사밧과 이스라엘 왕 여호람과 에돔 연합군의 모압 정벌(1-27) - 아합 생전에 모압 왕 메사(양은 메 하고 운다)가 새끼 양 십만의 털과 숫양 십만의 털을 아합 왕에게 바쳤으나 아합이 죽은 후에 이스라엘을 배신하였으므로 모압을 징벌하기 위해 동맹을 맺는다.

※ 전쟁에 패하자 자기 왕위를 이어 왕이 될 맏아들을 성 위에서 번제로 드린 왕 - 모압 왕 메사

② 거문고를 탈 때 엘리사가 하나님의 감동을 받고 예언하다(6-20) - 이스라엘 연합군은 원정 중에 물이 떨어져 패전위기에 처했으나 여호사밧이 엘리사에게 도움을 구했고 연주하는 자가 거문고를 탈 때 엘리사가 하나님의 감동을 받고 물(아침 소제드릴 때)과 승리를 예언한다.

＊ 여호사밧 왕의 특징 - 이스라엘의 악한 왕(아합, 아하시야, 여호람)들과 쉽게 동맹하고 선지자(엘리사, 미가야)에게 꼭 물어본다. 또한 동맹으로 인해 선지자에게 책망 받기도 한다. 선견자 예후(대하 19:2) - 아합과의 동맹 때, 엘리에셀(대하 20:37) - 아하시야와의 동맹 때

열왕기하 (4-7장)

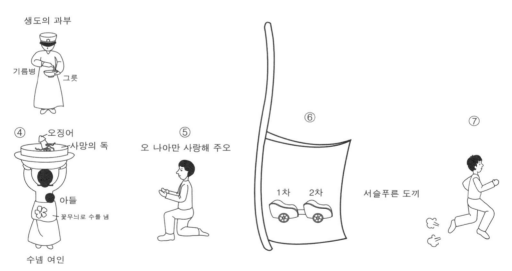

[열왕기하(4-7장) 그림 배경설명]

4장 - 사관생도의 모자를 쓴 생도의 과부가 그릇에 기름을 따르고 있으며 옷에 수를 냈다하여 수넴 여인이라고 부르는 수넴 여인이 아들을 등에 업고 머리에는 오징어가 든 솥을 이고 있는데 솥 안에는 사망의 독이 들어 있습니다. **오징어**는 **오**병이**어**의 기적을, 사망의 독의 사는 4장을 나타내며 왕상 17장 사르밧 과부와 마찬가지로 여자들의 등에 업혀 있는 아이들은 죽었다가 반드시 살아나는 특징이 있습니다.

5장 - 생도의 과부와 수넴 여인을 향해 "오~나아만 사랑해 주오" 하며 사랑을 호소하는 남자가 있는데 나아만 사랑해 달라고 하는 이 남자의 이름은 나아만이며 오~ 는 5장을 나타냅니다. 참고로 나아만의 아만이 아람과 비슷하므로 나아만은 아람의 군대장관입니다.

6장 - 도끼가 6자 모양이므로 도끼는 6장에 나오며 도끼날에 2개의 수레가 그려져 있는데 확대
해 보면 첫 번째 수레에는 불말이 있고 두 번째 수레에는 양식이 떨어지자 자식을 잡아
먹는 장면이 그려져 있습니다. 참고로 수레 → 벤하닷이 되며 2개이므로 2세가 됩니다.
7장 - 한 사람이 서슬퍼런 도끼가 무서워 칠칠맞게 도망가고 있으며 **칠**칠맞게가 7장을 나타냅니다.

4장   사관생도의 모자를 쓴 생도(제자)의 과부가 그릇에 기름을 따르고 있다.
  ① 엘리사가 생도의 과부에게 기름이적을 행하다(1-7) - 빌려온 모든 그릇에 기름이 찬 후 멈춤
    옷에 수를 냈다하여 수넴 여인이라고 부르는 수넴 여인이 아들을 등에 업고 있다.
  ② 엘리사가 수넴 여인의 아들을 살리다(8-37) - 숙식을 제공한 수넴 여인에게 자식이 없자
    아들을 낳게 함으로 은혜를 베풀었으며 그 아들이 죽자 엘리사가 아들을 살려 낸다.
  ※ 엘리사는 수넴 여인의 아들을 아이 위에 2번 올라 엎드려서 살려낸다(엘리야는 3번).
    솥 안에는 사망의 독이 들어 있다.
  ③ 엘리사가 솥에 든 사망의 독을 해독하다(38-41) - 생도 하나가 들에 나가 채소를 캐어
    국을 끓였더니 독이 있어 먹을 수 없게 되자 엘리사가 **가루**를 솥에 넣어 독을 해독한다.
    솥 안의 오징어, **오**징**어** → **오**병이**어**
  ④ 엘리사가 떡 20개와 자루에 담은 채소로 이적을 행하다(42-44) - 100명이 먹고 남는다.
5장   **엘리사가 나아만의 나병을 고치다**(1-27) - 어린 여종의 말을 듣고 엘리사를 찾은 나아만
    이 요단강에서 7번 몸을 씻은 후 나병을 고침 받자 그 대가로 나아만이 사례하려 하나 엘리사
    는 이를 거절하였고 사환 게하시는 엘리사 몰래 사례품을 받았다가 나병에 걸린다.
  ※ 게하시는 은 1달란트와 옷 2벌을 요구했으나 나아만은 은 2달란트와 옷 2벌을 준다.
    요단강에서 몸을 씻으라는 엘리사의 말에 노하며 나아만이 비교한 다메섹의 강 - 아바나, 바
    르발 - 아 **바르**나마나 요단강 물보다 다메섹 강물이 더 좋다.
    여호와께만 제사를 드리겠다고 한 나아만이 용서를 구한 1가지 - 림몬의 신당에 몸을 굽히는 일
6장   도끼날에 2개의 수레그림이 그려져 있는데 확대해 보면
    첫 번째 수레에는 불말이 있고 두 번째 수레에는 양식
    이 떨어지자 자식을 잡아먹는 장면이 그려져 있다.
  ① 엘리사가 도끼를 물위에 떠오르게 하다(1-7) - 생도들이
    나무를 하다 도끼를 물에 빠뜨리자 엘리사가 **나뭇가지**를 물에 던져 도끼를 물위로 떠오르게 한다.
  ※ 도끼로 나무를 하므로 도끼는 나뭇가지, 독은 가루(독가루, 4장) 소금은 물과 짝이 됨(소금물, 2장)
  ② 아람 왕 벤하닷 2세의 1차 침입(8-23) - 이스라엘 왕 여호람 때 이스라엘을 치고자하는 아
    람 왕의 계획이 엘리사의 탐지력으로 인해 번번이 실패하자 엘리사를 잡기위해 엘리사가 있는
    도단성을 아람군대가 에워싸지만 사환의 눈을 열어 천사들의 불말과 불병거가 아람군대를 에워
    싼 것을 보게 했으며 엘리사가 아람군대의 눈을 멀게하여 사로잡았으나 음식을 먹이고 놓아준다.
  ③ 아람 왕 벤하닷 2세의 2차 침입(24-33) - 이스라엘 왕 여호람 때 벤하닷 2세가 사마리
    아를 포위함으로 양식이 없게 되자 자식까지 잡아먹는 최악의 상황까지 가게 된다.
7장   한 사람이 6장의 서슬 퍼런 도끼가 무서워 칠칠맞게 도망가고 있다.
    아람군대가 도망가다(1-20) - 아람 왕 벤하닷 2세의 2차 침입으로 최악의 상황까지 갔지
    만 하나님의 섭리로 아람군대로 하여금 **병거 소리와 말소리와 큰 군대의 소리**를 듣게 하여 모
    든 것을 그대로 놔두고 황급히 도망가게 했으며 엘리사가 내일 이맘때에 사마리아가 회복될
    것을 예언했으나 한 장관은 그것을 불신하다 예언이 성취된 날 백성들에 의해 밟혀 죽는다.
  ※ 아람군대가 도망한 것을 제일 먼저 알게 된 자 - 나병환자 4명, **2-7장 배경 - 여호람 왕 때**

열왕기하 (8-11장)

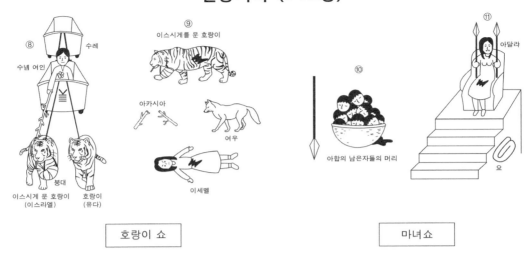

열왕기하(8-11장) 그림 배경설명

8장 - 8~9장은 **호랑이쇼**로, 8장은 옷에 수를 낸 수넴 여인이 아카시아 나뭇가지를 들고 호랑이 2마리가 이끄는 하사 로고가 있는 수레를 타고 쇼를 하고 있으며 그 중 한 호랑이는 입에 이스시개를 물고 붕대를 하고 있으므로 이스라엘 왕 여호람(시비가 붙어 다쳤으므로 12년 치리)이 되고 나머지 호랑이는 유다 왕 여호람이 되며 아카시아는 아하시야가 됩니다. 수넴 여인이 아카시아 나뭇가지를 '이스시개를 물고 붕대를 한 호랑이' 즉 이스라엘 왕 여호람의 등위에 걸쳐 놓았는데 등위에 걸쳐 놓았다는 것은 아하시야와 여호람의 동맹을 나타내므로 이곳의 아하시야는 유다 왕이 되며 또한 붕대가 부상을 뜻하므로 부상당한 이스라엘 왕 여호람을 유다 왕 아하시야가 병문안 차 방문한 것을 나타내기도 합니다. 하사는 하사엘을, 수레 2개는 벤하닷 2세가 되며 이는 하사엘이 벤하닷 2세를 죽이고 아람 왕이 되는 것을 말합니다. 여기서 수넴 여인이 4장에 이어 다시 나오는 것은 7년 기근으로 블레셋에 있다가 다시 돌아와 자신의 기업을 되찾는 것을 나타냅니다. 참고로 수레를 끄는 백수의 왕 호랑이들의 **팔**자가 기구하므로 호랑이들은 8장에 나옵니다.

9장 - 수넴 여인의 뒤를 이어 악녀 이세벨이 곧 바로 이스시개를 물고 붕대를 한 호랑이를 가지고 쇼를 하려하자 잠시 쉬지도 못한 호랑이가 스트레스를 받아서 악녀 이세벨을 물어 죽이고 아카시아 나뭇가지도 꺾어 버렸으며(유다 왕 아하시야 죽음) 이 호랑이도 지쳐서 죽고 맙니다. 호랑이 없는 곳에 여우가 왕 노릇 하고 있으며 여우는 예후가 됩니다.

10장 - 10~11장은 **마녀쇼**로, 10장은 마녀가 광주리에 '아합의 남은 자들의 머리'를 잘라 담아 놓았으며 광주리 옆에 마녀의 창이 꽂혀 있습니다(실제는 예후가 죽임). 참고로 일자인 창과 동그란 광주리가 10자 모양이므로 아합의 남은 자들의 머리는 10장에 나옵니다.

11장 - 악녀 이세벨의 딸 아달랴가 창을 양쪽에 들고 보좌에 앉아서 "**아** 나는 비참하게 죽은 우리 엄마 이세벨과는 **달라**" 하며 호언을 하고 있는데(그래서 이름이 아달랴가 됩니다) 보좌에 앉은 것은 왕이 된 것을 말하며 가슴이 U자 모양이므로 아달랴는 유다 왕이 됩니다. 아달랴의 옷에 묻은 피는 아달랴가 나중에 피살될 것을 나타내며(그림에서 **피**는 일반적인 죽음이 아닌 **피**살이 된다) 보좌 밑에 U자로 접힌 요가 감춰져 있는데 U는 유다를, 요는 요아스를 나타내므로 유다의 요하스가 아달랴의 학살을 피해 숨어 있는 것을 말해줍니다. 참고로 아달랴가 양쪽에 잡고 있는 창이 11자 모양이므로 아달랴는 11장에 나옵니다.

8장　① **땅을 되찾은 수넴 여인**(1-6) - 엘리사의 말대로 <u>7년</u> 기근으로 블레셋에 있다 돌아와 자신의 기업을 되찾았는데 이것은 하나님을 경외하는 자는 결단코 상급을 잃지 않게 됨을 일깨워 준다. 수레에 하사 로고가 찍혀 있다.　　수레 2개 → 벤하닷 2세,　　하사 → 하사엘

　　② **벤하닷 2세를 죽이고 아람 왕이 된 하사엘**(7-15) - 아람 왕 벤하닷 2세가 자신의 병이 낫는지 여부를 묻기 위해 하사엘을 엘리사에게 보냈으며 엘리사가 하사엘이 아람 왕이 될 것을 예언한다. 그 이튿날에 하사엘이 이불을 물에 적셔 얼굴을 덮어 벤하닷 2세를 살해한다.

　　③ **유다 왕 여호람**(16-24) - 여호사밧의 아들로 8년간 치리(창자이야기×, 대하 21장 참조)

　　④ **유다 왕 아하시야**(25-27) - 여호람의 아들로 1년간 치리(아카시아 나뭇가지가 1자이므로)

　　⑤ **이스라엘 왕 여호람의 부상과 유다 왕 아하시야의 방문**(28-29) - 이스라엘 왕 여호람과 유다 왕 아하시야가 함께 **길르앗 라못**으로 가서 아람 왕 하사엘과 싸우다 이스라엘 왕 여호람이 부상당하여 <u>이스르엘</u>로 돌아왔고 유다 왕 아하시야가 병문안 차 방문한다.

9장　호랑이 없는 곳에 여우가 왕 노릇한다.　여우(여<u>시</u>) → 예후(님<u>시</u>의 손자 여호사밧의 아들)

　　① **이스라엘 왕이 된 예후**(1-13) - 엘리사의 제자 중 하나에게 전쟁 중인 길르앗 라못에서 기름부음을 받고 이스라엘 왕이 된다.　여우털은 빗갈이 좋으므로 예후의 장관은 빗갈이 된다.

　　② **예후가 이스라엘 왕 여호람을 죽이다**(14-26) - 예후가 쏜 화살에 **여**호람이 **염**통에 맞고 죽자 여호람의 시체를 예후의 장관 빗갈이 이스르엘 사람 나봇의 밭에 던진다.

　　※ 병거를 미치게 몰았다는 기록이 있는 자 - 예후(요양 차 이스르엘에 있는 여호람을 죽이기 위해)

　　③ **예후가 유다 왕 아하시야를 죽이다**(27-29) - 도망가는 아하시야를 <u>므깃도</u>까지 쫓아가 죽임

　　④ **예후가 이세벨을 죽이다**(30-37) - 예후의 명으로 두어 내시가 이세벨을 창밖으로 던져 죽인다.

10장　**예후가 아합의 남은 자들을 학살하다**(1-14) - 예후는 아합의 아들 70명과 양털 깎는 집 웅덩이 곁에서 유다 왕 아하시야의 형제 42명을 죽였으며 이로써 아합 집에 대한 예언이 성취된다.

　　※ 예후가 바알을 섬기는 척하며 바알에게 속한 사람들을 진멸한 후 바알신당을 헐고 만든 것 - 변소
여호와께서 4대까지 왕위를 약속하신 왕 - 예후(예후→여호아하스→요아스→여로보암2→스가랴)
여호와를 위한 나의 열심을 보(**후**)라 - 예후가 레갑의 아들 여호나답(요나답, 렘 35장)에게 한 말

11장　① **유다 여왕 아달랴**(1-3) - 아합과 이세벨의 딸로 여호사밧의 아들 여호람과 결혼하여 아하시야를 낳았으나 유다 왕 아하시야가 죽자 모든 왕손을 제거하고 유다 왕권을 잡는다.

　　② **요아스가 아달랴의 학살을 피해 숨다**(1-3) - 아하시야의 아들로 아달랴가 모든 왕손을 제거할 때 아하시야의 누이 여호세바가 요아스를 빼돌렸으며 **성전**에서 6년간 숨어 지낸다.

　　③ **아달랴가 피살되다**(4-16) = 제사장 여호야다의 혁명 - 아달랴가 왕이 된지 6년 후, 여호세바의 남편 대제사장 여호야다는 거사를 일으켜 아달랴를 제거하고 요아스를 왕으로 즉위시킨다(7세).

열왕기하 (12-15장)

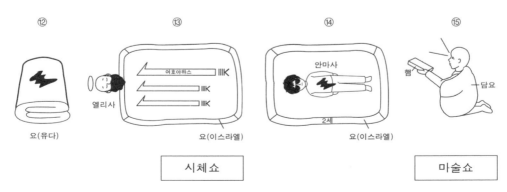

시체쇼　　　　　　　마술쇼

12장 - 12~14장은 **시체쇼**로, 죽은 시체위에 요를 덮어 놓았으며 12장의 피 묻은 요는 U자로 접혀 있으므로 유다 왕 요아스가 되며 피는 요아스가 나중에 피살될 것을 나타냅니다.

13장 - 대머리 선지자 엘리사가 죽어서 요를 덮어 놓았으며 요에 3개의 긴 화살이 그려져 있는데 긴 화살이나 긴 꼬리에는 긴 이름인 여호아하스가 꼭 써 있습니다. 여호아하스라 쓴 화살 꽁무니에 하사 로고가 있는데 이것은 하사 → 하사엘이 되므로 아람 왕 하사엘이 이스라엘 왕 여호아하스의 꽁무니에 붙어 다니며 괴롭히는 것을 나타냅니다. U자로 접혀진 요가 유다 왕 요하스가 되므로 펴진 요는 이스라엘 왕 요아스가 되며 이스라엘의 요 위에 여호아하스라 써 있고 엘리사도 이스라엘의 요로 덮여 있으므로 여호아하스와 엘리사는 각각 이스라엘 왕과 선지자가 됩니다. 3개의 화살은 요아스가 화살로 땅을 3번 침을 나타내는데 요에 화살이 그려져 있으므로 여호아하스가 아닌 요아스가 화살을 땅에 3번 쳤음을 알 수 있으며 참고로 화살 3개는 이곳이 13장임을 말해줍니다.

14장 - 안마사들이 쓰는 안경을 쓴 안마사가 피살된 채 펴진 요에 덮여 있는데 펴진 요는 이스라엘 왕 요아스를 말하고 안마사는 아마샤가 되며 안마사는 안경을 벗어보면 시야가 위로 올라가 있는데 위가 유다의 유와 발음이 비슷하므로 아마샤는 유다 왕이 됩니다. 요가 안마사를 덮고 있는 것은 전쟁에서 이스라엘 왕 요아스가 유다 왕 아마샤에게 승리한 것을 나타내며 요 위에 2세라 써 있는데 2세는 여로보암 2세 밖에 없으며 펴진 요 위에 써 있으므로 여로보암 2세는 이스라엘 왕이 됩니다.

15장 - **마술쇼**로, 죽은 안마사의 친구가 조문을 왔다가 사람들을 위로하기 위해 담요를 두르고 햄을 가지고 마술쇼를 합니다. 이 햄은 **숙**성시킨 **살**로 만든 **햄**으로 햄의 이름은 브가베가입니다. 간단하게 숙·살·햄·브가·베가로 하며 숙은 스가랴를, 살은 살룸을, 햄은 므나헴을, 브가는 브가히야를, 베가는 베가를 나타내며 여기서 햄이 가장 중요하므로 므나헴을 빼고 4명 모두 피살당합니다. 담요는 반대법으로 요담이 되고 담요를 U자 모양으로 둘렀으므로 요담은 유다 왕이 되며 안마사의 친구 역시 안마사로 그림에서 처럼 시야가 위로 올라가있으므로 웃시야가 되며 시야가 위로 올라갈 때 위가 유다의 유와 발음이 비슷하므로 웃시야는 유다 왕이 됩니다. 참고로 웃시야는 눈썹과 머리가 없으므로 나병환자이며 머리가 15야 둥근달 같이 생겼으므로 웃시야는 15장에 나옵니다.

12장 ① **유다 왕 요아스**(1-21) - 통치 초기에 선정을 베푸나 여호야다가 죽은 후 패역을 일삼는다.
　※ 성전수리를 위해 궤를 만들어 그 안에 정한 세를 내도록 한 왕 - 요아스(요가 돈 넣는 궤 같다)
② **요아스가 피살되다**(19-21) - 신복 요사갈과 여호사바드의 반역으로 밀로 궁에서 피살된다.
　※ 신복들의 반역으로 유다 왕 요아스가 죽은 곳 - 밀로 궁 - 11장의 요가 밀실에 있으므로
　　요아스를 죽인 2신복 - 요사갈과 여호사바드 - 요에서 신밧드가 사갈(蛇蝎)을 가지고 놀고 있다
13장　여호아하스라 쓴 화살 꽁무니에 하사 로고가 있다.　　하사 → 하사엘
① **이스라엘 왕 여호아하스가 통치 내내 아람 왕 하사엘의 침략을 받다**(1-9)
　　U자로 접혀진 요는 유다 왕 요하스가 되지만 펴진 요는 이스라엘 왕 요아스가 된다.
② **이스라엘 왕 요아스**(10-13) - 여호아하스의 아들. 화살이 3개인 것은 요아스가 화살로 땅을 세 번 침을 나타내며 엘리사의 예언대로 아람을 3번 쳐서 파하고 이스라엘 성읍을 회복한다.
③ **엘리사가 죽다**(14-21) - 시체가 엘리사의 뼈에 닿자 회생하는 기적이 일어난다.
　※ 엘리사가 죽을 때 '내 아버지여 이스라엘의 병거와 마병이여' 하고 외친 왕 - 이스라엘 왕 요아스

여리고성 저주를 선포한 자 - 여호수아, 히엘이 여리고 성을 건축할 당시 북왕 - 아합(왕상 16:34)

14장   안마사(아마샤)가 피살된 채 요에 덮여있고 부패 방지를 위해 시체에 소금을 뿌려 놓았다.
① 유다 왕 아마샤(1-6) - 요아스의 아들로 부왕을 죽인 신복들은 죽였으나 그 자녀는 살려줌으로 각 사람은 자기의 죄로 죽을 것이라는 말을 지킴(신 24장) - 아마샤가 각 잡고 죽어 있다.
② 아마샤가 소금 골짜기에서 세일 자손(에돔)을 물리치고 승리하다(7) - 대하 25장 참조 요가 안마사를 덮고 있는 것은 전쟁에서 이스라엘 왕 요아스가 유다 왕 아마샤에게 승리한 것을 나타낸다.   요 → 요아스,   안마사 → 아마샤
③ 유다 왕 아마샤를 물리친 이스라엘 왕 요아스(8-16) - 통치 초기에 비교적 선정을 베풀었으나 말년에 교만해져서 에돔 정복 후 그들의 신에게 경배하므로 이스라엘 왕 요아스와의 전쟁에서 볼모로 잡히게 되고 요아스가 죽자 포로에서 벗어나 예루살렘에 돌아와 15년을 더 치리하였다.
④ 아마샤가 피살되다(17-22) - 라기스에서 피살 - 죽은 아마샤 옆에 라이스(쌀)가 떨어져 있다
⑤ 이스라엘 왕 여로보암 2세(23-29) - 요아스의 아들. 북왕국을 가장 부강하게 만듦. 41년 치리. 요나가 여로보암 2세(가장 넓은 영토 가짐) 때 하맛 어귀에서 아라바 바다까지 영토회복 예언
※ 지진이 있던 왕 - 여로보암 2세 - 지진이 나서 바위(암)가 2쪽으로 갈라짐

15장 ① 유다 왕 웃시야(1-7) - 아마샤의 아들로 '아사랴'라고도 불린다. 농업진흥(up→위→웃시야)
② 웃시야가 나병이 발하다(5) - 통치 전반부는 선정을 베풀다가 후반부에는 교만해져서 직접 제사장 직무까지 수행하는 죄를 범하다가 결국 나병이 걸려 비극적인 종말을 맞는다.
③ 이스라엘 왕 스가랴(8-12) - 살룸에게 피살당한다.
④ 이스라엘 왕 살룸(13-16) - 므나헴에게 피살당한다.
⑤ 이스라엘 왕 므나헴(17-22) - 햄을 가르듯 아이 밴 부녀를 가르고 앗수르 왕 불이 와서 그 땅을 치려하매 므나헴이 각 사람에게서 강탈해 모은 은 1000달란트를 불에게 주어서 돌려보낸다. (암기방법) 햄(므나헴)은 불에 구워 먹어야 맛있다. 여기서 불(디글랏 빌레셀 3세)은 앗수르 왕의 이름이며, 마술소품인 이 햄은 그 가격이 무려 은 1000달란트나 된다.
⑥ 이스라엘 왕 브가히야(23-26) - 베가에게 피살당한다.
⑦ 이스라엘 왕 베가(27-31) - 베가 때 디글랏빌레셀이 백성을 잡아 앗수르로 옮김. 피살당함
⑧ 유다 왕 요담(32-38) - 웃시야의 아들, 성전 윗문 건축, 오벨 성벽 증축(담≒벽), 참고로 아람 왕 르신과 이스라엘 왕 베가가 요담과 아하스 때 2번 침략한 것으로 나오는데 아하스 때 침략한 것이 맞으며 요담 때 침략했다고 한 것은 요담이 4년간 아하스와 섭정했기 때문이다.

열왕기하 (16-19장)

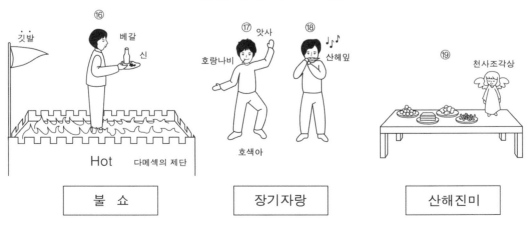

16장 - **불쇼**로, 다메섹 제단 위에서 한 아이가 베갈이 든 신을 들고 불 위를 지나가는데 **불**이 너무 뜨거워 '**앗** 뜨거워' 하므로 불은 앗수르 왕이 되며 불은 지글지글(디글) 타므로 디글랏 빌레셀 3세라고도 합니다. 다메섹 제단에 HOT(핫)이라고 써 있는데 그 만큼 뜨겁다는 것을 말하며 또한 **핫** → 아**하스**를 나타내기도 하는데 다메섹 제단의 요철(凵) 모양이 U자이므로 아하스는 유다 왕이 됩니다. 아하스는 유다 왕 중 가장 악한 왕으로 자기 아들을 불 가운데로 지나가게 하고 다메섹의 제단을 보고 똑같은 제단을 만들기도 했습니다. 베갈이 든 신은 베갈 → 베가, 신 → 르신이 되며 이는 이스라엘 왕 베가와 아람 왕 르신의 동맹을 말하며 이 동맹군이 유다의 아하스를 공격했으나 아하스가 앗수르 왕 불에게 원군을 청하여 승리했으며 이때 불이 아람 왕 르신을 죽이고 아람을 정복합니다. 신에 묻은 피가 아람 왕 르신이 피살되었음을 말해줍니다. 참고로 다메섹 제단위에 꽂혀 있는 깃발(16)이 숫자기억법으로 16이 되므로 다메섹 제단은 16장에 나옵니다.

17-18장 - **장기자랑**으로, 놀기 좋아하는 호색아(호세아)가 앞에 있는 산해진미를 먹고 배가 부르자 기분이 좋아져서 입에 이스시개(이스라엘)를 물고 신이 나서 '앗사! 호랑나비'를 부르며 춤을 추고 있으며 옆에 있는 사람은 산혜잎으로 휘슬(휘파람)을 불며 장단을 맞춰 주고 있습니다. 이처럼 놀기 좋아하고 호색하면 나라가 망할 수밖에 없습니다. 따라서 호세아는 이스라엘 마지막 왕이 됩니다. 여기서 산혜잎으로 휘슬을 부는 것은 산혜잎 → 산혜립, 휘슬 → 히스기야가 되므로 히스기야 왕 때 앗수르 왕 산혜립이 유다를 침입하는 것을 말하며 앗사는 **앗**수르 왕 **사**르곤 2세에 의해 **사**마리아가 함락되는 것을 말합니다. 참고로 호색아가 '앗사 호랑나비'를 가수 뺨치게 잘 부르는데 가수(17)가 숫자기억법으로 17이 되므로 '앗사 호랑나비'를 부른 호색아는 17장에 나옵니다.

19장 - 상위에는 **산해진미**가 가득하며 천사조각상이 있어 음식을 더욱 고풍스럽게 만들어 줍니다. 18장 산혜잎과 19장 산해진미는 공통점이 '산해'로 같으므로 산혜잎이 나오면 그 다음에 산해진미가 연결되어 나온다는 것을 알 수 있습니다.

16장 다메섹의 제단에 Hot(핫)이라고 써 있다. **핫** → 아**하스**

① 유다 왕 아하스(1-20) - 요담의 아들
② 아하스가 자기 아들을 불로 태워 인신 제사를 드리다(3)
③ 이스라엘 왕 베가와 아람 왕 르신의 동맹군이 유다 왕 아하스를 공격하다(5-6)
④ 아하스가 앗수르 왕 불의 도움으로 이스라엘과 아람 동맹군을 물리치다(7-9)
⑤ 앗수르 왕 불이 아람 왕 르신을 죽이고 아람을 정복하다(9)
⑥ 아하스가 아람의 다메섹 제단과 똑같은 제단을 만들다(10-20) - 아하스가 앗수르 왕 디글랏 빌레셀을 만나러 다메섹에 갔다가 다메섹에 있는 제단의 화려함을 보고 그와 똑같은 제단을 제사장 우리야로 하여금 만들게 한다.

17장 호색아가 산해진미를 먹고 배가 부르자 기분이 좋아져서 입에 이스시개를 물고 신이 나서 앗사! 호랑나비를 부르며 춤추고 있다. 호색아 → 호세아, 이스시개 → 이스라엘

① 이스라엘 왕 호세아(1-4) - 이스라엘 마지막 왕으로 베가를 죽이고 왕이 됨. 9년간 치리. 앗사는 **앗**수르 왕 **사**르곤 2세에 의해 **사**마리아가 함락되는 것을 말한다.
② 사마리아가 함락되다(5-41) - 살만에셀 5세는 사마리아 포위 3년 째 진중에서 죽고 그의 형제 사르곤 2세가 사마리아를 함락시킨다. B.C. 722년, **호세아 9년**(호구), **히스기야 6년**.

※ 디글랏 빌레셀 3 → 살만에셀 5 → 사르곤 2 → 산헤립 → 에살핫돈(사마리아 혼혈정책 폄)

18장 ① 유다 왕 히스기야(1-12) - 아하스의 아들, 25세에 등극했으며 이스라엘 백성들이 모세가 만든 놋뱀을 분향하므로 그것을 부수고 느후스단이라 일컬음. 히스기야가 수로사업을 시행함.

② 앗수르 왕 산헤립의 침입(13-37) - 성전 문의 금과 기둥의 금을 벗겨 줌(1차 침입 때).

19장 산해진미와 천사조각상, 산해진미 → 산헤립 진멸

앗수르 왕 산헤립의 군대가 진멸하다(1-37) - 천사가 앗수르 군사 185,000명을 죽였으며 산헤립은 아들들(아드람멜렉과 사레셀)에게 살해된다(2차 침입 - 산헤립은 아드리 사레함). 막내 아들 에살핫돈이 왕이 됨. 185를 반올림하면 19가 되므로 185,000명은 왕하 19장에 나온다.

열왕기하 (20-22장)

문어다리 발레단

열왕기하(20-22장) 그림 배경설명

20장 - 산해진미가 가득한 잔치상 옆에는 **문어다리 발레단**이 해시계(일영표)를 들고 자기가 가진 모든 재주를 다 보여 주고 있으며 여기서 문어다리 발레단은 바벨론 왕 므로닥(브로닥)발라단을 나타냅니다. 10°가 표시된 해시계는 히스기야가 병 고침을 받고 생명 연장의 증표로 일영표에 나아갔던 해 그림자가 10° 뒤로 물러나는 이적 보여주신 것을 말하며 문어다리 발레단이 자기가 가진 모든 재주를 다 보여 주었다는 것은 히스기야가 바벨론 왕의 사신들에게 궁정안의 모든 보물을 다 보여준 것을 말하며 이는 하나님보다 자신의 군사력을 더 신뢰한 히스기야의 교만을 나타냅니다. 참고로 문어다리가 2개, 해시계가 ○ 모양이므로 해시계를 들고 있는 문어다리 발레단은 20장에 나옵니다.

21-22장 - 산해진미가 가득한 잔치상에서 못난이가 둘이 먹다가 하나가 죽어도 모를 아몬드 쵸콜렛을 먹고 있으며 여기서 못난이는 므낫세가 되고 아몬드는 아몬이 되며 아몬드 쵸콜렛이 먹히고 있는 것은 아몬의 피살을 나타냅니다. 못난이의 옆에 있는 소년은 시야가 좋아서 요**시야**라고 부르며 시야가 좋아서 율법책을 발견하기도 했는데 둘이 먹다가 하나가 죽어도 모를 아몬드 쵸콜렛을 발견하지 못할 리가 없습니다. 참고로 둘(2)이 먹다가 하나(1)가 죽어도 모를 아몬드 쵸콜렛을 먹는 못난이는 21장에 나오며 시야가 좋은 요시야가 뚜두두두하며 아몬드 쵸콜렛을 발견했는데 뚜두두두가 투투(22)와 발음이 비슷하므로 요시야는 22장에 나옵니다.

20장   문어다리 발레단이 일영표를 들고 자기가 가지고 있는 모든 재주를 다 보여주고 있다.

    ① 일영표의 기적(1-11) - 히스기야가 병 고침을 받고(무화과 반죽) 생명을 15년 연장 받았으며 생명연장의 증표로 일영표에 나아갔던 해 그림자가 10° 뒤로 물러나는 이적을 보여주신다.

    ② 히스기야가 바벨론 왕의 사신들에게 궁정안의 모든 보물을 다 보여주다(12-21) - 바벨론 왕 브로닥발라단이 히스기야 왕의 병 치유를 경축한다는 명목으로 사신을 보냈으나 참 목적은 군사적 동맹관계를 맺기 위해서였다. 그 당시 바벨론은 앗수르의 침략과 위협을 받고 있었는데 히스기야는 앗수르를 격퇴시켰던 것이다. 그래서 바벨론은 유다와 동맹을 맺고 앗수르의 공격을 저지하려 했던 것이다. 그런데 히스기야가 앗수르를 격퇴시킨 것은 자신의 군사력에 의한 것이 아니라 하나님의 기적에 의한 것이었다. 그러나 히스기야는 교만하여 군기고와 보물을 자랑하였다. 이때 선지자 이사야는 바벨론에 의한 유다의 멸망과 포로가 될 것을 예언한다.

21장   못난이가 아몬드 쵸콜렛을 먹고 있다.   못난이 → 못났서 → 므낫세,   아몬드 → 아몬

    ① 유다 왕 므낫세(1-18) - 히스기야의 아들. 어머니는 헵시바. 가장 악한 왕들 중 하나로 히스기야가 헐어버린 산당을 다시 세우며 아합의 행위를 따르며 일월성신을 경배하고 힌놈의 아들 골짜기에서 아들을 불 가운데로 지나가게 하며 무죄한 자의 피를 심히 많이 흘려 예루살렘 이 끝에서 저 끝까지 가득하게 함. 대하 33장에는 회개하는 장면이 나오나 여기서는 나오지 않는다.

    ② 유다 왕 아몬(19-26) - 므낫세의 아들
    아몬드 쵸콜렛이 먹히고 있는 것은 아몬의 피살을 나타낸다.

    ③ 아몬이 피살되다(23) - 신복들이 반역하여 궁중에서 죽임을 당한다.

    ※ 둘(2)이 먹다가 하나(1)가 죽어도 모를 맛. 따라서 21장이 된다. 대하에서는 아몬드 쵸콜렛의 맛이 너무 삼삼(33)하다에서 33장이 되는데 구분하는 방법은 대하는 크고 긴 강이고 또 33이 21보다 크므로 대하가 33장이 되고 왕하는 21장이 된다.

22장   아몬드 쵸콜렛을 쳐다보고 있는 소년은 시야가 좋아서 요시야라고 부르며 시야가 좋아서 율법책을 발견하기도 했다.

    ① 유다 왕 요시야(1-7) - 아몬의 아들로 8세에 등극(시야 즉 두 눈이 8자 모양), 31년간 치리.

    ② 율법책을 발견하다(8-20) - 성전 수리 중 대제사장 힐기야가 율법책을 발견한다.

    ※ 요시야가 시야가 좋은 것처럼 대제사장 힐기야도 시야가 좋아 성전을 힐끔거리다 율법책을 발견한다. 힐기야가 발견한 율법책을 풀(≒훌)어준 여선지 - 살룸의 아내 훌다(예루살렘 2째 구역에 거주)

열왕기하 (23-25장)

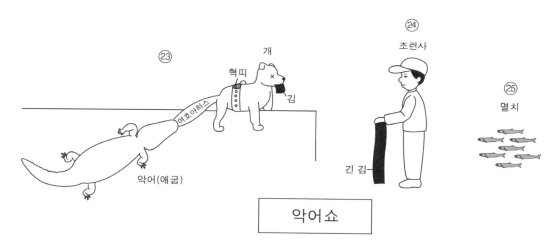

23장 - 23~25장은 **악어쇼**로, 입에 김을 물고 허리에 혁대를 찬 개가 담을 뛰어 넘는 재주를 부리다 악어에게 꼬리를 물려 죽고 맙니다. 꼬리에 여호아하스라 써 있는데 왕하 13장과 같이 긴 꼬리나 긴 화살에는 긴 이름인 여호아하스가 꼭 써 있으며 꼬리가 U자 모양이므로 이곳의 여호아하스는 유다 왕이 됩니다. 참고로 악어가 개의 꼬리를 물고 있는 자세가 이상(23)하므로 악어와 혁대를 찬 개는 23장에 나옵니다.

24장 - 이 꼬마 조련사는 이제 **갓 네 살** 된 조련사로 **시드**러 버린 **긴 김**을 가지고 악어를 조련하고 있으며 긴 김에도 긴 이름인 여호아하스가 써 있어야 하나 23장에 나왔으므로 생략합니다. 참고로 2제 갓 4살이 24가 되므로 이제 갓 네 살 된 조련사는 24장에 나옵니다.

25장 - 동물들에게 줄 멸치가 수북이 쌓여있으며 멸치는 멸망 즉 예루살렘의 멸망을 나타냅니다.

23장 입에 김을 물고 허리에 **혁**대를 찬 **개**가 담을 뛰어넘는 재주를 부리다 악어에게 꼬리를 물려 죽는다. 꼬리에 여호아하스라 써 있는데 긴 꼬리나 긴 화살에는 긴 이름인 여호아하스가 꼭 써 있다(성경기억법 왕하 13장 참조). 악어 → 애굽, 김 → 여호야김
혁대를 찬 **개** → 개혁

① 요시야의 종교개혁(1-20, 24-27)
개가 담을 뛰어넘는(유월) 재주를 부리다 악어에게 꼬리를 물려 죽는다.

② 요시야가 유월절을 지키다(21-23) - 사사가 이스라엘을 다스리던 시대 이후로 처음 유월절을 지킴. 히스기야는 속 유월절(2.14일)을 지켰는데 그 이유는 성결하게 한 제사장들이 부족하고 백성도 예루살렘에 모이지 못했으므로 그 정한 때(1월 14일)에 지킬 수 없었기 때문이다.

③ 요시야 왕이 죽다(28-30) - 악어(애굽)에게 므을려 죽었으므로 애굽의 바로느고에게 **므깃도**에서 전사한다. 악어(애굽)가 **바로 누워**있으므로 애굽의 바로느고가 된다. 예레미야가 애가 지음. 꼬리에 여호아하스라 써 있다.

④ 유다 왕 여호아하스(31-35) - 요시야의 아들로 3개월간 치리. 악어(애굽)가 여호아하스라 쓴 꼬리를 물고 있는 것은 여호아하스가 애굽에 붙잡힌 것을 말하며 후에 애굽에 잡혀가서 죽는다.
※ 꼬리하면 쥐꼬리만하다는 말이 떠오르므로 여호아하스의 재위기간은 3개월밖에 되지 않는다.

⑤ 유다 왕 여호야김(36-37) - 요시야의 아들로 애굽 왕 바로느고가 여호아하스를 대신하여 왕을 삼음. 바벨론 왕을 3년간 섬김, 그 후 배신하자 결박하여 바벨론으로 잡아감. 11년간 치리.

24장 이 꼬마 조련사는 이제 **갓 네 살** 된 조련사로 **시드**러 버린 **긴 김**을 가지고 악어를 조련하고 있다. 갓 네 살 → 느부갓네살, 시드 → 시드기야, 긴 → 여호야긴, 김 → 여호야김

① 유다 왕 여호야김(1-7) - 바벨론 왕 느부갓네살의 1차 침입(여호야김 3년). 다니엘이 끌려감.
※ 다니엘은 약자로 단이 되며 단은 하나를 나타내므로 다니엘은 느부갓네살의 1차 침입 때 끌려간다.

② 유다 왕 여호야긴(8-17) - 바벨론 왕 느부갓네살의 2차 침입. 에스겔의 S는 2자 모양이고 모르드개의 드개가 두개이므로 에스겔과 모르드개는 2차 침입 때 끌려간다. 또한 여호야긴 때 느부갓네살이 모든 장인과 대장장이를 사로잡아 간다(긴장). 여호야김의 아들. 3개월간 치리. **에윌므로닥**이 37년 된 때에 풀어준다. 여호야긴 = 여고냐 = 고니야(냐, 긴, 니=ㄴ 받침)

③ 유다 왕 시드기야(18-20) - 바벨론 왕 느부갓네살의 3차 침입(시드기야 9년), 유다의 마지막 왕으로 두 눈이 뽑히고 아들들이 눈앞에서 죽임을 당함. 바벨론으로 끌려가서 옥사. 11년간 치리.

25장 꼬마 조련사의 뒤에는 동물들에게 줄 멸치가 수북이 쌓여있다. 멸치 → 멸망
예루살렘의 멸망(1-21) - 시드기야 11년에 바벨론 왕 느브갓네살에 의해 예루살렘 멸망.

역대상 29장

* **장수기억법** : **역**기를 머리 위(**상**)로 으 이구(29) 하며 들어 올리고 있다.
* **배경** : 속셈 경연대회에서 **대상**을 탔으므로 각장마다 숫자를 가지고 소제목을 만들어 보았다.
* **특징** : 역대상 1-9장은 족보가 나온다.
* **저자암기법** : 사진이나 그림을 보면 강(대하)들은 다 **에스라**인으로 그려져 있다. 따라서 대하의 저자는 에스라이며 대상의 저자도 에스라가 된다. 대하 저자암기법 참조.

역대상 (29장)

저   자 : 본문에는 저자가 누구인지 나타나 있지 않으나 제사장 에스라가 저자라는 유대 탈무드의 전승이 몇 가지 점에서 지지를 받고 있다. 본문의 내용에서 성전과 제사장직 그리고 남왕국 유다의 신정적인 다윗 왕통 등을 강조하고 있는 점으로 보아 저자가 제사장일 가능성이 높다. 또한 역대상·하의 서술은 이 책이 최소한 에스라와 동시대에 기록되었다는 점을 시사한다. 역대상·하는 에스라서와 문체가 매우 유사하며 또한 이 두 책은 모두 계보나 성전예배나 제사장의 사역, 하나님의 율법에 대한 순종 등 제사장적인 안목에서 서술되고 있다. 더욱이 역대하의 마지막 절들(36:22, 23)은 스 1:1-3에서 약간 변형되어 반복되고 있다. 따라서 역대상·하와 에스라는 마치 누가복음과 사도행전처럼 하나의 계속적인 역사였을지도 모른다. 에스라는 학문을 익힌 서기관이었다(스 7:6). 또한 구약 외경 마카베오하 2:13-15에 따르면 느헤미야가 책을 수집하여 도서관을 만들었는데 에스라는 그곳의 자료를 사용하여 역대상·하를 편집한 것 같기도 하다. 그가 사용한 문서와 자료들은 역대상·하에 잘 나타나 있다. 이스라엘의 학자들은 역사 자료들을 집대성하여 비교하였는데 역대상·하의 저자 역시 성령의 인도하심과 영감 아래에서 많은 자료들을 수집하여 편집했을 것이다.

제   목 : 히브리 성경의 명칭 '디브레 하야밈'은 '각 시대의 사건들' 또는 '각 시대의 말씀들'이라는 뜻으로, 이 책이 이스라엘의 역사 위에 펼쳐진 사건들이 주는 의미와 교훈을 집약적인 동시에 함축적으로 기록하고 있는 책(册)임을 보여주고 있다. 원래는 단권의 역사서였으나, B.C. 150년경 칠십인역의 번역진들에 의해 상·하 2권으로 구분되었다. 벌게잍 역에서 붙여진 제목에 따라 역대기라 칭한다.

주   제 : 다윗 왕의 통치와 그의 성전 건축을 위한 준비

기록연대 : B.C. 약 450년경

요   절 : 28:9-10, 29:11-14

기록목적 : 다윗 왕의 통치를 하나님이 어떻게 평가하셨는지를 보여주고, 다윗을 통한 하나님의 신정(神政)정치의 영화를 회상함으로써 여호와 신앙을 회복하도록 하기 위해 기록 하였다.

1장

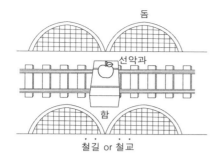

철길 or 철교

철길이 일자 모양이며 철길에 함이 놓여있고 함 위에 선악과가 있다.   함 → 아브라함
선악과 → 아담을 상징, 참고로 1-9장은 족보가 되므로 사람 이름과 관계가 있다.
① 아담의 족보(1-27) - 셋·에노스·게난·마할랄렐·야렛·에녹·므두셀라·라멕·노아(10대)
※ 셈의 족보 - 아르박삿·셀라·에벨·벨렉·르우·스룩·나홀·데라·아브라함(10대)
　　함(가나안 7족속의 조상)의 족보 - 구스·미스라임·붓·가나안(함구미붓가).
② 아브라함의 족보(28-33) - 사라(이삭 → 에서, 야곱), 종 하갈(이스마엘), 첩 그두라(미디안)
※ 이스마엘의 장자 - 느바욧(이바욧! 웃지 말아욧), 블레셋의 조상 - 가슬루힘(불에 그슬림)
　　철길의 난간은 돔식으로 지어졌다.   돔 → 에돔(에서), 돔 : 반구처럼 생긴 건물구조
③ 에서의 족보(34-54) - 엘리바스(맏아들) - 엘리바스의 엘스와 에서가 비슷하다.
※ 아말렉의 조상 - 엘리바스 - 엘비스 프레슬리(엘리바스)는 락(≒렉)의 황제

2장

은 30

이스라엘(야곱)

천사와 씨름하는 이(2)스라엘, 씨름하는 자세가 2자 모양이며 은 30을 놓고 씨름한다.
은 30은 예수님을 판 유다를 나타내며 이 유다를 야곱의 아들 유다로 바꾼다.
① 이스라엘의 족보(1-2) - 이스라엘의 12 아들이 나온다.
② 유다지파의 족보(3-55) - 베레스, 헤스론, 람, 암미나답, 나손, 살몬, 보아스, 오벳, 이새, 다윗

3장

솔이 많다

소나무 3개

소나무 3개가 3장을 나타내며 소나무에 솔이 많다.   솔 → 솔로몬,   많다(多·다) → 다윗
① 다윗의 족보(1-9) - 7형제 중 막내, 두 누이는 스루야(아들 요압, 아비새, 아사헬)와 아비가일
※ 헤브론에서 난 아들들 - 암논, 길르압, 압살롬, 아도니아, 스바댜, 이드르암
　　예루살렘에서 난 아들들 - 삼무아 소밥, 나단, 솔로몬(밧세바의 아들들) 등등
② 솔로몬의 족보(10-24)

4장

四 (4)자 모양

은 30

야바위

야바위판위에 은 30이 있으며 은 30은 예수님을 판 유다를 나타내며 이 유다를 야곱의 아들 유다로 바꾼다. 유다는 2장에서 나왔으므로 유다의 추가된 족보가 된다.

① 유다 지파의 추가된 족보(1-23)

이 야바위판은 시무(사무를 봄)를 볼 때 사용하기도 한다.　　시무 → 시므온

② 시므온 지파의 족보(24-43)

야바위(속임수로 돈을 따먹는 중국 노름)는 야베스와 발음이 비슷하다.

③ 야베스의 기도(9-10) - 야베스가 이스라엘 하나님께 아뢰어 이르되 원컨대 주께서 내게 복에 복을 더하사 나의 지경을 넓히시고 주의 손으로 나를 도우사 나로 환란을 벗어나 근심이 없게 하옵소서 하였더니 하나님이 그가 구하는 것을 (가차없이) 허락하셨더라(10)

※ 야베스(유다 지파) - 내가 수고로이 낳았다 - 야를 베고 내가 수고로이 낳았다

5장

갓

얼굴 반은 못났다
(므낫세 반지파)

아이벤
(르우벤)

갓을 쓴 사람이 5자 모양이다.

① 갓 지파의 족보(11-17)

얼굴의 반은 못났다.　　못났서 → 므낫세

② 므낫세 반지파의 족보(18-26)

배가 아이를 밴 것 같다.　　밴 → 르우벤

③ 르우벤 지파의 족보(1-10) - 르우벤은 장자라도 아버지의 침상을 더럽혀서 장자의 명분이 요셉 자손에게 돌아갔으며 유다도 주권자가 유다에게서 났으나 장자의 명분은 요셉에게 있다.

6장

거위가 보금자리에서 알을 낳을 때 노래가 나온다.　　거위 → 레위,　　알 → 아론

노래 → 찬송하는 자,　거위의 보금자리 → 레위 지파의 거할 성읍,　거위는 6자 모양

① 레위 지파의 족보(1-30) - 레위의 아들들은 게르손, 고핫(그핫), 므라리

② 아론 자손의 족보(49-53) - 아론 → 엘르아살 → 비느하스 → … 사독 → 아히마아스

※ 사무엘의 아들들은 사가지가 없어서(無 무) 요에(요엘) 앉아서 아버지를 아비야 하고 부른다.

③ 성전에서 찬송하는 자(31-48) = 성가대 - 다윗 때 여호와의 회막에서 찬송하는 일을 맡은 사람은 에단, 헤만, 아삽(에헤라디아~) - 에단은 헤만 좌편, 아삽은 헤만 우편에서 직무

④ 레위 지파의 거할 성읍(54-81)

7장

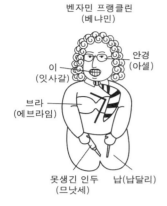

넥타이가 7자 모양이며 벤자민(베냐민) 프랭클린이 실험을 하고 있다. 안경 → 아셀이 → 잇사갈, 브라 → 에브라임, 납 → 납달리, 못생긴(므낫세) 인두

① 베냐민 지파의 족보(6-12)
② 아셀 지파의 족보(30-40)
③ 잇사갈 지파의 족보(1-5)
④ 에브라임 지파의 족보(20-29) - 눈의 아들 여호수아가 속한 지파
⑤ 납달리 지파의 족보(13)
⑥ 므낫세 지파의 족보(14-19)

8장

벤자민 프랭클린의 가발, 가발이 8자 모양이다. 벤자민 → 베냐민

베냐민 지파의 족보(1-40) - 7장보다 자세히 소개 되었으며 베냐민 지파에서 난 사울 왕가의 족보가 추가 된다. 사울 - 기스의 아들(넬의 아들 아브넬과는 사촌지간)

※ 기브온의 조상 - 여이엘 - 기브는 여기에(여이엘)

9장

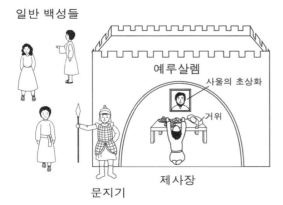

포로귀환 후 **예루살렘에 정착한** 일반 백성들이 예루살렘 성 주위를 지나다니고 있다.
① **예루살렘에 정착한 일반 백성들**(1-9)
예루살렘에서 제사장이 제사를 드리고 있다.
② **예루살렘에 정착한 제사장들**(10-13)
제사상위에는 거위의 다리와 사울의 초상화가 있다.　거위 → 레위
③ **예루살렘에 정착한 레위인들**(14-16)
※ 바벨론 포로에서 가장 먼저 예루살렘에 돌아온 사람들 - 제사장, 레위인, 느디님 사람(느디님 사람들의 시초는 기브온 사람들로 성소안에서 봉사를 위해 제사장과 레위인들에게 주어진 성전노예)
④ **사울의 족보**(35-44) - 사울의 4아들:요나단, 말기수아, 아비나답(리스위), 에스바알(이스보셋)
제사상위에 거위의 다리만 있고 나머지 부위는 보이지 않는다.　거위 → 레위
⑤ **나머지 레위인들**(28-34) - **찬송하는 자**는 다른 일은 하지 않고 골방에서 자기 직분에만 전념
⑥ **예루살렘에 정착한 회막 문지기**(17-27)
※ 제사상에 올려놓은 거위의 다리가 9자 모양이다.

10장

유리 파편

9장에서 사울의 초상화에 절하는 것은 우상숭배이므로 사울의 초상화를 깨트려 버렸으며 사울의 초상화가 깨진 것은 사울의 죽음(삼상 31장 참조)을 뜻한다.
① **사울의 죽음**(1-12) - 길보아산에서 전사. 블레셋 사람들이 사울의 머리를 다곤의 신전에 둠. 전에 사울이 암몬으로부터 구해주었으므로(삼상 11장) 길르앗 야베스 사람들이 사울을 장사지냄.
유리 파편,　유리 ↔ 이유
② **사울이 죽은 이유**(13-14) - ① 여호와의 말씀을 지키지 않음 ② 여호와께 묻지 않고 신접한 자에게 가르침을 청함. 사울의 죽음을 소개하는 이유는 뒤이을 다윗왕국의 등장을 예고하기 위함이다.

11장

다윗

용사들

다윗이 왕위에 오른다. 그런데 가만히 보니 짝퉁 다윗이다. 이 사람의 나이는 시은(50)이며 다윗을 빼다 박았다.　시은 → 시온,　**빼**다 박**았다** → 빼앗다
① **다윗이 왕이 되다**(1-3) - 삼하 5장 참조
② **다윗이 시온 산성을 빼앗다**(4-9) - 다윗이 시온 산성을 빼앗고 다윗성이라 불렀다.
③ **다윗의 용사들**(10-47) - 30인 용사 소개, 삼하 23장 참조

12장

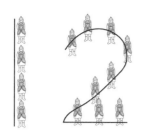

다윗의 군대들(1-40)

13장

돔식으로 된 구조물 옆에 궤가 놓여 있는데 그 모양이 13자와 같다. 돔 → 오벧에돔
언약궤 운반과 오벧에돔(1-14) - 기럇여아림의 아비나답의 집에서(20년간 있었다. 삼상 7
장) 새 수레로 언약궤를 옮기던 중 나곤의 타작마당에서 소들이 뛰므로 웃사가 특정인 외에는
만질 수 없는 언약궤를 손으로 잡다 죽자 언약궤를 오벧에돔의 집에 둔다(3개월간, 삼하 6장).

14장

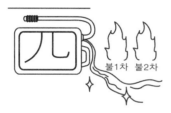

불1차 불2차

기름통에서 기름(휘발유)이 흘러나와 번들번들한 게 광채가 나며 기름 때문에 두 군데
에서 불이 나고 있다. 광채 → 명성, 불 → 블레셋
① 다윗의 명성(1-7) - 삼하 5장 참조
② 블레셋의 1·2차 침입과 승리(8-17) - 삼하 5장 참조
※ 뽕나무 꼭대기에서 걸음 걷는 소리를 듣고 나가서 싸워 블레셋 군대를 쳐서 승리한 사람 - 다윗
휘발유는 휘발성이 강해서 휘발유에 불을 붙이면 펑(뽕) 소리가 난다.

15장

궤

춤추는 다윗

다윗이 언약궤를 들여오는 것이 너무 기뻐 '15야 둥근달이'하며 춤을 추고 있다.
언약궤의 재운반과 춤추는 다윗(1-29) - 13장에서 언약궤를 운반했었기 때문에 재운반이
되며 이때 사울의 딸 미갈이 춤추는 다윗을 보고 업신여긴다. 삼하 6장 참조

※ 오벧에돔의 집에서 언약궤를 다윗성으로 옮긴 방법 – 전에는 규례에 따라 운반하지 않고 수레에 옮겨서 하나님의 진노를 샀으므로 레위 자손이 채에 하나님의 궤를 꿰어 어깨에 메어 옮겼다. 레위 사람의 지도자로 노래를 인도하던 사람 – 그나냐, 오벧에돔 자손의 직책 – 성전 문지기

16장

다윗

다윗이 호른으로 하나님을 찬양하고 있는데 호른이 너무 무거우므로 지팡이로 지탱하고 있다. 악기는 하나님을 찬양하는 것으로 약속한다(성경기억법 시편 33편 참조).
다윗이 하나님을 찬양하다(1-36) = 언약궤를 안치하다 – 언약궤를 무사히 예루살렘에 안치시킨 후에 다윗이 벅찬 감격으로 하나님을 찬양한다.

17장

궤   다윗

땡볕   그늘

다윗은 시원한 그늘에 앉아 있고 하나님의 언약궤는 땡볕에 있으므로 가책을 느낀 다윗이 성전을 건축하기로 마음을 먹는다.
① 다윗이 성전건축 계획을 가지다(1-2) – 다윗이 성전을 건축하려 했으나 다윗이 전쟁 중에 다른 사람들의 피를 많이 흘리게 하였기 때문에 솔로몬으로 양도 된다(삼하 7장 참조).
그늘은 어두우므로 묵시를 나타낸다.
② 묵시가 내리다(3-15) = 다윗 언약 – 다윗의 성전 건축을 제지하시며 솔로몬이 성전을 건축할 것이며 다윗 왕가를 영원토록 튼튼하게 세우시리라고 약속하셨다(삼하 7장 참조).
• 내가 영원히 그를 내 집과 내 나라에 세우리니 그의 <u>왕위</u>가 영원히 견고하리라(14)
다윗이 시원한 그늘 아래서 기도하고 있다.
③ 다윗의 기도(16-27) – 묵시의 내용을 들은 다윗이 하나님의 크신 은총에 감사기도를 드린다.

18장

총

칼

총과 칼은 전쟁을 나타낸다.
다윗의 전쟁기록(1-17) – 다윗이 어디를 가든지 여호와께서 이기게 하셨더라(13) – 삼하 8장
※ 다윗이 전쟁에서 취한 놋으로 솔로몬이 만든 것 – 놋대야, 기둥, 놋그릇

19장

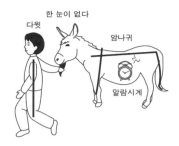

다윗이 암나귀의 수염을 잡고 끌고 가고 있다. 이 암나귀는 한 눈이 없으며 피터팬에 나오는 악어처럼 알람시계를 삼켜서 때가 되면 알람이 울린다. 암나귀 → **암**몬 **나**하스 한 눈 → 하눈, 알람 → 아람
① 암몬 나하스의 아들 하눈에게 수염 잘린 다윗의 신하들(1-5) - 삼하 10장 참조
② 다윗이 암몬을 물리치다(6-15)
③ 다윗이 아람을 물리치다(16-19) - 다윗이 아람사람 하닷에셀의 군대지휘관 소박을 죽인다.

20장

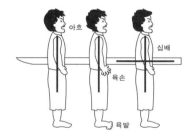

3명의 거인 중 맨 앞의 거인 - (十)**십**배 또는 **삽**(후사 사람 **십**브개가 죽임)
가운데 - **육**손 육발로 키가 큰 자(다윗의 형 삼마의 아들 **요**나단이 죽임. 삼하 21장 참조)
맨 뒤 - 베틀채 같은 창끝에 찔려 아흐! 소리를 내고 있다. 아흐 → **라**흐미(엘하**난**이 죽임) - 아흐(라흐미) 골이야(골리앗) 또는 골라골라 따라서 골리앗의 동생은 라흐미가 된다.
① 3차에 걸친 블레셋과의 전쟁에서 거인들을 죽이다(4-8) - 삼하 21장 참조
아무리 나쁜 거인이라도 저렇게 잔인하게 죽이는 것은 나빠! 나빠 → 랍바(암몬의 수도)
② 다윗이 랍바를 함락시키다(1-3) - 요압이 랍바(암몬의 수도)를 함락시키매 다윗이 그 왕의 머리에서 **왕관**을 빼앗아 자기 머리에 쓴다. 왕관의 중량은 금 1달란트. 삼하 12장 참조

21장

오르난(아라우나)의 타작마당
① 아브라함이 이삭을 바쳤던 곳(예루살렘 모리아산)
② 솔로몬이 성전을 세운 곳
③ 예수님께서 십자가에 달리신 갈보리산

사람의 수와 관계되므로 인구조사가 된다.
다윗의 인구조사(1-30) - 3일간 전염병 징계 받음. 7만 명 죽음. 여부스 사람 오르난의 타작마당과 소를 금 600세겔에 사서 하나님께 번제와 화목제를 드림으로 재앙 그침. 삼하 24장 참조.
※ 다윗이 이스라엘을 계수할 때 범죄라며 말린 사람 - 요압
요압이 다윗 왕의 명령을 마땅치 않게 여겨 계수하지 않고 내빼버린 지파 - 레위, 베냐민
다윗 당시 모세가 지은 성막과 번제단이 (솔로몬이 성전을 짓기까지) 있었던 곳 - 기브온 산당

22장

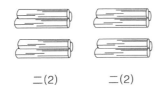

二(2)　　　二(2)

성전 건축을 위한 자재가 쌓여있다.
성전 건축 준비(1-19)

23장

숫자가 2이므로　　　숫자가 3이므로
20세 이상 계수　　　30세 이상 계수

앞에 무를 물고 있는 거위는 솔로다.　솔로 → 솔로몬,　거위 → 레위,　무 → 직무
① 솔로몬을 왕으로 세우다(1) - 다윗이 나이 많아 늙으매 솔로몬으로 이스라엘 왕을 삼는다.
② 레위인의 직무(2-32) - 다윗은 우선 기존의 레위인들의 활동 상황을 파악하기 위해 30세 이상의 레위인들을 계수한다(23:3, 오른쪽 거위 2마리). 그러나 이를 20세로 낮춘다(23:24, 27, 왼쪽 거위). 그 이유는 광야생활 당시처럼 레위인들이 맡은 직무가 더 이상 어렵지 아니하며 앞으로 있을 성전 건축에 대비하여 보다 많은 건장한 일꾼들이 필요했기 때문이다.
※ 30세 이상 계수한 레위 남자의 수 - 38,000명(이중 문지기와 찬송하는 자는 각각 4천명)
거위(레위)가 하나에서 둘, **둘**에서 **넷**으로 나누어지므로 레위인의 24반열이 된다.
③ 레위인의 24반열(6-23) - 3족속(레위의 3아들)으로 나누고 여기서 다시 24반열로 나누었다.
※ 6장의 거위가 숫자로 6이 되고 23장의 거위는 2가 되는 것은 앉아있을 때는 6이 되고 서 있을 때는 2가 되기 때문이다.

24장

거위 → 2,　알 → 4개이므로 24장이 된다.　거위 → 레위,　알 → 아론
거위가 무를 물지 않았으므로 레위인의 직무도 아니고 1-9장까지만 족보이므로 레위인의 족보도 아니다. 레위인의 24반열도 되지 않으므로 그냥 레위인의 반열로 한다.
① 레위인의 반열(20-31) - 거위(레위)의 몸에서 알(아론)이 빠져 나갔으므로 아론자손의 반차를 뺀 레위 지파의 족장들의 명단이 나온다. 더 자세히 말하면 게르마뉴(게르손)이 함유된 알이 빠져 나갔으므로 23장 '레위인의 24반열'에서 게르손 자손을 제외한 23:12-23의 반복이다. 알(아론)이 **4**개이므로 아론 자손의 **24**반차(반열)가 된다.
② 아론 자손의 24반차(1-19) = 제사장의 24반차 - 아론 자손이 제사장이므로 아론 자손의 24반차와 제사장의 24반차는 같다. 참고로 6장은 아론 자손의 족보가 된다(1-9장까지는 족보).
※ 제사장반열을 나눈 왕 - 다윗, 아비야 반열의 제사장 사가랴(세례요한 父) - 8번째 반열(파사가라)

25장

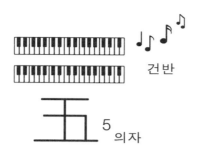

건반

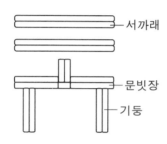

5
의자

2개의 건반과 五(5)를 닮은 의자, 따라서 25장이 된다. 건반(악기)은 찬양을 나타내며 건반의 수가 24개이므로 24반열이 된다.

찬양대 24반열(1-31) - 각 순번마다 12명씩 총 288명

※ 신령한 노래로 여호와를 찬송하는 직분을 맡은 사람들의 족장 - 헤만(두목이므로 고핫 자손), 아삽(삽은 손으로 잡는 도구이므로 아삽은 게르손 자손), 여두둔(=에단, 므라리 자손)

26장

서까래
문빗장
기둥

문의 모양이 한자로 二六(26)이다.

① 성전 문지기의 반차(1-19) - 매일 각 문을 지키는 문지기는 총 24명(상임관리, 고정직)이며 나머지는 직무시기에 따라 교대한다. 남쪽문은 오벧에돔의 아들들이 맡았다.

문지기는 성전의 문을 지키는 것뿐만 아니라 곳간(창고)도 맡아서 지켰다.

② 성전 창고지기(20-28)

※ 하나님의 전 곳간과 성물 곳간을 맡은 사람 - **아히야** - 아이와 호랑이보다 무서운 곳감(곳간)이야기, 여기서 아이 → 아히야가 되므로 성전 곳간을 맡은 사람은 아히야가 된다.

27장

행정관

군인
문서

문서를 확대하면

왕의 재산

옷이 성겨있다

군인

① 군대조직(1-15)

행정관

② 행정조직(16-24)

군인이 무릎을 꿇고 사격을 많이 해서 옷이 성겨있다(간격이나 사이가 촘촘하지 않고 뜨다).

③ 다윗을 섬기는 사람들(32-34)

④ 왕의 재산을 맡은 자들(25-31)

28장

다윗이 뒷짐을 지고 다리를 팔자로 벌리고 서서 솔로몬에게 성전건축 양식을 건네고 있으며 솔로몬은 겸손히 무릎을 꿇고 다윗으로부터 성전건축 양식을 받고 있다.

다윗이 솔로몬에게 성전건축 양식을 주며 성전건축을 지시하다(1-21) = 다윗의 유언

- 내 아들 솔로몬아 너는 네 아버지의 하나님을 알고 온전한 마음과 기쁜 뜻으로 섬길지어다 여호와께서는 모든 마음을 감찰하사 모든 의도를 아시나니 네가 만일 그를 찾으면 만날 것이요 만일 네가 그를 버리면 그가 너를 영원히 버리시리라(9) - 28장의 그림처럼 다윗이 솔로몬에게 성전건축 양식을 주면서 당부하는 말이다.

29장

예물을 베고 있다

① **성전건축에 쓸 예물**(1-9)

기도하는 손

② **다윗의 기도**(10-19)

- 여호와여 위대하심과 권능과 영광과 승리와 위엄이 **다** 주께 속하였사오니 천지에 있는 것이 **다** 주의 것이로소이다 여호와여 주권도 주께 속하였사오니 주는 높으사 만물의 머리이심이니이다(11) - '다'가 다윗의 기도를 나타낸다.

- 부와 귀가 주께로 말미암고 또 주는 만물의 주재가 되사 손에 권세와 능력이 있사오니 모든 사람을 크게 하심과 강하게 하심이 (**다**) 주의 손에 있나이다(12) - 다윗의 기도

- 나와 내 백성이 무엇이기에 이처럼 즐거운 마음으로 드릴 힘이 있었나이까 모든 것이 주께로 말미암았사오니 우리가 주의 손에서 받은 것으로 주께 드렸을 뿐이니이다(14) - 성전건축에 쓸 예물을 드린 후 다윗이 감격하여 기도하는 내용이다.

평소에 다윗이 애용하던 **솔**로 만든 **등 긁**기,   솔 → 솔로몬

③ **솔로몬의 등극**(20-25)

※ 솔로몬과 함께 기름부음을 받은 제사장 - 사독

붕대 감은 다윗

④ **다윗의 죽음**(26-30)

- 다윗 왕의 행적은 처음부터 끝까지 선견자 사무엘의 글과 선지자 나단의 글과 선견자 갓의 글에 다 기록되고(29)

역대하 36장

* **장수기억법** : **역**기 아래(**하**)에 깔리는 사고(4·9)가 났다.   4 × 9 = 36장
* **배경** : 대하(大河)는 큰 강이므로 대하는 큰 강을 끼고 왕이 사는 궁궐과 백성들이 사는 곳 즉 백성들의 삶의 터전인 과수원과 집을 배경으로 한다. 백성들이 사는 곳에는 **과수원**(수박 과수원과 아사나무 과수원)이 있고 과수원 옆에는 물을 대주는 **못**이 있으며 못의 옆에 난 **다리**를 지나 **산길**을 조금만 가면 백성들이 사는 **마을**이 나온다.
* **특징** : 열왕기는 이스라엘과 유대 왕국의 역사를 모두 기록한 반면 역**대**기는 유**대** 왕국을 중심으로 기록되었다. 특히 대하는 열왕기 상·하에 기록된 사건들을 모두 포함하고 있으므로 중복되는 부분이 많기 때문에 그 차이점을 찾아 암기하는 것이 매우 중요하다.
* **저자암기법** : 사진이나 그림을 보면 강(대하)들은 다 **에스라**인으로 그려져 있다. 따라서 대하 의 저자는 에스라이며 대상의 저자도 에스라가 된다.

역대하 (36장)

저   자 : 에스라

이름의 뜻 : '여호와가 도우신다'

본문에는 저자가 누구인지 나타나 있지 않으나 제사장 에스라가 저자라는 유대 탈무드의 전승이 몇 가지 점에서 지지를 받고 있다. 본문의 내용에서 성전과 제사장직 그리고 남왕국 유다의 신정적인 다윗 왕통 등을 강조하고 있는 점으로 보아 저자가 제사장일 가능성이 높다. 또한 역대상·하의 서술은 이 책이 최소한 에스라와 동시대에 기록되었다는 점을 시사한다. 역대상 참조.

제   목 : 히브리 성경의 명칭 '디브레 하야밈'은 '각 시대의 사건들' 또는 '각 시대의 말씀들'이라는 뜻으로, 이 책이 이스라엘의 역사 위에 펼쳐진 사건들이 주는 의미와 교훈을 집약적인 동시에 함축적으로 기록하고 있는 책(冊)임을 보여주고 있다. 원래는 단권의 역사서였으나, B.C. 150년경 칠십인역의 번역진들에 의해 상·하 두 권으로 구분되었다. 벌게잎 역에서 붙여진 제목에 따라 역대기라 칭한다.

주   제 : 솔로몬 왕 이후 유다와 예루살렘의 역사.

기록연대 : B.C. 450년(솔로몬 왕 즉위~ 고레스 왕의 예루살렘 성전 재건 공포까지의 약 424년 동안의 역사기록)

요   절 : 5:1, 7:14, 16:9

기록목적 : 특별히 유다 왕들의 통치를 기록함으로써 다윗 왕조인 남왕국 유다의 정통성을 강조하고, 성전 건축의 역사와 제사 제도 및 성전 예배의 정립을 보여주기 위해 기록하였다.

역대하 전체 그림

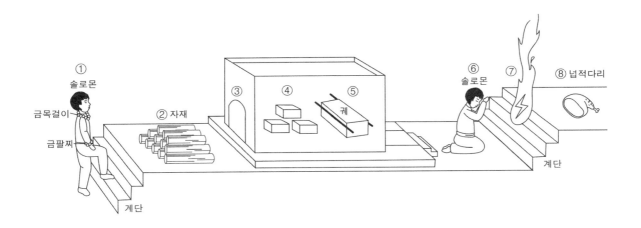

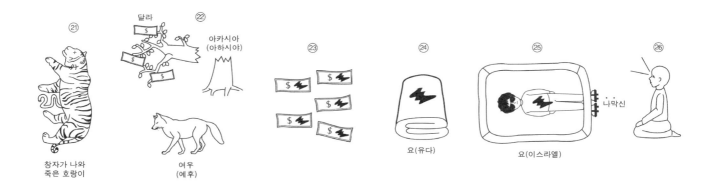

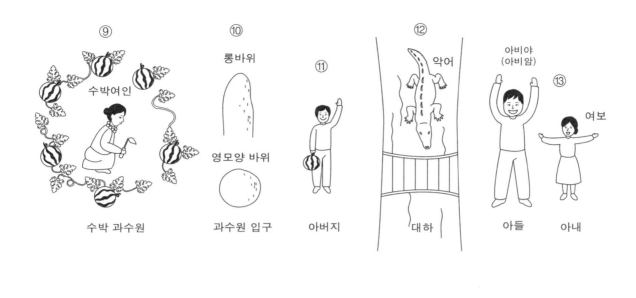

⑨ 수박여인
수박 과수원

⑩ 롱바위
영모양 바위
과수원 입구

⑪ 아버지

⑫ 악어
대하

아비야
(아비암)
⑬ 여보
아들 아내

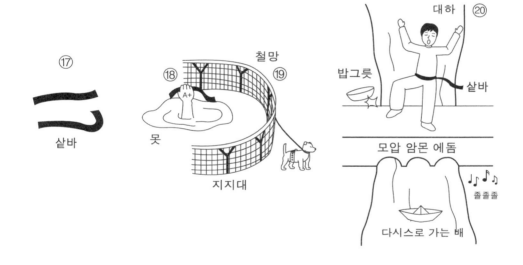

⑰ 샅바

⑱ 못
철망
지지대
⑲

⑳ 대하
밥그릇 샅바
모압 암몬 에돔
졸졸졸
다시스로 가는 배

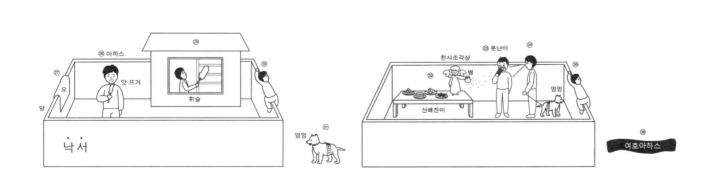

㉖ 아하스
㉙ 앗 뜨거
㉘
휘슬
㉗ 요
담
낙서
멍멍 ㉛

천사조각상 ㉝못난이 ㉞
㉜ 병
산해진미 멍멍 ㉟
여호아하스 ㊱

역대하 (1-8장) - 왕이 사는 궁궐

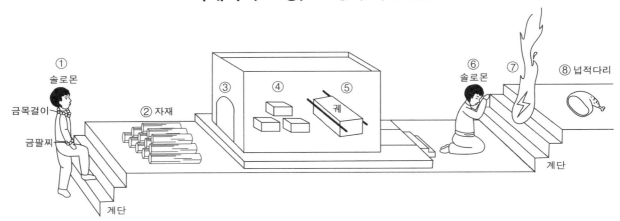

①
솔로몬
금목걸이
금팔찌
계단

②자재

③
④
⑤궤

⑥
솔로몬

⑦

⑧넙적다리

계단

역대하(1-8장) 그림 배경설명 왕이 사는 궁궐을 배경으로 했으며 대하는 열왕기와 같은 내용이 많이 겹치므로 그 차이점을 찾아 암기하는 것이 매우 중요합니다. 우선 왕상은 솔로몬이 왕위에 오르는 것을 배경으로 했으므로 솔로몬이 왕이 되는 장면이 나오며 솔로몬이 왕이 되었으므로 당연히 신하들이 나오고 또 왕이 살 솔로몬 궁전이 나옵니다. 대하는 솔로몬이 왕관을 쓰지 않았으므로 솔로몬이 왕이 되는 장면은 나오지 않으며 따라서 왕의 신하들도 나오지 않고 왕이 살 솔로몬 궁전도 나오지 않습니다. 대하가 솔로몬 궁전이 나오지 않는 대신 왕상이 성전에 1개의 장만 나오는 것에 반해 대하는 성전에 무려 3개의 장이 나옵니다. 솔로몬이 금목걸이와 금팔찌를 차고 첫 번째 계단을 올라가고 있으며 계단을 오르자마자 막 바로 성전을 건축하기 위한 자재가 나오며 자재 다음에는 당연히 이 자재로 만든 성전이 나옵니다. 성전 입구는 성전의 제일 처음이므로 성전 건축의 시작이 되며 성전 가운데에는 물건들이 있으므로 성전 가운데(안)에 둘 물건들에 대해 나오며 성전의 끝은 성전 건축이 끝났음을 나타내며 성전 끝에 언약궤가 안치되어 있습니다. 성전 옆에는 성전이 완공된 것을 감사하며 솔로몬이 기도를 하고 있으며 솔로몬이 기도를 마친 후 두 번째 계단에 놓아둔 제물에 낙뢰가 떨어지고 하늘에서 불이 내려와 제물을 불로 사르고 있습니다. 두 번째 계단 위에는 넙적다리가 있는데 넙적 → 업적이 되므로 넙적다리는 솔로몬의 업적을 나타냅니다. 참고로 솔로몬의 기도하는 모습이 6자 모양이므로 솔로몬의 기도는 6장에 나오며 넙적다리에서 다리의 반대는 팔이므로 넙적다리는 8장에 나옵니다. 그리고 왕상의 계단(3장, 9장)에서 2를 빼면 대하의 계단(1장, 7장)이 됩니다.

1장   첫 번째 계단, 계단 → 제단이 되며 제단에서 일천번제를 드린 후 하나님이 솔로몬에게 나타나 말씀하셨으므로 계단 = 하나님의 계시가 되며(첫 번째 계단이므로 하나님의 첫 번째 계시가 된다) 그때 하나님께서 솔로몬에게 원하는 것을 묻자 솔로몬은 지혜를 구한다.

① 하나님의 첫 번째 계시(1-13) = 솔로몬이 지혜를 구하다 - 왕상 3장 참조

※ 솔로몬이 일천번제를 드린 곳 - 기브온 산당(솔로몬이 성전을 짓기까지 이곳에서 희생을 드림)
일천번제를 드린 후 여호와께서 하신 말씀 - 내가 네게 무엇을 주랴(영어로 기브) 너는 구하라
솔로몬이 구한 것 - 백성을 재판하며 다스리는 지혜와 지식
하나님이 솔로몬에게 주신 것 - 지혜, 지식, 부, 재물, 영광 - 지지부재영
솔로몬이 찬 금목걸이와 금팔찌는 솔로몬의 부를 상징한다.

② 솔로몬의 부(14-17) - 병거가 1,400대, 마병이 12,000명이며 은금을 돌 같이 흔하게 하고 백향목을 평지의 뽕나무 같이 많게 하였다. 왕상 10장 참조

2장   성전을 건축하기 위한 자재가 쌓여있다.

　　　성전건축 준비(1-18) - 이스라엘에 사는 이방인(153,600명)을 노동자로 사용. 왕상 5장 참조

3장   성전입구, 성전입구는 성전의 제일 처음이므로 성전건축 시작이 된다. 왕상 6장 참조

　　　성전건축 시작(1-17) - 솔로몬 즉위 4년 2월 2일(시브월, 리시브 - 애굽에서 나온 지 480년)

　※ 솔로몬이 건축한 성전의 터 - 예루살렘 모리아산(오르난의 타작마당)

4장   성전 가운데, 성전 가운데(안)에 물건들이 있다.

　　　성전 안에 있는 물건들(1-22) = 성전 기구를 제작하다 - 왕상 7장 참조

　※ 제사장들이 씻기 위해 만든 성전기구 - 바다, 성전건축에 쓰인 목재 - 백향목, 잣나무, 감람목

5장   성전의 끝이므로 성전건축이 끝났음을 나타내며 성전 끝에 언약궤가 안치되어 있다.

　① 성전건축 완공(1) - 솔로몬 11년 8월(불월, 8불출)에 완공, 7년 6개월 걸림. 왕상 6장 참조

　② 언약궤를 성전에 안치하다(2-10) - 7월 절기 때 언약궤를 성전으로 옮김. 왕상 8장 참조

　※ 언약궤 안에 있는 것 - 2돌판(만나를 담은 금 항아리와 아론의 싹 난 지팡이는 출애굽이후
　솔로몬에 이르기까지 언약궤를 이리저리 옮기는 과정에서 분실된 것 같다)

　　　성전 앞의 두 기둥 - 보아스(좌, 그에게 능력이 있다 - 보좌로 외울 것 - 보좌에는 능력이 있
　는 사람들만 앉을 수 있다), 야긴(우, 그가 세우리라 - 긴 막대기를 세우다)

6장   　솔로몬의 기도(1-42) - 먼저 솔로몬은 다윗에게 행하실 약속을 이루어 주실 것을 기도했으며
　　　이어 성전을 향해 올릴 백성들의 간구를 들어주실 것을 기도했다(성전 낙성식 때). 왕상 8장 참조

7장   솔로몬이 기도를 마친 후 두 번째 계단에 놓아둔 제물에 낙뢰가 떨어지고 하늘에서
　　　불이 내려와 제물을 사르고 있다.   낙뢰 → 낙성식(봉헌식)

　① 하나님이 불로 응답하시다(1-3) - 기도의 응답으로 하나님이 그 기도를 흠향하셨음을 나타냄

　② 성전 낙성식(4-10) - 솔로몬 즉위 11년 7월(에다님월), 완공은 8월이나 초막절에 맞추느라 7
　월에 거행. 솔로몬의 봉헌기도와 축사, 화목제를 드림으로 14일간의 봉헌식 마침. 왕상 8장 참조
　　　두 번째 계단, 두 번째 계단이므로 하나님의 두 번째 계시가 된다. 왕상 9장 참조

　③ 하나님의 두 번째 계시(11-22) - 솔로몬과 백성들이 하나님의 모든 계명을 신실히 준행하면
　　　하나님이 영원토록 함께 하실 것이지만 그렇지 않으면 모두 약속의 땅에서 추방되리라는 내용.

8장   두 번째 계단 위에 있는 넓적다리, 넓적 → 업적

　　　솔로몬의 업적(1-18) - 왕상 9장 참조   ※ 솔로몬이 바로의 딸을 위하여 지은 궁 - 밀로 궁

역대하 (9-13장) - 백성들이 사는 곳(수박 과수원)

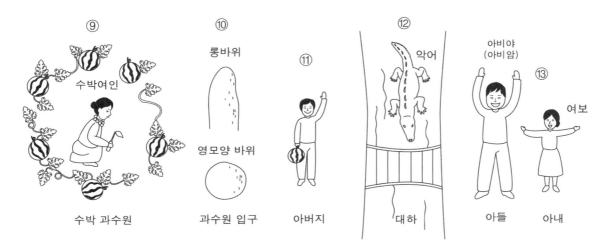

역대하(9-13장) 그림 배경설명 백성들이 사는 곳 중 수박 과수원을 배경으로 했으며 수박 과수원에서 수박 여인이 금목걸이와 금팔찌를 차고 호미로 땅을 파면서 일을 하고 있습니다. 과수원 입구에는 롱바위와 영바위가 양쪽으로 나뉘어져 있는데 **롱**바위는 **롱**이 **르**와 비슷하므로 **르**호보암(바위)이 되고 **영**바위는 **영**이 **여**와 비슷하므로 **여**로보암(바위)이 됩니다. 아버지가 과수원에서 수박을 사가지고 아내와 아들이 있는 집으로 돌아가고 있는데 얼굴에는 미소가 가득합니다. 집을 가려면 다리를 건너야하는데 강(대하)에는 악어가 있고 다리 건너편에서는 아내가 남편을 향해 '여보~'하며 부르고 있으며 약간 모자란 거인 아들도 아버지를 향해 '아비야~'하며 부르고 있습니다. 참고로 호미가 9자 모양이므로 호미를 들고 있는 수박 여인은 9장에 나오며 롱바위와 영바위가 숫자로 10이 되므로 롱바위와 영바위는 10장에 나옵니다.

9장　　수박 여인 → 스바 여왕
　　① 스바 여왕(1-12) - 솔로몬의 지혜를 소문으로 듣고 확인 차 친선 방문한다. 왕상 10장 참조
　　수박 여인이 찬 금목걸이와 금팔찌는 부를 상징한다.
　　② 솔로몬의 부(13-31) - 왕상 10장 참조

10장　　과수원 입구의 **롱**바위는 **르**호보암(바위)이 되고 **영**바위는 **여**로보암이 된다.
　　① 유다 왕 르호보암(1) - 솔로몬의 아들로 41세에 즉위 17년간 치리. 母는 암몬사람 나아마
　　※ 역**대**기는 유**대** 왕국을 중심으로 기록되었기 때문에 여로보암(이스라엘)은 소제목에 적지 않는다. 르호보암이라는 바위와 여로보암이라는 바위가 양쪽으로 나뉘어 있다. 왕상 12장 참조
　　② 나라가 르호보암의 남유다와 여로보암의 북이스라엘로 분열되다(2-19) - 르호보암의 학정을 견디지 못한 백성들이 멍에를 가볍게 해 줄 것을 요구했지만 르호보암이 노인들의 의견을 물리치고 함께 자라난 소년들의 의견을 듣고 이를 무시하자 여로보암을 필두로 이스라엘 10지파가 반란을 일으켜 나라가 분열된다. 그러나 유다와 베냐민지파는 르호보암을 왕으로 섬긴다.

11장　　아버지가 과수원에서 수박을 사가지고 아내와 아들이 있는 집으로 돌아가고 있는데 얼굴에는 미소가 가득하다. 미소가 있는 곳에는 싸움이 그치게 된다. 왕상 12장 꼭 참조할 것. 미소(스마일) → 스마야(유다 선지자)
　　선지자 스마야가 싸움을 말리다(1-4) - 르호보암이 이스라엘을 치려했으나 선지자 스마야가 '형제 이스라엘과 싸우지 말라 나라의 분열이 여호와께로 난 것이라' 하여 돌려보낸다.

12장　　강(대하)에 악어가 있다. 악어 → 애굽
　　애굽 왕 시삭의 유다 침공(1-12) - 르호(5)보암 5년에 애굽 왕 시삭이 유다 침공(왕상 14장)
　　※ 대하 12장과 20장은 다리 밑으로 흐르는 대하를 보고 이 책이 대하라는 것을 알 수 있다.

13장　　다리 건너에서 아내가 남편을 향해 여보~하며 부르고 있으며 약간 모자란 거인 아들도 아버지를 향해 아비야~ 하며 부르고 있다. 여보 → **여**로보암, 아비야 → 아비야 또는 아비얌. 참고로 아들(아비야)이 아내(여로보암) 보다 덩치가 훨씬 크므로 아비야(군사 40만 명)와 여로보암(군사 80만 명) 간의 전쟁에서 아비야가 승리한다.
　　① 유다 왕 아비야(1-2) - 르호보암의 아들로 (3살 정도 지능이므로) 3년 치리. 왕상 15장 참조
　　② 아비야가 여로보암과 싸워서 승리하다(3-22) - 아비야가 소금언약(다윗언약, 삼하 7장, 썩지 않는 하나님의 영원한 언약으로 이스라엘을 영원히 다윗과 그 자손에게 주신다는 언약)을 인용해 다윗 왕가의 정통성을 주장하였으며 하나님을 의지하는 신앙자세로 여로보암에게 대승을 거둔다. (암기방법) 아비야가 모자란 것은 어렸을 때 소금을 약이라 생각하고 많이 먹었기 때문이다.
　　※ 아비야 사적 - 선지자 잇도의 주석책에 기록 - 치약대신 소금으로 잇도 닦음(소금언약하면 아비야)

역대하 (14-16장) - 백성들이 사는 곳(아사나무 과수원) - 아사 왕

구스인 노예   주인   아사나무   바아사나무

역대하(14-16장) 그림 배경설명   백성들이 사는 곳 중 아사나무 과수원을 배경으로 했으며 아사나무는 아사 왕을 나타내므로 14-16장은 아사 왕에 대해서 나옵니다. 참고로 아사나무의 열매를 먹을 때 아삭하는 소리가 나므로 이 나무를 아사나무라 합니다. 구스인 노예가 책을 보면서 아사나무열매를 아삭거리며 먹고 있는데 주인도 아사나무열매를 아삭거리고 먹으면서 그런 구스인 노예에게 '아서라 넌 노예야 일이나 잘하라'고 충고를 하고 있습니다. 특이한 것은 둘 다 혁대 찬 개를 한 마리씩 데리고 있다는 것입니다. 아사가 수레를 의지하고 아사나무에서 아사나무열매 **하나**를 따고 있으며 수레바퀴가 아사나무의 뿌리를 밟고 있습니다. 아사나무의 옆에는 아사나무와 반대인 바아사나무가 바람이 불자 아사나무를 치고 있습니다. 참고로 구스인 노예처럼 햇빛에 너무 태우면 일사(14)병에 걸릴 수 있으므로 구스인 노예는 14장에 나옵니다.

14장   구스인 노예가 책을 보면서 아사나무 열매를 아삭거리며 먹고 있다.   아삭 → 아사
  ① **유다 왕 아사**(1-15) - 아비야의 아들로 41년 치리. 즉위 10년 동안은 평안했으나 아사가 아람 왕 벤하닷 1세와 동맹하므로 그 후에는 아사와 바아사 사이에 전쟁이 지속되었다. 왕상 15장 참조
  ② **구스의 침입과 유다의 승리**(9-15) - 구스(에디오피아)의 백만 대군을 물리친다.
  • 아사가 그의 하나님 여호와께 부르짖어 이르되 여호와여 힘이 강한 자(구스의 백만 대군)와 약한 자(유다) 사이에는 주밖에 도와줄 이가 없사오니 우리 하나님 여호와여 우리를 도우소서 우리가 주를 의지하오며 주의 이름을 의탁하옵고 이 많은 무리를 치러 왔나이다 여호와여 주는 우리 하나님이시오니 원하건대 사람이 주를 이기지 못하게 하옵소서(11) - 자는 길이를 재는데 쓰는 도구로 자는 1자 모양이며 강한 자=1, 약한 자=1이 되므로 이 구절은 11절이 된다.
     혁대를 찬 **개** → 개혁
  ③ **아사의 1차 종교개혁**(2-8)

15장   주인이 아사나무열매를 아삭거리고 먹으면서 책을 보고 있는 구스인 노예에게 '**아서라** 넌 노예야 일이나 잘하라'고 충고하고 있다.   아서라 → 아사랴(선지자) 또는 아세라(우상)
  ① **선지자 아사랴의 예언**(1-7) - 구스의 백만 대군을 물리치고 돌아오는 아사 왕을 만나 아사 왕으로 하여금 내부적인 종교개혁의 고삐를 늦추지 말고 박차를 가하도록 촉구하고 있다.
  ② **아사가 모친 마아가가 아세라 목상을 만들었으므로 폐위시키다**(16) - 아사 왕이 어머니 마아가의 드론(더러운) 아세라 우상을 찍고 빻은 후 기드론 시냇가에서 불사른다.
     혁대를 찬 **개** → 개혁
  ③ **아사의 2차 종교개혁**(8-17)

16장   아사나무의 반대인 바아사나무가 바람이 불자 아사나무를 치고 있다.

① **바아사가 아사를 치다**(1) - 왕상 15장 참조

※ 바아사가 라마를 건축한 이유 - 백성들이 유다 왕 아사에게 왕래하지 못하게 하려고
아사가 수레(벤하닷 1세)를 의지하고 아사열매 **하나**를 따고 있다.   수레 → 벤하닷
수레(벤하닷 1세)를 의지하고 → 벤하닷 1세와 동맹함을 말한다.   하나 → 하나니

② **아사가 아람 왕 벤하닷 1세와 동맹하다**(2-6) - 바아사가 침략하자 아람과 동맹을 맺는다.

③ **선견자 하나니의 책망**(7-10) - 선견자 하나니가 하나님을 의지하지 않고 아람 왕을 의
지했다고 아사 왕을 책망하므로 아사 왕이 하나니를 투옥시켰으며 이후로 전쟁이 있게 된다.

• 여호와의 눈은 온 땅을 두루 감찰하사 전심으로 자기에게 향하는 자들을 위하여 <u>능력</u>을 베푸
시나니 이 일은 왕이 망령되이 행하였은즉 이후부터는 왕에게 <u>전쟁</u>이 있으리이다 하매(9)
(암기방법) 아사나무 위에서 여호와의 눈이 전심으로 자기에게 향하는 자를 위하여 능력을 베푸시
기 위해서 온 땅을 두루 감찰하고 계신다. 따라서 이 구절은 아사나무가 나오는 대하 16장에 나온다.
수레바퀴가 아사나무의 뿌리를 밟고 있다. 뿌리가 발에 해당하므로 아사나무의 뿌
리는 아사의 발을 의미하며 밟혔다는 것은 발에 중병이 걸렸다는 것을 나타낸다.

④ **발에 병이 났을 때 의원에게만 구한 아사**(11-14) - 발병난지 2년 후에 죽는다.

역대하 (17-20장) - 백성들이 사는 곳(못과 다리) - 여호사밧 왕

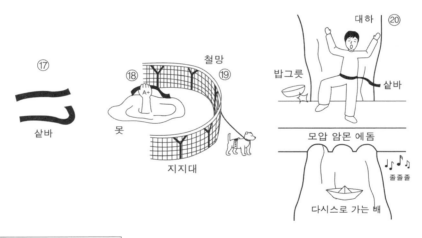

역대하(17-20장) 그림 배경설명   백성들이 사는 곳 중 못과 다리를 배경으로 했으며 그림 전
체에 샅바(여호사밧)가 나오므로 17-20장은 여호사밧 왕에 대해서 나옵니다. 샅바가 바람에 날
아가고 있으며 이 샅바가 바람에 날아가다 못 즉 길르앗 라못에 빠졌는데 아합이 샅바를 건지
기 위해 못에 들어갔다가 못에 빠져 죽고 맙니다. 손목에 표시된 A^+ 가 아$^{+(합)}$ 이 되므로 못에
빠져 죽은 사람이 아합이라는 것을 알 수 있으며 샅바가 여호사밧이 되므로 아합이 샅바를 잡
고 있는 것은 아합과 여호사밧의 동맹을 나타냅니다. 못 주위에는 사고를 방지하기 위해 철망을
쳐 놓았는데 혁대를 찬 개가 사람이 못에 들어오지 못하도록 경계를 서고 있습니다. 허리에 샅
바를 멘 사람이 다리를 건너다가 **아하! 시야**가 좁아 발을 헛디디면서 밥그릇을 차고 말았습니
다. 따라서 이 사람은 아하시야가 되며 아하시야의 허리에 샅바를 메고 있는 것은 아하시야와 여
호사밧의 동맹을 나타냅니다. 그런데 발을 헛디딜 때 이 사람의 얼굴 표정이 **야시**시한게 무척 재
미있습니다. 다리 밑에 난 3개의 홈에서 물이 지나갈 때마다 졸졸졸 소리가 나며 다리 밑에는 다
시스로 가는 배가 파선을 하고 맙니다. 참고로 샅바가 17자 모양이므로 샅바는 17장에 나옵니다.

17장	샅바(여호사밧)가 바람에 날아가고 있는데 그림에는 없지만 **역**대를 찬 **개**(개혁) 1마리가
	날아가는 샅바를 물려고 껑충껑충 뛰고 있으며 여기서 '날아가고'는 순회를 나타낸다.

① 유다 왕 여호사밧(1-19) - 아사의 아들. 25년간 치리. 아합 가문과 혼인하여 인척관계 맺음.

② 여호사밧의 1차 종교개혁(6-9) - 제사장 엘리사마와 여호람을 보내어 유다 성읍들로 **순회**하
	며 여호와의 율법을 가르쳤다. 참고로 샅바가 바람에 이리저리 날아가는 것은 순회를 나타낸다.

18장	아합(A⁺)이 샅바를 잡고 있다. 샅바 → 여호사밧, 잡고 있다 → 동맹

① 아합과 여호사밧의 동맹(1-11) - 아합이 길르앗 라못을 되찾기 위해 여호사밧과 동맹을 맺는다.
	성적을 매길 때 대학교에서는 A⁺, B, C로 표시하고 초등학교에서는 수우미양가로 표
	시한다. 미양가 → 미가양 → 미가야

② 참선지자 미가야의 예언(12-27) - 거짓 선지자들에게 거짓말하는 영이 들어가서 거짓 선
	지자들은 왕이 승리한다고 예언했으나 선지자 미가야는 아합 왕이 죽을 것이라 예언한다.

※ 아합의 구미에 맞게 거짓예언을 하며 미가야 선지자의 뺨을 때린 사람 - 시드기야 - 뺨 시려
	못에 손목만 남기고 잠겨 있다는 것은 죽음을 뜻하며 손목에 표시된 A⁺가 아⁺⁽합⁾ 이
	되므로 못에 빠져 죽은 사람이 아합이라는 것을 알 수 있다. 못 → 길르앗 라못

③ 아합이 길르앗 라못에서 죽다(28-34) - 아합은 길르앗 라못에서 죽고 여호사밧은 도망간다.

19장	못 주위에 사고 방지를 위해 철망(책망)을 쳐놓았다. 지지대 Y → 선견자 예후의 이니셜

① 선견자 예후의 책망(1-3) - 선견자 하나니(대하 16:7)의 아들로 여호사밧이 길르앗 라못에
	서 돌아왔을 때 하나님이 미워하는 아합 왕과 동맹한 여호사밧 왕을 책망한다.

	역대를 찬 **개** → 개혁

② 여호사밧의 2차 종교개혁(4-11)

20장	허리에 샅바를 멘 사람이 다리를 건너는데 **아하! 시야**가 좁아 발을 헛디디면서 옆에
	있던 밥그릇을 차 버렸다. 따라서 이 사람은 아하시야(북이스라엘)가 되며 샅바(여호사밧)
	를 메고 있는 것은 아하시야와 여호사밧의 동맹을 나타낸다. 헛디뎠을 뿐 떨어지지는
	않았으므로 다락난간에서 떨어져 중병에 걸려 죽는 것은 나오지 않으며(왕하 1장에는
	다락난간에서 떨어져 중병에 걸려 죽는다고 나온다) 밥그릇을 찬 것은 금식을 나타낸다.

① 여호사밧의 금식기도(1-13) - 모압 연합군이 침입하자 금식하며 하나님의 도우심을 구한다.

※ 우리를 치러 오는 이 큰 무리를 우리가 대적할 능력이 없고 어떻게 할 줄도 알지 못하옵고 오직
	주만 **바라**보나이다 - 여호사**밧**이 한 말, 하사손다**말** = 엔게디(말 → 끝 → 엔드 → 엔게디)
	발을 헛디딜 때 이 사람의 얼굴 표정이 **야시**시한게 무척 재미있다.

② **야**하**시**엘이 승리를 예언하다(14-19)

• 너희는 이 큰 무리로 말미암아 두려워하거나 놀라지 말라 이 전쟁은 너희에게 속한 것이 아
	니요 하나님께 속한 것이니라(15) - 레위 사람 야하시엘이 한 말 - 야시시한 속옷
	다리 밑에 난 3개의 홈(모압·암몬·에돔)으로 물이 지나갈 때마다 졸졸졸 소리가 나
	며 다리 밑에는 다시스로 가는 배가 파선하고 만다. 졸졸졸 → 노래·찬송

③ 모압·암몬·에돔 연합군의 침입과 여호사밧이 찬송으로 승리하다(20-30) - 대열을
	이루어 하나님을 찬송할 때 모압, 암몬, 에돔 연합군이 자기들끼리 싸우다 죽는다.

※ 여호사밧이 승리한 후 여호와를 송축한 곳 - 브라가 골짜기 - 승리의 축배를 들며 브라보
	여호사밧이 정직히 행했으나 산당을 폐하지 않은 결과 - 백성의 마음이 하나님께로 돌아오지 않음

④ 여호사밧이 아하시야와 동맹하므로 하나님이 다시스로 가는 배를 파선시키다(31-37) -
	2왕이 연합하고 배를 만들어 다시스로 보내고자 했으나 **선지자 엘리에셀**이 배의 파선을 예언한다.

※ 배가 종이배처럼 에리에리한게 파선하게 생겼으므로 배의 파선을 예언한 선지자는 엘리에셀

역대하 (21-26장) - 백성들이 사는 곳(집으로 가는 산길)

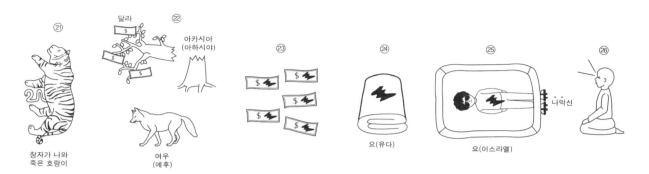

창자가 나와
죽은 호랑이

여우
(예후)

요(유다)

요(이스라엘)

나막신

역대하(21-26장) 그림 배경설명 백성들이 사는 곳 중 집으로 가는 산길을 배경으로 했으며 집으로 가는 산길에 호랑이 1마리가 창자가 나온 채 죽어 있고 달라가 주렁주렁 달려있는 아카시아 나무는 부러진 채 쓰러져 있으며 주변에는 아카시아 나무가 쓰러지면서 떨어진 달라가 피가 묻은 채 흩어져 있고 호랑이 없는 곳에 여우가 왕 노릇 하고 있습니다. U자로 접혀진 요에 피가 묻어 있고 그 옆에는 안마사가 피살된 채 요에 덮여 있는데 아마도 이 사람은 산길을 가다 호랑이에게 변을 당한 것 같습니다. 요 밖으로 나와 있는 나막신은 **세일** 때 산 **신**이며 안마사의 친구가 조문을 왔는데 안마사의 친구 역시 안마사로 그림에서처럼 **시야**가 **위**로 올라가 있으므로 **웃시야**가 되며 웃시야는 눈썹과 머리가 없으므로 나병환자가 된다. 참고로 창자가 21자 모양이므로 창자가 나와 죽은 호랑이는 21장에 나오며 나무는 부러질 때 우두둑 소리가 나는데 두둑은 22와 발음이 비슷하므로 우두둑하고 부러진 나무는 22장에 나오며 피 묻은 달라는 좌측에 2장, 우측에 3장이 있으므로 23장에 나오고 나막신(25)은 숫자기억법으로 25가 되므로 나막신을 신고 있는 안마사는 25장에 나옵니다.

21장 산길에 호랑이 한 마리가 창자가 나온 채 죽어있다. 호랑이 → 여호람이 되며 창자가 유(U)자 모양이므로 여호람은 유다 왕이 된다. 왕하 8장 참조

① 유다 왕 여호람(1-20) - 여호사밧의 아들로 8년 치리(창자가 나와 죽은 호랑이, 8자가 기구하다)

※ 에돔과 립나가 유다를 **배**신한 때 - 여호람 - **배**에서 창자가 빠져나와 죽은 왕은 여호람이므로

② 유다 왕 여호람이 창자가 빠져나와 죽다(12-20) - 엘리야가 여호람의 죽음을 예언한다.

※ 유다 왕에 초점을 맞추었기 때문에 이스라엘 왕 여호람의 죽음은 안나오나 왕하 9장에는 나온다.

22장 부러진 아카시아나무에 달라가 주렁주렁 달려있으며 호랑이 없는 곳에 여우가 왕 노릇 하고 있다. 아카시아 → 아하시야(아카시아 나무의 그루터기가 U자 모양이므로 아하시야는 유다 왕이 된다), 여우(여**시**) → 예후(님**신**의 손자 여호사밧의 아들), 달라 → 아달랴

① 유다 왕 아하시야(1-2) - 유다 왕 여호람의 아들로 1년간 치리. 왕하 8장, 9장 참조 부러진 아카시아 나무 → 아하시야의 죽음을 나타낸다.

② 예후가 유다 왕 아하시야를 죽이다(3-9) - 도망가는 아하시야를 므깃도까지 쫓아가 죽인다. 아카시아 나무에 달라가 주렁주렁 달려 있다. 달라 → 아달랴

③ 유다 여왕 아달랴(10-12) - 아합과 이세벨의 딸로 여호사밧의 아들 여호람과 결혼하여 아하시야를 낳았으나 유다 왕 아하시야가 죽자 모든 왕손을 제거하고 유다 왕권을 잡는다. 아달랴가 모든 왕손을 제거할 때 유다 왕 여호람의 딸이요 아하시야의 누이요 제사장 여호야다의 아내 여호세바가 요아스를 빼돌렸으며 **성전**에서 6년간 숨어 지낸다. 왕하 11장 참조

✻ **왕하와 대하의 차이점** - 대하에는 산길이 나오는데 산이 있으면 당연히 나무가 나온다. 따라서 대하에 아카시아나무가 나오며 왕 아래(왕하)에서 호랑이쇼를 할 때 호랑이를 길들이기 위해서는 나무가 아닌 나뭇가지가 필요하므로 아카시아 나뭇가지는 왕하에 나온다.

23장 달라에 피가 묻어있다.   달라 → 아달랴,   피 → 죽음 특히 피살된 것을 나타낸다.

아달랴가 피살되다(1-15) - 아달랴가 왕이 된지 6년 후, 여호세바의 남편 대제사장 여호야다는 거사를 일으켜 아달랴를 제거하고 요아스를 왕으로 즉위시킨다. 왕하 11장 참조

※ 아달랴가 죽은 곳 - 왕궁의 말이 다니는 길(말문) - 아 말 달려

24장 U자 모양으로 접혀있는 요에 피가 묻어 있다. U → 유다,   요 → 요아스, 피 → 피살

① 유다 왕 요아스(1-27) - 아하시야의 아들로 7세에 왕위에 오름(최연소 왕). 대제사장 여호야다의 생전에는 선정을 베풀었으나 여호야다 사후에는 악정을 베풀었으며 **여호야다의 아들 스가랴**가 요아스 왕이 다른 이방신을 섬기는 것을 보고 이를 책망하자 여호와의 전 뜰 안에서 돌로 쳐 죽인다. 아마샤를 사로잡고 예루살렘 성벽 400규빗을 헐음. 왕하 12장 참조

※ 하사엘이 쳐들어왔을 때 요아스가 한 행동 - 성물과 성전, 왕궁의 금을 하사엘에게 주어 돌려보냄

② 요아스가 피살되다(23-27) - 신복 사밧(요사갈)과 여호사밧(여호사바드)의 반역으로 피살됨

※ 그림 24, 25장 사이에 왕하 13장(이스라엘의 선지자 엘리사의 죽음, 이스라엘 왕 여호아하스와 요아스)의 그림이 빠진 이유는 **대**하는 유**대** 왕국을 중심으로 기록했기 때문이다.

25장 안마사가 피살된 채로 요에 덮여있고 부패를 방지하기 위해서 안마사(아마샤)의 시체에 **소금**을 뿌려 놓았으며 요 밖으로 나와 있는 나막신은 **세일**(에돔)때 산 **신**이다. 안마사 → 아마샤,   요 → 요아스(요가 펴 있으므로 이스라엘 왕이 된다)

① 유다 왕 아마샤(1-4) - 요아스의 아들, 왕하 14장 참조

② 아마샤가 소금 골짜기에서 세일 자손(에돔)을 물리치고 승리하다(5-16)
요가 안마사를 덮고 있는 것은 전쟁에서 요아스가 아마샤에게 승리한 것을 나타낸다.

③ 유다 왕 아마샤를 물리친 이스라엘 왕 요아스(17-24) - 통치 초기에 하나님 앞에서 비교적 정직히 행한 탓에 나라를 안정시킬 수 있었으나 말년에 교만하여져서 에돔(세일)을 정복한 후 그들의 **신**에게 경배하므로 이스라엘과의 전쟁에서 이스라엘 왕 요아스에게 붙이심으로 볼모로 잡히게 되고 요아스가 죽자 포로에서 벗어나 예루살렘에 돌아와 15년을 더 치리하였다.

④ 아마샤가 피살되다(25-28) - 라기스에서 피살 - 죽은 아마샤 옆에 라이스(쌀)가 떨어져 있다

✻ **왕하와 대하의 차이점** - 왕하에는 발까지 요로 덮여 있어서 나막신이 나오지 않으나 대하에는 나막신을 신은 발이 요 밖으로 나와 있다. 산에는 흙이 많아 신발이 더러워지므로 산길에는 나막신이 필요하다. 따라서 산길이 나오는 대하에 나막신이 나온다.

26장 조문온 안마사의 친구가 **시야** **위**로 올라가 있으므로 **웃시야**가 된다. 왕하 15장 참조

① 유다 왕 웃시야(1-15) - 아마샤의 아들로 '아사랴'라고도 불린다. 농업진흥(up → 웃시야) 웃시야는 눈썹과 머리가 없으므로 나병환자가 된다.

② 웃시야가 이마에 나병이 발하다(16-23) - 통치 전반부는 선정을 베풀다가 후반부에는 교만해져서 직접 제사장 직무까지 수행하는 죄를 범하다가 결국 이마에 나병이 걸려 죽는 날까지 별궁에서 살았으며 웃시야의 시종 행적은 아모스의 아들 선지자 이사야가 기록하였다.

※ 성전에서 분향하려는 웃시야 왕을 (아서라 하며) 막은 사람 - 제사장 아사랴와 제사장 80인

※ 가장 치세 기간이 긴 왕들을 순서대로 나열하면 다음과 같다.
① 오오(55)! 못생긴 므낫세여 얼굴도 못생긴 게 오래도 해먹었구나.
② 눈썹과 머리가 없는 웃시야여! 눈썹과 머리가 없으니 네 얼굴이 꼭 오이(52)같이 생겼구나.
③ 2세를 낳았다. 아싸! 싸한(41)게 기분이 좋구나 - 아사 왕과 여로보암 2세

＊ **왕하와 대하의 차이점** - 왕하에서는 왕 아래(下)에서 산해진미가 가득한 가운데 각종 쇼와 장기자랑이 펼쳐지는 것을 배경으로 했으므로 담요를 두르고 햄을 가지고 마술쇼를 했지만 대하에서는 마술쇼를 할 필요가 없기 때문에 햄과 담요는 나오지 않는다.

역대하 (27-31장) - 백성들이 사는 곳(마을)

┌─────────────────────────────┐
│ 역대하(27-31장) 그림 배경설명 │
└─────────────────────────────┘
백성들이 사는 곳 중 마을을 배경으로 했으며 요가 담에 걸쳐져 있고 아하스가 아주 매운 **불** 오뎅을 먹다가 오뎅이 너무 뜨거워 '**앗** 뜨거워'하므로 불은 앗수르 왕이 되며 불은 지글지글(디글) 타므로 디글랏 빌레셀 3세라고도 합니다. 뜨거운 것은 영어로 핫이라 하며 **핫** → 아**하스**가 되므로 뜨거운 불 오뎅을 먹는 사람이 아하스라는 것을 알 수 있습니다. 집안에서는 한 남자가 휘슬을 불며 청소를 하고 있으며 도둑이 담을 넘자 혁대를 찬 개가 도둑을 보고 멍멍 짖고 있습니다. 참고로 요가 담에 걸쳐 있으므로 요담이 되며 담에 낙서(27)가 돼있는데 낙서는 숫자기억법으로 27이 되므로 요담은 27장에 나옵니다.

27장   **요**가 **담**에 걸쳐 있으므로 요담이 되며 요가 U자 모양이므로 요담은 유다 왕이 된다.
        유다 왕 요담(1-9) - 웃시야의 아들, 성전 윗문 건축, 오벨 성벽 증축(담≒벽), 왕하 15장
28장   아하스가 아주 매운 **불** 오뎅을 먹다가 불 오뎅이 너무 뜨거워 '**앗** 뜨거워'하므로 불은 앗수르 왕이 되며 뜨거운 것은 영어로 핫이라고 하는데 **핫** → 아**하스**가 되므로 뜨거운 불 오뎅을 먹는 사람이 아하스 라는 것을 알 수 있다.
① 유다 왕 아하스(1-27) - 요담의 아들. 보다 자세한 것은 왕하 16장 참조할 것.
        오뎅 → 오뎃(이스라엘 왕 베가의 치세 하에서만 활동한 선지자 - 오뎅에는 베갈이 최고지)
② 선지자 오뎃(8-15) - 아하스 왕 때 유다가 범죄하므로 하나님께서 이스라엘을 들어 징계하셨으나 형제인 유다에 대해 노기가 충천하여 살육하고 포로로 잡아서 노예로 삼으려 한 것을 책망하고 사로잡혀온 포로들을 선대하여 유다에 돌려보내도록 권면하여 하나님의 진노가 이스라엘에 임하는 것을 면하도록 하였다. 유다의 포로가 종려나무 성 여리고에서 풀려난다.
※ 유다 백성을 사로잡아 사마리아로 돌아오는 이스라엘 자손에게 **떽** 놓아줘 한 선지자 - 오뎃
        불 오뎅에서 불은 두 가지가 있다.   불 → 앗수르 왕 **불**,   불 → 자녀를 **불**사름
③ 아하스가 앗수르 왕 불에게 도움을 청하다(16-21)
④ 아하스가 자기 아들을 불로 태워 인신제사를 드리다(3)

※ 열왕의 묘실에 들어가지 못한 유다 왕 4명 - 아하스(가장 악한 왕), 웃시야(나병이 걸림), 여호람(엘리야의 예언대로 창자가 나와 죽음), 요아스(대제사장 여호야다의 아들 스가랴 죽임)

29장　한 남자가 휘슬(휘파람)을 불면서 집안을 청소하고 있다.　휘슬 → 히스기야,　집안 청소 → 성전 정화,　참고로 히스기야는 휘슬을 부는 29장부터 33장 못난이(므낫세)가 나오는 전장인 32장까지 네 장에 걸쳐 나온다.

① 유다 왕 히스기야(1) - 아하스의 아들로 25세에 등극(이오를 먹으면서 청소). 왕하 18장 참조

※ 성전을 수리한 왕 - 히스기야, 요아스(요가 성전수리를 위해 돈을 넣는 궤 같다. 왕하 12장 참조), 요담(성전의 담을 수리한다고 생각하자), 요시야(성전을 수리하다 율법책 발견)

※ 모세의 놋뱀 느후스단을 부순 왕 - 히스기야, 수로사업 - 히스기야, 속유월절 - 히스기야

② 히스기야의 성전정화(2-36) - 종교개혁은 했지만 성전을 정화한 왕은 히스기야 밖에 없다.

30장　도둑놈이 담을 넘고 있다.　담을 넘다 → 유월
히스기야가 속유월절을 지키다(1-27) - 2.14일에 유월절을 지킨 이유는 성결하게 한 제사장들이 부족하고 백성도 예루살렘에 모이지 못했으므로 그 정한 때(1.14일)에 지킬 수 없었다.

31장　역대를 찬 개 → 개혁, 참고로 집과 집 사이에 개 한 마리가 있음을 기억하자.
히스기야의 종교개혁(1-21)

역대하 (32-36장) - 백성들이 사는 곳(마을)

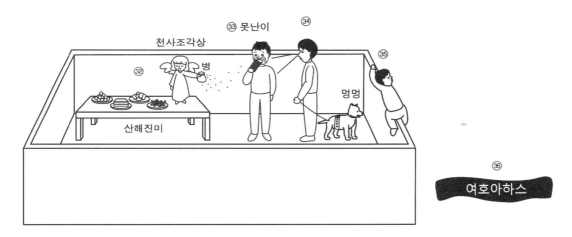

역대하(32-36장) 그림 배경설명　백성들이 사는 곳 중 마을을 배경으로 했으며 이 집에서는 잔치가 벌어지고 있는데 상위에는 산해진미가 가득하며 음식을 보다 고풍스럽게 보이기 위해서 설치한 천사조각상의 병에서 후추가루가 날아와 삼삼하게 맛있는 아몬드 초콜렛을 먹고 있는 못난이의 눈에 들어가 못난이가 눈물을 흘리고 있으며 여기서 못난이는 므낫세가 되고 아몬드는 아몬이 되며 아몬드 쵸콜렛이 먹히고 있는 것은 아몬의 피살을 나타냅니다. 못난이의 옆에 있는 소년은 시야가 좋아서 요시야라고 부르며 시야가 좋아서 율법책을 발견하기도 했는데 삼삼하게 맛있는 아몬드 쵸콜렛을 발견하지 못할 리가 없습니다. 요시야가 데리고 온 혁대를 찬 개가 담을 넘는 도둑을 보고 멍멍 짖고 있으며 도둑이 담을 넘다 개 짖는 소리에 놀라 담에 걸쳐진 채 죽어 버리고 말았습니다. 담 밖에 난 길에는 여호아하스라고 쓴 시드러 버린 긴 김이 버려져 있는데 긴 화살이나 긴 꼬리처럼 긴 물건에는 긴 이름인 여호아하스가 꼭 써 있습니다. 참고로 삼삼(33)하게 맛있는 아몬드 쵸콜렛을 먹는 못난이는 33장에 나옵니다.

32장   이 집에서는 잔치가 벌어지고 있는데 산해진미가 가득하다.   산해진미 → **산혜립 진멸**

① 앗수르 왕 산혜립의 침입과 진멸(1-23) - 히스기야가 이사야와 더불어 기도함으로 하나님이 천사를 보내어 앗수르를 물리치게 하셨으며(185,000이라는 숫자는 안 나옴) 산혜립은 고국으로 돌아가 자기 아들들에게 살해되고 막내아들 에살핫돈이 왕이 된다.   왕하 19장 참조
천사조각상의 병

② 히스기야의 병과 회복(24-26) - 히스기야가 생명을 15년 연장 받았으며 그림에 일영표(해시계)가 없으므로 일영표의 기적에 대한 내용은 나오지 않는다.   왕하 20장 참조

33장   산해진미가 가득한 잔치상에서 못난이가 삼삼(33)하게 맛있는 아몬드 쵸콜렛을 집어먹고 있다.   못난이 → 못났서 → 므낫세,   아몬드 → 아몬,   왕하 21장 참조

① 유다 왕 므낫세(1-9) - 히스기야의 아들로 가장 악한 왕들 중 하나. 55년간 치리(최장 통치)

② 유다 왕 아몬(21-25) - 므낫세의 아들
천사조각상의 손에 있는 후추가루병에서 후추가루가 날아와 못난이의 눈에 들어가서 못난이가 눈물을 흘리고 있다.   못난이 → 므낫세,   눈물 → 회개

③ 므낫세의 회개(10-20) - 바벨론으로 끌려가서 뒤늦게 회개한 후 다시 예루살렘으로 돌아온다. 아몬드 쵸콜렛이 먹히고 있는 것은 아몬의 피살을 나타낸다.

④ 아몬이 피살되다(24) - 궁중에서 신하들에게 피살됨(쵸콜렛을 먹을 때 입안이 궁중 안 같다)

＊ 32-33장 왕하와 대하의 차이점 - 대하에는 후춧가루가 날아와 므낫세가 눈물을 흘리는데(회개) 왕하에는 므낫세의 회개가 나오지 않는다. 그 이유는 후추가루가 날아와도 므낫세 앞을 문어다리 발레단이 막고 있기 때문이다. 그래서 왕하에는 아예 후추가루병을 그리지 않았다.

34장   아몬드 쵸콜렛을 쳐다보고 있는 소년은 시야가 좋아서 요시야라고 부르며 시야가 좋아서 율법책을 발견하기도 했다.   왕하 22장 참조

① 유다 왕 요시야(1) - 아몬의 아들로 8세에 등극, 31년간 치리(시야 즉 두 눈은 8자 모양).

② 율법책을 발견하다(8-33) - 성전수리 중 대제사장 힐기야가 율법책을 발견한다.
혁대를 찬 **개** → 개혁

③ 요시야의 종교개혁(2-7) - 왕하 23장 참조

35장   도둑이 담을 넘다(유월) 개 짖는 소리에 놀라 담에 걸쳐진 채 죽어버리고 말았다.

① 요시야가 유월절을 지키다(1-19) - 사사시대 이후로 처음 유월절을 지킴.   왕하 23장 참조

② 요시야가 죽다(20-27) - 애굽 왕 바로느고에게 므깃도에서 전사한다.   왕하 23장 참조.

※ 요시야 재위기간 - 애굽의 바로느고와 므깃도에서 쌈하(31)다 전사했으므로 재위기간은 31년

36장   담 밖에 난 길에 여호아하스(요시야의 4째 아들)라고 쓴 **시드**러 버린 **긴 김**이 버려져 있다.   시드 → 시드기야(요시야의 3째 아들),   긴 → 여호야긴(여호야김의 아들),   김 → 여호야김(요시야의 2째 아들).   참고로 요시야의 첫째 아들 요하난은 일찍 죽었다.

① 유다 왕 여호아하스(1-4) - 3개월 치리했으며 애굽으로 잡혀가 죽는다. 본 이름은 살룸.

② 유다 왕 여호야김(5- 8) - 11년 치리. 느브갓네살을 3년 섬김 그 후 배신, 본 이름은 엘리아김

③ 유다 왕 여호야긴(9-10) - 3개월 치리. 바벨론에 끌려가 37년간 옥살이함. 본이름은 여고냐.

④ 유다 왕 시드기야(11-21) - 유다 마지막 왕. 21세에 등극(뽑힌 2눈과 1자로 흐르는 눈물, 267페이지 9번 그림 참조)하여 11년 치리. 바벨론으로 끌려가서 옥사. 본 이름은 맛다니야.
시커먼 김이 꼭 고래 같다(왕하에도 김이 나오나 고래는 대하에 살므로 고레스는 대하에 나옴).

⑤ 고레스의 귀국 명령(22 23) - 이스라엘의 성전건축을 허락하고 유대인들을 돌려보낸다.

에스라 10장

* **장수기억법** : S(에스) 라인이 되려면 적어도 허리가 10인치는 되어야 한다.
* **배경** : 에스라는 엑스트라와 발음이 비슷하므로 에스라는 엑스트라를 배경으로 한다. 엑스트라는 엑스트라가 연기하는 스튜디오와 엑스트라를 공급해주는 엑스트라 소개소 두 군데로 나누어진다. 1-6장은 스튜디오를 배경으로 했으며 대기실에서 대본을 읽으며 연습중인 배우와 촬영이 진행 중인 장면이 나오며 7-10장은 엑스트라 소개소에서 노사분규가 일어나는 것을 배경으로 한다. 1장에 바벨(스룹바벨)이 나오므로 1-6장은 **스룹바벨**이 중심이 되고 7장에 엑스트라(에스라) 소개소가 나오므로 7-10장은 **에스라**가 중심이 된다.
* **이름의 뜻 암기법** : '여호와가 도우신다' 그러니 조금만 더 애쓰라(에스라)
* **그리스도의 계보** : 아브라함 → 이삭 → 야곱 → 유다 → 베레스(유다와 며느리 다말사이에서 난 쌍둥이 아들) → 헤스론 → 람 → 암미나답 → 나손 → 살몬(라합) → 보아스(룻) → 오벳 → 이새 → 다윗 → 솔로몬 → 르호보암 → 아비얌 → 아사 → 여호사밧 → 여호람(아하시야, 요아스, 아마샤는 악한 아달랴의 자손이므로 3, 4대에 걸쳐 저주를 받을 것이라는 계율에 따라 생략) → 웃시야 → 요담 → 아하스 → 히스기야 → 므낫세 → 아몬 → 요시야 → 여호야긴 → 스알디엘 → 스룹바벨(여호야긴의 손자) … → 요셉 → 그리스도
* **특징** : 등장인물들이 다 대본을 들고 있다.

에스라 (10장)

저 자 : 에스라(여호와가 도우신다)
　　　　 에스라는 제사장 겸 학사로 여호와를 대단히 신뢰하고 도덕적으로 순전하며 죄에 대해 비통해하는 경건한 사람이었다. 그는 B.C. 444년에 예루살렘에 돌아온 느헤미야와 동시대 사람이었다(느 8:1-9, 12:36). 전승에 의하면 에스라는 회당의 창설자요 그곳에 구약의 정경을 보관한 사람이라고 한다. 또 어떤 전승에 의하면 그가 성경의 각 책들을 하나로 묶었으며 또한 회당에서의 예배 의식을 창안했다고 한다. 참고로 학사란 율법을 베끼고, 연구하며 성경을 해석하는 사람으로 신약의 율법사와 같다.
제 목 : 히브리어 성경에서부터 주인공의 이름에 따라 제목이 붙여짐.
주 제 : 바벨론 포로후의 유다의 회복과 예루살렘 성전의 재건
기록연대 : B.C. 444년경
요 절 : 1:3, 7:10
기록목적 : 바벨론 포로 귀환을 통해 언약을 지키시는 하나님의 신실하심을 보여주고 또한 바벨론 포로귀환 이후 유다인 사회에 있었던 성전건축의 역사를 보여주기 위해 기록하였다.

□ 성전 재건을 중심으로 본 1차 포로귀환부터 말라기까지의 도표 □

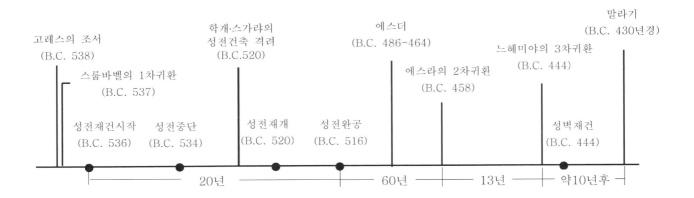

에스라 (1-10장)

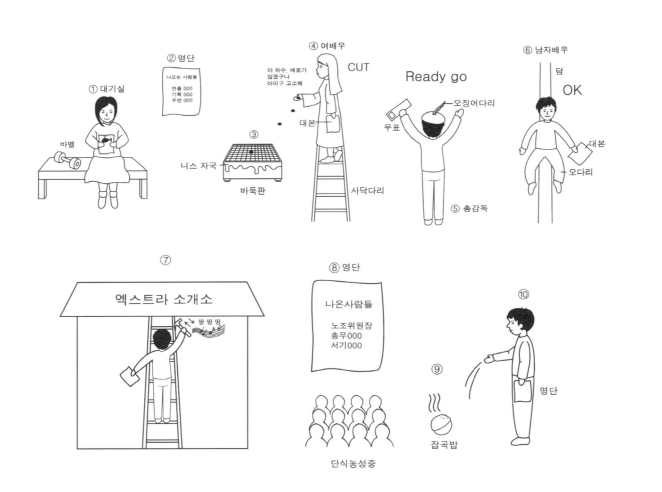

에스라 (1-6장) - 스튜디오 (스룹바벨의 장)

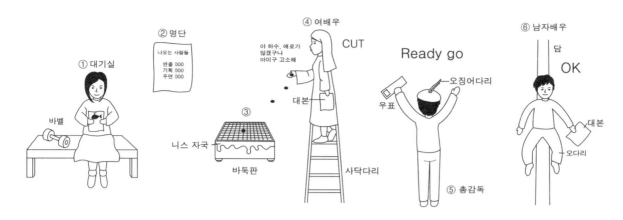

에스라(1-6장) 그림 배경설명   스튜디오를 배경으로 했으며 대기실에서는 배우가 고래가 그려진 대본을 읽고 연습중이며 옆에는 바벨이 놓여 있습니다. 그 옆에는 오늘 촬영할 배우와 스텝들의 명단이 걸려 있고 명단 아래에는 바둑판이 놓여 있는데 마리아 분장을 한 여배우(이하는 마리아로 부른다)가 대본을 들고 사닥다리위에 올라가서 아래에 놓여 있는 바둑판을 향해 바둑돌을 던지며 흑돌을 잡은 기사에게 "야 하수 애로가 많겠구나 아이구 고소해" 하며 훼방을 놓고 있습니다. 마리아역은 성스럽게 해야 하는데 정반대의 연기를 하므로 총감독이 CUT 하며 촬영을 중지시켰으며 조금 후에 Ready go를 하여 다시 촬영을 재개 합니다. 남자배우가 대본을 들고 담을 넘는 연기를 하고 있는데 담을 넘을 때 다리가 오다리가 되며 총감독의 OK 싸인으로 촬영이 끝납니다(손가락 OK가 6자이므로 성전완공은 6장이 됨). 참고로 8장에는 명단과 단식농성 중인 사람이 같은 장에 나오나 2장과 3장은 명단과 바둑판이 따로 나오는데 구분하는 방법은 여배우가 바둑알을 던졌을 때 바둑알이 바둑판에 맞아 V자로 튕기면서 명단에 맞습니다. 만일 바둑판이 명단 바로 밑에 있었다면 맞지 않았을 것입니다. 따라서 명단과 바둑판은 각각 다른 장에 나옵니다.

1장   대기실에서 배우가 고래가 그려져 있는 대본을 읽고 연습중이며 여기서 대본은 조서로 바꾼다.   고래 → 고레스(여호와를 하늘의 하나님, 이스라엘의 하나님은 참신이라고 말함)
① 고레스의 조서(1-4) - 유대인들이 본토로 돌아가 성전건축을 허락하는 조서를 내린다(B.C. 538)
   배우의 옆에는 바벨이 놓여 있다.   바벨 → 스룹바벨(여고냐의 손자, 그리스도의 계보 이음)
② 스룹바벨의 1차 포로귀환(5-11) - 고레스 제 2년(B.C. 537) - 예레미야의 예언응함(렘 25)
※ 고레스가 귀환하는 유다백성에게 준 것 - 여호와의 성전그릇, 성전그릇은 창고에 있으므로 창고지기 미드르닷(창고문은 미러서 드르륵 닫는다)에게 명하여 유다총독 스룹바벨에게 넘겨준다.
2장   스룹바벨과 함께 온 1차 포로귀환자 명단(1-70) - 총수는 49,897명(B.C. 537)
※ 1차 귀환 : 스룹바벨(B.C. 537) - 성전 재건
   2차 귀환 : 에스라 (B.C. 458) - 영적 재건(율법을 가르침)
   3차 귀환 : 느헤미야(B.C. 444) - 성벽 재건
3장   그림에서 보는 바와 같이 바둑돌을 놓을 때 착 소리가 난다.   착 → 착수
① 성전재건 착수(8-11) - 포로귀환 후 2년 2월에 착수(B.C. 536). 성전건축 지도자는 스룹바벨과 여호수아이고 감독은 20세 이상의 레위 사람 중에서 뽑았다. 성전건축에 쓰인 나무는 백향목 바둑판에 칠한 니스가 번져 옆으로 흘러내린 것이 꼭 눈물자국 같다.   번져 → 번제
② 비로소 여호와께 번제를 드리다(1-7) - 나팔절(7월 1일)부터 번제를 드리기 시작했으며

또한 <u>초막절</u>도 지켰다(바둑판의 가로와 세로줄이 촘촘히 얽힌 게 짚으로 초막을 얽은 것 같다).

③ <mark>백성들이 감격해서 울다</mark>(12-13) - 성전의 기초가 놓임을 보고 백성들이 감격하여 운다.

※ 포로귀환 후 유다 백성들이 초막절을 지키는 내용이 나오는 책 - 에스라 3장, 느헤미야 8장

4장 여배우 마리아가 사닥다리 위에서 아래에 놓여 있는 바둑판을 향해 바둑돌을 던지며 흑돌(흑돌은 하수가 잡는다)을 잡은 기사에게 **"야 하수, 애로**가 많겠구나 아이구 **고소해"** 하며 **훼방**을 놓고 있다. 마리아가 사악한 짓을 하므로 사악한 마리아 즉 **사마리아**가 되며 참고로 사마리아는 4마리아 이므로 4장에 나온다. 야 하수 애로 → 아하수에로

① <mark>사마리아인들의 훼방</mark>(1-5) - 함께 성전을 건축하자는 제안을 거절했는데 이는 그들의 종교적 혼합주의 사상이 유대인들에게 전염되는 것을 막기 위해서였으며 이후부터 훼방을 놓기 시작한다.

② <mark>사마리아인들이 아하수에로 왕에게 고소하다</mark>(6) - 특별한 일이 없었던 것은 에스더 때문? 사닥다리와 고소를 연결, 사닥다리 → 아닥사스다(아하수에로의 아들)

③ <mark>사마리아인들이 아닥사스다 왕에게 고소하다</mark>(7-16) - 고소인은 (흠잡고 욕하는) **르훔**과 **심새**, 고소내용은 성벽을 완공하면 유대인들이 조공과 세금을 내지 않을 것이니 건축을 못하게 하라는 것. 대본이 사닥다리와 가까이 있으므로 사닥다리와 대본을 연결시킨다. 대본 → 조서

④ <mark>아닥사스다 왕의 조서</mark>(17-23) - 성벽건축을 중지하라는 조서로 느헤미야 귀환 때까지 계속됨

※ '야 하수, 애로(아하수에로)'란 글씨가 사닥다리(아닥사스다) 보다 위에 있으므로 연대순서는 아하수에로 왕이 먼저이고 그 다음이 아닥사스다 왕이다.
마리아역은 성스럽게 해야 하는데 정반대의 연기를 하므로 감독이 컷시킨다. 컷 → 중지

⑤ <mark>성전공사 중지</mark>(24) - **다리오 제 2년**(B.C. 520)까지 16년간 공사가 중지된다 - B.C. 534

※ ②③④번(스 4:6-23)은 삽입구로서 B.C. 464-B.C.444년 사이의 어느 시기에 일어난 예루살렘 성벽재건 작업도 훼방한 사실을 소개하고 있다. 이 귀절이 여기에 삽입된 까닭은 아마도 사마리아 사람들의 이스라엘 백성들에 대한 훼방이 얼마나 극심했는지를 보여주기 위한 것이다.

※ 고레스(B.C.559-530년) → 캄비세스(B.C.530-522년) → 스멜디스(B.C.522년) → 다리오 1세 (B.C.522-486년) → 아하수에로(B.C.486-464년) → 아닥사스다 1세(B.C.464-424년)

5장 4장에서 CUT(컷) 했으므로 5장에서 Ready go(레디 고) 하며 촬영을 다시 시작한다.

① <mark>성전공사 재개</mark>(1-5) - 선지자 **학개**와 **스가랴**가 하나님의 이름으로 성전 건축을 다시 진행할 수 있도록 예언하므로 이스라엘 백성이 성전 건축을 재개한다. **다리오 제 2년**(B.C. 520)
총감독이 들고 있는 것은 우표가 붙어 있으므로 조서가 아닌 편지가 되며 총감독의 모자 꼭다리가 오징어 다리 같이 생겼다. **총감독** → 총독, **오**징어 **다리** → 다리오
참고로 오징어 다리의 오에서 이곳이 5장이라는 것을 알 수 있다.

② <mark>다리오 왕에게 보낸 총독의 편지</mark>(6-17) - 성전재개 소식을 들은 **총독 닷드내**가 다리오 왕에게 유다백성들이 주장하는 대로 옛날 고레스 왕이 예루살렘 성전을 재건하도록 조서를 내린 적이 있는지 확인해 줄 것과 성전재건에 있어서 현재 왕의 입장은 어떤지 알려 달라고 편지를 보낸다.

6장 남자배우가 대본(조서)을 들고 담을 넘는(유월) 연기를 하고 있는데 담을 넘을 때 다리가 오다리가 되며 OK 싸인으로 촬영이 끝난다. 오다리 → 다리오, OK → 성전 완공

① <mark>다리오 왕의 조서</mark>(1-12) - 총독 닷드내의 편지를 받은 다리오 왕은 과거에 성전 건축을 허락하는 고레스 왕의 조서를 발견하고 성전 재건을 허락하는 조서를 내린다.

② <mark>성전 완공</mark>(13-15) - 다리오 제 6년 <u>아달월(12월)</u> 3일 - 남자배우가 담을 넘을 때 <u>아다리야</u>

③ <mark>유월절</mark>(19-22) - 바벨론에서 돌아온 이스라엘 백성들이 초막절(3장) 다음으로 지킨 2번째 절기 남자배우가 담을 넘을 때 방구를 '**봉**' 끼고 말았는데 자세가 그럴 수밖에 없게 생겼다.

④ 성전 **봉**헌식(16-18)

에스라 (7-10장) - 엑스트라 소개소 (에스라의 장)

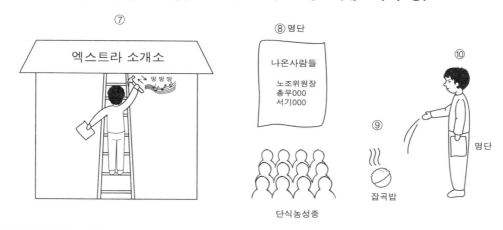

에스라(7-10장) 그림 배경설명 엑스트라 소개소에서 노사분규가 일어나는 것을 배경으로 했으며 노조원 한 사람이 대본을 들고 사닥다리에 올라가 엑스트라 소개소의 간판을 망치로 부수고 있으며 소개소 옆에는 노조원들의 명단이 있고 명단 아래에는 노조원들이 단식농성 중입니다. 그 옆에는 손에 명단을 든 사람이 단식농성에 같이 동참하려고 김이 모락모락 나는 잡곡밥을 버리고 있습니다. 참고로 엑스트라 소개소의 글자가 일곱 자이므로 엑스트라 소개소는 7장에 나오며 잡곡밥의 곡이 구와 발음이 비슷하므로 잡곡밥은 9장에 나옵니다.

7장   간판에 '엑스트라 소개소' 라고 써 있다.   엑스트라 → 에스라,   소개소 → 소개
  ① 에스라 소개(1-6) - 에스라는 스라야(시드기야 때의 대제사장)의 아들로 아론의 16대 손
     망치로 간판을 때릴 때 간판을 때린 후 망치가 다시 제자리로 돌아오므로 귀환이 된다.
  ② 에스라의 2차 포로귀환(7-10) - 예루살렘까지 4개월 걸림(아닥사스다 제 7년 - 7장이므로)
     사닥다리+ 대본(조서),   사닥다리 → 아닥사스다
  ③ 아닥사스다의 조서(11-26) - 에스라의 귀환을 허락하는 조서.
     땅땅땅(망치소리) → 소리는 성경기억법에서 찬양으로 약속한다.
  ④ 에스라의 찬양(27-28) - 하나님의 사랑과 은혜에 감격하여 드린 감사와 찬양
8장   명단에 나온 사람들 중 내 이름이 있나 없나 아래 위로 찾고 있다.
  ① 에스라와 함께 온 2차 포로귀환자 명단(1-14) - 총수는 1,754명(B.C. 458)
  ② 에스라가 레위인을 찾다(15-20) - 아하와 강가에서 레위인이 없는 것을 보고 레위인을 모집.
     명단은 떨어질세라 착 붙여 놓았으며 명단아래에는 노조원들이 단식농성을 하고 있다.
  ③ 금식 선포(21-23) - 귀환하기 직전 아하와 강가(바벨론 북서쪽 30km 지점)에서 3일 동안
     머물며 금식을 선포하고 예루살렘에 무사히 도착하게 해달라고 기도한다.
  ④ 에스라가 예루살렘에 도착하다(24-36)
9장   잡곡 → 잡혼
  ① 잡혼(1-4) - 이방인과의 잡혼을 금지시킨 이유는 잡혼으로 인한 유대종교의 이교화 때문이다.
     잡곡밥에서 나는 김은 기도를 나타내며(성도의 기도가 향같이 연기되어 하나님 앞으로 올
     라가는지라 계 8:4) 에스자 모양이고 회색이므로 에스라의 회개기도가 된다.
  ② 에스라의 회개기도(5-15) - 백성들이 이방인과 통혼하여 타락함으로 회개의 중보기도를 드린다.
  • 나의 하나님이여 내가 부끄럽고 낯이 뜨거워서 감히 나의 하나님을 향하여 얼굴을 들지 못하오니
    이는 우리 죄악이 많아 정수리에 넘치고(6) - 잡곡밥(에스라 9장)은 뜨거우므로 에스라의 기도

10장   잡곡밥을 던지는 사람,   잡곡밥을 던지다 → 잡혼을 버리다
　　① **잡혼을 버리다**(1-17) = 에스라의 성결개혁
　　※ 에스라에게 아내로 삼은 이방 여자를 (즉) 내보내자고 말하며 격려한 사람 - 스가냐
　　　잡곡밥을 던진(잡혼을 버린) 사람의 손에 명단이 들려있다(조서가 아닌 명단임에 유의).
　　② **잡혼을 버리기로 한 사람들의 명단**(18-44) - 이방여인을 아내로 맞이하였다가 에스라의
　　　권고를 듣고 이방여인과 그들의 소생을 다 내보내기로 맹세한 사람들의 명단이 소개된다.

느헤미야 13장

＊ **장수기억법** : 느 에미는 왜 이렇게 까다롭냐(13).   느 에미 → 느헤미야
＊ **배경** : 느헤미야의 느헤가 노예와 발음이 비슷하므로 노예를 배경으로 한다. 1-6장은 노예
　　들의 외적인면 즉 노예들이 노예시장에 팔려가서 성벽을 쌓는 등 중노동하는 것을 배경으
　　로 하며 7-10장은 노예들의 내적인면 즉 노예들이 백인들처럼 희기를 갈망하는 것을 배
　　경으로 하고 11-13장은 성벽이 완성되어 성벽 봉헌식을 하는 것을 배경으로 한다.
＊ **이름의 뜻 암기법** : 느 에미가 너무 까다로워 힘들다. 나에게는 '하나님의 위로'가 필요하다.
＊ **느헤미야 기도의 특징** : 느헤미야는 '내가 이러이러한 일을 했사오니 <u>내게</u> 복을 내려주옵소
　　서 또는 <u>나를</u> 기억하옵소서'라고 기도하는 것이 특징이다.

느헤미야 (13장)

저　　자 : 느헤미야
　　　　　이름의 뜻 : '하나님의 위로'
　　　　　아닥사스다 1세의 술 관원이었던 느헤미야는 동족들이 고난당하며 예루살렘 성
　　　　　이 크게 훼파되었다는 소식을 듣고 바사 왕의 허락을 받아 귀환하여 B.C.
　　　　　444-432년에 예루살렘의 총독이 되어 성벽을 재건하였다. 느헤미야는 하나님
　　　　　께 헌신한 평민으로서 올바른 일의 순서를 알고 있었고 하나님의 일에 대한
　　　　　열심히 있었으며 또한 적시에 백성에게 용기를 주거나 책망할 수 있는 능력이
　　　　　있었고 기도에 힘이 있었으며 모든 영광과 공적을 하나님께 돌린 사람이었다.
제　　목 : 히브리어 성경에서부터 주요인물인 느헤미야를 제목으로 붙임.
주　　제 : 유다 예루살렘의 성벽 재건
기록연대 : B.C. 420년경, 약 12년(아닥사스다 제 20년~32년) 동안의 역사 기록
요　　절 : 6:15-16, 8:8
기록목적 : 유다 총독 느헤미야에 의한 제 3차 바벨론 포로 귀환의 과정과 귀환이후 예루
　　　　　살렘 성벽 재건의 사업을 통한 유다백성들의 신앙 부흥의 모습을 보여주기 위
　　　　　해 기록하였다.

느헤미야 (1-13장)

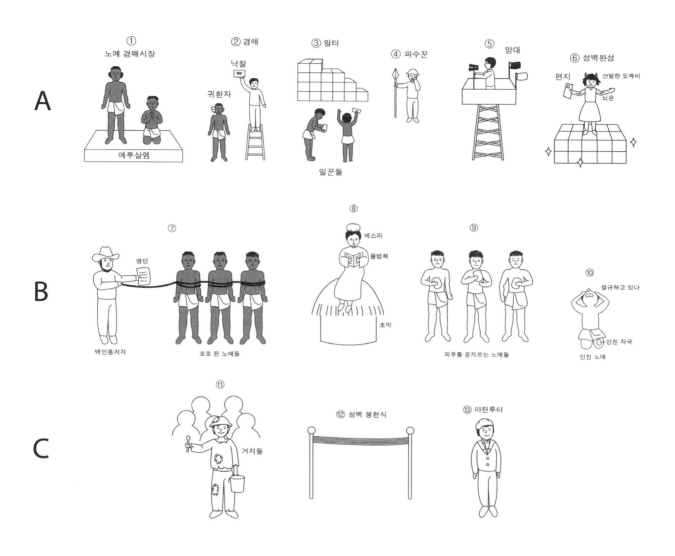

느헤미야 (1-6장) - 노예들의 외적인면

느헤미야(1-6장) 그림 배경설명   노예들의 외적인면 즉 노예들이 노예시장에 팔려가서 성벽을 쌓는 등 중노동 하는 것을 배경으로 했으며 예루살렘이라고 쓴 단상위에서 두 노예가 경매에 붙여지고 있는데 그 중 한 노예는 귀가 **붉**어 **불**행을 듣는 귀를 가졌으며 또 한 노예는 뽑히면 중노동을 해야 하므로 뽑히지 않게 해 달라고 기도하고 있습니다. 사닥다리 위에서는 경매사가 귀환자 노예가 경매에 낙찰되었다고 말하고 있으며 그 옆에는 경매시장에서 뽑힌 노예들이 성벽 쌓는 일을 하고 있고 노예들을 감시하는 파수꾼은 혀를 내밀며 노예들을 조롱하고 있습니다. 망대에서는 감시자가 노예들이 탈출하지 못하도록 망원경을 들여다보고 감시하고 있으며 망대 좌우에는 청백의 깃발이 꽂혀 있습니다. 양팔에 번개문신 즉 뇌문을 한 산발한 도깨비가 완성된 성벽위에서 편지를 들고 스마일(스마야)하며 웃고 있습니다.

1장   두 노예가 경매에 붙여졌으며 그중 한 명은 귀가 **붉**어 **불**행을 듣는 귀를 가졌다. 노예는 느헤(미야)가 되며 발판에 예루살렘이라 써 있으므로 예루살렘과 연관 지어 외운다.

① 느헤미야가 예루살렘의 불행을 듣다(1-3) - 아닥사스다 제 20년 **기**슬르월(11-12월, **귀**로 휘파소식을 들은 달)에 왕의 **술 관원**인 하가랴의 아들 느헤미야가 **수산 궁**에 있을 때 형제 중 하나인 **하나니**로부터 동족들이 고난당하며 예루살렘 성이 크게 휘파되었다는 소식을 듣게 된다. 또 한명은 뽑히면 중노동을 해야 하므로 뽑히지 않게 해달라고 기도하고 있다.

② 느헤미야가 예루살렘을 위해 기도하다(4-11)

• 내가 이 말을 듣고 앉아서 울고 수일 동안 슬퍼하며 하늘의 하나님 앞에 금식하며 기도하여(4)

• 하늘의 하나님 여호와 크고 **두려우신** 하나님이여 주를 사랑하고 주의 계명을 지키는 자에게 언약을 지키시며(5) - 노예가 뽑힐까봐 **두려워** 기도하므로 이 기도는 느헤미야의 기도가 된다.

• 오늘 종이 형통하여 이 사람들 앞에서 은혜를 입게 하옵소서(11) - 느헤미야 기도의 특징 참조

2장   사닥다리 위에서는 경매사가 귀환자(포로귀환자) 노예가 경매에 낙찰 되었다고 말하고 있다.   노예 → 느헤(미야),   사닥다리 → 아닥사스다,   낙**찰** → 승낙/시**찰**

① 느헤미야가 아닥사스다 왕의 승낙을 받다(1-10) - 아닥사스다 20년 **니산월**(1월)에 예루살렘성을 중건하라는 허락을 받는다. 니산은 이치(1)니산 할 때의 니산이므로 니산월은 1월이 된다.

② 느헤미야의 3차 포로귀환(11) - **아닥사스다 제 20년**(B.C. 444)

③ 느헤미야의 성벽시찰(12-20) - 예루살렘에 돌아와 비밀리에 성벽재건을 위한 사전답사를 한다.

※ 성벽중건을 비웃은 자 - 산발랏, 도비야, 게셈 - 성벽중건을 비웃어. 이런 게씸한 산발한 도깨비

3장   경매시장에서 뽑힌 노예들이 성벽을 쌓고 있다.

성벽을 쌓는 일꾼들(1-32) - 성벽뿐만 아니라 성문 건축에 대해서도 나온다.

※ 예루살렘 성에 건축된 성문 이름 - 양문, 어문, 옛문, 골짜기문, 분문, 샘문, 마문, 함밉갓문

※ 대제사장 엘리**아십** - 양문과 성벽을 건축(양문만 건축해서 **아십**네). 손자가 산발랏의 사위가 되었고(손자 쫓아냄), 도비야에게 성전의 방을 내줄 만큼 산발랏 일당과 관계가 깊다(도깨비방).

4장   성벽을 쌓는 노예들을 감시하는 파수꾼이 혀를 내밀고 노예들을 조롱하고 있다.

① 성벽중건을 대적들이 조롱하다(1-6) - 산발랏은 성벽을 건축한다는 말을 듣고 **분노**하여 비웃고(분노하여 머리를 쥐어뜯어서 산발이 되었으므로 산발랏과 분노가 짝이 된다) 도비야는 '예루살렘 성벽에 여우가 올라가도 무너지리라' 고 조롱한다 - 또 (여우)비야

② 성벽 쌓는 곳에 파수꾼을 세우다(7-29) - 유다의 대적들이 성벽재건을 방해하나 느헤미야의 지도하에 유다백성들은 각각 한손으로 일을 하며 한손에는 병기를 잡고 성벽건축을 강행한다.

5장   망대에서 감시자가 망원경(망원 ↔ 원망)으로 노예들이 탈출하나 들여다보고 있다.

① 백성들의 원망(1-5) - 백성들이 성벽재건을 위한 부역에 동원되다보니 생계가 곤란해져서

생계유지를 위해 토지를 저당 잡히고 바사에 바칠 높은 세금 때문에 높은 이자돈을 빌려야했다. 망원경을 들여다본다는 것은 원망을 들여다보는 것이며 이것은 원망의 해결을 나타낸다.

② <mark>원망을 해결하다</mark>(6-13) - 귀족과 민장들에게 사람들에게 폭리로 토색한 것과 저당 잡은 것들을 돌려주고 더 이상 그렇게 못하도록 하는 개혁조치를 단행함으로서 백성들의 원망을 해결한다. 망대 좌우의 청백의 깃발,   청백 → **청**렴결**백** 또는 청백리

③ <mark>청렴결백한 느헤미야</mark>(14-19) - 12년 동안 총독의 녹을 먹지 않음(아닥사스다 20~32년).

6장   양팔에 번개문신 즉 뇌문을 한 산발한 도깨비가 완성된 성벽위에서 편지를 들고 스마일(스마야)하고 있는데 도깨비는 무섭게 생겼으므로 이 편지는 협박편지가 되며 도깨비의 웃음도 거짓웃음이 된다.   산발 → 산발랏,   **도깨비** → 도비야,   뇌문 → 뇌물

① <mark>산발랏과 도비야의 협박편지</mark>(1-9) - 성 밖(오노 평지 한 촌)으로 유인하여 암살하려 했으나 실패하자 느헤미야의 성벽건축이 바사 왕에 대한 모반이요 느헤미야가 유다의 왕이 되기 위한 음모라고 편지로 협박했는데 이는 겁을 주어 성벽 쌓는 일을 중단하게 하려는 의도였다.

• **오**라 우리가 **오**노 평지 한 촌에서 서로 만나자 하니 실상은 나를 해하고자 함이었더라(2)

② <mark>스마야가 뇌물을 받고 거짓예언을 하다</mark>(10-14) - '당신의 목숨이 위험하니 성전 안에 숨어 있으라'고 예언했는데 이는 거짓예언이었으며 성전은 제사장만이 들어갈 수 있었는데 만일 느헤미야가 성전에 들어갔더라면 하나님의 계명을 어기게 되고 이 경우에 백성들에 대한 그의 권위가 손상됨과 아울러 그가 행했던 믿음의 증언들이 모두 헛된 것으로 되어 버리기 때문이다.

• 내 하나님이여 도비야와 산발랏과 여선지 <u>노아댜</u>와 그 남은 선지자들의 소행을 기억하옵소서(14)

③ <mark>성벽완성</mark>(15-19) - 52일 만에 성벽이 완성되자(무너진 부분만 보수했기 때문에 속히 끝남) 대적들이 하나님께서 역사를 이루신 것을 알고 낙담한다.   아닥사스다 제 20년 엘룰(6)월 25일

※ <u>니산</u>월에 **승낙**(이치<u>니산</u>스이므로), 엘룰월에 성벽완공(룰룰루, 성벽이 완성돼 기분이 좋으므로)

느헤미야 (7-10장) - 노예들의 내적인면

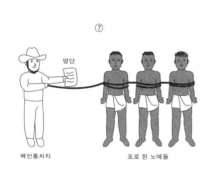  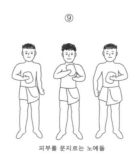 

⑦ 백인통치자 / 명단 / 포로 된 노예들
⑧ 에스라 / 율법책 / 초막
⑨ 피부를 문지르는 노예들
⑩ 절규하고 있다 / 인친 자국 / 인친 노예

<u>느헤미야(7-10장) 그림 배경설명</u>   노예들의 내적인면 즉 노예들이 백인처럼 희기를 갈망하는 것을 배경으로 했으며 구렛나루가 나고 덩치가 좋은 백인통치자가 포로로 잡은 노예들을 일렬로 세우고 숫자가 맞는지 명단을 보고 있으며 그 옆에는 에스라가 초막위에 앉아서 율법책을 펴들고 노예들이 탈출하면 어떤 벌을 받게 되는지 낭독하고 있습니다. 드디어 흑인노예 전 국민이 피부를 타월로 문질러 '희게 하는 운동'을 전개한 결과 그들의 바람대로 백인처럼 피부가 희어졌으나 '한 번 인친 노예는 평생 주인의 뜻대로 살아야한다'는 것을 알고 인친자국이 있는 노예가 손으로 머리를 잡고 절규하고 있습니다. 참고로 백인 통치자가 노예들을 칭칭(7) 묶었으므로 백인 통치자는 7장에 나오며 에스라가 팔(8)을 걷어 부치고 율법을 낭독하므로 율법을 낭독하는 에스라는 8장에 나오며 인친자국이 ○ 모양이므로 인친자국이 있는 노예는 10장에 나옵니다.

7장　덩치가 좋은 백인 **통치자**가 **포로**로 잡은 노예들을 **일렬**(1)로 **세우고, 숫자**가 맞는지 **명단**을 보고 있다.　포로 → 포로귀환자, 　일렬 → 1차

① **예루살렘에 통치자를 세우다**(1-4) - 성벽 재건 공사는 마무리 되었지만 대적들의 위협이 계속되었으므로 경비 책임자(아우 **하나니**, 관원 **하나냐**)를 세워 예루살렘 성을 방비케 하였다.

② **1차 포로귀환자 명단과 숫자**(5-73) - 성벽은 완공되었으나 그 안에 거주하는 백성들이 너무 적었기 때문에 1차 귀환자들을 재확인 했는데 그 이유는 귀환하여 외곽 지역에 흩어져 살던 백성들을 불러 모아 예루살렘에 효율적으로 정착하도록 하기 위해서였다. 재정착은 11장에 나옴

8장　에스라가 초막위에 앉아서 율법책을 펴들고 노예들이 탈출하면 어떤 벌을 받게 되는지를 낭독하고 있다.　초막 → 초막절

① **에스라가 율법을 낭독하다**(1-12) - **나팔절**(7.1일)에 **수문 앞 광장**에서 율법책을 낭독할 때 백성들은 손을 들고 아멘 아멘 하고 응답하며 몸을 굽혀 얼굴을 땅에 대고 여호와께 경배하였다.

• 하나님의 율법책을 낭독하고 그 뜻을 해석하여 백성에게 그 낭독하는 것을 다 깨닫게 하니(8)

② **초막절을 지키다**(13-18) - 율법의 말씀을 깨닫고 백성들이 초막절(7.15일)을 지킨다.

9장　흑인노예 전 국민이 타월로 피부를 문질러서 '희게 하는 운동'을 전개한 결과 그들의 바람대로 백인처럼 피부가 희게 되었다.　희게 하는 운동 → 회개운동

전 국민 회개운동(1-38) - 초막절을 지킨 후 **죄를 자복하는 회개운동**이 일어났으며 **예수아 무리의 기도문**이 끝난 후 **언약을 기록하고 인봉**하였다.

• 40년 동안 들에서 기르시되 부족함이 없게 하시므로 그 옷이 해어지지 아니하였고(21) - 신 8:4(거울의 4면=40년), 29:5(40년 된 초시계), 느 9:21(전 국민이 40일 금식하며 회개한다 하자)

※ 예수아 무리의 기도문에서 무리≒전 국민이므로 예수아 무리의 기도문은 느 9장에 나온다.

10장　피부는 희어졌으나 한번 인친노예는 평생 주인(主)의 뜻대로 살아야 한다. 그래서 인친자국이 있는 노예가 손으로 머리를 잡고 절규하고 있다.　인친자국 → 인친 자들

① **언약에 인친 자들**(1-27) - 하나님의 언약을 재확인하고 율법을 준수하기로 서명한 사람들.

② **주님의 뜻대로 살기로 맹세하다**(28-39) - 맹세한 내용 ① 이방인과 통혼 금지 ② 안식일과 안식년을 거룩하게 지킬 것 ③ 성전을 위해 해마다 1/3 세겔을 수납 ④ 첫 열매를 드릴 것

느헤미야 (11-13장) - 성벽 봉헌식

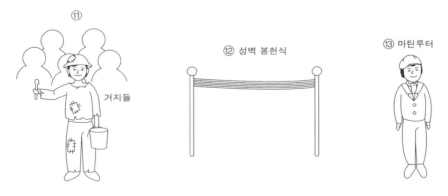

⑪　　　⑫ 성벽 봉헌식　　　⑬ 마틴루터

거지들

느헤미야(11-13장) 그림 배경설명　성벽이 완성되어 성벽 봉헌식을 하는 것을 배경으로 했으며 성벽 봉헌식에는 종교개혁자 마틴 루터 같은 귀빈도 오지만 먹을 것을 얻으려는 거지들도 모여듭니다. 가운데에는 성벽 봉헌식을 알리는 오색테이프가 있으며 오색테이프를 중심으로 좌우에 거지와 귀빈 마틴 루터가 확실하게 비교되므로 암기하기가 쉽습니다.

11장 봉헌식에는 귀빈도 오지만 먹을 것을 얻으려는 거지들도 모인다.   거지들 → 거주자들
　　　 예루살렘 거주자들(1-36) - 예루살렘은 성 둘레가 총 6km가 넘는다. 따라서 소수의 인구만
　　　 으로는 성읍을 방비하기에 역부족이었다. 이러한 이유로 느헤미야는 1차 귀환하여 정착한 주민
　　　 들에 이어 2차로 이주민들을 모집, 예루살렘에 재정착시켰는데 백성의 지도자들은 예루살렘에
　　　 거주하고 그 남은 백성은 제비 뽑아서 1/10은 예루살렘에, 9/10는 다른 성읍에 거주하게 했다.
　　　 ※ 예루살렘을 거룩한 성이라 한 곳 - 느 11장(예루살렘 거주자들은 예루살렘을 거룩한 성이라 한다)
　　　 거룩한 성에 거주하는 레위인 수 - 284명(거룩한 성에 거주하는 레위인들은 전직이 이발사들이다)
12장 재래시장에서 산 오색테이프에 '제사장과 레위인의 1차 귀환자 명단'이라고 써 있다.
　　　 ① 제사장과 레위인의 1차 귀환자 명단(1-26) - 성전의 제사 제도를 재정비하기 위해 조사
　　　 ② 성벽 봉헌식(27-47)
　　　 제사장과 레위인의 명단이라고 쓴 오색테이프를 고정시킨 봉이 못(몫) 같이 생겼다.
　　　 ③ 제사장과 레위인의 몫(44-47) - 거제물과 처음 익은 것과 10일조를 줌.
13장 귀빈으로 종교 개혁자 마틴 루터가 초빙되어 왔다.
　　　 느헤미야의 종교개혁(1-31) - 느헤미야는 예루살렘 성읍을 재건한 후 바사로 돌아갔다가
　　　 1년 후 다시 유다로 귀환하였다. 그 사이 유대인들은 하나님의 은혜를 망각하고 성전을 더럽
　　　 히고(대제사장 엘리아십이 도비야에게 성전의 방을 내줌. 후에 느헤미야가 세간을 방 밖으로
　　　 던짐) 레위인과 노래하는 자들은 받을 몫을 민장들이 주지 않자 임무를 버리고 도망갔으며 안
　　　 식일을 어기고 이방여자와 혼인(당사자들을 책망하고 저주하며 때리고 머리털을 뽑음)하는 등
　　　 의 죄를 범하였다. 이에 느헤미야는 백성들의 죄악을 척결하고 바로잡는 재개혁을 단행하였다.
　　　 ※ 암몬 사람과 모압 사람이 영원히 하나님의 총회에 들어오지 못하는 이유(느 13:1-2, 신 23:3-4)
　　　 ① 양식과 물로 이스라엘을 영접하지 않음 ② 발람에게 뇌물을 주어 이스라엘을 저주하게 함

에스더 10장

✱ 장수기억법 : S(에스) 라인이 되려면 적어도 허리가 10인치는 되어야 한다.
✱ 배경 : 에스더는 왕후이므로 궁중 안의 장면과 궁중 밖의 장면을 배경으로 한다. 궁중 안
　　　 의 장면은 왕과 왕후를 중심으로 하고 궁중 밖의 장면은 암행어사를 중심으로 한다.
✱ 특징 : ① 하나님의 이름이 1번도 나오지 않음 ② 요나, 룻기와 달리 유대인만의 구원을 다룸

에스더 (10장)

저　　　자 : 누가 이 책을 기록했는지는 확실치 않다.
제　　　목 : 여주인공 에스더의 이름에서 유래
주　　　제 : 하나님의 선민 보존 섭리
기록연대 : B.C. 464년-435년경
요　　　절 : 4:14, 8:17
기록목적 : 하나님은 세상 어느 곳에서든 모든 것들을 주관하시는 분임과 그 분은 자기 백
　　　　　 성을 사랑하고 돌보시는 분임을 보여주기 위해 기록하였다.

에스더 (1-5장) - 궁중 안 (왕과 왕후)

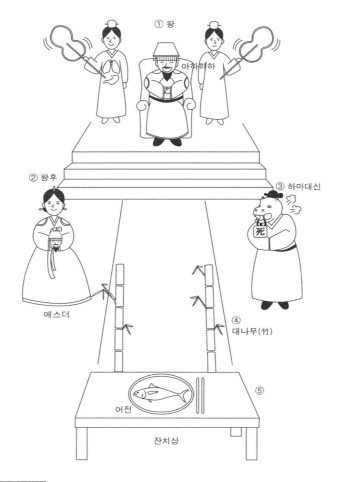

에스더(1-5장) 그림 배경설명   궁중 안의 장면 즉 왕과 왕후를 배경으로 했으며 에스더가 왕후가 된 기념으로 왕이 대신들을 불러 잔치를 베풀었는데 에스더가 왕을 웃게 하려고 왕과 똑같이 생긴 머리조각상을 들고 있자 왕이 너무 웃겨서 "아하하하" 하며 파안대소를 하고 있습니다. 하마대신은 왕후가 존엄한 왕의 머리조각상을 들고 있는 것을 보고 매우 분노하고 있으며 왕의 뒤에는 폐와 위가 그려진 옷을 입은 시녀들이 왕을 위해서 연신 부채질을 하고 있습니다.

1장   왕이 "아하하하" 웃으며 파안대소 하고 있다. 이유인즉 에스더 왕후가 자기와 똑같은 머리조각상을 들고 있기 때문이다.   아하하하 → 아하수에로

왕의 뒤에는 폐와 위가 그려진 옷을 입은 시녀들이 왕을 위해서 연신 부채질을 하고 있는데 부채질을 하는 동작이 꼭 **거절**하는 것 같다.

폐와 위 → 폐위,   **왕**의 뒤(**후**) → 왕후,   왕(**와**) 의(**소유격 S**) 뒤(**디**) ⇒ **와스디**

아하수에로 왕의 명령을 거절한 왕후 와스디가 폐위되다(1-22) - 아하수에로 왕이 수산궁(여러 도시에 궁전이 있으며 그 중 수산 궁은 겨울에 머무르는 피한지)에서 다스리고 제 3년 에 큰 잔치를 베푼다. 잔치가 끝나는 마지막 날에 왕비 와스디를 불러 그 아름다움을 자랑하려 했으나 왕명을 무시하고 나타나지 않자 화가 난 왕은 (삼년이라 욕하며) 왕비를 폐위시켜 버린다.

※ 아하수에로 왕이 다스린 영토 - 인도에서 구스(에디오피아)까지 127지방

아하수에로 왕이 머문 곳 - 수산 궁, 아하수에로 왕이 연 잔치에서 마시게 한 잔 - 금잔

왕후 와스디가 왕명을 어기자 아하수에로 왕이 이 일을 물은 사람 - 현자들

왕후 와스디의 폐위를 제시한 신하 - 므무간 - 폐와 위 그리고 간(므무간)

2장 에스더가 왕후가 된 기념으로 왕이 대신들을 불러 잔치를 베풀었는데 왕후 에스더가 왕을 웃게 하려고 왕과 똑같이 생긴 머리조각상을 들고 있다.

① 왕후가 된 에스더(1-18) - 아하수에로 왕 7년 데벳월(10월, 왕후가 되버린 날, 데시벨)에 에스더를 왕후로 삼은 후 왕이 큰 잔치를 베풀고/세금을 면제하고/큰 상을 준다 - 에스더가 왕후가 된 날 이쁘게 보이려고 얼굴에 7을 했으므로 에스더가 왕후가 된 날은 아하수에로 7년이 된다.

※ 왕후 선택을 위해 궁녀를 주관한 (해괴망측한) 내시 - 헤개, 에스더의 부모 - 없음
에스더와 모르드개(베냐민 지파)의 관계 - 사촌(딸같이 양육) - 머리(모르드개)를 베개에 베다
에스더의 다른 이름 - 하닷사 - 하다하다 안되니까 죽으면(死) 죽으리라는 용단을 내리게 된다.
왕의 머리를 받쳐 들고 있다는 것은 왕의 생명을 구했음을 뜻하며 왕후 에스더의 머리와 왕의 조각상의 머리를 합하면 머리 두 개가 된다. 머리 두개 → 모르드개

② 왕의 생명을 구한 모르드개(19-23) - 아하수에로 왕을 암살하려는 (크고 단단한) 문을 지키는 왕의 내시 빅단과 데레스의 음모를 모르드개가 알고 왕후 에스더에게 알리니 에스더가 모르드개의 이름으로 왕에게 아뢰어 두 사람을 나무에 달고 그 일을 궁중 일기에 기록하였다.

3장 하마대신이 왕후 에스더가 존엄한 왕의 머리조각상을 들고 있는 것을 보고 매우 분노하고 있다. 하마 → 하만

① 하만의 분노(1-6) - 왕이 아각(아말렉) 사람 하만의 지위를 모든 대신들 보다 높여 왕의 신하들이 하만에게 무릎을 끓어 절하도록 명령하였으나 (하만이 신적경배를 요구하였기 때문에) 모르드개가 무릎을 꿇지도 절하지도 않자 이에 분노한다.
하마대신의 이빨에는 死자라 쓴 조서가 걸려있다.

② 유대인을 죽이기 위한 조서의 반포(7-15) - 아하수에로 왕 12년 니산월(1월, 이치니산)에 하만이 부르 즉 제비를 뽑아 아달월(12월, 아, 달은 12달) 13일을 거사일로 정하고 왕에게 왕명을 듣지 않는 민족은 다 멸절시켜야 한다고 아뢰자 하만의 말을 받아들인 왕은 반지를 빼어 하만에게 주니 하만은 만 달란트를 왕에게 주기로 한다. 하만은 13일 하루 동안에 모든 유대인들을 다 죽이고 재산을 탈취하라고 조서를 쓰고 왕에게 받은 반지로 인친 후 각 지방에 반포한다.

※ 부르 즉 제비를 뽑은 달이 아달월인 이유는 '부르르'가 '달달달'과 같기 때문이다.

4장 대나무 2개, 대나무는 죽(竹)이 되며 죽이 2개이므로 "죽으면 죽으리라"가 된다. 참고로 죽음은 숫자로 죽을 사(4)가 되므로 '죽으면 죽으리라'는 4장에 나온다.

죽으면 죽으리라(1-17) - 유대인을 죽이라는 아하수에로 왕의 조서가 공포되자 바사 전역의 유대인들은 큰 두려움에 휩싸였다. 이때 모르드개는 동족과 함께 슬픔을 토로하며 금식하고 부르짖었다. 그리고 에스더에게 사람을 보내 왕에게 호소함으로 동족을 구하라고 요청하였다. 당시 왕실 법도에 의하면 누구든지 왕의 부름을 받지 않고 그 앞에 나아가는 자는 반드시 처형당하였다. 그러나 모르드개의 독려를 받은 에스더는 "죽으면 죽으리라"는 용단을 내리게 되었다.

※ 에스더와 모르드개 사이에서 소식을 (후다닥) 전했던 내시 - 하닥

5장 대전(임금이 거처하는 궁전)에 잔치상이 베풀어져 있고 잔치상 위에는 어전이 놓여 있다.
魚煎(어전, 생선을 재료로 쓴 전) → 御前(어전, 임금이 있는 곳)으로 바꾼다.

① 어전에 나간 에스더(1-4) - 목숨을 걸고 아하수에로 왕에게 나아간 에스더는 왕의 총애를 확인하고, 계획대로 왕과 하만을 잔치에 초대한다.

② 에스더가 베푼 잔치(5-8) - 에스더의 소원대로 왕과 하만을 초청하여 잔치를 베푼다.
나무젓가락 ※ 하만이 나무를 세우므로 하만의 아내 이름은 세레스

③ 하만이 나무를 세우다(9-14) - 모르드개를 달기 위해서 하만이 50규빗 되는 나무를 세운다.

에스더 (6-10장) - 궁중 밖(암행어사)

⑥ 암행어사

⑦ 형틀

⑧ 포졸

⑨ 진압군

부르르

⑩ 문

발자국

에스더(6-10장) 그림 배경설명 궁중 밖의 장면 즉 암행어사를 배경으로 했으며 번쩍거리는 관모를 쓴 머리두개 달린 암행어사가 못돼먹은 하마대신을 나무형틀에 묶고 포졸에게 매우 칠 것을 명하고 있습니다. 한쪽에서는 진압군이 대적을 진멸하고 있는데 대적들이 공포에 '부르르' 떨고 있으며 대문밖에는 진압군이 들이 닥쳤을 때 찍힌 발자국이 선명하게 찍혀 있습니다. 참고로 진압군의 군이 구와 비슷하므로 진압군은 9장에 나옵니다.

6장   머리 두개인 암행어사.   머리에 쓴 관모가 번쩍거린다.   머리 두개 → 모르드개
       관모는 장원급제한 사람에게만 주어지는 것이므로 관모는 존귀를 나타낸다.

<u>모르드개가 존귀하게 되다</u>(1-14) - 밤중에 잠을 이루지 못한 아하수에로는 우연히 왕실의 역대 일기를 보다가 모르드개가 일전에 자신의 목숨을 구하였으면서도 포상을 받지 못하였음을 알게 되었다. 그래서 다음날 왕이 하만에게 '내가 존귀하게 하려고 하는 사람이 있는데 어떻게 하였으면 좋겠는가' 하고 자문을 구하자 그는 왕이 자기를 두고 생각하는 줄 알고 자기 꾀에 빠져 '왕복을 입히고 관을 씌워 말을 태워 성중에 다니게 하소서' 라고 말함으로 자신이 죽이려고 한 모르드개를 스스로 드높이는 일에 앞장서게 된다.

7장   하마대신이 나무 형틀에 달려있다.   하마 → 하만
<u>하만이 나무에 달리다</u>(1-10) - 에스더가 두 번째 잔치에 왕과 하만을 초청하였고 왕은 그녀의 소청이면 무엇이든 들어주겠다는 약속을 거듭하였다. 이때 비로서 에스더는 자신과 동족이 하만의 악한 계략 때문에 몰살당할 위기에 처하였음을 소상히 밝힌다. 이에 분노한 왕은 하만이 모르드개를 달아매려고 한 나무에 그를 달아 처형한다.

※ 에스더가 앉은 걸상 위에 엎드린 하만을 보고 왕이 한 오해 - 하만이 왕후를 강간한다고 오해함. 하만이 50규빗(23m) 되는 나무를 준비한 사실을 왕에게 고한 사람 - 하르보나(하늘보나?) - 50규빗이나 되는 나무를 쳐다보면 자연히 하늘을 보게 되므로 하르보나가 된다.

8장   포졸의 도포자락에 글씨가 써 있는 것이 꼭 조서 같으며 도포에 ⓘ(生)이라고 써 있다.
<u>유대인을 살릴 조서의 반포</u>(1-17) - 하만의 음모로 유다 민족을 말살시키려던 아하수에로의 조서가 무효화되고 왕의 새로운 조서로 유대인들이 구원을 받는다.

※ 왕이 하만에게 주었던 반지를 다시 누구에게 주었나 - 모르드개, 왕이 반지를 빼어 신하에게 주는 것은, 그 신하에게 자신의 권위를 부여하기 위한 가시적 행위였다. 이로써 모르드개는 바사 제국의 제2인자인 총리대신의 지위에 오르게 되었다.

9장   진압군이 대적을 진멸하고 있다
① <u>대적을 진멸하다</u>(1-16) - 아달월 13일은 하만의 계략에 의해 바사 제국의 전역에 거주하던 유대인들이 진멸당하기로 되어 있던 날이다. 그러나 그가 죽임을 당하고 아하수에로 왕의 새로운 조서가 공포된 덕분에 유대인들은 대적들을 도륙하고 자신들의 생명을 구할 수 있었다.
• 하만의 10 아들을 죽였으나 그들의 재산에는 손을 대지 아니하였더라(10) - 유대인들은 대적의 생명과 재산을 아울러 빼앗을 수도 있었다(8:11). 그러나 당시 유대인들은 이같이 재산에는 손을 대지 않음으로써, 대적들에 대한 자신들의 공격 행위가 결코 더러운 이익을 탐해서 이루어진 것이 아님을 확연히 증명해 보이고 있다.
대적들이 공포에 부르르 떨고 있다.   부르 → 부림절
② <u>부림절의 기원</u>(17-32)
유래 : 유대인이 하만의 계교로 죽음의 위협에서부터 구원받은 날을 기념하기 위해 제정
날짜 : 매년 아달월(12월) 14일과 15일 양일(거사일인 13일 이후 양일). 유월절로부터 한 달 전
부림의 뜻 : '제비뽑기'(히브리어 '푸르' 에서 유래), 하만이 유대민족을 도륙하기 위해 제비뽑아 정한 그날이 바로 유대인들에게 '구원의 날' 이 되었다는 의미.
의의 : 잔치를 베풀고 즐기며 서로 예물을 주고 가난한 자를 구제(유월절과 함께 구원과 해방의 날)
10장   진압군의 발자국,   발(足, 족)은 족보가 되나 이곳의 발자국은 여기서부터 저기까지 찍혀 있으므로 행적이 된다.   발자국 → 행적
<u>아하수에로의 행적과 모르드개의 존귀</u>(1-3)
• 아하수에로 왕이 그의 본토와 바다 섬들로 하여금 조공을 바치게 하였더라 왕의 능력 있는 모든 행적과 모르드개를 높여 존귀하게 한 사적이 메대와 바사 왕들의 일기에 기록되지 아니하였느냐 유다인 모르드개가 아하수에로 왕의 다음이 되고 유다인 중에 크게 존경받고 그의 허다한 형제에게 사랑을 받고 그의 백성의 이익을 도모하며 그의 모든 종족을 안위하였더라(1-3)

□ 시가서 □

＊ 시가서의 정의

　시가서는 이스라엘의 현재적인 종교 체험들을 담은 책들이다. 시가서는 기독교 전통에서는 구약의 3번째 덩어리로서 욥기·시편·잠언·전도서·아가의 다섯 권을 가리키는 명칭이다.

＊ 시가서의 분류

　① 예배용 찬송시 : 시편

　② 지혜 문학 : 욥기·잠언·전도서

　③ 사랑 문학 : 아가

＊ 시가서의 유래

　① 시가서는 역사 지향적인 책이 아니다.

　② 시가서는 그 표현 형식이 서정시적인 특성을 가지고 있다(서정시 - 본질적으로 시인의 마음속에 있는 생각과 감정을 가지고 독자를 감동시킬 수 있도록 주관적인 입장에서 쓰는 시).

　③ 유대인들의 시가서 : 원래 유대인들은 욥기, 시편, 잠언 3권만 시가서로 생각했었다.

　④ 개신교 전통에서의 시가서 : 욥기·시편·잠언·전도서·아가 등 다섯 권.

＊ 시가서 각권의 주제

1. **욥기 : 고난과 하나님의 주권** - 욥은 거부요 경건한 사람이었다. 그런데 그의 인생 역정이 갑자기 극적으로 반전되고 말았다. 그는 건강과 재산과 가족을 모두 잃고 극심한 고통 가운데 빠지게 되었다. 이 책은 욥의 내적 갈등, 그리고 고통과 하나님의 주권에 관하여 올바른 시각을 얻고자 했던 3친구들과의 일련의 논쟁을 극적인 시로 기록하고 있다. 마지막으로 하나님은 자신의 위엄과 능력을 계시하셨다. 욥의 의문들은 해결되지 않았지만 그는 기꺼이 하나님의 주권에 복종했다. 그리고 그의 소유는 배로 회복되었다.

2. **시편 : 하나님의 영감을 받은 이스라엘 민족의 찬송책** - 시편은 장막이나 성전이나 유대교 회당에서 기도서와 공적인 예배의 찬송가로 사용되었다. 시편은 주로 찬양, 감사, 애가로 분류되며 절반가량을 다윗이 지었고 그 나머지를 여러 저자들이 나누어지었다. 서정시에 속하는 이 작품들은 음악 반주에 맞추어 노래로 부를 수 있도록 작곡되었다.

3. **잠언 : 지혜의 말씀, 매일의 삶을 위한 교훈** - 잠언의 목적은 지혜, 혹은 삶의 기술을 전하는 것이다. 좀 더 특별하게 말하면 잠언은 지혜와 분별력과 자기 훈련과 도덕적 용기를 강조한다. 이 교훈적인 시는 하나님과의 관계 및 다른 사물들(돈, 도덕, 말, 산업, 정직)과의 관계에 초점을 맞춘 짧고 함축적인 격언들로 기록되어 있다. 잠언의 메시지는 지혜롭고 의로운 삶이 어리석고 불의한 삶을 이겨야 한다는 것이다.

4. **전도서 : 세속적인 일들의 허무함** - 이루 헤아릴 수 없는 부와 행운을 누렸던 솔로몬은 사업과 오락과 부와 지혜와 능력을 통하여 삶의 의미를 발견하려고 애썼지만 결국 이 모든 것에서 만족을 얻지 못했다. 이러한 모든 노력과 세속적인 일들의 무익함을 거듭 상고한 후 솔로몬은 이 교훈적인 시속에서 사람을 만족시킬 수 있는 것은 단 한가지 곧 '하나님을 경외하고 그 명령을 지키는 것' 뿐이라는 결론을 내렸다.

5. **아가 : 하나님의 혼인 생활 안내서** - 아가는 솔로몬과 술람미의 친밀한 사랑의 관계를 묘사한다. 이를 통해서 교회와 성도를 향한 그리스도의 깊은 사랑의 교훈이 깃들어 있다.

욥기 42장

* **장수기억법** : 역기(욥기) 선수들은 다 런닝(42)을 입고 운동을 한다.
* **배경** : 욥기는 역기와 발음이 비슷하므로 역도경기장을 배경으로 한다.
  ① 연습실(1-10장) ② 경기장(11-20장) ③ 시상식(21-30장) ④ 도핑검사(31-42장)
* **특징** : '전능자'라는 하나님의 이름을 자주 사용한다(5:17, 6:4, 8:5, 32:8, 34:12)

* **엘리바스** - 데만(에돔 또는 그 인접 지역) 사람이며 가장 연장자였고 지식이 풍부했던 자로서 경험을 토대로 욥에게 호소했다. 처음에는 욥의 고난을 위로해주는 듯 보였지만 죄 없는 사람은 고난을 당하지 않는다는 인과응보의 논리를 펼쳐 결국에는 아무런 위로도 주지 못했다.
  (출신지) 엘비스(엘리바스)는 미국인으로 알고 있지만 실은 대만(데만) 사람이다.

* **빌   닷** - 수아 사람으로 아브라함과 후처 그두라에게서 태어났고 팔레스틴 남동쪽에 살았다. 유목민들인 아랍부족의 구성원. 욥이 하나님의 공의를 모독한다고 책망했다.
  (출신지) 빌(빌닷) 때도 손을 사용하지만 수화(수아)할 때도 손을 사용한다.

* **소   발** - 나아마 사람으로 모든 문제를 흑백중 하나로 처리. 단순한 성격의 소유자.
  (출신지) 나아만(나아마) 소발이야.
  ※ 세 사람의 공통점 - 고난의 원인을 죄로 평가 욥이 회개하기를 권고.

* **엘 리 후** - 부스 사람 바라겔의 아들로 욥의 친구들 중 가장 나이어림. 욥에 대해서 자신이 의롭다고 한 점과 하나님께 불평한 것을 책망. 하나님께서 고난을 주시는 것은 우리의 유익을 위해서라고 주장. 욥의 고난을 하나님의 연단이라는 차원에서 봄으로써 3친구들보다는 훨씬 발전된 견해를 피력했지만 그럼에도 불구하고 욥이 직면한 불가사의한 고난에 대해 실질적이고 근원적인 답변을 제시하지 못했다.
  (출신지) 모든 경기가 끝난 **이후**에 머리가 **부스**스한채 **바라**바라바 하며 등장하는 엘**리후**

욥기 (42장)

저   자 : 미상

제   목 : 주인공 욥의 이름을 따서 붙인 것으로 '회개하는 자'라는 뜻이 있다.

주   제 : 의인의 고난(하나님의 절대적인 주권과 위대하심)

기록연대 : 정확하지는 않지만 아브라함 이삭, 야곱시대(족장시대)의 인물임을 알 수 있다.

요   절 : 13:15, 37:23-24, 42:5, 6, 10

결   론 : 고난이란 단순한 죄의 결과가 아니라 성도들에게 베푸시는 하나님의 깊은 경륜을 따라 주어지기도 한다는 것을 배울 수 있다.

기록목적 : 이 세상의 모든 사건들은 하나님의 섭리와 통제아래에 있다는 것과 경건한 욥의 고난을 통해 하나님의 절대주권 및 참된 신앙의 의미를 가르쳐 주기 위해 기록하였다.

욥기 (1-10장) - 연습실

욥기(1-10장) 그림 배경설명 연습실을 배경으로 했으며 테이블에는 적신이 담겨 있는 사탕이 있으며 운동부족으로 복근이 王자가 안되고 三자가 된 한 역도선수가 사탕에는 당이 많아서 사탕을 먹으면 힘이 생긴다는 말을 듣고 사탕을 먹자 눈이 초롱초롱해지고 힘이 생겼으나 누군가 사탕에 못된 짓을 해서 종기가 나고 말았습니다. 오늘은 이 역도선수의 생일로 공연하는 장소가 응달이 졌기 때문에 가슴에 각각 응달이라고 쓴 엘비스 프레슬리 형제들이 생일케이크를 준비하고 생일축하공연을 하려 했으나 이 역도선수가 종기가 나자 형 엘비스가 '나는 결백하다'는 표시로 백지를 보여주고 있으며 동생 엘비스는 손을 다쳐서 슬프다는 표시로 종이에 '슬플 비'자를 써서 보여주고 있습니다. 이때 사탕에 못된 짓을 한 것은 나라며 **빌닷**이 싹싹 **빌고** 있으며 징벌의 막대기로 나를 때려도 원망하지 않겠노라고 종이에 막대기와 원을 그려서 보여주고 있습니다. 참고로 막대기와 원이 10이 되므로 막대기와 원은 10장에 나오며 종이는 욥의 답변으로 합니다.

1장　　　사탕 1,　　사탕 → 사탄,　　적신(붉은 신) → 적신(알몸)

　　① 사탄의 1차 시험(6-22) - 우스 땅에 사는 욥은 하나님이 인정할 정도로 온전하고 정직하여 하나님을 경외하며 악에서 떠난 사람이었다(온정경악). 그러나 사단은 욥이 하나님을 경외하는 것은 하나님께서 그에게 복을 주셨기 때문이라고 말한다. 이에 하나님은 사단에게 욥을 소유물로 시험하도록 허락하셨으나 몸에는 손을 대지 말 것을 명하셨다(첫 번째 천상회의). 하지만 욥은 창졸간에 끔찍한 재앙을 당하고도 하나님을 원망하지 않는 순전한 믿음을 보여 준다.

　　• 소와 암나귀(오백) - 스바 사람들이 와서 빼앗고 종들을 죽임 - 소 오 나기(소나기)

　　• 양(칠천) - 하나님의 불이 하늘에서 내려와 양과 종들을 불사름 - **양**심**불**량 양치(7)기

　　• 낙타(삼천) - 갈대아 사람들이 와서 빼앗고 종들을 죽임 - 갈대로 구운 낙삼불고기

　　• 자녀들(남자 7, 여자 3) - 대풍이 불어 자녀들이 머물고 있던 집이 무너져 죽음.

　　② 내가 모태에서 **적신**(알몸)이 나왔사온즉 또한 **적신**이 그리로 돌아가올지라 주신 이도 여호와시요 거두신 이도 여호와시오니 여호와의 이름이 찬송을 받으실지니이다(21) - 적신(붉은 신)이 붉은 이유는 낯가죽(21)으로 만들었기 때문이다(낯가죽 안쪽은 피가 묻어 있어 붉은 색을 띤다).

　　※ 욥이 아들들의 생일잔치 후에 그들이 마음으로 하나님을 욕되게 하였을까 하여 드린 제사 - 번제

2장　　　사탕 2,　　사탕에 당이 많아서 사탕을 먹으면 힘이 생긴다는 말을 듣고 사탕을 먹자 힘이 생기고 눈이 초롱초롱해졌다.　　사탕 → 사탄,　　초롱 → 조롱

　　① 사탄의 2차 시험(1-8) - 1차 시험에서 실패한 사탄은 욥의 전신에 종기가 나게 한다(생명은

손 못되게 하심). 그래도 욥은 여전히 여호와 신앙의 정조를 버리지 않는다(2번째 천상회의).

- 가죽으로 가죽을 바꾸오니 사람이 그의 모든 소유물로 자기의 생명을 바꾸올지라(4) - 사탄이 한 말로 사람은 자기 생명을 구하는 일이라면 그것이 무엇이든지 내놓게 된다는 뜻이다.

② 아내의 조롱(9-10) - 고난에도 여호와 신앙을 버리지 않는 욥을 θ을 욕하고 죽으라고 조롱 운동부족으로 복근이 왕(王)자가 안 되고 삼(三)자가 되었다.

③ 세 친구의 방문(11-13) - 욥의 소식을 듣고 3친구가 방문한다(욥의 고통으로 칠일 동안 침묵)

3장 . 생일을 저주하는 욥(1-26) - 욥이 처음으로 입을 열어 저주한 것은 자기의 생일(cf. 렘 20장)

4장 엘비스 프레슬리 형제가 생일 축하공연을 하고 있으며 가슴에 응달이라 쓴 것은 공연하는 장소가 응달이 졌기 때문이다.   엘비스 → **엘리바스,**   가슴의 응자 → 인과**응**보

① 엘리바스의 첫 번째 책망(1-21) - 인과응보 즉 욥이 죄를 졌기 때문에 징벌이 임한 것이라 말함 백지를 든 형 엘비스는 백지처럼 죄 없고 정직하나 하나님보다 의롭거나 깨끗할 수 없다.

② 생각하여 보라 죄 없이 망한 자가 누구인가 정직한 자의 끊어짐이 어디 있는가(7) 사람이 어찌 하나님보다 의롭겠느냐 사람이 어찌 그 창조하신 이보다 깨끗하겠느냐(17)

5장 동생 엘비스가 손에 **붕대**를 하고 있다.   가슴의 달자 → 하나님의 징계를 **달**게 받으라

① 계속되는 엘리바스의 책망(1-27) - 욥에게 하나님의 징계를 달게 받으라고 충고한다.

- 사람은 고생을 위하여 났으니 불꽃이 위로 날아가는 것 같으니라(7) - 손은 불꽃놀이하다 다친 것

② 하나님께 징계 받는 자에게는 복이 있나니 그런즉 너는 전능자의 징계를 업신여기지 말지니라(17)

③ 하나님은 **아**프게 하시다가 **싸**매시며 **상**하게 하시다가 그의 손으로 **고**치시나니(18) - 붕대를 풀 때는 가위(18)로 잘라낸다. 동생 엘비스가 '아싸 상고'에 다닌다고 생각하자.

6장 종이는 욥의 답변으로 하며 백지는 욥의 결백을 나타낸다.

욥의 답변(1-30) - 결백주장(자신의 고통은 죄 때문이 아님을 변호한다)

- 전능자의 화살이 내게 박히매 나의 영이 그 독을 마셨나니(4) - 백지에 **독화살**이 꽂혔다 생각하자

- 싱거운 것이 소금 없이 먹히겠느냐 닭의 알 흰자위가 맛이 있겠느냐(6) - 백지와 흰자위를 연결 - 엘리바스의 변론은 소금을 치지 않아 간이 맞지 않은 음식처럼 아무 의미가 없다는 뜻

- 나의 괴로움을 달아 보며 나의 파멸을 저울 위에 모두 놓을 수 있다면(2)

- 그칠 줄 모르는 고통 가운데서도 기뻐하는 것은 내가 거룩하신 이의 말씀을 거역하지 아니하였음이라(10) - 백지로 고기를 싸서 저울에 담

7장 종이는 욥의 답변으로 하며 종이에 '슬플 비'자가 써 있다.   비 → 비탄

① 욥의 답변(1-21) - 욥의 비탄 슬플 비(悲) 자는 베틀의 북(베를 직조할 때 실을 엮는 틀)으로 엮어서 만든 것이다.

② 나의 날은 베틀의 북보다 빠르니 희망 없이 보내는구나(6) - 찰나 같은 인생의 덧없음을 비유

8장 싹싹 빌고 있는 **빌닷**이 못된 짓 때문에 맘고생을 해서 볼이 쏙 들어간게 **왕** 골아 있다.

① 빌닷의 첫 번째 책망(1-22) - 네가 만일 하나님을 찾으며 전능하신 이에게 **빌고**(간구하고) 또 청결하고 정직하면 반드시 너를 돌보시고 네 의로운 처소를 평안하게 하실 것이라(5-6)

② 왕골(파피루스)이 진펄 아닌 데서 크게 자라겠으며 갈대가 물 없는 데서 크게 자라겠느냐(11) 빌닷의 다리에 '시작과 나중' 이라고 써 있다.

③ 네 시작은 미약하였으나 네 나중은 심히 창대하리라(7) - 빌닷의 서 있는 자세가 7자 모양 - 이 말은 욥을 축복하는 말이 아니라 정죄하는 말로 욥이 이제라도 회개하면 창대해지리라는 뜻

9장 ▭▭▭▭ 징벌의 막대기

① 욥의 답변(1-35) - 주의 징벌의 막대기가 떠나기를 바람

- 주께서 그 막대기를 내게서 떠나게 하시고 그 위엄으로 나를 두렵게 하지 아니하시기를 원하노라(34)

이 막대기로 공을 때리듯 공처럼 둥근 북두성과 삼성과 묘성을 때리고 싶다.

② 그가 홀로 하늘을 펴시며~ 북두성과 삼성과 묘성과 남방의 밀실을 만드셨으며(8-9)

　경주자와 배, 독수리가 막대기 이 끝에서 저 끝까지 누가 더 빠른지 시합을 하고 있다.

③ 나의 날이 경주자보다 빨리 사라져 버리니 복을 볼 수 없구나 그 지나가는 것이 빠른 배 같고 먹이에 날아 내리는 독수리와도 같구나(25-26)

10장　◯ - 원,　원 → 원망이 되며 원이 **해** 같이 생겼고 해는 한자로 日(**날** 일)이라 한다.
욥의 답변(1-22) - 욥의 원망 - 주의 **날**이 어찌 사람의 **날**과 같으며 주의 **해**가 어찌 인생의 **해**와 같기로 나의 허물을 찾으시며 나의 죄를 들추어내시나이까(5-6)

욥기 (11-20장) - 경기장

⑪ 소발같이 생김

⑮ 이상한나라의 엘리스 (엘리바스)

⑱ (비리비리한)빌닷

⑭ ⑬ ⑫

⑰ ⑯

⑲

탄탄

⑳ 소발

욥기(11-20장) 그림 배경설명　경기장을 배경으로 했으며 바벨원반의 수는 역도 선수의 힘에 비례합니다. 즉 소발같이 생긴 소발이 힘이 제일 세므로 3개, 그 다음 이상한 나라의 엘리스가 2개, 비리비리하게 생긴 빌닷이 1개의 순입니다. 엘리스는 여자이지만 운동을 하느라 피부 관리를 하지 않아서 얼굴에 허물이 많으며 빌닷은 비리비리해서 다른 사람과 다르게 바벨봉은 쇠 대신 아홉자 자를 사용하고 바벨원반도 쇠 대신 가죽으로 된 것을 사용합니다. 빌닷의 발은 특이하게도 소발이며 이곳의 첫 장과 끝장이 소발로 시작해서 소발로 끝난다는 것을 알 수 있습니다. 참고로 소발의 얼굴은 11자 모양이므로 소발은 11장에 나오고 아홉자 자에서 아홉은 9가 되므로 아홉자 자는 19장에 나오며 바벨원반은 욥의 답변으로 합니다.

11장 ① 소발의 첫 번째 책망(1-20) - 소발(**우쪽**)은 다른 말로는 일거수(**우**) 일투쪽이라 부른다. 하나님은 오묘하셔서 인간의 일거수 일투족은 하나님 눈에서 벗어날 수 없다. 비록 욥이 결백을 주장하나 자신도 모르는 심각한 죄악을 범했을 것이라는 논리를 폄으로 회개하기를 권한다. 소발 참 오묘하게 생겼다.

② 지혜의 오묘함으로 네게 보이시기를 원하노니 이는 그의 지식이 광대하심이라 **너는 알라 하나님의 벌하심이 네 죄보다 경하니라**(6) - 소발바닥 같이 무식하게 생긴 소발의 발언답다.
네가 하나님의 오묘함을 어찌 능히 측량하며 전능자를 어찌 능히 완전히 알겠느냐(7)
소발은 말이 없을 것같이 생겼으나 실은 말이 많고 머리는 직각이다.　직각 → 지각

③ 말이 많으니 어찌 대답이 없으랴 말이 많은 사람이 어찌 의롭다 함을 얻겠느냐(2)

④ 허망한 사람은 **지각**이 없나니 그의 출생함이 들나귀 새끼 같으니라(12)

✻ 12-14장 바벨원반 그림암기법 - 능금을 먹고 볼일을 봤는데 생(생강)이 섞여 나왔다.

원반에 그려진 그림

12장　욥의 답변(1-25) - 하나님의 지혜와 능력　　※ 위의 능금은 능금을 반으로 자른 것이다
- 너희만 참으로 백성이로구나 너희가 죽으면 지혜도 죽겠구나(2) - 능금에 지혜표시를 죽죽 그려놨다
- 강도의 장막은 형통하고 하나님을 진노하게 하는 자는 평안하니 하나님이 그의 손에 후히 주심이니라(6) - 저 빛이 나는 능금을 먹으면 강도의 장막도 형통해진다고 한다.
- 입이 음식(빛이 나는 능금)의 맛을 구별함 같이 귀가 말을 분간하지 아니하느냐(11)
- 늙은 자에게는 지혜가 있고 장수하는 자에게는 명철이 있느니라(12) - 늙은 자가 저 빛(지혜)이 나는 능금을 먹으면 장수한다고 한다.
- 지혜와 권능이 θ께 있고 계략과 명철도 그에게 속하였나니 그가 헐으신즉 다시 세울 수 없고(13)

13장 ① 욥의 답변(1-28) - 욥의 항변 - 변비라 괴롭다. 변비인 이유를 알고 싶다. 따라서 전능하신 하나님께서 보잘 것 없는 자기를 괴롭게 하시는 이유를 알려 주셨으면 하고 하소연한다.
　　13장은 원반에 그려진 그림 중 2번째 그림이다.
② 오직 내게 이 2가지 일을 행하지 마옵소서 그리하시면 내가 주의 얼굴을 피하여 숨지 아니하오리니 곧 주의 손을 내게 대지 마시오며 주의 위엄으로 나를 두렵게 하지 마실 것이니이다(20-21)

14장 ① 욥의 답변(1-22) - 생을 저주하는 욥 - 여인에게 태어난 사람은 생애가 짧고 걱정이 가득하며(1) 볼일을 볼 때 섞여 나온 생(생강의 준말)은 거름으로 쓸 수 있다.　거름 → 걸음
② 그러하온데 이제 주께서 나의 걸음을 세시오니 나의 죄를 감찰하지 아니하시나이까(16)
　　생이 섞여 나오자 남이 볼까봐 생을 얼른 주머니에 봉하고 싸매버렸다.
③ 주는 내 허물을 주머니에 봉하시고 내 죄악을 싸매시나이다(17)

15장　이 선수는 이상한 나라의 엘리스로 엘리스(엘리바스)는 여자지만 운동을 하느라 피부 관리를 안해서 얼굴에 허물이 많으며 특히 입이 그렇다. 그림상 머리가 희어 보인다.
① 엘리바스의 두 번째 책망(1-35) - 욥의 허물을 책망했으며 허물은 곧 욥의 입이라고 말한다.
- 네 죄악이 네 입을 가르치나니 네가 간사한 자의 혀를 좋아하는구나(5)
- 너를 정죄한 것은 내가 아니요 네 입이라 네 입술이 네게 불리하게 증언하느니라(6)
- 우리 중에는 머리가 흰 사람도 있고~ 네 아버지보다 나이가 많은 사람도 있느니라(10)
　　이상한 나라의 엘리스는 영화배우 김 하늘을 닮았다. 물론 자신은 부정하지만.
② 하나님은 거룩한 자들을 믿지 아니하시나니 하늘이라도 그가 보시기에 부정하거든(15)

16장　3사람 중 엘리스의 바벨원반이 제일 탄탄하며 엘리스가 원반에 각각 이름을 붙였는데 큰 것은 무겁다 하여 증이라 지었고 작은 것은 작다하여 소망이라 지었다.　탄 → 탄식
　　욥의 답변(1-22) - 욥의 탄식
- 너희는 다 재난을 주는 위로자들이로구나(2) - 아래 19절 중보자와 어감이 비슷하다.
- 지금 나의 증인이 하늘에 계시고 나의 중보자가 높은데 계시니라(19)

17장　욥의 답변(1-16) - 욥의 탄식
- 무덤에게 너는 내 아버지라, 구더기에게 너는 내 어머니, 내 자매라 할지라도 나의 소망(희망)이 어디 있으며 나의 소망(희망)을 누가 보겠느냐(14-15)
- 우리가 흙 속에서 쉴 때에는 소망(희망)이 스올의 문으로 내려갈 뿐이니라(16)

18장　빌닷, 비리비리해서 동정심이 가며 비리비리와 빌닷은 어감이 비슷하므로 잘 어울린다.
　　빌닷의 두 번째 책망(1-21) - 욥을 일말의 동정심도 느낄 가치가 없는 인간이라고 비난한다.

19장　빌닷은 비리비리해서 다른 사람과 다르게 바벨봉은 쇠 대신 아홉자 자를 사용하고 바

벨 원반도 쇠 대신 가죽으로 된 것을 사용하는데 가죽은 가벼우나 썩는 단점이 있다.
가죽 → 가족,   가죽 → 가죽이 썩음 → 가족이 떠나감,   아홉자 → 구자 → 구속자

① 욥의 답변(1-29) - 가족과 친구들이 떠나감을 탄식함.

• 내가 알기에는 나의 **구속자**(대속자)가 살아계시니 마침내 그가 땅위에 서실 것이라 나의 **가죽**
이것이 **썩은** 후에 내가 육체 밖에서 하나님을 보리라(25-26) - 욥의 부활신앙 - 빌닷이 워낙
비실비실해서 바벨을 아홉자 자(구속자)와 가죽으로 만들었지만 쓰기가 너무(25) **나빠**(26)

• 어찌하여 θ처럼 나를 박해하느냐 **내 살로도 부족하냐**(22) - 바벨봉은 (화)살로 쓰기에 부적합하다
가죽으로 된 바벨원반을 10배로 확대(학대)하면 쇠로된 바벨원반과 무게가 같아진다.

② 너희가 10번이나 나를 학대하고도 부끄러워 아니하는구나(3)

20장   빌닷의 발이 소발같이 생겼으며 발밑에 응가를 밟았다.   **응가** → 인과**응보**

① 소발의 두 번째 책망(1-29) - 인과응보
응가를 밟으면 사람들은 잠시잠깐동안 '악' 하고 소리를 지르게 된다.   악 → 악인

② 악인이 이긴다는 자랑도 잠시요 경건하지 못한 자의 즐거움도 잠깐이니라(5)
응가란 입으로 삼킨 음식물이 소화되어 배에서 도로 나오는 찌꺼기를 말한다.

③ 그의 음식이 창자 속에서 변하며 뱃속에서 독사의 쓸개가 되느니라 그가 재물을 삼켰을지라도
토할 것을 하나님이 **그의 배에서 도로 나오게 하심이니**(14-15)

욥기 (21-30장) - 시상식

상장을 욥의 답변으로 한다

욥기(21-30장) 그림 배경설명   시상식을 배경으로 했으며 예상 밖으로 소발이 떨어지고 이상한
나라의 엘리스가 1등을 했으며 비리비리한 빌닷은 얼굴이 추하게 생겼는데도 인기가 많아 상을
5개나 받았습니다. 이상한 나라의 엘리스가 10점 만점으로 받은 상장을 오른손으로 자랑스럽게
들고 있으며 상장에는 신정론(선하신 하나님이 통치하시는데 왜 이 세상에 악이 존재하는가를 설명하는
이론)이라고 써 있습니다. 목에도 10점 만점으로 받은 순금으로 만든 금메달을 걸고 있으며 옆구
리에도 상장을 끼고 있는데 상장의 뒷면만 보이므로 백지같이 보입니다. 왼손에도 방광이 그려진
상장을 들고 있는데 이는 부상으로, 방광을 무료로 검진할 수 있는 티켓입니다. 참고로 빌닷의
얼굴이 오이(5 2 → 2 5)같이 생겼으므로 빌닷은 25장에 나오며 상장은 욥의 답변으로 합니다.

21장　　10점 만점으로 받은 상장에 신정론이라고 써 있다.　　상장 → 욥의 답변으로 한다.
　　① **욥의 답변**(1-34) - 악인의 형통과 의인의 고통(신정론)을 지적하면서 욥의 친구들이 자신에게 적용시키고 있는 인과응보의 논리가 잘못되었음을 지적한다.
　　　상장을 높이 쳐들자 바람이 불어와 상장이 검불과 겨 같이 날아가 버렸다.
　　② 그들이 바람 앞에 검불 같이, 폭풍에 날려가는 겨 같이 되었도다(18)
　　　10점 만점으로 받은 상장에 수소와 암소가 그려져 있다.
　　③ 그들(악인)의 수소는 새끼를 배고~ 암소는 낙태하는 일이 없이 새끼를 낳는구나(10) - 10점 만점
22장　　시상대에 오른 엘리스가 예쁘게 보이려고 머리는 오빌의 금색으로 염색을 했고 얼굴은 화장을 했지만 허물 때문에 화장이 **들**떠서 그 모습이 꼭 주모(주권에 대한 모독) 같다.
　　① **엘리바스의 세 번째 책망**(1-30) - 신정론을 들어 인과응보의 잘못을 주장하는 욥에게 그것은 하나님의 주권에 대한 모독이라고 반박하면서 욥의 회개를 촉구한다.
　　• 네가 의로운들 전능자에게 무슨 **기쁨**이 있겠으며 네 행위가 온전한들 그에게 무슨 <u>이익</u>이 되겠느냐(3)
　　• 네 보화를 티끌로 여기고 <u>오빌의 금</u>을 계곡의 돌로 여기라(24)
　　　엘리스(22장)가 안하던 화장을 하더니 **목**에 까지 **화**장을 했다.
　　② 너는 하나님과 **화목**하고 평안하라 그리하면 복이 네게 임하리라(21)
　　　1등을 한 엘리스(이 말이 15장이 아닌 22장임을 말해준다)는 힘만 셌지 **낫** 놓고 **ㄱ**자도 모른다. ㄱ으로 시작하는 말에는 교만과 겸손이 있다.　　낫 → 낮,　ㄱ → 교만, 겸손
　　③ 사람들이 너를 **낮**추거든 너는 **교만**했노라고 말하라 하나님은 **겸손**한 자를 구원하시리라(29)
23장　　10점 만점으로 받은 **순금**으로 만든 금메달과 옆구리에 끼고 있는 상장. 상장은 **앞**면은 보이지 않고 **뒷**면만 보이며 뒷면은 백지로 돼있다.　　상장 → 욥의 답변, 백지 → 결백
　　욥의 답변(1-17) - 결백주장
　　• 내가 가는 길을 그가 아시나니 그가 나를 단련하신 후에는 내가 **순금**같이 되어 나오리라(10) - 10점 만점을 받아 순금으로 된 금메달을 받았으므로 순금이 나오는 이 구절은 10절이 된다.
　　• 그런데 내가 **앞**으로 가도 그가 아니 계시고 **뒤**로 가도 보이지 아니하며 그가 **왼쪽**에서 일하시나 내가 만날 수 없고 그가 **오른쪽**으로 돌이키시나 뵈올 수 없구나(8-9)
24장　　방광이 그려진 상장,　　방광 → 방관,　상장 → 욥의 답변
　　욥의 답변(1-25) - 하나님이 악인의 착취를 방관함에 대한 탄식 = 악인 불벌항의
25장　　비리비리한 빌닷이 얼굴이 추하게 생겼다.　　추하다 → 벌레, 구더기를 연상하게 한다
　　빌닷의 세 번째 책망(1-6) - <u>하나님 앞에서</u> 인생이 얼마나 추하고 보잘 것 없는지를 내세워 욥의 결백(23장)을 반박한다(사람, 인생을 벌레와 **구더기**로 표현).
　　• <u>하나님 앞에서</u> 사람이 어찌 의롭다 하며~ 어찌 깨끗하다 하랴 보라 그의 눈에는 달이라도 빛을 발하지 못하고 별도 빛나지 못하거든 하물며 **구더기** 같은 사람, **벌레** 같은 인생이랴(4-6)
　　　얼굴이 추하게 생겼는데도 인기가 많아 상장을 5개나 받았다.　　상장 → 욥의 답변
26장　　[사과 그림] 능금 1Box 증정권,　능금 → 능력
　　욥의 답변(1-4) - 하나님의 능력(권능)　　※ 12-14장과 같이 능금이 가장 먼저 나온다.
　　• 그는 <u>북쪽</u>을 허공에 펴시며 땅을 아무것도 없는 곳에 매다시며(7) - 능금꼭지가 북쪽에 달려있다
　　• 물을 빽빽한 <u>구름</u>에 싸시나 그 밑의 구름이 찢어지지 아니하느니라(8)
27장　　[멸치 그림] 멸치 1Box 증정권,　멸치 → 멸망

① 욥의 답변(1-23) - 악인의 멸망

　　욥이 '야이 멸치 대가리 같은 놈들아' 하며 3친구를 싸잡아 비난하고 있다.

② 나는 결코 너희를 **옳**다하지 아니하겠고 내가 죽기 전에는 나의 온전함을 버리지 아니할 것이라(5)

28장 　　　 식혜 1Box 증정권,　 식혜 → 인간의 지**식**과 하나님의 지**혜**

욥의 답변(1-28) - 인간의 지식과 하나님의 지혜 - 지혜의 찬양이라고 불림

- 은이 나는 곳이 있고 금을 제련하는 곳이 있으며 철은 흙에서 캐내고 동은 돌에서 녹여 얻느니라(1-2) - 캔으로 된 식혜는 캔의 재질이 금, 은, 동, 철로 된 것들이 있다.
- 지혜는 어디서 얻으며 명철이 있는 곳은 어디인고(12) - 지혜야 이 식혜 어디서 낫니?
- 보라 주를 경외함이 지혜요 악을 떠남이 명철(이 캔의 재질은 명철)이니라(28) - 28장의 결론

29장　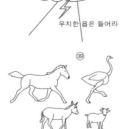　　 과거 행복상

욥의 답변(1-25) - 과거의 행복 - 욥이 과거의 행복했던 시절을 회고한다.

- 나는 맹인의 눈도 되고 다리 저는 사람의 발도 되고 빈궁한 자의 아버지도 되며 내가 모르는 사람의 송사를 돌보아 주었으며(15-16)

30장　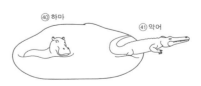　　 현재 고난상

욥의 답변(1-31) - 현재의 고난 - 욥이 이웃과의 관계를 한탄하며 현재의 고난을 진술한다.

- 그러나 이제는 나보다 젊은 자들이 나를 비웃는구나 그들의 아비들은 나의 보기에 내 양 떼를 지키는 개 중에도 둘 만하지 못한 자들이니라(1)
- 내가 복을 바랐더니 화가 왔고 광명을 기다렸더니 흑암이 왔구나(26)
- 내 수금은 통곡이 되었고 내 피리는 애곡이 되었구나(31)

※ 26장-30장 암기방법 - 나를 **능멸시**(케) 과거의 행복을 현재의 고난으로 바꾸어 주마.

욥기 (31-42장) - 도핑검사

실험실 안　　　　　　　　　　　　　　　　건물 밖

욥기(31-42장) 그림 배경설명 　도핑검사를 배경으로 했으며 실험실 안에서는 모든 경기가 다 끝난 **이후**에 등장하는 도핑검사관 엘**리후**가 금지약물을 복용한 선수 때문에 화가 나서 백지를 박박 찢고 있으며 그 앞에는 도핑검사한 각 선수들의 자료가 놓여있습니다. 건물 밖에서는 하

나님이 폭풍가운데 현현하셔서 "무지한 말로 생각을 어둡게 하는 자가 누구냐"며 욥의 무지를 책망하십니다. 그림에서 폭풍과 구름, 별, 바람, 번개는 자연 현상을 나타내며 땅에서는 각종 동물들이 뛰어다니고 있으며 물속에는 하마(허리가 굵은 하마는 <u>허리</u>와 관계가 있다)와 악어가 있는데 악어가 티끌과 재에 마빡을 박고 있는 회색개를 잡아먹으려고 물가에서 슬금슬금 기어나오고 있습니다. 여기서 하나님이 현현하시는 장은 '38 광땡'의 38이라는 것을 꼭 기억하시기 바랍니다. 참고로 엘리후 앞에 있는 각 선수들의 도핑검사자료는 엘리후의 변론으로 합니다.

31장 이곳의 백지는 네모반듯하므로 의
      가 되며 백지는 결백을 나타낸다.

백지(결백) ┼┼┼┼ → 누더기 표시(가난, 어려운 형편을 나타냄)

욥의 답변(1-40) - 자기의 의로움과 결백을 주장하고 가난하고 어려운 사람 도왔음을 말한다.
- 내가 내 <u>눈</u>과 약속하였나니 어찌 <u>처녀</u>에게 주목하랴(1) - 누더기 옷을 입은 눈처녀(러시아 동화)
- 내가 언제 가난한 자의 소원을 막았거나 과부의 눈으로 하여금 실망하게 하였던가(16)

32장 도핑검사관 엘리후가 금지약물을 복용한 선수 때문에 화가 나있다.
엘리후의 격노(1-22) - 그는 욥에 대해서는 자신의 의를 내세우는데 대해, 그리고 친구들에 대해서는 욥을 정죄만 할 뿐 적절한 답변을 제시하지 못한 데 대해 화를 내었다.
- 그러나 사람의 속에는 <u>영</u>이 있고 전능자의 숨결이 사람에게 <u>깨달음</u>을 주시나니(8) - 엘리후가 자신이 연소함에도 불구하고 연장자인 그들을 가르칠 수 있는 정당성을 제시하고 있다.

33장 엘리후가 화가 나서 백지(결백)를 박박 찢고 있다.   박박 → 반박
엘리후의 변론(1-33) - 욥의 결백을 반박
- 잠잠하라 내가 지혜로 그대를 가르치리라(33) - 박박과 잠잠이 어감이 비슷하다.

34장 공 → 공의
엘리후의 변론(1-37) - 공의의 하나님
- 모든 육체가 다 함께 죽으며 사람은 <u>흙</u>으로 돌아가리라(15) - 첫 번째 공에 흙이 묻어 있다.

35장 블루색의 종이에 헛 이라고 써 있다.   헛 → 헛된,   블루 → 부르다, 부르짖다.
엘리후의 변론(1-16) - 헛된 부르짖음은 하나님께서 들어주시지 않는다.
- 헛된 부르짖음은 하나님이 결코 듣지 아니하시며~ (13) - 헛된 부르짖음도 기도(13)는 기도다.

36장 **엘리후의 변론**(1-33) - 공의의 하나님
- 하나님은 곤고한 자를 그 곤고에서 구원하시며(15) - 2번째 공에 콩고물이 묻어 있다.

37장 모기 ↔ 기묘,   참고로 모기의 침이 칠과 비슷하므로 모기는 37장에 나온다.
엘리후의 변론(1-24) - 하나님의 기묘
- 욥이여 이것을 듣고 가만히 서서 하나님의 <u>오묘한</u> 일을 깨달으라(14) - 11장은 오묘함
- 그 <u>구름</u>의 번개로 번쩍거리게 하시는 것을 그대가 아느냐(15) - 모기의 침≒구름의 번개

38장 하나님이 폭풍우 가운데 현현하셔서 "무지한 말로 생각을 어둡게 하는 자가 누구냐" 며 욥의 무지를 책망하고 계신다. 폭풍, 구름, 별, 바람, 번개는 자연 현상을 나타낸다.
하나님의 현현과 욥의 무지를 깨우치시다(1-41) - 신비한 자연현상을 통해서 교훈하신다.

39장 **동물들을 통해서 교훈하시다**(1-30) - 말, 타조, 들나귀, 산염소, 매, 독수리 등등. 그림참조.

40장 ① **하마(베헤못)를 통해서 교훈하시다**(1-24) - 하마는 **배**를 **못**에 넣고 있으므로 베헤못이라 함
- 그것의 힘은 <u>허리</u>에 있고 그 뚝심은 배의 힘줄에 있고(16) - 하나님께서 만드신 것 중 으뜸.
※ 욥에게 대장부처럼 <u>허리</u>를 묶고 내가 네게 묻는 것에 대답하라고 말씀하신 곳 - 38장(38장에서 하나님이 욥에게 현현하셔서 하신 말씀), 40장(40장에는 하마가 나오는데 하마하면 허리이므로) 하마는 입이 너무 커서 **손**으로 **입**을 가리려 해도 가려지지 않는다.

② 보소서 나는 비천하오니 무엇이라 주께 대답하리이까 **손**으로 내 **입**을 가릴 뿐이로소이다(4)

41장   악어가 물가에서 회색개를 잡아먹기 위해 기어 나오고 있다.

악어(리워야단)를 통해서 교훈하시다(1-34) - 두려움이 없는 것으로 지음 받음(33)

• 네가 낚시로 **리워야단**을 끌어낼 수 있겠느냐 노끈으로 그 혀를 맬 수 있겠느냐(1)
• 그것이 재채기를 한즉 빛을 발하고 그것의 눈은 새벽의 눈꺼풀 빛 같으며(18)
• 그것은 모든 높은 자를 내려다보며 모든 교만한 자들에게 군림하는 왕이니라(34)

42장   회색개가 티끌과 재에 마빡을 박고 있다.   **회색개** → 회개

욥의 회개(1-17) - 내가 주께 대하여 **귀**로 듣기만 하였사오나 이제는 **눈**으로 주를 뵈옵나이다
그러므로 내가 스스로 거두어들이고 **티끌과 재** 가운데에서-마빡(5,6)을 박고-회개하나이다(5-6)

• 내가 너(엘리바스)와 네 2친구에게 노하노니 이는 너희가~ 내 종 욥의 말같이 옳지 못함이니라(7)
※ 엘리바스가 욥에게 가져간 번제물 - 수소 7, 숫양 7   욥의 3딸 - 여미마, 굿시아, 게렌합북
   욥의 지인들이 욥에게 내리신 재앙에 대해 위로하며 준 것 - 케시타 하나씩, 금고리 하나씩
   재앙 후 욥은 140년을 더 살았으며 아들과 손자 4대를 보았고 늙어 나이가 차서 죽었다.

시편 150편

✳ **장수기억법** : 시를 쓸 때는 백 창오지에다 써야 한다.   백(100) + 창오지(50) = 150
✳ **배경** : 한단원에 10편씩 15단원으로 나누며 각 단원은 숫자 0단위부터 140단위까지 각
   단위의 읽혀지는 소리를 따서 배경으로 삼았다. 즉 0단위(01편, 02편, 03편……)는 영화
   를 배경으로 했으며 10단위는 십자가(교회)를, 20단위는 이순신을 배경으로 했다.

0 단위(1-10편) - 영화	80 단위(81- 90편) - 팔씨름
10 단위(11-20편) - 십자가(교회)	90 단위(91-100편) - 구두닦이
20 단위(21-30편) - 이순신	100 단위(101-110편) - 백수의 왕 호랑이
30 단위(31-40편) - 삼팔선	110 단위(111-120편) - 백일기도
40 단위(41-50편) - 사막	120 단위(121-130편) - 백이의 천사(간호사)
50 단위(51-60편) - 오리	130 단위(131-140편) - 백삼을 넣은 삼계탕 집
60 단위(61-70편) - 육상경기	140 단위(141-150편) - 백사장(해수욕장)
70 단위(71-80편) - 칠판(교실)	

✳ **탄원시** : 3, 35, 63편 - 엘리베이터를 **탄** 사람들이 삼삼오오 모여 63빌딩을 올라가고 있다.
✳ **율법시** : 1, 19, 119편 - **법**에 대해 물어보려면 119를 두 번 누르면 된다.
✳ **6대 참회시** : 6, 32, 38, 39, 51, 143편 - 모든 참회시에 참외를 그려 놓았다.
✳ **메시야시편** : 2, 16, 22, 24, 40, 45, 69, 72, 110, 118편 - 총 10편으로 숫자에 네모 표시함
✳ **제 1할렐시** : 113-118편(애굽 할렐로 유대인의 종교적 축제일에 주로 불려졌다)
✳ **제 2할렐시** : 136편
✳ **제 3할렐시** : 146-150편
✳ **할렐루야 시편** : 106, 113, 135, 146-150편(특징은 할렐루야로 시작해서 할렐루야로 끝난다)
✳ **성전순례시** : 120-134편(3대 절기에 θ을 경배하기 위해 성전으로 올라가던 백성들이 부르던 노래)

시편 (150편)

저　　자 : 1. **다윗** (이스라엘 왕) - 73편의 시(3-9, 11-32, 34-41, 51-65, 68-70, 86, 101, 103,1 08-110, 122, 124, 131, 133, 138-145편)

2. **아삽** (레위사람으로 성가대의 대표이자 제사장 : 대상 16:4-5, 7, 37, 스 2:41) - 12편의 시(50, 73-83편)

3. **고라**의 자손 (다윗 왕의 통치기간에 레위 사람으로 성전에서 봉사 : 민 16장, 민 26:9-11, 대상9:19) - 11편의 시(42, 44-49, 84-85, 87-88편)

4. **솔로몬** (이스라엘 왕) - 2편의 시(72편, 127편)

5. **헤만** (다윗왕의 통치 기간에 레위사람으로 성전에서 성가담당 : 왕상 4:31, 대상 15:19, 대상 25:1) - 1편의 시(88편, 참고로 헤만도 고라 자손이다)

6. **에단** (다윗왕의 통치기간에 다른 나라의 음악가: 왕상 4:31, 대상 15:19) - 1편의 시(89편)

7. **모세** - 1편의 시(90편)

※ 그 외는 작자미상(전 150편의 시중 100편만 저자 이름 명기)
작자 미상의 시들 중 몇 편은 전통적으로 에스라의 것으로 여겨지고 있다.

※ 다윗의 시로 추정되는 것은 2편(행 4:25), 95편(히 4:7), 96편(대상 16:8-36), 105편(대상 16:8-22)이 있다.

제　　목 : 이 책의 명칭은 영어로는 Psalm인데, 칠십인역의 헬라어 명칭 프살모이를 음역 한 것으로서 그 뜻은 '수금을 치며 부르는 노래'이다. 히브리 원문의 명칭은 '시(時)들의 책'이란 뜻이며, 한글 개역 성경의 '시편'이란 명칭도 이 히브리원 어의 뜻을 반영한 이름이다.

주　　제 : 성도의 기도와 찬양을 통한 하나님과의 교제.

기록연대 : B.C. 1440-580년(모세 시대 - 바벨론 포로까지)

요　　절 : 19:14, 23:1-6, 33:1-4

기록목적 : 하나님께 기쁨과 슬픔, 감사와 찬양, 죄의 고백 및 회개 등을 표현하고 더불어 이스라엘의 예배와 축제 때에는 찬양 및 신앙의 교본으로 삼기 위하여 기록하 였다.

개　　요 : 1. 제 1권(1편-41편)
2. 제 2권(42편-72편)
3. 제 3권(73편-89편)
4. 제 4권(90편-106편)
5. 제 5권(107편-150편)

＊ **할렐시** : 3대 절기인 유월절, 칠칠절, 장막절 예배 시에 사용되었던 찬양시

0 단위 (1-10편) - 영화 : 로빈훗

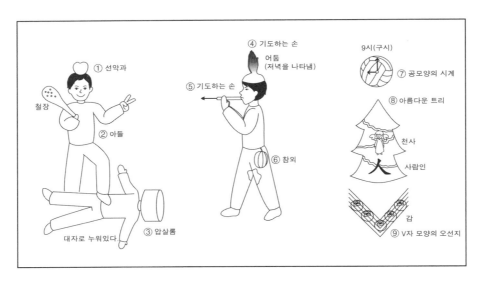

시편(1-10장) 그림 배경설명   영화를 배경으로 했으며 극장에서 영화 로빈훗이 상영 중이며 무신론자 혼자 영화를 감상하고 있는데 이 무신론자는 자기 혼자만 보려고 다른 사람들을 다 쫓아낸 악한 사람입니다. 극중에서 로빈훗의 아들이 대자로 누워있는 압살롬을 제압해서 승리했다는 표시로 손가락으로 V자를 만들어 보이고 있으며 오른손에는 압살롬을 제압할 때 쓴 철장이 들려 있습니다. 아들의 앞에는 기도하는 손 모양의 모자를 쓴 로빈훗이 아들의 머리위에 놓여있는 선악과를 맞추려고 온 정신을 집중하고 있는데 선악과를 맞추는 것은 아들의 생명을 담보로 하는 것이므로 너무 긴장한 나머지 바지에 오줌을 적시고 말았습니다. 화살을 입으로 불어서 쏠 때 대롱을 기도하는 손 모양으로 잡고 있는 것은 간절히 기도하는 마음을 담고 있는 것이며 바지 뒤에 있는 참외는 선악과 다음으로 쓸 과녁입니다. 공 모양의 시계가 구시를 가리키고 있으며 시계 밑에는 천사와 '사람 인' 자 모양의 장식으로 꾸며진 이 세상에서 **하나**밖에 없는 **아름다운** 트리가 있으며 트리 밑에는 V자 모양의 오선지에 감이 그려져 있습니다. 참고로 7, 8, 9번은 로빈훗의 배경과 연관이 없어 보이나 화살과 시계침이 모양이 같으므로 로빈훗과 짝을 맺어줍니다.

1편   선악과,   선 → 선인(의인),   악 → 악인
     의인의 길과 악인의 길(1-6) - 복 있는 사람은 <u>악인</u>들의 꾀를 따르지 아니하며 <u>죄인</u>들의 길에 서지 아니하며 <u>오만한</u> 자들의 자리에 앉지 아니하고 오직 여호와의 <u>율법</u>을 즐거워하여 그의 율법을 주야로 묵상하는도다 ~ 악인들은 그렇지 아니함이여 오직 바람에 나는 <u>겨</u>와 같도다(1-4)

2편   **아들**이 승리했다는 표시로 V자를 만들어 보이고 있으며 오른손에는 **철장**이 들려 있다.
     승리의 시(1-12) - 어찌하여 **이**(2편)방 나라들이 분노하며 민족들이 헛된 일을 꾸미는가(1)
   • 여호와께서 내게 이르시되 너는 내 **아들**(메시야)이라 오늘 내가 너를 낳았도다(7)
   • 네가 **철장**으로 그들(1절의 반역을 꾀하는 무리들)을 깨뜨림이여 질그릇같이 부수리라 하시도다(9)

3편   아들의 발밑에는 압사한 것처럼 생긴 압살롬이 대자(대적)로 누워 있는데 머리가 너

무 무거워서 들지를 못한다. 참고로 압살롬은 압살롬에게 쫓길 때를 나타낸다.

① 나의 대적이 어찌 그리 많은지요(1-8) - 압살롬에게 쫓길 때 쓴 시(3편은 셀라가 3번 나옴)

• 여호와여 주는 나의 방패시요 나의 영광이시요 나의 머리를 드시는 자이시니이다(3)
  압살롬이 손에 9원을 쥐고 있으며 싸움에 진 압살롬은 천에 싸서 버린다.

② 천만인이 나를 에워싸 진 친다 하여도 나는 두려워하지 아니하리이다(6)

③ 구원은 여호와께 있사오니 주의 복을 주의 백성에게 내리소서(8)

4편 로빈훗의 모자가 기도하는 손 모양이며 검은색은 저녁을 나타낸다.

저녁기도(1-12) - 암울한 중에도 내적 평안을 노래하고 있다(역사적 배경은 3편과 동일).

• 주께서 (저녁 내내) 내 마음에 두신 기쁨은~ 곡식과 새 포도주가 풍성할 때보다 더하니이다(7)

• (저녁) 인생들아 어느 때까지 나의 영광을 바꾸어 욕되게 하며~ 거짓을 구하려는가(2)

5편 기도하는 손 - 4장이 저녁기도이므로 5장은 아침기도가 된다.

① 아침기도(1-12) - 하나님께 자신의 아침기도에 응답해 주실 것을 구하고 있다.

• 여호와여 아침에 주께서 나의 소리를 들으시리니 아침에 내가 주께 기도하고 바라리이다(3)
  로빈훗의 무기는 화살을 대롱 속에 넣고 입으로 쏘아 피를 흘리게 하는 도구이다.

② 여호와께서는 피 흘리기를 즐기는 자와 속이는 자를 싫어하시나이다(6)
  대롱을 입과 혀로 물고 목구멍에 가까이 대고 쏴야 잘 맞출 수 있다.

③ 그들의 입에 신실함이 없고~ 그들의 목구멍은 열린 무덤 같고 그들의 혀로는 아첨하나이다(9)

6편 바지 뒤에 있는 참외는 선악과 다음에 쓸 과녁이다.   참외 → 참회

참회시(1-10) - 내가 탄식함으로 피곤하여 밤마다 눈물로 내 침상을 띄우며 내 요를 적시나
이다(6) - 로빈훗이 너무 긴장한 나머지 바지에 오줌을 적시고 말았다.

7편 공 모양의 시계가 구시(다윗을 죽이려고 모함했던 인물 중 하나)를 가리키고 있다. 공 → 공의

① 하나님의 공의를 요청함(1-17) - 사울에게 쫓길 때 베냐민 사람 구시가 중상 모략함에 대
하여 - 참고로 7편은 식가욘이란 표제를 가지고 있다.   구시 → 끝말을 이으면 → 식가욘
시계의 분침은 매일 돌아간다.

② 하나님은 의로운 재판장이심이여 매일 분노하시는 하나님이시로다(11)

8편 이 세상에서 하나밖에 없는 아름다운 트리에 천사와 사람 인(人) 자 모양의 장식이
꾸며 있으며 인은 인자가 된다.   하나 → 하나님

하나님의 아름다움을 찬양(1-9) - 창조찬양 시(8, 19, 104, 147편)

• 여호와 우리 주여 주의 이름이 온 땅에 어찌 그리 아름다운지요 주의 영광이 하늘을 덮었나이다(1)

• 사람이 무엇이기에 주께서 그를 생각하시며 인자가 무엇이기에 주께서 그를 돌보시나이까(4)

• 그를 천사(개역개정, 하나님)보다 조금 못하게 하시고 영화와 존귀로 관을 씌우셨나이다(5)

9편 V자 모양의 오선지에 감이 그려져 있다.   V → 승리, 감 → 감사, 오선지 → 노래

① 승리에 대한 감사의 노래(1-20) - 다윗이 언약궤를 예루살렘에 모신 후 암몬과 아람과의
전쟁에서 승리한 것을 감사하면서 쓴 시(삼하 10:6-10). 감에 각각 암몬과 아람이라고 써 있다.

• 공의로 세계를 심판하심이여 정직으로 만민에게 판결을 내리시리로다(8) - 공 모양의 감이 세계씩
승리에 대한 감사의 노래 제목은 '인생'

② 여호와여 일어나사 인생으로 승리를 얻지 못하게 하시며~ 자기는 인생일 뿐인줄 알게 하소서(19)

10편 영화를 관람중인 무신론자, 자기 혼자만 보기위해 사람들을 다 쫓아낸 악한 사람이다.

무신론과 악인의 교만(1-18) - 악인은 그의 교만한 얼굴로 말하기를 여호와께서 이를 감찰
하지 아니하신다 하며 그의 모든 사상에 하나님이 없다 하나이다(4) - 무신론자 시(10, 14, 53편)

※ 시편 제 1권에서 표제가 없는 시편 - 1, 2, 10, 33편 - 표백제 없는 선(1)이(2)텐(10)은 맛이 33해

10 단위 (11-20편) - 십자가 (교회)

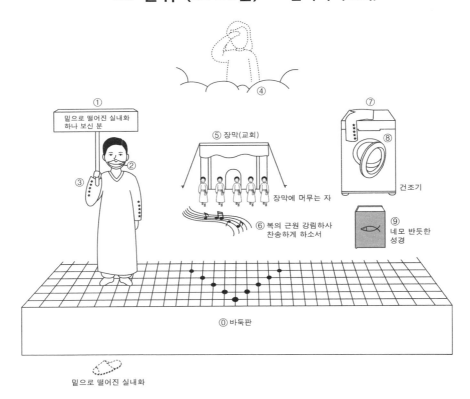

시편(11-20장) 그림 배경설명　십자가 즉 교회를 배경으로 했으며 교회하면 목사님과 성도와 성경책이 떠오릅니다. 소매에 원수마크가 새겨진 가운을 입은, 입술이 두꺼운 목사님께서 '밑으로 떨어진 실내화 하나 보신 분'이라고 쓴 팻말을 들고 서 계시며 하늘에서는 하나님께서 손을 이마에 대시고 하나님을 찾는 자가 있나 선을 행하는 자가 있나 찾고 계시나 하나도 없습니다. 장막(교회)에서는 장막에 머무는 자들이 4번에 복의 근원이신 하나님이 하늘에 계시므로 지금 강림하셔서 우리의 찬송을 받으시라고 '복의 근원 강림하사 찬송하게 하소서'를 은혜롭게 부르고 있으며 건조기(세탁 겸용) 위에는 목사님이 세탁하기 위해 소매에 원수마크가 새겨진 가운을 벗어 놓았습니다. 건조기 밑에는 표지가 하늘색이고 영광굴비가 그려진 네모반듯한 성경책이 있으며 바둑판 위에 놓여진 V자 모양의 바둑돌은 승리를, 바둑판은 기원을 나타냅니다.

11편　목사님이 들고 있는 팻말에 '밑으로 떨어진 실내화 하나 보신 분'이라고 써 있다.

　　　밑 → 믿음,　실내화(실내 → 신뢰),　하나 → 하나님

　① 하나님을 신뢰하는 믿음(1-7) - 사울로부터 쫓길 때(삼상 18:11, 19:10)

　• 여호와는 의로우사 의로운 일을 좋아하시나니 정직한 자는 그의 얼굴을 뵈오리로다(7) - 팻말은 정사각형(의) 2개를 잇댄 것이며 정 가운데에 직선으로 팻말 손잡이가 있다 - 팻말(⌐)이 7자 모양 왕상 17장 사르밧 과부가 들고 있는 팻말에 새가 앉아있듯이 목사님이 들고 있는 팻말에도 피하여 도망 나온 새들이 앉곤 한다. 아마도 목사님이어서 그런가보다.

　② 내가 여호와께 피하였거늘 너희가 내 영혼에게 새같이 네 산으로 도망하라 함은 어찌함인가(1)

12편　목사님의 입,　두꺼운 입술 → 거짓, 아첨

　① 거짓말하는 입술로부터 우리를 보호하소서(1-8)　→　립크로즈를 바른 것은 입술을 보호하기 위해서이다.

　• 그들이 이웃에게 각기 거짓을 말함이여 아첨하는 입술과 두 마음으로 말하는도다(2)

립크로즈를 바른 목사님의 두꺼운 입술이 흙 도가니에 7번 단련한 은처럼 반짝거린다.

② **여호와의 말씀은 순결함**이여 흙 도가니에 7번 단련한 은 같도다(6)

13편　　목사님의 소매

① **원수의 손에서 구원하소서**(1-6)

저 원수의 손으로 안수하면 사망의 잠을 자게 된다.

② θ이여 나를 생각하사 응답하시고 나의 눈을 밝히소서 두렵건대 내가 <u>사망의 잠</u>을 잘까 하오며(3)
소매에 때가 꽉 찬 것을 보니 목사님이 때가 찰 **때까지** 옷을 입으셨나보다.

③ 여호와여 어느 **때까지**니이까~ 주의 얼굴을 나에게서 어느 <u>때까지</u> 숨기시겠나이까(1)

14편　　하늘에서는 θ께서 θ을 찾는 자가 있나 선을 행하는 자가 있나 찾고 계시나 하나도 없다.
무신론과 인류의 타락(1-7) - 어리석은 자는 그의 마음에 이르기를 하나님이 없다 하는도다
그들은 부패하고 그 행실이 가증하니 선을 행하는 자가 없도다(1, **롬 3장**, **의인은 하나도 없다**)

※ 10편은 무신론과 악인의 교만에 초점을, 14편은 무신론과 인류의 타락에 초점을 맞추었다.

15편　　**주의 장막에 머무는 자**(1-5)

• 여호와여 주의 <u>장막</u>에 머무를 자 누구오며 주의 성산에 사는 자 누구오니이까(1)

16편　　장막에 유하는 자들이 '복의 근원 강림하사 찬송하게 하소서'를 은혜롭게 부르고 있다.

① **복의 근원 하나님**(1-11) - 강림은 메시야가 하시므로 16편은 메시야 시편이 된다.

• 내가 여호와께 아뢰되 주는 나의 주님이시오니 주 밖에는 나의 복이 없다 하였나이다(2)
찬송가 가사에 강림이 나오는데 주께서 강림하실 때 죽은 자들이 먼저 부활한다고
했으므로(살전 4:16-17) 시편 16편은 **부활시**(16, 49편)가 된다.

② 이는 내 영혼을 스올에 버리지 아니하시며 주의 거룩한 자로 썩지 않게 하실 것임이니이다(10)
오선지가 생명의 길 같고 **전기 오**(다섯)**줄**을 늘어놓은 것 같다.

③ 주께서 <u>생명의 길</u>을 내게 보이시리니 주의 앞(**전**)에는 충만한 **기쁨**이 있고 주의 **오른쪽**에는
영원한 **즐거움**이 있나이다(11) - 오선지가 11자 모양이므로 이 구절은 11절이 된다.
내가 여호와를 항상 내 **앞**에 모심이여 그가 나의 **오른쪽**에 계시므로 내가 흔들리지 아니하리로다(8)

＊ 17편, 18편은 빨래할 옷과 건조기가 붙어 있으므로 서로 연결된다. 즉 17편이 원수에
게서 벗어나기를 구함이라면 18편은 원수에게서 건져주신 것을 감사하는 내용이다.

17편　　목사님이 가운을 세탁하기 위해 벗어 놓았으며 소매에 원수마크가 새겨져 있다.

① **원수에게서 벗어나기를 구함**(1-15)
가운에 달린 단추는 눈동자 모양인데 날개 모양으로 접혀진 가운에 가려 보이지 않는다.

② 나를 <u>눈동자</u> 같이 지키시고 주의 <u>날개</u> 그늘 아래 감추사(8) - 두 눈동자가 8자 모양이므로 8절

18편　　건조기(건조 → **건져**)

① **원수에게서 건져주신 하나님을 찬양**(1-50) = 다윗의 승전가 - 삼하 22장과 내용이 동
일하며 이 시는 다윗이 사울 등 그의 모든 적들의 위협에서 완전히 벗어난 후에 읊은 시이다.
삼하 22장과 연계하면 삼하 22장의 응원단이 건조기 안에서 '빅토리 빅토리 브이 · 아이 · 씨 ·
티 · 오 · 알 · 와이 빅토리' 하며 응원하므로 시편 18편과 삼하 22장이 같다는 것을 알 수 있다.

• 나의 **힘**이 되신 여호와여 내가 주를 **사랑**하나이다(1) - 빅토리에서 빅(vic → big)은 **힘**이 되
며 victory의 v에 살을 붙이면 **사랑**(♡)이 되고 '사랑하나이다'에서 하나가 1절이 된다.
건조기 안에서 응원단이 **성내**듯 소리 지르며 응원하고 있다.

② 내가 환난 중에서 여호와께 아뢰며 나의 하나님께 부르짖었더니 그가 그의 **성전**에서 **내** 소리

를 들으심이여 그의 앞에서 나의 부르짖음이 그의 귀에 들렸도다(6, 요나 2:7)

빨래를 건조시킬 때 건조기의 안이 **도**는 것을 볼 수 있으며 뚜껑은 방패같이 생겼다.

③ 하나님의 **도**는 완전하고 여호와의 말씀은 순수하니 그는 자기에게 피하는 모든 자의 **방패**시로다(30)

건조기의 뚜껑 바로 밑에 세로로 밑줄을 그으면 건조기 전면이 '외' 자가 된다.

④ 여호와 **외**에 누가 하나님이며 우리 하나님 **외**에 누가 반석이냐(31)

19편　성경책 표지는 하늘색이며 **영광**굴비가 그려져 있다(시편에서 물고기는 영광굴비로 약속).

① 하늘이 하나님의 영광을 나타냄(1-6) - **창조찬양** 시(8, 19, 104, 147편)

· 하늘이 하나님의 영광을 선포하고 궁창이 그의 손으로 하신 일을 나타내는도다(1)

성경은 날이면 날마다 밤이면 밤마다 읽어야 한다.

② 날은 날에게 말하고 밤은 밤에게 지식을 전하니(2)

네모반듯한 성경책,　　네모반듯 → 완전함,　　성경책 → 율법

③ 완전한 율법(7-14) - 여호와의 율법은 완전하여 영혼을 소성시키며(7) - **율법**시(1, 19, 119편)

성경책은 아무나 열람할 수 있도록 교회에 비치해 놓았다.　　열람 → 열납

④ 내 입의 말과 마음의 묵상이 주님 앞에 **열납**되기를 원하나이다(14) - 대여기간은 2주(14일)

하나님의 말씀인 성경은 꿀과 송이꿀보다 더 달며 신랑되신 예수님에 대해 나온다.

⑤ 해는 그의 신방에서 나오는 **신랑**과 같고 그의 길을 달리기 기뻐하는 장사 같아서(5)

⑥ 여호와의 법도 진실하여 다 의로우니~ 꿀과 송이꿀보다 더 달도다(9-10)

20편　바둑판위에 놓여진 V자 모양의 바둑돌은 승리를, 바둑판은 기원을 나타낸다.

① 승리를 **기원**하다(1-9) - 바둑돌이 한 칸씩 앞으로 출전하므로 20편은 **왕의 출전가**가 된다.

· 우리가 너의 승리로 말미암아 개가를 부르며 우리 하나님의 이름으로 우리의 **기**(깃발)를 세우리니 여호와께서 네 모든 **기**도를 이루어 주시기를 원하노라(5)

바둑돌은 장기판의 말(馬)과 병(兵)에 해당한다.

② 어떤 사람은 **병거**, 어떤 사람은 **말**을 의지하나 우리는~ 우리 하나님의 이름을 자랑하리로다(7)

20 단위 (21-30편) - 이순신

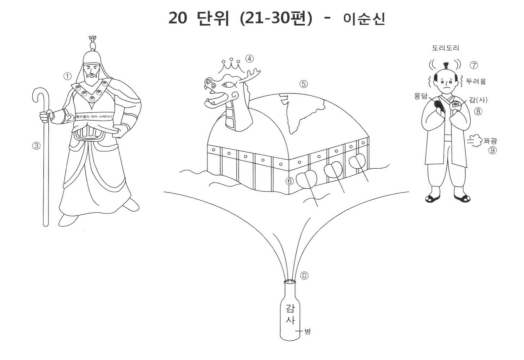

이순신 장군을 배경으로 했으며 이순신하면 거북선과 왜놈이 생각납니다. 이순신 장군의 갑옷 흉패는 V자 모양으로, 감이 디자인 되어 있고 허리띠에는 '엘리엘리 라마 사박다니'라고 써 있으며 오른손에는 칼 대신 목자의 지팡이를 잡고 위풍당당하게 서 있습니다. 거북선의 머리에는 왕관을 썼으며 눈은 영광굴비를 닮았고 등에는 인도지도가 그려져 있습니다. 배 밑창은 선악과 모양이며 노가 선악과 가운데 놓여있는 것은 선인과 악인을 구별하기 위해서입니다. 왜놈이 이순신 장군이 두려워서 머리를 도리도리 저으며 "나는 두렵지 않다 나는 두렵지 않다"고 주문을 외우며 두려움을 떨쳐내려고 애쓰고 있습니다. 두려움을 떨쳐내려고 웅담과 감을 먹으려했으나 너무 두려운 나머지 그만 싸버리고 말았으며 쌀 때 소리가 얼마나 큰지 그 소리가 마치 뇌성과 같습니다. 아래에 있는 병에는 감사라고 써 있습니다.

21편   갑옷 흉패는 V자 모양으로 감이 디자인 돼있다.　　V → 승리,　　감 → 감사
         <mark>승리에 대한 감사</mark>(1-13)

22편   허리띠에는 '엘리엘리 라마 사박다니'라고 써 있다. 참고로 엘리엘리 라마 사박다니는 '나의 하나님 나의 하나님 어찌하여 나를 버리셨나이까'라는 뜻으로 십자가에 고난당하시는 장면이므로 옷을 제비 뽑는 장면(사박을 빨리 발음하면 → 싹 → ˙쏙)과 조롱하는 장면(엘리엘리 → 얼래리 꼴래리)이 나온다.
         <mark>십자가 고난의 시</mark>(1-31) - 메시야 시편 - 가상 7언과 관계가 있는 시편
  • 내 하나님이여 내 하나님이여 어찌 나를 버리셨나이까(1) - 마 27:46에서 예언 성취.
  • 나는 벌레요 사람이 아니라 사람의 비방거리요 백성의 조롱거리니이다(6)
  • 나를 보는 자는 다 나를 비웃으며 입술을 비쭉거리고 머리를 흔들며 말하되 그가 여호와께 의탁하니 구원 하실 걸 그를 기뻐하시니 건지실 걸 하나이다(7-8) - 마 27:39-43 예언 성취
  • 나는 물같이 쏟아졌으며 내 모든 뼈는 어그러졌으며 내 마음은 밀랍같아서 내 속에서 녹았으며(14)
  • 개들이 나를 에워쌌으며 악한 무리가 나를 둘러 내 수족을 찔렀나이다(16)
  • 내 겉옷을 나누며 속옷을 제비 뽑나이다(18) - 마 27:35 예언 성취

23편   이순신 장군이 오른손에 칼 대신 목자의 지팡이를 잡고 위풍당당하게 서 있다.
         <mark>여호와는 나의 목자시니</mark>(1-6) - 여호와는 나의 목자시니 내게 부족함이 없으리로다(1)

24편   거북선의 눈과 왕관, 눈 → ◁∢ 영광(굴비), 왕관 → 왕, **법궤 관련 시**(24, 68, 132편)
         <mark>영광의 왕</mark>(1-10) - 메시야 시편(왕과 관련된 시편은 모두 메시야 시편. 24편, 45편, 72편) - 다윗이 하나님의 언약궤를 오벧에돔의 집에서 다윗 성으로 옮기면서 지은 시(삼하 6장, 대상 15장)
  • 땅과 거기에 충만한 것과 세계와 그 가운데에 사는 자들은 다 <u>여호와의</u> 것이로다(1)
  • 문(성전 문)들아 너희 머리를 들지어다 영원한 문들아 들릴지어다 영광의 왕이 들어가시리로다 영광의 왕이 누구시냐 강하고 능한 여호와시요 전쟁에 능한 여호와시라(7-8)

25편   거북선의 등에 온유(따뜻한 우유)를 흘린 자국이 마치 인도지도(地道) 같다. 인도지도에서 지도의 도는 **길 도**이며 참고로 61편에도 인도지도가 나오나 같은 것이 2개일 경우 첫 번째 것으로 한다. 따라서 아래의 구절들은 시편 25편이 된다.
  ① <mark>인도하여 주소서</mark>(1-22)
  • 여호와여 주의 **도**를 내게 보이시고 주의 **길**을 내게 가르치소서(4)
  • <u>온유</u>한 자를 정의로 **지도**하심이여 <u>온유</u>한 자에게 그의 **도**를 가르치시로다(9)
  • 여호와의 모든 **길**은 그의 언약과 증거를 지키는 자에게 **인자**와 **진리**(≒**인도 지도**)로다(10)

거북선의 등이 우럭같이 생겼다.　　우럭(생선이 아닌 조개류) → 우러러

② 여호와여 나의 영혼이 주를 **우러러**보나이다(1) - 우러러보는 것은 숫자로 1이 된다.

26편　　거북선의 배 밑창과 노

선｜악 ── 배 밑창(선악과 모양)

── 노가 선악과 가운데 놓여있는 것은 선인과 악인을 구분하기 위해서이다

① 의인과 악인의 구분(1-12) - 자신의 무죄와 의인과 악인을 구분해 주실 것을 호소하고 있다.

• 내가 행악자의 집회를 미워하오니 악한 자와 같이 앉지 아니하리이다(5) - 의인과 악인의 구분

배 밑창이 파도에 흔들릴 때면 마치 **흔들**의자에 앉아 있는 것 같다.　　의자 → **의지**

② 내가 나의 완전함에 행하였사오며 **흔들**리지 아니하고 여호와를 **의지**하였사오니(1)

노를 젓다보면 몸이 저절로 단련이 된다.

③ 여호와여 나를 살피시고 시험하사 **내 뜻과 내 양심을** 단련하소서(2)

27편　　왜놈이 이순신 장군이 두려워서 머리를 도리도리 저으며 "나는 두렵지 않다 나는 두렵지 않다"고 주문을 외우며 두려움을 떨쳐 내려고 애쓰고 있다.

① 내 하나님을 인하여 두렵지 않다(1-14)

• 여호와는 나의 빛이요 나의 **구원**이시니 내가 누구를 두려워하리요 여호와는 내 생명의 **능력**이시니 내가 누구를 무서워하리요(1)

일자로 묶은 왜놈의 머리 스타일이 **청**나라의 머리 스타일과 비슷하다.

② 내가 여호와께 **청**하였던 **한가지 일** 그것을 구하리니 곧 내가 내 평생에 여호와의 집에 살면서 여호와의 아름다움을 바라보며 그의 성전에서 사모하는 그것이라(4) - 청나라 스타일로 살아바

28편　　왜놈이 두려움을 떨쳐내려고 웅담과 감을 먹으려 한다.　　웅담 → 응답,　　감 → 감사

① 기도 응답의 감사(1-9) - **압살롬**의 반란 때 하나님의 개입을 요청하였고 마침내 기도가 응답된 것을 감사하며 지은 시. 암기방법 - 웅담과 감을 마주치면 압사(압살롬)한 것처럼 된다.

• 여호와를 찬송함이여 내 간구하는 소리를 들으심이로다(6)

먹는 것과 관련된 속담에 '산입에 거미줄 치랴'와 '목구멍이 포도청'이 있다.

② 주의 산업에 복을 주시고 또 그들의 목자가 되시어 영원토록 그들을 인도하소서(9)

29편　　왜놈이 너무 두려운 나머지 그만 싸고 말았는데 쌀 때 소리가 얼마나 큰지 그 소리가 마치 뇌성과 같다. 참고로 여호와의 소리(뇌성)가 나오면 시편 29편이 된다.

하나님의 뇌성(1-11) - 온 우주를 다스리시고 섭리하시는 하나님의 위엄과 주권, 권능을 찬양

• 여호와의 소리(뇌성)가 물(구름) 위에 있도다 영광의 하나님이 우렛소리를 내시니 여호와는 많은 물 위에 계시도다 여호와의 소리가 힘 있음이며 여호와의 소리가 위엄차도다(3-4)

• 여호와의 소리가 화염을 가르시도다(7)

• 여호와의 소리가 광야를 진동하심이여 여호와께서 가데스 광야를 진동시키시도다(8)

30편 ① 병 나음을 감사(1-12) = 성전 낙성가 - 혹자는 이것이 다윗의 인구조사로 인해 하나님이 이스라엘에 내리신 역**병**을 가리킨다고 주장한다.

병속으로 빨려들어 가는 물이 노인의 수염을 연상하게 한다.　　**노인의 수염** → 노염

② 그의 **노염**은 잠깐이요(역병이 3일간만 주어졌으므로) 그의 은총은 평생이로다 저녁에는 울음이 깃들일지라도 아침에는 기쁨이 오리로다(5) - 노염의 노가 오와 발음이 비슷하므로 5절이 된다.

※ 병 → 봉으로 바꾸면 이 시편의 표제가 '성전 **봉**헌가(낙성가)'가 된다는 것을 알 수 있다.

30 단위 (31-40편) - 삼팔선

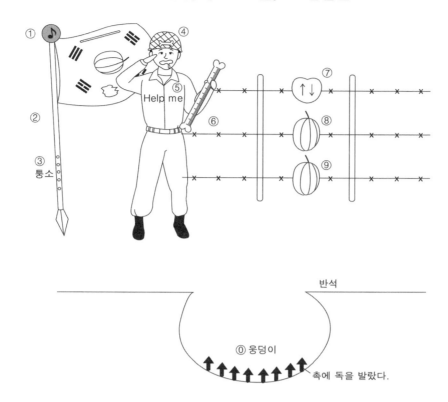

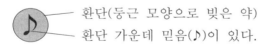

반석

⓪ 웅덩이

촉에 독을 발랐다.

[시편(31-40편) 그림 배경설명] 삼팔선을 배경으로 했으며 국기봉은 환단 모양이며 그 가운데에 믿음이 있습니다. 태극기에는 회초리가 숨겨져 있고 가운데에는 태극 모양 대신 참외가 그려져 있으며 태극기가 너무 낡아서 허물이 많이 벗겨져 있습니다. 국기대는 통소를 사용했으며 국기대 끝에는 창이 달려 있습니다. 경계를 서고 있는 군인은 백골부대이므로 계급도 뼈로 표시하고 심지어 무기도 뼈로 대신합니다. 이 군인이 훈련이 너무 힘들어서 침을 질질 흘리며 미쳐가고 있으며 그래서 가슴에 'Help me'라고 써서 도움을 요청하고 있습니다. 철조망에는 선악과와 참외를 걸어 놓아서 위장하고 있으며 군인의 앞에는 적이 침투하지 못하도록 웅덩이를 파놓았는데 웅덩이에는 독이 묻어있는 촉이 꽂혀 있습니다.

31편   국기봉   ♪   ── 환단(둥근 모양으로 빚은 약)

                                   ── 환단 가운데 믿음(♪)이 있다.

      시편에서 ⬤ 는 환단으로 약속한다.   환단 → 환난

 ① 환난 가운데의 믿음(1-24) - 사울이나 압살롬에게 쫓길 때 쓴 시.

      국기봉의 둥근 모양을 **영**이라 하며 둥근 모양에 색을 입히니 꼭 목**탁** 같이 생겼다.

 ② 내가 나의 **영**을 주의 손에 부**탁**하나이다 진리의 θ 여호와여 나를 속량하셨나이다(5, 눅 23:46)

32편   태극기에는 회초리가 숨겨져 있고 가운데에는 태극 모양 대신 참외가 그려져 있으며
             태극기가 낡아서 **허물**이 많이 벗겨져 있다. 회초리는 야단맞을 때 쓰는 도구이므로
             야단 → 나단이 된다.   참외 → 참회,   참고로 마스길의 뜻은 교훈이다.

 ① 참회시(1-11) = 다윗의 마스길 - 밧세바의 일로 나단에게 책망을 들은 후(삼하 11장)

 • **허물**의 <u>사함</u>을 받고 자신의 죄가 가려진 자는 <u>복이 있도다</u>(1) - 허물 1개를 **사물함**에 넣었다.

 • 마음에 <u>간사함</u>이 없고 여호와께 정죄를 당하지 아니하는 자는 <u>복이 있도다</u>(2) - 1절과 운율 같음

회초리로 뼈가 쇠할 정도로 맞으면 신음이 절로 나온다(신음이 새지 않도록 입을 꾹 다물고 있는 것 상상). 51편에도 회초리가 나오나 같은 것이 2개일 경우 첫 번째 것으로 한다.

② 내가 입을 열지 아니할 때에 종일 신음하므로 내 뼈가 쇠하였도다(3)

33편 국기대는 퉁소를 사용했으며 시편에서 악기는 하나님을 찬양하는 것으로 약속하며 국기대 끝에는 창이 달려있다.   퉁소(악기) = 하나님을 찬양하라.   창 → 창조주

① 창조주 하나님을 찬양하라(1-22) - 창은 쇠(새)로 만들었으므로 33편에 새 노래가 나온다. 퉁소(하나님을 찬양하라)가 정 같이 생겨서 직선으로 마른 땅에 꽂혀 있다.

② 너희 의인들아 여호와를 즐거워하라 찬송은 정직한 자들이 마땅히 할 바로다(1) - 퉁소가 1자

34편 군인이 경례하고 있는데 훈련이 너무 힘들어 침을 흘리며 미쳐가고 있다.   경례 → 경외

① 여호와를 경외하라(1-22) - 다윗이 아비멜렉 앞에서 미친 체하다 쫓겨나서 지은 시(삼상 21장)

• 너희 성도들아 여호와를 경외하라 그를 경외하는 자에게는 부족함이 없도다(9)
경례할 때 손이 눈과 귀 사이에 위치해 있다

② 여호와의 눈은 의인을 향하시고 그의 귀는 그들의 부르짖음에 기울이시는도다(15) - 눈에는 각막(15)이 있고 귀에는 고막(15)이 있다.
군인을 가까이서 보니 마음 고생으로 얼굴이 많이 상해 있고 금방이라도 울 것만 같다.

③ 여호와는 마음이 상한 자를 가까이 하시고 충심으로 통회하는 자를 구원하시는도다(18) - 마음 고생으로 얼굴이 상하고 울 것 같은 사람은 바로 군인(18)이다.
군인이 침을 계속 흘리므로 입술이 항상 축축해 있다.   축 → 송축

④ 내가 여호와를 항상 송축함이여 내 입술로 항상 주를 찬양하리이다(1)
이 군인은 백골부대이므로 계급을 뼈로 표시했다.

⑤ 그의 모든 뼈를 보호하심이여 그 중에서 하나도 꺾이지 아니하도다(20, 요 19:36 예언 성취) - 뼈로 표시한 군인의 계급이 이병(이→2, 병→영)이므로 뼈가 나오는 이 구절은 20절이 된다.

35편 군인의 가슴 - Help me

① 도와주소서(1-28) - 사울에게 쫓길 때 지은 시(삼상 24:15, 26:20)
군인의 품에 Help me 라고 써 있다.

② 그들이 병들었을 때에~ 금식하여 내 영혼을 괴롭게 하였더니 내 기도가 내 품으로 돌아왔도다(13)
하나님께 Help me 도와달라고 간절히 기도했더니 아하 소원을 성취하였다(응답받았다).

③ 그들이 마음속으로 이르기를 아하 소원을 성취하였다 하지 못하게 하시며(25)
하나님은 나의 Helper가 되셔서 나와 다투는 자와 다투시고 나와 싸우는 자와 싸우신다.

④ 여호와여 나와 다투는 자와 다투시고 나와 싸우는 자와 싸우소서(1)

36편 군인의 무기는 '사람(人)의 뼈로 만든 자'이다.   사람의 뼈로 만든 자 → 인자

① 하나님의 인자하심(1-12) - 하나님이여 주의 인자하심이 어찌 그리 보배로우신지요 사람들이 주의 날개 그늘 아래에 피하나이다(7)
군인의 무기를 사람의 뼈로 만들다니. 빨리 복락의 강물에 던져버려라.

② 그들이 주의 집에 있는 살진 것으로 풍족할 것이라 주께서 복락의 강물을 마시게 하시리이다(8)

37편 철조망 上,   선악과 → 선인(의인)과 악인,   ↑(존영),   ↓(패망)

① 의인의 존영과 악인의 패망(1-40) - 성경에서는 땅을 기업으로 받는 것을 최고의 축복(존영)으로 말하고 있으므로 시편 37편은 땅을 차지하리라는 말이 많이 나온다.

• 진실로 악을 행하는 자들은 끊어질 것이나 여호와를 소망하는 자들은 땅을 차지하리로다(9)

• 그러나 온유한 자들은 땅을 차지하며 풍성한 화평으로 즐거워하리로다(11) - 마 5:5

- 의인이 땅을 차지함이여 거기서 영원히 살리로다(29)
  선악과가 하트 모양이므로 **마음**이 되고 위와 아래로 표시된 화살표는 **소원**이 되는데
  그 이유는 소원을 빌 때 손바닥을 위와 아래로 비비기 때문이다.
② 또 여호와를 기뻐하라 그가 네 **마음**의 **소원**을 네게 이루어 주시리로다(4) - '네 마음의 소원
  을 네게(4개) 이루어 주신다'고 했으므로 이 구절은 4절이 된다.

38편 철조망 中, 참외 → 참회, 中을 무거울 중으로 바꾼다. 무거울 중 → 무거운 짐
  참회시(1-22) - 내 죄악이 내 머리에 넘쳐서 **무거운 짐** 같으니 내가 감당할 수 없나이다(4)
39편 철조망 下, 참외 → 참회, 下(하) → 한 뼘으로 바꾼다.
  참회시(1-13) - 나의 날을 **한 뼘** 길이만큼 되게 하시매 나의 일생이 주 앞에는 없는 것 같
  사오니 사람은 그가 든든히 서 있는 때에도 진실로 모두가 **허사**뿐이니이다(5)

40편 군인의 앞에는 적이 침투하지 못하도록 웅덩이를 파놓았다.
① 나를 웅덩이에서 끌어올려 반석 위에 두셨도다(1-12) - 메시야 시편
- 나를 기가 막힐 웅덩이와 수렁에서 끌어올리시고 내 발을 반석 위에 두사 내 걸음을 견고하게
  하셨도다 **새 노래**(거듭난 심령으로 부르는 노래) 곧 우리 하나님께 올릴 찬송을 내 입에 두셨
  으니 많은 사람이 보고 두려워하여(독이 묻은 촉을 생각) 여호와를 의지하리로다(2-3) - 촉은
  쇠(새)로 만들었으므로 시편 40편에 새 노래가 나온다. **새 노래** - 33, 40, 96, 98, 144, 149편
  두루마리의 접혀진 부분이 ①번의 웅덩이와 비슷하므로 두
  루마리에 관한 구절은 웅덩이가 나오는 시편 40편에 나온다.
② 그때에 내가 말하기를 내가 왔나이다. 나를 가리켜 기록한 것이 두
  루마리 책에 있나이다(7) - 내가 = 메시야가 되므로 메시야 시편
  웅덩이에는 **독**이 묻어있는 **촉**이 꽂혀 있다. **독**이 묻어있는 **촉** → 독촉
③ 독촉기도(13-17) - 여호와여 은총을 베푸사 나를 구원하소서 여호와여 속히 나를 도우소서(13)

40 단위 (41-50편) - 사막

시편(41-50편) 그림 배경설명 사막을 배경으로 했으며 야자수에는 야자열매대신 '가는 자와 돌로 된 자'가 들어있는 복주머니가 달려 있으며(복주머니가 야자열매와 비슷하므로 연상하기 쉽다) 야자수에는 2마리의 독수리가 앉아있는데 그 중 1마리는 사슴을 닮았습니다. 결혼예복을 입은 왕이 사막이 너무 더워 햇빛을 막으려고 도화지로 얼굴을 가리고 있으며 갈증을 해소하기 위해 피쳐(1.8ℓ 맥주)를 마시고 있습니다. 그 옆에는 낙타가 생황을 불며 왕의 결혼을 축하해 주고 있으며 낙타 앞의 영광굴비가 있는 세 개의 상은 낙타를 위한 것이고 왕 앞에 있는, 음식이 가득한 큰상은 왕을 위한 것입니다. 단 큰상의 음식은 제사음식이라는 것에 유의하시기 바랍니다.

41편   복주머니에는 '가는 자(가난한 자)와 돌로 된 자(돌보는 자)'가 들어있다.
　① 가난한 자를 돌보는 자가 받는 복(1-13) - 시편 제 1권(1-41편)의 마지막 시.
　• 가난한 자를 보살피는 자에게 복이 있음이여 재앙의 날에 여호와께서 그를 건지시리로다(1)
　• 이스라엘의 하나님 여호와를 영원부터 영원까지 송축할지로다 아멘, 아멘(13) - 89편도 아멘 아멘으로 끝나나 41편은 자가 2개이므로 영원이 2개(영원부터 영원까지) 나온다. 89편은 1개 돌로 된 자는 발꿈치의 각질을 제거하는 데에도 유용하게 사용된다.
　② 내가 신뢰하여 내 떡을 나눠 먹던 나의 가까운 친구도 나를 대적하여 그의 발꿈치를 들었나이다(9, 요 13:18) - 가룟 유다시(41, 69, 109편)
　※ 복주머니로 봉해 버렸으므로 여기까지(41편)가 시편 제 1권의 마지막이 되며 시편 제 1권과 제 3권의 마지막 시편인 41편과 89편은 89편의 실로 41편의 복주머니를 봉하기 위해 입구를 매고 또 매었으므로 마지막이 '아멘 아멘'으로 끝난다.
42편   이사야 40:31절 '오직 여호와를 앙망하는 자는 새 힘을 얻으리니 독수리 날개치며 올라감 같을 것이요' 라고 했으므로 독수리는 하나님을 앙망하는 것으로 약속한다.
　① 하나님을 앙망함(1-11) - 시편 제 2권(42-72편)의 첫 번째 시.
　독수리가 사슴을 닮았다.
　② 하나님이여 사슴이 시냇물을 찾기에 갈급함 같이 내 영혼이 주를 찾기에 갈급하니이다(1)
　소제목 '하나님을 앙망함'에서 앙망 → 낙망으로 바꿀 수 있다.
　③ 내 영혼아 네가 어찌하여 낙망(낙심)하며 어찌하여 내 속에서 불안해 하는가 너는 하나님께 소망을 두라 나는 그가 나타나 도우심으로 말미암아 내 하나님을 여전히 찬송하리로다(5, 11)
　※ 사슴은 고라니와 비슷하므로 42편은 고라 자손의 시(42, 44-49, 84-85, 87-88편)가 된다.
43편   42, 43편은 같은 시로 43편은 후반부에 해당된다. 따라서 43편은 표제가 없다.
　하나님을 앙망함(1-5) - 낙망이 들어있는 구절이 42편과 마찬가지로 43편에도 나온다.
　• 내 영혼아 네가 어찌하여 낙망(낙심)하며 어찌하여 내 속에서 불안해 하는가 너는 하나님께 소망을 두라 그가 나타나 도우심으로 말미암아 내 하나님을 여전히 찬송하리로다(5)
44편   왕이 햇빛을 막으려고 도화지로 얼굴을 가리고 있다.   도화지 → 도와주소서
　① 도와주소서(1-26) - 어찌하여 주의 얼굴을 가리시고 우리의 고난과 압제를 잊으시나이까(24)
　• 일어나 우리를 도우소서 주의 인자하심으로 말미암아 우리를 구원하소서(26)
　도화지의 도에서 도살할 양을 끌어내며 60편에도 도화지가 나오나 같은 것이 2개일 경우에는 첫 번째 것으로 한다.
　② 우리가 종일 주를 위하여 죽임을 당하게 되며 도살할 양 같이 여김을 받았나이다(22)
45편   왕이 결혼예복을 입고 있다. 아가서를 연상케하는 이 시편의 표제는 '사랑의 노래' 이다.
　① 왕의 결혼을 노래한 시(1-17) - 왕 되신 메시야에 대한 예언적 성격을 띤 노래로 메시야이신

예수께서 그의 신부인 교회와 함께 결혼하게 될 것을 노래한 시. **왕의 시**(45, 72편)=메시야 시편

- 내가 <u>왕</u>의 이름을 만세에 기억하게 하리니 그러므로 만민이 <u>왕</u>을 영원히 찬송하리로다(17)

왕은 결혼식 때나 대관식 때는 항상 규를 들고 있다.

② 하나님이여 주의 보좌는 영원하며 주의 나라의 **규**(홀, 왕의 지휘봉)는 공평한 규이니이다(6)

46편　사막이 너무 더워 갈증을 해소하기 위해 왕이 피쳐를 마시고 있다.　　피쳐 → 피난처

① <mark>피난처 되신 하나님</mark>(1-11) - 피쳐를 마시면 시원하므로 **시온성**에 관한 시편(46, 48, 87편)

- 하나님은 우리의 <u>피난처</u>시요 <u>힘</u>이시니 환난 중에 만날 큰 <u>도움</u>이시라(1)

피쳐를 마시다보면 잔이 커서 맥주가 입 양쪽으로 나뉘어 흘러내리기도 한다.

② 한 <u>시내</u>가 있어 <u>나뉘어 흘러</u> 하나님의 성 곧 지존하신 이의 <u>성소</u>를 기쁘게 하도다(4)

피쳐를 마실 때 서로 잔을 부딪치며 위로 높이 들어 올린 후 마시는데 참고로 피쳐는 한 되(1.8ℓ)와 용량이 같다.　　피쳐 = 한 되 → 하나님 됨

③ 너희는 가만히 있어 내가 **하나님 됨**을 알지어다 내가 뭇 나라 중에서 <u>높임</u>을 받으리라 내가 세계 중에서 <u>높임</u>을 받으리라 하시도다(10)

47편　낙타 입의 생황(악기) = 하나님을 찬양하라.　생황의 황 → 왕

① <mark>왕이신 하나님을 찬양하라</mark>(1-9)

왕이신 하나님을 찬양할 때는 **손바닥을 치며** 찬양해야 한다.

② 너희 만민들아 **손바닥을 치고** 즐거운 소리로 하나님께 외칠지어다(1)

48편　낙타의 등에 난 혹이 시온산 같이 생겼다.

<mark>시온산의 영광</mark>(1-14) - **시온성**에 관한 시편(46, 48, 87편)

- 터가 높고 아름다워 온 세계가 즐거워함이여 큰 왕의 성 곧 북방에 있는 <u>시온산</u>이 그러하도다(2)

49편　세 개의 상(세상)에 구멍이 뻥 뚫린 영광굴비가 있다.　뻥 뚫린 → 허망함, 헛됨

① <mark>이 세상의 헛된 영광</mark>(1-20) - **부활시**(구멍이 뻥 뚫린 영광굴비는 어묵으로 다시 부활된다)

구멍이 뻥 뚫린 영광굴비는 수레로 수거해서 버린다(공수래 공수거 - 딤전 6장, 전 5장).

② 그가 죽으매 가져가는 것이 없고 그의 <u>영광</u>이 그를 따라 내려가지 못함이로다(17)

구멍이 뻥 뚫린 곳으로 멸망하는 짐승들이 빨려들어 가고 있다.

③ 사람은 존귀하나 장구하지 못함이여 멸망하는 짐승 같도다(12)

존귀하나 깨닫지 못하는 사람은 멸망하는 짐승 같도다(20)

50편　제사상에 감이 있다.　감 → 감사, 하나님이 기뻐하시는 제사는 감사제사이다.

① <mark>하나님이 기뻐하시는 제사(예배)</mark>(1-23) - 아삽의 시 - 요 4:24, 롬 12:1, 히 13장

- 감사로 하나님께 제사를 드리며 지존하신 이(넘버1이시므로 1)에게 네(4) 서원을 갚으며(14)

- 감사로 제사를 드리는 자가 나를 영화롭게 하나니 그의 행위를 옳게 하는 자에게 내가 하나님의 구원을 보이리라(23) - 감 → 감사가 되며 감의 왼쪽 꼭지가 2, 오른쪽 꼭지가 3개이므로 23절

제사상에 **건**어물을 **찢**어서 놓았다.

② 하나님을 잊어버린 너희여 이제 이를 생각하라 그렇지 아니하면 내가 너희를 **찢**으리니 **건**질 자 없으리라(22) - '2제 2를 생각하라'고 했으므로 이 구절은 22절이 된다.

제사상에 블루색 환단이 있다.　환단 → 환란,　블루 → 부르심

③ 환난 날에 나를 부르라 내가 너를 건지리니 네가 나를 영화롭게 하리로다(15) - 왼쪽 환단을 1로 했을 때 오른쪽 환단은 크기가 절반이므로 0.5가 되며 2개를 합치면 1.5가 된다.

※ 50편은 아**삽**의 시로 암기하는 방법은 제사는 귀신에게 하는 것이므로 화가 나서 제사상에 **삽**을 꽂았다(제사상에 삽이 꽂혀 있다고 생각하자). 따라서 50편은 아삽의 시(50편, 73-83편)가 된다.

50 단위 (51-60편) - 오리

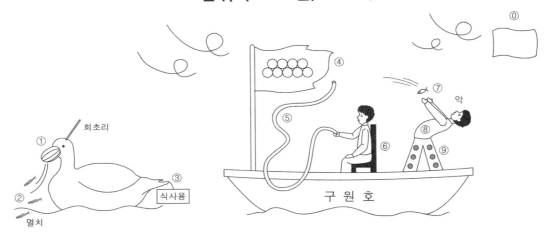

시편(51-60편) 그림 배경설명 오리를 배경으로 했으며 오리의 부리가 참외처럼 생겼고 누군가 던진 회초리가 오리의 머리에 꽂혀서 오리가 멸치 먹은 것을 다 토해내고 있으며 꼬리에는 '식사용' 이라고 써 있는데 이 말은 먹기 위해서 키운다는 말입니다. 강에 바람이 심하게 불어 아홉 개의 원(구원)이 그려진 낚시배의 깃발이 바람에 펄럭이고 있으며 도화지는 바람에 날아가고 있습니다. 특이하게도 낚시꾼은 의자에 앉아서 호스로 낚시를 하고 있으며 호스로 낚아챈 영광굴비와 굴을 옆의 친구가 두 손으로 받으려다 허리가 꺽여 악! 소리를 지르고 있습니다. 친구의 다리 벌린 자세가 V자 모양이며 바지의 무늬는 환단 모양으로 전체적으로 자개장을 연상하게 합니다. 낚시꾼이 앉은 의자는 손담비가 이 의자에 앉아서 '미쳤어'를 불렀다 하여 미친 의자라 하며 참고로 의자가 6자 모양이므로 의자는 6번에 나옵니다.

51편 오리의 부리가 참외(참회)처럼 생겼고 머리에 회초리가 꽂혀있다. 회초리는 야단칠 때 쓰는 도구로 야단 → 나단이 되며 본래 이 회초리는 **우슬초**인데 잎을 쳐내고 만든 것이다. 우슬초는 정결하게 하는 의식에 사용된다.

① 참회시(1-19) - 다윗이 밧세바와 동침 후 선지자 나단에게 야단맞은 후 지은 시(삼하 11장)
• **우슬초**로 나를 정결하게 하소서 내가 정하리이다(7) - 우슬초의 초가 칠(7)과 비슷하다.
• 하나님이여 내 속에 정한 마음을 창조하시고 내 안에 정직한 영을 새롭게 하소서(10) - 정직한 영에서 정직이 숫자로 1, 영은 0이므로 정직한 영이 나오는 이 구절은 10절이 된다.
머리에 회초리가 꽂히자 오리가 상심이 이만 저만이 아니다. 상심 → **상**한 **심**령
② 하나님께서 구하시는 제사는 - 가슴(17)이 - **상한 심령**이라 하나님이여 상하고 통회하는 마음을 주께서 멸시하지 아니하시리이다(17)

52편 회초리가 오리의 머리에 꽂히자 오리가 **웩** 하면서 멸치를 **토**해내고 있다. 토웩 → 도엑, 멸치 → 악인의 멸망

① 악인의 멸망(1-9) - 에돔인 도엑이 사울에게 이르러 다윗이 아히멜렉(제사장)의 집에 왔더라 말하던 때에(삼상 22장). 참고로 도엑은 토하고 싶을 정도로 간사하고 아부근성이 농후한 인물.
• 네(도엑) 혀가 심한 악을 꾀하여 날카로운 삭도같이 간사를 행하는도다(2)
• 간사한 혀여 너(도엑)는 남을 해치는 모든 말을 좋아하는도다(4)
멸치는 등 푸른 생선이다. 참고로 푸른은 파(8)란과 같으므로 ②번은 8절이 된다.
② 나는 하나님의 집에 있는 **푸른 감람나무** 같음이여 하나님의 인자하심을 영원히 의지하리로다(8)

53편   오리의 꼬리에 '식사용'이라고 써 있는데 이 말은 먹기 위해서 키운다는 말이다. 식 사용의 식사는 발음이 십사(14)와 같으므로 53편은 14편과 내용이 같다.

     무신론과 인류의 타락(1-6) - 어리석은 자는 그의 마음에 이르기를 <u>하나님이 없다</u> 하도다(1)

54편   배의 깃발에 9개의 원(구원)이 그려져 있다. 원이 1개만 더 있으면 **십**이 된다.

     구원하소서(1-7) - **십**인이 사울에게 다윗이 우리 곳에 숨지아니하였나이까 하던 때에(삼상 23)

55편   낚시꾼이 호스(호소)로 낚시를 하고 있는데 호스의 구불구불한 것은 고난을 나타낸다.

   ① **고난 중의 호소**(1-23) - 자기가 낚은 걸 옆의 친구가 낚아챈 것처럼 55편의 내용도 나의 가장 친한 친구의 배신으로 고통을 호소하고 있다(12, 13절).

     호스가 비둘기 날개 같다.

   ② 나는 말하기를 만일 내게 <u>비둘기</u> 같이 날개가 있다면 날아가서 편히 쉬리로다(6)

     이 호스로 낚시하기에는 너무 무거워 오히려 **짐**만 된다.

   ③ 네 **짐**을 여호와께 맡기라 그가 너를 붙드시고 <u>의인</u>의 요동함을 영원히 허락하지 아니하시리로 다(22) - 강에 떠 있는 배가 바람이 심하게 불어 요동치고 있다고 생각하자.

56편   손담비가 이 의자(의지)에 앉아서 '미쳤어'를 불렀다하여 이 의자를 '미친 의자'라 한다.

   ① **하나님을 의지하리이다**(1-13) - 아기스 앞에서 미친척하며 피한 후 지은 시(삼상 21:10-15)

   • 내가 하나님을 <u>의지</u>하여 그의 <u>말씀</u>을 찬송하며 여호와를 <u>의지</u>하여 그의 <u>말씀</u>을 찬송하리이다(10) 이 미친 의자에 앉기만 하면 눈물이 나와 주책맞지만 눈물을 유리병에 담지 않을 수 가 없다.   주책 → 주의 책

   ② 나의 <u>유리</u>함을 주께서 계수하셨사오니 나의 **눈물**을 주의 **병**에 담으소서 이것이 **주의 책**에 기 록되지 아니하였나이까(8)

   ※ 56편은 믹담시(금언시-담배 금연)로 의자가 믹 자를 닮았으므로 56편은 믹담시(56-60편)가 된다.

57편   호스로 낚아챈 **영광**굴비와 굴을 옆의 친구가 두 손을 높이 들어 **받고** 있다.

   ① **하나님이여 영광 받으소서**(1-11) - 다윗이 사울을 피하여 **굴**에 있던 때에(삼상 22:1, 24:3)

   • 하나님이여 주는 하늘위에 높이 들리시며 주의 영광이 온 세계위에 높아지기를 원하나이다 (5) - 영광굴비를 높이 들어 받는 친구의 팔이 백(흰)팔이므로 108편에도 이 구절이 나온다. 영광굴비와 굴 등 어패류(생선과 조개류)는 새벽에 나가면 100% 확실(확정)하게 잡힌다.

   ② 하나님이여 내 마음이 <u>확정</u>되었고 내 마음이 <u>확정</u>되었사오니 내가 노래하고 내가 찬송하리이다(7)

   ③ 내 영광아 깰지어다 비파야, 수금아, 깰지어다 내가 **새벽을 깨우리로다**(8) - 시 108:2

58편   옆의 친구가 영광굴비와 굴을 잡으려다 허리가 꺾여 악 소리를 지르고 있다. 악 → 악인

     악인을 꺾으소서(1-11) - 불의한 재판관에 대한 정죄의 시 - 허리가 꺾일 때 뽀복 소리가 남.

   • 의인이 악인의 <u>보복</u> 당함을 보고 기뻐함이여 그의 발을 악인의 피에 씻으리로다(10)

59편   다리를 벌린 자세가 V자 모양이며 바지의 무늬는 ⚫(환단) 모양으로 자개장을 연상 하게 한다.   V → 승리,   ⚫(환단) → 환난,   자개 → 자객

     환난 중의 승리(1-17) - 사울이 사람(**자객**)을 보내어 다윗을 죽이려 한때(삼상 19:11-12)

   • 일어나 치려는 자(객)~ 악을 행하는 자(객)~ 피 흘리기를 즐기는 자(객)에게서 나를 구원하소서(1)

60편   도화지가 **바람**(아람)에 날려 어디로 날아갈지 예상하지 못하므로 다윗이 아람과 싸우 던 중 예상하지 못한 에돔의 침입 때 쓴 시가 된다.   도화지 → 도와주소서

     하나님의 도와주심을 바람(1-12) - 다윗이 아람과 싸우던 중 예상치 못한 에돔의 침입에 하나님의 도우심을 간구한 민족시로 요압이 에돔을 소금 골짜기에서 쳐서 12,000명을 죽인다.

   • 모압은 나의 목욕통이라 **에돔**에는 나의 신발을 던지리라(8) - 시 108:9

60 단위 (61-70편) - 육상경기

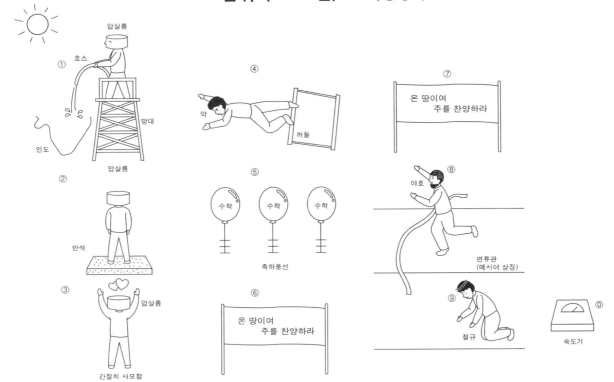

시편(61-70편) 그림 배경설명 육상경기를 배경으로 했으며 육상경기 당일 날 운동장이 너무 더워 압살롬이 망대위에서 호스로 땅에 물을 뿌리고 있는데 물이 고인 모양이 인도지도 같습니다. 망대 밑에 있는 압살롬이 반석위에 올라가서 망대위에 있는 압살롬을 잠잠히 바라보고 있으며 그 뒤에 있는 압살롬도 망대위에 있는 압살롬을 향해 두 손을 들고 간절히 사모하는 마음을 보내고 있습니다. 육상경기가 시작되자 축하풍선을 하늘로 띄우고 트랙 양쪽에 '온 땅이여 주를 찬양하라'고 쓴 프랭카드를 걸어서 육상경기의 개최를 축하하고 있습니다. 트랙 밖에서는 허들경기가 열리고 있는데 한 선수가 허들을 넘다 허들에 다리가 걸려 악! 소리를 내며 넘어졌는데 결국 운명하고 말았습니다. 트랙에서는 육상경기가 벌어지고 있는데 한 선수가 결승 테입을 끊고 1등으로 들어오자 환호성을 지르며 **쾌**재를 부르고 있으며 지난번 우승자 코난은 고배의 쓴잔을 마시며 눈물을 삼키고 있고 한편에서는 속도기로 속도를 재고 있습니다.

61편 육상경기 당일 날 운동장이 너무 더워 압살롬이 망대위에서 호스로 땅 끝에서부터 물을 뿌리고 있는데 물이 고인 자국이 인도지도 같다.   호스 → 호소

※ 압살롬은 압살롬에 쫓길 때를 나타낸다. 61, 62, 63편 모두 압살롬에 쫓길 때 쓴 시이다.

하나님의 인도하심을 호소(1-8) - 압살롬에 쫓길 때 쓴 시(삼하 15-17장)

• 주는 나의 피난처시요 원수를 피하는 견고한 망대이심이니이다(3)
• 내 마음이 약해질 때 땅 끝에서부터 주께 부르짖으오리니 나보다 높은 바위에 나를 인도하소서(2)

62편 2번째 압살롬이 반석위에 올라가서 망대위에 있는 압살롬을 잠잠히 바라보고 있다.

잠잠히 하나님만 바라라(1-12) - 압살롬에 쫓길 때 쓴 시

• 나의 영혼이 잠잠히 하나님만 바람이여 나의 구원이 그에게서 나오는도다 오직 그만이 나의 반석이시요 나의 구원이시요 나의 요새이시니 내가 크게 흔들리지 아니하리로다(1-2)

63편   3번째 압살롬이 망대위에 있는 압살롬을 향해 두 손을 들고 간절히 사모하고 있다.

① 하나님을 간절히 사모함(1-11) - 압살롬에 쫓길 때 쓴 시
• 내 영혼이 주를 갈망하며 내 육체가 주를 앙모하나이다(1) - 갈망+앙모 = 간절히 사모함
    3번째 압살롬은 망대위에 있는 압살롬을 자기의 생명보다 더 사랑한다.
② 주의 인자하심이 생명보다 나으므로 내 입술이 주를 찬양할 것이라 이러므로 나의 평생에 주
    를 송축하며 주의 이름으로 말미암아 나의 손을 들리이다(3-4)

64편   트랙 밖에서는 허들경기가 열리고 있는데 한 선수가 허들을 넘다 허들에 다리가 걸려
    악! 소리를 내며 넘어졌는데 결국 운명하고 말았다.   악 → 악인
    악인의 운명(1-10) - 원수의 두려움에서 나의 생명을 보존하소서(1)

65편   육상경기가 시작되자 축하풍선을 하늘로 띄우고 있으며 풍선에 수학이라고 써 있다.
    풍선 → 풍성,   수학 → 수확,   풍선의 줄 → 主(주)
    풍성한 수확을 주시는 주(1-18)
• 하나님이여 찬송이 시온에서 주를 기다리오며 사람이 서원을 주께 이행하리이다(1)
• 주께서 밭고랑에 물을 넉넉히 대사 그 이랑을 평평하게 하시며 또 단비로 부드럽게 하시고 그
    싹에 복을 주시나이다(10)

66편   프랭카드에 '온 땅이여 주를 찬양하라'고 써서 육상경기의 개최를 축하하고 있는데
    육상경기는 땅에서 하는 것이므로 '온 땅이여 주를 찬양하라'고 쓴 것은 잘 어울린다.
    온 땅이여 주를 찬양하라(1-20)
• 온 땅이 주께 경배하고 주를 찬양하며 주의 이름을 찬양하리라 할지어다(4)

67편   온 땅이여 주를 찬양하라(1-7)
• 하나님이여 민족들이 주를 찬송하게 하시며 모든 민족들이 주를 찬송하게 하소서(3)

68편   한 선수가 결승 테입을 끊고 1등으로 들어오자 환호성을 지르며 쾌재를 부르고 있다.
① 승리의 찬송(1-35) - 다윗이 오벳에돔의 집에서 예루살렘으로 언약궤를 옮기면서 지은 시
    로 구약 전체를 통틀어 승리를 노래한 것 중 최고의 걸작이다(삼하 7장, 대상 15장).
    이 선수는 고아의 아버지로 나이에 걸맞게 뒷짐을 지시고 점잖게 들어오셔야 하는데
    너무 기쁜 나머지 환호성을 지르며 들어오고 있다.
② 그의 거룩한 처소에 계신 하나님은 고아의 아버지시며 과부의 재판장이시라(5)
③ 날마다 우리 짐을 지시는 주 곧 우리의 구원이신 하나님을 찬송할지로다(19)

69편   지난번 우승자 코난이(그래서 면류관을 쓰고 있다) 열심히 뛰었지만 고배의 쓴잔을 마시
    며 눈물을 삼키고 있다.   코난 → 고난,   쓴 → 쓸개,   면류관 → 메시야를 상징
① 메시야 고난의 시(1-36) - 메시야 시편
• 주의 집을 위하는 열성이 나를 삼키고 주를 비방하는 비방이 내게 미쳤나이다(9)
• 그들이 쓸개를 나의 음식물로 주며 목마를 때에는 초를 마시게 하였사오니(21, 마 27:34, 48)
    지난번 우승자 코난이 면류관을 쓰고 있으니 꼭 황제 폐하 같다.
② 그들의 거처가 황폐하게 하시며 그들의 장막에 사는 자가 없게 하소서(25, 행 1:20) - 가룟
    유다시(41, 69, 109편)
    이 경기에서 우승을 하지 못하면 생명책에서 이름을 지워버린다.
③ 그들을 생명책에서 지우사 의인들과 함께 기록되지 말게 하소서(28)

70편   한편에서는 속도기로 속도를 재고 있다.   속도기 → 속히 도와주기를 기도함
    속히 도와주기를 기도함(1-5) = 독촉기도 - 시편 40편 후반부와 같다.

70 단위 (71-80편) - 칠판(교실)

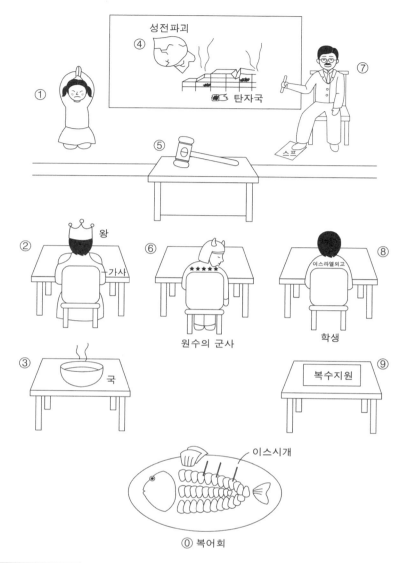

시편(71-80편) 그림 배경설명 교실을 배경으로 했으며 노는 년이 교실 앞에서 손을 들고 벌을 받고 있으며 선생님은 스프를 딛고 의자에 앉아서 칠판에 그려진 예루살렘 성전을 보며 왜 예루살렘 성전이 파괴 되었는지를 설명하고 있습니다. 교실에는 왕과 원수의 군사와 이스라엘 외고학생이 수업을 듣고 있는데 왕의 뒤에 있는 국은 왕이 수업이 다 끝난 후 드릴 것이며 원수의 군사 앞 교탁위에 있는 재판봉은 원수의 군사가 수업 중 엎드려 자고 있으므로 수업이 다 끝난 후 혼내주기 위해 있으며 이스라엘 외고학생 뒤에 있는 복수지원서는 이 학생이 대학 갈 때 복수지원이 필요하므로 준비해 놓은 것입니다. 이와 같이 2개씩 짝을 지어주면 암기하는 데 많은 도움이 됩니다. 그리고 수업이 다 끝난 후에는 복어회로 회식할 예정입니다.

71편   노는 년이 손을 들고 벌을 받고 있다.   **노는 년** → 노년,   손 모양 → 기도
       노년의 기도(1-24) - 노는 년의 기도는 표제를 쓸 필요가 없으므로 71편은 표제가 없다.
- 늙을 때에 나를 버리지 마시며 내 힘이 쇠약할 때에 나를 떠나지 마소서(9)
- 하나님이여 내가 늙어 백발이 될 때에도 나를 버리지 마시며(18)

| 72편 | 왕이 가사를 입고 있다. 가사 → 노래, 화려한 가사를 입을 만한 왕은 솔로몬 왕 뿐이므로 72편은 솔로몬의 시(72, 127편)가 된다. |

① 왕을 위한 노래(1-19) - 시편 제 2권(42-72편)의 마지막 시. 하나님이 바라시는 이상적인 왕은 어떤 사람이며 그의 통치 결과는 어떤 것인지를 노래하고 있다. 궁극적으로는 만왕의 왕이신 메시야의 통치와 영광스러운 그의 나라에 대해 예언하고 있다. 왕의 시(45, 72편) = 메시야 시편

• 그가 주의 백성을 공의로 재판하며 주의 가난한 자를 정의로 재판하리니(2)
  왕의 가사엔 꼭 풀을 먹인다.

② 그(왕)는 벤 풀 위에 내리는 비 같이, 땅을 적시는 소낙비 같이 내리리니(6)

※ 왕이 등지고 있다는 것은 여기까지(72편)가 시편 제 2권의 마지막이라는 것을 말해주며 72편은 다윗의 아들 솔로몬의 시가 되므로 마지막 절은 '이새의 아들 다윗의 기도가 끝나니라' 가 된다.

| 73편 | 이 국은 '악인의 결국' 이라고 한다. |

악인의 결국(1-28) - 시편 제 3권(73-89편)의 첫 번째 시.

• 볼지어다 이들은 악인들이라도 항상 평안하고 재물은 더욱 불어나도다(12)
• 하나님의 성소에 들어갈 때에야 그들의 종말을 내가 깨달았나이다(17)

※ 73-83편은 아삽의 시로 암기방법은 나는 기어봉이 삽 모양인 스틱(73)과 오토(83)차가 있다.

| 74편 | 성전이 파괴되고 탄 곳이 많다. 탄자국 → 탄식 |

성전 파괴를 탄식함(1-23) - 예루살렘 성전이 느부갓네살에게 파괴당한 것을 슬퍼한 시.

• 이제 그들이 도끼와 철퇴로 성소의 모든 조각품을 쳐서 부수고 주의 성소를 불사르며 주의 이름이 계신 곳을 더럽혀 땅에 엎었나이다(6-7)

| 75편 | 교탁위에 의사봉(재판봉)이 있고 의사봉에 Θ(데타, 하나님의 약자) 라고 써 있다. |

재판장이신 하나님(1-12) - 하나님의 공의로운 심판을 주제로 하고 있다.

• 오직 재판장이신 하나님이 이를(악인) 낮추시고 저를(의인) 높이시느니라(7)

| 76편 | 원수의 군사가 수업 중 엎드려 자고 있다. 엎드려 → 망함 |

원수의 군사가 망함(1-12) - 산헤립이 침입 때 도리어 멸망당한 사건이 배경(왕하 18-19장)

• 야곱의 하나님이여 주께서 꾸짖으시매 병거와 말이 다 깊이 잠들었나이다(6)

| 77편 | 선생님이 스프를 딛고 의자에 앉아서 강의를 하고 있다. 스프 → 슬픔, 의자 → 의지 딛고 - 발을 올려놓고 일어서다 |

슬픔을 딛고 일어서서 하나님을 의지함(1-20) - 큰 절망 가운데 빠진 시인이 이스라엘 역사를 회상하는 중에 좌절을 딛고 일어서 더욱 더 하나님을 의지하게 되었음을 보여주는 시이다.

| 78편 | 이 학생은 이스라엘 외고(외국어 고등학교) 학생이다. 외고 → 회고 |

① 이스라엘 역사를 회고함(1-72) - 광야에서 불순종한 이스라엘 백성들을 교훈한 역사시

• 또 바위에서 시내를 내사 물이 강 같이 흐르게 하셨으나 그들은 계속해서 하나님께 범죄하여 메마른 땅에서 지존자를 배반하였도다(16-17)
  외고 학생들은 똑똑해서 비유로만 수업을 한다.

② 내가 입을 열어 비유로 말하며 예로부터 감추어졌던 것을 드러내려 하니(2, 마 13장 비유의 장)

| 79편 | 대학 갈 때는 복수지원이 필요하다. 복수지원 → 복수를 지원해 달라 → 복수해 달라 |

복수해 주소서(1-13) - 74편과 함께 예루살렘 성이 느브갓네살에게 파괴당한 것을 슬퍼한 시로 하나님께서 원수들을 멸해주시기를 간구하고 있다. 74편과 연관지어 외울 것.

| 80편 | 수업이 끝나고 복어회(회복)로 회식을 했다. 이스시개 → 이스라엘, 지느러미 → 기도 |

① 이스라엘의 회복을 기도함(1-19) - 주께서 한 포도나무를 애굽에서 가져다가 민족들을 쫓

아내시고 그것을 (복어회에) 심으셨나이다(8) - 복어회에 포도나무가 심겨진 것 상상

※ 포도나무 - 시 80편, 사 5장, 렘 2장, 겔 15장, 호 10장(입이 길고 뾰족한 개의 코가 포도같다)

자연산을 먹으려 했으나 돈이 없어 눈물을 머금고 양식을 먹었다.

② 주께서 그들에게 **눈물의 양식을 먹이시며** 많은 눈물을 마시게 하셨나이다(5)

80 단위 (81-90편) - 팔씨름

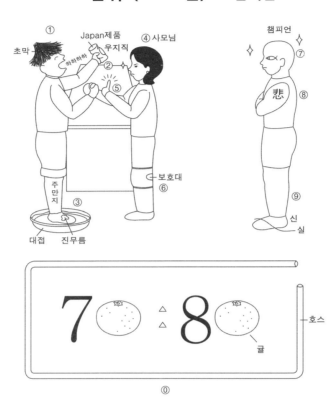

시편(81-90편) 그림 배경설명   팔씨름을 배경으로 했으며 머리가 초막같이 생긴 팔씨름 선수가 사모님에게 이겨서 파안대소하고 있으며 너무 기분이 좋은 나머지 손에 힘이 들어가 재팬산 캔을 꾸기고 말았습니다. 팔씨름에 져서 화가 난 사모님, 눈에 살기가 가득하며 손가락 하나를 세우며 한번 더 하자고 "원 모어 타임"을 외치고 있습니다. 팔씨름 선수가 피부병으로 발이 진물러서 대접에 발을 담그고 치료하고 있는데 생긴 것도 지저분한데 피부병까지 있으니 가관이 아닙니다. 또 이 사람은 영화 '주만지'의 광팬으로 다리에까지 '주만지'를 새겨 넣었습니다. 참 가지가지 하네요. 사모님이 무릎에 보호대를 차고 있는데 역시 여자로서 남자와 팔씨름을 한다는 것이 무리였나 봅니다. 이 두 사람 뒤에는 머리가 시원하게 생긴 챔피언이 심판을 보고 있는데 눈은 영광굴비를 닮았고 챔피언답게 팔뚝이 장난이 아닌데 팔뚝에 '슬플 비'자 문신을 새겼으며 챔피언의 신위에는 실이 떨어져 있습니다. 참고로 팔씨름 선수와 사모님의 현재 스코어는 70 대 80입니다.

81편   팔씨름 선수의 머리 - 팔씨름 선수의 머리가 초막같이 생겼으며 팔씨름에 이겨서 입을 크게 열고 웃고 있다.   웃는 소리(하하하하) → 노래

초막절의 노래(1-16) - 하나님께서 정하신 거룩한 절기를 지키며 하나님을 찬양할 것을 권고

• 네 입을 크게 **열**라 내가 채우리라(10) - 네 입을 크게 열(10)라

82편   팔씨름 선수의 손 - 팔씨름 선수가 팔씨름에 이겨서 너무 기분이 좋은 나머지 손에 힘이
        들어가 가지고 있던 재팬산 캔을 꾸기고 말았다.   재팬 → 재판,   꾸기다 → 꾸짖다
        불의한 재판을 꾸짖다(1-8) - 불의한 재판관들에게 하나님의 심판을 경고하는 교훈시
   • 가난한 자와 고아를 위하여 판단하며 곤란한 자와 빈궁한 자에게 공의를 베풀지며(3)
   • 가난한 자와 궁핍한 자를 구원하여 악인(불의한 재판장)들의 손에서 건질지니라 하시는도다(4)
83편   팔씨름 선수의 발 - 팔씨름 선수가 피부병으로 발이 진물러서 대접에 발을 담그고
        치료하고 있다.   대접 → 대적,   진무르다 → 진멸하다
   ① 대적을 진멸하게 하소서(1-18)
        살이 문드러진 것을 보니 웩 속이 매스껍다.   살 문 → 살문나,   웩 → 오렙과 스엡
   ② 그들의 귀인들이 오렙과 스엡 같게 하시며 그들의 모든 고관들은 세바와 살문나와 같게 하소
        서(11) - 오렙과 스엡, 세바와 살문나는 기드온에게 죽은 미디안의 방백들이다(사사기 7-8장).
        영화 '주만지'의 광팬으로 다리에까지 '주만지'를 새겨 넣었다.   주만지 → 주만 지(존자)
   ③ 여호와라 이름하신 주만 온 세계의 지존자로 알게 하소서(18) - 영화 '주만지'는 만 18세 미
        만 관람불가이다. 따라서 주만지가 나오는 구절은 18절이 된다.
84편   사모님의 머리 - 팔씨름에 져서 사모님의 눈에 살기가 대단하다.
   ① 주의 전에 살기를 사모함(1-12) - 예루살렘을 향해 순례길에 오른 시인이 성전을 사모하
        는 마음을 노래한 시로 시편에 수록된 성전 예찬가 중 최고의 걸작으로 꼽힌다.
   • 만군의 여호와여 주의 장막이 어찌 그리 사랑스러운지요 내 영혼이 여호와의 궁정을 사모하여
        쇠약함이여 내 마음과 육체가 살아계시는 하나님께 부르짖나이다(1-2)
   • 주의 궁정에서의 한 날이 다른 곳에서의 천 날보다 나은즉 악인의 장막에 사는 것보다 내 하나
        님의 성전 문지기로 있는 것이 좋사오니(10) - 1000날에서 끝의 영 두개를 지우면 10이 된다.
        날아가던 참새와 제비가 사모님이 쏜 살기에 맞아 떨어지고 있다.
   ② 만군의 여호와여 주의 제단에서 참새도 제 집을 얻고 제비도 새끼 둘 보금자리를 얻었나이다(3)
        사모님은 시온의 대로에 산다.
   ③ 주께 힘을 얻고 그 마음에 시온의 대로가 있는 자(하나님께 나가기를 사모하는 자)는 복이 있
        나이다(5) - 시온의 대로에서 온과 로가 오(5)와 비슷하다.
85편   사모님의 손 - 팔씨름에 져서 손가락 하나를 세우며 한번 더 하자고 one more time을
        외치고 있으며 손가락 위의 표시는 은혜(\\//)를 나타낸다.
        한번 더 하나님의 은혜를 구함(1-13) - 바벨론 귀환 후 새로운 환난을 겪게 된 이스라엘
        이 다시 한번 하나님의 은혜를 구하는 내용이다.   포로귀환 감사시(85, 107, 126편)
   ※ 시편 85편은 85가 포로와 발음이 비슷하므로 포로귀환 감사시가 된다.
86편   사모님의 무릎 - 보호대
        하나님의 보호하심을 구함(1-17) - 시편 제 3권(73-89편)에 수록된 다윗의 유일한 시
        (암기방법) 다리를 다쳤으므로 이 시는 다윗의 시가 된다.
87편   챔피언의 머리가 시원하게 생겼으며 눈은 영광굴비를 닮았다.   시원 → 시온
        시온의 영광(1-7) - 시온성에 관한 시편(46, 48, 87편)
   • 여호와께서 야곱의 모든 거처보다 시온의 문들을 사랑하시는도다(2)
   • 하나님의 성(시온성)이여 너를 가리켜 영광스럽다 말하는도다(3)
   ※ 81-90편 중 81-83편(아삽), 86편(다윗), 89편(에단), 90편(모세)을 제외한 84, 85, 87, 88(헤
        만, 고라 자손)편은 고라 자손의 시이다.

88편 챔피언답게 팔뚝이 장난이 아니며 팔뚝에 '슬플 비' 자 문신을 새겼다. 悲(비) → 비탄
　　비탄시(1-18) - 튼튼한 챔피언의 팔뚝과는 정반대로 질병에 걸려 영육간에 극심한 고통을
　　당한 시인이 자신의 처지를 탄식하며 하나님의 긍휼을 간구한 비탄시로 **단 1편뿐인 헤만의 시.**
　※ 슬플 비를 이용 → 비가 와서 슬프지만 **해만**(고라자손-**고만해라**) 뜨면 기분이 좋아질 것 같다.
89편 챔피언의 **신**위에 **실**이 떨어져 있다.
　　하나님의 신실하심(1-52) - 시편 제 3권(73-89편)의 마지막 시로 '아멘 아멘'으로 끝난다.
　• 주께서 이르시되 나는 내가 택한 자와 언약을 맺으며 내 종 다윗에게 맹세하기를 내가 네 자
　　손을 영원히 견고히 하며 네 왕위를 대대에 세우리라 하셨나이다(3-4)
　• 여호와를 영원히 찬송할지어다 아멘 아멘(52) - 마지막 절로 41편 마지막 절과 비교할 것
　　(암기방법) 실을 이용해서 만들면, 단추**에 단** 실이 떨어져 있으므로 89편은 **단 1편뿐인 에단의 시.**
　※ 실로 선을 그어 놓았다는 것은 여기까지(89편)가 시편 제 3권의 마지막이라는 것을 말해준다.
90편 전광판의 스코어 70 대 80 - 우리의 연수가 70이요 강건하면 80이라는 뜻으로 인생
　　무상을 나타내며 전광판의 테두리는 호스로 돼있다.   귤 → 긍휼,   호스 → 호소
　　인생무상과 긍휼을 호소(1-17) - 하나님 앞에서 인간이 얼마나 미약하며 덧없는 존재인가
　　하는 것이 극적인 시어로 묘사되어 있다.   시편 제 4권(90-106편)의 첫 번째 시.
　• 주의 목전에는 <u>천 년</u>이 지나간 어제 같으며 밤의 한 순간 같을 뿐임이니이다(4) - 70년, 80
　　년…… 천 년, 따라서 천 년이 나오는 이 구절은 70, 80이 나오는 90편에 나온다.
　• 우리의 연수가 70이요 강건하면 80이라도 그 연수의 자랑은 수고와 슬픔뿐이요 신속히 가니
　　우리가 날아가나이다(10) - 80-70=10절
　• 우리에게 우리 날 계수함(70이요 강건하면 80)을 가르치사 <u>지혜로운</u> 마음을 얻게 하소서(12)
　※ 전광판의 가운데가 △ 세모(↔ 모세)이므로 90편은 **단 1편뿐인 모세의 시.**

90 단위 (91-100편) - 구두닦이

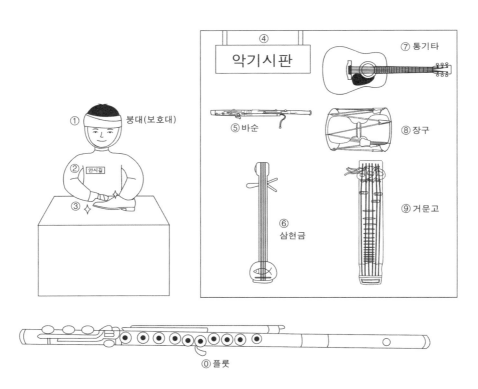

210 _ 하나님이 주신 성경기억법

구두닦이를 배경으로 했으며 구두닦이가 머리를 다쳐서 붕대를 하고 있는데 붕대는 다쳤을 때 하는 것이므로 환난도 되지만 머리를 보호해 주는 보호대의 역할도 합니다. 구두닦이의 이름은 안시길이며 헝겊을 권총 모양으로 손에 감아 구두에 광을 내고 있으며 부업으로 악기도 시판합니다. 4번 악기시판 팻말 밑에는 바순이 있는데 바는 오빠 할 때의 바이므로 바순은 5번에 나오며 삼현금은 6자 모양이므로 6번에, 보통 기타를 친(7)다고 하므로 기타는 7번에, 장구는 8자 모양이므로 8번에, 거문고는 거와 고가 구와 비슷하므로 9번에 나옵니다. 그리고 맨 밑의 가늘고 긴 악기는 플룻입니다.

91편   구두닦이가 머리를 다쳐서 붕대를 하고 있는데 붕대는 다쳤을 때 하는 것이므로 환난도 되지만 머리를 보호해 주는 보호대의 역할도 한다.

① 환난 중에 보호하심(1-16) - 신앙의 확신을 노래하는 시로서 가장 아름다운 시 중의 하나. 이 사람은 구두닦이의 지존이며 구두닦이들은 은밀하고 그늘진 곳에서 구두를 닦는다.

② 지존자의 은밀한 곳에 거주하며 전능자의 그늘 아래에 사는 자여(1) - 지존자와 전능자는 넘버1 머리에 붕대를 한 이유는 **발이 돌에 부딪혀** 걸려 넘어지면서 머리를 다쳤기 때문이다.

③ 그들(천사)이 그들의 손으로 너를 붙들어 발이 돌에 부딪히지 아니하게 하리로다(12) - 예수님께서 사탄에게 시험을 받으실 때에 사탄이 예수님께 인용한 성경구절(마 4:6) 악기판매대에는 없지만 저도 판다는 표시로 붕대에 '**저**'라고 써 놓았다(그림에는 글씨가 써 있지 않다). 참고로 가로로 부는 관악기를 통틀어 '저'라고 한다.

④ **저**가 나를 사랑한즉 내가 **저**를 건지리라 **저**가 내 이름을 안즉 내가 **저**를 높이리라 **저**가 내게 간구하리니 내가 응답하리라 저희 환난 때에 내가 **저**와 함께 하여 **저**를 건지고 영화롭게 하리라(14-15)

92편   구두닦이의 이름은 안시길이다.   안시길 → 안식일

① 안식일의 찬송시(1-15) - 악인을 멸하고 의인을 영화롭게 하실 θ의 공의로운 통치를 찬양. 안**식일**이 **식목**일과 어감이 비슷하며 식목일에 의인들은 종려나무와 백향목을 심는다.

② 의인은 종려나무 같이 번성하며 레바논의 백향목 같이 성장하리로다(12)

93편   구두닦이가 헝겊을 권총 모양으로 손에 감아 구두에 **물**광을 내고 있다.   권총 → 권능 하나님의 권능(1-5) - 하나님이 온 세상을 다스리시는 분이심을 노래한 찬양시

• 여호와여 **큰 물**이 소리를 높였고 **큰 물**이 그 소리를 높였으니 **큰 물**이 그 물결을 높이나이다(3)

• 높이 계신 여호와의 능력(**권능**)은 많은 **물** 소리와 바다의 큰 파도보다 크니이다(4)

94편   구두닦이는 부업으로 악기도 시판한다.   악기시판(악기 → 악인, 시판 → 심판)

① 악인 심판(1-23) - 여호와여 악인이 언제까지, 악인이 언제까지 개가를 부르리이까(3) 부업은 본업 외에 하는 것으로 직업이 2개 이상이므로 복수가 된다.

② 여호와여 복수하시는 하나님이여 복수하시는 하나님이여 빛을 비추어 주소서(1)

95편   바순은 악기로 시편에서 악기는 하나님을 찬양하는 것으로 약속한다.   바순(악기) = 하나님을 찬양하라.   바순의 순을 이용할 것.   참고로 바순은 **목**관악기다.

① 순종함으로 **목**자이신 하나님을 찬양하라(1-11) - 므리바, 맛사를 예로 들어 순종할 것을 권고

• 너희는 므리바에서와 같이 또 맛사에서 지냈던 날과 같이 너희 마음을 완악하게 하지 말지어다(8) 바순(시편 95편)의 순은 순종이 되며 순종은 무릎을 굽혀 꿇는 것이다.

② 오라 우리가 굽혀 경배하며 우리를 지으신 여호와 앞에 무릎을 꿇자(6)

96편   삼현금(악기) = 하나님을 찬양하라.   ⋖▷ → 영광(굴비),   삼(3)현금 → 새(3)노래

새 노래로 하나님의 영광을 찬양하라(1-13) - 새 노래(33, 40, 96, 98, 144, 149편)

- 새 노래로 여호와께 노래하라 온 땅이여 여호와께 노래할지어다(1) - 현을 통기면 땅 소리가 난다

97편　통기타(악기) = 하나님을 찬양하라.　통기타의 통을 이용할 것.

하나님의 통치를 찬양하라(1-12)

- 여호와께서 통치하시니 땅은 즐거워하며 허다한 섬은 기뻐할지어다(1)

98편　장구(악기) = 하나님을 찬양하라.　장구의 구를 이용할 것.

하나님의 구원을 찬양하라(1-9) - 장구에는 줄을 거는 쇠(새)고리가 있으므로 새 노래가 나옴.

- 새 노래로 여호와께 찬송하라 그는 기이한 일을 행하사 그의 오른손과 거룩한 팔로 자기를 위하여 구원을 베푸셨음이로다(1) - 참고로 장구는 손과 팔로 두드리는 악기이다.

99편　거문고(악기) = 하나님을 찬양하라.　거문고의 거를 이용할 것.

① 하나님의 거룩하심을 찬양하라(1-9)

왕하 3장을 보면 거문고 주위에 3사람이 나온다.

② 그의 제사장들 중에는 모세와 아론이 있고 그의 이름을 부르는 자들 중에는 사무엘이 있도다 그들이 여호와께 간구하매 응답하셨도다(6) - 거문고 돈 모아 사

100편　플룻(악기) = 하나님을 찬양하라. 기쁨을 플레져라고 하며 플룻의 플과 연관시켜 외우자.

기쁨으로 하나님을 찬양하라(1-5) - 기쁨으로 하나님을 찬양하므로 표제는 감사의 시가 된다.

- 기쁨으로 여호와를 섬기며 노래하면서 그의 앞에 나아갈지어다(2)
- 감사함으로 그의 문에 들어가며 찬송함으로 그의 궁정에 들어가서 그에게 감사하며(4)

백 100 단위 (101-110편) - 백수의 왕 호랑이

백수의 왕 호랑이를 배경으로 했으며 호랑이가 소를 잡아 먹으려고 길을 따라 걸어오고 있으며 여물통에서 콩고물을 먹던 소가 호랑이를 보고 놀라 먹던 것을 다 토해내고 있습니다. 또 다른 여물통에는 소가 먹을 풀이 가득 들어 있으며 송충이 한 마리가 풀 위를 기어가고 있습니다. 이곳 축사의 이름은 '창조 소축사'로 축사주인은 탄약을 어깨에 메고 총을 들고 축사를 지키고 있는데 그 아들은 나 몰라라 꾸역꾸역 귤만 먹고 있습니다. 호랑이가 나타나자 축사 가운데 설치된 싸이렌이 울리고 새댁은 경찰서에 신고하러 발등이 보이지 않을 정도로 달려가고 있습니다. 축사에는 소 2마리는 묶여 있고 밧줄이 끊긴 소 1마리는 해방된 것이 너무 감사해서 문을 박차고 뛰어 나가고 있으며 축사 한쪽에는 소가 먹을 물이 담겨 있는 자주색 대접이 놓여 있습니다.

101편　　　이마에 **왕**자가 새겨진 호랑이가 소를 잡아 먹으려고 **길**을 따라 걸어오고 있다.
　　　　　참된 왕의 길(1-8) - 내가 완전한 길을 주목하오리니 주께서 어느 때나 내게 임하시겠나이까 내가 완전한 마음으로 내 집 안에서 행하리이다(2) 내 눈이 이 땅의 충성된 자를 살펴 나와 함께 살게 하리니 완전한 길에 행하는 자가 나를 따르리로다(6)

102편　　　콩고물을 먹던 소가 호랑이를 보고 놀라 먹던 것을 다 토해내고 있다.　콩고 → 곤고
　① 곤고한 자가 하나님께 토하는 기도(1-28)
　　　그림이 작아서 콩고물이 **재** 같이 보인다.
　② 나는 **재**를 양식같이 먹으며 눈물 섞인 물을 마셨나이다(9)
　　　콩고물은 소가 잘 먹을 수 있게 **풀어서** 주어야 한다. 풀어서(단단한 것을 부드럽게)를 풀어서(파괴되고 녹아서 없어짐)로 바꾼다.　벧후 3:10 뜨거운 불에 **풀어지고** 참조
　③ 천지는 없어지려니와 주는 영존하시겠고 그것들은 다 옷 같이 낡으리니(풀어지리니)(26)

103편　　　또 다른 여물통에는 송충이 한마리가 **풀** 위를 기어가고 있다.　송충 → 송축
　① 여호와를 송축하라(1-22) - 인생은 그날이 **풀**과 같으며 그 영화가 들의 꽃과 같도다(15)
　　　송충이의 체질은 너무 작아서 온 우주에 비하면 먼지에 불과하다.
　② 이는 그가 우리의 체질을 아시며 우리가 단지 먼지뿐임을 기억하심이로다(14)
　　　송충이 → 고치(번데기) → 나비
　③ 그가 네 모든 죄악을 사하시며 네 모든 병을 **고치**시며(3)
　　　송충이가 **좋은 것**만 먹더니 나비가 된 것이 아니라 **독수리로 새롭게** 태어났다.
　④ **좋은 것**으로 네 소원을 만족하게 하사 네 청춘을 **독수리** (5형제) 같이 **새롭게** 하시는도다(5)
　　　송충이는 **더디**(느리게) 기어간다.
　⑤ 여호와는 긍휼이 많으시고 은혜로우시며 노하기를 **더디** 하시고 인자하심이 풍부하시도다(8)
　　　송충이는 여물통의 동쪽에 있으며 서에서 멀리 떨어져 있다. 참고로 송충이는 작기 때문에 사람에게는 짧은 거리이지만 송충이에게는 먼 거리이다.
　⑥ **동이 서에서 먼 것 같이** 우리의 죄과를 우리에게서 멀리 옮기셨으며(12)
　※ 145편에도 송충이가 나오나 같은 것이 2개일 경우 첫 번째 것으로 한다.

104편　　　이 축사의 이름은 '창조 소축사' 이다.　소축 → 송축
　① 여호와의 창조를 송축하라(1-35) - **창조찬양 시**(8, 19, 104, 147편)
　　　창조 소축사 라고 쓴 팻말은 **평**평한 **생**나무로 만들었다.　평생 = 살아 있는 동안
　② 내가 평생토록 여호와께 노래하며 내가 살아 있는 동안 내 하나님을 찬양하리로다(33)

105편 　축사주인이 탄**약**을 어깨에 메고 총을 들고 축사를 지키고 있다.　탄약의 약 → 언약
언약을 지키시는 하나님(1-45) - 창 12장에서 주어진 하나님의 약속이 성취되기까지의
이스라엘 역사를 압축하고 있는 서사시이다.　**역사시**(78, 105, 106, 114편)

• 그는 그의 언약 곧 천대에 걸쳐 명령하신 말씀을 영원히 기억하셨으니 이것은 <u>아브라함</u>과
맺은 언약이고 <u>이삭</u>에게 하신 맹세이며 <u>야곱</u>에게 세우신 율례 곧 이스라엘에게 하신 영영한
언약이라(8-10) - 언약이 성취되기까지 6인물이 나옴(아브라함, 이삭, 야곱, 요셉, 모세, 아론)

※ 흡혈귀를 죽이려면 총알에 은을 입혀서 쏴야하듯 호랑이를 죽이려면 보통 총알로는 안되고
총알에 출애굽 재앙을 기록한 총알로 쏴야 한다. 따라서 105편은 출애굽 재앙에 대해 나온다.

106편 　아버지는 축사를 지키고 있는데 아들은 나 몰라라 꾸역꾸역(거역) 귤(긍휼)만 먹고 있다.
이스라엘의 거역과 긍휼(1-48) - 출애굽부터 바벨론 포로 때까지의 **이스라엘의 타락사**
를 회고. 이스라엘의 패역에도 불구하고 끝까지 용납하시고 은혜를 베푸신 하나님을 찬양한
시로 시편 제 4권(90-106편)의 마지막 시.　**역사시**(역사시가 되는 이유는 114편에 썼다)

※ 귤은 **할라**봉이 유명하므로 귤이 나오는 106편은 '**할라**루야 시편'이 된다. 또한 106편의 마
지막 절은 한 남자(A Man)가 **할라**봉을 먹고 있으므로 '**아멘** 할지어다 **할**렐루야'로 끝난다.

107편 　축사 안에 소 1마리는 묶여있고(**구속**) 밧줄이 끊긴 다른 1마리는 **해방**(포로귀환)된
것이 너무 **감사**해서 문을 박차고 뛰어 나가고 있다.

① **해방과 구속(구원)의 감사**(1-43) - 시편 제 5권(107-150편)의 첫 번째 시로 바벨론 포
로 귀환 이후 이스라엘을 구원하신 하나님의 은혜와 섭리를 찬양한 시. **포로귀환 감사시**
소의 밧줄이 끊어진 건 그야말로 기적이다.

② 여호와의 인자하심과 인생에게 행하신 <u>기적</u>으로 말미암아 그를 찬송할지로다(8, 15, 21, 31)
소의 얼굴을 자세히 보면 만족감으로 가득 차 있다.

③ 그가 사모하는 영혼에게 <u>만족</u>을 주시며 주린 영혼에게 좋은 것으로 채워주심이로다(9)

※ 소가 밖으로 뛰쳐나가고 있으므로 여기서부터(107편) 시편 제 5권이 시작된다.

108편 　축사 안에 소 1마리가 묶여있고(구속) 호랑이가 나타나자 축사 가운데에 설치된 싸
이렌이 울리고 있다.　싸이렌(악기) = 하나님을 찬양하라

① **하나님의 구속(구원)을 찬양하라**(1-13)
싸이렌에서 애앵~ 하고 깨지는 소리가 난다.

② 비파야, 수금아, <u>깰지어다</u> 내가 새벽을 <u>깨우리로다</u>(2) - 시 57:8
싸이렌이 목욕통 같이 생겼다.

③ <u>모압</u>은 내 <u>목욕통</u>이라 에돔에는 내 신발을 벗어 던질지며(9) - 시 60:8

109편 　축사 한쪽에는 소가 먹을 물이 담겨 있는 자주(저주)색 대접(대적)이 놓여 있다.

① **대적을 저주함**(1-31) - **가룟 유다시**(예수님을 판 대적 가룟 유다를 저주한다고 생각하자)
소의 건강을 위해 대접에는 연수(금속이온 등을 제거한 깨끗한 물)가 들어있다.

② 그의 **연수**를 짧게 하시며 그의 <u>직분</u>을 타인이 빼앗게 하시며(8) - **가룟 유다시**(41, 69, 109편)
이 대접은 원래 <u>사랑</u>하는 어머니가 나를 위해 정한수를 떠놓고 <u>기도</u>하던 <u>대접</u>이다.

③ 나는 <u>사랑</u>하나 그들은 도리어 나를 <u>대적</u>하니 나는 <u>기도</u>할 뿐이라(4)

110편 　호랑이가 나자 새댁이 경찰서에 신고하러 발등이 보이지 않을 정도로 달려가고 있다.
새댁 → 멜기세덱(왕이면서 제사장),　발등 → 발등상(발을 올려놓는 받침대, 발판)

① **왕이요 제사장이신 메시야**(1-7) - 메시야 시편 - 여호와께서 내 주에게 말씀하시기를 내
가 네 원수들로 네 **발등상**(발판)이 되게 하기까지 너는 내 <u>오른쪽</u>에 앉아 있으라 하셨도다(1)

- 너는 **멜기세덱**의 서열을 따라 영원한 <u>제사장</u>이라 하셨도다(4)

    참 아이러니한 것은 새벽 이슬 같은 주의 청년들이 새댁을 좋아한다는 것이다.

② <u>새벽 이슬</u> 같은 주의 청년들이 주께 나오는도다(3) - 새벽의 새가 3절임을 말해준다.

백일십 110 단위 (111-120편) - 백일기도

시편(111-120편) 그림 배경설명   딸 은혜가 행상하는 어머니를 위해 백일기도 드리는 것을 배경으로 했으며 공중에서는 악어새가 행상하는 어머니의 떡을 채가기 위해 회상(새가 빙빙 돌면서 날아다님)하고 있습니다. 그림의 정 중앙에는 돌신상이 있으며 돌신상 좌측에는 신도들이 돌신상을 꾸미기 위해서 오른손에 형형색색의 실을 가지고 있으며 우측에는 돌신상의 돌머리가 땅에 떨어져 있고 돌신상(불교)을 중심으로 불교색을 띠는 악기인 해금과 만(卍)도린이 대각선으로 연결되어 있습니다. 은혜 옆에는 코난이라고 부르는 청년이 은혜를 깨우치기 위해 여호와의 법인 돌판을 들고 서 있는데 여호와의 법인 **돌**판이 **돌**신상과 돌로서 같으므로 여호와의 법인 돌판은 돌신상이 나오는 시편에 같이 나옵니다. 청년이 은혜를 설득하기 위해서 꿀을 준비했는데(그래서 등이 아닌 꿀이 은혜 옆에 있다) 사실 은혜가 가장 좋아하는 것은 고로깨입니다. 고로깨를 주면 우상을 버리고 하나님께 돌아올지도 모릅니다. 은혜의 뒤에는 악기시판이라고 쓴 팻말이 있으며 상인이 지나가는 사람들에게 장구를 사달라고 호소하고 있습니다(절에서 기념품을 판다고 생각).

111편　행상하는 어머니가 떡을 머리에 이고 '떡 사세요' 하며 노래를 부르고 있다.　행상 → 행사

① **하나님의 행사를 노래함**(1-10)

- 여호와의 <u>행사</u>가 크시니 **이**(2)를 즐거워하는 자가 다 연구하는도다(기리는도다)(2)

　행상하는 어머니가 손으로 이마의 땀을 닦고 있는게 마치 경례(경외)하는 것 같다.

② 여호와를 경외함이 지혜의 근본이라 그의 계명을 지키는 자는 다 훌륭한 <u>지각</u>을 가진 자이니

　여호와를 찬양함이 영원히 계속되리로다(10) - 여자라 손을 직각으로 해서 어설프게 경례한다.

112편　신도들이 돌신상을 꾸미기 위해서 오른손에 형형색색의 실을 가지고 있다.

　신도들 → 성도들,　오른손(오른 → 옳은),　실 → 행실

　성도들의 옳은 행실(1-10) - 그가 재물을 흩어 빈궁한 자들에게 주었으니 그의 의가

　영구히 있고 그의 뿔이 영광 중에 들리리로다(9)

113편　해금(악기) = 하나님을 찬양하라.　해금의 해를 이용할 것.

　해 돋는 데서부터 해 지는 데까지 하나님을 찬양하라(1-9) - 천국에서나 지상에서나

　구원을 이루시는 하나님을 찬양하라는 내용이다.　할렐루야 시편

- 해 돋는 데에서부터 해 지는 데에까지 여호와의 이름이 찬양을 받으시리로다(3)

※ 113편의 해금이 애굽과 발음이 비슷하므로 '애굽 할렐(제 1 할렐시)'은 해금이 나오는 113
편부터 시작하며 113편에서 118편까지 그림 주위에 선을 그리면 부츠의 **굽** 모양이 되므로
애**굽** 할렐은 113-118편이 된다.

※ '할렐루야 시편'은 할렐루야로 **시작**해서 할렐루야로 **끝**나므로 '해 돋는(시작) 데에서부터
해 지는(끝) 데에까지 하나님을 찬양하는' 113편은 '할렐루야 시편'이 된다.

114편　악어새가 공중에서 회상(새가 빙빙 돌면서 날아다님) 하고 있다.　악어 → 애굽

　출애굽을 회상함(1-8) - **역사시**(78, 105, 106, 114편) - 105편은 총을 들고 있는 축사주
인이 엽사(역사)이므로 역사시가 되고 당연히 그 아들도 엽사이므로 106편도 역사시가 된다.

115편　어리석은 인간들이 돌신상(우상)을 숭배하나 참 하나님을 알지 못해서 그렇다. 그림
에서처럼 모든 영광은 하나님이 받으셔야 한다. 참고로 돌머리가 땅에 떨어진 이유는
하나님이 영광을 받으시기 위해 돌머리를 밀어내고 그 자리를 차지하셨기 때문이다.

① **참 하나님과 우상**(1-18) - 그들의 우상들은 은과 금이요 사람이 손으로 만든 것이라(4)

　돌신상 + 영광

② 여호와여 **영광**을 우리에게 **돌**리지 마옵소서 우리에게 돌리지 마옵소서 오직 주는 인자하시
고 진실하시므로 주의 이름에만 영광을 돌리소서(1) - 영광은 하나(1)님께만 돌리므로 1절

116편　행상하는 엄마를 위해 100일 기도를 드리는 딸 은혜의 머리　🔘 → 원이 9개(**구원**)

① **구원의 은혜를 찬양**(1-19) - 내게 주신 모든 **은혜**를 내가 여호와께 무엇으로 보답할까(12)

　딸 은혜가 가장 좋아하는 것은 고로깨이다.　고로깨 → 고로

② 내가 믿는 **고로** 말하리라(10, 고후 4:13) - 담대히 전도함을 말한다.

　은혜의 뒤통수를 보니 성질 있게 생겼다. 성질 죽이라는 의미에서 성죽이라고도 부른다.

③ **성**도의 **죽**는 것을(그의 경건한 자들의 죽음은) 여호와께서 귀중히 보시는도다(15)

117편　불교를 상징하는 기호가 만(卍)이므로 불교를 상징하는 악기는 만도린이 된다.

　만도린(악기) = 하나님을 찬양하라.　만도린의 만을 이용할 것.

① **만국 만**민들아 하나님을 찬양하라(1-2) - 만국 만민과는 정반대로 시편 중 가장 짧다(2절).

　복음성가 '우리에게 향하신'은 만도린으로만 부를 수 있는 복음성가다.

② 우리에게 향하신 여호와의 <u>인자</u>하심이 크시고 여호와의 <u>진실</u>하심이 영원함이로다 할렐루야(2)

돌신상의 돌머리가 땅에 떨어져 있다.　돌머리 → 머릿돌

비천한 자를 귀히 쓰시는 하나님(1-29)

* 건축자가 버린 돌이 집 모퉁이의 **머릿돌**이 되었나니(22) - 여기서 시인은 자신이 건축자들의 버린 돌과 같이 미천한 존재였지만 하나님이 그런 자신을 들어서 모퉁이의 머릿돌과 같이 귀한 존재로 만들어 주셨음을 고백한다. 이것은 예수 그리스도의 사역을 예표한 것이다.

※ 모퉁이의 머릿돌 - 마 21장, 막 12장, 눅 20장, 행 4장, 엡 2장, 벧전 2장, 시편 118편

119편　코난이라는 청년이 여호와의 법인 돌판을 들고 있다.

여호와의 법(1-176) - 시편 중 가장 길며 176절로 되어 있다 - **율법시**(1, 19, 119편)

* 주의 의로운 규례들로 말미암아 내가 하루 7번씩 주를 찬양하나이다(164)

119편에는 6개의 중요요절이 나오는데 아래 그림을 통해서 암기해 보자.

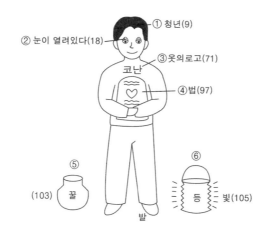

① **청년**이 무엇으로 그의 행실을 깨끗하게 하리이까 주의 **말씀**만 지킬 따름이니이다(9)

② 내 눈을 열어서 주의 율법에서 놀라운 것을 보게 하소서(18)

③ **고난**당한 것이 내게 유익이라 이로 말미암아 내가 주의 율례들을 배우게 되었나이다(71)

④ 내가 **주의 법**을 어찌 그리 **사랑**하는지요 내가 그것을 종일 묵상하나이다(97)

⑤ 주의 **말씀**의 맛이 내게 어찌 그리 단지요 내 입에 **꿀**보다 더 다니이다(103)

⑥ 주의 말씀은 내 **발**에 **등**이요 내 길에 **빛**이니이다(105)

※ 청년이 들고 있는 돌판 그림을 통해 숫자기억법을 익히면 다음과 같다.

① 청년들은 구(9)직난으로 힘들다 ② 눈을 억지로 여니 18하고 욕이 나온다 ③ 코난이란 글씨는 찍어서 나와야 하는데 칠한(71) 티가 난다 ④ 이 돌판은 구찌(97)에서 만든 것이다 ⑤ 백삼(103) 넣은 꿀 ⑥ 등은 103절인 꿀 옆이 아니라 한칸 건너 있으므로 105절이 된다.

120편　은혜의 뒤에는 악기시판이라고 쓴 팻말이 있으며 상인이 지나가는 사람들에게 장구를 사달라고 호소하고 있다.　악기시판 → 악인심판,　장구는 '하나님의 구원을 찬양하라'가 되나 여기서만 구원으로 사용한다.

악인 심판과 구원을 호소(1-7) - 120-134편은 본래 바벨론 포로생활로부터 귀환한 이스라엘인들이 해마다 순례절기 때에 예루살렘 성전을 향해 여행하면서 불렀던 성전에 올라가는 노래 즉 '성전 순례시' 이다. 그 중 본문은 이방인들 가운데 거하면서 그들로부터 핍박과 압제를 당한 시인이 하나님께서 악인을 심판하시고 자신을 구원해 주실 것을 간구하는 내용이다.

※ 그림에서 손님이 장구를 사지 않겠다며 손사래를 치고 있는데 손사래의 **사래**가 순례와 발음이 비슷하므로 120편부터 '성전 순례시' 가 되며 134편 야간 종사자들의 검은 옷은 '순례 잡기' 할 때 딱 이므로 '성전 순례시'는 120-134편이 된다.

백이십 120 단위 (121-130편) - 백의의 천사(간호사·병원)

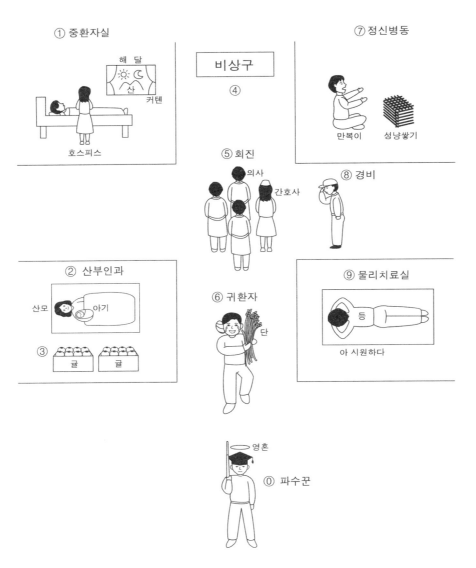

① 중환자실
해 달
산
커텐
호스피스

비상구
④

⑦ 정신병동
만복이   성냥쌓기

⑤ 회진
의사
간호사

⑧ 경비

② 산부인과
산모   아기

⑥ 귀환자
단

⑨ 물리치료실
등
아 시원하다

③ 귤   귤

⑩ 파수꾼
영혼

시편(121-130편) 그림 배경설명   병원을 배경으로 했으며 복도에는 인턴과 간호사가 의사를 호위하고 회진중이며 복도를 걷고 있던 경비 아저씨는 의사를 향해 경례를 하고 있습니다. 의사 앞에는 비상구가 있으며 의사 뒤에는 귀환자가 추수가 잘 되서 너무 기쁜 나머지 곡식 단을 들고 눈물을 흘리고 있습니다. 복도 좌측에는 중환자실과 산부인과가 있으며 중환자실에서는 호스피스가 환자의 수발을 도와주고 있고 산부인과에서는 아기가 태어나 큰 기쁨이 되고 있으며 산모가 아기의 이름을 예루살렘이라 지었습니다. 산모의 옆에는 산모의 건강을 위해서 귤을 사 놓았는데 귤은 혈액순환을 도와주는 효소가 있어 산모에게 아주 좋습니다. 복도 우측에는 정신병동과 물리치료실이 있으며 정신병동에서는 만복이가 성냥으로 집을 쌓고 있고 물리치료실에서는 환자가 물리치료를 받고 있는데 물리치료를 받으면 엄청 시원합니다. 병원 입구에는 파수꾼이 경비를 서고 있는데 병원의 파수꾼은 일반 파수꾼과는 다르게 머리위에 영혼표시를 하고 있는데 그 이유는 이곳이 병원이라 하루에도 몇 명씩 죽어 나가기 때문입니다. 또 병원의 파수꾼은 일반 파수꾼들과는 달리 학사모를 쓰고 경비를 서는데 그 이유는 의사들이 명문대를 나온 지적 수준이 높은 사람들이기 때문에 병원의 파수꾼들도 거기에 맞춰 학사 출신만 뽑아서 그렇습니다.

121편   환자 - 도움을 바라고 있다(1, 2)

호스피스 - 환자를 도와주고 보호해 주는 사람으로 환자의 오른쪽에 있으면서(5)

졸지도 자지도 않고(3, 4) 환자의 출입을 지킨다(5, 7, 8)

커텐 - 낮의 해와 밤의 달이 상하게 하지 못하게 해준다(6)

하나님의 도움과 보호하심(1-8)

- 내가 산을 향하여 눈을 들리라 나의 도움이 어디서 올까(1) - 환자가 창밖의 산을 보고 있다.
- 나의 도움은 천지를 지으신 여호와에게서로다(2)
- 이스라엘을 지키시는 이는 졸지도 아니하시고 주무시지도 아니하시리로다(4)
- 여호와는 너를 지키시는 이시라 여호와께서 네 오른쪽에서 네 그늘이 되시나니(5)
- 낮의 해가 너를 상하게 아니하며 밤의 달도 너를 해치지 아니하리로다(6)

122편   산모는 아기가 태어나 큰 기쁨이 되고 있으며 아기의 이름을 예루살렘이라 지었다.

예루살렘을 향한 기쁨(1-9)

123편   귤(긍휼)은 혈액순환을 도와주는 효소(호소)가 있어 산모에게 아주 좋다.

① 긍휼을 호소함(1-4)

귤은 비타민 C가 많아 **눈**에 좋으며 **손**으로 까먹는 과일이다.

② 상전의 손을 바라보는 종들의 눈 같이, 여주인의 손을 바라보는 여종의 눈 같이 우리의 눈이 여호와 우리 하나님을 바라보며 우리에게 은혜 베풀어 주시기를 기다리나이다(2)

124편   비상구 → **비상**시 **구**원해주심. 비상시란 적이 침입했을 때를 말한다.

① 적이 침입했을 때 구원해 주심(1-8)

비상구 - 갑작스러운 사고가 일어날 때에 급히 **벗어날 수 있도록** 마련한 출입구로 만약 비상구가 잠겨 있다면 오도 가도 못하는 것이 **사냥꾼의 올무**와 다를 바 없다.

② 우리 영혼이 **사냥꾼의 올무**에서 **벗어난** 새같이 되었나니 올무가 끊어지므로 우리가 **벗어났도다**(7)

125편   복도에는 인턴과 간호사가 의사(→ **의**로운 **사**람 → 의인)를 호위하고 회진중이다.

하나님께서 의인을 호위하심(1-5)

126편   귀(耳)환자가 추수가 잘 되서 너무 기쁜 나머지 곡식 단을 들고 눈물을 흘리고 있다.

포로 귀환자의 기쁨(1-6) - 바벨론 포로에서 해방된 기쁨을 노래한 시. **포로귀환 감사시**

- 여호와께서 시온의 포로를 돌려보내실 때에 우리는 꿈꾸는 것 같았도다(1)
- 그 때에 우리 입에는 웃음이 가득하고 우리 혀에는 찬양이 찼었도다 그 때에 뭇 나라 가운데에서 말하기를 여호와께서 그들을 위하여 큰 일(포로귀환)을 행하셨다 하였도다(2)
- 여호와여 우리의 포로를 남방 시내들 같이 돌려 보내소서(4)
- 울며 씨를 뿌리러 나가는 자는 반드시 기쁨으로 그 곡식 단을 가지고 돌아오리로다(6)

127편   정신병동의 만복이가 성냥으로 집을 쌓고 있는데 하나만 잘못 쌓아도 허사가 되고 만다.

① 만복의 근원 하나님(1-5) - **솔로몬의 시** - 어리버리한 만복이는 **솔로**일 수밖에 없다.

- 여호와께서 집을 세우지 아니하시면 세우는 자의 수고가 헛되며 여호와께서 성을 지키지 아니하시면 파수꾼의 깨어 있음이 헛되도다(1)

만복이가 성냥으로 집을 쌓느라 일찍 일어나고 늦게 자므로 항상 잠이 부족하다.

② 너희가 일찍 일어나고 늦게 누우며 수고의 떡을 먹음이 헛되도다 그러므로 여호와께서 그의 사랑하시는 자에게는 잠을 주시는도다(2)

만복이가 아무리 어리버리 해도 부모에게는 하나 밖에 없는 소중한 **자식**이다.

③ 보라 **자식**들은 여호와의 기업이요 태의 열매는 그의 상급이로다(3)

젊은 자의 **자식**은 장사의 수중의 <u>화살</u> 같으니(4) - 성냥이 화살 같다.

128편   **복**도를 걷고 있던 경비 아저씨가 의사를 향해 경례를 하고 있다.   경례 → 경외

① **여호와를 경외하는 자가 받는 복**(1-6) - 여호와를 경외하며 그의 길을 걷는 자마다 복
이 있도다 네가 네 손이 수고한 대로 먹을 것이라 네가 복되고 형통하리로다(1-2)
경비가 비록 하찮은 직업이지만 그도 집에 가면 아내와 자식이 있는 어엿한 가장이다.

② 네 **아내**는 결실한 <u>포도나무</u> 같으며 네 식탁에 둘러앉은 **자식**들은 어린 <u>감람나무</u> 같으리로다(3)

129편   물리치료실에서 물리치료를 받으면 엄청 시원하다.   **물리치**료실,   시원 → 시온

시온의 대적 물리치시기를 구함(1-8)

• 무릇 시온을 미워하는 자들은 수치를 당하여 물러갈지어다(5)

130편   병원의 파수꾼은 일반 파수꾼과는 다르게 머리위에 **영혼표시**를 하고 있으며 경비를
설 때 학**사모**를 쓰고 경비를 선다.   학사모 → 사모

내 영혼이 주를 사모하나이다(1-8)

• 파수꾼이 아침을 기다림보다 내 영혼이 주를 더 기다리나니(사모하니) 참으로 파수꾼이
아침을 기다림보다 더하도다(6) - 아침을 기다린다고 했는데 아침은 오전 6시부터를 말한다.

백삼십 130 단위 (131-140편) - 백삼을 넣은 삼계탕 집

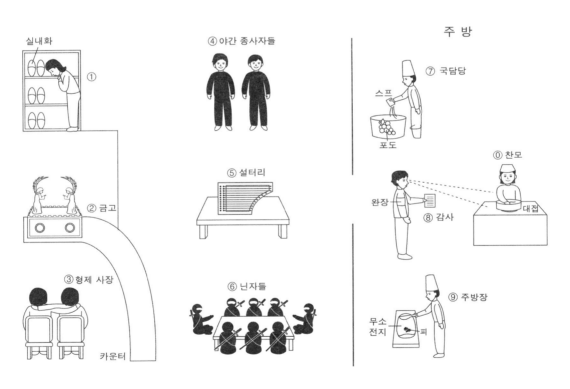

시편(131-140편) 그림 배경설명   백삼을 넣은 삼계탕 집을 배경으로 했으며 여종업원이 현관
입구에 서서 두 손을 겸하여 가슴에 모으고 친절하게 인사를 하고 있으며 그 옆에는 실내화가
들어있는 신발장이 있습니다. 여기서 두 **손**을 **겸**하여 놓는 것을 겸손이라고 합니다. 카운터 위에
는 법궤 모양의 금고가 있는데 돈을 꺼내기 위해 금고를 열 때 마다 멜로디가 나오며 카운터에
는 형제사장이 서로 어깨동무를 하며 형제우애를 과시하고 있습니다. 홀 중앙에는 '설터리'라는
악기가 놓여 있으며 한쪽에서는 닌자들이 밥을 먹고 있는데 그 수가 무려 26명이나 되며 닌자들

이 다 검은 옷을 입고 있으므로 야간 종사자들도 서비스 차원에서 검은 복장을 하고 시중을 들고 있습니다. 주방에서는 국 담당이 포도와 스프를 넣고 국을 만들고 있으며 주방장은 무소(코뿔소)의 전지(앞다리 살)로 요리를 하고 있는데 고기에 피가 묻었으므로 피를 떠내고 있습니다. 한쪽에서는 찬모가 대접에 빠진 음모를 건져내고 있는데 이때 **시**에서 감사가 나와 이를 목격합니다.

131편　　여종업원이 현관입구에 서서 두 **손**을 **겸**하여(겸손) 가슴에 모으고 친절하게 인사를 하고 있으며 그 옆에는 실내화가 들어있는 신발장이 있다.　　실내화(실내 → 신뢰)

① 하나님에 대한 겸손한 신뢰(1-3) - 여호와여 내 마음이 교만하지 아니하고 내 눈이 오만하지 아니하오며 내가 큰 일과 감당하지 못할 놀라운 일을 하려고 힘쓰지 아니하나이다(1) 실제로는 여종업원이 두 손으로 가슴을 모으고 있는 것은 아이의 젖을 뗀지 얼마 되지 않아서 빈약한 가슴을 보이기 부끄러워 가슴을 가린 것이다.

② 실로 내가 내 영혼으로 고요하고 평온하게 하기를 **젖 뗀 아이**가 그의 어머니 품에 있음 같게 하였나니 내 영혼이 젖 뗀 아이와 같도다(2)

132편　　카운터 위에는 법궤 모양의 금고가 있으며 돈을 꺼내기 위해 금고를 열 때 마다 멜로디가 나온다.　　멜로디 → 찬송

법궤로 인한 찬송(1-18)

• 여호와여 일어나사 주의 권능의 궤와 함께 평안한 곳으로 들어가소서(8)

133편　　카운터에는 형제사장이 서로 어깨동무를 하며 형제우애를 과시하고 있다.

형제 연합의 복(1-3)

• 보라 형제가 연합하여 동거함이 어찌 그리 선하고 아름다운고(1) - 연합은 하나(1)가 되는 것

• 헐몬의 이슬이 시온의 산들에 내림 같도다 거기서 여호와께서 복을 명령하셨나니 곧 영생이로다(3) - 형제 즉 남자와 남자가 동거하는데 아름답다고? 헐! 따라서 헐몬의 이슬은 133편

134편　　야간 종사자들 → 야간 봉사자들,　야간 봉사자들이 입은 검은 옷은 야간을 뜻한다.

야간 봉사자들(1-3) - 밤새도록 성전을 지키는 레위인들을 말한다.

• 보라 밤에 여호와의 성전에 서 있는 여호와의 모든 종들아 여호와를 송축하라(1)

135편　　설터리(악기) = 하나님을 찬양하라.　설터리의 설을 이용할 것.　설 → 선으로 바꾼다.

하나님의 선하심을 찬양하라(1-21) - **할렐루야 시편**(106, 113, 135, 146-150편)

• 여호와를 찬송하라 여호와는 선하시며 그의 이름이 아름다우니 그 이름을 찬양하라(3)

※ '할렐루야 시편' 이 되려면 우선 악기(악기 = 하나님을 찬양하라 = 할렐루야)가 나와야 되며 악기가 나온다고 해서 다 '할렐루야 시편' 이 되는 것은 아니나 설터리는 흔히 볼 수 있는 악기가 아니므로 설터리가 나오는 135편은 '할렐루야 시편' 이 된다.

136편　　한쪽에서는 닌자들이 밥을 먹고 있는데 그 수가 엄청 많아 26명이나 되며 닌자 26명은 '그 인자하심이 영원함이로다' 가 26번 나오는 것을 나타낸다.　　닌자 → 인자

그 인자하심이 영원함이로다(1-26) - 하나님의 변함없는 사랑을 찬양한 시.

• 여호와께 감사하라 그는 선하시며 그 인자하심이 영원함이로다(1)

※ 136편은 할렐루야라는 표현이 없음에도 '제 2할렐시' 라고 부르는데 이는 시의 각 절마다 '그 인자하심이 영원하심이로다' 라는 후렴구가 26번이나 첨가되어 있기 때문이다.

137편　　국 담당이 포도와 스프를 넣고 국을 만들고 있다.　　포도 → 포로,　스프 → 슬픔

바벨론 포로의 슬픔(1-9)

• 우리가 바벨론의 여러 강변 거기에 앉아서 시온을 기억하며 울었도다(1)

138편   **시**에서 감사가 나왔다.

        감사의 **시**(1-8) - 내가 전심으로 주께 감사하며 신들 앞에서 주께 찬송하리이다(1)

139편   주방장이 무소(코뿔소)의 전지(앞다리 살)로 요리를 하고 있다.

        ① 무소부재와 전지전능의 하나님(1-24)

- 주께서 내가 앉고 일어섬을 아시고 멀리서도 나의 생각을 밝히 아시오며(2) - 전지
- 내가 하늘에 올라갈지라도~ 스올에 내 자리를 펼지라도 거기 계시니이다(8) - 무소부재
- 내가 새벽 날개를 치며 바다 끝에 가서 거주할지라도(9) - 무소부재

        코뿔소 요리 자체가 기묘하고 기이하다.

        ② 나를 지으심이 심히 기묘하심이라 주께서 하시는 일이 기이함을 내 영혼이 잘 아나이다(14)

        주방장이 고기에 **피**가 묻었으므로 피를 **떠**내고 있다.

        ③ 내가 주의 영을 **떠**나 어디로 가며 주의 앞에서 어디로 **피**하리이까(7)

140편   찬모가 대접에 빠진 음모를 건져내고 있다.   대접 → 대적

        대적의 음모로부터 건져주소서(1-13)

백사십 140 단위 (141-150편) - 백사장(해수욕장)

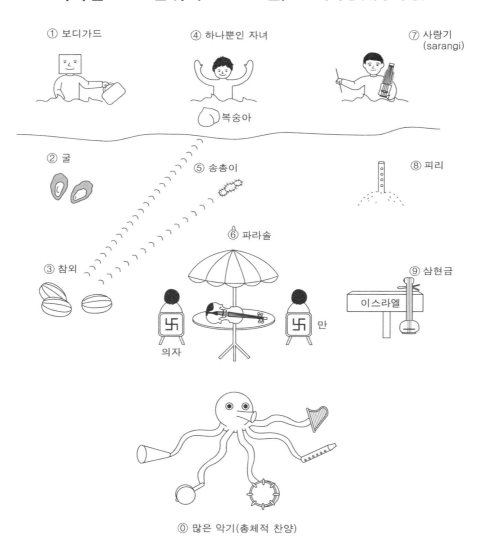

⓪ 많은 악기(총체적 찬양)

시편(141-150편) 그림 배경설명 백사장이 있는 해수욕장을 배경으로 했으며 하나뿐인 자녀가 물에서 놀고 있는데 참외하고 같이 있던 복숭아가 아이에게 굴러 와서 아이가 좋아하고 있으며 아이의 왼쪽에는 네모란 얼굴의 보디가드가 아이의 책가방을 들고 서 있고 오른쪽에는 아저씨가 '사랑기'란 악기로 아이를 위해 찬조 연주를 하고 있습니다. 파라솔에는 아이의 부모가 만(卍)자가 새겨진 의자에 앉아서 하나뿐인 자녀를 흐뭇한 눈으로 바라보고 있으며 파라솔 좌측에는 굴과 참외가 있고(바닷물 쪽에 가까이 있는 것이 굴이 된다) 파라솔 우측에는 피리와 삼현금이 있으며 파라솔 앞에는 참외에서 나온 왕송충이 한 마리가 백사장을 기어가고 있으며 파라솔 뒤에는 문어가 발에 각종 악기를 들고 연주를 하고 있습니다. 참고로 시편의 마지막 다섯 편인 146-150편은 그림에서 보듯이 다 악기가 나오며 악기는 '하나님을 찬양하라'가 되므로 할렐루야 시편이라고 하며 특징은 할렐루야로 시작해서 할렐루야로 끝납니다.

141편　　네모란 얼굴의 보디가드가 아이의 책가방을 들고 있다. 성경기억법에서 네모(□) 반듯한 것은 의로 약속하며 보디가드는 사람이므로 네모란 얼굴의 보디가드는 의인이 된다.　책가방 → 책망,　들고 있다 → 듣고 있다.

① 의인에게 책망을 듣고자 함(1-10)

• 의인이 나를 칠지라도 은혜로 여기며 책망할지라도 머리의 기름같이 여겨서 내 머리가 이를 거절하지 아니할지라 그들의 재난 중에도 내가 항상 기도하리로다(5)

　보디가드는 아이를 지켜야하므로 입에 물이 들어가면 안된다. 따라서 입으로 물이 들어가는 것을 막으려면 보디가드의 입에 파수꾼을 세우고 입술의 문을 지키면 된다.

② 여호와여 내 입에 파수꾼을 세우시고 내 입술의 문을 지키소서(3) - 물을 3키면 안되므로 3절

142편　　굴 껍질은 블루색이다.　블루 → 부르다, 부르짖다

　굴에서 부르짖음(1-7) - 다윗이 굴(아둘람이나 엔게디 굴)에 있을 때에 지은 시로 도와줄 사람도 힘도 피할 곳도 없는 외롭고 절망적인 상태에 빠진 시인이 원수들로부터 자신을 구원해 주실 것을 하나님께 호소하는 기도시이다. 굴로 피신한 후 지은 시(57, 142편)

• 나를 아는 이도 없고 나의 피난처도 없고 내 영혼을 돌보는 이도 없나이다(4)

143편　　참외 → 참회

　참회시(1-12) - 6대 참회시중 마지막 시로서 다윗이 압살롬에게 박해를 받는 것은 과거의 죄 때문이었음을 깨닫고 회개하며 하나님의 진실과 의를 간구하고 있다(삼하 15-18장).

• 주를 향하여 손을 펴고 내 영혼이 마른 땅 같이 주를 사모하나이다(6) - 참외가 모래 즉 마른 땅에 있으므로 마른 땅 같이 주를 사모한다는 시는 143편이 된다.

144편　　하나뿐인 자녀가 물에서 놀고 있는데 복숭아가 아이에게 굴러 와서 아이가 좋아하고 있다.　하나뿐인 자녀 → 하나님의 자녀

① 하나님의 자녀가 받는 복(1-15) - 복숭아가 샛노래므로 144편에 새 노래가 나온다.

• 하나님이여 내가 주께 새 노래로 노래하며 열 줄 비파로 주를 찬양하리이다(9) - 샛노란(새 노래) 복숭아를 닮은 악기는 비파이므로 복숭아가 나오는 새노래에 열 줄 비파가 나온다.

• 우리 아들들은 어리다가 장성한 나무들과 같으며 우리 딸들은 궁전의 양식대로 아름답게 다듬은 모퉁잇돌과 같으며 우리의 곳간에는 백곡이 가득하며 우리의 양은 들에서 천천과 만만으로 번성하며 우리 수소는 무겁게 실었으며(12-14)

　하나님의 자녀가 받는 복

② 여호와를 자기 하나님으로 삼는 백성은 복이 있도다(15)

145편   참외에서 나온 왕송충이 한 마리가 백사장을 **더디** 기어가고 있다.   송충이 → 송축

하나님을 송축하라(1-21)

- 왕이신 나의 하나님이여 내가 주를 높이고 영원히 주의 이름을 <u>송축</u>하리이다(1)
- 여호와는 은혜로우시며 긍휼이 많으시며 노하기를 **더디** 하시며 인자하심이 크시도다(8, 103:8)

146편   파라솔의 의자,   의자 → 의지,   卍 → 만,   바이올린(악기) = 하나님을 찬양하라

하나님을 찬양하며 하나님만 의지하라(1-10) - **할렐루야 시편**(106, 113, 135, 146-150편)

- 할렐루야 내 영혼아 여호와를 찬양하라 나의 생전에 여호와를 찬양하며 나의 평생에 내 하나님을 찬송하리로다 귀인들을 의지하지 말며 도울 힘이 없는 인생도 의지하지 말지니 그의 호흡이 끊어지면 흙으로 돌아가서 그 날에 그의 생각이 소멸하리로다 야곱의 하나님을 자기의 도움으로 삼으며 여호와 자기 하나님에게 자기의 소망을 두는 자는 복이 있도다(1-5)

147편   아저씨가 사랑기(인도의 전통악기)란 악기로 아이를 위해서 찬조 연주를 하고 있다. 찬조 → 창조,   사랑기(악기) = 하나님을 찬양하라.   사랑기의 사랑을 이용할 것.

이스라엘을 사랑하시고 천지를 창조하신 하나님을 찬양하라(1-20) - **창조찬양 시**

- 여호와께서 <u>겸손</u>한 자들은 붙드시고 <u>악인</u>들은 땅에 엎드러뜨리시는도다(6)
- 그가 구름으로 하늘을 덮으시며 땅을 위하여 비를 준비하시며 산에 풀이 자라게 하시며(8)

148편   한 사람이 숨을 쉴 수 있게 빨대 대신 입으로 피리를 물고 모래찜질을 하고 있다. 피리(악기) = 하나님을 찬양하라.   피리의 피를 이용할 것.

모든 피조물들아 하나님을 찬양하라(1-14) - 우주적인 대 합창

- 할렐루야 하늘에서 여호와를 찬양하며 높은 데서 그를 찬양할지어다 그의 모든 천사여 찬양하며 모든 군대여 그를 찬양할지어다 해와 달아 그를 찬양하며 밝은 별들아 다 그를 찬양할지어다 하늘의 하늘도 그를 찬양하며 하늘위에 있는 물들도 그를 찬양할지어다~ 너희 용들과 바다여 땅에서 여호와를 찬양하라 불과 우박과 눈과 안개와 그의 말씀을 따르는 광풍이며 산들과 모든 작은 산과 과수와 모든 백향목이며 짐승과 모든 가축과 기는 것과 나는 새며 세상의 왕들과 모든 백성들과 고관들과 땅의 모든 재판관들이며 총각과 처녀와 노인과 아이들아 다 여호와의 이름을 찬양할지어다 그의 이름이 홀로 높으시며 그의 영광이 땅과 하늘 위에 뛰어나심이로다 그가 그의 백성의 뿔을 높이셨으니 그는 모든 성도 곧 그를 가까이 하는 백성 이스라엘 자손의 찬양 받을 이시로다 할렐루야(1-14)

149편   이스라엘이란 팻말과 삼현금,   삼현금(악기) = 하나님을 찬양하라.   삼(3)현금 → 새(3)노래와 연관 지을 것.   **새 노래** - 33, 40, 96, 98, 144, 149편

이스라엘아 새 노래로 하나님을 찬양하라(1-9)

- 할렐루야 **새 노래**로 여호와께 노래하며 성도의 <u>모임</u> 가운데에서 찬양할지어다(1) - 팻말과 삼현금이 서로 모여 있다.
- <u>이스라엘</u>은 자기를 지으신 이로 말미암아 즐거워하며 <u>시온</u>의 주민은 그들의 왕으로 말미암아 즐거워할지어다(2)

150편   문어가 들고 있는 각종 악기(**수**금, **제**금, **비**파, **퉁**소, **나**팔, **현**악, **소**고-문어수제비 퉁나현소)

① **총체적 찬양**(1-6)

- 할렐루야 그의 성소에서 하나님을 찬양하며 그의 권능의 <u>궁창</u>에서 그를 찬양할지어다(1)
- 나팔소리로 찬양하며 비파와 수금으로 찬양할지어다 소고 치며 춤추어 찬양하며 현악과 퉁소로 찬양할지어다 큰소리 나는 제금으로 찬양하며 높은 소리 나는 제금으로 찬양할지어다(3-5) 문어는 저 코로 호흡한다.

② 호흡이 있는 자마다 여호와를 찬양할지어다 할렐루야(6) - **마지막 절**

잠언 31장

* **장수기억법** : 3.1절에 잠옷(잠언)을 입고 대한민국 만세를 불렀다.
* **배경** : 잠언의 잠에서 잠은 꿈과 관계가 있으므로 잠언은 신혼의 단꿈을 배경으로 한다.
   1단원(1-10장) – 신혼의 단꿈에 젖어있는 아들 내외에게 훈계하는 아버지를 배경으로 한다.
   2단원(11-20장) – 결혼 후 친구들을 불러 집들이 하는 것을 배경으로 한다.
   3단원(21-31장) – 몇 년 후 보증을 잘못 선 남편 때문에 시끄러워진 집안을 배경으로 한다.
* **지혜의 의인화** : 1장, 3장, 8장, 9장 – 지혜가 일산 (집) 팔구 의왕시로 이사 갔다.
* **지혜의 선재**(태초부터 지혜가 있었다) : 선하면 38선이므로 지혜의 선재는 3장, 8장이 된다.
* **게으른 자에 대한 교훈** : 6장, 24장 – 게으른 육 이사 – 참고로 잠언 19장과 26장도 게으른 자에 대해서 나오나 단지 게으른 자를 풍자적으로 묘사했을 뿐이므로 교훈은 아니다.
* **주께 구한 2가지 일(30:7-8)** :
   헛거는 2개로 보이는 것을 말하므로 ① 헛된 것과 거짓말을 내게서 멀리 하소서
   양쪽 할 때의 양이 2개를 나타내므로 ② 오직 필요한 양식으로 나를 먹이소서
* **참고** : 잠언은 '**다**윗의 아들 **이**스라엘 왕 **솔**로몬의 말씀이라(1:1)'로 시작하고 전도서는 '다윗의 아들 예루살렘 왕 전도자의 말씀이라(1:1)'로 시작한다. 다이소로 구분하자.

잠언 (31장)

저   자 : 1. 솔로몬의 제 1잠언(1-9장)
       2. 솔로몬의 제 2잠언(10-24장)
       3. 히스기야의 신하들이 편집한 솔로몬의 잠언(25-29장)
          (암기방법) 히스기야의 신하들이 이오(25)를 머리에 이구(29) 편집한 솔로몬의 잠언
       4. 아굴의 잠언(30장) – 아굴의 아버지(야게), 수신자(이디엘, 우갈)
          (암기방법) '아굴아굴'과 30장의 초인종 소리 '부가부가'가 느낌이 비슷하다
       5. 르무엘 왕의 어머니의 잠언(31장)
          (암기방법) 르므엘 왕의 어머니와 31장의 현숙한 여인은 여자라는 공통점이 있다.

제   목 : 이 책의 히브리어 명칭은 '미쉴레 쉐로모'이며, 헬라어 명칭은 '파로이 미아이 살로몬토스'이다. 이것들은 '솔로몬의 잠언들'이란 뜻이다. 대부분의 잠언들은 솔로몬이 말한 것이기 때문에, 그의 이름을 따서 책명을 정한 것 같다.

주   제 : 여호와를 경외하는 것이 지혜의 근본.

기록연대 : B.C. 950년경 – B.C. 700년경

요   절 : 3:5-6, 9:10

기록목적 : 사람들로 하여금 하나님을 경외하는 것이 지혜의 참된 근본임을 올바로 깨닫게 하고 무엇보다 하나님을 경외하는 신앙과 지혜의 삶을 살도록 인도하기 위해 기록하였다.

잠언 (1-10장) - 아비의 훈계

① 여호와를 경외하는 것이 **지혜**의 근본 / 절취선

④ 아비의 훈계

⑦ 음녀

② 지혜

⑤ 신혼 부부

⑧ 엄마 / 엄마 / 태양초 / 지혜

③ 지혜 / 꾸지람 / 처음익은 열매 / 차렷 자세

⑥ 개미 / 담보물

⑨ 어리광 / 지혜

⑩ 허물 / 입술 제어 / 의인 / 악인

잠언(1-10장) 그림 배경설명   신혼의 단꿈에 젖어있는 아들과 며느리에게 아비가 훈계하는 것을 배경으로 했으며 안방에는 '여호와를 경외하는 것이 지혜의 근본'이라고 쓴 족자가 걸려 있고 아비가 이제 막 신혼의 단꿈에 젖어있는 아들과 며느리에게 손으로 음녀의 사진을 멀리 **치우면서** 음녀의 길로 **치우치지** 말 것을 훈계하고 있으며 아들은 아내의 손을 사랑스럽게 꼭 잡고 **멀리** 놓여있는 음녀의 사진을 쳐다보고 있습니다. 신혼부부의 좌측에는 딸 지혜가 우리나라 화폐기호인 ₩ 모양의 장난감을 가지고 놀고 있으며 그 밑에는 지혜가 할아버지로부터 처음 익은 열매를 땄다고 꾸지람을 들고 차렷 자세를 한 채 징징 짜며 울고 있습니다. 할아버지의 오른손 검지가 지혜를 향해 있음을 주목하시기 바랍니다. 신혼부부의 우측에는 지혜가 태양초를 들고 이것 좀 보라며 "엄마 엄마" 하며 부르고 있으며 그 밑에는 지혜가 엄마를 불렀는데도 엄마가 봐 주지 않자 어리광을 부리고 있습니다. 참 철이 없습니다. 신혼부부의 뒤에는 개미가 담보물을 등에 지고 땀을 뻘뻘 흘리면서 일을 하고 있으며 맨 아래에는 훈계와 관계있는 입술을 그려 보았는데 흰 사람과 검은 사람이 허물이 있는 입술을 서로 잡아당기고 있습니다. 여기서 흰 사람은 의인을, 검은 사람은 악인을 나타냅니다. 참고로 부모 좌우는 딸 지혜가 재롱을, 그 밑은 꾸지람을 듣거나 어리광을 부린다는 것에 주목하시기 바랍니다.

1장   족자에 '여호와를 경외하는 것이 지혜의 근본'이라고 써 있다.

① 여호와를 경외하는 것이 지혜의 근본(7)
- 여호와를 경외하는 것이 지식의 근본이거늘 미련한 자는 지혜와 훈계를 멸시하느니라(7) - 여호와를 경외하는 것이 지혜의 근본이라 써진 족자의 절취선의 취가 칠과 발음이 비슷하다. 족자의 지혜란 글씨가 블루색이다.   블루 → 부르다, 부르짖다

② 지혜가 부른다(20-33) - 자기를 찾으라고 부르짖고 있다.   지혜의 의인화 - 1, 3, 8, 9장 족자의 절취선, 찢을 때 '부악' 소리가 난다.   부 → 부모,   악 → 악인,   찢 → 쫓

③ 부모를 공경하라(8-9)

④ 악인을 쫓지 말라(10-19) - 그들이 네게 말하기를 우리와 함께 가자 우리가 가만히 엎드렸다가 사람의 피를 흘리자 죄 없는 자를 까닭 없이 숨어 기다리다가 스올 같이 산 채로 삼키며 무덤에 내려가는 자들 같이 통으로 삼키자(11-12) 족자의 가운데에 가로로 두 줄만 넣으면 눈 목(目)이 된다.   목 → 목적

⑤ 잠언의 목적(1-6) - 이는 지혜와 훈계를 알게 하며 명철의 말씀을 깨닫게 하며 지혜롭게, 공의롭게, 정의롭게, 정직하게 행할 일에 대하여 훈계를 받게 하며 어리석은 자로 슬기롭게 하며 젊은 자에게 지식과 근신함을 주기 위한 것이니(2-4)

2장   딸 지혜가 우리나라 화폐기호인 ₩ 모양의 장난감을 가지고 놀고 있다.   ₩ → 값·가치 지혜의 가치(1-22) - 여호와를 경외하게 되고 하나님을 바로 알게 된다(5) 악한 자의 길에서 건져준다(12) 음녀에게서 구해준다(16) - 그림을 보면 지혜가 경음악을 틀고 놀고 있는 것 같다.

3장   지혜가 할아버지로부터 처음 익은 열매를 땄다고 꾸지람을 듣고 차렷 자세를 한 채 징징 짜며 울고 있다.   징 → 징계,   차렷 → 순종을 의미한다(레 26장, 신 28장 참조)

① 지혜의 말씀을 순종할 때 받는 축복(1-35) - 장수·평강·영예·부귀
- 그의 오른손에는 장수가 있고 그의 왼손에는 부귀가 있나니~ 그의 지름길은 평강이니라(16-17)

② 징계와 꾸지람(11-12)
- 내 아들아 여호와의 징계를 경히 여기지 말라 그 꾸지람을 싫어하지 말라 대저 여호와께서 그 사랑하시는 자를 징계하시기를 마치 아비가 그 기뻐하는 아들을 징계함 같이 하시느니라(11-12) 할아버지께 꾸지람을 들은 지혜가 '이 선배'라고 하며 서럽게 울고 있다. 고개를 푹 숙이고 울면서 '이 선배'하는 모습을 상상하자.   이 선배 → 이웃에게 선을 베풀라

③ 이웃에게 선을 베풀라(27-35) 징징 짜고 있는 지혜 앞에 지도가 펼쳐져 있고 그 위로 범이 걸어가고 있다.

④ 범사에 그를 인정하라(6) - 너는 범사에 그를 인정하라 그리하면 네 길을 지도하시리라(6) - 지도의 길 위에 범(6)이 걸어가고 있는데 범을 크게 써서 몇 절인지 알 수 있게 했다.

⑤ 처음 익은 열매로 여호와를 공경하라(9-10)
- 네 재물과 네 소산물의 처음 익은 열매로 여호와를 공경하라 그리하면 네 창고가 가득히 차고 네 포도즙 틀에 새 포도즙이 넘치리라(9-10) - 처음 익은 열매가 9자 모양이므로 9절이 된다. 처음 익은 열매를 먹으면 우리 몸에 양약이 될 뿐만 아니라 골수까지 윤택해진다.

⑥ 여호와를 경외하며 악을 떠날지어다 이것이 네 몸에 양약이 되어 네 골수를 윤택하게 하리라(7-8) 지혜가 들고 있는 나무는 생명나무이다.

⑦ 지혜는 그 얻은 자에게 생명나무라 지혜를 가진 자는 복되도다(18) 지혜의 눈에서 방울방울 떨어지는 눈물이 꼭 진주 같다. 참고로 진주는 은색이다.

⑧ 지혜를 얻는 것이 은을 얻는 것보다 낫고 그 이익이 정금보다 나음이니라(14)

⑨ 지혜는 진주보다 귀하니 네가 사모하는 모든 것으로도 이에 비교할 수 없도다(15)

　그림에는 없지만 지혜가 가슴에 명찰(명철)을 달았고 발에는 실내화(신뢰)를 신고 있다.

⑩ 너는 마음을 다하여 여호와를 신뢰하고 네 명철을 의지하지 말라(5)

4장　신혼의 단꿈에 젖어있는 아들과 며느리에게 아비가 훈계를 하고 있다.

① 아비의 훈계(1-27) - 지혜와 명철을 얻을 것과 의인의 길과 악인의 길에 대해 훈계한다.

• 아들들아 아비의 훈계를 들으며 명철을 얻기에 주의하라(1)

• 지혜를 얻으며 명철을 얻으라 내 입의 말을 잊지 말며 어기지 말라(5)

• 의인의 길은 돋는 햇살 같아서 크게 빛나 한낮의 광명에 이르거니와 악인의 길은 어둠 같아서 그가 걸려 넘어져도 그것이 무엇인지 깨닫지 못하느니라(18-19)

　아비는 지킬 박사다. 조용히 있다가도 지혜에게 갑자기 화를 내기 때문이다.

② 훈계를 굳게 잡아 놓치지 말고 지키라 이것이 네 생명이니라(13)

　모든 지킬 만한 것 중에 더욱 네 마음을 지키라 생명의 근원이 이(2)에서 남(≒삼)이니라(23)

　아비가 우측 손은 지혜를 향해 치켜들고 있고, 좌측 손은 음녀의 사진을 치우고 있다.

③ 좌로나 우로나 치우치지 말고 네 발을 악에서 떠나게 하라(27)

5장　아들이 아내의 손을 사랑스럽게 꼭 잡고 멀리 놓여있는 음녀의 사진을 쳐다보고 있다.

음녀를 멀리하고 아내만을 사랑하라(1-23) - 음녀에 관한 교훈(2, 5, 6, 7, 23장)

• 음녀의 입술은 꿀을 떨어뜨리며 그의 입은 기름보다 미끄러우나 나중은 쑥 같이 쓰고 두 날 가진 칼 같이 날카로우며 그의 발은 사지로 내려가며 그의 걸음은 스올로 나아가나니(3-5)

• 너는 네 우물(아내)에서 물을 마시며 네 샘(아내)에서 흐르는 물을 마시라(15)

• 네 샘으로 복 되게 하라 네가 젊어서 취한 아내를 즐거워하라(18)

• 그는 사랑스러운 암사슴 같고 아름다운 암노루 같으니 너는 그의 품을 항상 족하게 여기며 그의 사랑을 항상 연모하라(19) - 아가서 아님에 유의

6장　신혼부부의 뒤에는 개미가 담보물을 등에 지고 땀을 뻘뻘 흘리면서 일을 하고 있는데 땀을 뻘뻘 흘리면서 일하는 이 개미는 일곱의 막내이기 때문에 힘든 일을 도맡아 한다. 일곱의 막내로 태어난 게 죄라면 죄다.

① 담보(1-5) - 함부로 보증서지 말 것을 경고

② 개미의 비유(6-11) - 게으른 자에 대한 교훈(6, 24장)

• 게으른 자여 개미에게 가서 그가 하는 것을 보고 지혜를 얻으라(6) - 개미의 다리는 6개.

• 좀더 자자, 좀더 졸자, 손을 모으고 좀더 누워 있자 하면 네 빈궁이 강도 같이 오며 네 곤핍이 군사 같이 이르리라(10-11) - 잠언 24장에도 이 구절이 나온다.

③ 하나님이 미워하시는 7가지 죄(16-19) - 눈, 혀, 이, 손, 발, 마음, 영

　① 교만한 눈 ② 거짓된 혀 ③ 무죄한 자의 피를 흘리는 손 ④ 빨리 악으로 달려가는 발 ⑤ 악한 계교를 꾀하는 마음 ⑥ 거짓을 말하는 망령된 증인 ⑦ 형제 사이를 이간하는 자

　개미의 더듬이가 총의 가늠자와 닮았다.

④ 간음(20-35) - 음녀에 대해서도 나온다.　　가늠자 (가늠→간음)

7장　아비가 손으로 음녀의 사진을 치우고 있다.

음녀의 길로 치우치지 말라(1-27) - 젊은이가 곧 그(음녀)를 따랐으니 소가 도수장으로 가는 것 같고 미련한 자가 벌을 받으려고 쇠사슬에 매이러 가는 것과 같도다(22)

• 대저 그(음녀)가 많은 사람을 상하여 엎드러지게 하였나니 그에게 죽은 자가 허다하니라 그의 집은 스올의 길이라 사망의 방으로 내려가느니라(26-27)

8장　지혜가 손에 태양쵸(태초)를 들고 "엄마 엄마" 이것 좀 보라며 엄마를 부르고 있다.

① 지혜가 부른다(1-21) - 지혜가 부르지 아니하느냐 명철이 소리를 높이지 아니하느냐(1)

• 나 지혜는 명철로 주소를 삼으며 지식과 근신을 찾아 얻나니(12) - "엄마 엄마" 나 좀 봐 주소

② 태초에 지혜가 있었다(22-36) - 지혜의 선재(3, 8장)

고추 마니아들은 만날(맨날, 매일) 매운 맛을 간절히 찾아 다닌다.

③ 나를 사랑하는 자들이 나의 사랑을 입으며 나를 간절히 찾는 자가 나를 만날 것이니라(17)

9장   8장에서 지혜가 엄마를 불렀는데도 엄마가 봐주지 않자 근본도 없는 아이처럼 몰라몰
라하며 어리광을 부리고 있다. 참 철이 없다.   철 → 명철,   어리광 → 어리석음

① 지혜와 어리석음(1-18)

② 여호와를 경외하는 것이 지혜의 근본이요 거룩하신 자를 아는 것이 명철이니라(10) - 명철의
철에서 철하면 강철(10)이므로 이 구절은 10절이 된다. 명철이 나오는 구절 중 가장 중요하다.

③ 도둑질한 물이 달고 몰래 먹는 떡이 맛이 있다 하는도다(17)

10장   흰 사람은 의인을, 검은 사람은 악인을 나타낸다.

① 의인과 악인의 비교(1-32) - 솔로몬의 잠언이라(1)

• 여름에 거두는 자는 지혜로운 아들이나 추수 때에 자는 자는 부끄러움을 끼치는 아들이니라(5)

• 의인의 수고는 생명에 이르고 악인의 소득은 죄에 이르느니라(16)

• 게으른 자는 그 부리는 사람에게 마치 이에 식초 같고 눈에 연기 같으니라(26)

허물 있는 입술, 꿰맨 것은 제어를 나타낸다.

② 말이 많으면 허물을 면하기 어려우나 그 입술을 제어하는 자는 지혜가 있느니라(19) - 말과
입에 관한 속담으로는 한입으로 두말하지 않는다. 즉 일구(19) 이언이 있다.

의인+ 악인+ 입

③ 의인의 입은 생명의 샘이라도 악인의 입은 독을 머금었느니라(11)

※ 1-9장은 솔로몬의 제 1잠언이며 입술이 잠언을 나타내므로 10장부터 솔로몬의 제 2잠언이 된다.

잠언 (11-20장) - 집들이

집들이를 배경으로 했으며 신혼부부가 집들이를 위해 음식을 장만하고 있으며 주방의 싱크대 위에는 깨끗이 세탁한 구제인형과 저울이 있고 또 마른 떡과 포도주와 독주가 준비되어 있습니다. 거실에는 먼저 온 두 친구가 음식을 먹고 있는데 입술이 두꺼워 훈제를 좋아할 것 같은 친구를 위해서 남편이 상에 훈제를 차려 놓았으며 게으른 친구는 그릇에 숟가락을 넣고도 입으로 올리는 것을 괴로워하고 있습니다. 이때 다른 친구가 부부동반을 하고 왔는데 친구가 집들이 선물로 휴지를 들고 집으로 들어오면서 손을 들어 반가움을 표시하는데 이 친구가 혀를 쓰기 좋아해서 친구의 집에 들어오자마자 쉴 새 없이 나발 거리고 있습니다. 참 힘도 좋습니다. 입술이 두꺼운 친구는 화분에 물을 주면서 방금 온 친구에게 손을 들어 반가움을 표시하고 말상인 남편도 즐거운 마음으로 가슴 앞에 **손**을 **겸**하고 겸손하게 친구를 맞이하고 있는데 친구들로 인해 남편의 얼굴이 빛나 보입니다. 아내가 길이 그려진 포대기로 지혜를 업고 일을 하고 있는데 친구의 부인이 다가와 음식 준비하느라 힘들었으니 이걸로 보태라며 돈 봉투(뇌물)를 건네고 있습니다. 친구의 부인이 키가 하도 작아서 연단 위에 올라가 있으며 말(馬)을 끔찍이 아껴서 헤어스타일도 말갈기 모양으로 했습니다.

11장   저울의 양 옆으로 구제인형을 앉혀놓고 어느 쪽이 더 무거운지 비교하고 있으며 흰 인형은 의인을, 검은 인형은 악인을 나타낸다.

① 의인과 악인의 비교(1-31)
• 정직한 자의 성실은 자기를 인도하거니와 사악한 자의 패역은 자기를 망하게 하느니라(3)
• 성읍은 정직한 자의 축복으로 인하여 진흥하고 악한 자의 입으로 말미암아 무너지느니라(11)
• 두루 다니며 한담하는 자는 남의 비밀을 누설하나 마음이 신실한 자는 그런 것을 숨기느니라(13)

② 저울을 속이지 말라(1)
• 속이는 저울은 여호와께서 미워하셔도 공평한 추는 그가 기뻐하시느니라(1)
구제인형의 뒤에서 아름다운 여인과 코에 금 고리를 한 돼지가 각각 구제인형의 어깨를 잡고 섹시한 포즈를 취하고 있다.

③ 아름다운 여인(22) - 아름다운 여인이 삼가지 아니하는 것은 마치 돼지 코에 금 고리 같으니라(22) - 아름다운 여인을 보면 가슴이 2근2근 거리므로 이 구절은 22절이 된다.
이 인형은 구제인형으로 깨끗이 빨아서 반짝반짝 윤이 난다.   구제 - 남이 쓰던 물건

④ 구제(25) - **구제**를 좋아하는 자는 풍족하여질 것이요 남을 **윤택**하게 하는 자는 자기도 윤택하여지리라(25) - 이 구제인형은 이오(25) 한 개 값이면 살 수 있다.

12장   입술이 두꺼운 친구가 앉아서 방금 온 친구에게 손을 들어 보이며 반가움을 표시하고 있다. 두꺼운 입술이 훈제(훈계)를 좋아하게 생겼다.   두꺼운 입술 → 거짓 입술

① 거짓 입술(22) - 거짓 입술은 여호와께 미움을 받아도 진실하게 행하는 자는 그의 기뻐하심을 받느니라(22) - 거짓 입술 즉 두툼한 입술의 두툼이 투투(22)와 발음이 비슷하다.

② 훈계를 좋아하라(1) - 훈계를 좋아하는 자는 지식을 좋아하거니와 징계를 싫어하는 자는 짐승과 같으니라(1) - 훈제 한 접시가 1절을 나타낸다.
훈제 다음으로 좋아하는 것은 수육이다.   수육 → 수욕

③ 미련한 자는 당장 분노를 나타내거니와 슬기로운 자는 수욕을 참느니라(16)
입술이 두꺼운 친구는 입술이 두껍기도 하지만 입안에 열매를 물고 있어서 열매로 인해 입술이 밖으로 밀려나와 볼록(복록)해져서 더 두꺼워 보이는 것이다. 참고로 복록이란

복과 녹으로 신하가 받는 곡식, 피륙, 돈 등을 통틀어 이르는 말로 좋은 것을 뜻한다.

④ **입의 열매**(14) - 사람은 **입의 열매**로 말미암아 **복록**에 족하며 그 손이 행하는 대로 자기가 받느니라(14) - 입 안에 물고 있는 입의 열매는 꽈리(14)이다 - 입술을 잘 열면 좋은 것을 얻으며 반드시 자기 손이 행한 대로 보상을 받는다는 뜻.

어지간한 음식은 저 두꺼운 입술로 씹으면 **뼈**도 남지 않는다.

⑤ **어진 여인**(4) - **어진** 여인은 그 <u>지</u>아비의 면류관이나 욕을 끼치는 여인은 그 <u>지</u>아비의 **뼈**가 썩음 같게 하느니라(4) - 뼈가 썩는 것은 숫자로 죽을 4가 된다.

함부로 말할 것 같은 저 두꺼운 입술로 음식을 먹으면 어떤 음식이라도 양약이 된다.

⑥ 칼로 찌름 같이 **함부로 말하는**(18,욕) 자가 있거니와 <u>지혜로운 자의 혀는</u> **양약**과 같으니라(18)

13장   입술이 두꺼워 훈제를 좋아할 것 같은 친구를 위해 상에 훈제(훈계)를 차려놓았다.

① **훈계**(1) - 지혜로운 아들은 아비의 훈계를 들으나 거만한 자는 꾸지람을 즐겨 듣지 아니하느니라(1) - 훈제 한 접시가 1절을 나타낸다.

푸짐한 밥(포식), 입술이 두꺼운 친구가 밥도 많이 먹을 것 같아 밥을 푸짐하게 담았다.

② **포식**(25) - 의인은 포식하여도 악인의 배는 주리느니라(25) - 이오(25)로 포식을 했다.

상 위에 있는 긴 젓가락은 매로도 사용된다.

③ **매**(24) - 매를 아끼는 자는 그의 자식을 미워함이라 자식을 사랑하는 자는 근실히 <u>징계</u>하느니라(24) - 긴 젓가락 2개를 부러트리면 4개가 되며 2개가 4개가 되었으므로 24절이 된다.

그림에는 없지만 밥과 훈제 사이에 무딘 소망치(작은 망치)가 떨어져 있으며 망치자루는 생명나무로 만들었다.   무딘 → 더딘, **소망**치 → 소망

④ **소망**(12) - **소망**이 **더디** 이루어지면 그것이 마음을 상하게 하거니와 소원이 이루어지는 것은 곧 **생명나무**니라(12) - 망치는 자루가 1, 못 빼는 부분이 2개로 갈라져 있으므로 12절이 된다.

14장   지혜를 업고 있는 여인 → 지혜로운 여인

① **지혜로운 여인은 집을 세운다**(1) - 지혜로운 여인은 자기 집을 세우되 미련한 여인은 자기 손으로 그것을 허느니라(1) - '집을 세우되'에서 세우는 것은 숫자로 1이 된다 - 배경이 집들이이므로 '자기 집을 세우되'와 잘 맞아 떨어진다.

포대기에는 길 모양의 무늬가 그려져 있다.

② **길**(12) - 어떤 길은 사람이 보기에 바르나 필경은 <u>사망</u>의 길이니라(12, 16:25) - 길 하면 에스겔 48장의 길이 생각나며 그 길은 12갈래로 갈라져 있다.

15장   남편이 **즐거운 마음**으로 가슴 앞에 **손**을 **겸**하고 겸손하게 친구를 맞이하고 있는데 친구들로 인해 남편의 얼굴이 빛나 보인다. 참고로 손과 손을 겸해 놓은 것을 겸손이라고 한다.

① **마음의 즐거움**(13) - 마음의 즐거움은 얼굴을 빛나게 하여도 마음의 근심은 <u>심령</u>을 상하게 하느니라(13) - 기도(13) 하는 사람은 항상 마음이 즐겁고 얼굴이 빛나 보인다.

② **겸손**(33) - 겸손은 존귀의 앞잡이(길잡이)니라(33) - 손을 가슴 앞에 놓았으므로 앞잡이가 된다 - 손은 삼(3)과 발음이 비슷하며 겸손은 손(3)과 손(3)을 겸해 놓은 것이므로 33절이 된다.

남편의 얼굴이 빛나 보이는 또 다른 이유는 살진 소를 매일 먹기 때문이다.

③ **채소를 먹으며** 사랑하는 것이 **살진 소**를 먹으며 서로 미워하는 것보다 나으니라(17) - 살진 소, 그중에서도 가슴살(17)을 매일 먹기 때문에 남편의 얼굴이 빛나 보인다.

남편의 얼굴이 말상이므로 말에 대해서 나오며 말에 관한 소제목은 2개가 있다.

④ **부드러운 말과 거친 말**(1) - **유순**한 대답은 **분노**를 쉽게 하여도 **과격**한 말은 **노**를 격동하느니라(1) - **유관순 분노** - 노가 격동하는 것은 노가 뻗치는 것이므로 숫자로 표현하면 1이 된다.

④ 때에 맞는 말(23) - 사람은 그 입의 대답으로 말미암아 기쁨을 얻나니 때에 맞는 말이 얼마나 아름다운고(23) - 때(몸의 때)에 맞는 말(馬)은 참 이상(23)한 말이다.

16장   화분에 물을 주는 장면 - 고전 3:6-7절에서 바울은 "나는 심었고 아볼로는 물을 주었으되 오직 하나님은 자라나게 하셨나니 그런즉 심는 이나 물주는 이는 아무것도 아니로되 오직 자라나게 하시는 하나님뿐이니라" 라고 했는데 이 말을 그림으로 옮겨 보았으며 이 말은 바울과 아볼로가 아무리 심고 물을 주었어도 하나님이 자라게 하시지 않으면 아무 소용이 없다는 뜻으로도 해석할 수 있으며 따라서 소제목은 '사람이 계획하고 마음으로 경영할지라도 응답은 하나님이 하신다' 가 된다.

① 응답은 하나님이 하신다(1-33)
• 마음의 경영은 사람에게 있어도 **말**의 응답은 여호와께로부터 **나오느니라**(1) - 물뿌리개에서 물(≒**말**)이 1자 모양으로 **나오고** 있으므로 이 구절은 1절이 된다.
• 너의 행사를 여호와께 맡기라 그리하면 네가 경영하는 것이 이루어지리라(3) - 요즘은 3세가 경영
• 사람이 마음으로 자기의 길을 (9체적으로) 계획할지라도 그 걸음을 인도하는 이는 여호와시니라(9)
• 제비는 사람이 뽑으나 모든 일을 작정하기는 여호와께 있느니라(33) - 제비는 쏙쏙(33) 뽑는다.
  물을 너무 많이 주어서 화분에 물이 넘치고 있다. 넘치는 것은 교만을 나타낸다.
② 교만(18) - 교만은 패망의 선봉이요 거만한 마음은 넘어짐의 앞잡이니라(18) - 화분에 넘쳐 흐르는(교만) 물이 가위(18) 모양이므로 교만이 나오는 이 구절은 18절이 된다.
  노를 가라앉히고 **마음**을 다스리는 데는 화초(16장)를 키우는 것만큼 좋은 것이 없다.
③ 노하기를 더디하라(32) - **노**하기를 더디하는 자는 용사보다 낫고 자기의 **마음**을 다스리는 자는 성을 빼앗는 자 보다 나으니라(32) - 동물 중 당나귀(32)가 가장 인내심이 강하다.
  이파리에 방울방울 맺혀 있는 물이 마치 꿀송이 같다.
④ 선한 말은 꿀송이 같아서 마음에 달고 뼈에 양약이 되느니라(24) - 꿀송이는 노랑(24)다.

17장   식사 준비하느라 힘들었는데 이걸로 보태라며 친구의 부인이 돈봉투(뇌물)를 건네고 있다. 참고로 **뇌물**죄 정도는 **보석**금만 내면 금방 풀려난다.
① 뇌물(8) - **뇌물**은 그 임자가 보기에 **보석** 같은즉 그가 어디로 향하든지 형통하게 하느니라 (8) - 뇌물이 처음에는 좋으나 결국 사람의 인생을 배배 꼬이게(꽈배기 닮은 8) 만든다.
② 마른 떡(1) = 화목하라 - 마른 떡 한 조각만 있고도 화목하는 것이 제육이 집에 가득하고도 다투는 것보다 나으니라(1) - 마른 떡 한 조각이 1절을 나타낸다.
  친구의 부인이 키가 하도 작아서 연단 위에 올라가 있다.
③ 연단(3) - 도가니는 은을, 풀무는 금을 연단하거니와 여호와는 마음을 연단하시느니라(3) - 도가니는 은을/풀무는 금을/여호와는 마음을 - 경우의 수가 3개이므로 3절이 된다.
  친구의 부인은 말(馬)을 끔찍이 아낀다. 그래서 헤어스타일도 말갈기 모양으로 했다.
④ 말의 절제(27-28) - 미련한 자라도 잠잠하면 지혜로운 자로 여겨지고 그의 입술을 닫으면 슬기로운 자로 여겨지느니라(28) - 이빨(28)만 까지 않으면 지혜롭고 슬기롭게 보인다는 뜻
  손자-노인의 면류관, 아비-자식의 영화이듯 말갈기는 친구부인의 트레이드마크가 된다.
⑤ 손자는 노인의 면류관이요 아비는 자식의 영화니라(6)
  헤어스타일에 관심이 많은 친구부인, 얼굴도 예뻐보이려고 뼈를 깎는 양악 수술을 했다.
⑥ 마음의 즐거움은 **양약**이라도 심령의 근심은 **뼈**를 마르게 하느니라(22)

18장   친구가 가져온 집들이 선물은 휴지로, 마치 견고한 망대같이 생겼다.
① 친구(24) - **많은 친구**를 얻는 자는 해를 당하게 되거니와 어떤 친구는 형제

보다 친밀하니라(24) - 이사(24)할 때는 **많은 친구**가 와서 도와주므로 이 구절은 24절이 된다.

② 선물(16) - 사람의 선물은 그의 길을 넓게 하며 또 존귀한 자 앞으로 그를 인도하느니라 (16) - 선물은 가방(16)에 담는다. 따라서 선물이 나오는 구절은 16절이 된다.

③ 견고한 망대(10) - 여호와의 이름은 견고한 망대라 의인은 그리로 달려가서 안전함을 얻느니라(10) - 견고한 망대같이 생긴 휴지는 10개이므로(눈에 보이는 것만) 이 구절은 10절이 된다.
선물을 많이 받으면 부자가 된다. 따라서 선물은 부자의 재물이 된다.

④ 부자의 재물(11) - 부자의 재물은 그의 견고한 성이라 그가 높은 성벽같이
여기느니라(11) - 견고한 성의 양쪽 탑이 11자 모양이므로 견고한 성과 같은
부자의 재물이 나오는 구절은 11절이 된다.
이 친구는 혀를 쓰기 좋아해서 친구 집에 오자마자 쉴 새 없이 나발 거린다.

⑤ 혀(20-21) - 죽고 사는 것이 혀의 힘에 달렸나니 혀를 쓰기 좋아하는 자는 혀의 열매를 먹으리라(21) - 혀를 쓰기 좋아하는 자는 나발거리는 뱀의 혀가 연상되며 뱀의 혀는 앞이 갈라져서 앞이 2개, 뒤는 1개가 되므로 이 구절은 21절이 된다.
혀를 쓰기 좋아하는 자는 남의 말하기도 좋아한다.

⑥ 남의 말하기를 좋아하는 자의 말은 별식과 같아서 뱃속 깊은 데로 내려가느니라(8) - 별≒팔(8)

19장   게으른 친구가 그릇에 숟가락을 넣고도 입으로 올리는 것을 괴로워하고 있다.

① 게으름(15, 24)
• 게으른 자는 자기의 손을 그릇에 넣고서도 입으로 올리기를 괴로워하느니라(24) - 숟가락으로 국을 떠서 입으로 가져가는 것은 숟가락이 그릇에서 입까지 24하는 것이다.
게으른 자의 결국은 가난하게 될 뿐이다.

② 가난(1, 4, 17)
• 가난하여도 성실하게 행하는 자는 입술이 패역하고 미련한 자보다 나으니라(1)
• 재물은 많은 친구를 더하게 하나 가난한즉 친구가 끊어지느니라(4)
• 가난한 자를 불쌍히 여기는 것은 여호와께 꾸어 드리는 것이니 그 선행을 그에게 갚아 주시리라(17)
게으른 친구가 숟가락을 떴을 때 물방울이 이어 떨어지고 있다.

③ 이어 떨어지는 물방울(13)
• 미련한 아들은 그의 아비의 재앙이요 다투는 아내는 이어 떨어지는 물방울이니라(13) - 이어 떨어지는 물방울이 얼면 고드름(13)이 된다.
게으른 친구가 너무 게을러서 그릇에 숟가락을 넣고도 뜸만 들이고 뜰까말까 망설이므로 별명을 **뜸만이** 라 지었다.

④ 사람의 마음에는 많은 계획이 있어도 오직 여호와의 **뜸만이** 완전히 서리라(21) - 액자 받침대로 액자를 세웠을 때 액자가 완전히 선 모양(⁄)이 21자 모양이다.
게으른 친구가 생계를 유지하는 것은 집과 재물을 조상에게서 상속받았기 때문이다.

⑤ 집과 재물은 조상에게서 상속하거니와 슬기로운 아내는 여호와께로서 말미암느니라(14)

20장 ① 포도주와 독주(1) - 포도주는 거만하게 하는 것이요 독주는 떠들게 하는 것이라 이에 미혹되는 자마다 지혜가 없느니라(1) - 포도주나 독주나 매 1가지로 술이다. 따라서 1절.
술을 많이 마시면 필요 없는 말 즉 한담을 많이 하게 되고 비밀한 것도 누설하게 된다.

② 두루 다니며 한담하는 자는 남의 비밀을 누설하나니 입술을 벌린 자를 사귀지 말지니라(19)
사람이 술에 취하면 걸음도 이상해지고 평소 가던 자기의 길도 알 수 없게 된다.

③ 사람의 걸음은 여호와로 말미암나니 **사람이 어찌 자기의 길을 알 수 있으랴**(24)

잠언 (21-31장) - 몇 년 후

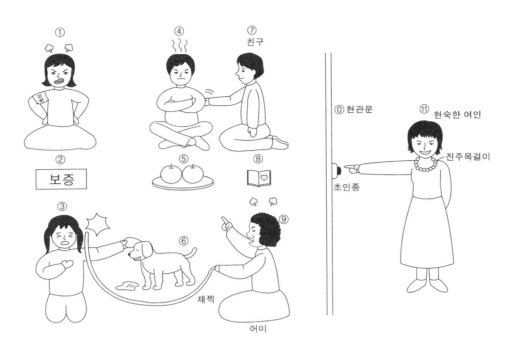

잠언(21-31장) 그림 배경설명 몇 년 후 보증을 잘못 선 남편 때문에 시끄러워진 집안을 배경으로 했으며 군기반장답게 감찰이라고 쓴 완장을 찬 아내가 보증을 잘못 선 남편 때문에 화가 단단히 났으며 그 앞에는 남편이 잘못서준 보증서가 놓여 있습니다. 남편은 보증을 잘못서준 것 때문에 부아가 치밀지만 꾹 참고 있으며 옆에서 친구가 힘들어하는 남편을 위해 어깨를 토닥거리며 권고하고 있습니다. 남편의 앞에 있는 은쟁반과 금사과는 남편이 보증을 잘못서서 채무를 졌기 때문에 팔아서 빚을 갚으려고 내놓은 것이며 그 옆에는 작고 가벼운 책인 경책이 놓여 있습니다. 한쪽에서는 개가 토한 것을 도로 먹고 있는데 아이가 개가 토해 놓은 것까지도 탐해서 먹지 못하게 하려고 개의 귀를 잡아당기자 어미가 채찍으로 아이를 때리고 있으며 오른손으로는 보증을 잘못 선 자식을 꾸짖고 있습니다. 이때 초인종 소리가 '부가부가' 울리면서 가수 현숙을 닮은 현숙한 여인이 위로해 주려고 집을 방문하고 있으며 목에는 진주 목걸이를 하고 있습니다.

21장   보증을 잘못 선 남편 때문에 아내가 화가 단단히 났다.

① 성내는 여인(9, 19)

• 다투는 여인과 함께 큰 집에서 사는 것보다 움막에서 사는 것이 나으니라(9)

• 다투며 성내는 여인과 함께 사는 것보다 광야에서 (밭을 일구며) 사는 것이 나으니라(19)
  아내가 군기 반장답게 '감찰' 이라고 쓴 완장을 차고 있다.

② 여호와는 마음을 감찰하시느니라(2)

• 사람의 행위가 자기 보기에는 모두 정직하여도 여호와는 마음을 감찰하시느니라(2) - 문서 취급병이나 상주가 찬 완장과 같이 감찰이라고 쓴 완장도 2줄이 그어져 있다.
  완장을 찬 사람들을 보면 마치 공의와 정의를 행하는 사람 같다.

③ 공의와 정의를 행하는 것은 제사 드리는 것보다 여호와께서 기쁘게 여기시느니라(3)

22장 ① 보증(26-27) - 너는 사람과 더불어 손을 잡지 말며 남의 빚에 보증을 서지 말라 만일 갚을 것이 네게 없으면 네 누운 침상도 빼앗길 것이라 네가 어찌 그리하겠느냐(26-27)

보증서지 말 것을 아이에게 가르치면 늙어서도 그것을 떠나지 않는다.

② 마땅히 행할 길을 아이에게 가르치라 그리하면 늙어도 그것을 떠나지 아니하리라(6)

23장 **아이**가 **채찍**에 맞고 있다.

① **아이를 채찍으로 훈계하라**(13-14)

- 아이를 <u>훈계</u>하지 아니하려고 하지 말라 **채찍**으로 그를 때릴지라도 그가 죽지 아니하리라(13)
  아이를 **채찍**으로 훈계하는 또 다른 이유는 **음녀**에 빠지지 않도록 하기 위함이다.

② **음녀**에 관한 교훈(26-28) - 대저 음녀는 깊은 구멍이요 이방 여인은 좁은 함정이라(27)
  아이가 개가 토해 놓은 것까지도 **탐**해서 먹지 못하게 하려고 개의 귀를 잡아당기고 있다.

③ **탐심과 탐식을 버리라**(1-11) - 부자 되기에 애쓰지 말고 네 사사로운 지혜를 버릴지어다
  네가 어찌 허무한 것에 주목하겠느냐 정녕히 재물은 스스로 날개를 내어 하늘에 나는 독수리처
  럼 날아가리라(4-5) - '사사로운'에서 사는 4, 로는 오(5)와 발음이 비슷하므로 4-5절이 된다.

- 술을 즐겨하는 자들과 <u>고기</u>를 **탐**하는 자들과도 더불어 사귀지 말라(20)

- (23장의 아이를 보며 아이야) 네 부모를 즐겁게 하며 너를 낳은 어미를 기쁘게 하라(25)

24장 남편이 보증을 잘못 서준 것 때문에 부아가 치밀어 오르지만 꾹 참고 있다.

① **보복금지**(17-18, 29)

- 너는 그가 내게 행함 같이 나도 그에게 행하여 그가 행한 대로 갚겠다 말하지 말지니라(29)
  부아가 치밀어 오를 때 개들은 '으르릉'하고 소리를 낸다. 개 으르릉 → 게으르름

② **게으름**(30-34) - **게으른 자에 대한 교훈**(6장, 24장) - 네가 좀더 자자, 좀더 졸자, 손을 모으
  고 좀더 누워 있자 하니 네 빈궁이 강도 같이 오며 네 곤핍이 군사 같이 이르리라(33-34) -
  게으른 자에 대한 교훈이 6장과 24장이므로 잠언 6장에도 이 구절이 나온다.
  보증 때문에 인상을 찌푸리고 있는 남편의 얼굴이 딱 악인의 형(악인의 형통) 얼굴이다.

③ **악인의 형통을 부러워하지 말라**(1)

- 너는 악인의 형통함을 부러워하지 말며 그와 함께 있으려고 하지도 말지어다(1) - 형통은 앞
  으로 막힘없이 쭉 뻗어나가는 것을 말하며 숫자로 표현하면 1이 된다.
  비록 남편이 보증을 잘못서서 빚을 졌지만 '7번 넘어져도 다시 일어나리라' 다짐한다.

④ **7전 8기**(16) - 대저 의인은 7번 넘어질지라도 다시 일어나려니와 악인은 재앙으로 말미암아
  엎드러지느니라(16) - 7전 8기에 1번만 더하면(16) 그야말로 인간 승리다.

25장 보증을 잘못서서 빚을 졌으므로 은 쟁반과 금 사과를 팔아서 빚을 갚으려 한다.

① **은 쟁반에 금 사과**(11) = 경우에 합당한 말 - 경우에 합당한 말은 아로새긴 은 쟁반에 금
  사과니라(11) - 금 사과의 꼭지가 11자 모양이므로 금 사과가 나오는 이 구절은 11절이 된다.
  사과를 자세히 보니 충이 먹어있고 충이 먹은 곳이 **숯** 같이 새까맣다. **충**이 먹은
  사과 → **충**성된 **사**자로 바꾼다. 참고로 당도가 많은 사과를 **꿀** 사과라고 한다.

② **충성된 사자**(13) - **충성된 사자**는 그를 보낸 이에게 마치 추수하는 날에 <u>얼음냉수</u> 같아서
  능히 그 주인의 마음을 시원하게 하느니라(13) - 충성된 사자는 나쁘게 말하면 꼭두각시(13)

③ **꿀**(16) - 너는 **꿀**을 보거든 족하리만큼 먹으라 과식함으로 토할까 두려우니라(16) - 꿀벌(16)

④ **숯**(21-22) - 네 원수가 배고파하거든 음식을 먹이고 목말라하거든 물을 마시게 하라 그리하는
  것은 **핀 숯**을 그의 머리에 놓는 것과 일반이요 여호와께서 네게 갚아 주시리라(21-22, 롬 12:20)
  금 사과가 서로 자기가 더 예쁘다고 다투고 있다.

⑤ **다투는 여인**(24)

- **다투는 여인**과 함께 큰 집에서 사는 것보다 움막에서 혼자 사는 것이 나으니라(24)

은 쟁반에서 은을 끌어낸다.

⑥ **은**에서 **찌꺼기를 제하라**(4) - 은에서 찌꺼기(악)를 제하라 그리하면 장색의 쓸 만한 그릇이 나올 것이요(4) - 찌꺼기(악)를 숫자로 표현하면 4가 된다.

⑦ 남의 **은**밀한 일은 누설하지 말라(9) - 너는 이웃과 다투거든 변론만 하고 남의 은밀한 일은 누설하지 말라(9) - 일은 1이라고 쓰지만 은밀한 일은 ┆ 이렇게 쓰므로 9절이 된다.

금 사과에서 금을 끌어낸다.

⑧ **금** 고리와 정**금** 장식(12) = 슬기로운 자의 책망 - 슬기로운 자의 책망은 청종하는 귀에 **금** 고리와 **정금** 장식이니라(12) - 금은 1자, 정금은 2자이므로 12절이 된다.

26장   개가 토한 것을 도로 먹고 있는데 이 말은 미련한 자를 빗대어 쓰는 말이다.

① **미련한 자**(1-12) - 미련한 자에게는 영예가 적당하지 아니하니 마치 여름에 눈 오는 것과 추수 때에 비 오는 것 같으니라(1)

• 미련한 자의 어리석은 것을 따라 대답하지 말라 두렵건대 너도 그와 같을까 하노라(4)

• 개가 그 토한 것을 도로 먹는 것 같이 미련한 자는 그 미련한 것을 거듭 행하느니라(11) - 개가 그 토한 것을(↓) 도로 먹는 것 같이(↑). ↓↑ 이 기호는 11자 모양이므로 11절이 된다.

개 → **게**으른 자로 바꾼다. 참고로 개가 나왔으므로 같은 짐승인 사자도 같이 나온다.

② **게으른 자**(13-16) - 게으른 자는 길에 사자가 있다 거리에 사자가 있다 하느니라(13)

• 문짝이 돌쩌귀를 따라서 도는 것 같이 게으른 자는 침상에서 도느니라(14) - 개(게으른 자)는 꼬리가 가려우면 제 꼬리를 잡으려고 계속 빙빙 돌듯이 게으른 자도 침상에서 돈다.

개의 귀

③ **말로 인한 화근**(17-28) - 길로 지나가다가 자기와 상관없는 다툼을 간섭(17)하는 자는 개의 귀를 잡는 자와 같으니라(17) - 귀와 관련된 구절은 신약에서는 17절이 된다(롬10, 약3, 딤전5).

27장   친구가 힘들어하는 남편을 위해 어깨를 토닥거리며 권고해 주고 있다.

① **친구의 권고**(4, 6) - 면책(마주 대하여 책망함)은 숨은 사랑보다 나으니라(5) - 면솜≒면숨

• 친구의 아픈 **책망**은 충직으로 말미암은 것이나 원수의 자주 입맞춤은 거짓에서 난 것이니라(6)

• 기름과 향이 사람의 마음을 즐겁게 하나니 친구의 충성된 권고가 이와 같이 아름다우니라(9) 남편의 친구가 친구의 아내를 보며 '내자(남 앞에서 자기의 아내를 부르는 말)는 저렇게 성을 내지 않는데'라고 속으로 말하고 있다.   내자 → **내**일 일을 **자**랑하지 말라

② **내일 일을 자랑하지 말라**(1) - 내일 일(1)을 자랑하지 말라 하루(1) 동안에 무슨 일이 일어날지 네가 알 수 없음이니라(1) - 내일 일의 일과 하루가 1절을 나타낸다.

28장   작고 가벼운 책 = 경책, 경책에 하트(사랑)가 그려져 있다.

경책(23) - 사람을 경책(정신을 차리도록 꾸짖음)하는 자는 혀로 아첨하는 자보다 나중에 더욱 사랑을 받느니라(23) - 책+사랑=누드 책(23)

29장   어미가 왼손에는 채찍을 들고 오른손으로는 보증을 잘못 선 자식을 꾸짖고 있다.

① **채찍과 꾸지람**(15) - **채찍**과 **꾸지람**이 지혜를 주거늘 임의로 행하게 버려둔 자식은 어미를 욕되게 하느니라(15) - 아이에게 **채찍**질하고 자식에게 **꾸지람**하는 이 어미는 계모(15)가 틀림없다. 꾸짖는 어미의 오른 손을 자세히 보면 묵도 아니고 찌도 아니므로 이것을 묵시라 하자.

② 묵시가 없으면 백성이 방자히 행하거니와 율법을 지키는 자는 복이 있느니라(18)

30장   초인종 소리 - 부가부가, 부 → 부, 가 → 가난

부와 가난(8-9) - 나를 가난하게도 마옵시고 부하게도 마옵시고 오직 필요한 양식으로 나를 먹이시옵소서 혹 내가 배불러서 하나님을 모른다 여호와가 누구냐 할까 하오며 혹 내가 가난

하여 도둑질하고 내 하나님의 이름을 욕되게 할까 두려워함이니이다(8-9) - 초인종(089)

※ 악한 4무리(11-14) - 악한 무리란 **눈 가**리고 **아옹**하는 자들을 말한다.
　① 눈이 심히 높으며 눈꺼풀이 심히 높이 들린 무리 ② 가난한 자를 땅에서 삼키며 궁핍한 자를 사람 중에서 삼키는 무리 ③ 아비를 저주하며 어미를 축복하지 아니하는 무리 ④ 스스로 깨끗한 자로 여기면서도 자기의 더러운 것을 (웅덩이에) 씻지 아니하는 무리

※ 족한 줄 알지 못하는 서넛(15-16) - 불, 땅, 스올, 태, 거머리

※ 심히 기이히 여기고도 깨닫지 못하는 것 서넛(18-20) - (독수리, 뱀, 배, 남녀, 음녀)의 자취

※ 세상을 진동시키며 세상이 견딜 수 없게 하는 것 서넛(21-23) - 임금과 여종 미미의 결혼
　① 종이 임금된 것 ② 여종이 주모를 이은 것 ③ 미련한 자가 음식으로 배부른 것 ④ 미움 받는 여자가 시집 간 것

※ 땅에 작고도 가장 지혜로운 것 넷(을 싸게 도매합니다)(24-28) - 사반, 개미, 도마뱀, 메뚜기

※ 잘 걸으며 위풍 있게 다니는 것 서넛(29-31) - 왕, 사냥개, 숫염소, 사자

31장　가수 현숙을 닮은 현숙한 여인이 위로해주려고 집을 방문하고 있으며 목에는 진주 목걸이를 하고 있다.　현숙을 닮은 여인 → 현숙한 여인
　현숙한 여인(10-31) - 현숙한 여인이란 표현을 쓴 책은 룻기(3:11)와 잠언(31:10)이 있다.
• 누가 현숙한 여인을 찾아 얻겠느냐 그 값은 진주보다 더하니라(10) - 18장 휴지처럼 진주도 10개
• 고운 것도 거짓되고 아름다운 것도 헛되나 오직 여호와를 경외하는 여자는 칭찬을 받을 것이라(30) - 여호와를 경외하는 여자는 남편에게도 극진하여 남편을 부를 때 상공(30)이라고 부른다.
• (현숙한 여인이) 그 행한 일로 말미암아 성문에서 칭찬을 받으리라(31) - 마지막 구절

전도서 12장

＊ **장수기억법** : ① 전도는 1년 12달해야 한다. ② 전도지는 각 달마다 1개씩 총 12종류가 있다.
＊ **배경** : 전도서는 전도사와 발음이 비슷하므로 전도사님이 병원에 심방 온 것을 배경으로 한다.
＊ **특징** : ① 전도서에는 저자인 솔로몬의 이름은 나오지 않고 전도자라는 명칭만 나온다.
　　　　② 전도서에는 여호와라는 명칭은 나오지 않고 하나님이라는 명칭만 나온다.

전도서 (12장)

저　　자 : 솔로몬
제　　목 : 이 책의 히브리어 명칭은 '코헬레트'이다. 이 단어는 '회중을 소집하다'란 뜻을 가진 단어에서 파생되었다.
주　　제 : 하나님 없이는 모든 것이 헛되다(6장)
기록연대 : B.C. 935년경
요　　절 : 1:12-14,　12:13-14
기록목적 : 솔로몬 왕이 젊은 날의 삶과 경험을 바탕으로, 하나님 없는 삶, 하나님을 떠난 삶은 아무런 의미가 없다는 사실을 깨우쳐 주기 위해 기록하였다.

전도서 (1-6장)

전도서(1-6장) 그림 배경설명   전도사님이 병원에 심방 온 것을 배경으로 했으며 얼굴이 불공평하게 생긴 전도사님이 공수레를 끌고 와서 환우를 심방하고 있는데 바닥에는 전도사님의 그림자가 길게 드리워져 있습니다. 첫 번째 병상에서는 지혜가 계속 캑캑거리며 헛기침을 많이 하는데 이놈의 헛기침 때문에 세상만사가 다 귀찮다고 말합니다. 나이도 어린 것이 못하는 소리가 없습니다. 두 번째 병상의 환자는 한때 잘 나가던 사람이었으나 지금은 몰골이 말이 아니며 세수도 안한 얼굴로 퇴원할 날만을 손꼽아 기다리고 있습니다. 이 환자의 이불에는 지혜자나 우매자나 같다고 써 있는데 사람이 죽으면 한줌 흙으로 돌아가는 것은 지혜자나 우매자나 똑같으므로 조금 있으면 한줌 흙으로 돌아갈 자신의 처지를 생각하며 이 환자가 써 놓은 것입니다.

1장   첫 번째 병상에서는 **지혜**가 계속 캑캑거리며 **헛**기침을 **많이** 하고 있다.

① 지혜의 헛됨(12-18)
- 보라 내가 크게 되고 **지혜를** 더 **많이** 얻었으므로 나보다 먼저 예루살렘에 있던 모든 사람들보다 낫다 하였나니 내 마음이 **지혜**와 지식을 **많이** 만나 보았음이로다(16)
- **지혜가 많으면** 번뇌도 많으니 지식을 더하는 자는 근심을 더하느니라(18)
  이놈의 헛기침 때문에 세상만사가 다 귀찮다고 한다. 어린 것이 못하는 소리가 없다.

② 세상만사의 헛됨(1-11) - 다윗의 아들 예루살렘 왕 전도자의 말씀이라(1) - 잠 1:1과 비교
- 전도자가 이르되 헛되고 헛되며 헛되고 헛되니 모든 것이 헛되도다(2) - 헛되다는 말이 5번
- 해 아래에서 수고하는 모든 수고가 사람에게 무엇이 유익한가(3)

2장   두 번째 병상의 환자는 한때 잘 나가던 사람이었으나 지금은 몰골이 말이 아니다.

① 쾌락과 부의 헛됨(1-11)
  이불에 지혜자나 우매자나 같다고 써 있다.

② 지혜의 헛됨(12-17) = 지혜자나 우매자나 같다 - 그토록 자랑스럽게 여겼던 지혜를 소유한 전도자도 우매한 자들과 마찬가지로 죽으면 한줌 흙으로 돌아가므로 허무하다고 말한다.
  환자의 몰골을 보니 세수도 안한 얼굴이다.   세수 → **세**상의 **수**고

③ 세상 수고의 헛됨(18-23) - 일평생에 근심하며 <u>수고</u>하는 것이 슬픔뿐이라 그의 마음이 밤에도 쉬지 못하나니 이것도 헛되도다(23)
  이 환자의 이름은 진 만족 씨로 현재 자신의 처지와 정반대되는 이름을 가지고 있다.

④ **진정한 만족**(24-26) - 이 세상 만물을 θ이 주셨다는 것을 깨달았을 때 진정한 만족이 있다. 이불속에 있어서 보이지 않지만 환자의 왼손은 낫고자하는 마음에 마음으로나마 간절히 하나님의 손을 잡고 있다.

⑤ 사람이 먹고 마시며 수고하는 것보다 그의 마음을 더 기쁘게 하는 것은 없나니 내가 이것도 본즉 <u>하나님의 손</u>에서 나오는 것이로다(24)

3장　환자의 오른손 - 퇴원할 날 만을 손꼽아 본다.

① **때와 기한**(1-15) - 전도자는 범사에 기한이 있고 천하만사가 다 때가 정해져 있음을 역설한다. 이와 같이 하나님의 주권에 의해 운행되는 인간사의 경륜과 섭리를 깨달았을 때 자신의 미약함을 인정하게 되고 오직 하나님의 주권 앞에 순종하게 된다. 이럴 때 비로소 먹고 마시는 일이나 수고하는 모든 일들이 의미가 있고 참된 만족과 기쁨을 얻을 수 있다.

• 범사에 **기한**이 있고 천하만사가 다 **때**가 있나니(1)

• 날 **때**가 있고 죽을 **때**가 있으며 심을 **때**가 있고 심은 것을 뽑을 **때**가 있으며(2)
　우리 인생의 때와 기한은 '사람들이 사는 동안'이 된다.

② **사람들이 사는 동안**에 기뻐하며 <u>선</u>을 행하는 것보다 더 나은 것이 없는 줄을 내가 알았고(12)
　때와 기한의 반대는 '영원'이다.

③ 하나님이 모든 것을 지으시되 **때**를 따라 아름답게 하셨고 또 사람들에게는 **영원**을 사모하는 마음(종교심)을 주셨느니라 그러나 하나님이 하시는 일의 시종을 사람으로 측량할 수 없게 하셨도다(11) - 영원을 사모하는 마음을 표현하면 하나님을 경배할 때 두 팔을 간절히 사모하는 마음으로 하늘을 향해 들게 되는데 이때 두 팔이 11자 모양이 된다.
　환자가 퇴원할 날만을 손꼽아 기다리는데 이 환자에게는 퇴원이 하나님의 선물이 된다.

④ 사람마다 먹고 마시는 것과 수고함으로 낙을 누리는 그것이 θ의 선물인 줄도 또한 알았도다(13)

4장　전도사님의 얼굴이 불공평하게 생겼다.

① **인생의 불공평**(1-8) - 학대를 받고도 하소연할 길 없는 소외계층과 고아가 대표적인 사례다. 이 전도사님은 나중에 목사가 되더라도 담임목사가 아닌 협동목사(교회사역보다 기관의 사역을 하면서 주일에만 교회에서 사역하는 목사. 신학교수, 교목, 원목)가 되기를 원한다.

② **협동의 중요성**(9-12) - 이 부분은 고독함이 주는 비극과 연합이 주는 기쁨에 대한 언급이다.

• **1**사람이면 패하겠거니와 **2**사람이면 맞설 수 있나니 세 겹줄은 쉽게 끊어지지 아니하느니라(**12**)

5장　전도사님이 들고 있는 책은 성경이 아닌 외경(정경에 속하지 않는 구약의 제2경전)으로 외경은 얼굴이 불공평하게 생긴 전도사님의 얼굴과 잘 어울린다.　　외경 ↔ 경외

① **하나님을 경외하라**(1-7)　　※ 외(≒오)경은 4장이 아닌 5장에 나온다는 것에 유의하자.

• 꿈이 많으면 헛된 일들이 많아지고 말이 많아도 그러하니 오직 너는 하나님을 경외할지니라(7)
　공수레 → 공수래 공수거(빈손으로 와서 빈손으로 간다. 딤전 6장, 욥 1장, 시 49편, 전 5장)

② **공수래 공수거**(8-20) = 재물을 모으는 자의 헛됨 - 재물이 아무리 많아도 죽을 때는 빈손으로 가므로 허무할 뿐이다. 그러므로 전도자는 하나님을 경외(1번 참조)하고 하나님이 주신 **몫**(수레에 못이 박혀있다. 4번 참조)을 받아 자족하며 사는 것이 복된 삶임을 가르쳐 주고 있다.

• 내가 **해** 아래에서 큰 폐단 되는 일이 있는 것을 보았나니 곧 소유주가 재물을 자기에게 **해**가 되도록 소유하는 것이라(13) - 재물을 자기에게 해가 되도록 소유하면 뭐하나 죽으면 빈손으로 가는 것을. 따라서 이 구절은 5장에 나온다.

• 그가 모태에서 벌거벗고 나왔은즉~ 아무것도 자기 손에 가지고 가지 못하리니(15)
　수레 → 노동으로 바꿀 수 있다.

③ **노동**자는 먹는 것이 많든지 적든지 잠을 달게 자거니와 부자는 그 부요함때문에 자지 못하느니라(12)

수레바퀴에 못이 박혀 있다.   못 → 몫

④ 사람이 하나님께서 그에게 주신 바 그 일평생에 먹고 마시며 해 아래에서 하는 모든 수고 중에서 낙을 보는 것이 선하고 아름다움을 내가 보았나니 그것이 그의 **몫**이로다(18)
수레를 보니 민수기 6장에서 나실인이 수레 밑에서 서원하고 있는 것이 생각난다.

⑤ <u>서원</u>(1-7) - 쉽게 서원하지 말며 하나님께 서원하였으면 반드시 갚으라는 내용.

· 너는 하나님 앞에서 함부로 입을 열지 말며 급한 마음으로 말을 내지 말라 하나님은 하늘에 계시고 너는 땅에 있음이니라 그런즉 마땅히 말을 적게 할 것이라(2)

6장   그림자는 실체가 아니므로 잡으려 해도 잡히지 않으니 허망할 뿐이다.

① **모든 날들이 그림자 같이 허망하다**(1-12) - 그림자는 실체가 아니므로 허망하듯, 하나님 없는 인생도 허무할 뿐임을 말해 주고 있다. **전도서의 주제**

· 헛된 생명의 모든 날을 <u>그림자</u> 같이 보내는 일평생에 사람에게 무엇이 낙인지를 누가 알며 그 후에 해 아래에서 무슨 일이 있을 것을 누가 능히 그에게 고하리요(12)
그림자는 육신이 아니므로 천년의 갑절을 산다.

② **천년의 갑절**을 산다 할지라도 행복을 보지 못하면 마침내 다 <u>한 곳</u>으로 돌아가는 것뿐이 아니냐(6)
그림자는 육신이 아니므로 식욕을 채울 수 없다.

③ 사람의 수고는 다 자기의 <u>일</u>을 위함이나 **그 식욕은 채울 수 없느니라**(7)
그림자는 육신이 아니므로 재물과 부요와 존귀를 누릴 수 없다.

④ 어떤 사람은~ 재물과 부요와 존귀를 하나님께 받았으나 하나님께서 그가 그것을 누리도록 허락하지 아니하셨으므로 다른 사람이 누리나니 이것도 헛되어 <u>악한 병</u>이로다(2)

전도서 (7-12장)

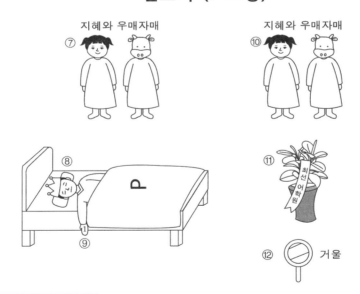

지혜와 우매자매   지혜와 우매자매

⑦ ⑩ ⑧ ⑨ ⑪ 최선어학원 ⑫ 거울

전도서(7-12장) 그림 배경설명 앞의 병상과 달리 이 병상에는 왕이 입원해 있는데 확실히 왕이 입원하니 지혜자매나 우매자매 등 많은 사람들이 문병을 왔으며 왕이 덮고 있는 이불에는 일반인의 이불과는 달리 권력을 상징하는 Power의 약자인 P자가 새겨져 있으며 왕의 손 안에 1이라고 써 있는 것은 1이 하나 즉 하나님을 뜻하므로 '모든 것은 다 하나님의 손 안에 있다' 는 뜻이 됩니다. 최선을 다한다는 최선 어학원에서는 왕의 회복을 비는 뜻으로 연청색 화분을 보냈으며 바닥에는 거울이 있는데 바닥의 찬 기운과 실내의 따뜻한 기운이 만나 결로현상이 생겼습니다.

7장　7장과 10장에는 지혜자매와 우매자매(소가 울 때 움매 하므로 우매자매로 했다)가 왕이
　　　입원을 해서 문병을 왔다. 지혜자매 → 지혜자, 우매자매 → 우매자, 참고로 무협
　　　지에서 풀이 휘는 약간의 반동을 이용해 날듯이 달리는 수법을 **초상**비라고 하며 그림
　　　에는 없지만 7장의 지혜자매와 우매자매는 풀 위(초상)에 서 있다. 초상 → 초상집

① 지혜자와 우매자(1-29) - 지혜자와 우매자를 비교하면서 참 지혜를 추구하도록 권면한다.
- 좋은 이름이 좋은 기름보다 낫고 죽는 날이 출생하는 날보다 나으며(1) - 죽는 날은 그의 일
　생을 설명해주는 날이므로 예측할 수 없는 인생의 시작으로서의 태어난 날보다 훨씬 낫다.
- **초상**집에 가는 것이 잔칫집에 가는 것보다 나으니(2) - 진지하게 삶을 돌아볼 기회를 가지므로
- 지혜자의 마음은 **초상**집에 있으되 우매한 자의 마음은 혼인집(잔칫집×, 우≒혼)에 있느니라(4)
- 일의 끝이 시작보다 낫고 참는 마음이 교만한 마음보다 나으니(8)
- 형통한 날에는 기뻐하고 곤고한 날에는 되돌아보아라(14) - 지혜자매는 볼이 통통한 게 형통하
　게 생겼고 우매자매는 소를 닮아 곤고하게 생겼다 - 형통은 숫자로 1, 곤고는 안좋은 것이므로 4
　지혜자매와 우매자매가 지나치게 높지도 지나치게 낮지도 않게 풀 위에 서 있다.
② 자기의 의로움에도 불구하고 멸망하는 의인이 있고 자기의 악행에도 불구하고 장수하는 악인
　이 있으니 지나치게 의인이 되지도 말며 지나치게 지혜자도 되지 말라(15-16) - 중용의 지혜
　둘은 자매지만 **가끔** 서로를 **저주**할 때도 있다.
③ 너도 **가끔** 사람을 **저주**한 것을 네 마음이 아느니라(22)
　지혜자매와 우매자매가 밟고 있는 풀에 **깨가 꾀 많이** 묻어 있다.
④ 내가 **깨**달은 것은 오직 이것이라 곧 하나님은 사람을 정직하게 지으셨으나 사람이 많은 **꾀**들
　을 낸 것이니라(29) - 깨는 냉장고(29)에 보관하고 꾀는 뇌장고(29)에 보관한다.

8장　P는 Power(파워)의 약자로서 권세를 나타내며 성경기억법에서 P는 '권세에 복종하라'
　　　로 약속한다. 여기서는 왕이 누워있으므로 '왕에게 복종하라'로 한다.
　　　왕에게 복종하라(1-8) - 왕의 권위에 복종할 것(1-8절)과 더 나아가서는 인생이 하나님의
　　　생각을 다 헤아릴 수 없지만 하나님의 주권적인 섭리에 순종할 것을 권면하고 있다(9-17절).

9장　왕의 손 안에 1(일)이라고 써 있는데 1은 하나 즉 하나님을 뜻하므로 이는 '모든 것은
　　　다 하나님의 손 안에 있다'는 뜻이 된다.

① 모든 것은 다 하나님의 손 안에 있다(1-18) - 인생의 참된 주관자는 θ이라는 것을 말해준다.
　손에 1이라고 써 있는데 왕은 1이 아니라 **이라고** 고집을 부린다.
② 빠른 경주자들**이라고** 선착하는 것이 아니며 용사들**이라고** 전쟁에 승리하는 것이 아니며(11)
　왕의 손 **아내** 써 있는 1이 손 위에 못(**몫**)을 올려놓은 것 같다.
③ 네 헛된 평생의 모든 날 곧 하나님이 해 아래에서 네게 주신 모든 헛된 날에 네가 사랑하는
　아내와 함께 즐겁게 살지어다 그것이 네가 평생에 해 아래에서 수고하고 얻은 네 **몫**이니라(9)
　왕이 입원하기 전까지 저 손으로 왕실에서만 키운다는 사자개를 만졌다.
④ 모든 산 자들 중에 들어있는 자에게는 누구나 소망이 있음은 산 **개**가 죽은 **사자**보다 낫기 때
　문이니라(4) - 사(4)자가 4절을 나타낸다.
　왕이 저 특이한 손으로 한 번 휘저으면 물고기든 새든 인생이든 다 걸리게 되어 있다.
⑤ 분명히 사람은 자기의 시기도 알지 못하나니 물고기들이 재난의 그물에 걸리고 새들이 올무에
　걸림 같이 인생들도 재앙의 날이 그들에게 홀연히 임하면 거기에 걸리느니라(12)

10장 ① 지혜자와 우매자(1-15) - 지혜자와 우매자를 비교하면서 지혜의 우월성을 강조한다.
　　　7장의 두 자매가 풀 위에 서 있다면 10장의 두 자매 발아래에는 파리들이 죽어있다.

② 죽은 파리가 향기름을 악취가 나게 하는 것 같이 적은 우매가 지혜와 존귀를 난처하게 만드느니라(1)

11장 왕의 회복을 비는 뜻으로 최선 어학원에서 연청색 화분을 보내왔다.   연청 ↔ 청년

① 현재의 삶에 최선을 다하라(1-8)

• 너는 네 떡을 물 위에 던져라 여러 날 후에 도로 찾으리라(1) - 구제를 하면 자기에게 좋은 것으로 돌아온다는 뜻으로 개업식 때 떡을 하고 화분을 보내므로 화분이 나오는 곳에 떡이 나온다.

• 너는 아침에 씨를 뿌리고 저녁에도 손을 놓지 말라(6) - 최선을 다하는 모습이므로 11장에 나옴

② 청년에 대한 충고(9-10) - 청년이여~ 네 청년의 날들을 마음에 기뻐하여 마음에 원하는 길들과 네 눈이 보는 대로 행하라 그러나 θ이 이 모든 일로 말미암아 너를 심판하실 줄 알라(9)

12장 거울이 차가운 바닥에 있으므로 실내의 따뜻한 기운과 만나 결로(결론)가 생겼다. 참고로 거울은 한자로 경이 되며 **경**으로 사람의 **외**모를 보는 것을 경외라 한다.

결론(1-14) - 마지막 장에 이르러 전도자가 그토록 하고 싶었던 말이 거듭 언급된다. 그것은 곧 창조주를 기억하고 **경외**하며 그분의 명령을 지키라는 말이다. 그렇게 할 때 비로소, 인생의 허무에서 벗어날 수 있으며 하나님의 철저한 심판에서 살아남을 수 있다.

• 너는 청년의 때에 너의 창조주를 기억하라 곧 곤고한 날이 이르기 전에, **나는 아무 낙이 없다** 고 할 해들이 가깝기 전에~ 그리하라(1) - 창조주는 넘버 1이 되시므로 1절이 된다 - 젊은 시절부터 창조주를 기억하라는 뜻으로 그 이유는 짧은 인생을 조금이라도 더 값지고 보람되게 보내는 것이 낫기 때문이요, 또한 인생의 종말이 언제 갑자기 찾아올지 모르기 때문이다. (암기방법) **청년**이 거울(12장)로 자기의 외모를 쳐다보며 **나는 아무 낙이 없다**며 한숨을 쉬고 있는 모습을 상상하자. 따라서 거울과 관련된 '청년' 과 '나는 아무 낙이 없다' 는 12장에 나온다.

• 흙(인간)은 여전히 땅으로 돌아가고 **영은 그것을 주신 하나님께로 돌아가기** 전에 기억하라(7)

• 일의 결국을 다 들었으니 하나님을 경외하고 그의 명령들을 지킬지어다 이것이 모든 사람의 본분이니라 하나님은 모든 행위와 모든 은밀한 일을 선악 간에 심판하시리라(13-14)

아가 8장

∗ **장수기억법** : ① 아가는 치아(08)가 없다. ② 아가는 빨빨(8)거리고 돌아다닌다.

∗ **배경** : 아가는 두 남녀의 사랑 이야기이므로 이것을 무대에 올려보았다.

∗ **아가서에 가장 많이 등장하는 지명과 동식물** :

① 지명 - 예루살렘 ② 동물 - 양 ③ 나무 - 백향목 ④ 꽃 - 백합화 ⑤ 음료 - 포도주

아가 (8장)

저 자 : 솔로몬

제 목 : 아가 - 우리 한글 개역 성경의 제목은 「아름다운 노래의 책」 이란 뜻이다.

주 제 : 사랑의 신성과 순결(신랑과 신부의 뜨거운 연민의 사랑)

기록연대 : B.C. 965년경

요 절 : 2:16, 7:10, 8:6-7

기록목적 : 신랑과 신부간의 순수한 사랑을 통한 결혼의 중요성을 보여 주고, 이 같은 사랑 이야기를 통해 자기 백성을 향한 하나님의 사랑을 묘사하기 위해 기록하였다.

아가 (1-8장) - 솔로몬과 술람미의 사랑

술람미 　 솔로몬

1장 　 솔로몬과 술람미가 막 사랑을 시작하고 있습니다.

사랑의 시작(1-17) - 솔로몬의 아가라(1)

- 내게 입맞추기를 원하니 네 사랑이 포도주보다 나음이로구나(2) - 사랑은 입맞춤부터 시작한다.
- 예루살렘 딸들아 내가 비록 검으나 아름다우니 게달의 장막 같을지라도 솔로몬의 휘장과도 같구나(5) - 술람미 자신을 처음 소개하는 장면이므로 1장이 된다.
- 내가 햇볕에 쬐여서 거무스름할지라도 흘겨보지 말 것은 내 어머니의 아들들이 나에게 노하여 포도원지기로 삼았음이라 나의 포도원(술람미 자신을 가리킴)을 내가 지키지 못하였구나(6)
- 나의 사랑하는 자는 내게 엔게디 포도원의 고벨화 송이로구나(14) - 시작의 반대는 엔드(엔게디)
- 내 사랑아 너는 어여쁘고 어여쁘다 네 눈이 비둘기 사시 같구나(15), 　 사시 → 사랑의 시작

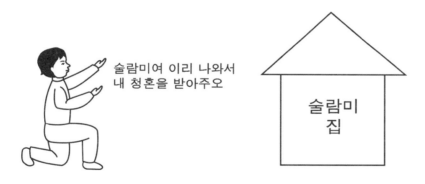

술람미여 이리 나와서 내 청혼을 받아주오

술람미 집

2장 　 솔로몬이 술람미에게 청혼을 합니다.

청혼(1-17)

- 나는 사론의 수선화요 골짜기의 백합화로다(1) - 수선화, 백합화를 주며 청혼을 하고 있다.
- 여자들 중에 내 사랑은 가시나무 가운데 백합화 같도다(못가시 같은 여자들 가운데서 백합화 같이 핀 고귀한 여인이로다) 남자들 중에 나의 사랑하는 자는 수풀(경작하지 않은 거칠은 장소) 가운데 사과나무 같구나(2-3) - 청혼은 남자가 여자에게, 여자가 남자에게 하는 것이다.
- 나의 사랑하는 자가 내게 말하여 이르기를 나의 사랑, 내 어여쁜 자야 일어나서 함께 가자 겨울(시련)도 지났고 비(시련)도 그쳤고(10-11) - '함께 가자'가 청혼을 나타낸다.
- 우리를 위하여 (청색 혼을 가진) 여우 곧 포도원을 허는 작은 여우를 잡으라(15)
- 내 사랑하는 자야 날이 저물고 그림자가 사라지기 '전에 돌아와서 베데르 산의 노루와 어린 사슴 같을지라(17) - 날이 저물고 그림자가 사라지기 전에 돌아와서 내 청혼을 받아주오.

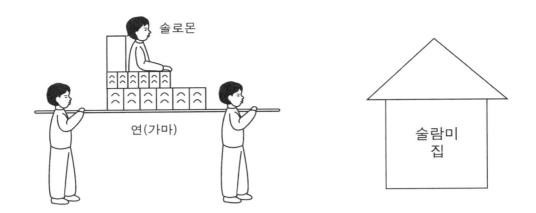

솔로몬

연(가마)

술람미
집

3장　　결혼을 위해 술람미를 데려가려고 솔로몬이 가마를 타고 오고 있습니다.

결혼(1-11)

- 예루살렘 딸들아 내가 <u>노루</u>와 <u>들사슴</u>을 두고 너희에게 부탁한다 사랑하는 자가 원하기 전에는 흔들지 말고 깨우지 말지니라(5) - 가마를 타면 흔들리므로 이 구절은 가마가 나오는 3장에 나온다.
- 볼지어다 솔로몬의 가마라 이스라엘 용사 중 <u>60명</u>이 둘러쌌는데(7)
- 솔로몬 왕이 <u>레바논</u> 나무로 자기의 가마를 만들었는데(9)
- 시온의 딸들아 나와서 솔로몬 왕을 보라 <u>혼인날</u> 마음이 기쁠 때에 그의 어머니가 씌운 왕관이 그 머리에 있구나(11)

오 내사랑

4장　　신방에 들은 솔로몬이 신부(술람미)의 아름다움을 노래합니다.

신방 = **사랑의 성취**(1-16) - 신부에 대한 신랑의 노래

- 네 입술은 홍색 실 같고 네 입은 어여쁘고 너울 속의 네 뺨은 석류 한쪽 같구나(3)
- 날이 저물고 그림자가 사라지기 전에(신혼 첫날밤을 연상시킨다) 내가 몰약 산과 유향의 작은 산(술람미의 육체적 매력)으로 가리라(6) - 솔로몬 왕이 그의 사랑하는 연인 술람미의 매력을 소유하고자 하는 의도가 담겨 있다.
- 내 누이, 내 **신부**야 네 사랑이 어찌 그리 아름다운지 네 사랑은 포도주보다 진하고 네 기름의 향기는 각양 향품보다 향기롭구나(10)
- 내 누이 내 **신부**는 <u>잠근 동산</u>이요 <u>덮은 우물</u>이요 <u>봉한 샘</u>이로구나(12) - 신방을 차리면서부터 솔로몬이 술람미를 신부라 부르며 밑줄은 신부의 순결과 정조를 상징한다.
- <u>북풍</u>아 일어나라 <u>남풍</u>아 오라 나(술람미)의 동산에 불어서 향기를 날리라 나의 사랑하는 자가 그 동산에 들어가서 그 아름다운 열매 먹기를 원하노라(16) - 자신의 아름다움과 사랑을 솔로몬 왕이 누릴 수 있도록 되어 지기를 바라고 있다. 신혼 첫날밤을 연상시키므로 4장이 된다.

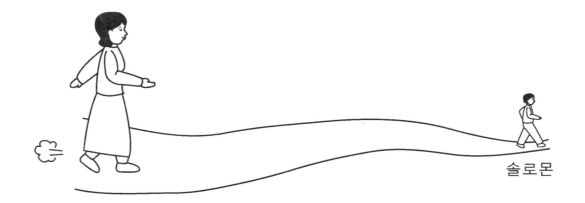

솔로몬

5장　　　결혼 첫날밤이 지난 후에 신부는 남편이 방에 들어오는 것을 순간적으로 거절합니다
　　　　(2, 3절 - 항상 같이 있다 보면 소중한 것을 잊을 때가 있다). 그러나 남편이 자기를 떠난 것
　　　　을 발견하고는 곧 자기의 태도에 대하여 후회하며(5, 6절) 남편을 찾아 나섭니다(7, 8절).
　　　　사랑의 위기(1-16) - 사랑의 격통 끝에 비로소 신랑이 얼마나 소중한가를 깨닫게 된다.
　　　• 내가 옷을 벗었으니 어찌 다시 입겠으며 내가 발을 씻었으니 어찌 다시 더럽히랴마는(3)
　　　• 내가 내 사랑하는 자를 위하여 문을 열었으나 그는 벌써 물러갔네 그가 말할 때에 내 혼이 나
　　　　갔구나 내가 그를 찾아도 못 만났고 불러도 응답이 없었노라(6)
　　　• 예루살렘 딸들아 너희에게 내가 부탁한다. 너희가 내 사랑하는 자를 만나거든 내가 사랑하므로
　　　　병이 났다고 하려무나(8) - '내 사랑하는 자를 만나거든'이 술람미가 솔로몬을 찾고 있다는 것
　　　　을 말해준다(사랑의 위기).

6장　　　신랑과 신부가 다시 만납니다.
　　　　재회 = 사랑의 회복(1-14)
　　　• 여자들 가운데에서 어여쁜 자야 네 사랑하는 자가 어디로 갔는가 네 사랑하는 자가 어디로 돌아갔
　　　　는가 우리가 너와 함께 찾으리라 내 사랑하는 자가 자기 동산으로 내려가 향기로운 꽃밭에 이르
　　　　러서 동산 가운데에서 양 떼를 먹이며 백합화를 꺾는구나(1-2) - 재회하는 장면이다.
　　　• 내 사랑아 너는 디르사 같이 어여쁘고 예루살렘 같이 곱고, 깃발을 세운 군대 같이 당당하구나(4)
　　　　(암기방법) 디르사 같이 어여쁘고는 디지게 예쁘고를 연상. 재회했으니 디지게 예쁠 수밖에 없다.
　　　• 왕비가 60명이요 후궁이 80명이요 시녀가 무수하되(8)
　　　• 돌아오고 돌아오라 술람미 여자야 돌아오고 돌아오라 우리가 너를 보게 하라(13) - 5장에서 잠
　　　　시 헤어졌으므로 6장에서 돌아오고 돌아와서 우리가 너를 보게 하라(재회)고 말하고 있다.
　　　※ 6장에서 처음으로 술람미의 이름이 나오는데 아무래도 재회해서 너무 예쁘므로 술람미의 이름을
　　　　부른 것은 당연한 것인지도 모른다. 참고로 디르사는 사마리아 이전에 수도 역할을 한 곳이다.

7장   그리고 두 사람은 **깊이 포옹**합니다. 위기를 계기로 신랑과 신부의 사랑은 더욱 깊어집니다.

더욱 깊어진 사랑(1-13)

- 사랑아 네가 **어찌** 그리 아름다운지, **어찌** 그리 화창한지 즐겁게 하는구나(6) - 예문) 물 또는 웅덩이가 어찌 깊던지. 따라서 이 구절은 7장에 나온다.

✱ 사랑이 더욱 깊어져서 술람미 여인의 깊은 곳 즉 신체에 대해서 자세히 나온다.

- 머리 - 갈멜 산(5) - 머리가 갈매기 닮은 갈멜 산을 닮았다고 연상(왕상 18장 갈멜 산 참조) 머리털 - 자주 빛(5) - 머리털은 <u>자주</u> 빗어야 한다, 눈 - 연못(4) - 눈 속에 풍덩 빠지고 싶어라 코 - <u>레</u>바논 망대(4) - 레코드, 콧김 - 사과 냄새(8) - 사과 꼭지, 입 - 포도주(9), 목 - 상아 망대(4) - 못 살아, 유방 - 암사슴 쌍태 새끼(3), 열매송이(7), 포도송이(8), 배꼽 - 둥근 잔(2) 허리 - 백합화로 두른 밀단(2) - 밀단이란 밀을 베어 묶은 단을 말한다, 넓적다리 - 구슬 꿰미 - 넓적다리가 둥글어서 구슬 꿰미 같다.

8장   이제 두 사람은 떨어질래야 떨어질 수 없습니다. 신랑 신부가 서로 사랑을 확인하고 사랑의 찬가를 부르며 아가서의 대단원의 막을 내립니다.

사랑의 완성(1-14)

- 너는 나를 <u>도장</u> 같이 마음에 품고 <u>도장</u> 같이 팔에 두라 **사랑은 죽음 같이 강하고** 질투는 <u>스올</u> 같이 잔인하며 불길 같이 일어나니 그 기세가 <u>여호와의 불</u>과 같으니라(6) - 도장은 최종승인 때 사용하므로 마지막 장인 8장에 나오고 '사랑은 죽음 같이 강하고'는 죽음이 인생의 마지막 이므로 아가서의 마지막 장인 8장에 나온다.

- 많은 물도 이 <u>사랑</u>을 <u>끄</u>지 못하겠고 홍수라도 삼키지 못하나니 사람이 그의 온 가산을 다 주고 <u>사랑</u>과 바꾸려 할지라도 오히려 멸시를 받으리라(7)

- 내 사랑하는 자야 너는 빨리 달리라 향기로운 산 위에 있는 <u>노루</u>와도 같고 어린 <u>사슴</u>과도 같아라(14) (암기방법) '빨리'의 빨이 8과 비슷하므로 빨리 달리라는 이 구절은 8장에 나온다.

※ 솔로몬의 포도원이 있는 곳 - 바알하몬

□ 선지서 □

* **선지서** : 이사야·예레미야·예레미야 애가·에스겔·다니엘·호세아·요엘·아모스
  오바댜·요나·미가·나훔·하박국·스바냐·학개·스가랴·말라기(17권)

* **책의 분량에 따른 분류** : 대선지서와 소선지서로 나눈다.
* 대선지서 - 이사야·예레미야·예레미야 애가·에스겔·다니엘(5권)
* 소선지서 - 호세아·요엘·아모스·오바댜·요나·미가·나훔
  하박국·스바냐·학개·스가랴·말라기(12권)

※ 대선지서에 다아 나오는 인물 - **다**윗, **아**브라함

* **역사적 시기에 따른 분류** : 왕정시대와 포로시대로 나눈다.
* 왕정시대 - 이사야·예레미야·예레미야 애가·호세아·요엘·아모스
  오바댜·요나·미가·나훔·하박국·스바냐(12권)
* 포로시대 - 에스겔·다니엘·학개·스가랴·말라기(5권)

* **남유다와 북이스라엘 선지자들** : 3명만 북이스라엘 선지자, 나머지는 다 남유다 선지자이다.
* 북이스라엘 선지자 - 호세아·아모스·요나
* 남유다 선지자 - 이사야·예레미야·요엘·오바댜·미가·나훔·하박국·스바냐

* 북이스라엘 선지자는 호세아·아모스·요나 등 단 3명뿐이며 이들의 공통점은 시대가 가장
  전성기인 여로보암 2세 때로 같다(호세아·아모스·요나의 활동시기 암기법 참조).

* 아모스는 ① 아모스의 약자가 암이므로 아모스는 북이스라엘 왕 여로보**암** Ⅱ세 때 활동을
  했다(르호보암과 여로보암도 있으나 선지자는 다 후반기에 활동을 했으므로 여로보암 2세
  가 된다). ② 암을 바위 암으로 바꾸면 바위를 들 때 무거우므로 웃샤(웃시야) 하면서 든다.
  따라서 아모스는 유다 왕 웃시야 때 활동을 했다. ①번과 ②번에서 알 수 있듯이 아모스는
  유다 출신으로서(선지자 대부분이 유다 출신이다) 유일하게 북이스라엘에서 선지자 활동을
  했다. 암기하는 방법은 아모스는 목자로서(아모스의 모는 목과 비슷하므로 아모스는 목자
  출신이다) 이동하는 직업이므로 남유다에서 북이스라엘로 이동해서 선지자 활동을 했다고
  암기하면 된다.

* 남유다 선지자중 요엘·오바댜를 제외한 나머지 선지자들은 유다 왕국 후기에 활동했다.

* 가장 앞선 선지자는 요엘·오바댜로 '요에 오바가 있다'고 암기하면 된다.

* 이사야와 같은 시대에 활동한 선지자로는 미가와 아모스, 호세아, 요나가 있다.
  암기방법 - 이사(이사야) 갈 때 아름다운 길(미가)로 갔으므로 이사야와 미가는 같은 시대에
  활동을 했다. 또한 아름다운 길(미가)을 걷다보면 검문소가 나오는데 암호(아모스, 호세아)를
  대지 않으면 지나갈 수가 없다(암호는 큰 물고기). 따라서 이사야, 미가, 아모스, 호세아, 요
  나는 같은 시대에 활동을 했다.

* 예레미야와 같은 시대에 활동한 선지자로는 나훔·스바냐·하박국이 있다.
  암기방법 - 예 에미야(예레미야) 나(나훔) 바나나(스바냐)와 호박국(하박국)이 먹고 십구나
  따라서 예레미야와 나훔, 스바냐, 하박국은 같은 시대에 활동을 했다.

이사야 66장

* **장수기억법** : ① 이사를 무려 66번이나 했다.   ② 바벨(66)탑으로 이사를 갔다.
* **배경** : 이사야는 이사를 배경으로 했으며 이사할 집과 사다리차로 나눈다. 이사할 집은 안방·아기방·아기방의 베란다·거실·부엌·화장실이 있으며 각 방마다 10장씩으로 하고 사다리차만 6장으로 한다. 집의 구조는 아래와 같다.

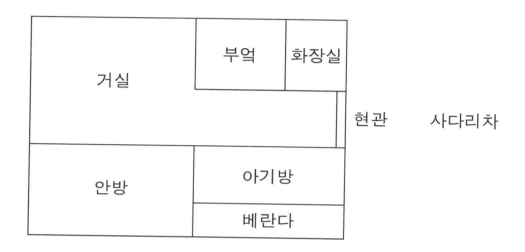

* **활동시기 암기법** : 이사야의 이사갈 집은 대하 27-30장에 나오는 집이며 이 집은 길 **윗**쪽에 **시야**가 탁 트인 곳에 있다. 이 집을 자세히 보면 먼저 요가 담에 걸쳐 있고(요담) 마당에 아하스가 불 오뎅을 먹고 있으며 집안에서는 한 사람이 휘슬(히스기야)을 불며 청소를 하고 있다. 따라서 이사야 선지자가 활동할 당시의 왕은 웃시야·요담·아하스·히스기야가 된다.
* **선지자 기억법** : 집이 **아 모쓰**겠네 <u>이사</u> 해야겠다 - 아모스의 아들 이사야
* **같은 시대에 활동한 선지자 암기법** : 이사(이사야) 갈 때 아름다운 길(미가)로 갔으므로 이사야와 미가는 같은 시대에 활동을 했다. 또한 아름다운 길(미가)을 걷다보면 검문소가 나오는데 암호(아모스, 호세아)를 대지 않으면 지나갈 수가 없다(암호는 큰 물고기). 따라서 이사야, 미가, 아모스, 호세아, 요나는 같은 시대에 활동을 했다.
* **특징** : 그림을 그리지 않은 장은 열국의 멸망 예언이다. 한 단원에 그림 10개를 채워야 하나 이사야서 같은 경우 장수가 많다보니 열국의 멸망 예언 그림을 뺐는데 그 이유는 집중이 더 잘되어 암기하기 쉽게 하기 위함이다.
* **참고** : ① 아모스의 아들 이사야가 유다와 예루살렘에 관하여 본 **계**시라(1:1) - 게
          ② 아모스의 아들 이사야가 받은 바 유다와 예루살렘에 관한 **말씀**이라(2:1) - 맛쌀
* **메시야 왕국의 도래** : 11장, 35장, 65장
* **메시야 예언** : 4장(여호와의 싹), 7장(임마누엘), 9장(기묘자), 11장(이새의 줄기에서 난 싹), 35장(메시야 왕국의 도래와 함께 맹인이 눈을 뜨고 못 듣는 사람의 귀가 열리는 메시야 사역에 대해 나온다), 42장(메시야 수난, 상한 갈대), 53장(메시야 수난, 그가 찔림은)
* **종의 노래** : 총 4개 - ① 42장 ② 49장 ③ 50장 ④ 52장+53장 - 그림에 종을 그려 넣었다.
* **열국 심판** : 이사야(13-23장), 예레미야(46-51장), 에스겔(25-35장), 아모스(1-2장)

이사야 (66장)

저 자 : 이사야

이름의 뜻 : '여호와는 구원이시다'

유다 왕 웃시야와 요담·아하스·히스기야 시대에 예언활동.

구약성경의 사도 바울이라 할 수 있는 이사야는 유다 왕국의 저명한 가문에서 태어났음이 분명하다. 또한 인상적인 어휘나 문체를 구사한 점으로 보아 그가 교육을 받은 것도 분명하다. 그의 저작인 이사야서는 광범위한 문제들을 포괄적으로 다룰 뿐 아니라 그것들을 독자들에게 잘 전달시키고 있다. 이사야는 왕실과 밀접한 관계를 유지했으나, 외국세력과 동맹을 맺어서는 안된다는 그의 권고가 언제나 받아들여진 것은 아니었다. 위대한 시인이요 선지자인 이사야는 진지하고 타협할 줄 모르며, 인정이 넘쳤다. 이사야는 최소한 두 아들을 두었을 것이다(7:3, 8:3). 그의 아내는 여선지였다. 이사야는 생애의 대부분을 예루살렘에서 지냈는데, 탈무드에 따르면 므낫세 왕 치세 때 톱으로 켜서 몸이 두 동강으로 잘리는 극형을 받았다고 한다(히 11:37 참조). 메시야 예언이 믿을 수 없을 정도로 명백하고 상세하므로 **복음의 선지자**로 불린다.

제 목 : 히브리 성경의 '예사야', '예샤야후'(여호와는 구원이시다) 책 이름에서 비롯. 70인역의 표제는 '헤사야스'이며 불가타역에는 '헤사야스' 또는 '이사야스'로 되어 있다.

주 제 : 여호와 하나님의 공의와 은총(인간의 구원이 인간 자신의 힘이나 선한 행위로써 이루어지는 것이 아니라 오직 구속자이신 하나님의 은혜와 능력에 의해서 된다)

기록연대 : B.C. 740년-680년

요 절 : 7:14, 9:6-7, 53:6, 61:1-3

기록목적 : 이스라엘 백성들이 죄를 깨닫고 회개하도록 인도하고 또한 장차 메시야를 통하여 하나님의 구원이 이루어질 것임을 알려주기 위해 기록하였다.

특 징 : 이사야는 66장으로 성경과 권수가 같으며 성경 전체의 축소판이라 할 수 있다. 1-39장(구약도 39권이다)은 심판을, 40-66장(신약도 27권이다)은 위로와 회복을 다루고 있다. 따라서 40장부터는 바벨론을 심판하시고 이스라엘을 회복시키기 위해서 고레스가 등장한다.

참 고 : 예언서들의 메시지의 두 중심축은 **심판과 회복**이다.

＊ **의와 정의와 공의의 차이점** : ① 의는 사적/개인적인 덕목이다. ② 정의는 공적/사회적인 덕목이다. ③ 공의는 공적/법적인 덕목이다 - 공의는 사법의 전 과정을 가리키는 말로 볼 수 있다. 그것은 사회의 공적인 덕목을 실현하기 위한 과정이라는 점에서는 정의와 비슷하다. 그러나 명시적인 법(法)이 있어야 한다는 점, 그리고 그런 법에 비추어 사람의 행동을 판단하는 <u>공적인 심판</u> 과정이 뒤따라야 한다는 점에서 정의와 차이가 있다.

이사야 (1-10장) - 안방

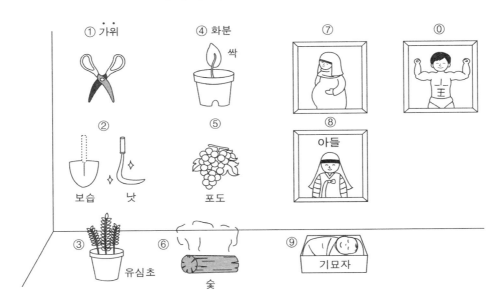

① 가위
② 보습   낫
③ 유심초
④ 화분   싹
⑤ 포도
⑥ 숯
⑦
⑧ 아들
⑨ 기묘자
⑩

이사야(1-10장) 그림 배경설명   안방을 배경으로 했으며 보통 안방에 가족사진을 걸어 놓으며 맨 우측의 근육질의 남자 사진은 남편이며 그 옆은 처녀 때 잉태한 아내의 사진이고 그 밑은 아들 사진이며 방바닥에는 아기가 잠들어 있고 요람에 기묘자라 써 있는데 처녀가 잉태해 낳은 아기이므로 기묘할 수밖에 없습니다. 아내의 취미가 화초를 키우는 것이므로 기념으로 화초를 자르는 가위와 화분을 벽에 걸어 놓았으며 남편도 포도원을 하므로 기념으로 보습과 낫을 극상품 포도와 함께 벽에 걸어 놓았습니다. 방바닥에는 아기를 위해 습기를 방지하는 숯과 공기를 정화시켜주는 유심초를 갖다 놓았는데 이 숯은 아기의 건강을 위해서 특별히 주문한 숯이라 검은색이 아닌 블루색입니다. 참고로 첫 스타트는 가위로 시작합니다.

1장   가위의 중앙에 박혀있는 나사는 **배**꼽에 해당된다.   배 → 배은망덕

① 유다의 배은망덕(1-9) - 슬프다 범죄한 나라요 허물 진 백성이요 행악의 종자요 행위가 부패한 자식이로다 그들이 여호와를 버리며 이스라엘의 거룩하신 이를 만홀히 여겨~ 물러갔도다(4)
• 어찌하여 매를 더 맞으려고 패역을 거듭하느냐 온 머리는 병들었고 온 마음은 피곤하였으며(5)
• (가위의) 발바닥에서 머리까지~ 상한 것과 터진 것과 새로 맞은 흔적뿐이거늘 그것을 짜며 싸매며 기름으로 부드럽게 함을 받지 못하였도다(6) - 가위는 자주 기름을 칠해주어야 한다. 가위의 한쪽은 주홍색 다른 한쪽은 진홍색이다.

② 오라 우리가 서로 변론하자 너희의 죄가 주홍 같을지라도 눈과 같이 희어질 것이요 진홍 같이 붉을지라도 양털 같이 희게 되리라(18) - 가위(18)는 주홍색과 진홍색으로 되어 있다.
가위는 잘 자르기만 하면 되는데 멋을 내기위해 가위에 색을 낸 것은 다분히 형식적이다.

③ 형식적인 신앙 책망(10-17) - 너희가 내 앞에 보이러 오니 이것을 누가 너희에게 요구하였느냐 내 마당만 밟을 뿐이니라(12) - 가위가 두 다리로 마당을 밟고 걸어간다고 생각하자.
• 헛된 제물을 다시 가져오지 말라~ 성회와 아울러 악을 행하는 것을 내가 견디지 못하겠노라(13)
• 너희가 많이 기도할지라도 내가 듣지 아니하리니 이는 너희의 손에 피가 가득함이라(15) - 가위의 양쪽이 주홍과 진홍색으로 피와 비슷하므로 가위에 피가 가득 묻어 있다고 생각하자.
가위의 두 다리 중 한쪽은 포도원의 망대, 한쪽은 참외밭의 원두막이라고 생각하자.

④ 딸 시온은 포도원의 망대 같이, 참외밭의 원두막 같이, 에워싸인 성읍 같이 겨우 남았도다(8)

가위와 같이 끝이 길고 뾰족한 것을 촉이라 한다.

⑤ **회개를 촉구하시다**(18-31)

가위의 귀가 하나는 소의 귀 같고 나머지 하나는 나귀의 귀 같이 생겼다.

⑥ 하늘이여 **들으라** 땅이여 **귀**를 기울이라 여호와께서 말씀하시기를 내가 자식을 양육하였거늘 그들이 나를 거역하였도다 **소**는 그 임자를 알고 **나귀**는 그 주인의 구유를 알건마는 이스라엘 은 알지 못하고 나의 백성은 깨닫지 못하는도다 하셨도다(2-3)

2장   보습과 낫,   참고로 보습이란 쟁기 아래쪽 삽 모양의 쇳조각을 말한다.

① **칼을 쳐서 보습을 만들고**(1-4) - 미 4장, 욜 3장(보습을 쳐서 칼을 만들지어다. 전쟁사상)
• 무리가 그들의 칼을 쳐서 보습을 만들고 그들의 창을 쳐서 낫을 만들 것이며(4, 미 4:3, 평화사상)
  낫의 **날**은 여호와의 **날**을 나타낸다. 참고로 낫이 코처럼 생겼다.

② **여호와의 날**(5-22) - 마지막 날에 우상숭배자와 교만한 자를 심판하신다.

③ 너희는 인생을 의지하지 말라 그의 호흡은 **코**에 있나니 셈할 가치가 어디 있느냐(22)
  보습과 낫을 들고 경작지를 개간하러 **여호와의 산에 올라갔다.**

④ 말일[미(식)가는 혀끝으로 맛을 보므로 미가는 끝날로 나옴]에 **여호와의 전의 산**이 모든 산꼭대 기에 굳게 설 것이요~ 만방이 그리로 모여들 것이라 많은 백성이 가며 이르기를 **오라 우리가 여호와의 산에 오르며** 야곱의 하나님의 전에 이르자 그가 그의 길을 우리에게 가르치실 것이 라 우리가 그 길로 행하리라 하리니 이는 율법이 시온에서부터 나올 것이며 여호와의 말씀이 예루살렘으로부터 나올 것임이니라(2-3) - 미 4장도 보습과 낫이 나오므로 이 구절이 나온다.

3장   공기를 정화시켜주는 **유심**초,   유심초는 시온의 딸들이 관상용으로 많이 키운다.

① **유다 심판 예언**(1-15) - 참고로 시온의 딸들의 여러 장식품중 목걸이는 나오지 않는다.

② **시온의 딸들이 받을 심판**(16-26) - 시온의 딸들이 교만하여 늘인 목, 정을 통하는 눈으로 다니며 아기작거려 걸으며 발로는 쟁쟁한 소리를 낸다 하시도다(16)

4장   **여호와의 싹**(1-6) = 예루살렘의 회복 - 여호와의 싹은 메시야를 가리키며 싹은 회복의 전조 를 나타낸다. 따라서 싹은 예루살렘의 회복을 나타내며 조금 더 자세히 설명하면 하나님의 심판 이후에 남은 자들(죄악 중에서 회개하고 구원 받은 자들)을 중심으로 예루살렘이 회복 되는 것을 말한다. 궁극적으로는 메시야의 통치에 의한 하나님 나라와 메시야에 의하여 이루어질 구속을 가 리킨다 - 0번의 남자(남은 자)가 남은 자들을 중심으로 예루살렘이 회복된다는 것을 알려준다.

5장   남편이 최고의 극상품 포도를 벽에 걸어놓았으며 이 포도는 6가지의 맛(6和=육화=신 맛, 쓴맛, 매운맛, 짠맛에 미끄러운 맛과 단맛 등을 혼합한 것)을 낸다.

① **포도원의 노래**(1-7) - 하나님의 극진한 사랑과 기대에도 불구하고 타락하여 죄악의 열매만 을 가득 맺은 이스라엘의 죄악상을 질책하고 하나님의 심판을 선언하는 내용이다.
• 땅을 파서 돌을 제하고 극상품 포도나무를 심었도다 그 중에 망대를 세웠고 또 그 안에 술틀 을 팠도다 좋은 포도 맺기를 바랐더니 들포도를 맺었도다(2)

② **6가지 화**(8-30) - 일(찍)·거(짓)·스(스로 명철)·포(도주)·쓴·가(옥) - 일거스포쓴가?

6장   습기를 방지하는 숯,   숯에서 몽글몽글 피어오르는 연기는 환상을 나타낸다.

① **이사야가 본 환상**(1-7) - 연기는 **시야**를 가리므로(죽음) 웃**시야** 왕이 죽던 해에 본 환상이다.
• 웃시야 왕이 죽던 해에 내가 본즉 주께서 높이 들린 보좌에 앉으셨는데 그의 옷자락은 성전에 가득 하였고 스랍들이 모시고 섰는데~ 그 때에 내가 말하되 화로다 나여 망하게 되었도다 나는 입술이 부정한 사람이요 나는 입술이 부정한 백성 중에 거주하면서 만군의 여호와이신 왕을 뵈었음이로 다 하였더라 그 때에 그 스랍 중의 하나가 부젓가락으로 제단에서 집은 바 핀 **숯**을 손에 가지고 내게로 날아와서 그것을 내 입에 대며 이르되 보라 이것이 네 입에 닿았으니 네 악이 제하여졌고

네 죄가 사하여졌느니라 하더라(1-7) - 숯은 죄를 정결하게 하는 상징적 의미로 사용.

아이의 건강을 위해서 특별히 주문한 숯이라 검은색이 아닌 블루색이다. 블루 → 부르다

② **이사야를 부르시다**(8-13) - 성전에서 거룩한 환상 중에 하나님의 선지자로 부름 받는다.

- 내가 또 주의 목소리를 들으니 주께서 이르시되 내가 누구를 보내며 누가 우리를 위하여 갈꼬 하시니 그 때에 내가 이르되 **내가 여기 있나이다 나를 보내소서**(8) - 누가 우리를 위하여 갈 꼬. 그때에 이사야가 **팔**(8)을 번쩍 들고 "내가 여기 있나이다 나를 보내소서" 하고 있다.

※ 소명 - 창 12장(아브라함), 출 3장(모세), 삿 6장(기드온), 삼상 3장, 사 6장, 렘 1장, 겔 2장
숯에서 나는 연기 때문에 보기는 보아도 정확히 무엇인지 알 수가 없다.

③ 이 백성에게 이르기를 너희가 듣기는 들어도 깨닫지 못할 것이요 보기는 보아도 알지 못하리라(9)
숯이 그루터기와 비슷하게 생겼다.

④ 그 중에 1/10이 아직 남아 있을지라도 이것도 황폐하게 될 것이나 밤나무와 상수리나무가 베임을 당하여도 그 그루터기는 남아 있는 것같이 **거룩한 씨**가 이 땅의 **그루터기니라** 하시더라(13)

7장　아내가 처녀 때(결혼하기 전을 말함) 잉태한 사진, 그 모습이 영화에 나오는 엠마누엘 부인 같다. 엠마누엘 → 임마누엘, 임마누엘은 '하나님이 우리와 함께 하신다' 는 뜻이다.

임마누엘의 징조(1-25) - 유다 왕 아하스 때 이스라엘 왕 베가와 아람 왕 르신이 연합하여 남왕국 유다를 침략하였고 온 유다 백성은 두려움에 사로잡혔다(왕하 16장). 그러자 하나님은 이사야를 통해 '임마누엘' 의 징조를 주시면서 자신만을 굳게 의지하면 친히 대적을 물리쳐 주겠다고 하셨다. 이는 궁극적으로 그리스도에 관한 약속으로 곧 메시야 예언이 된다(마 1:18-23).

- 르신(아람)과 르말리야의 아들이 심히 노할지라도~ 연기나는 2부지깽이 그루터기에 불과하니(4)
- 보라 처녀가 잉태하여 아들을 낳을 것이요 그의 이름을 임마누엘이라 하리라(14, 마 1:23)

※ 여호와께 한 징조 구하기를 거절한 왕 - 아하스, 이사야의 첫 아들 - 스알야숩(7장에 등장)

8장　아들 사진, 이름은 마헬살랄하스바스(이사야의 첫 아들은 스알야숩 - 남은 자가 돌아오리라)

마헬살랄하스바스의 징조(1-22) - '노략이 속함' 이란 뜻으로 아람과 이스라엘이 앗수르에 의해 멸망당할 것을 상징하며 하나님께서 주신 보호의 약속에도 불구하고 아하스는 북왕국의 침략에 직면해 **하나님보다 앗수르를 의지함으로 도리어 앗수르에 의해 약탈당할 것을 선포**한다.

※ **아**내와 **아**들의 공통점은 아로, 아가 들어가는 왕은 아하스이므로 7-8장은 아하스 왕 때가 된다.

9장　아기 요람에 기묘자라 써 있는데 처녀가 잉태해 낳은 아기이므로 기묘할 수밖에 없다.

① **메시야 탄생 예언**(1-7) - 옛적에는 여호와께서 스불론 땅과 납달리 땅이 멸시를 당하게 하셨더니 후에는 해변 길과 요단 저편 이방의 갈릴리를 영화롭게 하셨느니라 흑암에 행하던 백성이 **큰 빛**(메시야)을 보고 사망의 그늘진 땅에 거주하던 자에게 빛이 비치도다(1-2)

- 이는 한 아기가 우리에게 났고 한 아들을 우리에게 주신 바 되었는데 그 어깨에는 정사를 메었고 그 이름은 기묘자라, 모사라, 전능하신 하나님이라, 영존하시는 아버지라 평강의 왕이라 할 것임이라(6) - 영존은 남의 아버지를 높여서 부르는 말이므로 영존이 아버지와 짝이 된다. 기묘한 게 또 있으니 이 아기가 **죄와 벌**이라는 책만 보면 **북북** 찢어 버린다는 것이다.

② **북이스라엘의 죄와 벌**(8-21) - 회개하지 않는 북이스라엘을 멸망하게 하리라는 예언이다.

10장　남편이 근육이 많게 보이려고 **앗**하며 배에 힘을 잔뜩 주고 사진을 찍었는데 불룩불룩한 근육이 막대기와 몽둥이 같이 생겼다. 여기서 근육은 남자(남은 자)를 상징한다.

① **앗**수르 멸망 예언(1-19, 24-34)

- 앗수르 사람은 화 있을진저 그는 내 진노의 막대기요 그 손의 몽둥이는 내 분노라(5)

② **남은 자 구원사상**(20-23) - 이스라엘을 징벌하는 도구로 사용된 앗수르가 그들의 교만 때문에 멸망할 것과 그 결과로 이스라엘의 남은 자(ϴ을 경외하는 자)들이 구원받게 될 것이 언급되었다.

이사야 (11-20장) - 아기방

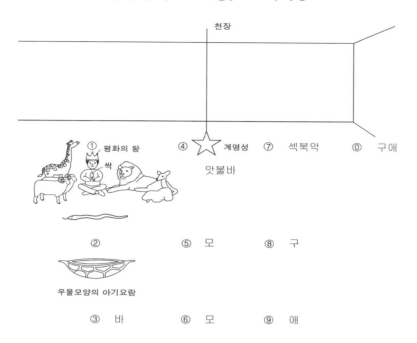

이사야(11-20장) 그림 배경설명   아기방을 배경으로 했으며 아기방은 아기방답게 장난감으로 가득 차 있습니다. 우선 평화롭게 웃고 있는 어린 아이 왕 인형 즉 평화의 왕 인형을 중심으로 이리, 어린 양, 표범, 염소, 송아지, 어린 사자, 암소, 곰, 독사 인형 등이 있으며 우물 모양의 아기요람과 천장에 매단 계명성 장신구가 있습니다. 그림에는 없지만 각 나라(열국) 모양의 장난감이 3번부터 0번에 걸쳐 방안에 흩어져 있고 일부는 아기방의 베란다(21-23장)에도 있는데 각 나라(열국) 모양의 장난감은 열국의 멸망 예언(13-23장)을 나타냅니다. 참고로 아기 방의 천장에 매단 실이 1자 모양이므로 아기방은 10단위(11-20장)가 됩니다.

11장   평화롭게 웃고 있는 어린 아이 왕(평화의 왕) 인형이 이새의 줄기에서 난 싹을 잡고 있다.
  ① 평화의 왕(1-5) - 그의 위에 여호와의 영 곧 지혜와 총명의 영이요 모략과 재능의 영이요 지식과 여호와를 경외하는 영이 강림하시리니(2)
  ② 이새의 줄기에서 날 싹(1-5) = 메시야 예언 - 이새는 다윗의 부친으로 이새의 줄기에서 날 싹이란 다윗의 집안에서 메시야가 태어날 것이며 평화의 왕으로 오실 것을 말한다.
     어린 아이 왕 인형이 여러 동물 인형들에 둘러싸여 있는데 여러 동물 인형들이 마치 동물의 왕국을 보는 것 같다.   동물의 왕국 → 메시야 왕국
  ③ 메시야 왕국(6-9) - 그 때에 이리가 어린 양과 함께 살며 표범이 어린 염소와 함께 누우며~ 사자가 소처럼 풀을 먹을 것이며 젖 먹는 아이가 독사의 구멍에서 장난하며 젖 뗀 어린 아이가 독사(그림 참조)의 굴에 손을 넣을 것이라(6-8) - 사 65:25와 비슷하다.
     어린 아이 왕 인형은 남자(남은 자) 인형이며 귀에 환 모양의 귀걸이를 하고 있다.
  ④ 남은 자의 귀환 예언(10-16)
12장   우물 모양의 아기요람
     구원의 우물(1-6) - 남은 자의 귀환예언을 들은 이사야가 하나님의 구원에 감사하여 부른 찬송
  • 보라 하나님은 나의 구원이시라 내가 신뢰하고 두려움이 없으리니 주 여호와는 나의 힘이시며 나의 노래시며 나의 구원이심이라 그러므로 너희가 기쁨으로 구원의 우물들에서 물을 길으리로다(2-3)

＊ 13-20장 암기방법 - **바/앗불바**(앞을 바) **모모**가 **섹**을 메고 **북악**스카이에서 **구애** 또 **구애**를 하고 있다(각 장마다 1나라씩 예언하나 14, 17장은 3나라에 대해 예언한다).

13장 **바**벨론 멸망 예언(1-22)

14장 줄에 매달린 계명성 장신구가 한쪽으로 돌다가 다시 원점으로 돌아오기를 반복하고 있다.

① **바**벨론 포로귀환 예언(1-2) = 이스라엘 회복 예언

② **바**벨론 멸망 예언(3-23) = 계명성 - 계명성(새벽별)은 교만한 바벨론 왕을 가리키며 교만한 자의 모습과 결과를 아침의 아들 계명성 곧 사단의 모습과 그 결과에 비유했다.

• 너 아침의 아들 계명성이여~ 가장 높은 구름에 올라가 지극히 높은 이와 같아지리라 하는도다(14)

③ **앗**수르·**블**레셋 멸망 예언(24-32) - 블레셋 멸망 예언은 아하스 왕이 죽던 해에 받았다.

(암기방법) 블레셋 멸망 예언은 **아**하스 왕이 죽던(**사**) 해에 받았다 - 아뿔사

15장 **모**압 멸망 예언(1-9)

16장 **모**압 멸망 예언(1-14)

17장 다메**섹**·**북**이스라엘·**앗**수르 멸망 예언(1-14)

18장 **구**스 멸망 예언(1-7)

19장 ① **애**굽 멸망 예언(1-17)

19가 '앨씨구(≒애굽)19 돌아간다'의 19이므로 소제목은 '애굽이 여호와께 돌아오다'

② 애굽이 여호와께 돌아오다(18-25) - 애굽 땅에 가나안 방언을 말하며 만군의 여호와를 가리켜 맹세하는 5성읍이 있을 것이며 그 중 하나를 멸망의 성읍이라 칭하리라(18) - 5성읍 가운데 하나인 멸망의 성읍조차 하나님께 돌아와 가나안 방언으로 하나님께 예배드리게 될 것이란 뜻 - 멸망의 성읍은 애굽과 관계가 있다. (암기방법) 애꿎(애굽)은 성읍이 멸망하다.

• 여호와께서 애굽을 치실지라도 치시고는 고치실 것이므로 그들이 여호와께로 돌아올 것이라(22)

20장 **구**스·**애**굽 멸망 예언(1-6) - 그림에는 없지만 아기방 구석(20장)에 이사야가 옷과 신발을 벗어 놓았는데 벗어놓은 이사야의 옷과 신발은 이사야가 3년 동안 벗은 몸과 벗은 발로 다닌 것을 말하며 이는 애굽과 구스가 벗은 몸과 벗은 발로 앗수르에 끌려 갈 것을 나타낸다.

이사야 (21-30장) - 아기방의 베란다

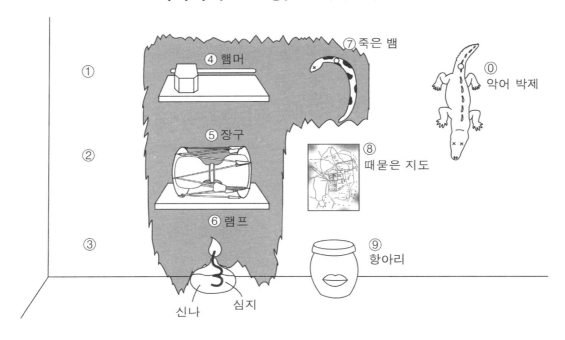

이사야(21-30장) 그림 배경설명　아기방의 베란다를 배경으로 했으며 베란다에는 각종 물건을 쌓아 두는데 왼쪽에는(①②③) 각 나라(열국) 모양의 장난감을 쌓아 놓았으며 선반 맨 위에는 햄머가 있고 그 밑에는 장구가 있으며 장구 아래에는 램프가 있습니다. 햄머 옆에는 못 박힌 뱀이 있고 그 밑에는 때 묻은 지도가 벽에 붙어 있으며 지도 아래에는 입술이 그려진 항아리가 있습니다. 베란다 맨 우측에는 악어박제가 있는데 살아있을 때 공포의 대상이었던 악어가 박제가 돼있으니 허무하기만 합니다. 건물이 오래돼서 베란다에 검은 녹물자국이 나있는데 검은 녹물은 묵시를 나타내며 따라서 24-27장은 작은 묵시록이라고 부릅니다. 참고로 램프가 6자 모양이므로 램프는 6번에 나오며 못에 박힌 뱀이 7자 모양이므로 뱀은 7번에 나오고 항아리의 뚜껑과 항아리의 오른쪽 둥근 곡선을 연결하면 9가 되므로 입술이 그려진 항아리는 9번에 나오며 선반이 2개, 뱀과 악어를 박은 못이 2개이므로 베란다는 20단위(21-30장)가 됩니다.

* 21-23장 암기방법 - 베란다에 **바벨**을 든 **아톰**(21장)이 샘이나 **쌀**(22장) **뒤로**(23장) 넘어졌다가 다시 일어나고 있다(회복).　샘이나 → 셉나,　뒤로 → 두로

21장　**바벨**론·에**돔**·**아**라비아 멸망 예언(1-17) - 여기서 해변 광야는 바벨론을 지칭한다.

22장　① 예루**살**렘 멸망 예언(1-14) - 환상의 골짜기(예루살렘) - 환상의 골짜기를 보니 마음이 설렘

　　　② 셉나에 대한 경고(15-25) - 히스기야 왕 때 국고와 왕궁을 도맡았던 부패한 관리로 하나님은 셉나를 내쫓고 그 자리에 엘리아김을 앉힐 것을 말씀하셨다 - 샘이나 쌀밥위에 김을 얹어먹다. 샘이나 쌀에 실수로 다윗의 열쇠를 떨어뜨렸다.

　　　③ 내가 또 다윗의 집의 열쇠를 그(엘리아김)의 어깨에 두리니 그가 열면 닫을 자가 없겠고(22)

23장　① 두로 멸망 예언(1-14)

　　　② 두로의 회복 예언(15-18) - 70년이 찬 후에 여호와께서 두로를 돌보시리니(17)

24장　햄머, 햄머는 모든 것을 부서뜨리므로 최후의 심판을 나타낸다.

　　　최후의 심판(1-23) - 남은 자(의인)들에게는 기쁜 날이 되지만 악인들에게는 심판의 날이 된다.

25장　장구(악기) = 하나님을 찬양하라, 장구의 구를 이용할 것.

　　　① 하나님의 구원을 찬양하라(1-12) - 최후의 심판 이후에 구원받은 성도들이 택한 백성을 돌보시고 구원하시는 하나님의 신실하심을 찬양한다.

　　　장구는 오래(오랠 **구**) 저**장**한 포도주로 연회를 베푸는 곳에서 연주하기에 가장 적합하다.

　　　② 만군의 여호와께서~ 만민을 위하여 기름진 것과 오래 저장하였던 포도주로 연회를 베푸시리니(6)

26장　신나 → **신**의(믿음)를 지키는 **나**라가 부르는 노래

　　　① 신의(믿음)를 지키는 나라가 부르는 노래(1-7) - 숱한 어려움 가운데서도 신의(믿음)를 지킨 자들은 마침내 다 구원을 얻고 기쁜 노래를 부를 것이라는 예언이다.

　　• 주께서 심지가 견고한 자를 평강하고 평강하도록 지키시리니(3) - 심지가 3자 모양, 그림 참조 램프의 불꽃, 불꽃은 타오르므로 부활(신자의 부활)이 된다.

　　　② 부활의 노래(8-19) - 주의 죽은 자들은 살아나고 그들의 시체들은 일어나리이다 티끌에 누운 자들아 너희는 깨어 노래하라 주의 이슬은 빛난 이슬이니 땅이 죽은 자를 내놓으리로다(19)

27장　이 뱀(바벨론)은 초자연적인 힘을 가진 리워야단 또는 용으로 불리우며 사탄의 권세를 상징한다. 이 뱀이 죽었다는 것은 사탄의 권세를 깨뜨리고 교회가 승리할 것을 나타낸다.

　　　승리의 노래(1-13) - 이스라엘의 회복과 궁극적으로는 교회의 최종 승리에 대한 예언이다.

28장　때 묻은 지도, 때 묻은 → 타락한, 지도 → 지도자

　　　① 타락한 지도자 심판(1-22)

지도를 확대해보면 농부가 땅을 개간하려고 기촛돌을 고르고 있는 것을 볼 수 있다.

② **농부에게 배워라**(23-29) - 유다를 다스리는 θ의 지혜가 농부가 파종하고 타작하는 일에 비유

③ **시온의 기촛돌**(16) - 보라 내가 한 돌을 시온에 두어 기초를 삼았노니 곧 시험한 돌이요 귀하고 견고한 기촛돌이라 그것을 믿는 이는 다급하게 되지 아니하리로다(16)

29장   항아리,   아리 → 아리엘(예루살렘을 지칭)

① **아리엘을 괴롭게 하리라**(1-8)

항아리는 토기이므로 항아리하면 토기장이의 비유가 되며 항아리에 입술이 그려져 있다.

② **입술로는 공경하나 마음은 떠났다**(9-14)

· 이 백성이 입으로는 나를 가까이 하며 입술로는 나를 공경하나 그들의 마음은 내게서 멀리 떠났나니 그들이 나를 경외함은 사람의 계명으로 가르침을 받았을 뿐이라(13, 마 15장, 막 7장)

③ **토기장이의 비유**(15-16) = 예루살렘의 어리석음을 책망하시다 - 롬 9장, 렘 18장

※ 이사야 29장은 항아리에 입술이 그려져 있으므로 지음을 받은 물건이 지은 자(토기장이)에게 말하는 내용이 써 있다 - 지음을 받은 물건이 어찌 자기를 지은 자에 대하여 이르기를 그가 나를 짓지 아니하였다 하겠으며(16) - 따라서 29장 토기장이의 비유는 예루살렘의 어리석음을 나타내고 예레미야 18장은 하나님의 절대 주권을 나타낸다.

30장   살아있을 때 공포의 대상이었던 악어가 박제가 돼있으니 허무하기만 하다. 악어 → 애굽

① **애굽과 맺은 헛된 동맹**(1-17) - 앗수르의 침략을 맞이해서 유다가 하나님 대신 애굽을 의지하는 것에 대한 준엄한 심판을 경고하고 있다 - 애굽의 도움은 헛되고 무익하니라 그러므로 내가 **애굽을 가만히 앉은 라합**이라 일컬었느니라(7) - 악어(애굽)는 박제가 되었으므로 **가만히** 있다. 박제는 살아 있을 때와 같은 모양으로 만드는 것이므로 박제는 회복을 나타낸다.

② **유다의 회복**(18-26) - 여호와께서 자기 백성의 상처를 싸매시며 그들의 맞은 자리를 고치시는 날에는 달빛은 햇빛 같겠고 햇빛은 7배가 되어 7날의 빛과 같으리라(26)

이사야 (31-40장) - 거실

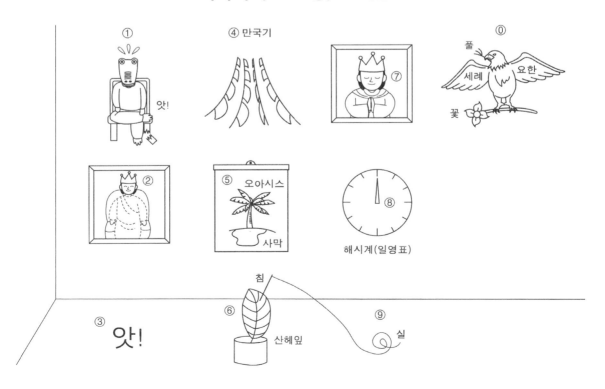

거실을 배경으로 했으며 거실의 정중앙(5번)에 5아시스가 그려진 달력이 있고 그 옆에는 희귀하기로 소문난 해시계가 걸려있는데 **해**시계하면 **히**스기야와 관계가 있으므로 거실은 히스기야 왕의 이야기가 중심이 됩니다. 따라서 거실에는 히스기야의 영정사진과 히스기야가 기도하는 그림이 걸려있으며 맨 우측에는 독수리 조각상이 걸려 있습니다(달력, 시계, 조각상, 영정사진 등은 대개 거실에 걸어둡니다). 영정사진 위에는 악어가 히스기야의 영정사진처럼 폼을 잡다 의자다리가 부러지자 깜짝 놀라 앗! 소리를 내며 비명을 질러대고 영정사진 아래에도 누군가 히스기야의 영정사진처럼 폼을 잡다 의자다리가 부러지자 깜짝 놀라 앗! 소리를 내며 비명을 질러 댑니다. 오아시스가 그려진 달력위에 형형색색의 만국기를 걸어 놓으니 오아시스와 형형색색의 만국기가 잘 어울립니다. 거실바닥에는 실이 달린 침이 산혜잎에 박혀 있는데 5번에 이어 6번에도 연속해서 나뭇잎이 나오므로 참고하시기 바랍니다. 참고로 9자 모양인 실은 실수가 되며 거실에 패턴이 같은 1, 2, 3번 그림이 3개이므로 거실은 30단위(31-40장)가 됩니다.

31장 히스기야의 영정사진 위에는 악어가 의자에 앉아 히스기야의 영정사진처럼 폼을 잡다 의자다리가 부러지자 깜짝 놀라 **앗**! 소리를 내며 비명을 질러대고 있다.

악어 → 애굽, 의자 → 의지, 의자다리가 부러진 것 → 멸망, 앗 → 앗수르

① 애굽을 의지하면 망한다(1-7) - 애굽을 의지하지 말고 하나님만 의지할 것을 말하고 있다.

② 앗수르 멸망 예언(8-9)

32장 의자에 앉아 있는 히스기야 왕의 영정사진, 영정사진속의 점선은 지금 있지는 않지만 장차 있을 것을 암시한다. **의**자에 앉아 있는 **왕** → 의의 왕

장차 올 공의의 왕(1-20) - 가깝게는 히스기야 왕을, 더 나아가서는 메시야를 가리킨다.

• 보라 장차 한 왕이 공의로 통치할 것이요 방백들이 정의로 다스릴 것이며(1)

• 공의의 열매는 화평이요 공의의 결과는 영원한 평안과 안전이라(17) - 끝말잇기(화평-평안-안전)

33장 33장도 31장과 마찬가지로 누군가 히스기야의 영정사진처럼 폼을 잡다가 의자다리가 부러지자 **앗**! 소리를 내며 비명을 질러대고 있다. 앗 → 앗수르

앗수르 멸망 예언(1-24) - 산혜립이 유다와 맺은 평화협정을 무시하고 침략한 것이 배경.

34장 오아시스가 그려져 있는 달력위에 형형색색의 만국기가 걸려있다.

① 하나님의 만국 심판(1-15)

만국기가 하나도 빠진 것이 없고 하나도 그 짝이 없는 것이 없이 다 구색을 갖춰놓았다.

② 성경에 짝이 없는 것이 없다(16-17) = 성경의 완전 무오함 - 너희는 여호와의 책에서 찾아 읽어보라 이것들 가운데서 빠진 것이 하나도 없고 제 짝이 없는 것이 없으리니 이는 여호와의 입이 이를 명령하셨고 그의 영이 이것들을 모으셨음이라(16) - 만국기가 1줄에 4개씩 4줄이므로 16절

35장 오아시스가 그려져 있는 달력, 오아시스 → 메시야 왕국

메시야 왕국의 노래(1-10) - 그 때에 맹인의 눈이 밝을 것이며~ 광야에서 물이 솟겠고(5-6)

36장 달력 바로 밑에 산혜잎이 있으며 침이 박혀있다. 산혜잎 → 산혜립, 침 → 침입

앗수르 왕 산혜립의 침입(1-22) - 히스기야에게 랍사게의 말을 전한 사람 엘리아김, 셉나, 요아

37장 히스기야의 기도(14-38) - 기도의 결과 앗수르 군이 패퇴하고 산혜립은 아들들에게 피살된다.

• 주는 천하 만국에 **유일**하신 하나님이시라 주께서 천지를 만드셨나이다(16)

※ 히스기야가 잡고 기도하는 해시계의 시침은 일자로, 일은 **유일**을 나타내며 히스기야가 해시계의 시침을 양손바닥으로 잡고 기도하고 있다고 생각하자. 원래는 해시계의 시침을 히스기야의 양손바닥 있는 데까지 그리려했으나 부자연스러워 생략했다.

38장   해시계의 기적(1-22) - 히스기야가 종처에 **한 뭉치 무화과**를 붙여서 병 고침을 받고 생명을 15년 연장 받았으며 생명연장의 증표로 **아하스의 해시계**에 나아갔던 해의 그림자가 10도 뒤로 물러나는 이적을 보여주신다.

39장   히스기야의 실수(1-8) - 바벨론 왕 므로닥 발라단의 사절단이 왔을 때 히스기야가 이들에게 무기고와 보물고에 있는 모든 것을 다 보여준 사건. 히스기야는 유다와 유화관계를 맺으려고 찾아온 바벨론 사절단들에게 하나님의 은혜와 권능을 증거하는 대신 교만하게도 스스로 영광을 취해 버렸다. 이에 하나님은 장차 그 자손들이 포로가 될 것을 예언하셨다.

40장   독수리 조각상 - 성경기억법에서 독수리는 '하나님을 앙망하는 것'으로 약속한다.

① 오직 여호와를 앙망하라(27-31) - 소년이라도 피곤하며~ 장정이라도 넘어지며 쓰러지되(30)

- 오직 여호와를 앙망하는 자는 새 힘을 얻으리니 **독수리**가 날개치며 올라감 같을 것이요 달음박질하여도 곤비하지 아니하겠고 걸어가도 피곤하지 아니하리로다(31) - 독수리가 물고 있는 풀은 ⚡ ₃이므로 독수리가 나오는 이 구절은 31절이 된다.
  독수리의 양쪽 날개에 세례 요한이라고 써 있고 부리와 발에 풀과 꽃을 물고 있다.

② 세례 요한에 관한 예언(3-11) - 외치는 자의 소리여 이르되 너희는 광야에서 여호와의 길을 예비하라 사막에서 우리 하나님의 대로를 평탄하게 하라(3)

③ 풀은 마르고 꽃은 시드나 우리 하나님의 말씀은 영원히 서리라(8) - 영원은 기호로 ∞(무한대)이며 영원(∞)이 서려면 이런 모양(8)이 되므로 8절이 된다.
  이 독수리 조각상은 광복절 날 산 것이다.

④ 광복의 기쁜 소식(1-11) - 바벨론 포로에서 해방될 것을 예언 - 그 노역의 때가 끝났고(2)
  독수리의 가슴털이 권총 모양이다.   **권**총 → **권**능(시편 93편 참조)

⑤ 하나님의 권능(12-26)
  독수리는 새들의 왕답게 어느 새보다도 더 위로 위로 날아간다.

⑥ 너희의 하나님이 이르시되 너희는 **위로**하라 내 백성을 **위로**하라(1) - 위로(↑)는 숫자로 1이 된다.

이사야 (41-50장) - 부엌

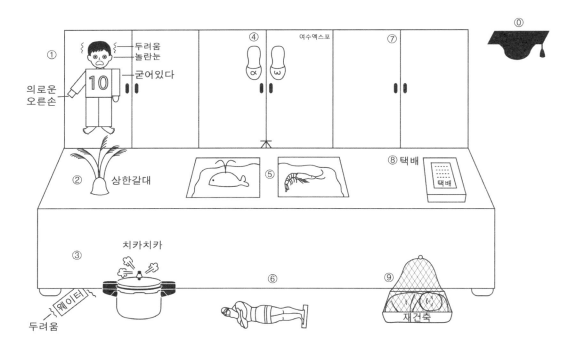

부엌을 배경으로 했으며 부엌에는 싱크대와 붙박이장이 있으며 붙박이장 왼쪽에는 사람이 그려져 있는데 그림속의 인물이 신을 벗고 서서 버러지 때문에 놀라 두려워하고 있으며 두 눈은 놀라서 크게 떠져있고 몸은 경직되어 굳어 있으며 오른손은 버러지를 가리키고 있습니다. 붙박이장 중앙에는 α(처음)와 ω(마지막)라 써진 신이 걸려 있으며 싱크대의 설거지통에는 고래와 새우가 물에 담겨있고 싱크대 좌우에는 종 모양의 화분에 담긴 상한 갈대와 택배가 있는데 택배 안에는 구약책이 들어 있습니다. 싱크대 구석에는 웨이터의 명함이 떨어져 있으며 압력밥솥에서는 밥이 지어져 가고 있습니다. 바닥에는 바벨론 신상(벨과 느보)이 엎어져 있고 아기가 요람에서 자고 있는데 싱크대에서 물이 튈까봐 종 모양의 덮개로 덮어 놓았습니다. 붙박이장 옆에는 학사모가 걸려있는데 머리에 쓰는 부분이 종 모양으로 생겼습니다. 참고로 부엌의 싱크대가 4각형이므로 부엌은 40단위(41-50장)가 됩니다.

41장 붙박이장에 붙어있는 그림을 이용하여 중요요절을 만들어보자. 그림속의 인물이 **버러지곱**등이(야곱) 때문에 놀라 두려워하고 있으며 두 눈은 놀라서 크게 떠져 있고 몸은 경직되어 굳어(군세게) 있으며 오른손은 버러지를 가리키고 있다. 몸이 굳어 있는 것을 표현하기 위해 몸을 사각형으로 그렸는데 꼭 도화지(도와주리라) 같다. 오른손이 네모 반듯한 것은 성경기억법에서 의로 약속한다. 따라서 오른손은 의로운 오른손이 된다.

① 두려워하지 말라 내가 너와 함께 함이라 놀라지 말라 나는 네 θ이 됨이라 내가 너를 군세게 하리라 참으로 너를 도와주리라 참으로 나의 의로운 오른손으로 너를 붙들리라(10) - 옷에 쓴 10

② **버러지** 같은 너 **야곱**아, 너희 이스라엘 사람들아 두려워하지 말라 나 여호와가 말하노니 내가 너를 도울 것이라 네 구속자는 이스라엘의 거룩한 이이니라(14) - 버러지를 밟으면 가래(14) 같다. 48장이 택배이므로 이 사람은 택배 도우미이며(암기를 위해서 택배 도우미라 하자) 택배는 **택**한 **백**성이 되므로 택배 도우미는 '택한 백성을 도우시는 하나님'이 된다.

③ 택한 백성을 도우시는 하나님(1-20)
택배 도우미가 신발을 벗고 있다.

④ 그러나 나의 종 너 이스라엘아 내가 택한 야곱아 나의 벗 아브라함의 자손아(8)
그림속의 인물이 축구 감독 허정무를 닮았다. **허**정**무** → 허무

⑤ 우상의 허무성(21-29)

42장 종 모양의 화분에 상한 갈대가 꽂혀있고 그림에서는 보이지 않지만 청개구리 한 마리가 상한 갈대에 달라 붙어서 개굴개굴하며 '승리의 찬가'를 부르고 있다.

① 첫 번째 주의 종의 노래(1-9) - **내가 붙드는 나의 종**, 내 마음에 기뻐하는 자 곧 내가 택한 사람을 보라 내가 나의 영을 그에게 주었은즉 그가 이방에 정의를 베풀리라(1) - 청개구리가 상한 갈대에 **붙어** 있으므로 첫 번째 주의 **종**의 노래에 '내가 붙드는 나의 종' 이 나온다.
• 상한 갈대를 꺾지 아니하며 꺼져가는 등불을 끄지 아니하고 진실로 정의를 시행할 것이며(3)

② 승리의 찬가(10-17) - 메시야로 인한 구원과 승리의 기쁨을 노래하고 있다.
말을 듣지 않는 사람을 가리켜 청개구리 같다고 한다.

③ 하나님의 말씀을 듣지 않는 이스라엘(18-25)
갈대는 식물 이름이다.

④ 나는 여호와니 이는 내 이름이라~ 내 영광을 다른 자에게, 내 찬송을 우상에게 주지 아니하리라(8)

43장 압력밥솥에서는 밥이 지어져 가고 있다. 여기서 지어져 간다는 것은 창조를 말한다.

① 창조의 목적(7, 21) - 이 백성은 내가 나를 위하여 지었나니 나를 찬송하게 하려 함이니라(21)

- 내가 내 영광을 위하여 창조한 자를 오게 하라 그들을 내가 지었고 만들었느니라(7) - 압력밥솥에서 밥이 지어질 때 나는 소리 '치(7)카 치카'. 숫자기억법은 창조가 들어가는 구절에 만들었다. 웨이터의 명함이 싱크대 구석에 떨어져 있으며 나이트클럽에 가면 웨이터를 부를 때 번호를 지명하여 불러야 한다. 구석 → 구속, ⁑ → 두려움

② 야곱아 너를 창조하신 여호와께서 지금 말씀하시느니라 이스라엘아 너를 지으신 이가 말씀하시느니라 너는 두려워하지 말라 내가 너를 구속하였고 내가 너를 지명하여 불렀나니 너는 내 것이라(1) - 웨이터를 부를 때는 번호를 지명하여 부른다. 어이 1번(가장 보편적인 숫자) 웨이터! 웨이터의 명함이 싱크대 구석(구속)에 떨어져 있는데 구속은 **구원의 약속**을 나타내며 '내가 너를 지명하여 불렀나니 너는 내 것이라'는 하나님의 크신 사랑을 나타낸다.

③ 구원의 약속과 하나님의 크신 사랑(1-21) - 바벨론 포로 중에 있는 유다 백성이 때가 되면 틀림없이 본토로 귀환하여 하나님의 은혜 가운데 거하게 될 것임을 선포한다. 웨이터는 밤부터 새벽까지 일하므로 추천할 만한 직업은 아니다. 따라서 웨이터가 새 일을 하겠다고 다짐하며 이렇게 외친다. "보라 내가 새 일을 행하리니"

④ 너희는 이전 일을 기억하지 말며 옛날 일을 생각하지 말라 보라 내가-식구(19)들을 위해-새 일을 행하리니 이제 나타낼 것이라~ 반드시 내가 광야에 길을 사막에 강을 내리니(18-19) 그림에는 없지만 싱크대 구석에는 **저도 버려져** 있다. 저 = 젓가락

⑤ 은혜를 저버린 이스라엘(22-28)

44장 41장 그림에 신이 없다 했더니 여기에 걸려있네. 어 그런데 내 신이 아니고 다른 신이네.
① 나 외에 다른 신은 없다(6-8) - 나는 처음이요 나는 마지막이라 나 외에 다른 신이 없느니라(6) - 신은 6사이즈로 약속한다. 참고로 전장 43장에는 '나 외에 구원자가 없느니라'로 나온다. 이 신은 어리석은 우상 숭배자들이 신는 신이다.

② 어리석은 우상 숭배자들(9-20) 신을 만든 본래 목적은 발을 보호하는데 있다.

③ 선민을 보호하시는 여호와(1-5) 여수엑스포에 출품했던 작품이라는 표시로 붙박이장 상단에 '여수엑스포'라 써 있다.

④ 너를 만들고 너를 모태에서부터 지어 낸 너를 도와 줄 여호와가 이같이 말하노라 나의 종 야곱, 내가 택한 여수룬(이스라엘의 애칭)아 두려워하지 말라(2) 붙박이장 아래에 한자로 '목(木) 자'라 써 있다.

⑤ 고레스는 내 목자(21-28) - 그는 내 목자라 그가 나의 모든 기쁨을 성취하리라(28)

45장 싱크대에 물이 차있는데 왼쪽은 고래, 오른쪽은 새우가 담겨있다. 고래 → 고레스
① 고레스를 세우시다(1-25) - 이스라엘의 해방을 위해 고레스를 도구로 사용하실 것을 예언.
- 여호와께서 그의 기름 부음을 받은 고레스에게 이같이 말씀하시되(1) - 고래기름을 생각하자. 고래 등의 구멍은 스스로 숨을 쉬는 **숨**구멍이다.

② 구원자 이스라엘의 하나님이여 진실로 주는 스스로 **숨**어 계시는 하나님이시니이다(15)

46장 바벨론 신상의 파괴(1-31) - 벨은 엎드러졌고 느보는 구부러졌도다(1)

47장 46장에 바벨론 신상이 엎어져 있으므로 47장의 빈 공간은 바벨론 멸망 예언이 된다. 바벨론 멸망 예언(1-15) - 처녀 딸 바벨론이여 내려와서 티끌에 앉으라(1)

48장 싱크대 오른쪽에 택배(**택**한 **백**성)가 와 있는데 그 속에 구약(**구**원의 **약**속) 책(책망)이 들어있다. 택한 백성에 대한 책망과 구원의 약속(1-22) - 보라 내가 너를 연단하였으나 은처럼 하지 아니하고 너를 고난의 **풀**무 불에서 **택**하였노라(10) - 풀로 붙인 **택**배

49장　아기가 요람에서 자고 있는데 싱크대에서 물이 튈까봐 종 모양의 덮개로 덮어 놓았다.

① **두 번째 주의 종의 노래**(1-7) - 메시야 탄생과 사역
- **섬**들아 내게 들으라 먼 곳 백성들아 귀를 기울이라 여호와께서 **胎**에서부터 나를 부르셨고 내 어머니의 복중에서부터 내 이름을 기억하셨으며(1) - 요람이 섬처럼 생겼다.
  요람에서 자고 있는 아기는 젖 먹는 자식, **胎**에서 난 아들이다.

② 여인이 어찌 그 <u>젖 먹는 자식</u>을 잊겠으며 자기 **胎**에서 난 아들을 긍휼히 여기지 않겠느냐 그들은 혹시 잊을지라도 나는 너를 잊지 아니할 것이라(15)
  사실 이사하는 이유는 재건축 때문이며 그래서 아기의 요람에 **재건**축이라 써 놓았다.

③ **시온의 재건**(8-26)
  아기들의 손바닥은 주름이 많아 마치 손바닥에 주름을 새긴 것 같다.

④ **내가 너를 내 손바닥에 새겼고** 너의 성벽이 항상 내 앞에 있나니(16)
  아기가 웃을 때는 **이**를 드러내고 **방**긋방긋 웃는데 웃을 때 얼굴이 **빛**나 보인다.

⑤ 내가 또 너를 <u>이방의 빛</u>으로 삼아 나의 구원을 베풀어서 땅 끝까지 이르게 하리라(6)
  자고 있던 아기에게 물이 튀자 아기가 응애(은혜) 하며 울음으로 응답을 한다.

⑥ 은혜의 때에 내가 네게 <u>응답</u>하였고 구원의 날에 내가 너를 도왔도다(8) - 응이 8을 닮았다.

50장　붙박이장 옆에는 학사모가 걸려있는데 머리에 쓰는 부분이 종 모양이다. 이 학사모(학자를 나타낸다)를 필요한 사람에게 **줘 버릴까 하다가 주지 않고** 기념으로 걸어놓았다.

① **주의 백성은 저버리지 않으신다**(1-3) - 나 여호와가 이같이 말하노라 내가 너희의 어미를 내보낸 이혼증서가 어디 있느냐 내가 어느 채주에게 너희를 팔았느냐 보라 너희는 너희의 죄악으로 말미암아 팔렸고 너희의 어미는 너희의 배역함으로 말미암아 내보냄을 받았느니라(1)

② **세 번째 주의 종의 노래**(4-11) - 메시야의 순종과 승리
- 주 여호와께서 <u>학자들</u>의 혀를 내게 주사 나로 곤고한 자를 말로 어떻게 도와줄 줄을 알게 하시고 아침마다 깨우치시되 나의 귀를 깨우치사 <u>학자</u>들 같이 알아듣게 하시도다(4)

이사야 (51-60장) - 화장실

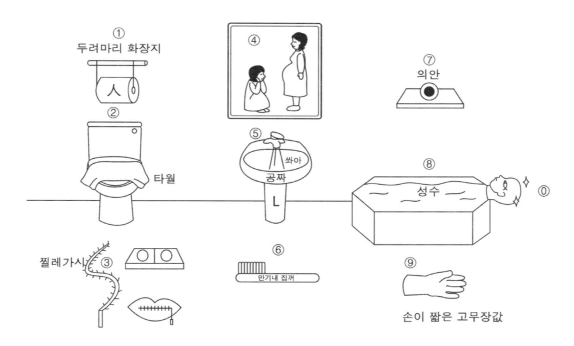

① 두려마리 화장지
④
⑦ 의안
② 타월
⑤ 쏴아 공짜
⑧ 성수
⓪
찔레가시 ③
⑥ 만기내 집꺼
⑨ 손이 짧은 고무장값

화장실을 배경으로 했으며 화장실 문을 열고 들어가면 제일 먼저 변기가 나오고 그 다음에 세면대가 나오며 맨 끝에 욕조가 있습니다. 지금부터 이 3개를 기준으로 위와 아래로 설명을 해보겠습니다. 변기에 타월이 올려져있으며 변기 위에는 '사람 인' 자가 써진 두려마리(두루마리) 화장지가 걸려있고 변기 아래에는 찔레가시가 박힌 채찍과 입모양의 지갑이 구식이라 싫어서 버려져 있으며 또 운명 교향곡 테잎이 떨어져 있습니다. 이 단원의 가장 중심되는 장은 정중앙에 세면대가 나오는 55장 '구원 초청의 장'이며 세면대에 물이 공짜라고 써 있는데 물이 공짜이므로 와서 값없이 먹으라고 초청하고 있습니다. 세면대 위에는 거울이 있는데 거울에는 임신한 산모를 부러운 눈으로 바라보는 여인이 그려져 있으며 세면대 아래에는 칫솔이 떨어져 있는데 '만기내 집꺼'라고 써 있습니다. 욕조는 6각형으로, 금으로 만들었으며 욕조가 금으로 만들었으니 욕조에 담긴 물이 성수인 것은 당연합니다. 욕조위에 있는 선반에는 의안이 있는데 목욕할 때는 의안을 빼서 선반에 올려놓습니다. 욕조 아래에는 손이 짧은 고무장갑이 떨어져 있으며 욕조에 몸을 담그고 있는 사람은 대머리로 눈은 영광 굴비를 닮았습니다. 참고로 화장실은 5줌을 누는 곳이므로 화장실은 50단위(51-60장)가 됩니다.

51장   **두려**마리 화장지에 '**사람** 인'이라 써 있으며 '인'은 **인자**가 된다.

    ① 너희를 위로하는 자는 나 곧 나이니라 너는 어떠한 자이기에 죽을 **사람**을 **두려**워하며 풀 같이 될 **인자**(사람의 아들)를 **두려**워하느냐(12) - 화장지걸이가 그네(12) 같이 생겼다.

        중요요절을 통해 소제목은 '사람을 두려워하지 말고 오직 하나님만 의지하라'가 된다.

    ② **사람을 두려워하지 말고 오직 하나님만 의지하라**(1-23) - 하나님을 모독하고 그분의 백성을 훼방하는 자들이 번성하던 당시의 시대 상황은 의로운 자들을 낙심케 하기에 충분하였다. 그러나 이사야는 그들의 형통이 일시적인 것이며 이 세상을 주관하시는 분은 하나님이시니 사람들을 두려워하지 말고 오직 하나님만 의지하라는 위로의 말씀을 전했다.

52장   변기에 타월이 올려져 있다.   타월 → 탁월   ※ 52-53장은 네 번째 주의 종의 노래

    ① **종의 탁월**(13-15) - 보라 내 종이 형통하리니 받들어 높이 들려서 지극히 존귀하게 되리라(13) 변기위에 있던 수건이라 손은 못 닦고 좋은 소식을 전하는 자들의 발은 닦을 수 있다.

    ② 좋은 소식을 전하며~ 네 하나님이 통치하신다 하는 자의 산을 넘는 발이 어찌 그리 아름다운가(7) 변기에 굳은 X을 싸고 난 후의 해방감이란 겪어본 사람만이 안다.   굳은 X → 굳은 뜻

    ③ **백성을 해방시키실 굳은 뜻**(1-12) = 임박한 바벨론 포로 귀환

53장   채찍에 **찔**레가시가 박혀 있으며 채찍과 찔레가시는 고난을 나타낸다.

    ① **종의 고난**(4-6)

- 그가 **찔림**은 우리의 <u>허물</u> 때문이요 그가 <u>상함</u>은 우리의 <u>죄악</u> 때문이라 그가 <u>징계</u>를 받으므로 우리는 <u>평화</u>를 누리고 그가 **채찍**에 맞으므로 우리는 <u>나음</u>을 받았도다(5) - 채찍이 5자 모양
- 우리는 다 **양** 같아서 그릇 행하여 각기 제 길로 갔거늘 여호와께서는 우리 모두의 <u>죄악</u>을 그에게 담당시키셨도다(6)

        변기 아래에는 운명 교향곡 테잎이 떨어져 있다.

    ② **종의 운명**(10-12)

        이 테잎을 잡아당겨 보면 알겠지만 상당히 질기고 잘 안 끊어진다.   **찔**기고 → 질고

    ③ 그는 멸시를 받아 사람들에게 버림 받았으며 간고를 많이 겪었으며 **질고**를 아는 자라 마치 사람들이 그에게서 얼굴을 가리는 것 같이 멸시를 당하였고 우리도 그를 귀히 여기지 아니하였도다(3) 그는 실로 우리의 **질고**를 지고 우리의 슬픔을 당하였거늘 우리는 생각하기를 그는 <u>징벌</u>을 받

아 하나님께 맞으며 <u>고난</u>을 당한다 하였노라(4)

여호와께서 그에게 상함을 받게 하시기를 원하사 **질고**를 당하게 하셨은즉(10)

입 모양의 지갑이 구식이라 싫어서 버려져 있다.

④ 종의 비하(1-3) – 그는 주 앞에서 자라나기를 연한 순 같고 마른 땅에서 나온 뿌리 같아서 고운모양도 없고 풍채도 없은즉 우리가 보기에 흠모할 만한 아름다운 것이 (이 지갑에) 없도다(2) 지갑이 입에 자크를 채운 것 같다. 입에 자크를 채운 것은 침묵 즉 순종을 뜻한다.

⑤ 종의 순종(7-9) – 그가 곤욕을 당하여 괴로울 때에도 그 입을 열지 아니하였음이여 마치 도수 장으로 끌려가는 <u>어린 양</u>과 털 깎는 자 앞에 <u>잠잠한 양</u> 같이 그 입을 열지 아니하였도다(7) – 입에 자크를 채운 모양이 7자 모양이다 – **이사야는 메시야를 양으로 묘사**

채찍은 **팔**을 휘둘러 사용하는 도구이며 입에 자크를 채운 것은 **하나님의 말씀을 전해 도 아무도 믿지 않기 때문에** 다시는 전하지 않겠다는 뜻으로 입에 자크를 채운 것이다.

⑥ 우리가 전한 것을 누가 믿었느냐 여호와의 **팔**(하나님의 능력)이 누구에게 나타났느냐(1)

54장 거울에는 임신한 산모를 부러운 눈으로 바라보는 여인이 그려져 있다. 이는 장차 임 신하지 못한 여인이 남편 있는 여자보다 자식이 더 많아질 것을 암시한다.

이스라엘의 회복과 번영(1-10) – 포로되었던 이스라엘 백성이 회복되고 번영할 것을 말해준다.

• 잉태하지 못하며 출산하지 못한 너는 노래할지어다 산고를 겪지 못한 너는 외쳐 노래할지어다 이는 홀로 된 여인의 자식이 남편 있는 자의 자식보다 많음이라 여호와께서 말씀하셨느니라(1)

55장 세면대에 물이 공짜라고 써있는데 물이 공짜이므로 와서 값없이 먹으라고 초청하고 있다.

① 구원초청의 장(1-9) – 이스라엘과 세상 만민을 향한 하나님의 구원에로의 초대

• 오호라 너희 모든 목마른 자들아 물로 나아오라 돈 없는 자도 오라 너희는 와서 사 먹되 돈 없이, 값없이 와서 포도주와 젖을 사라(1) – 공짜인 물이 1자로 힘차게 쏟아지므로 1절이 된다. 공짜로 주는 물은 왠지 먹어도 먹어도 헛배만 부른 것 같다.

② 너희가 어찌하여 양식이 아닌 것을 위하여 은을 달아주며 배부르게 하지 못할 것을 위하여 수 고하느냐(2) – 세상의 부귀영화와 쾌락을 말한다 – 경우의 수가 양식이 아닌 것과 배부르게 하지 못할 것 2개이므로 이 구절은 2절이 된다.

공짜로 주는 물은 파는 물과 맛부터가 **다르다.**

③ 이는 내 생각이 너희의 생각과 다르며 내 길은 너희의 길과 다름이니라(8) – 공짜로 주는 물 은 **파**(8)는 물과 맛부터가 **다르다.** 따라서 이 구절은 8절이 된다.

쏴아 소리가 죽은 자를 애도할 때 부르는 만가(**만**날 만한 때에, **가**까이 계실 때에) 같다.

④ 너희는 여호와를 **만**날 만한 때에 찾으라 **가**까이 계실 때에 그를 부르라(6) – 보통 노래는 4절 길어야 5절인데 만가는 6절까지 있으므로 이 구절은 6절이 된다.

세면대 기둥에 로고스(말씀)의 약자인 L 이 반듯이(반드시) 써 있는데 이것은 '말씀은 반드시 이루어진다' 는 뜻이 된다.   반듯이 → 반드시

⑤ 말씀은 반드시 이루어진다(10-13)

56장 세면대 밑에 칫솔이 떨어져 있는데 '**만 · 기 · 내 집**꺼' 라고 써 있다.

① **내 집**은 **만**민이 **기**도하는 집이라(7) – 칫솔(07)에 '만기내 집꺼' 라고 써 있으므로 7절이 된다. 만민이란 이스라엘뿐만 아니라 이방인도 포함되므로 55장 '구원초청의 장'에 이어 56장은 '이방인의 구원초청'이 된다.

① 이방인의 구원초청(1-8)

이 칫솔로 타락한 지도자들이 매일 이를 닦는다고 한다.

② 지도자들의 타락(9-12)

57장 　선반에는 의안이 있는데 목욕할 때는 의안(**의**인의 **안**식)을 빼서 선반에 올려놓는다.

① **의인의 안식**(1-2)
- 그들(의인)은 평안에 들어갔나니 바른 길로 가는 자들은 그들의 침상에서 편히 쉬리라(2)
 의안의 **백**색 부분이 매일 닦지 않아서 더럽다(타락).　백색 → 백성

② **백**성들의 타락(3-13)
 그러나 게으름을 회개하고 매일 광내는 **약**으로 닦아주면 다시 깨끗해질 수 있다(회복).

③ 회개하는 자를 위한 회복 **약**속(14-21)
 미국의 듀엣 가수 사이**먼** 앤 **가펑클** 중 한명이 의안처럼 둥근 머리스타일로 유명하다.

④ **먼** 데 있는 자에게든지 **가**까운 데 있는 자에게든지 **평**강이 있을지어다 평강이 있을지어다 내가 그를 고치리라(**클리닉**은 병을 고치는 곳이다) 하셨느니라(19)

58장 　욕조는 금으로 만들었다.　금 → 금식

① **참된 금식**(1-12) - 내가 기뻐하는 금식은 흉악의 결박을 풀어주며 멍에의 줄을 끌러주며 압제당하는 자를 자유하게 하며 모든 멍에를 꺾는 것이 아니겠느냐(6) - 금으로 만든 욕조가 6각형
- 또 주린 자에게 네 양식을 나누어주며 유리하는 빈민을 집에 들이며 **헐벗은 자를 보면 입히며** (욕조에 벗고 들어가 있는 것을 생각할 것) 또 네 골육을 **피**하여 스스로 숨지 아니하는 것이 아니겠느냐 그리하면 네 빛이 새벽같이 비칠 것이며 **네 치유가 급속할 것이며** 네 공의가 네 앞에 행하고 여호와의 영광이 네 뒤에 호위하리니(7-8) → 욕조 전체가 금으로 만들어졌기 때문에 **빛**이 나며 금욕조 속에 몸을 담그고 있으면 금욕조라 **피**부병이 **급속히 치유**가 된다.
 욕조를 금으로 만들었으니 욕조의 물이 성수인 것은 당연하다.　성수 → 안식일 성수

② **안식일 성수**(13-14)
- 만일 안식일에 네 발을 금하여 내 성일에 오락을 행하지 아니하고 안식일을 일컬어 즐거운 날이라 여호와의 성일을 존귀한 날이라 하여 이를 존귀하게 여기고 네 길로 행하지 아니하며 네 오락을 구하지 아니하며 사사로운 말을 하지 아니하면 네가 여호와 안에서 즐거움을 얻을 것이라 내가 너를 땅의 높은 곳에 올리고 네 조상 야곱의 기업으로 기르리라(13-14)

59장 　손이 짧은 고무장갑이 욕조 밑에 떨어져 있다.

① 여호와의 손이 짧아 구원하지 못하심도 아니요 귀가 둔하여 듣지 못하심도 아니라 오직 너희 죄악이 너희와 너희 하나님 사이를 갈라놓았고 너희 죄가 그의 얼굴을 가리어서 너희에게서 듣지 않으시게 함이니라(1-2) - 손이 짧은 고무장갑이 1자 모양이다.
 빨래할 때 고무장갑으로 가장 많이 만지는 것은 표백제이다.　표**백제** → **백**성들의 **죄**

② **백**성들의 **죄**(1-15) - 부유층이 일반 평민들을 상대로 토색하며 횡포를 일삼은 것과 재판관들이 판결을 굽게 한 것.
 손이 짧은 고무장갑은 대·중·소 중 소를 나타낸다.　소를 나타낸다 → 몸소 나타나신다

③ 주가 **몸소 나타나신다**(16-21) - 사람들의 악행을 막고 여호와께로 돌아오게 하려고 애쓰는 자가 하나도 없고 모두들 무관심하므로 여호와가 스스로 나서서 그들을 구원하실 것이라는 말이며 이것은 오직 하나님의 능동적인 구원사역으로서만 인간이 구원받을 수 있음을 뜻한다.

60장 　욕조에 있는 사람은 머리가 시원(시온)하게 생겼으며 눈은 **영광**굴비를 닮았다.

시온의 영광(1-22) - 거룩한 성 시온의 영광을 빛에 비유하여 감동적으로 선포하고 있다.

- 일어나라 빛을 발하라(숫자로 1이 된다) 이는 네 빛이 이르렀고 <u>여호와의 영광이 네 위에 임하였음이니라</u>(1) - 욕조에서 일어나면서 머리를 들 때 머리에서 빛이 발하는 것을 상상하자.
- 보라 어둠이 땅을 덮을 것이며 캄캄함이 만민을 가리려니와 오직 여호와께서 네 위에 임하실 것이며 <u>그의 영광이 네 위에 나타나리니</u>(2) - 1, 2절 θ의 영광이 네 위에 임하리라는 구절이 같다.

이사야 (61-66장) - 사다리차

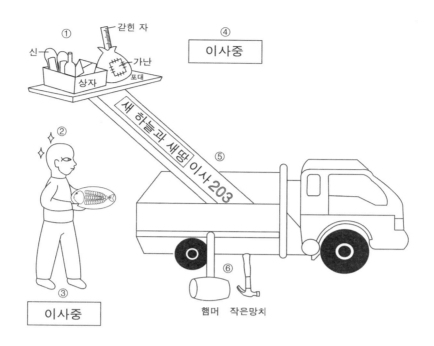

이사야(61-66장) 그림 배경설명   사다리차를 배경으로 했으며 '새 하늘과 새 땅 이삿짐센터'에서 사다리차로 짐을 내리고 있으며 위 아래로 이사중이라는 팻말을 써서 오가는 사람이나 차량에 주의를 주고 있습니다. 한편 머리가 시원하게 생긴 집주인이 수고한다며 이삿짐 직원들에게 복어회를 대접하고 있으며 사다리차 옆에는 사다리차가 고장 났을 때 고치기 위해 연장인 햄머와 소망치(작은 망치)를 준비해 놓았는데 햄머는 모든 것을 부서트리므로 최후의 심판을, 소망치는 소망을 나타내며 새 하늘과 새 땅 이사 전화번호 203(이백삼)은 **이**방인을 자기 **백**성으로 **삼**은 이유를 나타냅니다.

61장   사다리차 위의 짐 – 상자와 포대자루가 실려 있으며 상자 안에는 **신**과 **기름**과 **편지**가 있고 포대자루에는 자가 갇혀 있으며(갇힌 자) 포대자루의 덧댄 자국은 가난을 뜻한다.
　　　　상자 → **상**한 **자**,　포대자루(포대자 → 포로된 자),　편지 → 구원의 기쁜 소식
　　　구원의 기쁜 소식(1-11) – 메시야 구속 사역 예언

- 주 여호와의 신(영)이 내게 내리셨으니 이는 여호와께서 내게 기름을 부으사 가난한 자에게 아름다운 소식을 전하게 하려 하심이라 나를 보내사 마음이 상한 자를 고치며 포로된 자에게 자유를, 갇힌 자에게 놓임을 선포하며(1, 눅 4장 나사렛 회당설교) - 갇힌 자가 1자 모양이다.

- 여호와의 은혜의 해와 우리 하나님의 보복의 날을 선포하여 모든 슬픈 자를 위로하되 무릇 시온에서 슬퍼하는 자에게 화관을 주어 그 재를 대신하며 기쁨의 기름으로 그 슬픔을 대신하며 찬송의 옷으로 그 근심을 대신하시고 그들이 의의 나무 곧 여호와께서 심으신 그 영광을 나타낼 자라 일컬음을 받게 하려 하심이라(2-3) - 2-3절도 1절과 비슷한 단어들이 나오므로 61장이 된다.

62장   머리가 시원하게 생긴 집주인이 **쉬지 않고** 일하는 이삿짐 직원들에게 수고한다며 복어회를 대접하고 있다.　시원 → 시온,　눈 → **영광굴비**,　**복어회** → 회복

① 시온의 회복과 영광(1-12) – 나는 시온의 의가 빛 같이, 예루살렘의 구원이 횃불 같이 나타나도록 시온을 위하여 잠잠하지 아니하며 예루살렘을 위하여 **쉬지 아니할 것인즉**(1)

- 예루살렘이여 내가 너의 성벽 위에 <u>파수꾼</u>을 세우고 그들로 하여금 주야로 계속 잠잠하지 않게 하였느니라 너희 여호와로 기억하시게 하는 자들아 너희는 **쉬지 말며** 또 여호와께서 예루살렘을 세워 세상에서 찬송을 받게 하시기까지 그로 **쉬지 못하시게 하라**(6-7)

  이삿짐을 나르다보면 땀을 많이 흘려 갈증이 나므로 복어회 말고 펩시콜라도 대접했다.

② 다시는 너를 버림받은 자라 부르지 아니하며 다시는 네 땅을 황무지라 부르지 아니하고 오직 너를 헵시바(나의 기쁨이 그녀에게 있다)라 하며 네 땅을 쁄라(결혼하다, 결혼해 쁄라)라 하리니(4)

63장 위 아래로 이사중이라는 팻말을 써 붙여서 오가는 사람이나 차량에 주의를 주고 있으며 이사중이라는 팻말은 아버지가 붙이셨다.   이사중 → **이사**야의 **중**보기도

이사야의 중보기도(15-19) - 하나님을 우리 아버지로 고백하면서 하나님이 속히 자비와 긍휼을 베푸셔서 백성들을 고난과 압제 가운데서 구원해 달라고 이사야가 호소하고 있다.

- 주는 우리 **아버지**시라 아브라함은 우리를 모르고 이스라엘은 우리를 인정하지 아니할지라도 여호와여, 주는 우리의 **아버지**시라(16)

64장 이사야의 중보기도(1-12) - 이제 주는 우리 **아버지**시니이다 우리는 <u>진흙</u>이요 주는 <u>토기장</u>이시니 우리는 다 주의 손으로 지으신 것이니이다(8) - 2팻말중 위의 팻말은 진흙으로 만들었다.

65장 새 하늘과 새 땅 이사 전화번호 203(이백삼) → **이**방인을 자기 **백**성으로 **삼**은 이유

① 이방인을 자기 백성으로 삼은 이유(1-16) - 본장은 이사야의 중보기도에 대한 하나님의 응답으로 먼저 하나님이 이스라엘을 징계하시고 대신 이방인을 자기 백성으로 삼을 수밖에 없었던 이유에 대해서 나온다. 그것은 바로 하나님의 거듭된 경고와 회개의 촉구에도 불구하고 이스라엘 백성이 계속해서 우상숭배를 일삼았기 때문이다. 그러나 그들 중에도 남은 자들은 새 하늘과 새 땅에서 영생할 수 있는 축복을 누리게 될 것이다.

② 새 하늘과 새 땅(17-25) - 보라 내가 새 하늘과 새 땅을 창조하나니 이전 것은 기억되거나 마음에 생각나지 아니할 것이라(17)

새 하늘과 새 땅 이사 203(이**백**삼)에서 백을 이용하여 중요요절을 만들면 다음과 같다.

③ 거기(새 하늘과 새 땅)는 날 수가 많지 못하여 죽는 어린이와 수한이 차지 못한 노인이 다시는 없을 것이라 곧 **백**세에 죽는 자를 젊은이라 하겠고 **백**세가 못되어 죽는 자는 저주 받은 자이리라(20) ~ 이리와 어린 양이 함께 먹을 것이며 사자가 소처럼 짚을 먹을 것이며 뱀은 흙을 양식으로 삼을 것이니 나의 성산에서는 해함도 없겠고 상함도 없으리라(25)

짐을 싣는 판자가 손 같고 5번이 팔 같은데 마치 손을 펴서 '내가 여기 있노라 내가 여기 있노라' 하는 것 같다.

④ 나는 나를 구하지 아니하던 자에게 물음을 받았으며 나를 찾지 아니하던 자에게 찾아냄이 되었으며 내 이름을 부르지 아니하던 나라에 내가 여기 있노라 내가 여기 있노라 하였노라 내가 종일 손을 펴서 자기 생각을 따라 옳지 않은 길을 걸어가는 패역한 백성들을 불렀나니(1-2)

66장 햄머와 소망치,   햄머 → 최후의 심판,   소망치 → 소망

① 최후의 심판과 소망(15-24) - 소망이란 하나님의 말씀을 듣고서 회개한 자들과 고난을 당하면서도 믿음으로써 인내한 자들이 장차 새 하늘과 새 땅에서 영원한 축복을 누리게 됨을 말한다. 햄머나 망치는 **쇠**로 돼있고 때릴 때 **땅** 소리가 나므로 66장도 새 하늘과 **새 땅**이 나온다.

② **하늘**은 나의 보좌요 **땅**은 나의 발판이니 너희가 나를 위하여 무슨 집을 지으랴(1)

새 하늘과 새 **땅**이 내 앞에 항상 있는 것 같이 너희 <u>자손</u>과 너희 <u>이름</u>이 항상 있으리라(22)

사 66장 중 40-66장은 신약 27권에 해당하며 그중 마지막 66장은 계시록에 해당한다.

③ 그들이 나가서 내게 패역한 자들의 시체들을 볼 것이라 그 <u>벌레</u>가 죽지 아니하며 그 <u>불</u>이 꺼지지 아니하며 모든 혈육에게 가증함이 되리라(24, 마 9:48) - 이사야서 마지막 구절

예레미야 52장

＊ **장수기억법** : ① 예 에미야(예레미야)! 네 어머니 하고 며느리(52)가 대답한다.

　　　　　　　 ② 예 에미야(예레미야)! 나 오이(52)가 먹고 싶구나.

＊ 북한 사투리로 '내래 미아요'라고 말하며 눈물을 흘리므로 예레미야는 눈물의 선지자가 된다. 내래 미아 → 예레미야,　미아: 길이나 집을 잃고 헤매는 아이

＊ **배경** : 예레미야가 눈물의 선지자이므로 <u>첫 번째 배경</u>은 예레미야가 슬피 우는 장면을 배경으로 하며 <u>두 번째 배경</u>은 눈물을 흘리다 흘리다 나중에는 눈물이 메말라 버렸으므로 마른 것 즉 가뭄을 배경으로 한다. <u>세 번째 배경</u>은 가뭄의 결과를 배경으로 하며 <u>네 번째 배경</u>은 가뭄으로 사람들 정신까지 이상해지자 결국 예레미야가 전과 같이 회복시켜 달라고 부르짖었고 하나님께서는 전과 같이 회복시켜 주실 것을 약속(새 언약)하셨다. <u>다섯 번째 배경</u>은 전과 같이 회복시켜 주실 것을 약속했음에도 불구하고 일부 순종하지 않는 사람들은 가뭄 때문에 애굽으로 이주한다. 이것을 정리하면

① (1- 10장) - 눈물

② (11-20장) - 가뭄

③ (21-30장) - 가뭄의 결과

④ (31-40장) - 부르짖음

⑤ (41-52장) - 애굽 이주

＊ **같은 시대에 활동한 선지자 암기법**

예 에미야(예레미야)　나(나훔)　바나나(스바냐)와 호박국(하박국)이 먹고 싶구나.

＊ **이름의 뜻 암기법** : 예레미야는 눈물의 선지자로 너무 많이 울어서 눈물을 자주 닦다 보니 눈가가 처져서 새우 눈이 되었다. 따라서 예레미야는 '여호와께서 **세우**신다'는 뜻이 된다.

＊ **활동시기 암기법** : 같은 시대에 활동한 선지자 암기법에서는 '예 에미야 나 바나나와 호박국이 먹고 싶구나'라고 했는데 시야가 너무 좋아 율법책을 발견한 요시야 왕, 먹을 것을 발견하지 못할 리가 없다. 먹을 것(바나나, 호박국, 오이)이 있는 곳에는 항상 요시야가 있다. 따라서 예레미야는 유다 요시야 왕 때 활동을 했다(**요시야 13년 ～ 시드기야 11년 말**).

＊ **선지자 기억법** : 예 애미야(예레미야) 네가 자꾸 눈을 흘기니까(힐기야) 나 무섭다 누가 나 좀 아나도(아나돗) - 베냐민 지파 아나돗의 제사장 힐기야의 아들 예레미야

＊ **해산하는 여인** : 사 42장(해산하는 여인이 청개구리를 낳았다), 사 48장(물건을 꺼내려면 택배를 해산해야 한다), 렘 6장(해산은 다리를 벌리고 한다), 렘 30장(멍에가 해삼같이 생겼다. 해삼 → 해산), 렘 49장(해산 후에는 탕이 제일이다), 미 4장(농기구는 국산도 중국산도 아닌 해산이다)

＊ **토기장이의 비유** : 롬 9장(교회 안내판은 진흙을 구워서 만들었다), 사 29장(항아리 = 토기), 사 30장(박제와 토기의 공통점, 박제 전과 진흙일 때는 물렁하던 것이 박제와 토기가 된 후에는 딱딱해졌다), 사 45장(싱크대는 스텐이 아닌 진흙을 구워서 만들었다), 사 64장(이사중이라는 팻말은 진흙을 구워서 만든 것이다), 렘 18장

＊ **바룩 내러티브**(이야기, story) : 렘 36장~45장

＊ **특징** : 예레미야서는 연대기 순으로 되어 있지 않았기 때문에 주제별로 정리하기가 어려운 선지서다. 그러므로 이해를 돕기 위해서 각 장마다 연대를 표기하였다.

예레미야 (52장)

저 자 : 예레미야

이름의 뜻 : '여호와께서 세우신다'

그는 **눈물의 선지자**(9:11, 13:17) 또는 고독의 선지자라고 불리어진다. 또한 그는 하나님의 강권에 의해 그 직분을 맡게 되었다(1:6). 아나돗의 제사장 힐기야의 아들인 그는 20세 때인 요시야 왕 13년에 선지자로 소명을 받았다. 그는 40년 이상의 오랜 기간을 갖은 반대와 박해를 무릅쓰고 변절한 유다를 향하여 하나님의 심판을 선포했다(11:18-23, 12:6, 18:18, 20:1-3, 26:1-24, 37:11-38:28). 젊은 제사장 예레미야가 선지자로 소명을 받은 시기는 이스라엘 역사의 가장 어두운 시대였다. 유다의 마지막 선왕 요시야의 부흥 운동은 이미 막을 내렸다. 유다의 파멸은 이제 돌이킬 수 없는 사실이 되었다. 따라서 그의 메시지는 구원의 소식이 아니라 심판의 선포이다. 하나님은 일찍이 이스라엘에게 수많은 선지자를 보내셨지만 그들은 듣지 않았다. 하나님을 배반한 나라는 신 28-30장에 예언된 심판을 면할 길이 없다. 바벨론은 곧 유다를 점령할 것이며, 백성들은 목숨을 위하여 항복하는 것만이 유일한 살길이라고 경고 한다. 극단적인 국수주의자들에 의해서 이 메시지는 즉각 배척을 당했다. 예레미야는 곧 간섭군과 반역자로 낙인이 찍혔고 왕과 귀족들 그리고 백성들까지도 그의 목숨을 노렸다. 그가 끝까지 자신의 소명에 성실했다는 것은 인간의 신념과 하나님의 은혜에 대한 산 증거를 보여주는 것이다.

제 목 : 주인공이며 기록자인 예레미야의 이름을 본 따서 제목이 붙여짐.

주 제 : 유다의 범죄로 인하여 바벨론 포로생활을 가져옴.

기록연대 : B.C. 약 627년-586년경

요 절 : 21:7, 14

기록목적 : 죄악에 대해서는 반드시 하나님의 심판이 있음을 눈물로 경고함으로써 유다 백성들이 자신들의 죄악을 깨닫고 회개하여 하나님께 돌아오도록 인도하기 위해 기록하였다.

특 징 : 예레미야서의 가장 특징적인 내용은 '**새 언약**'이다. 이 약속은 예레미야 당대에 편만한 '모세 언약'이나 '다윗 언약'에 근거한 단순한 회복이나 실현이 아니다. 가히 '새롭다'라는 형용사가 수반될 만큼 이전 언약에 비해 전혀 획기적인 사실이다. 하나님의 새로운 은혜란 하나님께서 자신의 백성의 죄악을 용서할 뿐 아니라, 각 개인의 심령을 새롭게 창조하여 하나님을 향해 새로운 생명을 가진 자로 세우시겠다는 것이다. 그러므로 하나님 나라의 백성으로서 하나님의 법을 온전히 지키게 할 뿐 아니라, 사죄의 은총을 내려 죄악을 극복할 수 있는 길을 열어 놓았다.

예레미야 (1-10장) - 눈물

① 살구나무 끓는가마
② 악한가지 이방 포도나무
③ come back please
④
⑤
⑥
⑦ 믹서기
제비
⑧
⑨ 휴지
⓪

예레미야(1-10장) 그림 배경설명 예레미야가 눈물의 선지자이므로 예레미야가 슬퍼하는 장면을 배경으로 합니다. 예레미야가 유다에 내려질 임박한 심판으로 인해 슬퍼하고 있으며 오른손으로는 이방 포도나무의 악한 가지로 망을 씌운 배를 쿡쿡 찌르고 있으며 그 위에는 살구나무와 끓는 가마가 있고 그 아래에는 'come back please 배역한 이스라엘아 돌아오라'고 호소하고 있습니다. 왼손으로는 살구, 배, 포도 등 과일이 많으므로 과일 쥬스를 해먹기 위해 믹서기를 들고 있으며 믹서는 혼합을 뜻하므로 믹서기는 하나님과 우상을 동시에 섬기는 것을 나타냅니다. 그 아래에는 돌아오지 않는 제비로 인해 예레미야가 휴지로 눈물을 닦으며 슬퍼하고 있으며 발밑에는 눈물을 닦고 버린 휴지들이 수북이 쌓여 있습니다. 예레미야가 너무 슬픈 나머지 경황이 없어 그 부분을 씻지 않아서 썩는 냄새가 나며 임박한 예루살렘 멸망의 공포로 인해 두 다리를 떨고 있습니다. 예레미야가 신고 있는 신은 O, X 표시가 되어 있는데 O가 표시된 신은 참 신을, X가 표시된 신은 거짓 신 즉 우상을 나타냅니다. 참고로 이 단원은 그림이 서로 잘 연결이 되지 않기 때문에 외우기가 쉽지 않습니다. 따라서 조금은 생뚱맞지만 예레미야가 슬피 울면서 오른손으로는 포도나무를, 왼손으로는 과일을 갈아 먹을 믹서기를 들고 있다면 눈에도 확 띄고 이 장면이 구심점이 되어 주변의 그림들도 암기하기 쉬워집니다.

1장 ① 살구나무 가지와 끓는 가마의 환상(11-19) - 살구나무는 성급한 나무로 불리며 다른 나무가 아직 동면에 빠져 있을 동안에 새싹을 내며 꽃을 피우고, 다른 나무가 겨우 잎을 낼 때 벌써 익은 과일을 낸다고 하여 지어진 이름이다. 따라서 이 이상은 하나님의 심판이 신속히 이루어질 것임을 보여주며 끓는 가마가 북에서부터 기울어진 것은 바벨론(북)이 유다 칠 것을 나타낸다. 솥이 끓으면서 우는 소리가 나는데 솥이 우는 소리를 솥명 즉 소명이라 한다.

② 예레미야의 소명(1-10) - B.C. 627년경
* 내가 너(예레미야)를 모태에 짓기 전에 너를 알았고(5) - 예레미야의 예는 예정할 때의 예
* 나는 아이라 말할 줄을 알지 못하나이다(6) - 아이는 애가 되므로 예(애)레미야가 한 말
* 여호와께서 내게 이르시되 너는 아이라 말하지 말고 내가 너를 누구에게 보내든지 너는 가며(7)
* 너를 여러 나라와 여러 왕국위에 세워(예레미야는 여호와께서 세우신다는 뜻이므로 이 구절은 예레미야에 나옴) 네가 그것들을 뽑고 파괴하며 파멸하며 넘어뜨리며 건설하고 심게 하였느니라(10)

2장

- 내가 너를 유다 백성들 앞에서 견고한 성읍, 쇠기둥, 놋성벽이 되게 하리라(18) - 10절과 비교

예레미야가 이방 포도나무의 악한 가지로 망을 씌운 배를 쿡쿡 찌르며 껄떡거리고 있다. 그래서 이 가지가 악한 가지가 된다. **망**을 씌운 **배** → **배**은**망**덕, 껄떡 → 헐떡

① 이방 포도나무의 악한 가지(1-37) = 배은망덕의 죄 - B.C. 620년경

- 내가 너를 순전한 참 종자 곧 귀한 포도나무(이스라엘)로 심었거늘 내게 대하여 이방 포도나무(이방 백성)의 악한 가지가 됨은 어찌 됨이냐(21) - 사 5:1-7 참조
- 신부가 어찌 그의 **예**복을 잊(**2**)겠느냐 오직 내 백성은 나를 잊었나니(32) - **예**레미야 **2**장

② 들암나귀들이~ 성욕이 일어나므로 **헐떡**거림 같았도다(24) - 바알을 갈망하는 음란한 모습

악한 가지가 2개이므로 두 가지 악이 된다.

③ 이스라엘의 2가지 악(13) - 내 백성이 두 가지 악을 행하였나니 곧 그들이 생수의 근원되는 나를 버린 것과 스스로 웅덩이를 판 것인데 그것은 그 물을 가두지 못할 터진 웅덩이들이니라(13) - 악한 가지가 두 손을 모아 기도(13)하는 모양이므로 이 구절은 13절이 된다.

3장 배역한 이스라엘아 돌아오라(1-25) - 배역한 자식들아 돌아오라(14, 22) - B.C. 620년경

- 내게 배역한 이스라엘이 간음을 행하였으므로~ 유다가 진심으로 내게 돌아오지 아니하고(8-10)

4장 예레미야가 유다에 내려질 임박한 심판으로 인해 슬퍼하고 있다.

① 유다에 내려질 임박한 심판(5-18) - B.C. 620년경

② 예레미야의 슬픔(19-31) - 슬프고 아프다 내 마음속이 아프고 내 마음이 답답하여(19) 우는 또 다른 이유는 마음의 할례를 위해 마음가죽을 베었으므로 아파서 우는 것이다.

③ 진실한 회개를 원하시는 여호와(1-4) - 요엘 2장 1번 참조

- 너희는 스스로 할례를 행하여 너희 마음 가죽을 베고 나 여호와께 속하라(4)

※ 마음가죽을 베었으므로 아파서 운다고 했으므로 예레미야의 슬픔(4,8,9장)중 4장이 아프다고 나옴

마음 가죽을 베었으므로 너무 아파서 예레미야가 **묵은 땅**을 흘리고 있다.

④ 너희 **묵은 땅**(죄악 가운데 방치해 두었던 마음)을 갈고 가시덤불에 파종하지 말라(3)

5장 너무 슬픈 나머지 경황이 없어 그 부분을 씻지 않아서 썩는 냄새가 난다.

유다는 썩을 대로 썩었다(1-31) - 심판의 불가피성 - B.C. 615년경

- 너희는 예루살렘 거리로 빨리 다니며 그 넓은 거리에서 찾아보고 알라 너희가 만일 정의를 행하며 진리를 구하는 자를 **한 사람이라도 찾으면** 내가 이 성읍을 용서하리라(1) - 그 만큼 썩었다는 뜻.

6장 임박한 예루살렘 멸망의 공포로 인해 (예루살렘 망대 같이 생긴) 두 다리를 떨고 있다.

① 임박한 예루살렘 멸망의 공포(1-30) - 예루살렘 함락이 임박했음을 경고함 - B.C. 615년경

- 고통이 우리를 잡았으므로 그 아픔이 **해산하는 여인** 같도다(24) - 해산할 때는 다리를 벌리고 한다

잘 걸으려면 다리가 **평**평하고 **강**해야 하는데 평강하지 못해서 다리를 떨고 있다.

② 그들이 내 백성의 상처를 가볍게 여기면서 말하기를 평강하다 평강하다 하나 평강이 없도다(14)

7장 살구·배·포도 등 과일이 많으므로 쥬스를 해먹기 위해 예레미야가 믹서기를 들고 있는데 믹서는 혼합을 뜻하므로 믹서기는 하나님과 우상을 동시에 섬기는 것을 나타낸다.

① 하나님과 우상을 동시에 섬기는 혼합주의 신앙 심판(1-29) - 예레미야 선지자는 유다 백성들이 성전에서 하나님께 예배를 드리는 동시에 또한 우상을 숭배하는 가증스런 죄악에 대해 책망하면서 그에 대한 심판을 선포하고 있다 - 예레미야의 성전 설교Ⅰ - B.C. 610년경

믹서기 외관은 순복음교회 여의도(여호와) 성전을 닮았고 안은 도둑놈 소굴같이 생겼다.

② 너는 이것이 여호와의 성전이라 여호와의 성전이라 여호와의 성전이라 하는 거짓말을 믿지말라(4)

③ 내 이름으로 일컬음을 받는 이 집이 너희 눈에는 도둑의 소굴로 보이느냐(11, 마 21:13)

믹서기에서 믹 → 민(民, 백성)으로 바꾸며 서는 stop(스톱)을, 기는 기도를 나타낸다.

④ 그런즉 너는 이 백성을 위하여 기도하지 말라(16) - 11:14절에도 같은 구절이 나온다.
믹서기는 과일을 가는 기계로 간다는 것은 살륙을 뜻하며 믹서기 안은 골짜기 같다.
⑤ 살륙의 골짜기(30-34) - 힌놈의 아들 골짜기에서 자기의 자녀들을 우상의 제물로 불사르는 악행을 저지름으로 그곳이 살륙(죽임)의 골짜기로 변경될 정도로 혹독하게 심판하실 것을 말씀하셨다.

8장 돌아오지 않는 제비로 인해 예레미야가 휴지로 눈물을 닦으며 슬퍼하고 있다. 돌아오지 않는 제비는 회개하지 않는 유다를 나타낸다.
① 회개하지 않는 유다 책망(1-17) - 공중의 학은 그 정한 시기를 알고 산비둘기와 제비와 두루미는 그들이 올 때를 지키거늘 내 백성은 여호와의 규례를 알지 못하도다(7) - 철새는 계절이 바뀌면 반드시 돌아오지만 하나님의 백성은 하나님께 돌아올 줄을 모른다는 뜻.
② 예레미야의 슬픔(18-22) - B.C. 610년경
무덤에서 뼈를 꺼낼 때 뼈에 흙이 묻어서 검은 색과 흰색이 섞인 것이 제비와 비슷하다.
③ 여호와의 말씀이니라 그 때에 사람들이 유다 왕들의 뼈와 그의 지도자들의 뼈와 제사장들의 뼈와 선지자들의 뼈와 예루살렘 주민의 뼈를 그 무덤에서 끌어내어(1)

9장 예레미야가 돌아오지 않는 제비로 인해 너무 슬퍼서 눈물을 닦고 버린 휴지들이 발밑에 수북이 쌓여 있으며 눈물을 닦은 휴지는 슬픔을 나타낸다. B.C. 610년경
① 예레미야의 슬픔(1-11)
• 어찌하면 내 머리는 물이 되고 내 눈은 눈물 근원이 될꼬(1) - 렘 4, 8, 9장은 슬픔장이며 수북이 쌓인 휴지가 슬픔이 그만큼 크다는 것을 나타내므로 이 구절은 9장이 된다.
눈물을 닦은 휴지가 수북이 쌓여 있다는 것은 그만큼 슬픔이 많다는 것이며 슬픔이 많은 곳은 초상집이 그러하다.
② 초상집을 비유로 한 유다에 대한 하나님의 심판(12-22) - 이방 세력에 의해 유다와 예루살렘이 초토화되고 그 백성은 도처로 사로잡혀 갈 상황을 초상집에 비유하여 묘사하고 있다. 눈물을 닦고 버린 휴지처럼 더러운 것을 어린 아이의 말로 '지지'라 하며 하나님의 백성들은 여호와 하나님만을 지지해야 한다(섬겨야 한다).
③ 여호와 하나님만 섬기라(23-26)
지지 → 지혜로운 자는 그의 지혜를 자랑하지 말고 하나님 아는 것을 자랑하라.
④ 여호와께서 이와 같이 말씀하시되 지혜로운 자는 그의 지혜를 자랑하지 말라 용사는 그의 용맹을 자랑하지 말라 부자는 그의 부함을 자랑하지 말라 자랑하는 자는 이것으로 자랑할지니 곧 명철하여 나를 아는 것과 나 여호와는 사랑과 정의와 공의를 땅에 행하는 자인 줄 깨닫는 것이라 나는 이 일을 기뻐하노라(23-24) - 우리는 이사(24)님을 지지한다.
휴지에는 눈물뿐만 아니라 가래도 뱉는데 가래는 여에서 나오는 죽이라 할 수 있다.
⑤ 그들의 여는 죽이는 화살이라~ 그 이웃에게 평화를 말하나 마음으로는 해를 꾸미는도다(8)

10장 예레미야가 신고 있는 신은 O, X 표시가 되어 있는데 O가 표시된 신은 참 신을, X가 표시된 신은 거짓 신 즉 우상을 나타낸다.
① 참 신과 거짓 신(1-16) - 이방인들의 우상은 헛된 것이며 창조주요 구속주이신 하나님만이 참 신이심을 우상과 하나님을 비교하여 설명하고 있다 - B.C. 610년경
• 그들은 다 무지하고 어리석은 것이니 우상의 가르침은 나무뿐이라(8)
• 오직 여호와는 참 하나님이시요 살아계신 하나님이시요 영원한 왕이시라(10) - 예레미야의 고백 O, X 표시가 된 이 신을 신고 걸으면 이상하게 사자 걸음으로 걷게 된다.
② 여호와여 내가 알거니와 사람의 길이 자신에게 있지 아니하니 걸음을 지도함이 걷는 자에게 있지 아니하니이다(23) - O, X 표시가 된 이 신을 신고 걸으면 이상(23)하게 사자걸음으로 걷게 된다.

예레미야 (11-20장) - 가뭄

① 살인적인 ⟶ 가뭄 ④
② 항 변
③ 베띠와 포도주
⑤ 네마리 벌
⑥ 3개의 금지 표시
⑦ 성수 짐
⑧ 토기장이
⑨ 깨진 옹기
⑩ 철조망

예레미야(11-20장) 그림 배경설명　**언약**도 **파기**할 만큼 **살인**적인 가뭄을 배경으로 했으며 이는 출애굽 당시 맺었던 하나님과의 **언약**을 **파기**한 유다의 죄를 고발하고 심판을 선포했기 때문에 예레미야가 고향사람들에게 **살해** 위협을 받는 것을 말합니다. 가뭄 때문에 응가하고 손 씻을 물도 없어 베띠로 닦고 포도주로 손을 씻어야 하며 네 마리의 벌이 3개의 금지 표지판을 매달고 한 방울의 물이라도 마시려고 필사적으로 수돗물로 날아가고 있습니다. 수돗물 옆에 있는 대접에는 물이 있는데 가뭄에는 대접에 있는 적은 물도 귀한 물이므로 성수가 되며 성수는 짐 즉 왕들이나 먹을 수 있기 때문에 짐만 먹을 수 있다는 표시로 대접에 짐이라고 써 놓았습니다. 네 마리의 벌들은 가뭄으로 물이 나오지 않는 수돗물로 향하지만 유독 한 마리의 벌만 물이 있는 대접으로 날아가는데 똑똑한 이 벌의 이름은 **죄와 벌**이라고 합니다. 토기장이가 진흙으로 옹기를 만들던 중 파상하매 다시 만들고 있는데 옹기도 물이 있어야 만들므로 토기장이는 가뭄의 장에 나옵니다. 대접의 옆에는 착고에 채여 감옥에 갇힌 예레미야가 가뭄 때문에 갈증이 나서 답답해합니다. 옆에 있는 대접의 물을 마시면 답답함이 가실 것 같습니다. 참고로 토기장이의 꼿꼿이 앉아 있는 자세가 1이고 그 옆의 옹기가 8자 모양이므로 토기장이는 18장에 나옵니다.

11장 ① 하나님과의 언약을 파기한 유다에 심판을 선포하는 예레미야(1-17) - B.C. 610년경
　　② 예레미야 살해음모(18-23) - 이 백성을 위하여 기도하지 말라(14) - 살해위협 받으니 당연하다
12장　　항(肛, 항문 항) + 변 = 항변,　그림 참조
　　① 예레미야의 항변(1-4) - 고향에서 배척당한 예레미야가 낙심하여 악인의 형통에 대하여 불평하며 하나님께 질문하는 장면이다(신정론) - B.C. 610년경
　• 내가 주께 질문하옵나니 악한 자의 길이 형통하며 반역한 자가 다 평안함은 무슨 까닭이니이까(1) 변으로 끝나는 낱말 중에 항변 말고 답변도 있다.
　　② 하나님의 답변(5-17) - 악인에게 심판 하실 것과 남은 자들의 회복을 계시하신다.
　　　요단강 물이 넘치는 곳에서 응가하고 있는데 그 옆으로 **보행자**와 **말**이 달려가고 있다.
　　③ 만일 네가 **보행자**와 함께 달려도 피곤하면 어찌 능히 **말**과 경주하겠느냐 네가 평안한 땅에서는 무사하려니와 **요단 강 물이 넘칠 때에는** 어찌하겠느냐(5) - 1-4절의 답으로 현재의 이 고난이 견디기 어려우면 장차 유다에 재난과 파멸이 닥치면 어떻게 극복하겠느냐는 뜻이다.

13장 　 가뭄 때문에 응가하고 나면 손 씻을 물도 없어 베띠로 닦고 포도주로 손을 씻어야 한다.
　① **썩은 베띠와 포도주 병의 비유**(1-14) - B.C. 610년경
　• 썩은 베띠 - 유다백성이 교만했기 때문에 베띠가 썩어서 쓸모없이 된 것처럼 유다왕국도 장차
　　바벨론에 패망하여 전혀 쓸모없는 나라가 될 것을 비유. 베띠를 감춘 곳은 유브라데 바위 틈.
　• 포도주 병 - 포도주에 취해서 그들에게 다가오는 징벌에 대비할 수 없게 만든다는 비유.
　• 그들이 네게 이르기를 모든 가죽부대가 **포도주**로 찰 줄을 우리가 어찌 알지 못하리요 하리니(12)
　　베는 삼베의 준말이며 삼(3)베는 배신에 대한 '3가지 경고'로 바꿀 수 있다.
　② **유다를 향한 3가지 경고**(15-27) - 유다 백성들의 교만을 경고, 왕과 왕후(여호야긴, 느후스
　　다)와 유다백성이 포로될 것을 경고, 유다가 바벨론을 통해 심판을 받고 수치를 당할 것을 경고.
　　썩은 베띠가 표범의 반점 같다.
　③ 구스인이 그의 피부를, 표범이 그의 반점을 변하게 할 수 있느냐 할 수 있을진대 악에 익숙한 너희
　　도 선을 행할 수 있으리라(23) - 징벌을 피할 수 없다는 뜻 - 농담(23)이지요 그건 불가능합니다.
14장 　 말라버린 수돗물은 가뭄을 나타내며 물방울 3개가 **중력**에 의해 아래로 떨어지고 있다.
　① **가뭄 재앙**(1-6) - 어찌하여 하룻밤을 유숙하는 나그네 같이 하시나이까(8) - 하룻밤을 유숙
　　하는 나그네들은 혹시나 모를 허기를 채우기 위해서 물이 있는 수돗가(렘 14장)에 머문다. 따
　　라서 하룻밤을 유숙하는 나그네는 렘 14장에 나온다.
　• 어찌하여 놀란 자 같으시며 구원하지 못하는 용사 같으시니이까~ 우리를 버리지 마옵소서(9)
　• 어찌하여 우리를 치시고 치료하지 아니하시나이까~ 치료받기를 기다리나 두려움만 보나이다(19)
　② **예레미야의 3차 중보기도**(7-22) - 심판의 일환으로 유다전역에 엄습한 극심한 가뭄으로 인해
　　처참한 지경에 이른 유다 백성들을 위해 예레미야가 3차의 중보기도를 드린다 - B.C. 610년경
　※ 가뭄(렘 14장) 등 국가적 재난이 오면 꼭 거짓 선지자들이 θ의 이름으로 거짓 예언을 한다(14).
15장 　 4마리 벌(4가지 벌)이 한 방울의 물이라도 마시려고 **비탄**(날아가는 탄알) 같이 수돗물
　　을 향해 **위로** 날아가고 있다(그림 상 수돗물이 4마리 벌보다 위에 있다).
　① **유다에게 내릴 4가지 벌**(1-9) - 죽이는 칼·찢는 개·공중의 새·땅의 짐승 - B.C. 610년경
　② **예레미야의 비탄과 하나님의 위로**(10-21) - 3차에 걸친 중보기도에도 불구하고 유다를
　　심판하실 뜻(4가지 벌)을 철회하지 않음으로 예레미야가 낙심하자 위로해 주시는 장면이다.
　　벌이 네시내(넷이네).
　③ 주께서는 **내**게 대하여 물이 말라서 속이는 **시내** 같으시리이까(18)
　　우리는 벌에서 꿀(말씀)을 얻어 먹는다. 참고로 성경에서 꿀과 떡은 말씀을 나타낸다.
　④ 내가 주의 **말씀**을 얻어 먹었사오니 주의 말씀은 내게 기쁨과 내 마음의 즐거움이오나(16, 겔3, 계10)
　　벌 4마리 중 맨 앞에 있는 벌은 모사(謀士)에 해당한다. 　 모사 → **모**세와 **사**무엘
　⑤ 모세와 사무엘이 내 앞에 섰다 할지라도 내 마음은 이 백성을 향할 수 없나니~ 쫓아 내보내라(1)
16장 　 3개의 금지표시 - 유다에 임할 재앙이 임박했음을 나타낸다. 　 B.C. 610년경
　　예레미야를 향한 3가지 금지명령(1-13) - 결혼금지(2)·초상집 금지(5)·잔칫집 금지(8)
17장 　 가뭄에는 대접에 있는 적은 물도 귀한 물이므로 성수가 되며 대접에 짐이라 써 있는
　　데 대접은 돌처럼 단단하기 때문에 짐이라는 글씨는 금강석 끝 철필로 써야한다.
　① **안식일 성수**(19-27) - 안식일에 너희 집에서 **짐**을 내지 말며 어떤 일이라도 하지 말고(22)
　※ 성수 → 생수로 바꾸며 따라서 '생수의 근원이신 여호와를 버림이니이다(13)'라는 말씀이 나온다.
　　물건의 짐 말고 **마음**의 짐도 있다. 마음의 짐은 사람의 속을 썩게 만든다(**부패**).
　② 만물보다 거짓되고 심히 **부패**한 것은 **마음**이라(9) - 짐(9)이 9절을 나타낸다.
　　이 벌의 이름은 죄와 벌이며 다른 벌들이 대접의 물을 먹지 못하도록 기도를 서고 있다.

③ **유다의 죄와 벌**(1-11) - 금강석 끝 철필로 기록된 것은 **유다의 죄**(1) - B.C. 610년경

④ **예레미야의 기도**(12-18) - 예레미야가 유다 백성들을 위해 하나님께 탄원의 간구를 드린다. **가뭄**과 대접에 있는 **물**을 이용해서 중요요절을 만들면 다음과 같다.

⑤ 무릇 여호와를 의지하며 여호와를 의뢰하는 그 사람은 복을 받을 것이라 그는 **물**가에 심어진 나무가 그 뿌리를 강변에 뻗치고 더위(가뭄에는 덥다)가 올지라도 두려워하지 아니하며 그 잎이 청청하며 가무는(**가뭄**) 해에도 걱정이 없고 결실이 그치지 아니함 같으리라(7-8) - cf. 시 1편

18장 ① **토기장이의 비유**(1-17) - 하나님의 절대주권을 가르치기 위한 비유로서 토기장이가 진흙으로 그릇을 빚다가 제대로 되지 않으면 그 흙으로 다른 그릇을 빚듯이 범죄하여 Θ의 뜻을 거스리는 유다를, 징계를 통하여 순종하는 유다로 만드는 것이 어찌 Θ의 소관이 아니겠느냐는 것이다. 토기장이가 진흙을 잡고 있다.

② **예레미야를 잡으려는 백성들**(18-23) - B.C. 605년경

19장 **깨진 옹기**(1-15) - 힌놈의 아들 골짜기에서 자녀들을 우상의 제물로 불사르는 악행을 저지름으로 그곳이 **죽임의 골짜기**로 불릴 것이라 말씀하셨으며 힌놈의 아들 골짜기에서 옹기를 깨트려 산산조각 내듯, 결국 유다의 운명도 이와 같이 될 것이라고 경고한다(cf. 7장) - B.C. 605년경

20장 착고에 채여 감옥에 갇힌 예레미야가 가뭄 때문에 갈증이 나서 답답해한다. 옆에 있는 대접의 물을 마시면 답답함이 가실 것 같다(감옥에 갇힌 예레미야와 대접의 물을 짝지어 준다).

① **착고에 채여 감옥에 갇힌 예레미야**(1-6) - B.C. 605년경

② **말씀을 선포하지만 그 때문에 멸시만 당하는 자신의 신세를 한탄하며 답답해하는 예레미야**(7-18) - 내가 다시는 여호와를 선포하지 아니하며 그의 이름으로 말하지 아니하리라 하면 나의 마음이 불붙는 것 같아서 골수에 사무치니 답답하여 견딜 수 없나이다(9) - 철조망(09)

• 내 생일이 저주를 받았더면(14) - 감옥에서 예레미야가 자신의 신세를 한탄하며 **생일을 저주**한다. 착고에 채여 감옥에 갇혀서 답답하다. 이 감옥을 바스흐고 싶다.   바스흐 → 바스훌

③ **예레미야와 바스훌**(1-6) - 예레미야가 옹기를 깨뜨리며 유다의 멸망을 예언했다는 소식을 들은 성전 총감독 바스훌은 곧장 예레미야를 잡아 폭행(바스고가 폭행을 암시)한 후 감금시킨다. 다음날 착고를 풀어줄 때 바스훌은 예레미야에게 **밋** 보여서 말뼉다구(**마골밋**사법)라는 이름을 받는다.

예레미야 (21-30장) - 가뭄의 결과

가뭄의 결과를 배경으로 했으며 가뭄이 심해서 그 결과 모든 생선들이 바싹 말라서 멸치처럼 되어 버렸으며 나무는 수분을 흡수하지 못해 가지만 앙상하게 남았는데 왼쪽의 가지에는 여호아하스라고 쓴 긴 김이 걸려 있고 오른쪽의 가지는 '의' 자 모양처럼 생겼습니다. 가뭄으로 무화과 농사를 망쳐버렸는데 보는 것 같이 무화과 두 광주리 중 한개는 잘되고 나머지 한개는 썩어 있습니다. 사람들도 정신이 이상해져서 멍하게 있는 사람도 있고 손가락 1개를 세우고 이것이 하나냐 둘이냐 하다가 결국 죽는 사람도 생겼으며 그 아래에는 우체부 아저씨가 편지를 배달하고 있습니다. 우측 맨 위에는 멍에가 꺾어져 있는 데 멍에가 꺾어진 것은 바벨론의 멍에를 꺾는다 즉 바벨론의 멍에에서 해방되어 포로 귀환할 것을 말합니다. 여자 기상캐스터가 이번 가뭄은 70년만의 가뭄이었다며 가뭄의 결과를 발표하고 있으며 이 기상캐스터는 우체부의 처형이 될 뻔하기도 했습니다. 참고로 무화과 2광주리와 멍하게 있는 2사람, 그리고 꺾어진 멍에 2개가 이곳이 20단위(21-30장)임을 나타내줍니다.

21장   가뭄이 심해서 모든 생선들이 멸치(멸망)처럼 바싹 말라서 **생사의 기로**에 서 있다.
   ① 예루살렘 멸망 예언(1-10) - 바벨론의 침공을 받자 당황한 시드기야가 옥중의 예레미야에게 기도해 줄 것을 부탁했고 예레미야는 예루살렘이 바벨론 왕의 손에 붙임이 될 것이며 바벨론에 항복하는 길만이 살길이라고 하나님의 메시지를 전한다 - B.C. 588년경
      (암기방법) 생선 중 시들(시드기야)하게 생긴 황복(항복)이 바벨을 쳐들면서(바벨론이 쳐들어옴) '열심히 운동하고 있으니 나이트클럽의 기도자리를 알아봐 달라'고 부탁하고 있다(기도의 부탁)
   ② 보라 내가 너희 앞에 생명의 길과 사망의 길을 두었노라 너는 이 백성에게 전하라 하셨느니라(8)
22장   가뭄의 결과 나무는 수분을 흡수하지 못해 가지만 앙상하게 남았으며 가지에 '여호아하스라고 써진 **긴 김**'이 걸려있다. 참고로 긴 화살이나 긴 꼬리, 긴 김에는 긴 이름인 여호아하스(살룸)가 꼭 써 있다.   김 → 여호야**김**,   긴 → 여호야**긴**(고니야, 여고냐)
      여호아하스·여호야김·여호야긴 3왕에 대한 예언(1-30) - B.C. 589년경

      ※ 살룸 - 잡혀 간 곳에서 죽으리니 이 땅을 다시 보지 못함, 여호야김 - 나귀같이 매장을 당함 (김을 매다), 여호야긴 - 나의 오른손의 인장반지라 할지라도 빼어 갈대아인의 손에 줄 것이라
23장   오른쪽 가지 - '의(義)'자 모양의 가지
   ① 의로운 가지(1-8) - 메시야 예언 - 메시야가 왕이 되어 정의와 공의를 행할 것이라는 예언.
   • 보라 때가 이르리니 내가 다윗에게 한 **의로운 가지**를 일으킬 것이라 그가 왕이 되어 지혜롭게 다스리며 세상에서 정의와 공의를 행할 것이며 그의 날에 유다는 구원을 받겠고 이스라엘은 평안히 살 것이며 그의 이름은 **여호와 우리의 공의**라 일컬음을 받으리라(5-6) - B.C. 599년경 義(의)와 비슷한 한자 중에 善(선)이 있는데 선은 짝퉁이므로 거짓 선지자가 된다.
   ② 거짓 선지자들에 대한 말씀(9-32) - (짝퉁) 선지자들에 대한 말씀이라 내 마음이 상하며 내 모든 뼈가 떨리며~ 포도주에 잡힌 사람 같으니 이는 여호와와 그 거룩한 말씀 때문이라(9)
   • 내 말이 불 같지 아니하냐~ **방망이** 같지 아니하냐(29) - 짝퉁 선지자는 불방망이로 패야한다. 짝퉁 선지자들은 거짓을 진실처럼 말하기위해 '여호와의 엄중한 말씀'이라고 말한다.
   ③ 여호와의 엄중한 말씀(33-40) - 이 말씀은 여호와의 엄중한 말씀이니 너희는 말하지 말라 하였으나 너희가 여호와의 엄중한 말씀이라 하였은즉~ 영구한 수치를 당하게 하리라(38-40)
24장   가뭄이 심해서 그 결과 무화과 농사를 망쳤는데 반은 잘되고 반은 썩어 있다.
      무화과 두 광주리 비유(1-10) - B.C. 597년경
   • 좋은 무화과 - 하나님께 순종하여 유다 땅에서 옮겨 바벨론으로 간 유다 포로들(5)

- 악한 무화과 - 하나님께 불순종하여 유다에 남거나 애굽으로 피신한 자들(8)

25장 가뭄이 다 끝난 후 기상청에서 이번 가뭄은 70년만의 가뭄이었다고 결과를 발표하고 있다.

70년 바벨론 포로예언(1-11) - 하나님의 선민을 70년 동안 포로생활하게 만든 바벨론 뿐만 아니라 유다에게 악한 영향을 끼친 열방도 심판하신다는 내용이 담겨있다 - B.C. 605년경

- 이 모든 땅이 폐허가 되어 놀랄 일이 될 것이며 이 민족들은 70년동안 바벨론 왕을 섬기리라(11)

26장 여자 기상캐스터가 가뭄의 결과를 발표하고 있다. 발표(설명)하다 → 설교하다

① **예레미야가 설교하다(1-7)** - 회개하고 악한 길에서 떠나면 내리고자 했던 재앙을 돌이키겠으나 듣지 아니하면 심판하신다는 내용이다 - **예레미야의 성전 설교 II** - B.C. 608년경

이 기상캐스터는 9번에 나오는 우체부의 처형이 될 뻔하기도 했다.

② **예레미야가 처형될 뻔하다(8-24)** - 사반의 아들 **아히감**과 장로 몇이 히스기야시대에 미가가 유다에 대해 재앙을 예언했으나 죽이지 않은 것을 예로 들어 예레미야를 보호했으며 반대로 예레미야와 같은 예언을 했던 **우리야** 선지자는 처형당한다 - **아히 감**짝이야 처형되는 줄 알았네

27장 가뭄으로 정신이 이상해져서 멍~ 해 있다. 멍 → 멍에(복종을 뜻한다)

바벨론의 멍에를 메라(1-22) - 바벨론의 멍에를 메야 살수 있다는 메시지 - B.C. 594년경

- 바벨론 왕 느부갓네살을 섬기지 아니하며 그 목으로 바벨론 왕의 멍에를 메지 아니하는 백성과 나라는 내가 그들이 멸망하기까지 칼과 기근과 전염병으로 그 민족을 벌하리라(8)

28장 가뭄으로 정신이 멍해져서 자기 손가락 1개를 세우고 이것이 하나냐 둘이냐 하다가 결국 죽고 만다. 이것이 하나냐 둘이냐 하는 것은 논쟁을 뜻한다.

거짓 선지자 하나냐와 예레미야의 논쟁(1-17) - 하나냐가 '하나님이 바벨론에 끌려간 포로들을 2년 내에 다시 돌아오게 하실 것이다' 라고 거짓 예언하였으나 결국 예레미야의 예언대로 2개월(이것이 하나냐 둘이냐) 만에 죽고 만다 - B.C. 593년경

29장 우체부 아저씨가 편지를 배달하고 있다.

① **바벨론 포로에게 보내는 예레미야의 편지(1-23)** - 바벨론에서 정착하여 살고 있으면 70년 뒤에는 다시 돌아오게 하겠다는 내용(4-10)으로 이 편지에 대해 포로민들을 대표한 거짓 선지자 **스마야**가 예레미야를 반박하는 편지를 예루살렘의 제사장들에게 보낸다 - B.C. 596년경 (암기방법) 예레미야가 바벨론 포로에게 편지를 쓰므로 **스마야**가 편지 **쓰지마야** 라고 소리친다. 간난(12)아 개똥(13)아~ 우체부 아저씨가 큰 소리로 부르짖으며 편지 임자를 찾고 있다. 온 마음으로 찾고 찾으면 편지 임자를 만날 것이다.

② 너희가 내게 부르짖으며 내게 와서 기도하면 내가 너희들의 기도를 들을 것이요 너희가 온 마음으로 나를 구하면 나를 찾을 것이요 나를 만나리라(12-13) - 간난(12)아 개똥(13)아

편지를 받으면 어떤 내용일까 궁금하고(미래) 마음이 설렌다(희망). 따라서 **편지**는 **평**안과 미래와 희망이다.

③ 너희를 향한 나의 생각을 내가 아나니 평안이요 재앙이 아니니라 너희에게 미래와 희망을 주는 것이니라(11) - 편지의 양쪽선은 숫자로 11이 되므로 편지와 관련된 이 구절은 11절이 된다.

30장 멍에가 꺾어져 있는데 이것은 바벨론의 멍에에서 해방되어 포로 귀환할 것을 말한다.

① **바벨론 포로 귀환 예언(1-24)** = 이스라엘의 회복 예언(B.C. 596년경) - 그날에 내가 네 목에서 그 멍에를 꺾어버리며 네 줄을 끊으리니 이방인이 다시는 너희를 부리지 못할 것이며 너희는 너희 하나님 나 여호와를 섬기며 내가 너희를 위하여 일으킬 너희 왕 다윗을 섬기리라(8-9) 꺾어진 멍에의 좌측에는 Θ(데타, 하나님의 약자), 우측에는 백성이라고 써 있다.

② 너희는 내 백성이 되겠고 나는 너희들의 하나님이 되리라(22) - 꺾어진 멍에는 좌측에 2개, 우측에 2개이므로 22절이 된다.

예레미야 (31-40장) - 부르짖음

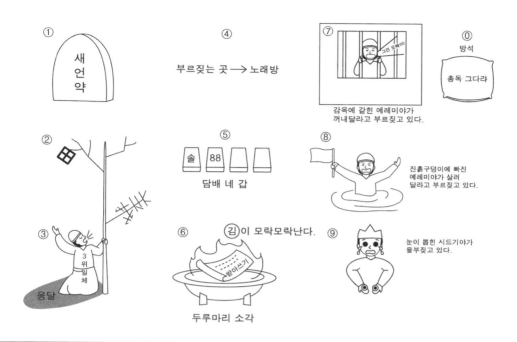

예레미야(31-40장) 그림 배경설명   부르짖음을 배경으로 했으며 부르짖음이 배경이므로 그림들 대부분이 부르짖음과 관계가 있습니다. 가뭄의 결과 사람들 정신까지 이상해지자 결국 예레미야가 하나님께 '전과 같이 회복시켜 달라'고 부르짖었고 하나님께서 전과 같이 회복시켜 주실 것을 약속(새 언약) 하셨으며 응답진 곳에서 3위일체라고 쓴 옷을 입고 부르짖는 것은 성 3위일체 하나님께 부르짖어 꼭 응답받겠다는 강한 의지가 담겨 있습니다. 마른나무의 왼쪽에는 밭전(田) 자 같기도 하고 감옥 같기도 한 물건이 아슬아슬하게 매달려 있고 오른쪽가지는 의(義) 자처럼 생겼습니다. 신나게 부르짖는 곳이 또 있으니 노래방이 그러하며 노래방에서 18번 '시드기야의 운명'을 불렀습니다. 노래방에서는 담배도 파는데 순한 담배 네 갑이 있으며 그 밑에는 '받아쓰기'라고 적힌 두루마리를 소각하고 있는데 소각할 때 김(여호야김)이 모락모락 나며 담배에 불을 붙일 때 화로에 있는 불로 붙이면 되므로 35장과 36장은 한 짝이 되며 연대는 여호야김 때가 됩니다. 감옥에 갇힌 예레미야가 "그건 오해야"라고 말하며 감옥에서 꺼내달라고 부르짖고 있는데 32장의 감옥과 같으므로 32장과 37장은 연대가 같습니다. 또한 감옥에 면회오는 사람들을 위해 앉을 방석이 있어야 하므로 감옥 옆에 방석을 갖다 놓았으며 방석에는 '총독 그다랴'라고 써 있습니다. 감옥 아래에는 진흙구덩이에 빠진 예레미야가 항복을 뜻하는 백기를 들고 살려달라고 부르짖고 있습니다. 그 밑에는 두 눈이 뽑힌 시드기야가 울부짖으며 괴로워하고 있습니다. 참고로 3위일체와 새(3) 언약이 이곳이 30단위(31-40장)임을 나타내줍니다.

31장   예레미야가 부르짖자 하나님께서 전과 같이 **회복**시켜 주실 것을 약속(**새 언약**) 하셨다.
- ① 이스라엘의 회복(1-30) - 라마에서 슬퍼하며 통곡하는 소리가 들리니 라헬이 그 자식 때문에 애곡하는 것이라(15) - 돌판이 비석같이 생겼고 비석 앞에서 슬퍼하고 통곡하므로 라헬이 슬퍼하는 장면은 31장에 나오며 슬픔과 관계된 선지자는 예레미야가 된다 - B.C. 596년경 돌판이 신 자와 비슷하게 생겼다.   신 → 신 포도
- ② 다시는 아버지가 **신 포도**를 먹었으므로 아들들의 이가 시다 하지 아니하겠고(29, 겔 18:2) - 누구나 자기의 죄악으로 죽으리라는 뜻.

③ 새 언약(31-40) - 그리스도의 피로 맺게 될 언약으로서 오늘날 그리스도를 통해 성취되었다.

• 보라 날이 이르리니 내가 (3,1절에) 이스라엘 집과 유다 집에 새 언약을 맺으리라(31)

• 이 언약(새 언약)은 내가~ 애굽 땅에서 인도하여 내던 날에 맺은 것과 같지 아니할 것은(32)

• 내가 이스라엘 집과 맺을 언약은 이러하니 곧 내가 나의 법을 그들의 속에 두며 그들의 마음에 기록하여 나는 그들의 θ이 되고 그들은 내 백성이 될 것이라(33) - 30:22, 겔 11:20, 호 2:23
돌판은 크고 작은 **알**갱이로 구성되어 있다.

④ 너는 여호와를 **알**라 하지 아니하리니 이는 작은 자로부터 큰 자까지 다 나를 **알**기 때문이라(34)

32장   밭전(田)자 같기도 하고 감옥 같기도 한 물건이 아슬아슬하게 매달려 있는데 아슬아슬하다는 것은 바벨론의 공격으로 예루살렘이 풍전등화와 같은 위기에 처한 것을 말한다.

① 예레미야가 감옥에 갇히다(1-5) - 밭전 자 가운데가 열십자 모양이므로 **시드기야 10년**에 예루살렘 멸망을 예언했다는 이유로 예레미야가 시위대 뜰에 갇힌다 - B.C. 587년경

② 예레미야가 밭을 사다(6-44) - 바벨론에 공격당하고 있던 때에 **하나멜**(밭을 멜 때의 멜, 숙부 살룸의 아들)의 밭을 샀다는 것은 유다가 반드시 회복될 것이라는 사실을 강력히 시사하는 행위였다 - B.C. 587년경

※ 37장과 배경이 같으며 시위대 뜰에 갇혔을 때 은 17세겔을 주고 밭을 샀다(37:17-21 참조).

33장   예레미야가 전과 같이 **회복**시켜 달라고 응답(응답)진 곳에서 **부르짖**고 있다.

① 이스라엘의 회복(1-13) - 31장에 이어 이스라엘의 회복을 다시 한번 강조하고 있다.

② 너는 내게 **부르짖으**라 내가 네게 **응답**하겠고 네가 알지 못하는 크고 비밀한 일을 네게 보이리라(3) - 예레미야가 '3위일체'라고 쓴 옷을 입고 응답에서 부르짖으므로 이 구절은 3절이 된다.
3위일체는 3위일체 하나님을 말하며 이는 하나님 이름이 3번 나오는 것을 나타낸다.

③ 일을 행하시는 여호와, 그것을 만들며 성취하시는 여호와, 그의 이름을 여호와라 하는 이(2)가 이(2)와 같이 이(2)르시도다(2)
'의(義)'자 모양의 가지(메시야 예언) - B.C. 587년경

④ 공의로운 가지(14-26) - 23장에는 가뭄의 장이므로 공이 빠진 '의로운 가지'로 나온다.

34장   신나게 부르짖는 곳이 있으니 노래방이 그러하며 노래방에서 시드기야의 운명을 불렀다.

① 시드기야의 운명(1-7) - B.C. 587년경
번개팅은 노래방에서 자주한다.   **노래**(노예) **방**(해방) **번개**(변개)팅

② 노예해방 약속을 변개한 시드기야(8-22) - 애굽이 시드기야를 돕기 위해 원군을 보냈고, 애굽군을 치기위해 바벨론이 잠시 예루살렘을 철수했을 때 성 밖의 토지를 경작하기 위해 동족을 노예로 삼지 않기로 한 약속을 어기고 다시 노예로 삼은 것에 대해 엄중한 심판을 경고하고 있다.

35장   노래방에서는 담배도 파는데 순한 담배 네갑이 있다.   네갑 → 레갑,   순한 → 순종
레갑 족속을 통한 교훈(1-19) - 레**갑**의 아들 요나**답**이 자손에게 포도주를 마시지 말라한 명령이 잘 시행되었으나 유다는 나의 말을 듣지 않는다고 레갑 족속을 통해 교훈하신다 - B.C. 605년경

36장   '받아쓰기'라고 적혀 있는 두루마리를 소각할 때 김(여호야**김**)이 모락모락 난다.

① 예레미야의 예언을 **받**아 쓴 **바룩**(1-19) - 이때 예레미야는 붙잡힌 상태였다.

② 여호야김이 두루마리를 소각하다(20-32) - 두루마리는 다시 작성된다 - B.C. 605년경

※ 여**후**디가 두루마리를 **후**디게 낭독하자 여호야김이 화가 나서 두루마리를 불에 태운다(23절).
두루마리를 불사르지 말기를 간구한 사람 - 불사르는 것을 얼른(엘라단) 그만(그마랴) 둬야(들라야)

37장   감옥에 갇힌 예레미야가 "나는 **이리**가 아니**야**. 그건 오해야"라고 말하며 감옥에서 꺼내달라고 부르짖고 있다.

① **감옥에 갇힌 예레미야**(1-15) - 애굽이 시드기야를 돕기 위해 원군을 보냈고, 애굽군을 치기위해 바벨론이 잠시 예루살렘을 철수했을 때 32장에서 매입했던 밭을 조사하기 위해 예루살렘을 떠나 자신의 고향인 베냐민에 가고자 했으나 문지기의 우두머리인 **이리야**에게 바벨론에 항복하러 간다는 **오해**를 사 예레미야가 감옥(요나단의 집)에 갇히게 된다 - B.C. 587년경

감옥에 들어가면 가족이나 친구들이 면회를 온다.   면회 → 면담

② **시드기야가 예레미야와 은밀히 면담하다**(16-21) - 시드기야가 감옥에 있는 예레미야를 은밀히 불러내어 하나님의 뜻을 물어 보았고(1차 대면) 예레미야는 '왕이 바벨론 왕의 손에 붙임을 입으리라'고 답변했으며 예레미야의 요청으로 감옥(요나단의 집)에 보내지 않고 시위대 뜰에 머물게 한다. 시드기야가 예레미야를 시위대 뜰에 가두고 매일 떡 한 개씩 줌 - 시루떡

38장 진흙구덩이에 빠진 예레미야가 항복을 뜻하는 백기를 들고 살려달라고 부르짖고 있다.

① **예레미야가 진흙구덩이에 던져지다**(1-13) - '바벨론에 **항복**하는 자는 살리라(2)'는 예언 때문에 진흙구덩이에 던져지나 (진흙처럼 시커먼) 왕궁 내시 **구스인 에벳멜렉**이 구해 준다. 진흙구덩이에서 꺼내진 후 예루살렘이 함락될 때까지 시위대 뜰에 머문다 - B.C. 587년경

② **시드기야에게 항복을 권유하다**(14-28) - 시드기야가 예레미야를 은밀히 불러내어 하나님의 뜻을 물어 보았고(2차 대면) 예레미야는 '바벨론에 **항복**하면 살 수 있지만 그렇지 않으면 죽으리라'고 답변하면서 시드기야에게 바벨론에 항복할 것을 권유한다.

39장 두 눈이 뽑힌 시드기야가 울부짖으며 괴로워하고 있다.

눈이 뽑힌 시드기야(1-18) = 예루살렘의 함락 - B.C. 586년경

40장 감옥에 면회 오는 사람들을 위해 앉을 방석이 있어야 하므로 감옥 옆에 방석을 갖다 놓았으며 방석에 '총독 그다랴(또는 그달리야, 아히감의 아들)'라고 써 있다.   방석 ↔ 석방

① **예레미야가 석방되다**(1-6) - 바벨론으로 끌려가던 예레미야를 **느부사라단**이 풀어준다.

② **총독 그다랴**(7-16) - 시드기야가 바벨론에 잡혀가고 그다랴를 총독으로 세운다(B.C. 586년경).

※ 예레미야가 석방된 후 그다랴를 찾아갔을 때 그다랴가 있던 곳 - 미스바 - 미스 그달리야

예레미야(41-52장) - 애굽 이주

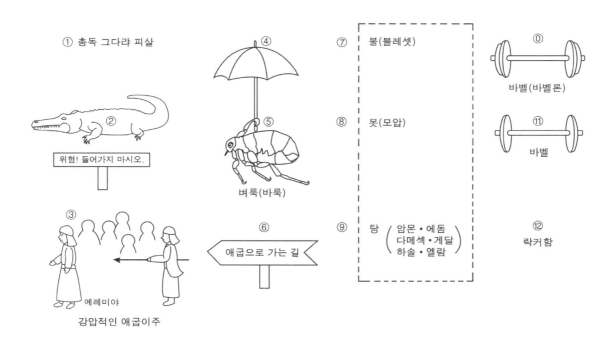

① 총독 그다랴 피살
② 위험! 들어가지 마시오.
③ 예레미야 / 강압적인 애굽이주
④
⑤ 벼룩(바룩)
⑥ 애굽으로 가는 길
⑦ 불(블레셋)
⑧ 못(모압)
⑨ 탕 (암몬·에돔 / 다메섹·게달 / 하솔·엘람)
⑩ 바벨(바벨론)
⑪ 바벨
⑫ 락커함

애굽 이주를 배경으로 했으며 전장 마지막에 시드기야 대신 총독으로 세운 그다랴가 피살되고 하나님께서 전과 같이 회복시켜 주실 것을 약속하셨으나 일부 순종하지 않는 사람들은 가뭄 때문에 애굽으로 이주합니다. 애굽으로 이주하기 전에 불못탕(7, 8, 9번)에 가서 몸을 깨끗이 씻어야 하는데 그 이유는 몸에 있는 벼룩 때문에 그렇습니다. 사람들이 목욕할 때 물이 튀므로 벼룩이 우산을 받쳐 들고 있으며 이 불못탕에는 손님들을 위해 운동기구인 바벨(바벨론)과 옷을 넣는 락커함을 갖추어 놓았습니다. 목욕이 끝나고 애굽으로 가는 길이라고 쓴 팻말을 따라 애굽으로 강제 이주하는데 이주하는 길목에 악어가 있으므로 '위험! 들어가지 마시오'라는 팻말을 써서 사람들에게 경고를 하고 있습니다. 참고로 불못탕이 사각형이므로 이곳은 40단위(41-52)가 됩니다.

41장   **총독 그다랴 피살(1-18)** - 그다랴가 총독이 된 것에 불만이 있었던 **이스마엘**이 암몬의 사주를 받고 그다랴를 암살한 후 요하난 일행을 피해 **암몬으로 도주**한다 - B.C. 586년경

42장   길에 악어가 있으므로 '위험! 들어가지 마시오'라는 팻말을 써서 사람들에게 경고를 하고 있다. 여기서 악어는 애굽을 나타내므로 애굽으로 가지 말 것을 경고하는 내용이다.
     애굽으로 가지 말 것을 경고하다(7-22) - 그다랴가 죽었으므로 바벨론의 보복을 겁낸 요하난 일행은 애굽 도피계획을 세우고 예레미야를 통해 하나님의 뜻을 묻는다. 이에 하나님은 애굽(왕 - 호브라, 코브라?)으로 내려갈 경우 임하게 될 수치와 재앙을 선포한다 - B.C. 586년경

43장   **강압적인 애굽 이주(1-13)** - 하나님의 경고에도 불구하고 요하난 일행이 예레미야까지 **애굽의 다바네스**로 끌고 가자 예레미야를 통해 애굽에 임할 심판을 선포하신다 - B.C. 586년경

44장   벼룩이 우산을 들고 있는 이유는 사람들이 목욕할 때 물이 튀기 때문이다. 우산 → 우상 43장에서 애굽에 이주했으므로 44장은 '애굽 거주 유대인들의 우상숭배 경고'가 된다.
     애굽 거주 유대인들의 우상숭배 경고(1-14) - 애굽으로 내려간 유다 백성들이 애굽의 우상 문화에 빠져들자 예레미야 선지자가 격렬한 어조로 심판을 경고하고 있다 - B.C. 586년경

45장   벼룩 → 바룩(네리야의 아들로 예레미야의 대필자이며 조력자 - <u>내리</u> 바둑을 두다)
     바룩을 향한 예언(1-5) - 여호와께서 바룩의 구원을 약속하신다 - B.C. 605년경

46장   애굽으로 가는 길은 멸망으로 가는 길이다. 왜? 하나님께서 가지 말라고 했으니까.
     애굽 멸망 예언(1-26) - 여호야김 4년에 애굽 왕 바로느고에 대한 예언 - B.C. 605년경

47장   **블레셋 멸망 예언(1-7)** - B.C. 600년경

48장   **모압 멸망 예언(1-47)** - B.C. 600년경

49장   탕(목욕탕)은 여러 사람이 한곳에 모여서 목욕을 하는 곳이므로 여러 나라가 나온다.
     암몬·에**돔**·다**메섹**·**게**달·하**솔**·엘**람** 멸망 예언(1-39) - B.C. 600년경
     (암기방법) **람**비에 **암돔**과 **게**, **메**기 그리고 비린내를 없애기 위해 **솔**잎을 넣고 **탕**을 끓었다.

50장   **바벨론 멸망 예언(1-46)** - B.C. 595년경
- 바벨론이 함락되고 벨이 수치를 당하며 므로닥이 부스러지며 그 신상들은 수치를 당하며(2)
- 온 세계의 **망치**가 어찌 그리 꺾여 부서졌는고(23) - 바벨이 쇠이므로 유사시 망치로도 사용한다. 51장에도 바벨이 있으나 50장이 바벨이 2개이므로 50장이 망치로 사용하기에 더 적합하다.

51장   **바벨론 멸망 예언(1-64)** - 예레미야가 **스라야**(네리아의 아들로 바룩의 형제-내리 쓰라야)에게 바벨론에 도착하면 바벨론에 임할 재앙이 기록된 책을 읽은 후 돌에 매어 유브라데 강속에 던지라고 주문한다. 책을 돌에 매어 강에 던진 것은 두루마리 책이 다시 물 위로 떠오르지 못할 것처럼 바벨론은 반드시 멸망해 다시 일어나지 못할 것을 말해준다 - B.C. 595년경

- 바벨론은 여호와의 손에 잡혀 있어 온 세계가 취하게 하는 금잔이라(7)
- 내가 벨을 바벨론에서 벌하고~ 바벨론 성벽은 무너졌도다(44)

※ 렘 50장, 51장 바벨론 멸망 예언 비교 - 렘 50장(망치, 수치), 51장(시종장 스라야, 온 세계가 취하게 하는 금잔, 바벨론 성벽은 무너졌도다) - 망치와 수치가 50장이며 나머지는 51장이 된다.

52장 목욕탕에는 옷을 넣는 락커함이 꼭 있다. **락커함** → 함락

예루살렘 함락(1-34) - 여호야긴이 (37년이란 긴 세월을 감옥에 있다 보니 야위므로) 에윌므로닥에 의해 **37년**만에 감옥에서 풀려나서 평생 동안 바벨론 왕의 앞에서 먹게 되었다는 희망의 내용으로 끝을 맺는다. 반면 이사야서 66장의 마지막 구절은 경고로 끝난다 - B.C. 586년경

예레미야 애가 5장

＊ 장수기억법 : 오메가(ω) → 5 애가
＊ 배경 : 굶주리는 자들도 있는데 먹는 음식이 버려지고 탄 것이 슬퍼 부른 노래. 따라서 예레미야 애가는 음식이 버려지고 탄 것을 배경으로 한다.

예레미야 애가 (5장)

저   자 : 예레미야

그는 **눈물의 선지자**(9:11, 13:17) 또는 고독의 선지자라고 불리어진다. 아나돗의 제사장 힐기야의 아들인 그는 20세 때인 요시야 왕 13년에 선지자로 소명을 받았다. 그는 40년 이상의 오랜 기간을 갖은 반대와 박해를 무릅쓰고 변절한 유다를 향하여 하나님의 심판을 선포했다. 그것은 곧 바벨론은 곧 유다를 점령할 것이며, 백성들은 목숨을 위하여 항복하는 것만이 유일한 살길이라고 경고한다. 극단적인 국수주의자들에 의해서 이 메시지는 즉각 배척을 당했다. 예레미야는 곧 간섭군과 반역자로 낙인이 찍혔고 왕과 귀족들 그리고 백성들까지도 그의 목숨을 노렸다. 그가 끝까지 자신의 소명에 성실했다는 것은 인간의 신념과 하나님의 은혜에 대한 산 증거를 보여주는 것이다.

제   목 : 애가(哀歌)란 말은 헬라어의 '큰 소리로 높여 운다'는 단어에서 유래했다. 따라서 책의 내용을 이 명칭 한마디로 집약하고 있다고 해도 과언이 아니다. 히브리 성경의 제목은 '어찌하여…'라는 탄식과 비통의 감정을 의미하는 단어인 '에카(ekah)'이다. 우리가 '예레미야 애가'라는 명칭을 쓰는 것도 칠십인역과 벌게잍역의 명칭을 그대로 사용하는 것에서 비롯된다.

주   제 : 예루살렘의 황폐를 슬퍼함
기록연대 : B.C. 약 586년경(예루살렘 멸망 직후)
요   절 : 1:1, 3:22-23
기록목적 : 바벨론 군대에 의해 멸망한 성도 예루살렘에 대해 깊은 슬픔을 표하고 아울러 죄악이 얼마나 무서운 결과를 초래하는지를 생생하게 일깨워주기 위해 기록하였다.

예레미야 애가 (1-5장)

① 멸치스프 ② 하나님의 손 ③ 탄 음식 ④ 참나무상 ⑤ 복어회

예레미야 애가(1-5장) 그림 배경설명 음식을 배경으로 했으며 굶주리는 자들도 있는데 먹는 음식이 버려지고 탄 것이 슬퍼 부른 노래입니다. 맛없는 멸치스프와 탄 음식 때문에 하나님이 진노하셔서 손으로 멸치스프를 엎어 버리셨으며 곧이어 참나무상에 하나님이 좋아하시는 복어회를 차려 놓았습니다. 참고로 **예**레미야 애가는 **예**루살렘과 연관 지어 외우기 바랍니다.

1장　　멸치스프，　멸치 → 멸망，　스프 → 슬픔
① 예루살렘의 멸망과 예레미야의 슬픔(1-22) - **슬프다** 이 성이여 전에는 사람이 많더니 이제는 어찌 그리 적막하게 앉았는고 전에는 열국 중에 크던 자가 이제는 과부 같이 되었고 전에는 열방 중에 공주였던 자가 이제는 강제 노동을 하는 자가 되었도다(1) - 과부는 가난해서 멸치를 먹고 공주는 귀하게 자라서 스프를 먹는다.
• 나의 처녀와 청년들이 사로잡혀 갔도다(18) - 처녀와 청년들이 멸치스프의 묘한 맛에 사로잡히다.
※ 슬프다로 시작하는 장 - 1, 2, 4장 (암기방법) 1장 : 스프 → 슬픔, 2장 : 스프를 엎으셨을 때 하나님의 손에 스프(슬픔)가 묻었다. 4장 : 참나무상의 왼쪽이 비어 있어서 슬퍼 보인다.

2장　　맛없는 멸치스프 때문에 하나님이 진노하사 손으로 멸치스프를 던져 엎으셨다.
① 예루살렘을 향한 하나님의 진노(1-22)
• **슬프다** 주께서 어찌 그리 진노하사 딸 시온을 구름으로 덮으셨는가 이스라엘의 아름다움을 하늘에서 땅에 던지셨음이여 그의 진노의 날에 그의 발판을 기억하지 아니하셨도다(1)
• 노하사 딸 유다의 견고한 성채들을 허물어 땅에 엎으시고 나라와 지도자들을 욕되게 하셨도다(2) 저 하나님의 손에 맞으면 우리는 기절해서 엎드러지고 쓰러질 수밖에 없다.
② 내 눈이 눈물에 상하며 내 창자가 끊어지며 내 간이 땅에 쏟아졌으니 이는 딸 내 백성이 패망하여 어린 자녀와 젖 먹는 아이들이 성읍 길거리에 기절함이로다(11)
③ 늙은이와 젊은이가 다 길바닥에 엎드러졌사오며 내 처녀들과 내 청년들이 칼에 쓰러졌나이다(21)

3장　　구워(구원)지기를 바라고 잠잠히 기다리다가 또는 멍 때리다가 음식이 타고 말았다.
① 사람이 여호와의 구원을 바라고 잠잠히 기다림이 좋도다 사람은 젊었을 때에 멍에를 메는 것이 좋으니(26-27) - 고난에 직면한 자의 겸허한 인내를 강조하고 있다.
　　탄 음식은 소망(小網, 작은 그물망)에 넣어 버려야 한다.　**탄** 음**식** → 탄식
② 예레미야의 탄식과 소망(1-66)
• 우리가 스스로 우리의 행위들(음식을 태워 먹은 것)을 조사하고 여호와께로 돌아가자(40)
　　탄 음식이 무궁화 같이 생겼으며 음식은 아침에 새로 만들면 된다.
③ 여호와의 인자와 긍휼이 **무궁하**시므로 우리가 진멸되지 아니함이니이다 이것들이 **아침마다** 새로우니 주의 성실하심이 크시도소이다(22-23)
　　이 음식은 **뽕심**이가 태워 먹었다.
④ 주께서 인생으로 고생하게 하시며 근심하게 하심은 **본심**이 아니시로다(33)

4장　　**참**나무**상** → 참상

예루살렘의 참상(1-22) - **슬프다** 어찌 그리 금이 빛을 잃고 순금이 변질하였으며 성소의 돌들이 거리 어귀마다 쏟아졌는고(1) - 참나무상이 오래돼서 색이 바래 빛을 잃고 변질되었다.

* 자비로운 부녀들이 자기들의 손으로 자기들의 자녀들을 삶아 먹었도다(10, 왕하 6장)

5장　　**복어회**(회복)에 이스시개(이스라엘)가 꽂혀있다.　　지느러미 → 기도

① 이스라엘의 회복을 기도하는 예레미야(1-22) - 여호와여 우리를 주께로 돌이키소서 그리하시면 우리가 주께로 돌아가겠사오니 우리의 날들을 다시 새롭게 하사 옛적 같게 하옵소서(21) 회 뜨는 것은 아주버님(남편의 형님)이 담당이다.　　아주버님 → 아주 버리셨사오며

② 우리의 조상들은 범죄하고 없어졌으며 우리는 그들의 죄악을 <u>담당</u>하였나이다(7)

③ 주께서 우리를 <u>아주</u> 버리셨사오며 우리에게 진노하심이 참으로 크시니이다(22) - **마지막 구절**

※ 복어회를 참나무상 오른쪽에 놓은 이유는 복어회를 가운데 놓았을 경우 참나무상과 복어회 중 어느 것이 4장이고 어느 것이 5장인지 혼동되기 때문이다.

에스겔 48장

✱ **장수기억법** : 에스길(S자 코스)은 48 뜨기라도 할 수 있다.

✱ **배경** : 에스길은 S자 코스가 되므로 에스겔은 자동차 운전면허학원을 배경으로 한다.

　① 접수처　② 학과 시험장　③ 코스　④ 주행　⑤ 도로 주행

✱ **이름의 뜻 암기법** : 에스겔은 약자로 겔이 되며 겔로 시작하는 말 중에 겔포스가 있다. 포스(force)는 강하다는 뜻이므로 따라서 에스겔은 '하나님께서 강하게 하신다'는 뜻이 된다.

✱ **선지자 기억법** : 에스길(S자 코스)은 부시맨도 운전할 수 있다.　부시의 아들 에스겔.

✱ **에스겔에만 나오는 표현들** : 에스길을 걷고 있는데 ① 여호와의 말씀이 내게 임하여(15회) ② 인자야(94회) ③ 내가 여호와인 줄을 그들이 알리라(30회 이상) 하고 말씀하셨다.

✱ **참고** : 에스겔 성전은 실제 성전이 아니고 미래에 회복될 환상 속의 성전이다.

에스겔 (48장)

저　　자 : 에스겔

　　　　에스겔은 사독 계열로 추정되는 제사장 가운데서 부시의 아들로 태어났다. 에스겔이 포로로 잡힌지 5년째인 B.C. 593년에 소명을 받았으며(30세) 약 22년 동안 선지자로 사역하였다. 제사장 겸 선지자

제　　목 : 저자의 이름을 따서 에스겔이라 칭함.

주　　제 : 이스라엘의 포로됨과 장차 올 그들의 영광스러운 회복.

기록연대 : B.C. 593년-570년경

요　　절 : 33:18-19, 36:24-28

기록목적 : 예루살렘과 하나님의 백성에게 닥친 비극적인 상황은 죄에 대한 하나님의 심판임을 알려줌으로써, 이제라도 회개하고 신앙을 회복하도록 하기 위해 기록하였다.

에스겔 (1-10장) - 접수처

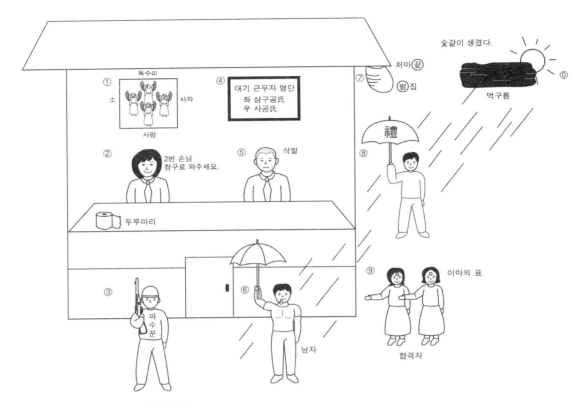

에스겔(1-10장) 그림 배경설명 │ 접수처를 배경으로 했으며 접수처에서는 돈을 만지기 때문에 도난을 방지하기 위해서 파수꾼을 세웠는데 이 파수꾼은 입이 없으며 입이 없다는 것은 이 파수꾼이 벙어리라는 것을 말해줍니다. 파수꾼의 옆에는 근육질의 남자가 입에 심판들이 쓰는 호루라기를 물고 우산을 쓴 채 접수처 앞에 서 있는데 이 근육질의 남자는 경호원으로, 파수꾼으로는 안심이 안돼서 세워놓은 것입니다. 접수처 안에는 4생물이 그려진 액자와 토판으로 만든 대기근무자 명단이 벽에 걸려 있으며 오늘의 대기근무자는 '좌 삼구공' 씨와 '우 사공' 씨가 되겠습니다. 창구에는 남직원과 여직원이 있는데 남직원은 삭발을 했고 여직원은 2번 손님 창구로 오시라며 손님을 부르고 있으며 여직원의 앞에는 도장에 묻은 인주를 닦기 위해 두루마리 화장지가 놓여있습니다. 접수처 처마 끝에는 벌집이 있고 접수처 밖에는 비가 내리고 있는데 한 사람이 '예'라고 써진 우산을 쓰고 접수하러 오고 있으며 이마에 인 맞은 사람들은 합격자들로, 면허증을 받기 위해 접수처로 향하고 있습니다. 하늘에는 비를 뿌리는 먹구름에 의해서 빛이 가려져 있으며 먹구름에 태양빛이 비추므로 먹구름이 붉게 달아오른 숯불같이 보입니다.

1장   4생물이 그려진 액자.
       4생물의 환상(1-28) - 여호야긴 왕이 사로잡힌 지 5년에 **그발 강가**에서 환상을 봄 - 에스 (에스겔)로 휘어진 긴(여호야긴) 강가에서 5지랍 넓게 **그 발**을 담그고 있을 때 환상을 봄.
    ※ 4생물 - 사람, 사자, 소, 독수리 - 시장에서 산 생물(신선한 물건)은 사자마자 소독해야 한다.
       생물들의 날개 소리 - 많은 물 소리, 전능자의 음성, 떠드는 소리 즉 군대의 소리
2장   여직원이 손님이 **듣든지 말든지** 2번 손님 창구로 오시라며 손님을 부르고 있다.
    ① 에스겔을 부르시다(1-8) - 인자야 내가 너를 이스라엘 자손 곧 패역한 백성에게 보내노라(3)

- 그들은 패역한 족속이라 그들이 **듣든지 아니 듣든지** 그들 가운데에 선지자가 있음을 알지니라(5)

  두루마리 화장지는 도장에 묻은 인주를 닦기 위해 있으며 화장지의 화는 환상을 나타낸다.

② 두루마리 환상(9-10) - 그 위에 애가와 애곡과 재앙의 말이 기록되었더라(10)

3장 접수처에서 돈을 만지기 때문에 도난을 방지하기 위해서 파수꾼을 세웠다.

① 파수꾼으로 세움 받은 에스겔(16-21)

  파수꾼은 적이 침입했을 때 제일 먼저 사람들을 깨워(깨우치다) 적의 침입을 알린다.

② 내가 너를 이스라엘 족속의 파수꾼으로 세웠으니 너는 내 입의 말을 듣고 나를 대신하여 그들을 깨우치라 가령 내가 악인에게 말하기를 너는 꼭 죽으리라 할 때에 네가 깨우치지 아니하거나~ 그의 악한 길을 떠나 생명을 구원하게 하지 아니하면 그 악인은 죄악 중에서 죽으려니와 내가 그의 피 값을 네 손에서 찾을 것이고 네가 악인을 깨우치되 그가 그의 악한 마음과 악한 행위 에서 돌이키지 아니하면 그는 그의 죄악 중에서 죽으려니와 너는 네 생명을 보존하리라(17-19)

  파수꾼이 입이 없는 것은 벙어리를 말하며 입은 먹는 기능도 가지고 있다.

③ 에스겔이 벙어리가 되다(22-27) - 에스겔이 하나님의 말씀을 사심 없이 전하기 위해서다.

④ 에스겔이 두루마리를 먹다(1-15) - 내가 먹으니 그것이 내 입에서 달기가 꿀 같더라(3)

※ 두루마리를 먹는 장면은 렘 15, 겔 3, 계 10장에 나오며 계시록(재앙)만 '배에서 쓰다'고 나온다.

4장

대기근무자 명단
좌 삼구공 씨
우 사공 씨

── 테이프로 에워쌈
── 토판(불에 굽지 않고 햇빛에 말린 벽돌)
위에 예루살렘 성읍을 그려 넣음

  토판으로 만든 액자를 튼튼하게 하려고 테이프로 액자의 둘레를 에워 쌓다.

① 예루살렘이 포위될 것을 뜻하는 예언적 행동(1-3)

  대기근무자 명단

② 예루살렘 포위 시 있을 대기근을 뜻하는 예언적 행동(9-17) - 인분 대신 쇠똥으로 떡을 구워 390일을 먹게 하셨는데 부족한 물과 부정한 떡은 백성들이 당할 고통과 비참함을 나타낸다.

  좌 삼구공 씨 - 좌로 390일 눕고, 우 사공 씨 - 우로 40일 누움(1일은 1년으로 친다)

③ 포로기간을 뜻하는 예언적 행동(4-8) - 390일(40일)은 이스라엘(유다)의 죄악을 짊어짐

5장 ① 에스겔이 머리털과 수염을 깎다(1-4) - 머리털과 수염을 깎은 것은 예루살렘의 파멸을, 바람에 머리털과 수염이 흩어지는 것은 백성들의 흩어짐을 상징한다.

  머리를 삭발하니 꼭 원인(猿人) 같이 생겼다.   ※ 원인(猿人) - 나훔 3장 참조

② 예루살렘 멸망의 원인(5-17) - 하나님의 언약을 준수할 언약 백성으로서 도리어 악을 행한 것.

  그림에는 없지만 삭발한 직원 옆에는 머리털과 수염을 미는 물건(미운 물건)이 놓여있다.

③ 네가 모든 **미운 물건**과 모든 가증한 일로 내 성소를 더럽혔은즉 나도 너를 아끼지 아니하며(11)

6장 우산을 들고 입에 호루라기를 물고 있는 근육질의 남자. 심판이 호루라기를 사용하므로 호루라기는 심판을 나타내며 근육은 남자를 상징한다. 우산 → 우상, 남자 → 남은 자

① 우상숭배 심판(1-14)

② 남은 자 구원사상(8-10)

  근육질의 남자가 호루라기를 불면서 손뼉을 치고 발을 구르고 있다.

③ 너는 손뼉을 치고 발을 구르며 말할지어다 이스라엘이 마침내 칼과 기근과 전염병에 망하되(11)

7장 접수처의 처마 **끝**에 **벌**집이 있다.   벌집 → 볼지(어다)

① 이스라엘의 **끝**이 가까왔다(1-13) - 끝이 왔도다, 끝이 왔도다 끝이 너에게 왔도다(6)

② 이스라엘이 받는 **벌**(14-27)

③ **볼지**어다 그 날이로다 **볼지**어다 임박하도다~ **몽둥이**가 꽃이 피며 <u>교만</u>이 싹이 났도다(10) -
볼지어다 볼지어다 몽둥이에 꽃이 피고 교만에 싹이 나는 것을 볼지어다로 암기하자.
벌집을 건드리면 환난에 환난을 더하게 된다(벌집을 건드려서 침을 여러 방 쏘인 것 상상).

④ 환난에 환난이 더하고 소문에 소문이 더할 때에~ 선지자에게서 묵시를 구하나 헛될 것이며(26)
4가지 없게 생긴 사람이 '禮(예)'라고 써진 우산(우상)을 쓰고 접수하러 오고 있다.

8장

① **예루살렘의 4가지 우상숭배 환상**(1-18) - 성전이 우상들로 얼마나 더럽혀졌는지 보여줌
① 질투의 우상 ② 벽에 그린 우상 ③ 여인들이 담무스를 위해 애곡 ④ 동쪽 태양에 예배
예라고 써진 우산이 꼭 단무지 같이 생겼다.   단무지 → 담무스(바벨론의 식물의 신)

② 그가 또 나를 데리고 여호와의 전으로 들어가는 **북문**(하나님의 영광은 동문, 우상은 북문과
관계가 있다)에 이르시기로 보니 거기 여인들이 앉아 **담무스**를 위하여 애곡하더라(14)

9장   이마에 표 있는 사람들은 합격자들로 면허증을 받기 위해 접수처로 향하고 있다.

이마에 표 있는 사람들을 제외한 예루살렘 주민들을 살육하는 환상(1-11) - 그 가운
데에서 행하는 모든 가증한 일로 말미암아 탄식하며 우는 자의 이마에 표를 그리라 하시고(4)

※ 8장에서 예루살렘 주민들이 성전에서 우상숭배를 하므로 그 결과가 9장에 나온다.

10장   먹구름에 태양빛이 비추므로 먹구름이 붉게 달아오른 숯불같이 보인다.

① **예루살렘에 임할 숯불 재앙 환상**(1-8) - 그룹 밑에 있는 바퀴사이에 <u>숯불</u>이 있다(2)

※ 그룹들의 얼굴을 순서대로 나열(14) : 그룹, 사람, 사자, 독수리 - 그사자독(그룹이 첫 번째)
빛(하나님의 영광)이 먹구름에 가려져 있다.

② **여호와의 영광이 성전을 떠나다**(9-22) - 예루살렘의 죄악으로 인해 하나님이 예루살렘에
임하시지 않을 것을 뜻하며 해의 위치가 동쪽에 있으므로 여호와의 영광이 **동문**으로 나가신다.

에스겔 (11-20장) - 학과 시험장

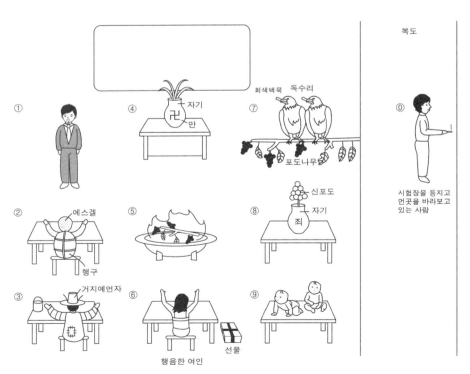

학과 시험장을 배경으로 했으며 회색 양복을 입은 시험 감독관이 호루라기를 불면서 시험개시를 선포하고 있습니다. 시험 감독관 옆에는 교탁이 있고 그 위에 만(卍)자가 새겨진 자기가 있는데 대각선상에도 죄라고 써진 자기가 있으므로 자기끼리 서로 짝을 지어주며 마찬가지로 교실의 문 입구에 포도나무가 있고 대각선상에도 화로 속에서 쓸모없어서 불에 타고 있는 포도나무가 있으므로 포도나무끼리 서로 짝을 지어주면 암기하는데 많은 도움이 됩니다. 에스겔이 행장을 지고 시험을 보고 있으며 그 뒤에는 여자 거지 예언자가 시험을 보고 있습니다. 거지 예언자 옆에는 행음한 여인이 시험을 보고 있으며 행음한 여인의 옆 책상위에는 행음한 여자의 애가 놀고 있습니다. 복도에는 시험장을 등지고 먼 곳을 바라보고 있는 사람이 담배를 피우며 과거부터 지금까지의 자신을 돌아보며 회고를 하고 있습니다. 참고로 시험을 보는 사람은 단 3명뿐이며, L자로 배치되어 있고 화로는 정중앙에 있습니다.

11장　시험 감독관이 시험개시를 선포하기 직전에 너무 긴장해서 **돌** 같이 굳어 있다. **부드러운 마음**이 필요하다.

① 내가 그들에게 한 마음을 주고 그 속에 새 영을 주며 그 몸에서 **돌 같은 마음**을 제거하고 살처럼 **부드러운 마음**을 주어~ 그들은 내 백성이 되고 나는 그들의 하나님이 되리라(19-20, 36:26-28)

드디어 회색 양복을 입은 시험 감독관이 호루라기를 불면서 시험개시를 선포하고 있다.

시험 감독관 → 지도자,　호루라기 → 심판,　**회**색 양복 → 회복

② 지도자들에 대한 심판(1-13) - 불의를 품고 악한 꾀를 꾸미는 자들 중에 **블라댜**(브라자)와 **야아사냐**(왜사냐)가 있으며 에스겔이 예언할 때 블라댜가 죽는다 - 시험 감독관, 브라자 왜사냐

③ 이스라엘의 회복(14-21)

④ 목격한 계시를 선포하다(22-25) - 바벨론의 포로된 자들에게 그가 본 이상에 대해 말한다.

12장　에스겔이 행장을 지고 시험을 보고 있다.

① 행장을 옮기는 예언적 행동(1-20) - 포로 되어 가는 자처럼 보여서 유다 백성이 바벨론에 포로 될 것을 예언하는 한편 떨면서 먹고 놀라고 근심하면서 물을 마시는 행위를 통해 유다가 바벨론 군대의 공격으로 공포와 근심 중에 음식을 먹으며 기근으로 황폐해 질 것을 보여준다. 행장을 지고 시험을 보는 에스겔이 꼭 거북이 같은데 거북이는 느린 것을 상징한다.

② 심판이 신속히 이루어질 것을 말씀하시다(21-28) - 백성들은 예언된 징벌과 심판이 더디고 예언이 이루어지지 않는다고 조롱하였다. 그러나 하나님께서 죄인들에게 즉시 심판을 내리시지 않는 것은 그들이 회개하고 돌이키기를 바라시기 때문이다.

• **날이 더디고 모든 묵시가 사라지리라** 하는 너희의 이 **속담**이 어찌 됨이냐(22)

• 내가 하는 말이 다시는 더디지 아니하고 응하리라 ~ 내가 너희 생전에 말하고 이루리라(25)

13장　거지 예언자가 시험을 보고 있다.　거지 예언자 → 거짓 예언자

① 거짓 예언자들에게 임할 심판(1-16) - 너의 선지자들은 **황무지에 있는 여우** 같으니라(4)

- 거지 예언자의 뒷모습을 보면 하관이 뾰족한 게 여우같이 생겼을 것 같다.

거지 예언자 옆의 깡통은 평강(平鋼, 일반 구조용 압연강재)으로 만들었다.

② 이렇게 칠 것은 그들이 내 백성을 유혹하여 **평강이 없으나 평강이 있다** 함이라(10)

이 거지 예언자는 여자이므로 심판에 거짓 예언하는 여자들도 포함된다.

③ 거짓 예언하는 여자들에게 임할 심판(17-23)

거지들은 얼굴에 얼룩을 묻히고 다니므로 '회칠한 자' 라고도 부른다.

④ 너는 회칠한 자에게 이르기를 그것이(회칠한 담) 무너지리라 폭우가 내리며 큰 우박이 떨어지며(11)

14장　교탁의 화병(자기)+卍(만) = 자기만

　① 의인도 자기만 구원받는다(12-20) = 책임은 개인에게 있다 - 구원의 개별성

　• 가령 어떤 나라가 불법을 행하여 내게 범죄하므로 ~ 사람과 짐승을 그 나라에서 끊는다 하자 비록 노아, 다니엘, 욥, 이 3사람이 거기에 있을지라도 그들은 자기의 공의로 자기의 생명만 건지리라(14) - no아(다른 사람은 구하지 못하므로), 다니엘(단은 1개이므로), 욥(외자이므로) 자기에 꽂혀 있는 난초가 쫙쫙 펴진 것이 당당해 보이며 난초가 핀 모양이 우산 같고 잎은 칼 같다.　당당 → 정당,　우산 → 우상,　칼 → 심판

　② 우상숭배에 대한 심판(1-11)

　③ 심판의 정당성(21-23) - 예루살렘을 심판한 것이 무고히 한 것이 아님을 역설한다.

15장　불에 던져질 쓸모없는 포도나무의 비유(1-8) - 쓸모없는 포도나무(이스라엘)를 불에 넣듯이 이스라엘도 이와 같이 되리라는 뜻이다.

16장　행음한 여인(영적 간음을 한 유다)이 행음한 여자답게 브라와 팬티만 입고 시험을 보고 있으며 그 옆에는 시험 감독관에게 뇌물로 줄 선물이 놓여있다.

　① 선물까지 주면서 행음하는 여인의 비유(1-63) - 사람들은 모든 창기에게 선물을 주거늘 오직 너는 네 모든 정든 자에게 선물을 주며 값을 주어서 사방에서 와서 너와 행음하게 하니(33) 행음한 여인은 옆 책상위에서 놀고 있는 아기의 어머니이다.

　② 네 근본과 난 땅은 가나안이요 네 아버지는 아모리 사람이요 네 어머니는 헷 사람이라(3) 어머니가 그러하면 딸도 그러하다(44) - 헷 족속이 죄로 인하여 가나안에서 쫓겨났는데 후에 그 땅을 차지한 이스라엘이 헷 족속과 똑같이 죄를 짓는 상황을 말하는 **속담**

17장　학과 시험장 벽에는 포도나무(유다)에 앉아있는 두 독수리 장식이 걸려있으며 포도나무 잎은 시들어(시드기야) 있다.　두 독수리 - 바벨론 왕(느브갓네살)과 애굽 왕(호브라)

　① 두 독수리와 포도나무의 비유(1-21) - 바벨론이 시드기야를 유다 왕으로 세웠으나 시드기야가 바벨론을 배반하고 애굽과 동맹을 맺어 바벨론에 의해 유다가 멸망할 것을 예언. 칠판에 있어야할 회색 백묵이 어디 갔나 했더니 독수리가 물고 있다.　백묵 → **백향목** 회색 백묵 → **회**복을 상징하는 **백향목**(다윗 왕가)

　② 회복을 상징하는 백향목 비유(22-24) - 마침내 회복될 이스라엘의 비전을 제시한다.

18장　① 신 포도의 속담(1-20) - 아버지가 신 포도를 먹었더니 아들의 이가 시다(렘 31:29)고 하는 속담으로 하나님께서는 이 속담을 금하시고 각 사람은 자기 죄로 죽거나 자기 의로 산다고 말씀하신다. 이 말은 각자 선악 간에 행한 행위에 대해서는 개별적인 책임이 있음을 말한다. 화병(자기)+죄 = 자기 죄

　② 각 사람은 자기 죄로 죽는다(1-32) = 각 사람은 자기 의로 산다 - 구원의 개별성

　• 이스라엘 족속아 내가 너희 각 사람이 행한 대로 심판할지라 너희는 돌이켜 회개하고(30)

　• 악인 —회개→ 구원 (내가 어찌 악인이 죽는 것을 **조금인들** 기뻐하랴, 23) - 자기 의로 삶

　• 의인 —죄→ 멸망 (전의 의는 하나도 기억되지 않는다, 24) - 자기 죄로 죽음

　• 죽을 자가 죽는 것도 내가 기뻐하지 아니하노니 너희는 스스로 돌이키고 살지니라(32)

　※ 33장에도 비슷한 구절이 나오나 18은 33보다 조금 작으므로 18장에 '조금인들'이 나온다.

19장　행음한 여인의 애가 책상 위에서 놀고 있다. 애가 둘이므로 **두 애가**가 되며 17장이 두 독수리와 포도나무 비유이므로 19장도 비슷하게 '두 사자와 포도나무의 비유'가 된다.

　① 생포된 두 사자 비유(1-9) - 여호아하스와 여호야긴(둘다 3개월 치리)으로 포로 될 것을 예언

　• 여호아하스 - 애굽으로 끌려간 후 죽는다(왕하 23:30-34, 대하 36:1-3).

- 여호야긴 - 바벨론으로 끌려가 37년이란 긴 세월을 감옥에 있다가 풀려난다(왕하 24:8-16).

② 포도나무의 비유(10-14) - 포도나무는 유다를 나타내며 시드기야가 포로 될 것을 예언.

- 불이 그 가지 중 하나에서부터 나와 그 열매(시드기야)를 태우니~ 이것이 애가라(14)

20장   복도에는 시험장을 등지고(배교) 먼 곳을 바라보고 있는 사람이 담배를 피우며 과거부터 지금까지의 자신을 돌아보며 **회고**를 하고 있다.   등지고 → 배교

① 과거에서 지금까지의 이스라엘의 배교 역사를 회고함(1-44)

손에 들고 있는 담배가 타들어가고 있다. 참고로 이 사람은 먼 곳 즉 숲을 바라보고 있다.

② 불타는 숲의 비유(45-49) - 남쪽 숲은 유다이며 바벨론의 침입으로 유다가 망할 것을 말한다.

※ 바마(29) - 산당을 가리키는 말로 사용,   암기방법 : 오**바마**(미국 대통령)는 공**산당**을 싫어해.

에스겔 (21-30장) - 코스

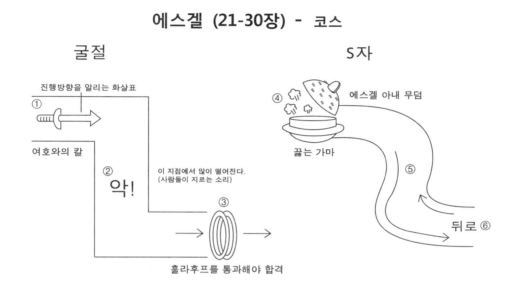

굴절

S자

①

여호와의 칼

②
악!

이 지점에서 많이 떨어진다.
(사람들이 지르는 소리)

③

훌라후프를 통과해야 합격

진행방향을 알리는 화살표

④

에스겔 아내 무덤

끓는 가마

⑤

뒤로 ⑥

⎡에스겔(21-30장) 그림 배경설명⎤ 코스를 배경으로 했으며 코스에는 굴절, S자, T자 코스와 후방주차가 있습니다. 굴절코스의 출발점에 진행방향을 알리는 화살표가 칼 모양으로 생겼으며 이 지점은 전체 코스의 **앞문**에 해당되며 중간지점에서 악! 소리가 나는데 이 지점에서 사람들이 많이 떨어져서 내는 소리입니다. 굴절코스의 마지막 부분에 훌라후프 2개를 통과해야 합격하는데 이 훌라후프의 이름은 각각 '오홀라와 오홀리바' 라 합니다. S자 코스는 뱀처럼 생겼으며 끓는 가마가 뱀의 머리 같고 뚜껑은 에스겔 아내의 무덤 같이 생겼습니다. 5번은 뱀의 뱃속에 해당되며 뱀의 뱃속에는 여러 먹이가 삼켜져 있는데 이것은 여러 먹이가 뱀의 뱃속에 삼켜져 희생된 것처럼 유다 주변의 여러 나라들도 이와 같이 심판 받을 것을 나타냅니다. S자 코스는 앞으로 전진 했다가 다시 뒤로(두로) 후진해서 나가야 됩니다. T자 코스의 가로 부분에 무역하는 두로의 배가 그려져 있는데 돛을 보니 불쌍해 보이므로 두로의 멸망에 대한 애가가 되며 배에 가득 실려 있는 물품은 한때 화려했던 두로의 영광과 무역을 나타냅니다. 8번 그림에서 시계가 두시를 가리키고 있는데 이것은 차가 출발점에서 앞으로 쭉 진행하다가 8번을 거쳐 9번으로 후진한 뒤 다시 8번을 거쳐 출발점으로 나갈 때 두시 방향으로 나가야 된다는 것을 가리키며 두시는 **두**로와 **시**돈을 나타냅니다. 왕관은 두로의 멸망에 대해 나왔으므로 두로가 아닌 두로 왕에 대한 심판 예언이 되며 9번의 굽과 10번 후방주차에 그려진 굽은 애굽을 나타내므로 애굽에 대한 심판 예언이 됩니다. 참고로 굴절과 S자 코스가 2자 모양이므로 코스는 20단위(21-30장)가 됩니다.

21장   진행방향을 알리는 화살표가 칼 모양이며 이 지점은 잔체코스의 앞문(암몬)에 해당한다.
   ① 여호와의 칼(1-27) - 여호와의 칼은 바벨론이며 바벨론을 들어 유다 심판하실 것을 말씀하신다.
   ② 암몬에 대한 심판 예언(28-32) - 탄식하되 너는 허리가 끊어지듯 탄식하라 그들의 목전에
      서 슬피 탄식하라(6) - 칼의 허리를 생각하면서 암송하자.
   ※ 허리는 에스라인과 관계있으므로 허리가 끊어지듯 탄식하라는 명을 받은 선지자는 에스겔이다.

22장   중간지점에서 악! 소리가 나는데 이 지점에서 사람들이 많이 떨어져서 내는 소리다.
   이스라엘의 악(1-31) - 이스라엘 족속이 마치 쇠를 정련한 후 용광로 속에 남아있는 찌꺼
   기(악) 같이 되었음을 한탄하시면서 유다 왕국의 멸망을 예언한다.

23장   2개의 훌라후프,   훌라후프 → 오홀라·오홀리바
   두 음녀 오홀라와 오홀리바의 비유(1-49) - 두 자매의 비유를 통해 하나님과 결혼하였으
   면서도 하나님을 떠나 이방나라를 의지하는 북이스라엘과 남유다의 패망을 선포하고 있다.
   • 형 오홀라(사마리아) - 그녀의 장막이란 말로 하나님이 계시지 않는 거짓장막을 사마리아가
      스스로 가지고 있다는 뜻. 하나님과 결혼했음에도 불구하고 앗수르와 결탁한데 대한 비난이다.
   • 동생 오홀리바(예루살렘) - 나의 장막이 그녀 안에 있다는 말로 내가 우상을 숭배하기 위하여 세
      운 처소가 예루살렘 안에 있다는 뜻. 하나님과 결혼했음에도 바벨론과 결탁한데 대한 비난이다.

24장   S자 코스가 뱀처럼 생겼으며 끓는 가마가 뱀 머리 같고 뚜껑은 에스겔 아내의 무덤 같다.
   ① 끓는(녹슨) 가마 비유(1-14) - 예루살렘 멸망 예언으로 녹슨 가마는 백성들의 죄악으로 더럽
      혀진 예루살렘을, 끓고 있다는 것은 바벨론이 예루살렘 성을 쳐서 핍근하게 할 것을 나타낸다.
   ② 에스겔 아내의 죽음(15-27) - 예루살렘이 멸망할 것을 상징한다. 아내가 죽었음에도 고통을
      참는 것은 사적인 고통을 참아야 할 정도로 장차 예루살렘에 닥칠 환난이 극심할 것을 나타낸다.

25장   5번은 뱀의 뱃속에 해당되며 뱀의 뱃속에는 여러 먹이가 삼켜져 있는데 이것은 여러
      먹이가 뱀의 뱃속에 삼켜져 희생된 것처럼 유다 주변의 여러 나라들도 이와 같이 심
      판 받을 것을 나타낸다.
   암몬·모압·에돔·블레셋에 대한 심판 예언(1-17)
   (암기방법) 최불암이 뱀에게 잡아 먹혀서 사람들이 애모하고 있다. 줄여서 최불암 애모

26장   S자 코스는 앞으로 전진 했다가 다시 뒤로 후진해서 나가야 된다.   뒤로 → 두로
   두로에 대한 심판 예언(1-21)

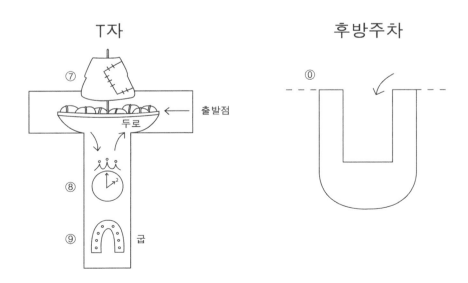

27장   배에 가득 실려 있는 물품은 한때 화려했던 (해안도시) 두로의 영광과 무역을 나타낸다.
　　　① 두로의 영광과 무역(1-25)
　　　　돛을 보니 불쌍해 보이므로 애가가 된다.
　　　② 두로의 멸망에 대한 애가(26-36) - 본문은 하나님이 함께 하시지 않는 한 인간의 부귀영
　　　　화는 헛것이며 교만한 자는 결국 하나님의 내팽겨 치심을 당할 뿐임을 교훈해 준다.
　　　※ 에스겔이 애가를 부른 대상 - 이스라엘(19장), 두로(27장), 애굽(32장)
28장   8번 그림에 시계가 두시를 가리키고 있는데 이것은 차가 출발점에서 앞으로 쭉 진행
　　　하다가 8번을 거쳐 9번으로 후진한 뒤 다시 8번을 거쳐 출발점으로 나갈 때 두시 방
　　　향으로 나가야 된다는 것을 가리키며 두시는 **두**로와 **시**돈을 나타낸다. 왕관은 두로의
　　　멸망에 대해서 나왔으므로 두로가 아닌 두로 왕에 대한 심판 예언이 된다.
　　　① 두로 왕에 대한 심판 예언(1-19) - 나는 신이라 내가 하나님의 자리 곧 바다 가운데에
　　　　앉아 있다 하도다 네 마음이 하나님의 마음 같은 체할지라도 너는 사람이요 신이 아니거늘(2)
　　　• 네가(두로 왕) **다니엘보다 지혜로워서** 은밀한 것을 깨닫지 못할 것이 없다 하고(3) - 두루(두
　　　　로) 다니다(다니엘). 따라서 다니엘이 나오는 이 구절은 두로와 관련이 있다.
　　　② 시돈에 대한 심판 예언(20-24)
　　　　8번을 거쳐 9번으로 후진한 뒤 다시 8번으로 왔으므로 귀환이 된다.
　　　③ 바벨론 포로귀환 예언(25-26) = 이스라엘의 회복 예언
29장   애굽에 대한 심판 예언(1-21) - 그 가운데로 사람의 발도~ 짐승의 발도 지나가지 아니하고
　　　거주하는 사람이 없이 40년이 지날지라(11) - 짐승의 발=굽이므로 이 구절은 애굽과 관련이 있다.
　　　• 애굽은 본래 이스라엘 족속에게 **갈대 지팡이**라(6) - T자 코스가 T자 모양의 갈대 지팡이처럼
　　　　생겼으며 갈대 지팡이는 애굽을 나타내므로 갈대 지팡이는 27, 28, 29장 중 29장에 나온다.
30장   애굽에 대한 심판 예언(1-26) - 그 날이 가깝(≒굽)도다 여호와의 날이 가깝(≒굽)도다(3)

에스겔 (31-40장) - 주행

주행을 배경으로 했으며 자동차 운전면허학원은 담으로 둘러싸여 있고 정 가운데에 세일산을 중심으로 원형으로 도로가 나 있으며 주행은 이 원형의 도로를 한 바퀴 도는 것으로 하며 도로 한쪽에는 목자이신 예수님께서 양을 안고 있는 광고판이 세워져 있습니다. 출발선에서 신호가 떨어져서 차를 몰고 앞으로 가다가 바닥에 굽 모양의 요철이 있고 거울에 앗! 이라고 써 있는 사고방지용 거울을 발견하는데 앗! 은 조심하라는 경고용 멘트입니다. 계속해서 차를 몰고 진행하는데 똑바로 잘보고 가라고 바닥에 '똑바로' 라고 써 있으며 그 다음에 죄라고 쓴 자기에 나팔이 표시된 팻말이 나오는데 돌발지점으로서 갑자기 나팔경적이 울리면 즉시 멈춰야 합니다. 계속 가다보니 바닥에 유턴표시가 돼있고 곡식이 으스러져 있으며 침이 꽂힌 곡식이 바닥에 뿌려져 있어서 타이어가 펑크 나지 않도록 잘 피해서 가야합니다. 드디어 해골이 그려진 표지판을 보면 알 수 있듯이 난이도가 가장 높은 최악의 코스까지 왔으며 좁은 두 막대기 위를 지나가면 이로써 주행이 다 끝납니다. 참고로 광고판이 4각형이므로 광고판은 4번에 나오며 운전면허학원의 담이 3자 모양이므로 주행은 30단위(31-40장)가 됩니다.

31장 바닥에 굽 모양의 요철이 있고 거울에 **앗!** 이라고 써 있는 사고방지용 거울이 있는데 앗! 은 조심하라는 경고용 멘트다.   앗 → 앗수르,   굽 → 애굽
앗수르를 거울삼아 비유된 애굽의 심판 예언(1-18) - 한때 근동일대의 패권을 장악할 정도로 부강했던 앗수르가 바벨론에게 멸망당한 사실을 들어 애굽의 멸망 역시 필연적임을 경고한다.

32장 도로에 똑바로 잘보고 가라고 '**똑바로**' 라고 써 있다. 여기서 똑은 눈물을 흘릴 때 똑똑 흘리므로 똑은 눈물(애가)을 상징하며 바로는 애굽 왕 바로를 가리킨다.
애굽 왕 바로에 대한 애가(1-32) - 너를~ 사자로 생각하였더니 실상은 바다 가운데의 큰 악어(애굽)라 강에서 튀어 일어나 발로(바로) 물을 휘저어 그 강을 더럽혔도다(2) - 악어(애굽)가 발로(바로) 휘저을 때 튄 물방울이 눈물(애가)과 비슷하므로 이 구절은 겔 32장에 나온다.

33장 **죄**라고 쓴 **자기**에 나팔이 표시된 팻말이 나오는데 돌발지점으로서 갑자기 나팔경적이 울리면 즉시 멈춰야 한다. 여기서 나팔은 적이 침입했을 때 파수꾼이 나팔을 불어 경고하므로 나팔은 파수꾼을 상징하며 돌발은 갑작스런 예루살렘의 함락소식을 나타낸다.
① **파수꾼으로 세움 받은 에스겔**(1-9) - 겔 3:16-21절의 반복이다.
② **각 사람은 자기 죄로 죽는다**(10-20) = 각 사람은 자기 의로 산다 - 구원의 개별성
• 악인 ──회개──> 구원 (하나님은 악인이 죽는 것을 기뻐하지 않으신다, 11) - 자기 의로 삶
• 의인 ──죄──> 멸망 (전의 의는 하나도 기억되지 않는다, 13) - 자기 죄로 죽음
③ **예루살렘의 함락 소식을 듣다**(21-33) - 에스겔이 바벨론에 포로된 지 12년이 되던 해에 예루살렘에서 도망하여 온 자로부터 예루살렘의 함락 소식을 듣게 된다.

34장 도로 한쪽에는 목자이신 예수님께서 양을 안고 있는 광고판이 세워져 있다.
참 목자이신 메시야(1-31) - 왕을 목자로, 백성을 양으로 비유하는 중에 유다 말기 왕들의 거짓 목자 됨을 질책하고 참 목자 되시는 하나님과 메시야의 사역을 제시한다.
• **자기만 먹는 이스라엘 목자들은 화** 있을진저 목자들이 양떼를 먹이는 것이 마땅하지 아니하냐(2)
• 내가 한 목자(메시야)를~ 세워 먹이게 하리니 그는 내 종 다윗(오실 메시야의 별명)이라(23)

35장 세일산 - 에돔이라고 불렸던 에서의 고향으로 에돔을 가리킨다.   **세일**에서 **산** ~
에돔에 대한 심판 예언(1-15)

36장 유턴표시,   유턴 → 귀환
① **이스라엘의 포로귀환 예언**(1-15) = 이스라엘의 회복 예언

포로에서 귀환하는 기념으로 술을 마셨는데 술을 마실 때는 먼저 서로 잔을 부딪치면서 '위하여'라고 말한 후 마신다. 유턴표시의 아래쪽 기호위에 술잔이 있다고 생각하자.

② **여호와의 이름을 위하여**(16-38) - 열국에 흩어져 있던 백성들을 모아 본토로 돌아오게 하고 새 영과 새 마음을 주어 하나님의 규례를 지키게 함은 이스라엘 백성들을 위함이 아니라 열국에서 더럽혀진 자신의 이름을 거룩하게 하기 위함이다. **여호와의 이름을 위하여** 이스라엘을 회복 시키신다 할지라도 이스라엘은 자기들에게 이 일이 이루어지기를 구해야 한다고 말씀하신다.

37장 ① **마른 뼈 소생 환상**(1-14) - 마른 뼈는 바벨론의 포로 된 이스라엘이며 포로귀환을 나타낸다.

② **두 막대기 연합 비유**(15-28) - 북이스라엘과 남유다의 <u>하나</u> 됨을 말한다.

38장 곡(식)에 침이 꽂혀 있다.   침 → 침략

곡의 침략 예언(1-23) - **마곡** 땅에 있는 로스와 메섹과 두발 왕 곧 **곡**에게로 얼굴을 향하고(2)

※ 마곡 - 하나님을 대적하는 나라,   곡 - 하나님을 대적하는 나라의 우두머리

39장 곡(식)이 으스러져 있다.

① **곡의 파멸 예언**(1-29) - 내가 또 불을 마곡과 및 섬에 평안히 거주하는 자에게 내리리니(6) 하모니카로 여러 <u>곡</u>을 불렀다. 하모니카의 하모니 → 하모나로 바꿀 수 있으며 하모나는 '무리'라는 뜻으로 곡 군대의 사체가 매장된 곳을 가리킨다.

② 성읍의 이름도 <u>하모나</u>라 하리라 그들이 이같이 그 땅을 정결하게 하리라(16)

※ 38, 39장은 마지막 때에 있을 대 전쟁을 나타낸다(계 20:7-10).

40장 **성전 측량 환상**(1-49) - 놋같이 빛난 사람(천사)이 삼줄과 장대를 가지고 성전을 측량한다.

① 성전 외곽의 담의 두께와 높이(5) ② 동쪽문(6-16) ③ 바깥뜰(17-19) ④ 북쪽문(20-23)
⑤ 남쪽문(24-27) ⑥ 안뜰의 남문(28-31) ⑦ 안뜰의 동문(32-34) ⑧ 안뜰의 북문(35-37)
⑨ 안뜰 북문의 부속 건물들(38-47) ⑩ 성소의 현관(48-49)

에스겔(41-48장) - 도로주행

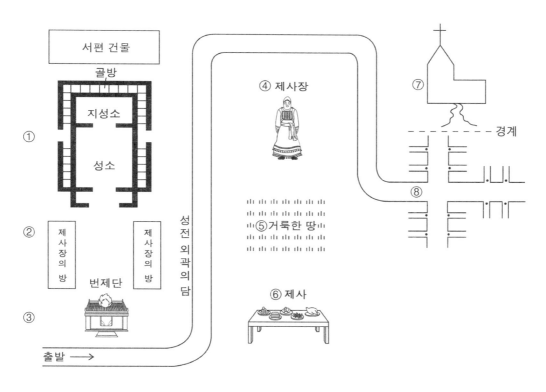

도로주행을 배경으로 했으며 출발선을 따라 도로를 주행하고 가다보면 왼편에 성전이 보이는데 성전 안에는 성소와 지성소, 서편건물이 있고 제사장의 방과 번제단이 있으며 성전은 성전 외곽의 담으로 둘러 싸여 있습니다. 우편에는 제사장이 하나님께 예물로 드릴 거룩한 땅에서 제사를 드리고 있으며 조금 더 가다보니 성전에서 생명수가 흐르는 것이 보이며 그 앞에는 길이 12갈래로 나뉘어져 있습니다.

41장   성전척량 환상(1-26) - ① 성소(1-2)   ② 지성소(3-4)   ③ 골방(5-11)
                        ④ 서편건물(12)   ⑤ 성전의 부속건물(13-26)

42장   성전척량 환상(1-20) - ① 제사장의 방(1-14)   ② 성전 외곽의 담(15-20)

43장 ① 성전척량 환상(13-27) - 번제단(13-27)
        번제단의 불빛은 떠나갔던 하나님의 영광이 다시 성전으로 들어오는 것을 나타낸다.
     ② 떠나갔던 하나님의 영광이 다시 성전에 나타나다(1-12) - 동문으로 나갔듯 동문으로 들어오심.

44장   제사장에 대한 규례(1-27) - 오직 이스라엘의 처녀나 제사장의 과부에게 장가들 것이며(22)
     ※ 성소의 동쪽문을 닫고 다른 사람이 들어오지 못하게 함은 θ께서 그리로 들어오셨기 때문이다(2)

45장   하나님께 예물로 드릴 거룩한 땅(1-8) - 거룩한 땅은 성소가 있는 곳과 제사장 및 레위인
        들의 땅, 성읍의 기지, 그리고 왕의 기업을 말한다.

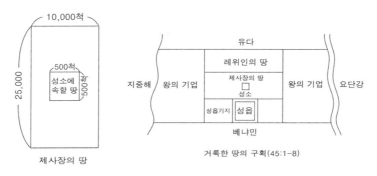

46장   제사에 대한 규례(1-15)

47장 ① 성전에서 흐르는 생명수(1-12) - 새 성전에서 발원한 생명수가 황무지를 적시고 사해를
        소성케 하는 환상은 이스라엘을 회복시키시는 하나님의 구원 역사가 단순히 이스라엘 민족만이
        아닌 영적으로 죽은 자들과 다름없는 온 세상 사람들을 대상으로 삼고 있는 것임을 시사한다.
     ※ 성전 문지방 밑에서 흘러나온 물이 에스겔의 발목, 무릎, 허리 순으로 차오르다가 나중에는 사람
        이 능히 건너지 못할 강이 되었다. 발목, 무릎, 허리는 관절이라는 것에 유의하면 암기하기 쉽다.
     ② 회복될 이스라엘 땅의 경계(13-23) - 그림 참조

48장   길이 12갈래로 나뉘어져 있다.   나뉘다 → 분배
     ① 12지파의 땅의 분배(1-29) - 이스라엘 12지파가 한 사람도 빠지지 않고 회복된 땅을 기업
        으로 상속받게 될 것임을 보여준다.
     ※ 제사장에게 준 땅은 팔거나 바꾸지 못하고 그 땅의 처음 익은 열매도 남에게 주지도 못하는데
        이는 여호와께 거룩히 구별한 것이기 때문이다.
        12갈래로 나누어진 길 입구에 표시된 점은 출입구를 나타낸다.
     ② 새 성읍에 세워질 12 출입구(30-35) - 그 성읍의 이름을 여호와 삼마라 하리라(35)
        (암기방법) 여호와 삼마(여호와께서 거기 계신다) → 여호와께서 성읍으로 삼은 마을에 계신다.
        여호와 삼마는 마지막 장(48장)에 나오며 삼은 3, 마는 숫자기억법으로 5가 되므로 35절이 된다.

다니엘 12장

* **장수기억법** : 다니엘의 꿈은 일리(12)가 있다.
* **배경** : 다니엘은 약자로 단이 되므로 다니엘은 단을 배경으로 했으며 단은 아래층과 위층으로 구성되어 있다.
* **이름의 뜻 암기법** : 다니엘의 단을 단두대로 바꾸면 단두대는 심판을 나타내므로 다니엘은 '하나님은 나의 심판자'라는 뜻이 된다.
* **영상화면 보는 법** : 다니엘의 영상화면 보는 법은 6번의 다니엘과 사자가 위층으로 올라가려고 엘리베이터 앞에서 기다리고 있으므로 영상화면은 아래에서 위의 순으로 보면 된다.

다니엘 (12장)

저　　자 : 다니엘

이름의 뜻 : '하나님은 나의 심판자'

다니엘과 그의 세 친구는 유다의 귀족 출신으로 '흠이 없고 모든 재주를 통달하며 지식이 구비하며 학문에 익숙한' 인물들이었다. 그는 바벨론의 가장 좋은 학교에서 3년간 교육을 받았다(1:5). 민족 동화 정책의 일환으로 다니엘에게는 '벨드사살'이라는 새로운 이름이 주어졌는데 벨은 당시 숭배되던 바벨론 신들 중 한 신의 이름이었다. 다니엘은 지혜와 하나님께서 주신 해몽하는 능력에 힘입어 특별히 느브갓네살과 다리오 시대에는 왕궁에서 높은 지위에 올랐다. 다니엘은 성경에서 부정적인 묘사가 거의 없는 많지 않은 인물 중의 하나다. 그의 생애는 신앙과 기도, 용기와 인내, 그리고 어떤 경우에도 타협하지 않은 굳은 결단 등으로 가득 차 있다. 이와 같이 '은총을 얻은 자'였던 다니엘에 대해서, 에스겔은 '의의 표본'으로 세 번에 걸쳐 언급하고 있다(9:23, 10:11, 19). 다니엘서는 다니엘 자신이 쓴 것으로 나타나며(12:4), 7:2 이하에서는 마치 자서전 형식처럼 1인칭이 사용되고 있다. 유대인의 탈무드도 이런 사실을 인정하고 있으며, 그리스도도 9:27을 인용하면서 '선지자 다니엘'이 말한 것이라고 말씀하셨다(마 24:15).

제　　목 : 본서에 기록된 사건들의 주인공인 다니엘의 이름을 따라 붙임.

주　　제 : 세상 왕국을 지배하시는 하나님의 주권

기록연대 : B.C. 605년-530년경(여호야김 왕 – 바사의 고레스 왕)

요　　절 : 2:20-22, 44, 7:13-14

기록목적 : 역사의 주인이신 하나님의 절대 주권을 보여줌으로써 바벨론 땅의 포로 된 하나님의 백성에게 소망을 주기 위해 기록하였다.

다니엘 (1-12장)

⑩ 닌자   ⑪ 남방왕과 북방왕   ⑫ 소림사 대환단

⑨ 가브리엘

⑧ 수양 수염소

① 다니엘 사드락 메삭 아벳느고   ② 큰 신상 꿈   ③ 풀무불   ④ 큰 나무 꿈   ⑤   ⑥

⑦ 사자 곰 표범 열물짐승

엘리베이터

다니엘(1-12장) 그림 배경설명   단을 배경으로 했으며 아래층의 단에서는 다니엘과 3친구가 반으로 절개한 채소를 들고 장기자랑을 하고 있으며 무대를 빛나보이게 하려고 큰 신상과 큰 나무를 세워 놓았으며 풀무불(큰 신상과 큰 나무 사이에 위치)로 무대를 따뜻하게 해줍니다. 다니엘과 사자가 위층으로 올라가려고 엘리베이터 앞에서 기다리고 있는데 갑자기 손이 나타나서 손가락으로 엘리베이터의 벨을 눌러 줍니다. 엘리베이터의 맨 아래 칸에는 4짐승이, 가운데 칸에는 수양과 수염소가 탔으며 맨 위 칸에는 천사 가브리엘이 타고 있습니다. 참고로 엘리베이터의 인원수가 아래 칸부터 4, 2, 1 이라고 암기하면 각 칸의 소제목을 쉽게 알 수 있습니다. 위층의 단에서는 소림사 대환단을 놓고 닌자(인자)와 남방 왕과 북방 왕이 서로 싸우고 있습니다.

1장   아래층의 단 위에서는 다니엘과 세 친구가 반으로 절개한 채소를 들고 장기자랑을 하고 있다.   채소 → 채식,   절개 → 신앙절개

다니엘과 3친구의 신앙절개(1-21) - 여호야김 3년에 다니엘과 3친구가 끌려가서 왕의 음식과 포도주를 날마다 주어 3년을 기르게 하였으나 다니엘과 3친구가 왕의 음식과 포도주로 자기를 더럽히지 않도록 **환관장 아스부나스**에게 구하므로 10일 동안 채식과 물을 주어 시험하였고 오히려 왕의 음식을 먹는 자들보다 얼굴이 더욱 아름답고 윤택해졌으므로 **채식**을 허락한다.

• 다니엘과 3친구의 지혜와 총명이 온 나라 박수와 술객보다 10배나 나은 줄을 아니라(19-20)

※ 3친구 - 하나냐, 미사엘, 아사랴 - 하나뿐인 미사일로 쏴버려? 아서라, 3친구의 바벨론식 이름 : 하나냐 - 사드락(하나 사드려), 미사엘 - 메삭, 아사랴 - 아벳느고(아서라 아벳는고)

※ 다니엘(벨드사살, **고레스 원년**까지 70년을 왕궁에서 일함)이 왕의 진미와 포도주를 더럽고 부정한 것으로 여긴 이유는 ① 바벨론 신에게 바쳐진 것들이거나 ② 음식 중에 율법에 금한 짐승의 고기가 섞여있기 때문이거나 ③ 고기를 피 채 먹지 말라는 율법을 어기는 것이기 때문이다.

2장   느부갓네살 왕의 큰 신상 꿈(1-49) - 후일에 있을 4왕국에 대한 꿈으로 술사들이 꿈을 해석하지 못해 죽을 위기에 처했으나 **왕의 근위대장 아리옥**을 통해 내용을 들은 다니엘은 느부갓네살의 꿈을 해석하고 신임을 받아 고위 관직으로 등용되고 3친구들도 후대해줄 것을 요구한다.

• **영원부터 영원까지** 하나님의 이름을 찬송할 것은 지혜와 능력이 그에게 있음이로다(20) - 다니엘은 아주 먼 미래의 환상을 보므로 영원부터 영원까지가 나오는 구절은 다니엘의 고백이다.

※ 4왕국 : 큰 신상의 머리 - 금(바벨론), 가슴과 팔 - 은(메대·바사), 배와 넓적다리 - 놋(헬라), 종아리 - 쇠(로마), 발 - 쇠와 진흙(분열된 로마제국과 그 이후에 일어나는 모든 나라들)

3장 **풀무불에서 살아나온 3친구**(1-30) - 3친구가 **두라** 평지에 **둔** 금 신상(60-6규빗) 숭배를 거절하므로 3친구를 붙든 용사들을 태워 죽일 정도로 **7배**나 더 뜨거워진 풀무불에 던져졌으나 하나님의 보호를 받아 살아난다. 금 신상은 풀무불에 녹으므로 금 신상과 풀무불이 관계가 있다.

4장 **느부갓네살 왕의 큰 나무 꿈**(1-37) - 큰 나무는 느부갓네살 왕을 나타내며 느부갓네살 왕이 **7년** 동안 들짐승처럼 살다가 회복되리라는 예언이다. 꿈 해석을 듣고 1년 후에 실현된다.

5장 손가락으로 엘리베이터의 벨을 살살 눌렀으므로 벨사살이 되며 따라서 궁전 벽에 나타난 손가락은 벨사살 왕 때 일어난 사건이다. 벨사살은 이름대로 사살(피살) 당한다.
벨사살 왕 때 궁전 벽에 나타난 손가락(1-31) - 하나님의 성전 기물로 연회를 즐기는 오만 방자한 벨사살 왕의 모습과 그런 왕을 징벌하시는 하나님의 심판의 손길로 벨사살이 나라와 함께 급작스럽게 최후를 맞이하는 장면이다. 글 해석한 그날 밤 벨사살이 <u>다리오</u>(62세)에게 피살된다.

※ 손가락으로 벽에 기록한 글자 - 메네 메네 데겔 우바르신(베레스) - 세고 세고 달고 나눈다

※ 벨사살 왕 - 바벨론역사에 벨사살은 없으며 아버지 나보니두스가 아라비아로 원정간 동안 다스렸다. 글을 해석하는 자에게 <u>자주색 옷</u>과 <u>금사슬</u>을 목에 걸어주고 <u>3째 통치자</u>로 삼겠다고 말함.

6장 **사자굴에서 살아나온 다니엘**(1-28) - 다니엘을 시기하는 무리들이 다니엘을 죽이고자하여 30일 동안 왕 이외에는 어느 신에게도 구하지 못하게 하고 어기면 사자굴에 던져 넣기로 금령을 만들어 결국 하루 <u>3번</u>씩 하나님께 기도한 다니엘을 사자굴에 넣었으나 하나님의 도우심으로 살아났고 오히려 다니엘을 참소한 자들은 그 처자들과 함께 사자굴에 던져져 죽음을 당한다 - 사자와 함께 엘리베이터를 기**다리고** 있으므로 **다리오**(총리 3에 고관 120명을 두고 통치) 때가 됨

• 이 다니엘이 <u>다리오</u> 왕(고레스의 장인)의 시대와 바사 사람 <u>고레스</u> 왕의 시대에 형통하였더라(28)

7장 ① **4짐승의 환상**(1-28) - 다니엘이 꿈을 통해 본 '4짐승의 환상'으로 향후 등장할 세상제국들의 모습과 종말에 활동할 적그리스도 및 최후 심판을 통한 하나님 나라의 성취 등에 관한 내용이다

※ 4짐승 - 사자(바벨론), 곰(메대·바사), 표범(헬라), 열뿔 짐승(로마) - **4**짐승 환상은 벨**4**살 원년 4짐승은 옛적부터 항상 있던 이들이며 이들 중 한명은 닌자이다.   닌자 → 인자

② **옛적부터 항상 계신 이**(9-12)

③ **인자의 환상**(13-14) - 내가 또 밤 환상 중에 보니 <u>인자</u> 같은 이가 하늘 구름을 타고 와서(13)

8장 **수양과 수염소의 환상**(1-27) - 벨사살 왕 3년(B.C. 548년경), (강강**수**)을래 강변에서 본 환상으로 여기서 '두 뿔 가진 수양'은 메대·바사 제국을, '수염소'는 헬라 제국을 상징한다. (암기방법) 수양과 수염소의 첫 자음이 'ㅅㅅ'이고 벨사살의 사살도 'ㅅㅅ'이므로 수양과 수염소의 환상은 벨사살 왕 때가 되고 'ㅅ'으로 시작하는 숫자는 삼이 되므로 3년이 된다.

9장 천사 가브리엘(눅 1장, 단 8-9장, 미가엘 - 단 10, 12장, 유다서)이 주보 를 들고 있으며 **주**보에는 '70이레 예언'이라고 써 있다. 주보 → 중보

70 이레	예언

① **다니엘의 중보기도**(1-19) - 크시고 두려워할 **주** 하나님, **주**를 사랑하고 **주**의 계명을 지키는 자를 위하여 언약을 지키시고 그에게 인자를 베푸시는 이시여(4)

• 우리는 우리의 죄악을 떠나고 주의 진리를 깨달아 우리 하나님 <u>여호와의 얼굴</u>을 기쁘게 하지 아니하였나이다(13) - 하나님의 얼굴=브니엘(≒다니엘)이므로 이 구절은 다니엘의 기도가 된다.

② **70이레 예언**(20-27) - 하나님께서 주도하실 세상 역사의 대계에 관한 예언.

10장 **인자의 환상**(1-21) - **힛**데겔 강가에서 본 환상으로 인자로부터 위로와 격려를 받는 장면이다.

※ 닌자의 큰 머리를 보고 힛! 데갈 엄청 크네. 따라서 힛데겔 강가에서 본 환상은 인자의 환상이 됨

11장 남방 왕과 북방 왕이 싸우고 있다. 남방 왕과 북방 왕이란 알렉산더 사후에 그의 네

부하 장군들이 헬라를 4조각으로 나누어 가졌는데 그 중 가장 강한 두 나라를 말한다.

남방 왕과 북방 왕의 전쟁 예언(1-45) - 바사제국의 멸망과 헬라의 등장(1-4절), 알렉산더 사후에 애굽의 톨레미 왕조(남방 왕)와 시리아의 셀류쿠스 왕조(북방 왕)간의 쟁투(5-20), 안티오쿠스 에피파네스의 등장과 그가 자행한 유대교 박해 및 최후(21-45)가 기록되어 있다.

- 매일 드리는 제사를 폐하며 **멸망하게 하는 가증한 것**을 세울 것이며(31) - 마 24장, 막 13장

12장   소림사 대환단,   대환단 → 대환란

① 대환란(1-13) - 마지막 날에 관한 예언으로 세상종말에 출현하여 교회를 핍박하고 성도를 미혹할 적그리스도의 활동상과 환난을 통과한 교회와 성도의 궁극적인 승리와 영광에 관한 내용이다.

- 너는 가서 **마지막**을 기다리라~ **끝**(단)**날**에는 네 몫을 누릴 것임이라(13) - 다니엘의 **마지막** 구절 대환단은 영 모양이므로 **영생**이 되고 오른(옳은)쪽에 있으며 죽은 자도 살린다는 대환단답게 대환단에서 궁창의 빛과 같이, 별과 같이 **빛이 나고 있다.**

② 땅의 티끌 가운데에서 자는 자 중에서 많은 사람이 깨어나 **영생**을 받는 자도 있겠고 수치를 당하여서 영원히 부끄러움을 당할 자도 있을 것이며 지혜 있는 자는 **궁창의 빛과 같이 빛날 것이요** 많은 사람을 옳은 데로 돌아오게 한 자는 **별과 같이 영원토록 빛나리라**(2-3) - 부활사상

호세아 14장

* **장수기억법** : 호색아(호세아)는 가랑이(14)를 찢어 놓아야 한다.
* **배경** : 호세아는 호색아와 발음이 비슷하므로 사창가에 가서 호색하는 것을 배경으로 한다.
* **이름의 뜻 암기법** : 예수는 '저희 죄에서 구원하실 자' 라는 뜻이며 호세아, 여호수아, 예수의 어원이 같으므로 호세아는 '여호와는 구원이시다' 라는 뜻이 된다.
* **활동시기 암기법** : 호세아는 호색아이기 때문에 2세를 많이 만들어내며 따라서 호세아는 북이스라엘 왕 여로보암 2세 때 활동을 했다.
* **선지자 기억법** : 호색아는 이쁘고 **에리** 에리한 여자들만 좋아한다 - 브에리의 아들 호세아
* 호세아가 호색아(여색을 밝히는 남자)와 발음이 비슷하므로 호세아를 **사랑의 선지자**라고 한다.

호세아 (14장)

저   자 : 호세아
　　　　　브에리의 아들 호세아는 그보다 앞서 예언 활동을 한 아모스와 함께 북왕국 이스라엘을 향하여 예언을 선포했다. 북왕국 출신으로 자신의 백성을 향해 선포된 예언을 기록하여 남긴 선지자로는 호세아가 유일한 인물이다.

제   목 : 주인공이자 기록자인 선지자 호세아의 이름을 따라 제목이 붙여짐.

주   제 : 하나님의 신실하신 사랑

기록연대 : B.C. 785-710년

요   절 : 3:1, 6:1, 11:8

기록목적 : 호세아 아내인 고멜 사건을 통해 하나님의 사랑이 얼마나 크고 변치 않는지 보여줌으로 죄와 우상숭배에서 돌이켜 하나님께 나아오도록 하기위해 기록하였다.

호세아 (1-10장) - 사창가의 데스크

호세아(1-10장) 그림 배경설명 사창가의 데스크를 배경으로 했으며 방안에는 호세아와 음란한 여인 고멜의 결혼사진이 걸려 있고 그 밑에는 고멜이 낳은 자식들이 놀고 있습니다. 데스크에서는 손님이 호색하기 위해 돈을 주고 고멜을 사고 있으며 고멜은 화대를 받고 간음을 하려 합니다. 들어가는 손님들은 귀중품을 죄 모양의 옷걸이에 걸어놓고 들어가야 하는데 옷걸이에는 왕관과 제사장 옷과 망사로 만든 우산이 걸려 있으며 그 아래에는 약상자와 약상자 안에 있던 커터칼이 밖으로 나와 있는데 이곳에서는 화대 문제로 손님과 아가씨 간에 싸움이 자주 일어나므로 항상 약상자를 준비해 놓고 있습니다. 데스크 앞에는 입이 길고 뾰족한 회색개가 지키고 있습니다.

1장　　방안에는 회색 양복을 입은 호세아와 음란한 여인 고멜의 결혼사진이 걸려 있고 그 밑에는 고멜이 낳은 자식들이 놀고 있다.　　**회**색 양**복** → 회복

① 호세아가 음란한 여인 고멜과 결혼하여 자식을 낳다(1-9) - 호세아의 자식들을 통해 죄악으로 인한 이스라엘의 절망적인 현실을 보여준다.

- 첫째 아들 - 이**스르**엘(하나님이 흩으신다. 또는 심다) - 하나님이 **스르**르 흩으신다.
- 둘째 딸 - 로루**하마**(긍휼히 여김을 받지 못한 자) - 딸이 **하마**같이 생겨서 불쌍해
- 셋째 아들 - 로암미(내 백성이 아니다) - 로(no, 아니다), 미(me, 나)

※ 고멜의 아버지 - 디블라임(딸 때문에 속상해서 한 말 - **디**져**블라잉**)

② 이스라엘의 회복(10-11)

2장　　남편이 있는 고멜이 화대를 받고 간음을 하려 한다.

① 고멜의 간음(2-13) = 이스라엘의 죄와 하나님의 심판 - 호세아가 아내 고멜의 음란한 행위를 통하여 당시 이스라엘의 영적간음을 고발하고 하나님의 심판을 선언한다.

- 그 날에 네가 나를 내 **남편**이라 일컫고 다시는 내 **바알**이라 일컫지 아니하리라(16) - 호세아 서는 하나님과 이스라엘을 <u>부부관계</u>로 묘사하고 있다.

  고멜이 윙크를 하며 손님에게 추파를 보내고 있다.   추파 → 축복

② <u>이스라엘의 축복</u>(14-23) = 이스라엘의 회복 - 심판을 선언하는 가운데 회복을 제시하신다.
- 거기서 비로소 그의 포도원을 그에게 주고 아골 골짜기로 <u>소망의 문</u>을 삼아 주리니(15)
- 내가 나를 위하여 그를 이 땅에 심고(이스르엘 - 흩다와 심다 2가지 뜻이 있다) 긍휼히 여김을 받지 못하였던 자(로루하마)를 긍휼히 여기며(루하마) 내 백성 아니었던 자(로암미)에게 이르기를 너는 내 백성이라(암미) 하리니 그들은 이르기를 주는 내 하나님이시라 하리라(23)

3장   손님이 호색하기 위해서 은 <u>15</u>개와 보리 <u>1.5</u> 호멜을 주고 고멜(15)을 사고 있다.
       <mark>호세아가 돈을 주고 고멜을 다시 데려오다</mark>(1-5) - 호세아가 아내 고멜을 속량한 사실을 통해 이스라엘에 대한 하나님의 사랑이 소개되고 있다.

4장   죄(罪) 모양의 옷걸이, 옷걸이의 머리 부분에 그림에는 없지만 **알 지**(知)자가 써 있다.
       <mark>이스라엘의 죄</mark>(1-19) - 하나님을 **아**는 **지**식이 없어 이스라엘이 죄에 빠졌음을 고발하고 있다.
- 이 땅에는 <u>진실</u>도 없고 <u>인애</u>도 없고 하나님을 아는 <u>지식</u>도 없고(1) - 진인지
- 내 백성이 <u>지식</u>이 없으므로 망하는도다 네가 지식을 버렸으니 나도 너를 버려(6)
- 너희는 길갈로 가지 **말며** 벧아웬으로 올라가지 말며(15) - 말며가 부정을 나타내므로 호 4장
※ 벧아웬을 언급한 선지자 - 호세아 - 호색아는 배다른(벧아웬) 자식이 많다. 벧아웬(죄악의 집)은 원래 벧엘(하나님의 집)이었으나 우상숭배의 중심지가 된 후 벧아웬으로 바뀌었다.

5장   옷걸이에 왕관과 제사장 옷이 걸려있다.   왕관 → 왕
       <mark>이스라엘의 왕들과 제사장들에게 임할 심판</mark>(1-7)
- 그러므로 내가(하나님) 에브라임에게는 좀 같으며 유다 족속에게는 썩이는 것 같도다(12) - 왕관과 제사장 옷이 좀이 먹고 썩어 있다.

6장   데스크 오른쪽 밑에 약상자가 있으며 약상자 안의 붕대는 **회**색이며 **면**으로 되어있다.
① <mark>**회개**의 **권면**</mark>(1-11) - 오라 우리가 여호와께로 돌아가자 여호와께서 우리를 **찢**으셨으나 도로 **낫**게 하실 것이요 우리를 **치**셨으나 **싸**매어 주실 것임이라(1) - **낫**으로 **찢**은 상처가 1자 모양(⫽)
   (암기방법) ① 붕대가 돌돌 말려있으므로 '오라 우리가 여호와께로 돌아가자' 가 되며 '우리를 **찢**으셨으나 도로 **낫**게 하실 것이요' 는 우리 몸을 **낫**으로 **찢**는다고 생각하자 ② 우리를 **찢**으셨으나 도로 **낫**게 하실 것이요… 도로 낫게 하실 거면서 **치사** …
   약상자 안에 알이 들어 있으며 맞아서 생긴 멍을 빼는 데는 알 만한 것이 없다.
② 그러므로 우리가 여호와를 **알자** 힘써 여호와를 **알자** 그의 나타나심은 새벽빛 같이 어김없나니 비와 같이, 땅을 적시는 늦은 비와 같이 우리에게 임하시리라 하니라(3) - 알이 3개이므로 3절
③ 나는 인애를 원하고 제사를 원하지 아니하며 번제보다 하나님을 **아는 것**을 원하노라(6) - 아는 것은 알자와 같으므로 6장이 되며 알자가 나오는 구절이 3절이고 아는 것이 알자보다 2배가 길므로 아는 것이 나오는 이 구절은 6절이 된다. '인제번아'로 암기할 것.

7장   죄(罪) 모양의 옷걸이, 옷걸이의 머리 부분이 전병(살짝 구운 얇은 빵) 같이 생겼다.
       <mark>이스라엘의 죄</mark>(1-16) - 에브라임은 <u>뒤집지 않은 전병</u>이로다(8)
- 에브라임은 어리석은 비둘기같이 지혜가 없어서 <u>애굽</u>을 향하여 부르짖으며 <u>앗수르</u>로 가는도다(11)

8장   망사로 만든 우산,   망 → 책망,   우산 → 우상
       <mark>우상숭배를 책망하시다</mark>(1-14)

9장   이 커터칼은 **음행의 값**으로 산 것이며 커터날이 한 칸밖에 남지 않은 것은 임박한 것을, 칼은 심판을 나타낸다.   한 칸밖에 남지 않은 커터칼의 날 → 임박한 심판의 날

(1-17) - 이스라엘아 너는 이방 사람처럼 기뻐 뛰놀지 말라 네가 음행하여 네 하나님을 떠나고 각 타작마당에서 음행의 값(추수한 곡물)을 좋아 하였느니라(1)

10장 데스크 앞에는 입이 길고 뾰족한 회색개가 지키고 있는데 길고 끝이 뾰족한 것을 **쪽**이라 하고 입은 한자로 **구**(口)가 되므로 촉구가 된다.   **회**색**개** → 회개

① 회개를 촉구하다(9-15) - 너희가 자기를 위하여 공의를 심고 인애를 거두라 너희 묵은 땅을 기경(밭을 갊)하라 지금이 곧 여호와를 찾을 때니 마침내 여호와께서 오사 공의를 비처럼 너희에게 내리시리라(12) - 회색개의 긴 주둥이는 묵은 땅을 기경하기에 안성맞춤이다 - cf. 렘 4:3 개 줄이 굉장히 긴데 길이가 두 마나 된다.   두 마 → 두 마음,   한 마 = 90cm

② 두 마음을 품은 이스라엘에 대한 하나님의 심판(1-8) - 그들이 두 마음을 품었으니 이제 벌을 받을 것이라 하나님이 그 제단을 쳐서 깨뜨리시며 그 주상을 허시리라(2)

호세아 (11-14장) - 옆방

호세아(11-14장) 그림 배경설명   옆방을 배경으로 했으며 옆방을 지나가던 **돌**아이가 밖에까지 소리가 나자 화가 나서 '내가 너희 이름을 다 기억하고 있다'고 엄포를 놓으며 문을 세게 걷어차고(이스라엘에 대한 하나님의 진노) 있습니다. 문 앞에는 정력에 좋다고 해서 먹고 남은 복어회를 문밖에 내 놓았는데 입이 길고 뾰족한 회색개가 남은 복어회를 먹고 있습니다.

11장 옆방에서는 아줌마(아드마)와 사부님(스보임)이 **사랑**중인가 보다. 에구(애굽) 망측해라.
이스라엘을 향한 하나님의 사랑(1-12)
• 이스라엘이 어렸을 때에 내가 사랑하여 내 아들을 애굽에서 불러냈거늘(1)
• 에브라임이여 내가 어찌 너를 놓겠느냐~ 내가 어찌 너를 아드마 같이 놓겠느냐 어찌 너를 스보임 같이 두겠느냐(8) - 아드마와 스보임은 소돔과 고모라가 멸망할 때 같이 멸망한 성읍.

12장 옆방을 지나가던 **돌**아이가 밖에까지 소리가 나자 화가 나서 '내가 너희 이름을 다 기억하고 있다'고 엄포를 놓고 있다.   돌아 → 돌아오라
돌아오라(1-14) - 여호와는 만군의 하나님이시라 **여호와는 그를 기억하게 하는 이름이니라** 그런즉 너의 하나님께 돌아와서 인애와 정의를 지키며 항상 너의 하나님을 바랄지어다(5-6)

※ 야곱과 에서가 나오는 소선지서 - 호 12장[야곱과 에서는 쌍둥이이므로 호식이(호 12) 2마리 치킨만 시킨다], 옵 1장(에서의 후손인 에돔에 대해 나옴), 말 1장(야곱 사랑하고 에서 미워함)

13장　이스라엘에 대한 하나님의 진노(1-16) - 사망아 네 재앙이 어디 있느냐 스올아 네 멸망이 어디 있느냐(14, 사망아 너의 승리가 어디 있느냐 사망아 네가 쏘는 것이 어디 있느냐, 고전 15:55)
　　※ 문을 발로 차면서 사망아 네 재앙이 어디 있느냐~ 네 멸망이 어디 있느냐며 외치고 있다고 생각.

14장　복어회 → 회복,　입이 길고 뾰족한 회색개 → 회개촉구(10장 참조)
　① 회개를 촉구하다(1-3)
　② 이스라엘의 회복(4-8)
　　회 접시가 꼭 여의도처럼 생겼다(실제로 여의도는 접시 모양이다).　여의도 → 여호와의 도
　③ 여호와의 도(9) - '여호와의 길들'이란 뜻으로 바른 목적지에 이르게 하는 참 길을 의미한다.
　　• 누가 지혜가 있어 이런 일을 깨달으며 누가 총명이 있어 이런 일을 알겠느냐 여호와의 도는 정직하니 의인은 그 길로 다니거니와 그러나 죄인은 그 길에 걸려 넘어지리라(9) - 마지막 구절

요엘 3장

✱ 장수기억법 : 요에 실례를 해서 세계(3) 지도를 그려놓았다.　요 → 요엘
✱ 배경 : 요에 실례를 해서 세계지도가 그려진 것을 배경으로 한다.
✱ 이름의 뜻 암기법 : '여호'를 빨리 읽으면 '요'가 된다. 따라서 요(여호), 엘(하나님)은 '여호와는 하나님이시다'라는 뜻이 된다.
✱ 활동시기 암기법 : 요 → 요아스가 되므로 요엘은 유다의 요아스 왕 때 활동했다(그림을 자세히 그리지 않아서 펴진 요처럼 보이나 실은 U자로 접혀진 요이므로 유다의 요아스가 된다).
✱ 선지자 기억법 : 요트는 부두에 있다 - 브두엘의 아들 요엘
✱ 특징 : 구약성경 중 성령의 강림에 대해 예언하는 유일한 책

요엘 (3장)

저　　자 : 요엘
　　　　저자에 대해서는 '브두엘의 아들 요엘'이란 사실 외에 더 알려진 것이 없다. 그리고 성경에는 이외에도 요엘이라는 이름을 가진 13명의 인물이 등장하지만 선지자 요엘은 그들 중 어느 누구와도 일치하지 않는다.
제　　목 : 선지자 요엘의 이름으로 제목을 붙임.
주　　제 : 여호와의 날
기록연대 : 불확실, 바벨론과 앗수르가 언급되지 않은 것으로 보아 B.C. 830년경으로 추정
요　　절 : 2:28-32
기록목적 : 죄악에 빠진 유다 백성들에게 메뚜기 떼의 재앙을 통해 장차 하나님의 심판의 날(여호와의 날)이 임할 것을 경고함으로써 죄악에서 돌이키고 하나님께 나아오도록 하기 위해 기록하였다.

요엘 (1-3장)

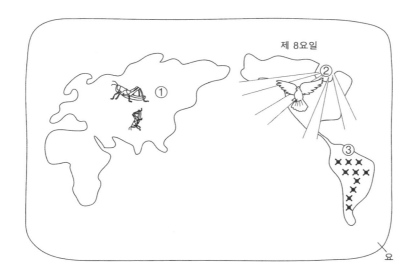

요엘(1-3장) 그림 배경설명　요에 실례를 해서 세계지도가 그려진 것을 배경으로 했으며 요의 왼쪽에는 메뚜기가 그려져 있고 오른쪽에는 비둘기가 빛을 받으며 하강하고 있는데 사람들이 회개하지 않음으로 자기 마음을 찢으면서 하강하고 있으며 요의 오른쪽 위에는 '제 8요일' 이라고 써 있습니다. 그 밑에는 열나라(열국)에 X표시가 돼있는데 이것은 열국심판을 나타냅니다.

1장　① 메뚜기 재앙(1-2:11) - 메뚜기 재앙이 유다의 죄악에 대한 하나님의 징계임을 역설한다.
　　• 늙은 자들아~ 너희의 날이나 너희 조상들의 날에 이런 일(메뚜기의 재앙)이 있었느냐(2)
　　• 팥중이 → 메뚜기 → 느치 → 황충(팥 메는 황충, 4절)
　　• (메뚜기가 먹어치워서) 포도, 무화과, 석류, 대추, 사과, 밭의 모든 나무가 다 시들었으니(12)
　　※ 12절에 나오는 나무가 아닌 것 - 감람나무(메뚜기의 피해로 더 감할 것이 없는 나무이므로 제외)
　　　메뚜기 재앙으로 인한 고통은 처녀가 약혼자를 잃은 슬픔과 같다.
　　② 너희는 처녀가 어렸을 때에 약혼한 남자로 말미암아 굵은 베로 동이고 애곡함 같이 할지어다(8)

2장　　비둘기(성령)가 사람들이 회개하지 않음으로 자기 마음을 찢으면서 하강(강림)하고 있다.
　　① 진실한 회개를 원하시는 여호와(12-17) - 너희는 옷을 찢지 말고 마음을 찢고 너희 하나님
　　　여호와께로 돌아올지어다(13) - 비둘기가 자기 마음을 찢고 있으니 얼마나 고통(13) 스러울까?
　　• 너희는 이제라도 금식하고 울며 애통하고 마음을 다하여 내게로 돌아오라(12) - 13절과 비슷
　　• 주께서 혹시 마음과 뜻을 돌이키시고 그 뒤에 복을 내리사 너희 하나님 여호와께 소제와 전제를
　　　드리게 하지 아니하실는지 누가 알겠느냐(14) - 비둘기 위에 소제와 전제를 드린다고 생각하자.
　　• 그 때에 여호와께서 자기의 땅을 극진히 사랑하시어 그의 백성을 불쌍히 여기실 것이라(18) -
　　　요이(요엘 2장) 땅. 따라서 땅과 관련된 이 구절은 요엘 2장에 나온다.
　　② 성령강림 예언(28-32) - 그 후에 내가 내 영을 만민에게 부어 주리니 너희 자녀들이 장래
　　　일을 말할 것이며 너희 늙은이(28)는 꿈을 꾸며 너희 젊은이(28청춘)는 이상을 볼 것이며(28)
　　　마음을 찢고 있는(회개) 비둘기의 뒤를 비추는 빛은 회개하는 자가 받을 축복을 암시한다.
　　③ 회개하는 자가 받는 축복(18-27) - 이른 비와 늦은 비가 예전과 같을 것이라(23)
　　※ 비둘기의 뒤를 비추는 빛의 선이 그림 상으로는 이른 비와 늦은 비(신 11, 욜 2, 약 5장) 같다.
　　　비둘기는 '구구구구' 하고 우는데 구를 여러 번 사용한 것은 '누구든지 여호와의 이름
　　　을 부르는 자는 구원을 얻는다' 는 것을 강조하기 위해서이다.

④ 누구든지 여호와의 이름을 부르는 자는 구원을 얻으리니(32, 롬 10:13, 행 2:21) = 만민구원
　제 7요일(일·월·화~)은 인간의 날이다. 그러나 제 8요일은 여호와의 날이다.
⑤ 여호와의 날(1-11) - 여호와의 크고 두려운 날이 이르기 전에 해가 어두워지고 달이 핏빛
　같이 변하려니와 누구든지 여호와의 이름을 부르는 자는 구원을 얻으리니(31-32)
3장 ① 열국심판 예언(1-21) - 열국을 심판하되 여호사밧 골짜기에 모아서 심판하시겠다고 말씀하신다.
　3번 그림이 보습 같기도 낫 같기도 하며 자세히 보면 그 안에 여호사밧 골짜기가 보인다.
② 너희는 보습을 쳐서 칼을 만들지어다 낫을 쳐서 창을 만들지어다(10, 전쟁사상)↔사 2장, 미 4장
③ 내가 만국을 모아 데리고 여호사밧 골짜기에 내려가서~ 그들을 심문하리니(2)
　3번 X친 부분이 통에 들어 있는 제비(기호 등에 따라 승부 따위를 결정하는 방법) 같다.
④ 또 제비 뽑아 내 백성을 끌어가서 소년을 기생과 바꾸며 소녀를 술과 바꾸어 마셨음이니라(3)

아모스 9장

✱ 장수기억법 : ① 아 코스모스는 9月에 핀다.　② 암 그렇9 말9　아모스 → 암(약자)
✱ 배경 : 아모스는 약자로 암(바위)이 되므로 아모스는 바위를 배경으로 한다.
✱ 이름의 뜻 암기법 : 바위(암=아모스)는 무거우므로 아모스는 '무거운 짐'이란 뜻이 된다.
✱ 활동시기 암기법 : 237페이지 '선지서' 참조
✱ 선지자 기억법 : 아모스는 아모레 화장품을 써서 피부가 드럽게 고아(드고아)
✱ 여로보암 Ⅱ 시대에 지진이 일어났음을 언급한 소선지서는 아모스(암)인데 그 이유는 지진이
　일어나면 용암이 분출되기 때문이다.
✱ 오른쪽 그림에서 공과 의복이 나오므로 아모스는 하나님의 공의를 외친 선지자가 되며 1장
　에서 9장까지 모두 심판에 대하여 예언하므로 재앙의 선지자라고도 불리어진다.

아모스 (9장)

저　자 : 아모스
　　　아모스는 남방 유다의 베들레헴에서 6마일 남쪽에 떨어져 있는 드고아 고원에
　　　서 목축을 하며 뽕나무를 재배하던 자였다(1:1-2, 7:14). 그러나 그는 평범한
　　　일개 농부가 아니라, 은둔한 야인으로 보인다. 그의 문체를 살펴보면, 상당한
　　　수준의 학문을 갖추었음을 엿볼 수 있기 때문이다.　호세아와 동시대 사람
제　목 : 저자의 이름을 따라 아모스라 붙임
주　제 : 하나님의 공의 및 사회의 정의
기록연대 : B.C. 760-750년경
요　절 : 5:4, 24,　8:11-12
기록목적 : 하나님의 율법을 무시하고, 우상을 숭배하며, 가난한 자들을 착취하고 압제하는
　　　　상류층 사람들에게 장차 하나님의 공의로운 심판이 있을 것을 경고하기 위해 기록

아모스 (1-9장)

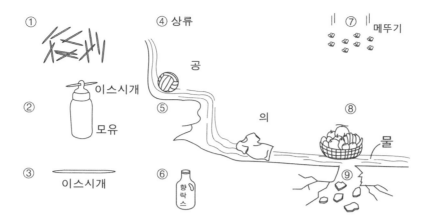

아모스(1-9장) 그림 배경설명   바위를 배경으로 했으며 그림의 정중앙에는 바위가 있고 상류에서부터 바위를 타고 흐르는 물에 공과 의복과 여름실과 한 광주리가 떠내려가고 있습니다. 바위 아래에는 옷을 깨끗이 빨아주는 향락스가 있으며 여름실과가 달므로 메뚜기들이 여름실과에 모여들고 있고 지반은 물의 무게를 견디지 못하고 무너지고 있습니다. 무너진 지반은 나중에 다시 복구되었다고 합니다. 참고로 바위의 왼편에는 1, 2, 3번이 다 이스시개가 있다는 것을 기억하시기 바랍니다.   ※ 5번 그림의 출처 - 한국 성경암송연구원 원장 박우기 목사

1장   이스시개가 **주변**에 흩어져 있다.   이스시개 → 이스라엘
        이스라엘 주변 국가들에 내릴 심판 예언(1-15) - **다**메섹 · **가**사 · **두**로 · 에돔 · **암**몬
        (암기방법) 이스시개를 바위(**암**) **주변**에 두고 **가다**

   ※ 철타작기로 타작하듯 길르앗을 압박한 (**메다**꽂은) 나라 - **다메**섹 - 첫 번째(한판승)로 나온다
      포로를 에돔에 넘긴 죄로 심판받은 나라 - **가**사와 **두**로 - 포로를 돔(반월형의 건물)에 **가두**다
      칼로 형제를 쫓으며 맹렬히 화와 분을 냄으로 심판받은 나라 - 에돔 - 에서(에돔)와 야곱은 형제
      길르앗의 아이 밴 여인의 배를 가른 죄로 심판받은 나라 - 암몬 - **암몬**나이트로 배를 가르다

2장   모유(**모압** · **유다**)가 들어있는 젖병에 이스시개(이스라엘)가 꽂혀 있다.
        모압 · 유다 · 이스라엘 심판 예언(1-16)

   ※ 에돔 왕의 뼈를 (모아) 불살라 재를 만든 나라 - 모압
      여호와의 **율**법을 멸시하며 그 율례를 지키지 않은 나라 - **유**다(유≒율)
      은을 받고 의인을 **팔**며 신 한 켤레에 가난한 자를 **팔**은 나라 - **이**스라엘 - 이팔청춘

3장   이스시개 → 이스라엘
   ① 이스라엘 심판 예언(9-15) - 2사람이 뜨시 같지 않은데 어찌 동행하겠으며(3) - 이뜨시개
   • 사자가 움킨 것이 없는데 어찌 수풀에서 부르짖겠으며(4) - 3, 4절은 운율이 같다.
   • 겨울 궁과 여름 궁을 치리니 **상아** 궁들이 파괴되며(15) - 이 이스시개는 상아로 만들었다.
     사람들은 종종 남에게 말 못하는 자기의 비밀을 저 이스시개에 써서 해소하곤 한다.
   ② 여호와께서는 자기의 비밀을 그 종 선지자들에게 보이지 아니하시고는 결코 행하심이 없으시리라(7)

4장   이 물은 상류에서 흐르는 물이다.   상류 → 상류층
   ① 상류층 심판 예언(1-5) - 사마리아의 산에 있는 바산의 **암**소들(타락한 상류층 사람들)아~
     너희는 힘없는 자를 학대하며 가난한 자를 압제하며(1) - 바산의 암소는 암 4장에 나옴(암바4)
   • 너희는 벧엘에 가서 범죄하며 길갈에 가서 죄를 더하며(4) - 더 죄를 지어서 재앙을 재촉하라
     고 한 선지자는 아모스이다(아모스는 재앙의 선지자).

회색 거북이는 상류에서만 산다.   회색 → 회개,   거북 → 거부

② 이스라엘의 회개 거부(6-13) - '너희가 내게로 돌아오지 아니하였느니라'가 반복해서 나온다.

5장   누가 잃어버렸는지 공과 의복이 떠내려가고 있다. 돈 주고 **산 것** 일 텐데 주인(**하나님**)이 얼마나 애타게 **찾을**까.   主人 → 하나님,   애타게 → 애가

① 이스라엘을 위한 애가(1-3) - 처녀 이스라엘이 엎드러졌음이여 다시 일어나지 못하리로다 자기 땅에 던지움이여 일으킬 자 없으리로다(2)

② 하나님을 찾아야 산다(4-20) - 너희는 나를 찾으라 그리하면 살리라 벧엘을 찾지 말며 길갈로 들어가지 말며 브엘세바로도 나아가지 말라(4-5)

• 사람이 사자를 피하다가 곰을 만나거나(19) - 사자를 피하려고 바위(암) 밑에 들어갔다가 곰 만남 바위를 타고 흐르는 물에 **공과 의**(복)이 떠내려가고 있다.

③ 오직 정의를 물 같이, 공의를 마르지 않는 **강** 같이 흐르게 할지어다(24) - 공의와 정의가 어디서나 거침없이 흘러넘치게 하라는 뜻 - 공과 의복이 떠내려가는 것은 상류에서 아래로 24하는 것. 물에 떠내려가는 옷은 **겉**옷이다.

④ **겉**치레뿐인 예배를 나무라시다(21-27) - 너희가 내게 번제나 소제를 드릴지라도 내가 받지 아니할 것이요 너희의 살진 희생의 화목제도 내가 돌아보지 아니하리라(22)

• 너희가 40년 동안 광야에서 희생과 소제물을 내게 드렸느냐(25) - 아니요. **아 모쓰**겠네 바위의 바깥쪽은 물이 흘러서 반질반질한데 반해 안쪽은 물이 흐르지 않아서 **날**이 서 있으며 또한 **빛**이 들어오지 않아 **어둡다**.   날 → 여호와의 날

⑤ **여호와의 날**을 사모하는 자여 어찌하여 여호와의 날을 사모하느냐 그날은 **어둠**이요 **빛**이 아니라(18) 세월이 흐르면 커다랗던 바위는 물에 닳아서 점점 작아진다.   천 → 백 → 열

⑥ **천** 명이 행군해 나가던 성읍에는 백 명만 남고 **백** 명만 나가던 성읍에는 **열** 명만 남으리라(3)

6장   바위 아래에는 옷을 깨끗이 **빠**라주는 **향락**스가 놓여있다.

향락에 **빠**진 지도자들(1-14)

7장   여름실과가 달므로 메뚜기들이 모여들고 있다.

① 메뚜기·불·다림줄 환상(1-9) - 앗수르의 3차에 걸친 공격을 상징한다. 메뚜기들이 여름실과에 먼저 도착하려고 대결을 하고 있는데 그중 1마리는 안마사이다.

② 아모스와 벧엘의 제사장 아마샤의 대결(10-17) - 진리를 선포하는 아모스에게 벧엘의 제사장 아마샤가 아모스가 왕을 모반한다고 여로보암 2세에게 고했으며 아모스에게는 '① 선견자야 너는 유다 땅으로 도망가서 거기서나 떡을 먹으며 예언하고 ② 다시는 벧엘에서 예언하지 말라 ③ 이스라엘에 대하여 예언하지 말며 이삭의 집을 향하여 경고하지 말라'며 핍박한다.

8장   여름실과 한 광주리가 **물**에 떠내려가고 있다.

① 여름실과 한 광주리 환상(1-3) - 여름에는 많은 과실들이 결실하므로 끝으로 따는 일만 남았다. 따라서 여름실과 한 광주리 환상은 이스라엘의 끝이 이르렀음을 나타낸다.

② 보라 날이 이를지라 내가 기근을 땅에 보내리니 양식이 없어 주림이 아니며 **물**이 없어 갈함이 아니요 여호와의 말씀을 듣지 못한 기갈이라(11) - 기근(11), 기갈(11) 위의 중요요절에서 알 수 있듯이 소제목은 '하나님의 말씀을 듣지 못하는 기갈'이 된다.

③ 하나님의 말씀을 듣지 못하는 기갈(11-14) 여름실과는 **당**도가 높다.

④ 빈민은 착취를 **당**하고 있다(4-10)

9장   물의 무게를 견디지 못하고 지반이 무너지고 있다. 무너진 지반은 나중에 다시 복구되었다고 한다.   지반 → 문지방,   복구 → 회복

① 성전 문지방 붕괴 환상(1-10)
② 이스라엘 회복 예언(11-15) - 그 날에 내가 다윗의 **무너진** 장막을 일으키고 그것들의 틈을 막으며 그 허물어진 것을 일으켜서 옛적과 같이 세우고(11) - 일으키고(1) 일으켜서(1)=11
- 내가 그들을 그들의 땅에 심으리니 그들이 내가 준 땅에서 다시 뽑(≒뽕)히지 아니하리라(15) - 뽕나무와 관련이 있는 선지자는 아모스이므로 이 구절은 아모스에 나온다. **마지막 구절**

오바댜 1장

✱ **장수기억법** : ① 나에게 오바 1벌이 있다. ② 오! 바다에서 돔(도미) 1마리를 잡았다.

✱ **배경** : 오바댜는 바다에서 돔(도미) 낚시하는 것을 배경으로 했으며 돔 → 에돔이 되므로 오바댜는 '에돔의 멸망'에 대해서 나온다.

✱ **이름의 뜻 암기법** : **오바** : 오바에 ㅣ를 붙이면 외배가 된다. 외배 → 예배, **댜** : 옛날에는 ㅈ을 ㄷ으로 사용했다. 댜 → 쟈, 따라서 오바댜는 '여호와의 예배자'라는 뜻이 된다.

✱ **활동시기 암기법** : ① 나에게 (호피무늬) 오바 1벌이 있다. ② 오! 바다에서 범돔 1마리를 잡았다. 범돔은 호랑이 무늬가 있어서 범돔이라고 불린다. ①② 번에서 호랑이와 관련된 왕은 여호람(**호랑**이 → 여**호람**) 왕이므로 오바댜 선지자는 유다 왕 여호람 때 활동을 했다 (이스라엘 왕 여호람도 있으나 선지자는 대부분 유다 출신이므로 유다 왕 여호람이 된다).

오바댜 (1장)

저   자 : 오바댜
       이름의 뜻 : '여호와의 예배자' 또는 '여호와의 종'
       오바댜는 남왕국의 유다에 살았던 것으로 추측된다. 친척 관계나 부친에 관한
       언급이 없는 것으로 보아 왕족이나 제사장 계열의 신분은 아닌 듯하다.
제   목 : 오바댜의 이름을 따라 붙임.
주   제 : 에돔에 대한 하나님의 심판
기록연대 : B.C. 848-841년경
요   절 : 1:1, 15, 21
기록목적 : 에돔에 대한 하나님의 심판을 통해 하나님과 그의 백성을 대적하는 세상의 모든 악한 세력에 대해 그들을 심판하시는 하나님의 주권을 보여 주기 위해 기록

1장   에돔 멸망 예언(1-14)
- 바위틈에 거주하며 높은 곳에 사는 자여(3) - 에돔인은 세일산을 근거지로 산악지대에 살았다.
- 네(에돔)가 네 형제 야곱에게 행한 포악으로 말미암아 부끄러움을 당하고 영원히 멸절되리라(10)
- 여호와께서 만국을 벌할 날이 가까웠나니 네(에돔)가 행한 대로 너도 받을 것인즉 네가 행한 것이 네 머리로 돌아갈 것이라(15)
- 야곱 족속은 불이 될 것이며 요셉 족속은 불꽃이 될 것이요 에서 족속은 지푸라기가 될 것이라(18)
- 구원 받은 자들이 시온 산에 올라와서 에서의 산을 심판하리니 나라가 여호와께 속하리라(21)

요나 4장

* **장수기억법** : 4**요나**라 → 안녕히 계십시요(가십시요), 헤어질 때의 인사말
* **배경** : 사요나라는 일본말이며 일본인은 달면 삼키고 쓰면 뱉는 족속이기 때문에(기억법상의 설정이며 실제로 그렇지는 않다) '달면 **삼키고** 쓰면 **뱉는다**'는 속담을 가지고 일본인이 이 속담의 중심이 되어 이야기를 만들어 보았다.
* **이름의 뜻 암기법** : ① 밖에 비(비둘기) 오나(요나) ② 비둘기 **요리나** 해먹을까?
* **활동시기 암기법** : 요나를 삼킨 큰 물고기의 배를 여로보아Ⅱ.   여로보아Ⅱ → 여로보암Ⅱ 따라서 요나는 북이스라엘 왕 여로보암 2세 때 활동을 했다. 참고로 본서에 나오는 앗수르 왕은 아닷니라리 3세가 된다.
* **선지자 기억법** : 니느웨에 복음을 전하라는 하나님의 명령을 어기고 도망간 요나. 아 밉대이 - 아밋대의 아들 요나
* **성전사상** : ① 요나 2:4, 7 - 요나가 물고기 뱃속에서 기도를 했으므로(2장) 요나에게 물고기 뱃속은 성전과 같다. ② 하박국 2:20 - 호박의 내용물을 다 파내면 꼭 성전 같다.
* 니느웨는 <u>3일</u> 동안 걸을 만큼 큰 성읍이었으며 요나는 이 니느웨 성읍을 <u>하루</u> 동안 다니며 <u>40일</u>이 지나면 니느웨 성읍이 무너지리라고 외쳤다.

요나 (4장)

저   자 : 요나

이름의 뜻 : '비둘기'

1:1에서 요나는 '아밋대의 아들'로 소개된다. 그리고 왕하 14:25에 이스라엘 왕 여로보암 2세 때의 선지자라고 기록되지 않았다면 그에 대해 더 이상 알 수 없었을 것이다. '이스라엘의 하나님 여호와께서 그 종 가드헤벨 아밋대의 아들 선지자 요나로 하신 말씀과 같이' 이스라엘의 여로보암 2세가 통치할 때에는 영토가 크게 확장되었다. 가드헤벨은 하갈릴리 지방 나사렛 북쪽으로 5km쯤 떨어진 곳이므로 요나는 북왕국의 선지자였다. 따라서 바리새인들이 '상고하여 보라 갈릴리에서는 선지자가 나지 못하느니라(요 7:52)'라고 말한 것은 잘못이다. 왜냐하면 요나는 갈릴리 사람이기 때문이다. 유대 전승에 의하면 요나는 엘리야가 살려준 사르밧 과부의 아들이라고도 한다(왕상 17:8-24).

제   목 : 기록자를 따라 '요나'라고 붙여짐.

주   제 : 하나님의 보편적인 구원

기록연대 : B.C. 760년경

요   절 : 2:8-9, 3:10, 4:2

기록목적 : 이스라엘뿐만 아니라 이방민족까지도 하나님이 사랑하고 계신다는 사실과 하나님은 이방 민족 중에서도 역사하신다는 사실을 보여주기 위해 기록하였다.

요나 (1-4장)

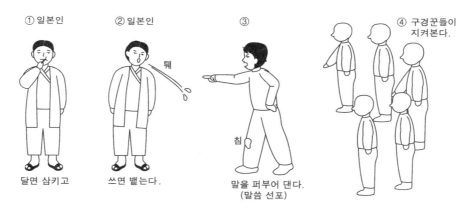

① 일본인   ② 일본인   ③   ④ 구경꾼들이
지켜본다.

퉤

침

달면 삼키고   쓰면 뱉는다.   말을 퍼부어 댄다.
(말씀 선포)

요나(1-4장) 그림 배경설명   '달면 삼키고 쓰면 뱉는다'는 속담을 배경으로 했으며 왼쪽의 일본인이 달디 단 사탕을 맛있게 빨아 먹고 있으며 오른쪽 일본인은 먹던 것이 쓰므로 입속에 있는 것을 뱉어내고 있는데 이때 뱉어낸 것을 지나가던 행인이 맞자 화가 나서 '니는 왜 그 모양이냐'며 말을 퍼부어 대고 있으며 주위에서는 구경꾼들이 이 광경을 지켜보고 있습니다.

1장   달면 삼키고 - 왼쪽의 일본인이 달디 단 사탕을 맛있게 빨아 먹고 있다.
큰 물고기가 요나를 삼키다(1-17) = 요나가 사명을 저버리고 도망가다 - 니느웨(앗수르의 수도)에 전도하라는 사명을 받은 요나가 하나님을 피해 욥바 항구로 가서 다시스로 가는 배를 타고 도망가다가 풍랑을 만나 바다에 던져져서 큰 물고기의 뱃속에 들어가는 장면이다.
- 나는 히브리 사람이요 바다와 육지를 지으신 하늘의 하나님 여호와를 경외하는 자로라(9) - 요나는 바다와 관계가 있으므로 이 말은 요나가 했다.

2장   쓰면 뱉는다 - 오른쪽 일본인이 먹던 것이 쓰므로 입속에 있는 것을 뱉어내고 있다.
큰 물고기가 요나를 뱉어내다(1-10) = 요나의 기도 - 요나가 3일간 큰 물고기 뱃속에서 회개의 기도를 드린 후 하나님께서 물고기에게 말씀하시매 물고기가 요나를 토해내는 장면이다.
- 내가 받는 고난으로 말미암아 여호와께 불러 아뢰었더니 주께서 내게 대답하셨고 내가 스올의 뱃속(큰 물고기의 뱃속을 말함)에서 부르짖었더니 주께서 내 음성을 들으셨나이다(2)
- 내가 말하기를 내가 주의 목전에서 쫓겨났을지라도 다시 주의 성전을 바라보겠다 하였나이다(4)
- 내 영혼이 내 속에서 피곤할 때에 내가 여호와를 생각하였더니 내 기도가 주께 이르렀사오며 주의 성전에 미쳤나이다(7) - 큰 물고기 뱃속에서 요나가 기도했으므로 이 구절은 욘 2장에 나온다.
- 나는 감사하는 목소리로 주께 제사를 드리며 나의 서원을 주께 갚겠나이다 구원은 여호와께 속하였나이다(9) - 속하였나이다의 속이 물고기 뱃속을 연상시키므로 이 구절은 욘 2장에 나온다.

3장   오른쪽 일본인이 뱉어낸 것을 지나가던 행인이 맞자 화가 나서 '니는 왜 그 모양이냐'며 말을 퍼부어 대고 있다(말씀선포).   니는 왜 → 니느웨(3일 동안 걸을 만큼 큰 성읍)
요나가 니느웨에서 말씀을 선포하다(1-10) - 요나가 40일이 지나면 니느웨가 무너지리라고 선포하자 왕으로부터 짐승에 이르기까지 굵은 베옷을 입고 대대적으로 회개하는 장면이다.

4장   주위에서 구경꾼들이 지켜보고 있다.
요나가 니느웨를 지켜보다(1-11) - 혹시 하나님께서 마음을 돌이켜 니느웨를 멸망시키지 않을까 하는 마음에 요나가 천막을 짓고 그늘에 앉아 니느웨를 지켜보고 있는 장면이며 하나님께서는 박넝쿨을 통해 요나에게 교훈을 베푸신다. 즉 하룻밤에 났다가 하룻밤에 망한 박넝쿨을 요나가 아꼈거든 하물며 좌우를 분변치 못하는 12만 명의 니느웨 백성들을 어찌 아끼지 않겠느냐는 것이다.
- 사는 것보다 죽는 것이 내게 나음이니이다(3, 8) - 니느웨를 용서한 것과 박넝쿨로 인해 2번 말함

미가 7장

* **장수기억법** : 천사장(07) **미가**엘
* **배경** : 미가(美街)는 아름다운 길이므로 길을 배경으로 했으며 길은 지도에서 찾아야하므로 길옆에 지도가 있다.
* **이름의 뜻 암기법** : 미가는 누가 여호와와 같이 아름다우랴(美 미)가 되므로 미가는 '누가 여호와와 같으랴' 라는 뜻이 된다.
* **활동시기 암기법** : 아름다운 길(미가)을 쭉 걷다보면 집이 나오는데 역대하의 27-30장에 나오는 집이 나온다. 이 집을 자세히 들여다보면 먼저 요가 담에 걸쳐있고(요담) 마당에는 아하스가 불 오뎅을 먹고 있으며 집안에서는 한 사람이 휘슬(히스기야)을 불며 청소를 하고 있다. 따라서 미가 선지자가 활동할 당시의 왕은 유다의 요담·아하스·히스기야가 된다.
* **선지자 기억법** : 아름다운 길(미가)위에 모래가 뿌려져 있다고 가정하면 미가는 모레셋 사람이 된다 - 모레셋 사람 미가
* **같은 시대에 활동한 선지자 암기법** : 이사(이사야) 갈 때 아름다운 길(미가)로 갔으므로 이사야와 미가는 같은 시대에 활동을 했다. 또한 아름다운 길(미가)을 걷다보면 검문소가 나오는데 암호(아모스, 호세아)를 대지 않으면 지나갈 수가 없다(암호는 큰 물고기). 따라서 이사야, 미가, 아모스, 호세아, 요나는 같은 시대에 활동을 했다.

미가 (7장)

저   자 : 미가

이름의 뜻 : '누가 여호와와 같으랴'

미가의 고향인 가드 모레셋(1:14)은 예루살렘으로부터 남서쪽으로 40km 가량 떨어진 유다와 블레셋의 접경지대에 위치해 있다. 아모스와 마찬가지로 미가도 시골 사람이었다. 그의 가족과 직업 등에 관해서는 알려진 바가 없으나 그의 고향인 모레셋은 농산물이 풍부하게 생산되는 곳이었다. 미가는 이사야나 다니엘과는 달리 정치적 식견은 높지 않았다. 그 대신 백성들이 겪는 고통에 대해 지대한 관심을 가졌다. 선지자 직분에 대한 그의 분명한 소명의식은 '오직 나는 여호와의 신(영)으로 말미암아 능력과 정의와 용기로 충만해져서 야곱의 허물과 이스라엘의 죄를 그들에게 보이리라(3:8)' 는 구절에 잘 나타나 있다.

제   목 : 기록자를 따라 미가라 붙임.

주   제 : 하나님의 심판과 회복

기록연대 : B.C. 700년경

요   절 : 4:1-5, 5:2, 6:8

기록목적 : 부패하고 타락한 지도자들에게 하나님의 공의로운 심판이 있을 것임을 경고하는 한편, 경건하고 신실한 백성들에게는 구원의 소망을 심어주기 위해 기록하였다.

미가 (1-7장)

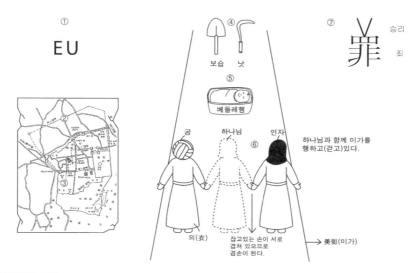

미가(1-7장) 그림 배경설명 미가는 길을 배경으로 했으며 길은 지도에서 찾아야하므로 길옆에 EU 유럽연합지도가 있습니다. 길 위에는 보습과 낫이 있고 베들레헴이라 쓴 요람에 아기가 있으며 하나님께서 **공**의 머리에 **의**복을 입은 사람과 인자의 손을 겹쳐 잡고(**겸손**) 함께 행하고 있습니다.

1장 EU, E → 이스라엘, U → 유다

유다와 이스라엘 심판 예언(1-16) - 미가는 사마리아와 예루살렘에 관한 묵시이다(1)

• 내가 애통하며 애곡하고 벌거벗은 몸으로 행하며 들개 같이 애곡하고 타조 같이 애통하리니
(8) - 아름다운 길(미가)위로 벌거벗은 사람과 들개와 타조가 달려가고 있다고 생각하자.

2장 지도가 꾸겨져 있다. 지도 → 지도자, 꾸기다 → 꾸짖다

① 지도자들의 죄를 꾸짖다(1-11) - 사회 지도층(부자)들의 죄에 초점을 맞추고 있다.

지도를 꾸길 때 나는 소리 - 바스락. 바스락 → 보스라(의 양 떼)

② 내가 반드시 이스라엘의 남은 자를 모으고 그들을 한 처소에 두기를 보스라의 양 떼같이 하며(12)

3장 ① 지도자들의 죄를 꾸짖다(1-12) - 정치·종교 지도자들의 죄에 초점을 맞추고 있다.

• 내 백성을 유혹하는 선지자들은 이에 물것이 있으면 평강을 외치나 그 입에 무엇을 채워 주지
아니하는 자에게는 전쟁을 준비하는도다(5) - 밑줄은 **미식가**에 대한 것이므로 미가에 나온다.
누군가 지도의 아래 부분을 신으로 밟아서 허물이 졌으며 재(죄)가 된 곳도 있다.

② 오직 나는 여호와의 신(영)으로 말미암아 능력과 정의와 용기로 충만해져서 야곱의 허물과 이
스라엘의 죄를 그들에게 보이리라(8) - 우측(6장)과 중요요절이 8절로 같다.

4장 칼을 쳐서 보습을 만들고(1-5) - 사 2장, 미 4장(평화사상), 욜 3장(전쟁사상)

5장 베들레헴에서 태어날 메시야 예언(1-15) - 베들레헴 에브라다야 너는 유다 족속 중에 작을지
라도 이스라엘을 다스릴 자가 네게서 내게로 나올 것이라 그의 근본은 상고에, 영원에 있느니라(2)

6장 하나님 옆의 공이 원 모양이므로 소제목은 '하나님이 원하시는 삶'이 된다.

① 하나님이 원하시는 삶(6-8) - 여호와께서 네게 구하시는 것은 오직 공의를 행하며 인자(仁慈)
를 사랑하며 겸손하게 네 θ과 함께 행하는 것이 아니냐(8) - 8자로 걷고 있다 - **구약의 황금율**
그림에는 없지만 옆구리에는 번제물로 바칠 1년 된 송아지를 끼고 길을 가고 있다.

② 내가 무엇을 가지고 여호와 앞에 나아가며 높으신 θ께 경배할까 내가 번제물로 1년 된 송아지를
가지고 그 앞에 나아갈까 여호와께서 천천의 숫양이나 만만의 강물 같은 기름을 기뻐하실까(6-7)

이중 한 사람이 갈 **지** 자로 걸으며 **경외**로(바깥으로) 가고 있다.

③ **지**혜는 주의 이름을 **경외**함이니라(9)

7장 ① 이스라엘의 죄와 승리(1-20) - 나의 대적이 이것을 보고 부끄러워하리니 그는 전에 내게 말하기를 네 하나님 여호와가 어디 있느냐 하던 자라 그가 거리(미가)의 **진흙 같이 밟히리니**(10)

- 주와 같은 신이 어디 있으리이까(미가의 뜻)~ 주께서는 죄악과~ 허물을 사유하시며(18)

- 다시 우리를 불쌍히 여기셔서 우리의 죄악을 **발로 밟으시고**~ 죄를 깊은 바다에 던지시리이다(19)

- 주께서 옛적에 우리 조상들에게 맹세하신 대로(미가) 야곱에게 성실을 베푸시며 아브라함에게 인애를 더하시리이다(20) - 마지막 구절

7번 그림은 전체적으로 TV를 연상하게 하며(V = 안테나, ▥ = 모니터, 非 = TV 받침대) TV는 보고 듣는(우러러보며… 바라보나니… 들으시리로다) 기능을 가지고 있다.

② 오직 나는 여호와를 **우러러보며** 나를 구원하시는 θ을 **바라보나니** 나의 θ이 나를 **들으시리로다**(7) 아들과 아버지, 딸과 어머니, 며느리와 시어머니가 옹기종기 모여서 TV를 보고 있다.

③ 아들이 아버지를 멸시하며 딸이 어머니를 대적하며 며느리가 시어머니를 대적하리니 사람의 원수가 곧 자기의 집안사람이로다(6) - 마 10장, 눅 12장의 검과 내용이 같다.

TV 모니터(▥)에 해당하는 부분이 입의 문을 지키는 것 같이 생겼다.

④ 너희는 이웃을 믿지 말며~ 네 품에 누운 여인에게라도 네 입의 문을 지킬지어다(5)

나훔 3장

* **장수기억법** : **나훈**아는 삼(3)겹살을 좋아해

* **배경** : 니는 왜(니느웨) 사사건건 **나**의 **흠**(나훔)만 잡으려 하느냐. 따라서 나훔은 니느웨의 멸망을 배경으로 한다.

* **이름의 뜻 암기법** : 흠이 있는 사람에게는 왠지 '연민' 이 가고 '위로' 해주고 싶다.

* **활동시기 암기법** : 장수기억법에서 '나훈아는 삼겹살을 좋아해' 라고 했는데 먹을 것이 있는 곳에는 항상 요시야 왕이 있다. 따라서 나훔은 유다 요시야 왕 때 활동을 했다.

* **선지자 기억법** : **엘**리트 **코스**(엘고스)를 밟기에 **나**는 **흠**이 많은 사람이다 - 엘고스 사람 나훔

* **특징** : 요나의 설교를 통해 회개한지 100년 후에 나훔이 예언함(B.C. 612년에 니느웨 함락).

나훔 (3장)

저   자 : 나훔

나훔에 대해서는 그가 엘고스 출신이라는 것 이외에는 별로 알려진 것이 없다.

제   목 : 기록자의 이름을 따라 나훔이라 붙임.

주   제 : 니느웨에 대한 하나님의 심판

기록연대 : B.C. 621년-612년경

요   절 : 3: 5-7

기록목적 : 니느웨에 대한 엄중한 경고를 통해 앗수르가 아무리 강할지라도 그들의 교만과 죄악은 하나님에 의해 심판을 받고 만다는 사실을 일깨워 주기 위해 기록하였다.

나훔 (1-3장)

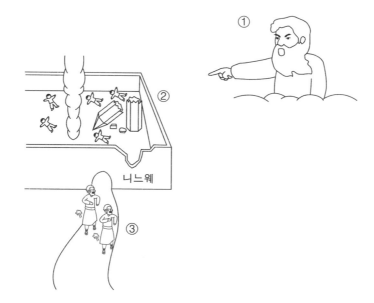

나훔(1-3장) 그림 배경설명 니느웨의 멸망을 배경으로 했으며 하나님께서 니느웨를 향해 진노하고 계시며 니느웨가 멸망하는 가운데 원인들이 니느웨를 탈출하고 있습니다.

1장　하나님께서 니느웨를 향해 진노하고 계신다. 손가락이 니느웨를 향해 있음에 주목할 것.
　　니느웨를 향한 하나님의 진노(1-15) - 니느웨는 요나의 전도로 국민적인 회개를 하였으나 다시 이전의 악을 자행함으로서 최종적인 심판을 선고받게 된다. 하나님은 회개한 자에게는 심판을 연기하시지만 다시 범죄하여 회개의 기미를 보이지 않는 자에게는 여지없이 심판하신다.

- 여호와는 질투하시며 보복하시는 하나님이시니라 여호와는 보복하시며 진노하시되 자기를 거스르는 자에게 여호와는 보복하시며 자기를 대적하는 자에게 진노를 품으시며(2)
- 여호와는 노하기를 더디하시며 권능이 크시며 벌 받을 자를 결코 나버려두지 아니하시느니라 (3) - 나는 나훔이 되고 노는 진노이므로 이 구절은 나훔 1장에 나온다.
- 여호와는 선하시며 환난 날에 산성이시라 그는 자기에게 피하는 자들을 아시느니라(7) - 니느웨 산성이 환난을 받고 있으므로 '환난 날에 산성'은 나훔에 나온다.

2장　니느웨가 멸망하고 있다.
　　니느웨 멸망 예언(1-13) - 니느웨 성읍의 멸망의 참상이 생생하게 묘사되어 있다.

- 정한대로 왕후가 벌거벗은 몸으로 끌려가니 그 모든 시녀들이 가슴을 치며 비둘기같이 슬피우는도다(7) - 자세히 보면 왕후가 벌거벗은 몸으로 끌려가고 있는 게 보인다.

3장　니느웨가 멸망하는 가운데 원인(猿人)들이 니느웨를 탈출하고 있다.
　　니느웨 멸망의 원인(1-9) - 나훔은 니느웨의 멸망 원인을 수탈, 포악, 살육 등으로 규정하고 있다. 여기서 주목을 끄는 대목은 앗수르를 매춘부로 비유한 것이다. 부정한 여인이 몸을 팔며 음행을 이식시키듯 앗수르는 주변국, 특히 신정국 이스라엘에 우상숭배를 전염시켰다. 이것이야말로 그들의 멸망의 가장 중요한 원인이었다.

- 화 있을진저 피의 성(니느웨)이여 그 안에는 거짓이 가득하고 포악이 가득하며(1)
- 네가 어찌 노아몬(아몬신의 성이라는 뜻으로 애굽의 수도인 테베를 가리킨다) 보다 낫겠느냐 그(노아몬)는 강들 사이에 있으므로 물이 둘렸으니 바다가 성루가 되었고 바다가 방어벽이 되었으며 구스와 애굽이 그 힘이 되어 한이 없었고 붓과 루빔(애굽의 속국)이 그를 돕는 자가 되

었으나 그가 포로가 되어 사로잡혀 갔고(8-10) - 물과 관계가 있으므로 노아몬이 되며 노아몬에서 노아를 빨리 발음하면 놔가 되므로 노아몬(놔몬≒나훔)은 **나훔**에 나온다.
- 네 방백은 메뚜기 같고 너의 장수들은 큰 메뚜기 떼가 추운 날에는 울타리에 깃들였다가 해가 뜨면 날아감과 같으니 그 있는 곳을 알 수 없도다(17) - 원인의 얼굴이 메뚜기 같이 생겼다.

하박국 3장

* **장수기억법** : 돈이 없어 하루 3끼를 호박국만 먹고 산다.
* **배경** : 하박국은 호박국과 비슷하므로 호박을 배경으로 한다.
* **신정론(神正論)이란** : 선하신 하나님께서 통치하시는데 왜 이 세상에는 악이 존재하는가를 설명하는 이론 = 신의론(神義論)
* **이름의 뜻 암기법** : 돈이 없어 하루 3끼를 호박국만 먹고 살므로 호박을 끌어안고(끼고) 산다고 말해도 과언이 아니다. 따라서 끌어안고는 포옹하다는 뜻이므로 하박국은 '포옹하다'라는 뜻이 된다.
* **활동시기 암기법** : 시야가 너무 좋아 율법책을 발견한 요시야 왕, 먹을 것(호박국)을 발견하지 못할 리가 없다. 먹을 것이 있는 곳에는 항상 요시야 왕이 있다. 따라서 하박국은 유다 요시야 왕 때 활동을 했다.
* **성전사상** : ① 요나 2:4, 7 - 요나가 물고기 뱃속에서 기도를 했으므로(2장) 요나에게 물고기 뱃속은 성전과 같다. ② 하박국 2:20 - 호박의 내용물을 다 파내면 꼭 성전 같다.

하박국 (3장)

저　　자 : 하박국

　　　　 이름의 뜻 : '포옹하다'

　　　　 선지자 하박국에 대하여 우리는 본서 이외에 다른 자료들을 갖고 있지 않지만 시대적 배경에 대해서는 약간 알려져 있다. 하박국은 B.C. 605년 느부갓네살이 유다를 제 1차 침입하기 직전에 예언활동을 한 자로서 바벨론 포수를 통하여 유다를 심판하시고자 하는 하나님의 뜻을 선포할 소명을 받은 선지자였다. 그는 선지자였을 뿐 아니라 현직 제사장이었다. 제 3장에 음악 표기법이 일부 사용된 것을 보면 그는 성전에서 예언 활동을 했던 것 같다.

제　　목 : 기록자의 이름을 따라 붙임.

주　　제 : 의인은 믿음으로 말미암아 살리라

기록연대 : B.C. 612년-605년경

요　　절 : 2:4, 3:17-18

기록목적 : 하박국의 질문에 대한 답변을 통해, 세상에서 악인이 승리하는 것처럼 보이는 모순된 현실 속에서도 하나님께서 여전히 세상을 주관하고 계심을 알려주기 위해 기록하였다.

하박국 (1-3장)

무화과나무　감람나무　포도나무　　　대만산　　국수　　콩

하박국(1-3장) 그림 배경설명　호박을 배경으로 했으며 마틴 루터가 호박에 앉아서 '공의의 하나님께서 왜 패역한 유다를 징계하시지 않는가?!?' 하며 골똘히 생각에 잠겨 있습니다. 호박 좌측에는 무화과나무가 무성하지 못하며 포도나무에 열매가 없으며 감람나무에 소출이 없으며 우측에는 우리에는 양이 없고 외양간에는 소가 없습니다. 점선은 없는 것을 나타냅니다.

1장　　공의의 하나님께서 왜 패역한 유다를 징계하시지 않는가 **?!?**

　　　? → 첫 번째 질문, 　**!** → 첫 번째 대답, 　**?** → 두 번째 질문

① 하박국의 첫 번째 질문(1-4) - 공의의 하나님께서 왜 패역한 유다를 징계하시지 않습니까?
* 여호와여 내가 부르짖어도 주께서 듣지 아니하시니 어느 때까지리이까 내가 강포로 말미암아 외처도 주께서 구원하지 아니하시나이다 어찌하여 내게 죄악을 보게 하시며 패역을 눈으로 보게 하시나이까 겁탈과 강포가 내 앞에 있고 변론과 분쟁이 일어났나이다(2-3)
② 하나님의 첫 번째 응답(5-11) - 바벨론을 들어 유다를 심판하리라.
* 내가 사납고 성급한 백성 곧~ 자기의 소유 아닌 거처들을 점령하는 갈대아 사람을 일으켰나니(6)
* 그들의 군마는 표범보다 빠르고 저녁 이리보다 사나우며 그들의 마병은 먼 곳에서부터 빨리 달려오는 마병이라 마치 먹이를 움키려 하는 독수리의 날음과 같으니라(8) - **?** = 독수리 머리모양
③ 하박국의 두 번째 질문(12-17) - 왜 유다보다 패역한 바벨론을 들어 심판하십니까?
* 주께서는 눈이 정결하시므로~ 패역을 차마 보지 못하시거늘 어찌하여 거짓된 자들을 방관하시며 악인(바벨론)이 자기보다 의로운 사람(유다)을 삼키는데도 잠잠하시나이까(13)
　하박국에 나오는 물음표(?)가 숫자 2(**이**)의 아랫부분이 **해**진(닳아서 떨어진) 것 같다.
④ 이러므로 율법이 **해이**하고 정의가 전혀 시행되지 못하오니 이는 악인이 의인을 에워쌌으므로 정의가 굽게 행하여짐이니이다(4) - 정의가 전혀 시행되지 못한다는 것은 정의가 죽었다는 것이므로 4절이 된다.　해이 - 긴장이나 규율 따위가 풀려 마음이 느슨함

2장　　1장의 두 번째 질문에 대한 대답이 나온다.

① 하나님의 두 번째 응답(1-20) - 바벨론도 그 죄악대로 심판하실 것을 말씀하셨으나 왜 바벨론을 징계의 도구로 사용하셨는지는 하나님께서 말씀해 주시지 않았다. 다만 분명한 것은 죄악에 대한

하나님의 심판이 반드시 있다는 사실과 의인은 믿음으로 구원받는다는 사실을 말씀해 주고 계신다.

- 내가 내 파수하는 곳에 서며 성루에 서리라 그가 내게 무엇이라 말씀하실는지 기다리고 바라보며 나의 질문에 대하여 어떻게 대답하실는지 보리라 하였더니 여호와께서 내게 대답하여 이르시되 너는 이 묵시를 기록하여 판에 명백히 새기되 달려가면서도 읽을 수 있게 하라(1-2)
- 이 묵시는 정한 때가 있나니 그 종말이 속히 이르겠고 결코 거짓되지 아니하리라 비록 더딜지라도 기다리라 지체되지 않고 반드시 응하리라(3)

마틴 루터하면 그의 개혁이념인 '의인은 믿음으로 말미암아 살리라' 라는 말씀이 떠오른다.

② 보라 그(바벨론)의 마음은 교만하며 그 속에서 정직하지 못하나 의인은 그의 믿음으로 말미암아 살리라(4) - 의인은 그의 믿음으로 말미암아 **4**알리라. 따라서 이 구절은 4절이 된다.

마틴 루터가 눈을 감고 **잠잠히** 생각에 잠겨있는데 그의 머릿속은 **온통** '어떻게 하면 하나님께 영광을 돌릴 수 있을까' 하는 생각으로 **가득** 차 있다.   온통 → 온 땅

③ 이는 물이 바다를 덮음같이 **여호와의 영광**을 인정하는 것이 세상에 **가득**(13) **하**(1)**리라**(14)

④ 오직 여호와는 그 성전에 계시니 **온 땅**은 그 앞에서 - 숨을(20) 쉬지말고 - **잠잠할지니라**(20) - 하박국의 성전사상이 잘 나타나 있으며 이 구절은 **여호와 삼마**(여호와께서 거기 계신다)로 불린다.

※ 성전사상을 나타내는 선지자 - 요나(2:4, 7), 하박국(2:20)

마틴 루터가 '나는 앉아있지만 반드시 파수하는 곳에 <u>서며</u> 망루에 <u>서리라</u>'고 다짐한다.

⑤ 내가 내 파수하는 곳에 서며 성루에 서리라 그가 내게 무엇이라 말씀하실는지 기다리고 바라보며 나의 질문에 대하여 어떻게 대답하실는지 보리라 하였더니(1)

마틴 루터가 '나는 앉아있지만 달려가면서도 성경을 읽으면 얼마나 좋을까' 생각하고 있다.

⑥ 여호와께서 내게 대답하여 이르시되 너는 이 묵시를 기록하여 판에 명백히 새기되 **달려가면서도 읽을 수 있게 하라**(2) - 달리는 자세가 2자 모양

3장   호박 좌측에는 무화과나무가 무성하지 못하며 포도나무에 열매가 없으며 감람나무에 소출이 없으며 우측에는 우리에 양이 없고 외양간에는 소가 없다. 점선은 없는 것을 나타낸다.

① 흔들리지 않는 믿음(17-19)

- 비록 **무**화과나무가 **무**성하지 못하며 포도나무에 열매가 없으며 **감**(덜감)람나무에 **소**(적을 소)출이 없으며 밭에 먹을 것이 없으며 우리에 양이 없으며 외양간에 소가 없을지라도 나는 여호와로 말미암아 즐거워하며 나의 구원의 하나님으로 말미암아 기뻐하리로다(17-18) - 양이 국수(17)를, 소가 콩(18)을 먹고 있으므로 이 구절은 17-18절이 된다.

그림에는 없지만 양과 소 옆에는 **힘**이 쎈 **사슴**도 있다.

② 주 여호와는 나의 **힘**이시라 나의 발을 **사슴**과 같게 하사 나를 나의 높은 곳으로 다니게 하시리로다(19) - 양이 국수(17)를, 소가 콩(18)을 먹으니 사슴은 양과 소 옆에 있으므로 19절이 된다.

마틴 루터가 발을 가지런히 모은 게 마치 기도하는 것 같다.

③ 하박국의 기도(1-16) - **시기오놋**에 맞춘 하박국의 기도로 시기오놋이란 열정적인 시가를 의미하는 것으로 빠른 리듬과 열정적인 감정의 변화를 유도하는 음악의 한 형태를 말한다. 암기하는 방법은 하루 **시끼**를 **오로지**(시기오놋) 호박국만 먹는다고 했으므로 시기오놋이 된다.

- 날아가는 주의 <u>화살</u>의 빛과 번쩍이는 주의 <u>창</u>의 광채로 말미암아 해와 달이 그 처소에 멈추었나이다(11) - 날아가던 화살과 창이 마틴 루터의 발 앞에 **박**혀 멈추었으므로 이 구절은 하**박**국 3장에 나온다.

마틴 루터가 신은 신발은 대만산이다.

④ 하나님이 **데만**에서부터 오시며 거룩한 자가 바란 **산**에서부터 오시는도다 (셀라) 그의 영광이 하늘을 덮었고 그의 찬송이 세계에 가득하도다(3)

※ 하루 세끼를 호박국(하박국)만 먹는다고 했으므로 하박국의 기도 중 셀라는 3번 나온다.
   양과 소가 콩과 국수를 먹고 방구를 '뿌웅' 하고 끼고 있다.   뿌웅 → 부흥
⑤ 여호와여 내가 주께 대한 소문(갈대아의 멸망과 유다의 구원)을 듣고 놀랐나이다 여호와여 주는
   주의 일을 이 수년 내에 **부흥**하게 하옵소서(2) - 갈대아 심판하는 일을 잘 이루어 달라는 뜻.

스바냐 3장

* **장수기억법** : 3살 **습**관 여든까지 간다.   습 → 스바냐의 약자
* **배경** : 3살 때부터 날로 먹던 습관이 있으므로 날로 먹는 것을 배경으로 한다.
  첫째 - 유심초를 데치지 않고 날로 먹은 후
  둘째 - 속을 다스리기 위해 열무김치국을 마셨더니
  셋째 - 속이 개운하다
* **이름의 뜻 암기법** : 스바냐의 습이 숨과 비슷하므로 스바냐는 '여호와가 숨기신다' 는 뜻이 된다.
* **활동시기 암기법** : 시야가 너무 좋아 율법책을 발견한 요시야 왕, 먹을 것(유심초, 열무김치국)
  을 발견하지 못할 리가 없다. 먹을 것이 있는 곳에는 항상 요시야 왕이 있다. 따라서 스바
  냐는 유다 요시야 왕 때 활동을 했다.
* 1代=20년이라고 가정하면 '세살 습관 여든(80)까지 간다' 에서 80=4代가 된다. 따라서 스
  바냐는 히스기야 4代손(히스기야 - 아마랴 - 그다랴 - 구시 - 스바냐)이고 히스기야 4代
  손이므로 왕족이 된다. 히스기야가 아마와 다알리아를 구시(9시)에 바나나와 함께 먹었다.
* 스바냐는 종교 혼합주의를 책망하여 요시야 왕으로 하여금 개혁운동을 일으키게 하였다.

스바냐 (3장)

저   자 : 스바냐
       이름의 뜻 : '여호와가 숨기신다'
       스바냐는 요시야 왕 때의 선지자이다. 스바냐는 예루살렘이 멸망하기 전에 활동
       한 선지자로서 이 시기는 예레미야가 활동하던 시기이다. 스바냐 선지자는 왕족
       출신(1:1) 이었으며 당시의 지도자들을 혹독하게 책망한 것(3:3-6)으로 보아 상
       당한 지위에 있었던 것으로 추측된다. 그의 예언은 직선적이고도 단호한 어법
       과 생동감 넘치는 언어로 구사되고 있다(1:2, 14, 2:1-2, 3:8, 17).
제   목 : 기록자의 이름을 따라 제목을 붙임.
주   제 : 여호와의 날
기록연대 : B.C. 640년-630년경
요   절 : 1:14-15, 2:3
기록목적 : 장차 하나님의 공의로운 심판이 임할 '여호와의 날' 을 선포함으로써 악인에게
          는 회개를 촉구하고, 의인에게는 구원의 소망을 심어주기 위해 기록하였다.

스바냐 (1-3장)

[스바냐(1-3장) 그림 배경설명] 날로 먹는 것을 배경으로 했으며 유심초를 데치지 않고 날로 먹은 후 속을 다스리기 위해 열무김치국을 마셨더니 속이 개운합니다.

1장 유심초를 데치지 않고 **날**로 먹고 있다. **유심**초 → **유**다 **심**판, 날 → 여호와의 날

① **유다 심판 예언**(1-18) - 유다의 심판 원인은 우상숭배에 있었다.

② **여호와의 날**(1-18)

- 여호와께서 이르시되 내가 땅 위에서 (기는) 모든 것을 (날로 먹기 위해) 진멸하리라(2)

- 주 여호와 앞에서 잠잠할지어다 이는 <u>여호와의 날</u>이 가까웠으므로 여호와께서 희생(유다백성)을 준비하고 그가 청할 자(유다를 멸망시킬 이방나라)들을 구별하셨음이니라(7) - 여호와의 날+희생=여호와의 희생의 날이며 이는 스바냐에 나오는 여러 날 중 하나이므로 출처는 습 1장이 된다.

- <u>여호와의 희생의 날</u>에 내가 방백들과 왕자들과 이방인의 옷을 입은 자들을 벌할 것이며(8) 날 것에는 여러 가지(소, 돼지, 생선 등등)가 있다.

③ 그날은 분노의 날이요 환난과 고통의 날이요 황폐와 패망의 날이요 캄캄하고 어두운 날이요(15)

※ 여호와의 날(7) = 여호와의 희생의 날(8) = 여호와의 큰 날(14) = 여호와의 분노의 날(18, 2:3) 참고로 요엘에서는 메뚜기의 재앙 때문에 <u>여호와의 크고 두려운 날</u>로 나온다(욜 2:31). 데치는 것은 물에 살짝 익히는 것으로 삶는 것도 아니고 그렇다고 날것도 아니다.

④ 여호와께서는 복도 내리지 아니하시며 화도 내리지 아니하시리라 하는 자를 등불로 두루 찾아 벌하리니 그들의 재물이 노략되며 그들의 집이 황폐할 것이라(12-13)

2장 유심초를 날로 먹은 후 속을 다스리기 위해 **열**무김치**국**(열국)을 마시고 있다.

① **열국 심판 예언**(4-15) - **블**레셋·**모**압·**암**몬·**구**스·**니**느웨(앗수르) (암기방법) **암니**가 **모**옵시 **구불**한데도 열무김치국을 잘 마신다. 열무김치국을 마시려면 입을 내밀게 되는데 이때 입(**구**)이 **쪽**새처럼 되므로 촉구가 된다.

② **회개를 촉구하다**(1-3)

- 수**치**를 모르는 백성아 **모**일지어다 **모**일지어다(1) - 이 구절은 열**무**김**치**국이 나오는 곳에 나온다.

- 여호와의 규례를 지키는 세상의 모든 겸손한 자들아 너희는 여호와를 찾으며 <u>공의</u>와 <u>겸손</u>을 구하라 너희가 혹시 <u>여호와의 분노의 날</u>(스바냐임을 말해준다)에 숨김을 얻으리라(3)

3장 속을 다스리기 위해 열무김치국을 마셨더니 속이 **너**~무 개운하다. 개운하다 → 회복

이스라엘의 회복(9-20) - **너**의 θ 여호와가 **너**의 가운데(속) 계시니 그는 <u>구원</u>을 베푸실 전능자시라 그가 **너**로 말미암아 <u>기쁨</u>을 이기지 못하시며 **너**를 잠잠히 <u>사랑</u>하시며 **너**로 말미암아 즐거이 부르며 기뻐하시리라 하리라(17) - <u>구기사</u>

학개 2장

* **장수기억법** : ① 나에게는 학과 개 2마리가 있다.

　　　　　　② 학기(학개)는 1학기와 2학기 2개 밖에 없다.　학기 → 학개

* **배경** : '닭 쫓던 개 지붕 쳐다본다'는 속담을 배경으로 했으며 닭 대신 학으로 바꾸면 '학 쫓던 개 지붕 쳐다본다'가 된다.

* **이름의 뜻 암기법** : 대학교에서는 매 학기(학개)마다 '축제'를 한다.　학기 → 학개

* **활동시기 암기법** : 학은 다리가 2개이며 발가락은 총 6개. 따라서 학개는 다리오 왕 2년 6월에 활동을 시작했다. 참고로 중단된 성전건축이 재개된 시기는 다리오 2년 6월 24일이다.

* **스룹바벨 성전** : 바벨론을 멸망시킨 바사 왕 고레스의 칙령으로 본국으로 돌아온 이스라엘 백성들이 폐허가 된 솔로몬 성전의 기초위에 다시 건축한 성전을 말한다. 총독 스룹바벨의 지도 아래 성전을 재건했다 하여 '스룹바벨 성전'이라고 불렀다. 한때 사마리아 사람들의 반대로 거의 16년간 중단되기도 하였지만 선지자 학개와 스가랴의 격려로 다시 시작되어 (B.C. 520) 4년 후인 B.C. 516년에 완성되었다.

학개 (2장)

저　　자 : 학개

　　　　이름의 뜻 : '축제'

　　　　학개는 포로 귀환 후 선지자들(학개·스가랴·말라기) 중에 가장 먼저 활동을 시작하였다. 에스라서는 그가 **스가랴와 동시대 인물**이며 그들이 함께 사역하여 성전 재건을 독려하였다고 전하고 있다(스 5:1, 6:14). 학개의 개인 생활에 대해서는 알려진 것이 거의 없다. 다만 B.C. 537년 고레스 왕의 칙령에 따라 그도 다른 사람들과 함께 유다로 귀환했던 인물이었다는 사실은 분명한 것 같다. 제사장들과 토론하면서 그가 아주 기교적인 화법으로 그들에게 질문하고 대답한 것으로 보아(2:11-14) 학개 역시 성전에서 봉사하던 사람들 중에 한 사람이었을 것이란 점도 짐작할 수 있다. 전승에 의하면 학개는 바벨론에서 귀환할 때는 젊은이였다고 한다.

제　　목 : 기록자의 이름을 따라 제목을 붙임.

주　　제 : 하나님의 성전 건축(성전 건축을 통한 메시야에 대한 예언)

기록연대 : B.C. 520년경(다리오 왕 2년)

요　　절 : 1:14, 2:9

기록목적 : 난관에 부딪혀 오랫동안 중단된 성전 재건의 사역을 다시 시작하도록 격려하고, 그 일을 통해서 '하나님 중심'의 올바른 신앙의 삶을 살아가도록 이끌기 위해 기록하였다.

학개 (1-2장)

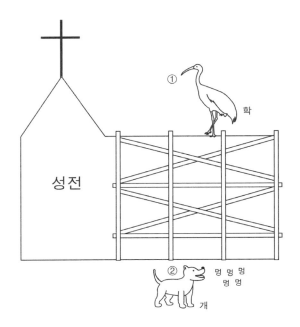

성전

① 학

② 멍멍멍 멍멍 개

학개(1-2장) 그림 배경설명 '닭 쫓던 개 지붕 쳐다본다'는 속담을 배경으로 했으며 학 쫓던 개가 건축 중인 성전의 지붕을 쳐다보며 격렬하게 짖고 있는데 성전의 지붕위에는 부리가 길고 끝이 뾰족한 학이 있습니다. 참고로 개털은 은색과 금색으로 돼있습니다.

1장   건축 중인 성전의 지붕 위에는 학이 있으며 학은 부리가 길고 끝이 뾰족한데 길고 끝이 뾰족한 것을 **쪽**이라 하고 부리는 입(口**구**)이 되므로 촉구가 된다.

성전 건축 재개 촉구(1-15) - 사마리아 사람들의 반대와 성전 건립의 태만으로 인해(당시 이스라엘 백성들의 핍절한 생활의 원인은 성전 건립의 태만에 있었다) B.C. 534년부터 16년간 중단 되었던 성전을 학개 선지자가 성전 건축의 재개를 촉구하고 있다(B.C. 520, 다리오 2년).

- 이 성전이 황폐하였거늘 너희가 이때에 **판벽한 집**(사치스러운 집)에 거주하는 것이 옳으냐(4)
- 너희가 많이 뿌릴지라도 수확이 적으며 먹을지라도 배부르지 못하며 마실지라도 흡족하지 못하며~ 일꾼이 삯을 받아도 그것을 구멍 뚫어진 전대에 넣음이 되느니라(6) - 닭 쫓던 개 지붕 쳐다본다(애쓰던 일이 실패로 돌아감)는 뜻과 일맥상통하므로 이 구절은 학개에 나온다.

2장   개가 성전이 <u>진동</u>할 정도로 격렬하게 짖고 있다.   격렬 → 격려

① **성전 건축을 격려하다**(1-23) - 성전 재건을 독려한 학개의 설교로 이스라엘 백성은 성전 공사를 개시했지만 새로 건축되는 성전은 이전의 솔로몬 성전과는 비교가 되지 않을 정도로 초라하였다. 자연히 그 외양에 실망하는 부류들이 생겨났는데 하나님은 성전 재건 이후의 축복을 약속하심으로 그들을 위로하셨다. 자고로 중요한 것은 성전의 규모나 화려함이 아니라 예배드리는 자의 자세이다. 아무리 웅장한 성전이라도 그곳에 형식적인 예배자들만 들락거린다면 파멸을 면치 못할 것이다. 끝으로 하나님은 성전 재건의 책임자인 스룹바벨에게 축복을 약속하셨다.

- 이 성전의 나중 영광이 이전 영광보다 크리라 만군의 여호와의 말이니라 내가 이곳에 **평강**을 주리라 만군의 여호와의 말이니라(9)
- **스알디엘의 아들** 내 종 스룹바벨아 여호와가 말하노라 그 날에 내가 너를 세우고 너를 <u>인장</u>으로 삼으리니 이는 내가 너를 택하였음이니라 만군의 여호와의 말이니라(23) - 스룹바벨로 예표된 메시야를 통해 다윗 왕권, 곧 하나님의 나라가 굳건하게 세워질 것을 뜻한다 - **마지막 구절**

② 만군의 여호와가 이같이 말하노라 조금 있으면 내가 하늘과 땅과 바다와 육지를 **진동**시킬 것이요 또한 모든 나라를 **진동**시킬 것이며 모든 나라의 **보배**(이방인이 성전을 짓기 위해 가지고 올 예물, 또는 그리스도)가 이르리니 내가 이 성전에 영광이 충만하게 하리라(6-7) 개의 털은 은색과 금색으로 돼 있다.

③ **은**도 내 것이요 **금**도 내 것이니라 만군의 여호와의 말이니라(8) - 궁핍함과 곤고함에 빠진 유다 백성들에 대한 위로이면서 동시에 종말에 하나님께서 모든 주권을 행사하실 것임을 시사한다.

스가랴 14장

* **장수기억법** : ① 슥 (물러)가라(14), 슥 → 스가랴 ② 1·4 후퇴 때 슥 물러갔다.
* **배경** : 슥 하고 흐릿한 것이 지나가는데 흐릿한 것이 환상을 나타내므로 스가랴는 여러 가지 환상을 배경으로 한다.
* **이름의 뜻 암기법** : 슥 지나가는 것 같지만 하나님께서는 다 기억하신다. 따라서 스가랴는 '하나님께서 기억하신다' 는 뜻이 된다.
* **선지자 기억법** : 잇도(섬 이름)에 가려거든 베레모(베레갸)를 **쓰**고 **가라**(스가랴) - 잇도의 손자 베레갸의 아들 스가랴
* **특징** : 환상이 많다보니 몇 장에 어느 환상이 있는지 혼동되므로 각 그림 안에 장수와 같은 숫자를 넣어줌으로써 암기하기 쉽게 했다.
* **구약의 계시록(묵시록)** - 다니엘, 스가랴

스가랴 (14장)

저 자 : 스가랴

　　　　이름의 뜻 : '하나님께서 기억하신다'

　　　　B.C. 520년 다리오 왕 2년에 성전재건이 시작된 후 예언사역을 시작했다. 그는 이상을 보며 예언했는데 여러 가지 방해에도 불구하고 성전이 스룹바벨의 손에 의해 완성될 것을 강조했다(슥 4:6-9). 성전건축이 완공되는 것은 어떤 사람의 힘이나 능력으로 되지 않고 오직 하나님의 영으로 될 것이라고 했다(슥 4:6). 스가랴라는 이름을 가진 제사장이 순교한 것(대하 24:20, 21)과 똑같은 방법으로 이 책의 저자인 스가랴 역시 성전과 제단 사이에서 살해당하였다(마 23:35).

제 목 : 기록자 이름을 따라 붙임.

주 제 : 메시야의 영광스러운 도래

기록연대 : B.C. 520년-518년(다리오 왕 2년-4년)

요 절 : 9:9-10

기록목적 : 바벨론 포로 귀환 이후 '성전 건축' 이라는 거룩한 사역을 통해, 장차 메시야로 인한 하나님의 구원계획을 알려주어 믿는 자들로 하여금 소망을 갖도록 하기 위해 기록하였다.

스가랴 (1-10장)

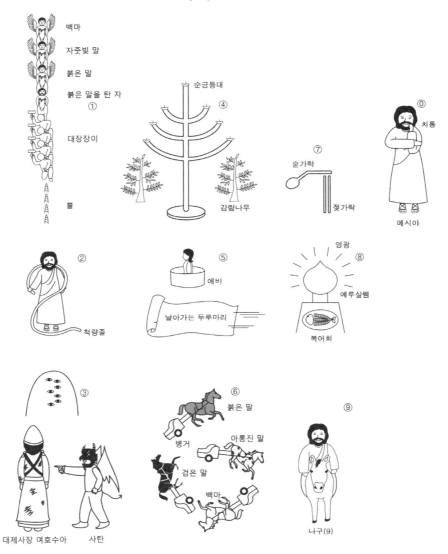

1장   첫 번째 환상

① 말들과 붉은 말을 탄 자에 대한 환상(7-17) - 말들 = 천사, 붉은 말을 탄 자 = 예수님

(내용) 여호와께서 천사(말)들을 보내어 땅을 살펴보게 하시니 바사는 평온하였다. 그에 반해 예루살렘은 성전건축이 중단되고 인근 민족의 모욕과 침략을 받는 등 절망적인 상황이었다. 이에 하나님께서는 성전의 재건과 예루살렘의 회복을 약속하셨다.

(의미) 성전을 재건하다 지치고 실망한 이스라엘 백성에게 용기와 희망을 줌.

두 번째 환상

② 네 뿔과 네 대장장이 환상(18-21) - 대장장이들이 망치로 뿔들을 내려치고 있다.

• 네 뿔 - 이스라엘을 괴롭히고 그들을 이방 땅에 흩어버린 이방 열국들의 권세

• 네 대장장이 - 하나님께서 이스라엘을 괴롭힌 적들을 넘어뜨리기 위해 사용하신 백성들과 국가들

(의미) 때가 되면 하나님이 원수를 물리치실 것임.

말들이 네 대장장이에 가로막혀서 오려면 돌아와야 한다.

③ 돌아오라(1-6) = 회개에 대한 권고

※ 말들과 네 대장장이, 네 뿔이 일렬로 쭉 서있으므로 말들과 네 대장장이, 네 뿔 환상은 1장이 된다.

2장   세 번째 환상

<u>척량줄을 잡은 사람(예수)에 대한 환상</u>(1-13) - 예루살렘을 측량하여 그 크기를 보고자함
(의미) 예루살렘이 완전히 재건됨.

※ 척량줄이 2자 모양이므로 척량줄을 잡은 사람에 대한 환상은 2장이 된다.

3장   네 번째 환상   ※ 불에서 꺼낸 그슬린 나무 - 바벨론 포로 가운데서 건짐 받은 유다백성
<u>대제사장 여호수아에 대한 환상</u>(1-10) - 대제사장 여호수아가 사탄에게 고소를 당하나 하나님께 용서를 받는 환상으로 여기서 대제사장 여호수아는 모든 이스라엘 백성을 대표한다.

• 대제사장 여호수아는 여호와의 천사 앞에 섰고 사탄은 그의 오른쪽에 서서 그를 대적하는 것을 여호와께서 내게 보이시니라~ 여호수아가 더러운 옷을 입고 천사 앞에 서 있는지라 여호와께서 자기 앞에 선 자들에게 명령하사 그 더러운 옷을 벗기라 하시고 또 여호수아에게 이르시되 내가 네 죄악을 제거하여 버렸으니 네게 아름다운 옷을 입히리라 하시기로(1-4)
(의미) 택한 백성의 죄가 하나님의 은혜로 용서됨.

※ 돌(그리스도)에 있는 일곱 눈이 3자 모양이므로 대제사장 여호수아에 대한 환상은 3장이 된다.

4장   다섯 번째 환상   ※ 일곱 등잔 - 온 세상에 두루 다니는 여호와의 눈
① <u>순금 등대와 두 감람나무 환상</u>(1-14) - 등대 = 교회, 두 감람나무 = 여호수아와 스룹바벨
• 큰 산(성전건축을 방해하는 모든 장애물)아 네가 무엇이냐 네가 스룹바벨 앞에서 평지가 되리라 그가 머릿돌을 내놓을 때에(공사의 완공) 무리가 외치기를 **은총, 은총**이 그에게 있을지어다(7)
(의미) 낙심한 스룹바벨에게 용기를 줌.

그림에는 없지만 순금 등대에 신이 걸려있는데 순금 등대에 걸려있는 신인만큼 **힘** 있고 **능력** 있는 사람들만 신을 수 있는 아주 비싼 **신**이다.
② 여호와께서 스룹바벨에게 하신 말씀이 이러하니라~ 이는 **힘**으로 되지 아니하며 **능력**으로 되지 아니하고 오직 나의 **신**(영)으로 되느니라(6) - 성경기억법에서 신은 6사이즈로 약속한다.

※ 순금등대의 꼭대기에서 좌측의 감람나무를 지나 우측의 감람나무로 선을 그은 후 다시 순금등대의 꼭대기에서 순금등대 받침대로 선을 그으면 4자가 되므로 순금등대와 두 감람나무는 4장이 된다.

5장   여섯 번째 환상
① <u>날아가는 두루마리 환상</u>(1-4) - 두루마리 = 하나님의 율법, 날아가는 것 = 심판의 신속성
(의미) 율법을 깨뜨린 자들은 그 율법에 의해 징계를 받음.
일곱 번째 환상
② <u>에바 속에 있는 여인의 환상</u>(5-11)
• 에바 - 곡식의 건량을 재는 기구(22.4ℓ), 속이는 저울과 같이 사기와 착취를 나타낸다.
• 여인 - 악을 나타냄(여인을 에바에 넣고 납조각으로 덮으면 <u>여인</u>이 놀라서 <u>악</u> 소리를 내므로)
(의미) 모든 악이 제거됨(악인 여인을 에바 속에 집어넣어 납 조각으로 덮었으므로).

※ 에바(○)와 날아가는 두루마리(ㅡ)사이에 작대기 하나를 세우면(│) 오(5)가 된다.

6장   여덟 번째 환상
① <u>네 병거에 대한 환상</u>(1-8) - 네 병거는 하나님의 심판을 집행하는 천사들을 상징한다.
(의미) 이스라엘의 대적을 정복하시는 하나님.
면류관을 쓴 여호수아가 **병거**를 타고 **대관식**을 치르고 있다(그림에는 나오지 않는다).
② <u>여호수아의 대관식 거행 명령</u>(9-15) - 지금까지 보여진 환상들의 결론으로서 이 환상은 여호수아가 대제사장으로서 머리에 면류관을 쓰고 활동할 성전이 반드시 재건되리라는 것을 보여준다.
(의미) 성전은 반드시 성공적으로 재건된다.
4마리의 말들이 원을 그리며 삭삭 돌고 있다.   삭 → 싹
③ 만군의 여호와께서 이같이 말씀하시되 보라 **싹(예수)**이라 이름하는 사람이 자기 곳(지극히 비

천한 곳)에서 돌아나서 **여호와의 전**(메시야에 의해 세워질 거룩한 교회)을 **건축하리라**(12)

※ 네 병거가 6자 모양이므로 네 병거에 대한 환상은 6장이 된다.

7장 꺾인 숟가락 → 금식, 젓가락은 선 모양으로 선이 두개이므로 이선 즉 위선이 된다.

① **위선적인 금식 책망**(1-14) - 잡다한 금식제도를 중지하고 의의 생활을 촉구하고 있다.

• 너희가 <u>70년</u> 동안 5째 달과 7째 달에 금식하고 애통하였거니와 그 금식이 나를 위하여, 나를 위하여 한 것이냐(5) - 유다는 1년 중 4, 5, 7, 10월(사오칠땡) 이렇게 4번 금식한다(8:19). 숟가락과 젓가락은 금강석으로 만들었다.

② 그 마음을 <u>금강석</u> 같게 하여 율법과 만군의 여호와가 그의 영으로 옛 선지자들을 통하여 전한 말을 듣지 아니하므로 큰 진노가 만군의 여호와께로부터 나왔도다(12)

※ 꺾인 숟가락이 7자 모양이므로 위선적인 금식은 7장이 된다.

8장 ＼\|//／ → 영광 표시, **복어회** → 회복, 참고로 회에 빼놓을 수 없는 것이 **와사**비이다.

예루살렘의 회복과 영광(1-23) - 많은 백성과 강대한 나라들이 **예루살렘으로** **와서** 만군의 여호와를 찾고 **여호와께 은혜를 구하리라**(22)

※ 예루살렘의 지붕과 회 접시를 합치면(⌂) 8이 되므로 예루살렘의 회복과 영광은 8장이 된다.

9장 겸손하게 나귀새끼를 타고 오시는 예수님의 얼굴이 꼭 우리네 이웃 같다.

① **이웃 나라에 대한 심판 예언**(1-8)

② **나귀새끼 타고 오실 메시야 예언**(9-17) - 보라 네 왕이 네게 임하시나니 그는 <u>공의로우시며</u> <u>구원</u>을 베푸시며 <u>겸손</u>하여서 나귀를 타시나니 나귀의 작은 것 곧 나귀새끼니라(9, 마 21:1-11)

• 내가 유다를 당긴 활로 삼고 에브라임을 끼운 <u>화살</u>로 삼았으니 시온아 내가 네 자식들을 일으켜 **헬라**자식들을 치게 하며(13) - 예수님이 등에 활과 화살, 헤라(주걱같이 생긴 공구)를 차고 있다.

※ 나**구**(9)는 나귀의 강원도 사투리이므로 '나귀새끼 타고 오실 메시야'는 9장이 된다.

10장 예수님이 치통으로 아파하고 계신다. 치통 ↔ 통치

메시야의 통치(1-12) - 메시야의 통치로 인해 이스라엘에 하나님의 은혜가 임할 것을 예언.

※ 예수님의 두 팔을 자세히 보면 열십(十)자 모양이므로 메시야의 통치는 10장이 된다.

스가랴 (11-14장)

선한목자 거짓목자 ①

②

목자 ③

④ 메시야 왕국

11장 거짓 목자가 선한 목자(막대기를 보고 목자라는 것을 알 수 있다)의 주머니에 손을 슥 집어 넣어서 은 30개를 슬쩍하고 있다. 슥은 이 장이 스가랴서라는 것을 말해준다.

① **선한 목자와 거짓 목자**(4-17)
② **은 30개에 팔릴 메시야 예언**(12-14) - 마 26:15절에서 예언 성취됨.
- 내가 그들에게 이르되 너희가 좋게 여기거든 내 품삯을 내게 주고 그렇지 아니하거든 그만두라 그들이 곧 은 30개를 달아서 내 품삯을 삼은지라 여호와께서 내게 이르시되 그들이 나를 헤아린 바 그 삯을 토기장이에게 던지라 하시기로 내가 곧 그 은 30개를 여호와의 전에서 [슥 꺼내서 일산(13)에 사는] 토기장이에게 던지고(12-13) - 스가랴 선지자는 예언의 품삯을 요구했다. 그때 유대인들은 스가랴에게 은 30개를 주었으며 하나님께서는 그 은 30개를 토기장이에게 던지라고 말씀하셨다. 은 30개는 구약시대에 노예 한 사람의 값이었다. 이것은 가장 낮은 액수로 그들을 위해 수고하신 하나님의 은혜의 대가를 모독하는 행위였다. 이것은 또한 예수님이 가룟 유다에 의해 은 30개에 팔릴 정도로 부당하게 대우받으실 것을 미리 보여준 것이다.
  목자가 들고 있는 두 개의 막대기
③ **은총과 연합이라는 두 개의 막대기**(4-14)
- 이에 **은총**이라 하는 막대기를 취하여 꺾었으니 이는 모든 백성들과 세운 언약을 폐하려 하였음이라(10) - 하나님이 이스라엘 백성에게 은혜 베푸는 것을 단념하신다는 뜻이다.
- 내가 또 **연합**이라 하는 둘째 막대기를 꺾었으니 이는 유다와 이스라엘 형제의 의리를 끊으려 함이었느니라(14) - 이는 이스라엘 민족들 사이에 분열이 있을 것을 암시하는 말이다.
※ 두 목자의 서 있는 자세가 11자 모양이므로 두 목자는 11장이 된다.

12장 로마병사가 창으로 예수님의 옆구리를 슥 찌르고 있다.
① **창으로 옆구리를 찔리신 메시야 예언**(10-14) - 요 19:34절에서 예언 성취됨
- 내가 다윗의 집과 예루살렘 주민에게 은총과 간구하는 심령을 부어 주리니 그들이 그 찌른 바 그를 바라보고 그를 위하여 애통하기를 독자를 위하여 애통하듯 하며 그를 위하여 통곡하기를 장자를 위하여 통곡하듯 하리로다(10)
  십자가에 못 박힌 **예**수님의 양팔이 V자 모양이다. V → 승리
② **예**루살렘의 승리(1-9) - 그 날에 여호와가 예루살렘 주민을 보호하리니 그 중에 약한 자가 그 날에는 다윗 같겠고 다윗의 족속은 하나님 같고 무리 앞에 있는 여호와의 사자 같을 것이라 예루살렘을 치러오는 이방 나라들을 그 날에 내가 멸하기를 힘쓰리라(8-9)
  로마병사가 들고 있는 창은 길고 뾰족한데 길고 뾰족한 것을 촉이라 한다.
③ **회개를 촉**구하다(10-14)
※ 로마병사가 예수님을 찌를 때 로마병사의 서있는 자세가 1, 예수님은 2자 모양이므로 12장이 된다.

13장 로마병사가 채찍으로 구경 나온 목자를 치자 양들이 놀라서 흩어지고 있다. 여기서 목자는 메시야를, 양은 메시야의 제자들을 나타낸다.
① **목자를 치라**(7-9) = 메시야의 제자들이 흩어질 것 예언 - 마 26:31절에서 예언 성취됨
- 만군의 여호와가 말하노라 칼아 깨어서 내 목자, 내 짝된 자를 치라 목자를 치면 양이 흩어지려니와 작은 자들(가난하고 궁핍하지만 경건한 무리들) 위에는 내가 내 손을 드리우리라(7)
  양들이 도망가다가 너무 당황한 나머지 정화조에 빠지고 말았다. 정화조 → 정화
② **예루살렘의 정화**(1-6) - 예루살렘은 회개를 통해 죄사함을 입고 연단을 통해 정결하게 된다.
- 그 날에 **죄와 더러움을 씻는 샘**이 다윗의 족속과 예루살렘 거민을 위하여 열리리라(1)
※ 로마병사가 채찍을 휘두를 때 로마병사의 서있는 자세가 1, 채찍은 3자 모양이므로 13장이 된다.
14장 메시야 왕국과 함께 주님이 구름을 타고 승리의 V자를 그리며 지상으로 강림하신다.

① 메시야의 재림과 메시야 왕국의 승리(1-21)
- 예루살렘을 치러 왔던 이방 나라들 중에 남은 자가 해마다 올라와서 그 왕 만군의 여호와께 경배하며 **초막절**을 지킬 것이라(16) - 예루살렘 성 좌우의 지붕이 초막 같이 생겼다.
  주님이 구름에서 내려 제일 먼저 발을 디디신 곳은 감람산 꼭대기이다.
② 그 날에 그의 <u>발</u>이 예루살렘 앞 곧 동쪽 감람산에 서실 것이요(4)
  그림에는 없지만 구름에 말방울이 달려 있다.
③ 그 날에는 말방울에까지 **여호와께 성결**이라 기록될 것이라(20) - 만사가 다 신성해지리라는 뜻.
  구름이 꼭 솥처럼 생겼다.
④ 여호와의 전에 있는 모든 솥(제물의 고기를 삶는 그릇으로 성전의 기구 중 가장 천한 그릇)이 제단 앞 주발(희생 제물의 피를 담는 그릇으로 성전 안의 귀한 그릇)과 다름이 없을 것이니 예루살렘과 유다의 모든 솥이 만군의 여호와의 성물이 될 것인즉 제사 드리는 자가 와서 이 솥을 가져다가 그것으로 고기를 삶으리라 그 날에는 만군의 여호와의 전에 가나안 사람(거룩하지 못한 자들)이 다시 있지 아니하리라(20-21) - 만사가 다 신성해 질 것이기 때문에 순결한 제사를 더럽히는 것이 결코 없으리라는 뜻. **마지막 구절**
※ 메시야가 재림하실 때 구름(14)을 타고 오시므로 메시야의 재림은 14장이 된다.

말라기 4장

＊ **장수기억법** : 말라기는 '나의 4자'라는 뜻이다.
＊ **배경** : 말라기의 말라는 '이혼하지 말라'이므로 말라기는 이혼 법정을 배경으로 한다.
＊ **특징** : **말**라기는 '**만**군의 여호와가 <u>이르노라</u>(말하노라가 아님에 꼭 주의)'라는 말이 많이 나오며 '우리가 어떻게 주를~ 하였나이까'라고 하나님께 반문하는 말이 많이 나온다.

말라기 (4장)

저   자 : 말라기
         구약성경 전체를 통틀어 말라기라는 이름은 오직 1:1에만 나오고 있으며 말라기에 대해서는 1:1외에 알려진 것이 없는데 유대 전승은 그가 대회당의 회원이 었다고 전한다. 유대인들이 바벨론 귀환 후 100년쯤 되는 해에 활동했으며 학개와 동시대인이었으나 학개보다 오랫동안 활동했다. **최후의 히브리 선지자**
제   목 : 기록자의 이름을 따라 제목을 붙임.
주   제 : 언약의 준수
기록연대 : B.C. 435년-425년경
요   절 : 3:9-10, 4:5-6
기록목적 : 오랜 기다림에 지쳐 메시야 소망을 상실하고 영적인 나태와 도덕적인 타락에 빠진 이스라엘 백성들을 일깨워서 다시금 올바른 메시야 신앙관을 세워 주기 위해 기록하였다.

말라기 (1-4장)

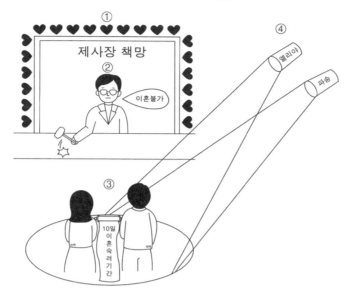

말라기(1-4장) 그림 배경설명 이혼법정을 배경으로 했으며 판사의 뒤 벽면에는 '제사장 책망'이라 써 있고 부부가 다시 화합하기를 바라는 마음에서 벽을 온통 하트무늬로 꾸몄으며 판사가 초혼과 재혼인 두 부부에게 의사봉을 두드리며 이혼불가 판정을 내리면서 10일간의 이혼 숙려 기간을 주고 있습니다. 2개의 스포트라이트로부터 영혼이 상처받은 두 부부에게 치료의 광선이 쏟아지고 있으며 스포트라이트에 각각 '엘리야와 파송'이라고 써 있습니다.

1장 　판사의 뒤 벽에는 '제사장 책망'이라 써 있고 부부가 다시 화합하기를 바라는 마음에서 온통 하트무늬로 꾸며 놓았다. 수많은 하트는 하나님의 무조건적인 사랑을 나타낸다.

① 이스라엘을 향한 하나님의 무조건적인 사랑(1-5)

• 여호와께서 이르시되 내가 너희를 사랑하였노라 하나 너희는 이르기를 **주께서 어떻게 우리를 사랑하셨나이까** 하는도다 나 여호와가 말하노라 에서는 야곱의 형이 아니냐 그러나 내가 야곱을 사랑하였고 에서는 미워하였으며(2-3) – 에서를 미워할 만큼 야곱을 사랑하였다는 뜻.

② 제사장에 대한 책망(6-14)

하트가 해가 뜨고 지는 과정을 보여주는 것 같다.

③ **만군의 여호와가 이르노라** 해 뜨는 곳에서부터 해지는 곳까지 이방 민족 중에서 내 이름이 크게 될 것이라 각처에서 내 이름을 위하여 분향하며 깨끗한 제물을 드리리니(11)

하트는 떡으로 만들었는데 시간이 많이 지나자 떡에 먼지가 쌓여 더러워졌다.

④ 너희가 <u>더러운 떡</u>을 나의 제단에 드리고도 말하기를 **우리가 어떻게 주를 더럽게 하였나이까** 하는도다 이는 너희가 여호와의 식탁은 경멸히 여길 것이라 말하기 때문이라(7)

이 떡은 총떡이며 총떡이란 전을 김밥처럼 말아서 부친 것을 말한다.　총떡 → 총독

⑤ **만군의 여호와가 이르노라** 너희가 눈 먼 희생제물을 바치는 것이 어찌 악하지 아니하며 저는 것, 병든 것을 드리는 것이 어찌 악하지 아니하냐 이제 그것을 너희 **총독**에게 드려 보라 그가 너를 기뻐하겠으며 너를 받아 주겠느냐(8)

2장 　판사가 이혼하려는 부부에게 의사봉을 두드리며 <u>어려서 맞이한 아내</u>가 불쌍하다며 이혼불가 판정을 내리고 있다. 참고로 '제사장 책망'이라는 글씨가 1장과 2장 사이에 있으므로 '제사장에 대한 책망'은 1장에 이어 2장에도 연결되어 나온다.

① 제사장에 대한 책망(1-9) - 레위와 세운 나의 언약은 생명과 평강의 언약이라(5)

② 잡혼과 이혼금지(10-16) - 가정의 평안을 깨뜨린 죄에 대하여 말하고 있다.

③ 그러므로 네 심령을 삼가 지켜 어려서 맞이한 아내에게 거짓을 행하지 말지니라(15)
의사봉이 고무로 돼있어서 때릴 때 '땅땅땅' 소리가 나지 않고 '똥똥똥' 소리가 난다.

④ 보라 내가 너희의 자손을 꾸짖을 것이요 **똥** 곧 너희 절기의 희생의 **똥**을 너희 얼굴에 바를 것이라 너희가 그것과 함께 제하여 버림을 당하리라(3)

3장 판사가 두 부부에게 10일간의 이혼 숙려기간을 주고 있다. 이혼숙려기간의 목적은 이혼에 대해서 다시 한번 **신중히** 생각하게 함으로써 이혼을 방지하기 위한 것으로 보통 이혼숙려기간은 자녀가 있을 경우 3개월, 자녀가 없을 경우에는 1개월이나 가정폭력 등 급박한 사정이 있을 경우 기간을 단축하거나 면제할 수 있다. 10일간의 이혼숙려기간은 10일이 10일조를 나타내므로 **신중한** 십일조 즉 온전한 십일조가 된다.

① 온전한 십일조(7-12)
• 사람이 어찌 하나님의 것을 도둑질 하겠느냐 그러나 너희는 나의 것을 도둑질 하고도 말하기를 우리가 어떻게 주의 것을 도둑질 하였나이까 하는도다 이는 곧 십일조와 봉헌물이라(8)
• 너희의 온전한 십일조를 창고에 들여 나의 집에 양식이 있게 하고 그것으로 나를 시험하여 내가 하늘 문을 열고 너희에게 복을 쌓을 곳이 없도록 붓지 아니하나 보라(10) - 십일조이므로 10절

이들 부부 중 한쪽은 초혼이고 다른 한쪽은 재혼이다.   초혼 → 초림, 재혼 → 재림

② 메시야의 초림과 재림 예언(1-6) - 그가 임하시는 날을 누가 능히 당하며(2)
이혼사유는 남편의 폭력인데 이에 남편은 악인이 되고 아내는 의인이 되며 남편(악인)과 아내(의인)는 '10일 이혼숙려기간'이라 쓴 기념책을 사이에 두고 갈라서 있다.

③ 의인과 악인의 분리 예언(13-18) - 그 때에 너희가 돌아와서 의인과 악인을 분별하고 하나님을 섬기는 자와 섬기지 아니하는 자를 분별하리라(18)

④ 여호와를 경외하는 자와 그 이름을 존중히 여기는 자를 위하여~ **기념책**에 기록하셨느니라(16)
두 부부의 등에 '사자'라는 글자가 숨어 있다.

⑤ 만군의 여호와가 이르노라 보라 내가 내 사자(세례 요한)를 보내리니 그가 내 앞에서 길을 준비할 것이요 또 너희가 구하는 바 주(메시야)가 갑자기 그의 성전에 임하시리니 곧 너희가 사모하는 바 언약의 사자(메시야)가 임하실 것이라(1)

4장 2개의 스포트라이트에 각각 '엘리야와 파송'이라 써 있고 스포트라이트로부터 영혼이 상처받은 두 부부에게 치료하는 광선이 쏘아지고 있으며 스포트라이트쪽의 스피커에서는 법정의 우울한 분위기를 반영하듯 '으악새 슬피우는'이라는 노래가 흘러나오고 있다. 으악새(으 → 의인, 악 → 악인), 우는 것은 한자로 울명이라 한다.   울명 → 운명

① 의인과 악인의 운명(1-3) - 본서의 결론으로서 여호와의 날에 임할 심판을 언급한다. 그 날에 악인은 뿌리까지 잘리는 멸절을 당할 것이지만 의인은 참 기쁨과 자유를 향유할 것이다.
• 또 너희(의인)가 악인을 밟을 것이니 그들이 내가 정한 날에 너희 발바닥 밑에 재와 같으리라(3)
• 내 이름을 경외하는 너희에게는 공의로운 해(그리스도)가 떠올라서 치료하는 광선(구원)을 비추리니 너희가 나가서 외양간에서 나온 송아지 같이 뛰리라(2) - 치료하는 광선이 2개이므로 2절
• 너희는 내가 호렙에서~ 내 종 모세에게 명령한 법 곧 율례와 법도를 기억하라(4)↔기억하지 **말라**

② 엘리야 파송 예언(4-6) - 여호와의 크고 두려운 날이 이르기 전에 내가 선지자 엘리야를 너희에게 보내리니 그가 아버지의 마음을 자녀에게로 돌이키게 하고 자녀들의 마음을 그들의 아버지에게로 돌이키게 하리라(5-6) - 유다가 타락하여 부모는 자식을 사랑하지 않고 자식은 부모에게 효도하지 않기 때문에 세례요한이 나타나서 그런 도덕적 타락을 개척하겠다는 뜻 - **마지막 구절**

지 은 이 이성권

• 하나님이 주신 성경기억법(신약)
• 하나님이 주신 성경기억법(구약)
• 픽쳐바이블 아카데미 원장
• 고양시 원당반석교회

초판 1쇄 발행 2015년 12월 25일

지 은 이 : 이성권
펴 낸 이 : 조유선
펴 낸 곳 : 누가 출판사
편   집 : 이성권
일러스트 : 조희진

주소 : 서울특별시 강서구 공항대로 637 B-102(염창동, 현대아이파크 상가)
전화 : 02-826-8802
팩스 : 02-2655-8805

등록일 : 2013. 5. 7. 제315-2013-000030호
이메일 : sunvision@hanmail.net
블로그 : blog.naver.com/ant0212
정 가 : 22,000원
ISBN 979-11-85677-09-5